Travailleuses et féministes

Études d'histoire du Québec
Collection dirigée par René Durocher et Paul-André Linteau

Marie Lavigne ~ Yolande Pinard

Travailleuses et féministes

Les femmes
dans la société québécoise

D. Suzanne Cross, Johanne Daigle, Marta Danylewycz,
Ghislaine Desjardins, Micheline Dumont, Francine Fournier,
Mona-Josée Gagnon, Nicole Laurin-Frenette, Marie Lavigne,
Yolande Pinard, Jennifer Stoddart, Susan Mann Trofimenkoff

Boréal Express

Photocomposition: Helvetigraf enr.

Photo de la couverture: Lady Lacoste et ses filles, une famille significative de l'engagement des femmes dans la vie publique, vers
1916. En avant, de gauche à droite, Lady Lacoste qui s'est illustrée
notamment au 19ᵉ siècle par sa participation aux œuvres philan-
thropiques traditionnelles, et la féministe Marie-Lacoste-Gérin-
Lajoie. En arrière, de gauche à droite, Yvonne, Thaïs Lacoste-
Frémont, qui a pris une part active aux luttes féministes, Justine
Lacoste de Gaspé Beaubien orientée vers les œuvres sociales,
Jeanne, Berthe et Blanche. (Source: *Archives de la Congrégation
Notre-Dame-du-Bon-Conseil de Montréal.*)

Distribution exclusive pour le Canada:
Diffusion Dimédia, 539, boul. Lebeau
Ville Saint-Laurent, Qué., H4N 1S2

Distribution pour la France:
Distique: 9, rue Édouard-Jacques
75014 Paris

© LES ÉDITIONS DU BORÉAL EXPRESS
5450, ch. de la Côte-des-Neiges
Montréal, Qué., H3T 1Y6
ISBN 2-89052-071-4
Dépôt légal: 2ᵉ trimestre 1983
Bibliothèque nationale du Québec

Avant-propos

La parution en 1977 d'un premier recueil d'articles relatant l'expérience historique des Québécoises * s'inscrivait dans la foulée d'une série de recherches nouvelles entreprises en histoire des femmes. Jetant un regard neuf sur l'histoire du Québec, ces textes rendaient visibles de larges pans de notre passé collectif. Depuis ce temps, l'histoire des femmes d'ici, comme champ d'étude, a connu un essor considérable. Les recherches sur les travailleuses et le mouvement des femmes se sont multipliées et enrichies de nouvelles problématiques. L'exploration simultanée de secteurs davantage centrés sur la vie des femmes en rapport avec l'éducation et la famille a contribué également à élargir nos connaissances.

Compte tenu de l'ampleur des champs actuels de la recherche, nous avons préféré ne retenir pour ce recueil que deux grands thèmes: travail salarié féminin et mouvement des femmes. De façon complémentaire, dans la même collection, le livre de Nadia Fahmy-Eid et Micheline Dumont, *Maîtresses de maison, maîtresses d'école*, aborde les questions relatives à l'éducation des filles et à la famille.

Parce qu'ils demeurent des outils indispensables à la reconquête de notre histoire, nous avons repris les huit articles du premier recueil, qui ont cependant été remaniés et, dans certains cas, mis à jour. La présentation a cédé la place à un bilan historiographique qui tente de traduire les réorientations actuelles de la recherche en histoire du travail et du mouvement des femmes. Au total, neuf nouveaux textes se sont ajoutés, dont cinq inédits.

---

* Paru sous le titre *Les femmes dans la société québécoise - Aspects historiques,* Montréal, Boréal Express, 1977, 216 p.

Nous avons opté pour une approche thématique plutôt que chronologique. L'ordre de présentation des textes reflète ce choix. Dans l'ensemble, sauf exception, les articles couvrent essentiellement l'évolution du travail salarié féminin et du mouvement des femmes depuis le 19ᵉ siècle.

Les ouvrières, féministes, syndiquées, fermières ou religieuses dont il est question dans ce livre ont fait des gestes et mené des luttes dans un territoire qui leur était plus ou moins interdit. Elles ont occupé cet espace parfois au nom de l'égalité, parfois au nom de la maternité ou de la religion. Mais elles l'ont fait par nécessité, parce qu'elles en avaient besoin pour vivre leur vie, ou encore par choix, parce qu'elles refusaient de la vivre en demi-humains. C'est l'histoire de cette réappropriation que les collaboratrices de cet ouvrage ont écrite. Nous tenons à remercier chacune d'entre elles ainsi que les éditeurs pour le soutien qu'il nous ont accordé.

Marie Lavigne et Yolande Pinard
Montréal, 6 décembre 1982

1
Travail et mouvement des femmes: une histoire visible
Bilan historiographique

Ouvrières, travailleuses, féministes, religieuses, autant de femmes qui ont façonné le cours de l'histoire. Autant de vies, d'expériences inscrites dans notre mémoire collective. «L'histoire ébruitée».

Ce livre retrace essentiellement la vie extra-domestique des Québécoises en l'abordant sous l'angle du travail salarié et du mouvement des femmes depuis le 19ᵉ siècle. Deux champs historiques qui représentent des indicateurs privilégiés des changements survenus dans la condition des femmes avec l'industrialisation. L'action des féministes de même que la position des travailleuses salariées n'en révèlent pas moins la constante imbrication du privé et du public: leur situation est toujours fonction de leur appartenance première à la sphère domestique.

Jusqu'à ces dernières années, c'est l'activité «visible» des femmes, ce qu'elles ont réalisé à l'intérieur de la sphère dite «publique», un territoire défini principalement en fonction de normes masculines, qui a monopolisé l'énergie de la majorité des historiennes et des historiens. En ce sens, on a eu tendance à reproduire une vision du passé axée sur une reconnaissance implicite de l'histoire des hommes et de leurs institutions. On a souvent appliqué à l'expérience individuelle ou collective des femmes une définition de la signification historique et des schémas de référence faisant des comportements masculins la norme à partir de laquelle tout le reste doit être évalué[1]. Ironiquement, c'est le comportement public des femmes qui est venu signer leur droit d'entrée dans l'histoire officielle.

---

1. Voir à ce sujet Beth Light et Veronica Strong-Boag, «Introduction» dans *True Daughters of the North. Canadian Women's History: An Annotated Bibliography,* Toronto, The Ontario Institute for Studies in Education, 1980, 1-8.

Dans ce contexte, l'histoire institutionnelle du mouvement des femmes, notamment du féminisme, sous sa forme organisée et publique, s'est taillée une place de choix. Il en est de même pour l'histoire du travail féminin, qui s'est surtout limitée au seul travail accompli dans la sphère de la production marchande. Cette situation n'est d'ailleurs pas particulière au Québec. L'histoire des femmes a été si fortement marquée par cette approche qu'on a pu croire, au point de départ, qu'elle se confinait uniquement à ces deux dimensions. Les écrits sur ces sujets s'inspirent pour la plupart de la problématique du statut, d'une analyse des inégalités entre les sexes. L'abondance et l'accessibilité relative des sources sur ces questions justifient en bonne partie cette orientation de la recherche. Parce qu'ils se situaient dans la sphère publique, le militantisme féministe et le travail salarié féminin apparaissaient aussi plus facilement identifiables. Enfin, la découverte de ces deux volets du passé collectif des femmes a certainement contribué à favoriser une meilleure compréhension des luttes féministes actuelles ainsi que de la condition présente des travailleuses salariées.

Aussi nécessaires et inévitables qu'ont pu être ces études, elles ne nous en ramènent pas moins au cul-de-sac de notre infériorité perpétuelle. Comment en effet, pour paraphraser Beth Light et Veronica Strong-Boag, peut-on comparer une association féministe aussi importante que le Front de libération des femmes avec le Front de libération du Québec? Dans ce genre de comparaison, les femmes apparaissent toujours perdantes, leurs expériences étant toujours perçues comme moins «signifiantes» que celles des hommes. Comment juger de l'étendue réelle du travail féminin si l'on retient comme unique critère la participation des femmes à la population dite «active», puisqu'elle ne représentait au début du siècle que 15% de la main-d'oeuvre officielle? Comment justifier que l'Histoire s'y intéresse et que ce travail revête une signification historique? Doit-on par ailleurs mesurer l'importance et la vigueur des idéaux féministes exclusivement sur la base d'une analyse des organisations qui les ont transposés sur la scène publique? Doit-on étudier le travail des femmes en fonction seulement de son intégration dans l'économie de marché et délaisser par le fait même toutes les tâches «invisibles» réalisées à l'ombre du foyer?

Ces approches, parce qu'elles partent des lieux d'ancrage principaux de la vie des hommes, ne rendent pas compte de la totalité de l'expérience historique des femmes, bien qu'elles soient pertinentes. Aborder la vie des femmes du seul point de vue de leur «existence publique» a d'ailleurs toujours été une impossibilité pour les historiennes féministes qui ont été constamment obligées de la relier à la vie privée et domestique.

La vie des femmes était aussi ailleurs et c'est à partir de cet «ailleurs» que recommence à s'écrire leur histoire. Les fermières ou les mères de famille sont maintenant reconnues comme des agents historiques et s'inscrivent dans la dynamique du changement social.

En ce sens, notre article, tout en présentant les divers essais regroupés dans ce recueil, tente de refléter les nouvelles problématiques que prend un peu partout dans le monde occidental la recherche en histoire des femmes. Dans les pages qui suivent, nous soulignons l'apport des travaux réalisés au Québec, nous traçons un bilan des recherches effectuées ces dernières années sur le travail ménager et salarié ainsi que sur le mouvement des femmes, nous commentons les instruments et les études présentement à la disposition des chercheuses et des chercheurs et nous faisons état des remises en cause conceptuelles tout en suggérant de nouvelles hypothèses de recherche.

Sources, bibliographies, biographies et autobiographies, ouvrages de synthèse

Micheline Dumont a déjà souligné les graves problèmes d'heuristique qui se posent dès qu'on aborde l'histoire des femmes et qui obligent à recourir à une série de démarches méthodologiques et épistémologiques multidisciplinaires de la question[2]. Cela exige à la fois un regard neuf sur les sources historiques et l'exploration de nouvelles sources. Car, pour une large part, le faible développement de la recherche reflète la nature des sources disponibles[3]. Le recours aux acquis d'autres disciplines, en sciences sociales par exemple, devient alors important. Les sources traditionnelles sur lesquelles l'histoire s'est appuyée pendant longtemps confirment l'absence des groupes dominés. Lorsqu'on y mentionnait ces groupes, c'était habituellement du point de vue de ceux qui monopolisaient à la fois le pouvoir, le savoir et l'écriture. Heureusement, les interprétations les plus récentes ont remis en question ces perspectives traditionnel-

---

2. Micheline Dumont-Johnson, «Peut-on faire l'histoire de la femme? (note critique)», *Revue d'histoire de l'Amérique française (RHAF)*, 29, 3 (décembre 1975): 421 - 428.
3. À ce sujet voir l'introduction de *Women at Work. Ontario 1850-1930* édité par Janice Acton, Penny Golsdmith et Bonnie Shepard (Toronto, Women's Educational Press, 1974), 1-11.

les. Ainsi, la nouvelle histoire sociale a-t-elle redonné la parole aux anonymes: femmes, ouvriers, paysans, minorités culturelles, entre autres.

Les quelques femmes dont nous connaissons l'histoire sont d'abord celles qui ont laissé des écrits; elles appartenaient donc, pour la plupart, aux classes dominantes. L'histoire des femmes qu'on a faite est surtout la leur et c'est encore à partir de leurs écrits que la recherche s'effectue principalement. L'archivistique se situe à la remorque de cet état de l'historiographie. Ces sources sont néanmoins très riches, mais leur utilisation présente certaines limites. Si elles permettent de bien comprendre l'expérience des femmes des classes dominantes, elles en disent moins long sur l'immense majorité des femmes dans la société. On peut mettre en doute l'impartialité d'une féministe du début du siècle sur la situation des ouvrières et des domestiques, lorsqu'on sait que cette même féministe engage des servantes pour pouvoir militer et que son mari est propriétaire d'une usine... Malgré leurs carences, les documents émanant des organisations et des associations féminines n'en demeurent pas moins une des sources majeures en histoire des femmes. Les sources syndicales présentent elles-mêmes de sérieux problèmes d'utilisation, liés tant au chauvinisme masculin des syndicats jusque dans les années 1950 qu'à la faible syndicalisation des travailleuses et à leur participation mitigée à la structure syndicale.

L'histoire orale, les récits de vie, les autobiographies, les biographies individuelles ou collectives, les manuscrits, les lettres, les quelques journaux intimes, qui réussissent peu à peu à sortir des greniers empoussiérés, sont devenus des instruments précieux pour découvrir une mémoire trop souvent occultée[4]. Les catalogues des

---

4.   Ève Bélisle, *La petite maison du Bord-de-l'Eau* (Montréal, Libre Expression, 1981), 237 p.; Marie-Anne Duguay-Lemire, *Lettres d'une paysanne à son fils,* compilé par Jeanne L'Archevêque-Duguay (Montréal, Leméac, 1977), 214 p.; *Les Gravel,* correspondance recueillie par Lucienne Gravel (Montréal, Boréal Express, 1979), 329 p.; Florentine Morvan-Maher, *Florentine raconte...* (Montréal, Domino, 1980), 225 p.; Ghislaine Meunier-Tardif, *Vies de femmes* (Montréal, Libre Expression, 1981), 199 p.; Simonne Monet Chartrand, *Ma vie comme rivière. Récit autobiographique 1919-1942* (Montréal, Étitions du Remue-Ménage, 1981), 285 p.; Id., *Ma vie comme rivière 1939-1949* (Tome 2, Montréal, Éditions du Remue-Ménage, 1982); Fadette, *Journal d'Henriette Dessaules 1874/1880* (Montréal, Hurtubise HMH, 1971), 325 p.; Élisabeth Bégon, *Lettres au cher fils. Correspondance d'Élisabeth Bégon avec son gendre (1748-1753)* préfacé par Nicole Deschamps (Montréal, Hurtubise HMH, 1972), 221 p.; C. Vance, *Not by Gods but by People... The Story of Bella Hall Gauld,* (Toronto, Progress Books, 1968), 65 p.; L. Watson, *She Never was Afraid: The Biography of Annie Butter* (Toronto, Progress

grands magasins, les contrats de mariage, les petites annonces dans les journaux, les courriers du coeur, les répertoires de documents d'époque sont tout aussi révélateurs[5]. Les recueils d'articles fournissent également nombre d'informations utiles[6].

La publication d'inventaires d'archives sur l'histoire des femmes est encourageante et soulève un coin de voile[7]. On dispose

---

Books, 1976); Réginald Hamel, *Gaëtane de Montreuil, journaliste québécoise (1867-1951)* (Montréal, L'Aurore, 1976), 205 p.; Maria-Eugénia de Matos Andrade, *Biographie et bibliographie descriptive de Madeleine, 1875-1943* (Thèse de maîtrise, (Études françaises), Université de Montréal, 1970), 488 p.; Ginette Courchesne, *Laure Hurteau, journaliste,* (Thèse de M.A. (Études françaises), Université de Montréal, 1976), 222 p.; le Cercle des femmes journalistes, *Vingt-cinq à la une. Biographies* (Montréal, *La Presse,* 1976), 189 p. À cette énumération, on peut ajouter une thèse plus ancienne, celle de Eleanor M.-Sister, *Les écrivains féminins du Canada français de 1900 à 1940* (Thèse de maîtrise, Université Laval, 1947), 214 p.; Émilia Boivin Allaire, *Profils féminins: trente figures de proue canadiennes* (Québec, Garneau, 1967), 283 p.; Id., *Têtes de femmes; essais biographiques* (Québec, Éditions de l'Équinoxe, 1965), 239 p.; Marie-Claire Daveluy, *Dix fondatrices canadiennes* (Montréal, *Le Devoir,* 1925), 58 p.; Renée des Ormes, *Robertine Barry en littérature: Françoise. Pionnière du journalisme féminin au Canada: 1863-1910* (Québec, L'Action Sociale Ltée, 1949), 159 p.; Madeleine Gleason-Huguenin, *Portraits de femmes* (Montréal, *La Patrie,* 1938), 188 p.; Congrégation de Notre-Dame, *Mère Sainte-Anne-Marie* (Montréal, Arbour & Dupont, 1938), 198 p.; Georges Bellerive, *Brèves apologies de nos auteurs féminins* (Québec, librairie Garneau, 1920), 137 p.; Mme F.-L. Béique, *Quatre-vingts ans de souvenirs. Histoire d'une famille* (Montréal, Valiquette, 1939), 287 p.; Thérèse Casgrain, *Une femme chez les hommes* (Montréal, Éditions du Jour , 1971), 296 p.; *Dictionnaire biographique du Canada,* tomes I et II. Dans des recueils biographiques de langue anglaise traitant des Canadiennes en général, on trouve aussi les noms de quelques femmes qui se sont illustrées dans l'histoire du Québec bien qu'elles ne soient pas nécessairement toutes représentatives de cette même histoire. Mentionnons, entre autres, Mary Quayle Innis, ed., *The Clear Spirit, Twenty Canadian Women and Their Time* (Toronto, University of Toronto Press, 1973), 304 p.; Jean Bannerman, *Leading Ladies: Canada. 1639-1967* (Ontario, Carrswood, 1967), 332 p.

5.   Parmi les répertoires de documents d'époque, citons pour le Québec l'ouvrage de Michèle Jean, *Québécoises du 20e siècle* (Montréal, Éditions du Jour, 1974), 303 p., réédité aux Éditions Quinze en 1977. Pour le Canada, voir Beth Light et Alison Prentice, ed., *Pioneer and Gentlewomen of British North America, 1713-1867* (Toronto, New Hogtown Press, 1980), 245 p. (Premier tome d'une série de 4).

6.   Voir Micheline Dumont et Nadia Fahmy-Eid, *Maîtresses de maison, maîtresses d'école* (Montréal, Boréal Express, 1983). Pour le Canada, voir Susan Mann Trofimenkoff et Alison Prentice, eds., *The Neglected Majority: Essays in Canadian Women's History* (Toronto, McClelland and Stewart, 1977), 192 p.

7.   Veronica Strong-Boag, «Raising Clio's Consciousness: Women's History and Archives in Canada», *Archivaria,* 6 (été 1978): 70-82; Tom Nesmith, «Sources for the History of Women at the Public Archives of Canada», *Canadian Women's Studies/Les Cahiers de la Femme,* 3, 1 (1981): 113; Yolande Pinard, «Des archives de femmes pour le début du siècle», *Archives,* 7, 1 (janvier-avril 1976): 24-35; Heather Rielly et Marilyn Hindmarch, *Some Sources for Women's History in the Public Archives of Canada)* «National

désormais d'un nouveau répertoire bibliographique, outil indispensable à toute recherche. Il s'agit de l'ouvrage de Denise Lemieux et de Lucie Mercier: *La recherche sur les femmes au Québec: bilan et bibliographie*[8]. On aura aussi tout intérêt à consulter les bibliographies spécifiques ou les filmographies ainsi que les bibliographies en langue anglaise sur l'histoire des femmes au Canada[9].

Museum of Man Mercury Series», History Division, paper no. 5, Ottawa, National Museums of Canada, 1974), 1-3; *Archival Materials on Canadian Women,* supplément du *Canadian Newsletter of Research on Women/Recherches sur la Femme — Bulletin d'Information Canadien,* VI, I (février 1977), 169-214. Cet inventaire couvre des archives de l'Ontario. Il a été produit par le Comité d'histoire des femmes de la Société historique du Canada qui a décidé en juin 1975 de former un groupe de travail chargé d'identifier les archives canadiennes concernant les femmes. Deux premiers rapports ont été publiés: pour le Québec, voir Marie Lavigne et Jennifer Stoddart, *Canadian Newsletter of Research on Women/Recherches sur la Femme — Bulletin d'Information Canadien,* 3 (octobre 1976), 87-89; pour l'Ontario, voir, V. Strong-Boag, *Ibid.,* V. I (février 1976), 40-47. Les Archives publiques du Canada, les Archives nationales du Québec, les archives des universités ou autres institutions ont commencé à dresser des inventaires d'archives se rapportant aux femmes.

8. Denise Lemieux et Lucie Mercier, *La recherche sur les femmes au Québec: bilan et bibliographie* (Coll. «Instruments de travail», no 5, Québec, Institut québécois de recherche sur la culture, 1982), 336 p. Voir aussi Renée Cloutier *et al., Femmes et culture au Québec* (Coll. «Documents préliminaires», no 3, Québec, Institut québécois de recherche sur la culture, 1982), 105 p. Ce dernier ouvrage complète le premier et expose les projets de recherche sur les femmes proposés par un groupe de travail constitué à l'hiver 1981.

9. Conseil du statut de la femme, *Les Québécoises. Guide bibliographique suivi d'une filmographie* (Coll. «Études et dossiers», Québec, Éditeur officiel du Québec, 1976), 160 p.; Ghislaine Houle, *La femme au Québec* (Coll. «Bibliographies québécoises», no 1, Montréal, ministère des Affaires culturelles, 1975), 228 p. Il va sans dire que d'autres bibliographies incorporées à des livres sur l'histoire des femmes du Québec apportent des informations souvent plus appropriées; Beth Light et Veronica Strong-Boag, *True Daughters of the North;* Beth Light, «Recent Publications in Canadian Women's History», *Canadian Women's Studies/Les Cahiers de la femme,* 3, 1 (1981): 114-117; Margrit Eichler et Lynne Primrose, «A Bibliography of Materials on Canadian Women» dans *Women in Canada,* édité par Marylee Stephenson (Toronto, New Press, 1973), 291-326; Veronica Strong-Boag, «Cousin Cinderella. A Guide to Historical Literature Pertaining to Canadian Women» dans *Women in Canada,* 262-290. Voir aussi M. Eichler, J. Marecki et J. Newton, *Women. A Bibliography of Special Periodical Issues* (Special publication, no 3, Canadian Newsletter of Research on Women, août 1976), 76 p. Voir aussi le répertoire réalisé par Yolande Cohen avec la collaboration de Andrée Boucher et de Ghislaine Desjardins: «La recherche universitaire sur les femmes au Québec 1929-1980. Répertoire de thèses de maîtrise et de doctorat déposées dans les universités du Québec: présentation thématique», *Resources for Feminist Research/Documentation sur la recherche féministe,* 10, 4 (décembre 1981/janvier 1982): 5-24. Cette dernière revue de même que *Canadian Woman Studies/ Les Cahiers de la femme* (À York University/Centennial College Project) constituent des outils précieux pour la chercheuse (comptes rendus de livres ou d'articles, bibliographies, ...)

Il n'y a pas très longtemps encore, reconstituer tous les jalons du passé des Québécoises demeurait une entreprise ardue. Mais des synthèses récentes sur l'histoire du Québec ont redonné une place aux femmes[10]. Une première véritable synthèse portant exclusivement sur l'histoire des femmes est maintenant disponible. Le livre du Collectif Clio (Micheline Dumont, Michèle Jean, Marie Lavigne, Jennifer Stoddart), *L'histoire des femmes au Québec depuis quatre siècles*, devrait faciliter les prochaines recherches[11]. Il dit l'histoire autrement, utilise une périodisation appropriée à l'histoire des femmes et relate l'expérience des milliers d'anonymes qui ont vécu ici. L'objectif des auteures est de redécouvrir à la lumière des problématiques les plus nouvelles et de la production historique récente une histoire trop longtemps marginalisée.

Toutes à l'ouvrage: salariées et ménagères

«Môman, travaille pas, a trop d'ouvrage!» Cette boutade connue révèle le sens étroit qu'on donne encore aujourd'hui au mot «travail». Et pourtant ce terme a déjà englobé davantage que le travail salarié tel qu'on le conçoit aujourd'hui. Les Amérindiennes, qui vivaient ici lorsque les Français entreprirent de coloniser la Nouvelle-France, assumaient la majeure partie de la subsistance de leur communauté par leurs cultures[12]. Les Françaises qui au 17e siè-

---

10. Paul-André Linteau, René Durocher et Jean-Claude Robert, *Histoire du Québec contemporain. De la Confédération à la crise (1867-1929)* (Montréal, Boréal Express, 1979), 660 p.; Susan Mann Trofimenkoff, *The Dream of Nation. Social and Intellectual History of Quebec* (Toronto, Macmillan, 1982), 344 p.

11. Collectif Clio (Micheline Dumont, Michèle Jean, Marie Lavigne et Jennifer Stoddart), *L'histoire des femmes au Québec depuis quatre siècles* (Montréal, Éditions Quinze, 1982), 521 p. Micheline Dumont a toutefois fait oeuvre de pionnière dans ce domaine. Toutes les recherches jusqu'à ce jour se sont inspirées de ses travaux. Voir à ce sujet, M. Dumont-Johnson, «Histoire de la condition de la femme dans la province de Québec» dans *Tradition culturelle et histoire politique de la femme au Canada* (Études no 8 préparées pour la Commission royale d'enquête sur la situation de la femme au Canada, Ottawa, Information Canada, 1972), 1-57. Pour le Canada, voir Margaret Wade Labarge, «Historique des traditions culturelles de la femme canadienne» dans *Tradition culturelle et histoire politique de la femme au Canada,* 1-37.

12. Sur les Amérindiennes, voir Louise Dechêne, *Habitants et marchands de Montréal au XVIIe siècle* (Paris, Montréal, Plon, 1974), 588 p.; Eleanor Leacock, «Montagnais Marriage and the Jesuits in the Seventeenth Century; Incidents from the Relations of Paul Le Jeune», *The Western Canadian Journal of Anthropology,* 6, 3, (1976) et «The Montagnais-Nascapi Band» dans Bruce Cox, ed., *Cultural Ecology* (Toronto, McClelland and Stewart, 1973); Kathleen Jamieson, *La femme indienne devant la loi: une citoyenne mineure* (Conseil canadien sur la situation de la femme, Ottawa, 1978), 1ère partie.

cle traversaient l'Atlantique savaient qu'elles venaient pour prendre époux et peupler la colonie, mais n'ignoraient pas non plus qu'elles y travailleraient. Elles entreprirent donc de peupler et le firent bien: leur taux de fécondité entre 1700 et 1730 fut un des plus élevés jamais observé et elles eurent en moyenne 8,4 enfants vivants[13]. Elles se firent aussi colonisatrices et oeuvrèrent avec leurs maris sur les terres le long du Saint-Laurent. Reconstituer le travail de la majorité de ces femmes, c'est faire l'histoire de la production domestique, c'est retrouver les gestes quotidiens des paysannes pour assurer la nourriture et les vêtements de la maisonnée.

Si bon nombre d'ouvrages sur la Nouvelle-France décrivent les activités quotidiennes des premiers colons, on connaît encore mal l'organisation de la production domestique ainsi que la nature et le degré de sexisation des tâches sur l'exploitation agricole. Les hommes se réservent-ils la production destinée au marché ou les productions de tous et toutes sont-elles également sources de revenus? La division du travail est-elle rigoureuse ou au contraire les tâches sont-elles interchangeables? Comment se dessine l'interdépendance économique entre les membres d'une famille? Les femmes ont-elles développé, comme Martine Segalen le note pour la France du 19ᵉ siècle, un pouvoir domestique qui leur vaut d'être exclues des lieux de pouvoir masculins, mais qui les rend très puissantes et craintes par les hommes parce qu'elles détiennent le pouvoir lié à la survie de la famille[14]?

Certains auteurs, dont Jacques Boucher, ont été fascinés par le fait que les femmes pouvaient être commerçantes, femmes d'af-

---

13. Plusieurs études ont été publiées sur l'immigration féminine en Nouvelle-France. Entre autres, notons: Sylvio Dumas, *Les filles du Roi en Nouvelle-France, Étude historique avec répertoire bibliographique* (Québec, la Société historique du Québec, 1972), 382 p. Pour l'étude de la fécondité on se référera principalement à J. Henripin, *La population canadienne au début du XVIIIᵉ siècle* (Paris, P.U.F., 1954). Voir aussi G. Sabagh, «The Fertility of French-Canadian Women During 17ᵗʰ century», *American Journal of Sociology*, XLVII, 5 (mars 1942): 680-689; ainsi que B. Desjardins, P. Beauchamp et J. Légaré, «Automatic Family Reconstitution: the French Canadian Seventeenth Century Experience», *Journal of Family History*, 2, 1, (printemps 1977), 56-76. Enfin, on retrouve des analyses des mariages dans P.A. Leclerc, «Le mariage sous le régime français», *RHAF*, vol. 13, nos 2, 3, 4; vol. 14, nos 1-2 (1959-1960). Sur les mariages bourgeois, voir «La bourgeoisie et le mariage», dans *Les bourgeois-gentilshommes de la Nouvelle-France, 1729-1748* de C. Nish (Montréal, Fides, 1968) et L. Dechêne, *Habitants et marchands de Montréal au XVIIᵉ siècle*, partie I, chap. 2 et 3 et partie IV, chap. 3.

14. Martine Segalen, *Mari et femme de la société paysanne* (Paris, Flammarion, 1980), 211 p.

faires, aubergistes, etc. [15]. Ils ont souligné le caractère non traditionnel de l'activité économique des femmes. Boucher remarque que les
conditions de vie imposaient une division du travail entre les sexes
beaucoup moins rigoureuse que celle qu'on retrouvera ultérieurement dans la société rurale du 19e siècle, car hommes et femmes
devaient assumer des rôles nouveaux. Les mêmes études constatent
que la condition juridique des femmes était en fait plus large que ce
que prévoyait la Coutume de Paris alors en vigueur. Cette liberté de
manoeuvre accordée aux femmes, cet écart entre le droit et les exigences de la vie quotidienne semblent avoir été typiques d'une
société qui avait besoin de tout son potentiel humain, quel que soit le
sexe, pour se développer. En permettant aux femmes de poser des
actes légaux réservés aux hommes, cette société démontrait qu'elle
ne pouvait s'encombrer de l'incapacité juridique des femmes
mariées. Louise Dechêne, dans son ouvrage *Habitants et marchands de Montréal au XVIIe siècle*, vient nuancer cette approche [16].
En fait, les femmes exerçaient des activités similaires à celles de leurs
ancêtres françaises de la métropole.

Plusieurs femmes étaient artisanes, particulièrement tailleuses
et couturières; malheureusement, les données sont encore fragmen-
taires et on ne peut que regretter qu'une des études majeures sur les
artisans ne nous renseigne pas davantage sur les artisanes [17]. On connaît par contre un peu mieux les domestiques, les femmes de l'aris-
tocratie comme Élisabeth Bégon ou les femmes d'affaires, dont
Marie-Anne Barbel est une illustre représentante. La vie des grandes
héroïnes, de Marie de l'Incarnation à Jeanne Mance, fournit certes
de précieuses indications sur la place laissée à l'initiative des femmes, mais les recherches sur l'activité des communautés elles-mêmes
sont encore plus révélatrices de l'organisation sociale et du rôle que
les femmes y ont tenu [18].

---

15. Voir particulièrement Jacques Boucher, «L'histoire de la condition juridique et sociale
de la femme au Canada français» dans *Le droit de la vie familiale* de Jacques Boucher et
André Morel (Montréal, Presses de l'Université de Montréal, tome I, 1970), 155-167 et
M. Dumont-Johnson, «Histoire de la condition de la femme dans la province de Québec». Cette interprétation a été reprise récemment par Jan Noël, «New France: Les femmes favorisées», *Atlantis,* 6,2 (printemps 1981): 80-99.
16. Louise Dechêne, *Habitants et marchands de Montréal au XVIIe siècle.*
17. J.-P. Hardy et Thiery Ruddel, *Les apprentis artisans à Québec 1660-1815,* (Montréal,
P.U.Q., 1977), 220 p.
18. Pour les domestiques, voir: Francine Barry, «Familles et domesticité au milieu du 18e
siècle» dans *Maîtresses de maison, maîtresses d'école;* J.-P. Hardy et T. Ruddel, *Les
apprentis artisans...* ainsi que J.-P. Hardy, *L'apprentissage à Québec sous le régime*

Certains historiens ont longtemps perçu la Nouvelle-France comme la période de l'«âge d'or» de la nation québécoise, âge qui se serait éteint avec la conquête britannique de 1760. Pour les femmes, elle aurait été aussi le paradis perdu: «De même que notre société commençait à vivre une vie diminuée, de même la femme se serait repliée sur ce qui n'était jusque-là qu'un aspect de son activité[19]». Elle serait devenue mère-épouse. Sans pénétrer dans le coeur du débat sur les effets de la Conquête, nous pouvons nous demander en premier lieu si un rétrécissement du rôle des femmes s'est effectivement produit. L'état lacunaire des recherches ne permet guère de se prononcer sur cette question. On peut seulement constater que l'histoire a retenu des noms de femmes célèbres aux 17e et 18e siècles et qu'elle n'a pas cru bon se souvenir de celles qui les ont suivies. De là à en conclure que la Conquête aurait provoqué un rétrécissement du rôle des femmes, il y a une marge assez difficile à franchir. Cette interprétation de l'histoire des femmes en Nouvelle-France soulève d'ailleurs la question de la périodisation de l'histoire des femmes. En d'autres termes, les moments clefs retenus par l'histoire nationaliste pour marquer les changements historiques ont-ils eu une réelle importance pour les femmes? La Conquête, en changeant les noms et la langue des maîtres de la colonie, a-t-elle bouleversé les rapports hommes-femmes? A-t-elle modifié les rapports de production des femmes? Autant de questions qui n'ont pas encore de réponses.

Mentionnons deux éléments qui nous amènent à nous réinterroger sur l'impact de la Conquête sur les femmes. D'abord, la Coutume de Paris qui établissait la condition juridique des femmes reste en vigueur même sous le régime anglais et n'est remplacée qu'un siècle plus tard par le Code civil de 1866. En second lieu, les données

français (Thèse de M.A. (Histoire), U. Laval, 1972). Un certain nombre de biographies d'«héroïnes» et de femmes en Nouvelle-France sont rédigées. Notons entre autres, C. Dupré, *Élisabeth Bégon,* (Montréal, Fides, 1960), 94p.; M.E. Chabot, *Marie de l'Incarnation, chef d'entreprise* (Les cahiers de la Nouvelle-France, 20, 1962); Dom Guy Ouvry, *Marie de l'Incarnation 1599-1672* (Québec, P.U.L., 1973), 2 vol.; Liliane Plamondon, *Femmes d'affaires en Nouvelle-france: Marie-Anne Barbel* (Thèse de M.A. (Histoire), Laval, 1976) et de la même auteure «Une femme d'affaires en Nouvelle-France: Marie-Anne Barbel, veuve Fornel», *R.H.A.F.,* 31, (sept. 1977): 165-185; J.M. Lemoyne, *Les héroïnes de la Nouvelle-France* (Lowell, Mass., éd. T.E. Adams et Cie, 1888), 23p.; Marie-Claire Daveluy, *Jeanne Mance* (Montréal, Fides, 1962); sur la vie des religieuses du 18e siècle, voir plus particulièrement Micheline D'Allaire, *L'Hôpital général de Québec (1692-1764)* (Montréal, Fides, 1971); *L'Hôtel-Dieu de Montréal* (Montréal, Hurtubise HMH, 1972).

19. Jacques Boucher, «L'histoire de la condition juridique et sociale de la femme au Canada français», 167.

fiables dont nous disposons sur la participation des femmes à la production marchande portent d'une part sur la société montréalaise du 17ᵉ siècle, et d'autre part sur le Montréal du début du 19ᵉ siècle. Malgré un écart de presque deux cents ans qui rend toute conclusion hasardeuse, on ne peut être que frappées par les ressemblances dans cette participation. Le service domestique occupe encore en 1825, comme dans les sociétés d'Ancien Régime, une place de choix: 56% des Montréalaises en emploi s'y consacrent[20]. Quelle que soit la métropole, ce type de travail aurait caractérisé les sociétés d'Ancien Régime.

Ce coup d'oeil sur la société préindustrielle nous rappelle que nous connaissons encore très peu l'histoire du travail féminin durant les deux premiers siècles qui ont suivi l'arrivée des Françaises en Amérique. Ce champ de recherche gagnerait à être investigué si l'on veut éviter les généralisations hâtives sur la vie des immigrantes qui quittèrent leur «doulce» France au 17ᵉ siècle.

L'industrialisation

Le Québec commence à s'industrialiser dans les années 1850 et l'organisation du travail subit de profondes modifications. La notion même du travail se transforme: il devient peu à peu synonyme «d'occupation personnelle». L'embauche sur une base individuelle, le travail à plein temps exercé en dehors du domicile sont devenus des caractéristiques pour distinguer le travail du non-travail[21]. Désormais c'est ce type de travail qui est reconnu comme le «vrai» travail à partir duquel se calcule la valeur de la production.

Une des principales conséquences de cette conception est l'exclusion des statistiques d'une grande partie des femmes affectées à une production domestique rémunérée ou non et s'effectuant à domicile. Nos connaissances sur le travail s'en trouvent singulièrement réduites. Les responsables des recensements canadiens ont d'ailleurs déjà reconnu ce problème. Dans la préface du recensement du Canada de 1921, ne remarquent-ils pas: «Il est bon de noter ici qu'à chaque recensement, les femmes ne faisant que les travaux du ménage dans leur propre maison ne sont pas considérées comme étant dans des positions rémunérées et par conséquent ne sont pas

---

20. Jean-Paul Bernard, Paul-André Linteau et Jean-Claude Robert, «La structure professionnelle de Montréal en 1825», *RHAF*, 30, 3 (décembre 1976): 398-400.
21. Catherine Hakim, «Census Reports as Documentary Evidence: the Census Commentaries 1801-1951», *The Sociological Review*, 28, 3 (août 1980).

comprises dans les statistiques des occupations. Cette restriction
dans la classification et l'indexage de la classification sont complètement arbitraires. Dans la classe agricole, tout spécialement, les femmes accomplissent une grande et importante partie des travaux de la
ferme, sur un pied à peu près d'égalité avec les hommes[22]».

En Angleterre, les séries statistiques disponibles permettent
d'observer les variations dans les taux d'activité des femmes: ainsi
en 1861, le taux était aussi élevé que 110 ans plus tard en 1971, soit
43%[23]. Les femmes ont d'abord des taux d'activité élevés, puis on
enregistre une baisse et enfin une lente remontée tout au long du 20e
siècle. La nouvelle organisation du travail au 19e siècle, sortant progressivement le travail industriel hors des maisons, a produit une
diminution de leur «activité économique». Parce que prioritaire-
ment affectées au soin des enfants, l'importance numérique des
femmes dans la production marchande qui se fait de plus en plus en
usine se réduit. Il faudra donc trois générations avant que les femmes en Grande-Bretagne ne retrouvent les mêmes taux d'activité. Ce
qui s'est passé en Grande-Bretagne ne s'est pas produit au Canada,
car l'industrialisation ne connaît pas ici toutes les phases de développement observées dans les pays industrialisés de longue date. Ce
mouvement de retrait puis de retour ne peut être observé avec la
même précision. Néanmoins, les premières manufactures ont fait
appel, ici aussi, à une abondante main-d'oeuvre féminine.

C'est le cas de l'industrie de la chaussure à Montréal[24]. Étu-
diant le passage de cette industrie de l'artisanat à la fabrique entre
les années 1840-1870, Joanne Burgess a constaté que dans un premier temps l'augmentation de la production a nécessité une abondante main-d'oeuvre et s'est effectuée à partir d'une division du travail entre plusieurs artisans. Le travail sur l'empeigne des chaussures était habituellement réservé aux femmes. Mais plus tard, avec
l'apparition de la machine à coudre, le travail effectué par des
ouvrières à domicile est transplanté en atelier et celles-ci doivent
s'intégrer à l'atelier central. Ce mouvement entre le domicile et
l'atelier, qui a pu être observé dans l'industrie de la chaussure, n'est
pas sans signification pour une importante proportion des femmes
qui avaient mené simultanément production domestique et produc-

22. *Recensement du Canada* (1921), vol. IV, p. LXXXVIII.
23. Catherine Hakim, «Census Reports as Documentary Evidence: The Census Commenta-
    ries 1801-1951».
24. Joanne Burgess, «L'industrie de la chaussure à Montréal: 1840-1870 — le passage de
    l'artisanat à la fabrique», *R.H.A.F.,* 31, 2 (sept. 1977): 187-210.

tion industrielle à domicile durant les premières décennies de l'industrialisation.

Les recherches de Bettina Bradbury concernant l'impact de l'industrialisation sur la famille dans deux quartiers montréalais des années 1870 jettent un éclairage intéressant sur cette question[25]. Les familles de ces quartiers ne peuvent survivre avec un seul salaire, et on compte en moyenne 1,6 travailleur par unité familiale. Ces travailleurs sont la plupart du temps des enfants, mais la répartition des tâches dans les familles semble influencée par le type d'emplois offerts et le degré d'industrialisation des quartiers. Dans Sainte-Anne, quartier déjà fortement industrialisé, les travailleuses sont soit veuves, soit femmes seules. Dans Saint-Jacques, quartier où l'artisanat occupe une partie importante de la main-d'oeuvre, le portrait est différent: les femmes effectuent du travail à domicile pour des entreprises. Il est donc possible qu'au cours du 19e siècle un nombre significatif de femmes aient participé, à domicile, à la production marchande et qu'elles en aient été par la suite exclues par le transfert graduel de la production vers les fabriques.

En outre, on peut remarquer une importante modification dans les taux de participation des femmes à la production marchande. Si le recensement de la ville de Montréal en 1825 a permis d'établir que les femmes formaient 27% de la main-d'oeuvre, il faudra attendre en 1941 pour retrouver un taux de participation semblable[26].

L'industrialisation et l'urbanisation ont créé une nouvelle structure d'emplois tout en transformant considérablement la nature du travail des femmes. Leur taux de participation à la population active a décliné lorsque surgit le début du travail féminin moderne dans la production capitaliste, travail qui s'effectue de plus en plus en dehors de l'espace domestique. L'observation des divers secteurs où les travailleuses se concentrent met en relief la prédominance du service domestique au 19e siècle comme source d'emploi pour les femmes. Claudette Lacelle a étudié le statut des domestiques dans certaines villes canadiennes, notamment à Montréal et à

25. Bettina Bradbury, «The Family Economy and Work in an Industrializing City: Montreal in the 1870s», *Communications historiques* (Société historique du Canada, Saskatoon, 1979), 71-96.
26. J.-P. Bernard, P.-A. Linteau et J.-C. Robert, «La structure professionnelle de Montréal en 1825»; M. Lavigne et J. Stoddart, «Ouvrières et travailleuses montréalaises 1900-1940», publié dans ce recueil.

Québec, entre 1820 et 1870[27]. Elle a noté un accroissement de la
féminisation. Alors que dans les années 1820 les deux tiers des
domestiques résidants étaient des femmes, en 1871, huit sur neuf le
sont. Parallèlement à cette féminisation, on observe aussi une certaine détérioration des conditions de travail: à la fin du siècle, les
heures de travail sont plus longues qu'elles ne l'étaient au début. De
plus en plus, les domestiques sont des étrangères: étrangères
d'abord dans les familles qui se privatisent et étrangères dans le sens
ethnique du terme. Parce qu'il est plus difficile de trouver des
domestiques, le recrutement s'effectue auprès des immigrantes et de
nombreuses sociétés se consacrent à l'accueil de jeunes débarquant
des Îles britanniques[28]. On a souvent l'image de la jeune fille de la
campagne arrivant seule en ville pour devenir domestique: si, selon
Lacelle, cette image est quelque peu fautive pour le début du 19ᵉ siècle où la majorité des domestiques des villes étaient nées en milieu
urbain, à la fin du siècle, la plupart ne sont pas d'origine urbaine. Le
personnel domestique est difficile à recruter et encore plus difficile,
semble-t-il, à garder. Sa mobilité est d'ailleurs probablement un
indicateur de l'insatisfaction de ces travailleuses.

Les femmes de la bourgeoisie ont dû s'organiser pour contrer
ce qu'elles dénommaient «la crise domestique». Jennifer Stoddart
et Veronica Strong-Boag ont déjà tracé un intéressant portrait de
cette crise vécue par les bourgeoises francophones et anglophones
du pays[29]. Les solutions envisagées par ces bourgeoises, qu'il
s'agisse du recrutement à l'étranger ou à la campagne ou encore de
la professionnalisation du travail domestique, ne sortaient guère,
hormis quelques tentatives de collectivisation des tâches, du modèle
traditionnel remettant aux femmes la responsabilité unique de la
production dans le travail domestique.

Pourquoi donc y a-t-il crise dans le travail domestique? Il ne fait
pas de doute qu'à la fin du siècle on compte moins de domestiques.

---

27. Claudette Lacelle, «Les domestiques dans les villes canadiennes au XIXᵉ siècle: effectifs
    et conditions de vie», *Histoire sociale*, XV, 29, (1982): 181-208.
28. Barbara Roberts, «A Work for Empire». Canadian Reformers and British Female
    Immigration» dans *A Not Unreasonable Claim: Women and Reform in Canada, 1880s-
    1920s,* édité par Linda Kealey (Toronto, The Women's Press, 1979), 185-202. À l'avenir:
    A Not Unreasonable Claim... Voir aussi Joy Parr, *Labouring Children: British Immi-
    grant Apprentices to Canada 1869-1924* (Montréal, McGill-Queen's University Press,
    1980).
29. Jennifer Stoddart et Veronica Strong-Boag, «And Things were Going Wrong at Home»,
    Atlantis, 1, 1 (1975): 38-44.

Les données de Lacelle révèlent d'ailleurs une diminution du pourcentage de familles embauchant des domestiques, et celles de D.S. Cross, le déclin relatif de ce secteur d'emploi[30]. Geneviève Leslie, dans son étude sur les domestiques canadiennes[31], attribue cet important changement aux modifications structurelles apportées par l'industrialisation, et donc à la possibilité pour les femmes d'obtenir de meilleurs emplois dans d'autres secteurs de l'économie. Après 1880, affirme-t-elle, le service domestique est un résidu des temps féodaux dans une ère industrielle. David Levine et Chad Gaffield constatent par contre que la diminution des domestiques se fait sentir aussi en milieu rural ontarien où elle suit un mouvement parallèle aux villes. Soulevant la question de l'origine de la crise domestique, ils émettent l'hypothèse qu'elle n'est peut-être pas liée à l'emploi industriel[32]. La mise en service domestique correspondait à un comportement familial traditionnel qui se modifie: les parents auraient davantage tendance à garder leurs enfants à la maison avant le mariage plutôt que de les confier à des étrangers.

Le métier d'institutrice a aussi attiré l'attention. Dans son étude sur les instituteurs laïques au Canada français, André Labarrère-Paulé nous livre indirectement quelques données sur la situation des institutrices québécoises[33]. On y apprend entre autres que dès 1853-1854 le personnel laïque est féminisé à plus de 63%[34]. L'acceptation par les femmes de bas salaires, équivalant à la moitié de ceux des hommes, constitue ce que l'auteur appelle «la racine du mal qui (...) va entraîner la féminisation du corps enseignant[35]». Ce phénomène, conjugué à ce que l'auteur qualifie d'incompétence et à la cléricalisation progressive, est en partie responsable de la «crise de qualité» qui a secoué la profession au cours du siècle. Contraire-

---

30. D. Suzanne Cross, «La majorité oubliée: le rôle des femmes à Montréal au 19ᵉ siècle» (reproduit dans ce recueil).
31. Geneviève Leslie, «Domestic Service in Canada: 1880-1920» dans *Women at Work. Ontario 1850-1930*, 71-125.
32. Chad Gaffield et David Levine, «Dependency and Adolescence on the Canadian Frontier: Orillia, Ontario in Mid-Nineteenth Century», *History of Education Quarterly*, printemps 1978).
33. André Labarrère-Paulé, *Les instituteurs laïques au Canada français 1836-1900* (Québec, Presses de l'Université Laval, 1965), 471 p.
34. «L'instituteur laïque canadien-français du 19ᵉ siècle» dans *L'éducation au Québec (19ᵉ-20ᵉ siècles)* de Marcel Lajeunesse (Coll. «Études d'histoire du Québec», Montréal, Boréal Express, 1971), 65.
35. *Ibid.*, 63.

ment à cet auteur qui présente la féminisation de l'enseignement comme une véritable calamité, Alison Prentice la replace dans son véritable contexte[36]. Sans contester le fait que les institutrices, en acceptant d'être sous-payées, aient pu nuire à l'évolution de la profession, elle ne leur reproche quand même pas ce comportement: elles n'avaient pas le choix, on les engageait précisément parce qu'elles coûtaient moins cher. Elle met également en relief les nombreux préjugés auxquels elles ont eu à faire face, sources de leurs salaires médiocres et de leur bas statut professionnel. Dans la foulée de ces recherches, elle s'est livrée avec d'autres chercheuses à des analyses raffinées de l'évolution de la division sexuelle du travail dans l'enseignement au Québec et en Ontario[37].

Domestiques, institutrices, mais aussi ouvrières. Le service domestique, qui représentait la principale source d'emploi pour les femmes dans la société préindustrielle, est détrôné peu à peu par le travail en manufacture qui, en 1881, occupe 16% de la population féminine à Montréal, comparativement à 8% dans le service domestique. C'est entre autres ce que nous révèle l'article de D. Suzanne Cross, «La majorité oubliée: le rôle des femmes à Montréal au 19e siècle», reproduit dans ce recueil. L'auteure y décrit la croissance de la population féminine, sa distribution par âge, sa localisation géographique ainsi que la gamme des emplois accessibles aux femmes. Une des caractéristiques fondamentales de la main-d'oeuvre féminine est la grande proportion de jeunes filles et de jeunes femmes qu'on y retrouve. Cross rapporte aussi la présence dans ses rangs de la mère canadienne-française et ce, dès 1850. Elle remet en cause l'image du rôle exclusif de la mère canadienne-française dévouée corps et âme au seul bien-être de sa famille et aux tâches domestiques.

L'article de Susan Mann Trofimenkoff, «Contraintes au silence... Les ouvrières vues par la Commission royale d'enquête sur les relations entre le capital et le travail», également reproduit dans ce recueil, dresse un tableau plus précis de la situation de ces dernières sur le marché de l'emploi. Documenté à partir des témoignages

---

36. Alison Prentice, «The Feminization of Teaching in British North America and Canada 1845-1875», *Histoire sociale/Social History,* VIII, 15 (mai 1975): 5-20.
37. Marta Danylewycz, Beth Light et Alison Prentice, «The Evolution of the Sexual Division of Labour in Teaching: A Nineteenth Century Ontario and Quebec Case Study», communication présentée à l'American Historical Association (Los Angeles, 1981).

de cette commission qui a eu lieu entre 1886 et 1889[38], il révèle les conditions de travail des femmes, mais aussi les perceptions qu'en ont les ouvriers, les patrons ainsi que les commissaires. Ces derniers, plutôt que d'analyser le travail des ouvrières à partir d'une grille de relations de travail, l'ont considéré comme un problème moral. L'atelier aurait été pour les bien-pensants de la fin du 19ᵉ siècle un lieu de perdition pour la moralité des jeunes ouvrières. Trofimenkoff rappelle à cet égard que cette attitude moralisatrice ralliera de nombreux supporteurs au Québec.

Les données de Cross et de Trofimenkoff nous suggèrent l'immense écart qui existait entre les conditions quotidiennes d'exercice du travail et la conception qu'en véhiculaient les leaders d'opinion ou les classes bourgeoises. La majorité des travailleuses au 19ᵉ siècle sont des domestiques résidant dans une famille ou de jeunes ouvrières vivant avec leurs parents. Elles ne pouvaient d'ailleurs songer survivre avec leur seul salaire et devaient pour la plupart aider leurs parents à joindre les deux bouts. Comment dans un tel contexte le travail des femmes à l'extérieur pouvait-il apparaître comme source de dissolution morale ou de menace à la famille? Comment pouvait-il être perçu par les ouvrières comme une libération? La nouvelle historiographie sur le travail des femmes insiste particulièrement sur le rapport travail-famille. L'historienne française Michelle Perrot précise cette orientation: «Il faut le redire: l'histoire du travail féminin est inséparable de celle de la famille, des rapports des sexes et de leurs rôles sociaux. La famille, plus que le travail qu'elle conditionne, est le véritable ancrage de l'existence des femmes et de leurs luttes, le frein ou le moteur de leur changement[39]». Qu'il s'agisse des ouvrières franco-américaines ou des femmes des quartiers Sainte-Anne et Saint-Jacques à Montréal, il semble que le travail ait été perçu et organisé en fonction de l'économie de la famille elle-même. À Manchester, au New Hampshire, la famille décide lesquels de ses membres doivent travailler à la fabrique, et les Canadiens français transplantent en industrie les modèles d'organisation du travail d'une économie familiale.

La participation des femmes au travail pourra s'accroître à la suite de législations interdisant le travail des enfants, ou encore par

---

38. Sur cette commission d'enquête, voir particulièrement Fernand Harvey, *Révolution industrielle et travailleurs. Une enquête sur les rapports entre le capital et le travail au Québec à la fin du 19ᵉ siècle* (Montréal, Boréal Express, 1978).
39. Michelle Perrot, «De la nourrice à l'employée... travaux de femmes dans la France du XIXᵉ siècle», *Le Mouvement Social,* 105 (oct.-nov. 1978).

la mise en vigueur de l'instruction obligatoire. Elle pourra aussi être influencée par le type d'industries locales, par la possibilité d'effectuer du travail à domicile ou encore par la taille du logement qui permet d'accueillir des chambreurs[40].

Les travaux de Tamara K. Hareven sur les familles canadiennes-françaises qui émigrent au New Hampshire pour s'embaucher à l'Amoskeag Corporation révèlent un pan de l'histoire des femmes que l'«Histoire» s'est empressée d'oublier, et nous rappellent que l'analyse des caractéristiques officielles de la main-d'oeuvre féminine ne reflète que partiellement l'expérience de nos ancêtres[41]. Il est important de se souvenir qu'à la fin du 19ᵉ siècle le Québec se vide littéralement. C'est près d'un demi-million de Québécois et de Québécoises qui émigrent aux États-Unis pour y vivre, outre-frontière, l'expérience du travail industriel. C'est par milliers que des femmes travaillent dans les usines de la Nouvelle-Angleterre. Ce chapitre de notre histoire, parce que vécu à l'extérieur du territoire québécois, a été effacé de notre mémoire collective. Occultation qui a permis de conserver presque intacte l'image de la Québécoise, mère au foyer. Occultation qui a permis d'affirmer que les femmes d'ici travaillaient peu à l'extérieur de la maison. Or, celles-ci sont allées peupler les usines d'ailleurs parce qu'ailleurs il y avait du travail.

Même les femmes qui ont passé la majeure partie de leur vie dans la production domestique ont vu leur travail se modifier considérablement sous l'impact de l'industrialisation. Celle-ci a bouleversé la production domestique. L'étude de l'apparition de la ménagère est un champ de recherche qui connaît actuellement un essor considérable. Ouvrages théoriques sur la production domestique,

---

40. Joan W. Scott et Louise A. Tilly, «Women's Work and the Family in Nineteenth-Century Europe», *Comparative Studies, Society and History*, 17, (janvier, 1975); L. Tilly, «Structure de l'emploi, travail des femmes et changement démographique dans deux villes industrielles: Anzin et Roubaix, 1872-1906», *Le mouvement social,* 105 (oct.-nov. 1978); Patricia Branca, *Women in Europe since 1750* (Londres, Croom Helm, 1978); Tamara K. Hareven, «Family Time and Industrial Time: Family and Work in a Planned Corporation Town 1900-1924» dans *Family and Kin in Urban Communities,* édité par Tamara K. Hareven, 187-207; Frances H. Early, «The French-Canadian Family Economy and Standard of Living in Lowell, Massachusetts, 1870», communication présentée à la Société historique du Canada, juin 1980, 25 p.; Tamara K. Hareven et Randolph Langenbach, *Amoskeag: Life and Work in an American Factory City* (New York, Pantheon Books, 1978).
41. T. K. Hareven, *op. cit.;* voir aussi à ce sujet le numéro spécial de la revue *Ovo* sur la Nouvelle-Angleterre (vol. 12, no 46) et I.M. Simano, *French Canadian Women in Maine Mills and Factories 1870-1900* (Thèse de doctorat, Maine, 1970).

descriptions des tâches des ménagères, études sur la «ménagerisa-tion» des femmes, analyses critiques des budgets-temps, explora-tion de la technologie domestique sont autant de sujets abordés[42]. Mais jusqu'à ce jour, on note, sauf exceptions, assez peu de recher-ches au Québec. Pour appréhender l'histoire des ménagères, il faut la plupart du temps se référer aux recherches sur le service domesti-que, aux monographies sur la vie quotidienne et surtout faire des extrapolations à partir des recherches américaines ou européen-nes[43].

---

42. Voir, entre autres, Geneviève Fraisse, *Femmes toutes mains. Essai sur le service domesti-que* (Paris, Seuil, 1979), 246 p.; Ruth Schwartz-Cowan, «A Case Study of Technological Change: the Washing Machine and the Working Wife» dans *Clio's Consciousness Rai-sed* de Mary Hartman et Lois Banner, ed. (New York, Harper, 1974); Joann Vanek, «Time Spent in Housework» dans *A Heritage of Her Own. Toward a New Social His-tory of American Women* de Nancy F. Cott et Elisabeth H. Pleck, ed. (New York, Simon and Shuster, 1979); Susan M. Strasser, «An Enlarged Human Existence? Technology and Housework in Nineteenth-Century America» dans *Women and Household Labor* de Sarah Fenstermaker Berk ed. (Beverly Hills/ London, Sage Publications, 1980), 29-51; Andrée Michel, *Les femmes dans la société marchande* (Paris, P.U.F., 1978). Voir aussi M. Bentson, «Pour une économie politique de la libération des femmes» et I. Larguia, «Contre le travail invisible», *Partisans,* 54-55 (juillet-octobre 1970): 23-31 et 206-220; M. Meissner, «Sur la division du travail et l'inégalité des sexes», *Sociologie du travail,* 4 (1975), 329-335. Louise Vandelac, «... et si le travail tombait enceinte??? Essai féministe sur le concept travail», *Sociologie et Sociétés,* XIII, 2 (octobre 1981): 67-82; Jessie Bernard, «Household Technologies», dans *The Female World* de la même auteure (New York, The Free Press, 1981), 393-412.

43. Hélène David *et al., Analyse socio-économique de la ménagère québécoise* (Montréal, Centre de recherche sur la femme, ms, 1972), 286 p.; Yolande Pinard, *Quelques jalons de l'histoire de la production domestique au Québec de 1860 à 1960* (document de tra-vail, Conseil du statut de la femme, ms, novembre 1981). Cette recherche ne prétend pas offrir une synthèse de l'histoire de la production domestique entre 1850 et 1960, compte tenu de l'insuffisance flagrante des sources disponibles sur ce sujet; elle en pose plutôt les premiers jalons. Cette étude est un des volets d'un projet de recherche sur la production domestique coordonné par Louise Vandelac en 1981/82, au Conseil du statut de la femme. La plupart du temps on doit se contenter de glaner des informations dans des ouvrages divers abordant la vie quotidienne ou encore se référer aux monographies des sociologues. Ainsi, on trouve des données intéressantes dans des ouvrages tels: Jean Pro-vencher et Johanne Blanchet, *C'était le printemps* (Montréal, Boréal Express, 1980), 236 p.; Horace Miner, *Saint-Denis. A French-Canadian Parish* (Chicago & London, The University of Chicago Press, 1939, 5ᵉ tirage, 1967), 299 p.; Marcel Rioux, *Description de la culture de l'Île Verte* (Ottawa, Information Canada, 1954), 98 p.; Jean-Charles Falar-deau, Philippe Garigue et Léon Gérin, *Léon Gérin et l'habitant de Saint-Justin* (Mon-tréal, Presses de l'Université de Montréal, 1968), 179 p.; Léon Gérin, *Le type économi-que et social des Canadiens français. Milieux agricoles de tradition française* (Montréal, Fides, 1948), 221 p.; Philippe Garigue, *La vie familiale des Canadiens français* (Précédé d'une critique de «La vie familiale des Canadiens français» (Montréal, PUM, 1970), 142 p.

En premier lieu, comme nous l'avons souligné plus haut, la production dans la famille n'a plus la même signification sociale: non seulement est-elle exclue des calculs de la production nationale, mais elle n'est plus considérée socialement comme un travail: c'est une mission, un rôle ou une vocation. Si les femmes des classes favorisées ont pu développer au 19ᵉ siècle une conception nouvelle du rôle de la mère en tant qu'éducatrice et gardienne du foyer, il est peu probable que les femmes des classes populaires aient eu, au cours des premières décennies de l'industrialisation, les moyens financiers d'adhérer à ce nouveau rôle.

Les études sur les conditions de vie des classes populaires démontrent clairement la pauvreté des familles ouvrières qui devaient pour survivre avoir plus d'un gagne-pain[44], et vraisemblablement compter sur une importante production domestique au sein de la famille. Les femmes au foyer ont pu, dans les petites villes, cultiver un jardin; elles ont cousu pour leur propre famille et pour l'industrie; elles ont accueilli des chambreurs; elles ont fait des lavages et des ménages, activités qui ne sont habituellement pas relevées dans les recensements. Plus tard, les périodes de crise économique ont probablement entraîné une recrudescence de la production domestique ici comme aux États-Unis, où on a pu constater une hausse des ventes de machines à coudre, de sertisseuses, de boîtes de conserves durant la grande crise des années trente[45]. Il sera nécessaire que des recherches explorent la production domestique des femmes en abordant non seulement ses transformations mais aussi son importance économique selon les classes sociales et les rapports entre la production domestique et la production marchande.

En second lieu, l'industrialisation a eu un impact considérable sur le travail domestique lui-même. Les nouvelles inventions, qu'il s'agisse des machines à laver, des appareils brevetés au 19ᵉ siècle, ne profitent guère aux femmes avant le 20ᵉ siècle: elles doivent attendre

---

44. T. Copp, *Classe ouvrière et pauvreté — Les conditions de vie des travailleurs montréalais, 1897-1929* (Montréal, Boréal Express, 1978), 45-59; M. Pelletier et Y. Vaillancourt, *Les politiques sociales et les travailleurs* (Cahiers I, II et IV, Montréal), et J. Rouillard, *Les travailleurs du coton au Québec 1900-1915.* (Coll. «Histoire des travailleurs québécois», Montréal, P.U.Q., 1974), 152 p.; Jean de Bonville, *Jean-Baptiste Gagnepetit; les travailleurs montréalais à la fin du XIXᵉ siècle* (Montréal, L'Aurore, 1975), 253 p.; Jacques Bernier, *La condition ouvrière à Montréal à la fin du XIXᵉ siècle, 1874-1896* (Thèse de maîtrise (Histoire), Université Laval, 1971).

45. Ruth Milkman, «Women's Work and the Economic Crisis: Some Lessons from the Great Depression», dans *A Heritage of Her Own;* 507-541.

la diffusion de la technologie domestique moderne et l'électrification systématique pour que change leur vie quotidienne. Il ne faut pas croire cependant que la technologie a libéré les femmes. L'historienne américaine Ruth Schwartz-Cowan fait remarquer que les changements technologiques ont peut-être simplement enlevé la responsabilité de certaines tâches à des employées rémunérées pour les confier aux mères de famille, comme ce fut le cas pour les lavages qui étaient souvent confiés à des lavandières et qui deviennent avec les machines à laver le lot quotidien d'une majorité de femmes, accroissant par le fait même leur tâche. D'ailleurs, il est significatif que les changements technologiques dans le travail ménager apparaissent historiquement à une période où les domestiques sont une espèce en voie de disparition[46].

Cette situation est confirmée par l'étude d'une vingtaine de budgets-temps réalisée par l'américaine Joann Vanek. Elle constate qu'en dépit de la généralisation de l'électro-ménager que les ménagères de 1960 travaillent autant d'heures que leurs grands-mères en 1920. Elle ne relève aucune différence entre le temps de travail ménager des femmes rurales et des femmes urbaines. Seules les travailleuses salariées consacrent moins d'heures au travail de maison et ce, vraisemblablement parce qu'elles achètent davantage de services[47].

Parallèlement à la dévaluation constante de leur travail dans la famille, les femmes poursuivent leur lent déplacement de l'économie domestique vers l'économie marchande tout au cours du 20ᵉ siècle[48]. L'article «Ouvrières et travailleuses montréalaises 1900-1940» de Marie Lavigne et Jennifer Stoddart (reproduit dans ce recueil) dégage les traits principaux du travail salarié au cours des premières décennies du siècle: les conditions de travail, les taux de participation à la main-d'oeuvre et les salaires. Les auteures analysent égale-

---

46. Ruth Schwartz-Cowan, «Two Washes in the Morning and a Bridge Party at Night: The American Housewife between the Wars», *Women's Studies,* 3, 2 (1976, 147-172).
47. Joann Vanek, «Time Spent in Housework». Voir aussi «The Length of a Housewife's Day in 1917», *Journal of Home Economics* (octobre 1973): 16-19.
48. Les taux de participation des femmes dans la main-d'oeuvre active totale ont évolué comme suit: 15,1% en 1901; 15,5% en 1911; 17,7% en 1921; 19,7% en 1931; 21,0% en 1941; 23,2% en 1951; 27,1% en 1961; 33,3% en 1971; 37,0% en 1981. Sources: Suzanne Messier, *Chiffres en main* (Conseil du statut de la femme, Gouvernement du Québec, 1982), 79; les données pour 1981 ont été calculées à partir de *Le marché du travail,* revue du Centre de recherche et de statistiques sur le marché du travail, Gouvernement du Québec, Vol. 3, no 7 (octobre 1982): 7.

ment les réactions de la société québécoise et des travailleuses elles-mêmes face à leur situation. On y constate que la division sexuelle du travail se répercute sur le marché du travail: marginalisées au foyer, les femmes le sont également au travail. Elles oeuvrent dans des secteurs «féminins», occupent des emplois de femmes et sont payées comme telles, c'est-à-dire deux fois moins que les hommes. La période ultérieure a été étudiée par Francine Barry dans *Le travail de la femme au Québec. L'évolution de 1940 à 1970*[49]. La participation des femmes au travail se serait considérablement modifiée après la guerre de 1939-1945. Les taux de croissance de la main-d'oeuvre féminine en général et celui des femmes mariées en particulier y sont plus élevés qu'à la période précédente. L'auteure note des transformations dans les revendications syndicales concernant les travailleuses, ce qui correspond d'ailleurs à un changement d'attitude de la société québécoise à l'égard du travail féminin.

Parmi les travailleuses québécoises de la première moitié du siècle, celles qui ont reçu le plus d'attention sont probablement les enseignantes. La vie des institutrices rurales a été particulièrement examinée par Marîse Thivierge[50]. Les secrétaires, ouvrières, infirmières ont bien fait l'objet de quelques recherches, mais il n'en demeure pas moins que l'évolution et les transformations de la plupart des métiers nous sont encore inconnues. L'histoire du travail féminin avant 1940 nous amène à relativiser l'impact de la Deuxième Guerre sur la participation des femmes au travail salarié. Cette guerre demeure toutefois importante parce qu'elle a permis à la fin de la crise à des milliers de femmes soit de reprendre leur place dans les usines, soit d'exercer des métiers qui étaient traditionnellement réservés aux hommes. Les recherches de Ruth Pierson explorent le travail dans l'armée, dans les usines ainsi que la question de reclasse-

---

49. Francine Barry, *Le travail de la femme au Québec. L'évolution de 1940 à 1970* (Montréal, P.U.Q., 1977), 82 p. Voir aussi Hugh et Pat Armstrong, *The Double Ghetto: Canadian Women and their Segregated Work* (Toronto, McClelland and Stewart, 1978), 109 p.; Francine Descarries-Bélanger, *L'école rose... et les cols roses. La reproduction de la division sociale des sexes* (Montréal, Éditions coopératives Albert Saint-Martin/CEQ, 1980).

50. Marîse Thivierge, *Les institutrices laïques à l'école primaire catholique au Québec de 1900 à 1964* (Thèse de doctorat (Histoire) Université Laval, 1981), 436 p. Voir aussi Serge Mainville, *La revue «La Petite école» et l'institutrice rurale, 1927-1937* (Mémoire de M.A. (Histoire), UQAM, 1981). Pour une analyse de la production en histoire de l'éducation des filles et des enseignantes, voir Micheline Dumont et Nadia Fahmy-Eid, *Maîtresses de maison, maîtresses d'école.*

ment des femmes après la guerre[51]. Le livre abondamment illustré de Geneviève Auger et de Raymonde Lamothe, *De la poêle à frire à la ligne de feu*, fait revivre la guerre dans ce qu'elle a pu signifier non seulement pour les ouvrières, mais pour toutes les femmes, bénévoles, fiancées, ménagères, épouses de guerre[52].

Ce dernier livre témoigne d'ailleurs d'une certaine réorientation dans la façon de faire l'histoire des femmes. L'approche intègre toutes les activités des femmes et les auteures insistent particulièrement sur les rapports du travail domestique avec l'économie de guerre. La méthodologie est aussi différente: outre les outils traditionnels des historiens, elles ont largement utilisé les histoires de vie des femmes qui ont vécu la guerre. Gail Cuthbert Brandt utilise une approche semblable dans ses études sur les travailleuses des filatures de coton au Québec, ce qui permet de mieux saisir la complexité de l'expérience historique des travailleuses[53].

On pourra en connaître davantage sur les projets politiques des ouvrières et les actions qu'elles ont pu mener au sein du mouvement ouvrier ou du mouvement des femmes en interrogeant les femmes elle-mêmes, car les archives des syndicats et des groupes féministes leur ont laissé bien peu de place. L'histoire des militantes syndicales et ouvrières commence à s'écrire: les Madeleine Parent, Laure Gaudreault, Léa Roback, Danielle Dionne, Bella Hall Gauld, Annie Buller sortent peu à peu de l'oubli[54].

---

51. Ruth Pierson, «Women's Emancipation and the Recruitment of Women in the Canadian Labour Force in World War II», *Historical Papers. Communications historiques* (La Société historique du Canada, 1976), 141-173; «Ladies of Loose Women: The Canadian Women's Army Corps in World War II», *Atlantis,* 4,2, part II (printemps 1979): 245-266 et «Home Aide»: A Solution to Women's Unemployment after Second World War», *Atlantis,* 2,2 (printemps 1977); 85-97.

52. Geneviève Auger et Raymonde Lamothe, *De la poêle à frire à la ligne de feu. La vie quotidienne des Québécoises pendant la guerre 1939-1945* (Montréal, Boréal Express, 1981), 232 p. Voir aussi Louise Bérubé, *Les femmes québécoises durant la Deuxième Guerre mondiale* (Thèse de maîtrise (Anthropologie), Université de Montréal, 1979), 121 p.

53. Gail Cuthbert Brandt, «Weaving it Together. Life Cycle and the Industrial Experience of Female Cotton Workers in Quebec 1910-1950», *Labour/Le travailleur,* (printemps 1982): 113-126, et «Industry's Handmaidens: Women in The Quebec Cotton Industry», *Les Cahiers de la femme,* 3,1 (1981): 79-82; Jacques Rouillard, *Marie Blanchet, travailleuse du coton à Valleyfield en 1908* (Coll. «Histoire du Canada en images, série no 2, no 20, Ottawa, Musée national de l'homme, 1975).

54. Gloria Montero, «Madeleine Parent. Valleyfield's Textile Workers 1946» dans *We Stood Together. First Hand Accounts of Dramatic Events in Canada's Labour Past* de la même auteure (Toronto, James Lorimer & Company Publishers, 1979), 113-136; pour d'autres informations sur Parent, voir aussi Rick Salutin, *Kent Rowley. Une vie pour le mouvement ouvrier* (Traduction de Robert Paquin, Montréal, Éditions Albert Saint-

Tout comme l'accès des femmes au travail salarié fut un long processus, leur accès à la syndicalisation fut lent. Il n'y a pas eu au Québec d'étude globale sur le sujet. Néammoins, de nombreuses recherches nous permettent de retracer les jalons de cette histoire[55]. Certains syndicats féminins ont fait l'objet de recherches particulières, qu'il s'agisse des allumettières de Hull, des enseignantes ou des infirmières. Tant chez les allumettières que chez les institutrices rurales, le contrôle du combat syndical par les femmes elles-mêmes est l'objet d'enjeu. Les allumettières se voient totalement dépossédées de leurs grèves[56]. Les institutrices rurales sauront préserver leur autonomie de 1937 à 1946 et manifester leur militantisme dans la Fédération catholique des institutrices rurales; cependant, l'intégration au nom de l'efficacité de leur fédération à la Corporation provinciale des instituteurs et institutrices du Québec permet l'affirmation du pouvoir des hommes dans le syndicalisme enseignant et produit l'effacement du militantisme des femmes[57].

Martin, 1982), 203 p.; Danielle S. Dionne, «Syndicalisme au féminin», *Canadian Women's Studies/Les Cahiers de la Femme,* 2, 4 (1980): 28-31; Lucie Lebeuf, «Léa Roback ou comment l'organisation syndicale est indissociable de la vie de quartier», *Vie Ouvrière,* 128 (octobre 1978): 461-470; C. Vance, *Not by Gods but by People... The Story of Bella Hall Gauld;* L. Watson, *She Never Was Afraid: The Biography of Annie Buller;* Rose Pesotta, *Bread upon the Waters* (New York, Dodd Mead, 1945), 435 p.

55. L'ouvrage de Julie White, *Les femmes et le syndicalisme,* (Ottawa, Conseil consultatif canadien sur la situation de la femme, 1980), 148 p., consacre quelques chapitres à l'histoire de la syndicalisation. Des données sur la participation des femmes au mouvement ouvrier se retrouvent dans *150 ans de lutte. Histoire du mouvement ouvrier au Québec (1825-1976)* de la CSN et CEQ (Montréal, CSN/CEQ, 1979), 235 p.; voir aussi Jacques Rouillard, *Histoire de la CSN (1921-1981)* (Montréal, Boréal Express/CSN, 1981), 335 p. Plus spécifiquement on consultera des récits de grèves ou l'histoire de syndicats; entre autres: E. Dumas, «Les grèves de la guenille», *Dans le sommeil de nos os,* (coll. «Recherches sur l'homme», Montréal, Leméac, 1971): 43-75; L. Dagenais et Y. Charpentier, «Participation des femmes aux mouvements syndicaux», *Le Travail féminin,* 137-145, 146-157. P. Dionne, *Une analyse historique de la Corporation des enseignants du Québec 1836-1968,* (Thèse de M.A.-relations industrielles, U. Laval, 1969), 260 p. *Les Midinettes 1937-1962* (U.I.O.V.D., Montréal, Bureau conjoint, 1962), 123 p. Michèle Ouimet, *L'industrie textile et les grèves de 1946 et de 1952 à la Montreal Cotton Ltd de Valleyfield* (Thèse de M.A. (histoire), UQAM, 1980); Denise Baillargeon, *Histoire des Ouvriers unis des textiles d'Amérique (1942-1952)* (Thèse de maîtrise (Histoire), Université de Montréal, 1981), 252 p.

56. Michelle Lapointe, «Le syndicat des allumettières de Hull, 1919-1924», *RHAF,* 32, 4 (mars 1979): 603-627.

57. Hélène Massé, *De l'autonomie d'action syndicale des femmes à la récupération patriarcale. Une étude de cas: la Fédération catholique des institutrices rurales de 1936 à 1953* (Thèse de maîtrise science politique), Université Laval, 1982).

Les infirmières ont eu elles aussi un long chemin à parcourir, le chemin de la «vocation à la profession»[58]. Johanne Daigle, dans son article inédit «L'éveil syndical des religieuses laïques: l'émergence et l'évolution de l'Alliance des infirmières de Montréal 1946-1966» (reproduit dans ce recueil), retrace les difficultés d'organisation de ces travailleuses. Celles-ci sont différentes des autres: au début, en tant que professionnelles, elles sentent davantage d'attrait pour le corporatisme et l'organisation professionnelle que pour le syndicalisme. En tant que femmes dont le métier est plutôt perçu comme une vocation, ces «religieuses laïques» ont à se définir comme travailleuses. Leur milieu de travail ne s'y prête guère puisque leurs patronnes sont pour la plupart des religieuses. Il s'agit là d'un cas quasi unique d'un syndicat essentiellement féminin qui aura à s'organiser face à un patronat majoritairement féminin... Ce qui n'empêchera pas les infirmières de l'hôpital Sainte-Justine de déclencher une grève illégale en 1963, conflit que l'histoire du syndicalisme a retenu parce qu'il s'agit de la première grève d'importance dans le secteur public québécois.

Les attitudes du pouvoir face au travail féminin [59] ainsi que les positions des syndicats n'ont pas été étrangers aux difficultés d'organisation des travailleuses et à l'occultation de leurs luttes. L'arti-

---

58. Sur les infirmières, voir Édouard Desjardins, Suzanne Giroux et Eileen C. Flanagan, *Histoire de la profession infirmière au Québec* (Montréal, Association des infirmiers et infirmières de la province de Québec, 1970), 270 p.; Jacques Bernier, «Les praticiens de la santé au Québec, 1871-1921: Quelques données statistiques», *Recherches sociographiques, 20,* I (janvier-avril 1979): 41-58; Micheline Dumont-Johnson, «De la vocation à la profession. L'histoire de la profession infirmière vue dans le cadre de l'histoire des femmes du Québec» (Communication présentée au colloque de L'ACFAS, Sherbrooke, 1981); Julie Cobrun, «'I see and am Silent'. A Short History of Nursing in Ontario» dans *Women at Work. Ontario 1850-1930,* 127-163.

59. L'ouvrage de base sur cette question est celui de Mona-Josée Gagnon, *Les femmes vues par le Québec des hommes. 30 ans d'histoire des idéologies* (Montréal, Éditions du Jour, 1974), 159 p. Voir aussi pour l'entre-deux-guerres, Marie Lavigne et Jennifer Stoddart, *Analyse du travail féminin à Montréal entre les deux guerres* (Thèse de maîtrise (histoire), UQAM, 1974); Francine Barry, *Le travail de la femme au Québec...;* pour la période 1940-1970, mentionnons en outre, Roger Chartier, *Problèmes du travail féminin* (Québec, Centre de culture populaire, Université Laval, 1952); Rosaire Roy, *Positions et préoccupations de la Confédération des syndicats nationaux et de la Fédération des travailleurs du Québec sur le travail féminin* (thèse de M.A., Relations industrielles, Université Laval, 1969); R. Geoffroy et P. Sainte-Marie, «*Le travailleur syndiqué face au travail rémunéré de la femme*», étude 9, C.R.E. sur la situation de la femme au Canada, (Ottawa, 1971), 145 p. *Le travail féminin* (département des Relations industrielles de l'Université Laval, Québec, P.U.L., 1967), 177 p.; P. Marchack, «Les femmes, le travail et le syndicalisme au Canada», *Sociologie et Sociétés,* 6, 1 (mai 1974): 37-53.

cle de Mona-Josée Gagnon, «Les femmes dans le mouvement syndical québécois» (reproduit dans ce recueil), décrit pour la période
allant de 1940 au début des années 1970 les modifications des attitudes syndicales face au travail des femmes. Les syndicats, qui s'oppo-
saient au travail féminin avant 1940, vont peu à peu l'accepter jusqu'à l'avènement de revendications nettement égalitaristes après
1970. Gagnon y étudie en outre l'évolution des trois grandes centrales — CSN, CEQ, FTQ — ainsi que la participation féminine au
syndicalisme. Depuis 1970, le syndicalisme a nettement changé de
cap. Les syndiquées sont actives dans les comités-femmes des centrales et ont modifié les règles du jeu; Mona-Josée Gagnon dans un
article inédit (reproduit dans ce recueil) fait le point sur cette histoire récente. Ce texte, «Les comités syndicaux de condition féminine: contributions à la lutte des femmes. Quelques notes pour une
mise à jour», pose un regard critique sur les développements actuels
de ces comités. Il révèle l'articulation des luttes des femmes avec les
luttes spécifiques des travailleuses et situe ces dernières dans leur
double allégeance au mouvement des femmes et au mouvement
syndical.

Cette articulation a probablement toujours existé dans le
passé, les travailleuses considérant sans doute leurs luttes comme
une démarche vers un changement de leur condition en tant que
femme et s'inscrivant par le fait même dans le mouvement des femmes. Si ces dernières apparaissent relativement absentes de l'histoire
syndicale et ouvrière, cette situation est imputable à une conception
étroite du travail, à la perception du rôle des femmes dans la société
et au chauvinisme longtemps dominant des syndiqués et de leurs leaders. De telles attitudes ont conditionné l'état des sources et des
archives sur cette question, rendant très difficile la reconstitution de
leurs expériences à la fois comme militantes et comme femmes.

Le mouvement des femmes a opéré un processus similaire
d'exclusion. Les figures connues qui ont laissé des traces écrites de
leur engagement féministe étaient pour la plupart issues des classes
bourgeoises, marginalement préoccupées de la condition ouvrière.
Le cheminement des travailleuses vers l'autonomie fut donc à peu
près ignoré dans l'histoire du mouvement.

Mouvement des femmes, féminisme et antiféminisme

Encore trop souvent associé à l'image d'une société repliée sur
elle-même, sinon sclérosée, le 19ᵉ siècle apparaît comme une époque

où les femmes se seraient pour ainsi dire éclipsées de la scène, du moins visible, de l'histoire. Barbara Sicherman a montré combien l'historiographie américaine a eu longtemps tendance à étudier les stéréotypes engendrés au 19ᵉ siècle par l'idéologie de la différenciation sexuelle, plutôt que le vécu des femmes[60]. En fait, des travaux récents, limités toutefois à une analyse de la classe moyenne, ont mis en relief le caractère paradoxal de cette idéologie qui s'est exprimée à travers le culte de la «vraie maternité», la moralité sexuelle victorienne et la doctrine de la séparation des deux sphères. En dépit de la dominance de l'idéologie de la domesticité, et même grâce à elle, les Américaines ont exercé une influence considérable au siècle dernier, voire du pouvoir, et ont joui d'une autonomie relative tant dans la sphère publique que dans leur univers privé. Individuellement ou collectivement, elles ont agi bien au-delà de ce que le stéréotype à l'honneur autorisait. De telles constatations s'appliquent aussi au cas québécois. L'émergence de la question des femmes à la fin du siècle le confirme, entre autres. L'influence des femmes dans le domaine de la vie publique s'est fait sentir[61]. Les militantes se sont servi de cette idéologie, c'est-à-dire de leur rôle de mère, pour justifier leurs interventions sociales ou féministes.

Ces nouvelles perspectives invitent à une remise en question de certaines interprétations relatives à la nature du changement survenu dans le rôle des femmes avec l'industrialisation. S'il apparaît que les femmes de la classe moyenne sont de plus en plus devenues des ménagères et que leur travail domestique s'est privatisé, il ne faudrait pas en conclure à une totale séparation entre le public et le privé. L'action des féministes et des réformistes, à partir de la fin du siècle, témoigne bien de l'interpénétration constante des deux sphères.

Un mouvement qui s'organise: 1893-1957

Sur la scène provinciale, les femmes propriétaires jouissaient du droit de vote au siècle dernier — certaines l'ont d'ailleurs exercé entre 1809 et 1834 — mais une loi promulguée en 1849 les en a pri-

---

60. Barbara Sicherman, «American History», *Signs: Journal of Women in Culture and Society,* 1, 2 (1975): 461-485.
61. Voir Ramsay Cook et Wendy Mitchinson, eds., *The Proper Sphere, Woman's Place in Canadian Society* (Toronto, Oxford University Press, 1976), 334 p. Dans ce recueil de documents d'époque se rapportant à la fin du 19ᵉ siècle et au début du 20ᵉ siècle, les écrits québécois ont été négligés.

vées. Sur cette question, l'article de William R. Riddell, bien qu'é-
crit en 1928, garde son intérêt, d'autant plus qu'il s'agit du seul texte
portant sur la participation des femmes à la vie politique formelle au
cours de la première moitié du 19e siècle[62]. Le statut des Québécoises
à cet égard est demeuré inchangé pendant près de cent ans.

Les associations féministes qui surgissent à partir des années
1890 ne constituent pas en soi la première expression d'un mouvement organisé de femmes au Québec. Rappelons les manifestations
des «ménagères» contre la cherté du pain sous le régime français, la
participation des femmes aux événements de 1837 et 1838, les oeuvres de charité laïques ou intégrées dans les communautés religieuses
qui reflètent le potentiel d'organisation des femmes[63]. Autant d'éléments essentiels à la compréhension de l'expérience de groupes de
femmes. En ce sens, la naissance du mouvement féministe à l'aube
du 20e siècle s'enracine dans une tradition d'intervention collective
qui a souvent revêtu une forme organisée. Or, nous ne connaissons
que des bribes de cette histoire. On n'a pas encore enregistré de protestations, du moins ouvertes, face au retrait du droit de vote ou à
l'adoption du Code civil en 1866. La synthèse du Collectif Clio trace
un bilan de cette période qui représente néanmoins un secteur sous-
développé de la recherche[64].

Les études sur la conquête des droits au Québec (comme au
Canada d'ailleurs) mettent souvent l'accent sur la lutte pour le suf-

---

62. W. R. Riddell, «Women Franchise in Quebec, a Century Ago», *Mémoires de la Société royale du Canada,* 3ième série, 1928, section 2, 85-99.

63. R.-L. Séguin, «La Canadienne aux 17e et 18e siècles», RHAF, 13, 4 (mars 1960): 492-508; Marcelle Reeves-Morache, *Les Québécoises de 1837-1838* (Montréal, éditions Albert Saint-Martin et la Société nationale populaire du Québec, 1975), 27 p. Sous une forme essentiellement narrative et descriptive, l'article de Reeves-Morache se penche sur quelques cas individuels. Voir aussi Fernand Ouellet, «Le destin de Julie Bruneau-Papineau (1796-1862)», *Bulletin des Recherches Historiques,* vol. 64, 1 (janvier-février-mars 1958): 37-63 et vol. 64, 2 (avril-mai-juin 1958): 37-63. Ouellet dégage un portrait essentiellement négatif de cette femme qui aurait été l'artisane de son propre malheur et de celui de son entourage; son point de vue foncièrement sexiste de l'histoire est empreint de préjugés sur la psychologie dite «féminine». Michèle Lalonde reprend les interpréta-tions de Reeves-Morache et de Ouellet dans «La femme de 1837-1838: complice ou contre-révolutionnaire?», *Liberté,* 7, 1-2 (janvier-avril 1965): 146-173. Vision littéraire, poétique ou romantique, ou encore interprétation psychologique selon le cas, l'image des femmes de 1837-38 n'est guère généreuse. L'ensemble de ces études n'expliquent d'ailleurs pas le contenu de leur participation réelle à la rébellion. Une première tentative de réinterprétation féministe des troubles de 1837-38 s'inscrit en faux contre cette appro-che. Voir Collectif Clio, *L'histoire des femmes au Québec...,* chap. V.

64. Collectif Clio, *L'histoire des femmes au Québec...,* 135-236.

frage qui ne fut obtenu ici qu'en 1940, une génération après toutes les autres provinces et cela, au détriment d'autres batailles tout aussi cruciales[65]. Cette insistance à tout ramener au vote se situe dans le courant de l'histoire politique et institutionnelle qui tend à attribuer l'évolution des événements à des moments politiques clés. Ce courant historiographique polarise exagérément l'attention sur le rôle de quelques individus: il est significatif que la seule «héroïne» née de la tradition politique québécoise du 20ᵉ siècle soit Thérèse Casgrain, ce «symbole» du mouvement féministe, dans les termes mêmes de Catherine L. Cleverdon. On a un peu trop rapidement assimilé les victoires féministes aux seules pressions exercées par une petite poignée de militantes bourgeoises et par leurs associations. D'autre part, l'action politique des femmes ne semble être reconnue que dans la mesure où elle est reliée aux luttes menées pour l'obtention de droits égaux, du suffrage principalement. Comme l'a déjà souligné Gerda Lerner pour les États-Unis, une définition aussi étroite de l'activité politique des femmes ne permet pas de cerner et de comprendre tous les aspects de leur engagement dans la vie comunautaire, y compris comme membres de la famille[66]. Elle ne rend pas compte non plus de la nature et de la forme spécifique de leurs luttes politiques ou de leur participation aux réseaux informels du pouvoir.

---

65. Voir Catherine L. Cleverdon, *The Woman Suffrage Movement in Canada. The Start of Liberation 1900-1920* (2ᵉ ed., Toronto, University of Toronto Press, 1974), «Quebec. The First Shall Be Last», 214-264; M. Jean, *Québécoises du 20ᵉ siècle...* Carol Lee Bacchi-Ferraro, *The Ideas of the Canadian Suffragists. 1890-1920* (Thèse de maîtrise, Université McGill, 1970), 168 p.; Jennifer Stoddart, «The Woman Suffrage Bill in Quebec» dans *Women in Canada*, 90-106; Sally Mahood, «The Women's Suffrage Movement in Canada and Saskatchewan» dans *Women Unite* édité par la Canadian Women's Educational Press, (Toronto, Women's Educational Press, 1972), 21-30; Gloria Geller, «The War-Time Elections Act of 1917 and the Canadian Women's Movement», *Atlantis*, 2, 1 (automne 1976): 88-106; Deborah Gorham, «English Militancy and the Canadian Suffrage Movement», *Atlantis*, 1, 1 (automne 1975): 83-112; Id., «The Canadian Suffragists» dans *Women in the Canadian Mosaic* édité par Gwen Matheson (Toronto, Peter Martin Associates Limited, 1976), 23-55; Carol Bacchi, «Race Regeneration and Social Purity. A Study of the Social Attitudes of Canada's English-Speaking Suffragists», *Histoire sociale/Social History,* XI, 22 (novembre 1978): 460-474; Luigi Trifiro, *La crise de 1922 dans la lutte pour le suffrage féminin au Québec* (Thèse de maîtrise (Histoire), Université de Sherbrooke, septembre 1976), 114 p.; Id., «Une intervention à Rome dans la lutte pour le suffrage féminin au Québec (1922)», *RHAF,* 32, 1 (juin 1978): 3-18; Carol Bacchi, *Liberation Deferred: the Ideas of the English Canadian Suffragists, 1877-1978* (Thèse de doctorat, Université McGill, 1976).

66. Gerda Lerner, *The Majority Finds Its Pasts. Placing Women in History* (New York, Oxford University Press, 1981), 165.

La majorité de ces recherches suivent une démarche essentiellement chronologique et s'insèrent dans la perspective du «retard». L'étude de Cleverdon, publiée en 1950, a inspiré celles et ceux qui se sont intéressés à l'histoire des femmes. Ces travaux particularisent l'évolution du mouvement féministe à un point tel qu'il semble s'être développé presque en marge du mouvement des femmes au Canada. On s'acharne à faire ressortir la dominance au Canada français du nationalisme de conservation, excusant de la sorte le retard du Québec sur le plan de la conquête de droits égaux. La société québécoise aurait connu une évolution distincte de celle du Canada anglais car l'industrialisation et l'urbanisation s'y seraient même implantées avec un siècle de retard! De cette affirmation dénuée de tout fondement historique, on conclut à l'inertie et à l'indifférence de l'ensemble de la population féminine vis-à-vis la campagne suffragiste. Les femmes ne voulaient pas voter et auraient assisté presque malgré elles à la modification de leur statut. En milieu rural, les femmes mariées se seraient opposées au suffrage, s'en remettant à leurs maris sur cette question[67]. L'analyse de Cleverdon n'est pas non plus exempte de certaines ambiguïtés: elle écrit que l'intérêt pour le suffrage croît à travers la province mais, quelques lignes plus bas, elle ajoute qu'une montagne d'indifférence accueille cette question au Québec[68]. D'autres prétendent même que l'obtention du vote au Québec a découlé d'abord et avant tout d'une conjoncture politique favorable et, au Canada, de la bonne volonté des dirigeants[69]. On se demande alors à quoi auront bien pu servir les associations suffragistes et, d'une manière plus générale, le mouvement féministe! Autre façon d'enlever aux femmes leur rôle historique.

Ce courant néglige l'étude du mouvement des femmes dans sa globalité et sa complexité pour se concentrer presque exclusivement sur les batailles menées sur le terrain politique. Une telle interprétation minimise ou passe sous silence l'existence d'un mouvement social, comme si les gains avaient résulté de la seule habileté déployée par les dirigeantes du mouvement. Le fait que les femmes

---

67. C.L. Cleverdon, *The Woman Suffrage...*, 243-244.
68. *Ibid.*, 242.
69. Guy Rocher, «Les modèles et le statut de la femme canadienne-française» dans *Images de la femme dans la société* de Paul-Henry Chombart de Lauwe (Coll. «L'évolution de la vie sociale», Paris, les Éditions ouvrières, 1964), 200 et C.L. Bacchi-Ferraro, *op. cit.*, 108.

aient gagné le droit de vote en 1940 exige pour le moins que nous exa-
minions sérieusement l'hypothèse de la présence d'un tel mouvement qui aurait permis aux pressions féministes de déboucher. Cette
hypothèse demande qu'on puisse mesurer dans le temps le degré de
pénétration des idéaux féministes, particulièrement en milieu rural.
Les faibles effectifs des associations féministes ont-ils adéquatement reflété une opinion publique que l'on a déclarée comme ayant
été généralement hostile à l'affirmation des droits des femmes?
Doit-on s'en remettre à l'importance dérisoire de ces mêmes effectifs pour poser d'une façon presque mécanique l'inexistence d'un
mouvement social, surtout quand notre connaissance des femmes
en milieu rural demeure encore très parcellaire et que l'idéologie et la
pratique de mouvements, tels la Ligue féminine catholique ou les
associations féminines politiques, n'ont pas été étudiées d'une
façon systématique? De plus, si les prises de position antiféministes
de la direction des Cercles de fermières commencent à être connues,
il reste à voir si l'ensemble des membres de l'organisation ont nécessairement endossé un tel discours[70].

Le mouvement des femmes n'est pas homogène: de multiples
tendances s'y expriment, et le féminisme n'en est qu'une parmi
d'autres, avec son éventail d'approches théoriques et de solutions
pratiques. Organisé, il revêt une dimension politique susceptible de
modifier le statut des femmes dans la société. Il peut tout aussi bien,
dans ses diverses fractions, se réclamer du statu quo, adopter une
voie réformiste ou s'aligner sur une position plus radicale de remise
en question de la société capitaliste et patriarcale. D'après Francine
Fournier, dans «Les femmes et la vie politique au Québec» (présenté
dans ce recueil), le mouvement aurait connu depuis ses débuts une
certaine continuité. Les luttes menées par les ouvrières contre leur
exploitation économique sont considérées comme des luttes politiques et elles s'inscrivent au même titre que les luttes féministes dans
le mouvement des femmes. Si l'année 1940, avec l'obtention du
droit de vote, marque le retrait des féministes bourgeoises de la lutte
et la fin de la première phase du féminisme, le mouvement des femmes contre l'oppression se poursuit. Il sera désormais principalement le fait d'ouvrières et de travailleuses jusqu'à la résurgence du

70. Sur les Cercles de fermières, voir Claire Chénard, *Les Cercles de fermières: une appellation tronquée* (thèse de maîtrise (Sociologie), Université Laval, 1982). Voir aussi Micheline Dumont, «La parole des femmes. Les revues féminines, 1938-1968» dans *Idéologies
au Canada français, 1940-1976* de F. Dumont, J. Hamelin et J.-P. Montminy, dir. (tome
2, Québec, les Presses de l'Université Laval, 1981), 5-46.

mouvement féministe dans les années 1960. Depuis la parution de ce texte en 1977, les conditions légales et formelles d'égalité se sont modifiées. Fournier a mis à jour la conclusion de son article.

Introduisant une notion empruntée aux Américaines, celle de «féminisme caché», Michèle Jean, dans un article récent, éclaire sous un jour nouveau l'histoire du mouvement entre 1940 et 1960[71]. Malgré la disparition du féminisme organisé au cours de cette période et la poursuite de la lutte sur le front du travail, on assiste néanmoins à une prise de conscience et à des démarches individuelles que l'auteure qualifie de «féminisme caché». L'ouverture des professions, l'accès d'un plus grand nombre de filles aux études classiques et à l'université, la naissance d'organisations qui ne se disent pas féministes, mais qui n'en réclament pas moins un meilleur statut pour les femmes, ont favorisé une transformation des mentalités. Ce phénomène s'est répercuté dans les familles et s'est exprimé dans l'éclosion d'une idéologie égalitaire qui se développera dans les années 1960: «L'étiquette féministe ayant tellement été ostracisée dans la première phase des luttes, les femmes ne semblent guère enclines à l'utiliser[72]».

À ses débuts, le mouvement des femmes est cependant davantage tributaire de l'origine bourgeoise de ses militantes et est intimement relié au mouvement de réforme urbaine qui prend forme au Canada et au Québec à la fin du 19e siècle[73]. Des liens étroits et soutenus se sont tissés entre les deux mouvements. En s'engageant dans les réformes sociales, un grand nombre de femmes laïques en sont venues à poser publiquement la question du féminisme. Mais les femmes réformistes n'ont pas toutes souscrit à l'idéologie féministe. Dans les deux cas cependant, les interventions des réformistes et des féministes dans le domaine public se sont enracinées dans leur vécu familial.

S'il est un secteur de recherche qui a accaparé l'attention, c'est bien celui de l'étude du mouvement des femmes (et de ses protago-

---

71. Michèle Jean, «Histoire des luttes féministes au Québec», *Possibles*, 4, 1 (automne 1979): 17-32. Cette problématique est élaborée dans la synthèse du Collectif Clio, *L'histoire des femmes au Québec...*, 395-467.
72. Michèle Jean, «Histoire des luttes féministes au Québec», 27.
73. Yolande Pinard, *Le féminisme à Montréal au commencement du XXe siècle (1893-1920)* (Thèse de maîtrise (Histoire), Université du Québec à Montréal, octobre 1976), 246 p.; Veronica J. Strong-Boag, *The Parliament of Women: The National Council of Women of Canada 1893-1929* («National Museum of Man Mercury Series», History Division, paper no 18, 1976), 492 p.; Linda Kealey, éd., *A not Unreasonable Claim: Women and Reform in Canada, 1880s-1920s*.

nistes) pour la fin du 19ᵉ siècle et le début du 20ᵉ siècle, particulièrement au Canada anglais. Ses origines, sa nature, son évolution au cours de cette période ainsi que les causes de son essor et de son déclin ont été retracées et analysées à l'aide de problématiques diverses. Ces dernières années, le débat historiographique sur cette question s'est élargi. La terminologie elle-même s'en est trouvée modifiée. Dans l'introduction de son livre sur le rôle des femmes dans le mouvement de réforme au Canada entre 1880 et 1920, Linda Kealey fait un peu le point sur ce débat actuellement en cours[74].

L'interprétation moins récente de Aileen Kraditor et de William O'Neill est depuis longtemps connue[75]. Le mouvement féministe américain aurait été traversé par deux courants distincts et successifs: d'abord, une phase radicale orientée sur la pratique du «féminisme de droits égaux» (ou droits naturels) et axée sur une critique de la famille; puis, une phase conservatrice marquée par un abandon du radicalisme au profit du «féminisme social», qui a inféodé la lutte pour l'égalité aux réformes sociales et est venu justifier à la fin du siècle le militantisme des femmes dans la sphère publique.

La grande majorité des articles qu'on retrouve dans le livre de Kealey se réfèrent plutôt à la notion de «féminisme maternel». Celle-ci en propose la définition suivante: le «féminisme maternel» repose sur la conviction que le rôle spécial des femmes comme mères et leurs qualités innées d'éducatrices, communes d'ailleurs à toutes les femmes (mariées ou non), et non leur position en tant qu'épouses, leur confèrent le droit et le devoir de participer à la vie publique et les rendent particulièrement aptes à réformer la société[76]. Cette définition englobe forcément la notion de maternage social. Ce faisant, les féministes maternelles ont contesté la dichotomie privé/public même si paradoxalement elles ont revendiqué un transfert des «vertus féminines» domestiques dans la sphère publique. Les essais du recueil qui traitent du féminisme maternel l'associent essentiellement à une idéologie conservatrice et très limitative pour les femmes, réformistes ou féministes, de l'époque. Ce courant aurait dominé le mouvement suffragiste canadien à partir de la fin du siècle, et plus généralement l'ensemble du mouvement des femmes. Kealey soutient que le féminisme de droits égaux, et donc la ten-

---

74. Linda Kealey, «*Introduction*» dans *A Not Unreasonable Claim*... 1-14.
75. Aileen Kraditor, *Up From the Pedestal* (Chicago, Quadrangle, 1970); *Id.*, *The Ideas of the Woman Suffrage Movement* (New York, Anchor, 1971); William L. O'Neill, *Everyone Was Brave* (Chicago, Quadrangle, 1969), 379 p.
76. Linda Kealey, «Introduction», 7-8.

dance radicale du mouvement, a rapidement disparu dans les années 1880 sous la pression très forte du féminisme maternel. Cette modification est imputable en bonne partie au fait qu'un nombre croissant de membres ont eu accès à des professions rémunérées. Ces femmes ont repris à leur compte une idéologie posant l'existence d'une nature féminine distincte et exaltant le culte de la maternité et de la domesticité. Leurs aspirations se sont modelées sur les attentes du féminisme maternel et cette orientation a marqué les professions où les femmes se sont retrouvées.

L'utilisation du terme «féminisme maternel» ne traduit pas, à notre avis, toute la complexité du mouvement. Cette notion demeure ambiguë et trop restrictive. En quoi le féminisme maternel se démarque-t-il réellement du féminisme social qui, lui aussi, a glorifié l'idéal domestique du maternage et légitimé l'action publique des femmes sur la base de leurs caractéristiques féminines «spéciales»? D'autre part, est-il possible d'évaluer d'une manière plus positive le féminisme maternel si l'on retient une telle définition? Les féministes n'ont-elles pas été capables d'utiliser ce que les historiens considèrent être des concepts restrictifs pour exercer du pouvoir dans la société[77]? On peut aussi s'interroger sur la pertinence d'établir une opposition aussi tranchée entre féminisme maternel et féminisme de droits égaux, certains articles du livre se contredisant parfois sur cette question[78]. Enfin, délimiter deux phases distinctes et successives dans l'histoire du mouvement, en affirmant qu'un type de féminisme a supplanté l'autre, n'est-ce pas reproduire une vision biaisée de la réalité? Est-ce qu'on n'élude pas par le fait même les caractéristiques les plus radicales du mouvement[79]? D'après Gail Cuthbert Brandt, le féminisme de droits égaux ne s'est pas éclipsé dans les années 1880: des féministes, même maternelles, ont continué de s'en réclamer. Il ne semble pas non plus que toutes les féministes puissent être étiquetées comme féministes maternelles. Établir une telle antinomie, c'est aussi laisser entendre que les «vraies féministes» ne se sont pas senties concernées par le maternage, ce qui ne semble pas toujours exact[80].

---

77. Voir la critique de Gail Cuthbert Brandt du livre édité par Kealey dans *Canadian Women's Studies/Les Cahiers de la Femme*, 2, 2 (1980): 103-104.
78. Voir la critique de Ruth Roach Pierson du livre édité par Kealey dans *Atlantis*, 6, 1 (automne 1980): 119-123.
79. Seul l'article de Deborah Gorham semble rompre avec cette approche: «Flora MacDonald Denison: Canadian Feminist», 47-70.
80. Ruth Roach Pierson et Gail Cuthbert Brandt, *op. cit.*.

Que les femmes aient justifié le suffrage ou l'accès aux professions en s'appuyant sur une définition traditionnelle de la féminité et sur la notion de maternage social revêt-il tant d'importance en soi? Le fait demeure, selon nous, que même en revendiquant l'égalité dans la différence, elles n'en ont pas moins réclamé des droits formels dont elles étaient privées. En cela, certaines de leurs demandes peuvent être qualifiées de radicales, car elles attaquaient directement et explicitement l'ordre sexiste et patriarcal de la société tout en contestant la distinction privé/public. Attribuer le radicalisme du mouvement uniquement à la présence d'une critique de la famille nous apparaît anachronique. Il est évident qu'on ne peut faire disparaître de la carte le féminisme de droits égaux même si les femmes n'ont pas nécessairement remis en question l'idéologie de la famille. Ne se sont-elles pas battu pour l'obtention d'une égalité de droits? En ce sens, la priorité accordée à la lutte suffragiste au cours de cette période reflète bien à elle seule, à notre avis, la vitalité et la viabilité du féminisme de droits égaux et ce, tant au Canada qu'au Québec.

Le texte de Yolande Pinard, «Les débuts du mouvement des femmes à Montréal (1893-1902)», reproduit dans cet ouvrage, témoigne de l'appartenance du mouvement à un triple courant idéologique: le féminisme social, le féminisme de droits égaux et le féminisme chrétien. Il se concentre principalement sur l'action du Montreal Local Council of Women (MLCW). Encore rattaché à la tradition philanthropique bourgeoise du 19ᵉ siècle et malgré des débuts hésitants, le MLCW inaugure une ère nouvelle pour les femmes des classes bourgeoises qui trouvent là le moyen de canaliser leurs revendications féministes et leurs désirs de réformes sociales. Dans ce mouvement pluraliste, francophones et anglophones annoncent les grandes luttes qui seront menées au 20ᵉ siècle. L'idéologie dominante, qui attribuait des sphères d'action différentes aux hommes et aux femmes, n'a pas empêché celles-ci de chercher à élargir leur pouvoir d'intervention dans la société urbaine. L'article de Marie Lavigne, Yolande Pinard et Jennifer Stoddart, «La Fédération nationale Saint-Jean-Baptiste et les revendications féministes au début du 20ᵉ siècle», qui lui fait suite se greffe à la même perspective. L'histoire de cette fédération atteste de la capacité d'adaptation des femmes de la bourgeoisie et de la petite bourgeoisie aux problèmes de l'époque. Les luttes sociales, politiques et économiques reflètent l'ampleur de leur prise de conscience: elles revendiquent non seulement justice pour elles-mêmes, mais aussi l'atténuation des injustices sociales.

La problématique controversée de l'historien américain, Daniel Scott Smith, se démarque nettement des approches précédentes et continue toujours d'alimenter les débats. Elle conduit à une réinterprétation tout à fait inusitée de l'histoire des femmes et du féminisme américain au 19e siècle[81]. En inventant un nouveau terme, le «féminisme domestique», Scott Smith s'est trouvé à élargir de ce fait la définition usuelle du féminisme associé jusque-là aux seules luttes organisées qui se sont déroulées dans la sphère publique. Le féminisme recouvre ainsi l'informel et le privé.

L'auteur soutient que les femmes ont vu leur pouvoir et leur autonomie s'accroître au sein de la famille victorienne, tout au cours du siècle dernier. Le déclin de la natalité au cours de la période le démontre: plus de la moitié de cette baisse serait une conséquence du féminisme domestique. Les femmes ont acquis un pouvoir grandissant sur le contrôle de leur fertilité en persuadant ou en contraignant leurs maris à pratiquer une forme de planification des naissances, qui a été placée en grande partie sous la responsabilité de ces derniers (une des formes les plus courantes ayant été le coït interrompu, semble-t-il). L'auteur en conclut à un renforcement de la position des femmes dans la famille: celle-ci s'est donnée une orientation domestique féministe plutôt que patriarcale. Interpréter l'échec du mouvement féministe par son incapacité à formuler une critique de l'idéologie et de la structure familiales, comme le fait O'Neill par exemple, c'est ne pas tenir compte de l'évolution de la famille. Opposer d'une manière irréductible culte de la domesticité et changement social, famille et autonomie, bref, privé et public, c'est considérer la famille uniquement comme une source de stabilité sociale et supposer que les changements dans la situation des femmes ne se sont produits qu'à l'extérieur de cette institution. Le «féminisme domestique» et le «féminisme public» sont loin d'être dichotomiques: ils sont tous deux ancrés dans l'expérience domestique des femmes.

Cette thèse, malgré ses limites et les objections qu'elle a soulevées[82], présente toutefois l'avantage de dépasser les perspecti-

---

81. Daniel Scott Smith, «Family Limitation, Sexual Control and Domestic Feminism in Victorian America» dans *A Heritage of Her Own. Toward a New Social History of American Women* édité par Nancy F. Cott et Elizabeth H. Pleck (New York, Simon and Schuster, 1979), 222-245.
82. Des historiennes américaines ont émis l'hypothèse suivante: il est possible d'expliquer ce désir croissant des hommes de contrôler leur descendance par les exigences du développement de l'industrialisation qui requérait une force de travail hautement formée;

ves traditionnelles et nous incite à relancer le débat, à le pousser un cran plus loin. Le mouvement des sciences domestiques qui s'est développé à partir de la fin du siècle ne pourrait-il être envisagé sous un jour meilleur? Et le mouvement féministe réformiste, organisé sur la scène publique, n'a-t-il pas été une réaction des femmes, mais cette fois dans le domaine privé, à la ménagerisation croissante de leurs rôles et de leurs tâches dans une société en voie d'industrialisation? L'émergence simultanée de ces deux mouvements à l'aube du 20ᵉ siècle n'est pas le fruit du hasard. Dans les deux cas, ils témoignent de la volonté et de la capacité d'adaptation des femmes à la société moderne. Que plusieurs d'entre elles se soient mobilisées sur deux fronts à la fois et que l'idéologie domestique en ait été le principe unificateur ne semble pas si paradoxal. Cela reflète les changements survenus dans leurs conditions de production avec l'avènement du capitalisme industriel. On ne saurait se surprendre qu'elles aient cherché à redéfinir et à valoriser leurs rôles et leurs tâches dans la sphère domestique puisque là se situait leur lieu de production. Que le mouvement des sciences domestiques ait eu plus d'impact que le mouvement féministe public n'est pas si étonnant, car la grande majorité des femmes n'avaient pas le choix et s'occupaient surtout du travail ménager. Sous le couvert des tentatives de professionnalisation du travail ménager, auraient-elles pratiqué une forme implicite de féminisme domestique? Ont-elles essayé d'affirmer leur pouvoir et leur autonomie dans la famille? Si les femmes ont adhéré à cette idéologie, n'est-ce pas parce que dans l'immédiat elle servait d'une certaine façon leurs intérêts? Ces hypothèses sont séduisantes.

Aucune étude québécoise n'a encore exploité une telle approche. La perspective de Yolande Cohen semble toutefois s'inscrire dans cette foulée. Elle dénonce les limites de la problématique de l'oppression qui assimile le féminisme aux seules luttes pour l'égalité, traduisant ainsi les réorientations actuelles de la recherche

voyant l'importance pour leur progéniture mâle d'avoir de l'éducation en vue d'une mobilité sociale, peut-être ont-ils conclu qu'en réduisant le nombre d'enfants, ils pouvaient leur offrir une meilleur éducation, ce qui pouvait servir leurs intérêts. Les statistiques sur lesquelles repose l'argumentation de Scott Smith ne permettent pas de conclure non plus à l'exercice d'un pouvoir féminin grandissant au foyer: il reste à voir comment ces décisions de chambre à coucher étaient prises et ce que les femmes ont ressenti à cet égard. Voir à ce sujet Gerda Lerner, *The Majority Finds its Past...*, 174-75; Barbara Sicherman, *American History,* 472-73.

féministe[83]. On s'achemine en effet de plus en plus vers la découverte de l'univers familial et de la place que les femmes y ont occupée. La sphère privée que Cohen pose comme relevant du social et du culturel aurait été, depuis le 19e siècle, le lieu de l'affirmation d'un pouvoir et de la force des femmes dans l'histoire. Sans contester la réalité de l'oppression des femmes, Cohen tente de réinterpréter leur exclusion du pouvoir politique en validant des comportements qui ne cadrent pas nécessairement avec la «normalité reconnue par la politique». Les femmes sont peut-être exclues de la politique, mais pas du politique en soi; leur pouvoir spécifique, elles l'exercent sur la société à partir de la famille[84].

Dans la même veine, les travaux de Martine Segalen, pour la France, ont contribué à briser l'image de la dépendance généralement accolée au statut des femmes dans la famille[85]. Dans la société paysanne française, la production des femmes rurales a été une source de pouvoir, ce qui défie le mythe de l'autorité masculine véhiculé dans l'imagerie populaire. Avec la disparition de l'organisation

---

83. Yolande Cohen, «Réflexions désordonnant les femmes du pouvoir» dans *Femmes et politiques,* publié sous la direction de Yolande Cohen (Coll. «Idéelles», Montréal, éditions du Jour, 1981), 193-227.

84. À son avis, si les valeurs féminines constituent aussi les moyens de l'oppression des femmes, elles se révèlent également potentiellement subversives parce que «tellement antinomiques de l'ordre établi en dehors de nous» (p. 218). L'éco-féminisme, en promouvant ces valeurs féminines (femmes porteuses de la vie protectrice de la nature, femmes créatrices de vie,...), lui apparaît une autre alternative valable pour le mouvement des femmes, à l'heure actuelle. Cohen revendique en ce sens la nécessité pour les femmes de développer «le pôle de la différence, car c'est celui de la subversion, de la non-assimilation à ce qui est.» (p. 216). Le féminisme de la différence dont elle se réclame rappelle étrangement l'idéologie des féministes du début du siècle. Nicole Laurin-Frenette a formulé une critique intéressante de cette «conception nouvelle et paradoxale d'un pouvoir féministe mais féminin» qui témoigne des contradictions qui assaillent présentement le mouvement des femmes. Selon elle, «lorsque le féminisme, ou certains de ses courants, proclame et célèbre la féminité en tant qu'elle serait dans l'égalité, la différence — de parole, de point de vue, de pensée, de vision — il risque de faire, à divers égards, le jeu de l'institution nouvelle du féminin.» En fait, ce n'est pas le droit à la différence qu'on refuse aux femmes, «mais la possibilité pour les femmes de se définir autrement que dans la différence, c'est-à-dire du point de vue de la position de l'autre.» Voir Nicole Laurin-Frenette, «Présentation. Les femmes dans la sociologie», *Sociologie et sociétés,* XIII, 2 (octobre 1981): 15 et 17.

85. Voir Martine Segalen, «Femme et pouvoir en milieu rural» (communication présentée dans le cadre du colloque «Familles et pouvoirs», 5 et 6 juin 1979, organisé à Aix-en-Provence par le Centre de la pensée politique contemporaine); *Id.,* «Femmes rurales» dans *Misérable et glorieuse, la femme du XIXe siècle* de Jean-Paul Aron, éd. (Paris, Arthème Fayard, 1980), 137-152; *Id., Mari et femme dans la société paysanne.*

traditionnelle du travail agricole, consécutive à la pénétration graduelle du capitalisme, la fermière a été privée de son «statut de femme de production». Segalen retient l'hypothèse que le regroupement des fermières a peut-être été une réponse des femmes à la «ménagerisation» croissante de leurs tâches et de leurs rôles, une réaction à la perte progressive de leur pouvoir économique et à la dislocation des anciens réseaux de solidarité féminine.

L'organisation des femmes rurales, tout comme celle des femmes urbaines, ainsi que le type d'associations dont elles se sont dotées ont été tributaires des changements survenus dans leurs conditions de production au sein de la famille et dans la société, au sens large. Le texte inédit de Ghislaine Desjardins, «Les Cercles de fermières et l'action féminine en milieu rural, 1915-1944», reproduit dans ce recueil, s'articule dans cette perspective et ajoute une dimension nouvelle à l'historiographie du mouvement des femmes qui favorise un dépassement de la problématique de l'égalité. La naissance des Cercles de fermières, qui suit de peu le regroupement des femmes en milieu urbain, s'insère dans le contexte de l'affirmation du capitalisme qui est venu altérer la nature et les formes de leurs tâches domestiques et agricoles. Leur expansion rapide correspond au désir des femmes de préserver et de valoriser leur fonction de productrice sur l'exploitation. Desjardins retrace les origines et les objectifs de ce mouvement féminin rural et analyse la revue officielle de l'organisation. Elle suggère une interprétation intéressante de la réaction apparemment antiféministe des cercles. D'une part, il est possible que les femmes aient rejeté le principe de l'égalité politique et juridique parce qu'elles n'étaient pas certaines de ce qu'elles y gagneraient. D'autre part, cette réaction peut aussi s'expliquer par la perception déformée qu'elles ont eu des revendications féministes que l'on a assimilées à l'abolition de la famille. Qu'elles aient pris la défense de la famille se comprend car celle-ci constituait le cadre de leur lieu de production et l'institution dans laquelle elles avaient investi toute leur vie. Loin de considérer les Cercles de fermières comme des «cibles manipulées par l'Église et l'État», Desjardins avance plutôt l'hypothèse que les femmes n'y auraient pas adhéré s'ils n'avaient servi leurs intérêts.

Une enquête publiée en 1971 sur l'intégration des femmes du Québec à la vie civique et politique concluait qu'elles sont encore effectivement éloignées des principaux centres de décision politique à tous les paliers[86]. La population féminine se ressent de cet éloignement, éprouve des sentiments d'impuissance et d'incompétence, l'impression de subir des discriminations tout en ayant la conviction de détenir des droits égaux. Une des grandes «déceptions» du 20ᵉ siècle aura été l'utilisation fort limitée par les femmes de leurs droits politiques acquis, à l'exception peut-être du droit de vote[87].

Est-ce à dire que les batailles juridiques et politiques menées au cours du siècle aient été vaines? Non, mais le présent bilan pose le problème des limites des luttes féministes de la première moitié du siècle. Les féministes ont cru qu'une bonne partie des problèmes féminins serait résolue par l'obtention de droits égaux. Ce faisant, elles ont adopté une voie réformiste qui visait d'abord à intégrer les femmes dans les structures politico-juridiques. Elles ont revendiqué l'atténuation des principales discriminations. Elles luttaient pour obtenir, comme le disait Flora Tristan, le «89 des femmes», c'est-à-dire l'équivalent des droits acquis par les hommes pendant la révolution bourgeoise[88]. Cette étape d'acquisition de droits était cependant essentielle pour permettre aux femmes de franchir un nouveau pas et de hausser le niveau de la lutte dans la seconde phase du mouvement des femmes que nous connaissons aujourd'hui.

Un nouveau virage: 1957-1981

Dénuées de droits formels, les premières féministes ne pouvaient que contester leur exclusion de la sphère publique et privilégier cette revendication. Depuis les années 1960, avec la renaissance du féminisme organisé, le mouvement des femmes a amorcé un nouveau virage: son profil organisationnel, ses composantes idéologiques, les fronts de lutte et les types d'action se sont modifiés et diversifiés. Les formes nouvelles et beaucoup plus subtiles de l'oppression des femmes ont engendré des discours, des stratégies et des moyens d'action qui s'écartent de la théorie et de la pratique féministes conventionnelles. Un glissement qui témoigne des changements survenus dans les conditions de l'oppression des femmes et dans le processus de libération.

86. Francine Depatie (Francine Fournier), *La participation politique des femmes du Québec* (Commission royale d'enquête sur la situation de la femme au Canada, étude no 10, Ottawa, Information Canada, 1971), 166 p.
87. *Id.,* «La femme dans la vie économique et sociale du Québec», *Forces,* 27 (2ᵉ trimestre 1974); 15-22.
88. Dominique Desanti, *Flora Tristan, Vie, oeuvre mêlées* (Coll. 10/18, no 782, Paris, Union générale d'éditions, 1973), 446 p.

La conjoncture politique, économique et sociale ainsi que le climat idéologique des années 1960 ont été propices à une telle recrudescence du militantisme féminin sur la scène publique. Ainsi, on a vu en 1957 la naissance de la Ligue des femmes du Québec et surtout la fondation en 1966 des deux grandes associations féministes réformistes qui se réclament d'une idéologie égalitaire et qui dominent encore le mouvement: l'Association féminine d'éducation et d'action sociale et la Fédération des femmes du Québec. Mais c'est le développement à la fin des années 1960 du féminisme marxiste, avec ses diverses tendances, et du féminisme radical, à partir de 1975, qui a donné le plus d'impulsion au mouvement même si ces courants occupent toujours une position minoritaire. Avec la découverte que «le privé est politique» et la remise en cause du caractère patriarcal de la famille et du pouvoir, les féministes radicales ont dépassé le stade de l'égalitarisme: elles ont proclamé «le droit à la différence».

Le fractionnement idéologique et le pluralisme organisationnel ont imprimé une direction nouvelle au mouvement et stimulé les luttes au cours de la dernière décennie. La vitalité du mouvement à cette époque en a été largement tributaire, en dépit des contradictions qui l'ont traversé. Aujourd'hui, le morcellement et la diversité des groupes, des discours, des pratiques féministes n'ont pas disparu. Mais mises ensemble, toutes les actions visent à combattre la discrimination, l'oppression et l'exploitation dont les femmes sont victimes, peu importe la définition et l'analyse qui en sont proposées.

L'écriture de l'histoire du passé récent du féminisme québécois, et plus globalement de l'ensemble du mouvement des femmes, en est encore à ses balbutiements. Mais heureusement, on a enfin commencé à les sortir de l'ombre.

Jusqu'ici les rares études qui se sont penchées sur la question demeurent partielles, laissant de côté de larges pans de cette histoire. Elles reflètent surtout une perspective organisationnelle et suivent une démarche beaucoup plus descriptive qu'analytique. Les données disponibles concernent les organisations et les activités du mouvement ainsi que les orientations idéologiques, mais hormis la réhabilitation qu'on retrouve dans la synthèse du Collectif Clio, elles se rapportent presque exclusivement au «nouveau féminisme» qui s'est affirmé à partir de la fin des années soixante. On a en effet accordé beaucoup plus d'importance à son aile radicale et révolutionnaire, et quand on en traite, le développement de son courant réformiste et modéré, représenté par des regroupements tels la Fédération des femmes du Québec et l'Association féminine d'éducation et d'action sociale, apparaît fortement marginalisé dans l'ensemble; or, cette tendance prédomine au sein du mouvement. Ces études viennent certes combler un vide, mais elles se concentrent, d'autre part, essentiellement sur la région montréalaise et sur les groupes ayant leur centre d'activité dans la métropole où se situe le noyau principal du mouvement, à l'exception parfois des comités syndicaux de condition féminine et des organisations structurées à l'échelle provinciale; elles ne s'arrêtent pas non plus sur les milieux anglophones et allophones de Montréal ou les autres régions du Québec.

La synthèse brève, partielle et toute récente préparée par des militantes du Centre de formation populaire relate l'histoire du mouvement depuis 1893, mais privilégie nettement la période des années 1960 jusqu'à aujourd'hui[89]. Elle présente l'avantage d'actualiser les données jusqu'en 1981 inclusivement, dépassant de ce fait les synthèses précédentes[90].

Mais c'est d'abord et avant tout la thèse de Martine Lanctôt qui a préparé le terrain[91]. Elle s'est intéressée la première à l'histoire du «mouvement de libération des femmes» à Montréal, entre 1969 et 1979, expression qui fait ici référence aux petits groupes autonomes de femmes et aux courants marxiste et radical qui lui ont donné

---

89. Violette Brodeur, Suzanne G. Chartrand, Louise Corriveau et Béatrice Valay, *Le mouvement des femmes au Québec. Étude des groupes montréalais et nationaux* (Montréal, Centre de formation populaire, 1982), 77 p. Les auteures mettent l'accent sur les groupes autonomes de femmes. Elles se réfèrent à une définition très restrictive de la notion de féminisme qui les amène à ne pas considérer, semble-t-il, les organisations féminines comme l'AFEAS et la FFQ comme des groupes féministes bien qu'elles les situent à l'intérieur du mouvement des femmes: «Quant à la notion de féminisme, nous préférons la restreindre aux discours et aux pratiques qui font de la transformation en profondeur de l'ordre établi l'enjeu fondamental de la lutte des femmes. Il ne s'agit donc pas de l'émancipation des femmes par la conquête de leur égalité avec les hommes dans l'ordre social actuel. Il s'agit plutôt de l'établissement de nouveaux rapports sociaux, comme conséquence d'un processus révolutionnaire qui touche l'ensemble des institutions sociales et en premier lieu l'État, l'Église et la famille.» (p. 7). Dans cette optique, c'est la fondation du Front de libération des femmes en 1969 qui aurait marqué la résurgence du mouvement féministe au Québec et non la naissance en 1966 de la FFQ et de l'AFEAS.

90. Marie Lavigne, «Les femmes au Québec: dix ans de lutte» dans *Dossier-Québec,* Livre dossier Stock, no 3 (Montréal, Stock, 1979), 99-109. Collectif, «Le mouvement des femmes au Québec», *Politique aujourd'hui,* 7-8 (1978): 165-177.

91. Martine Lanctôt, *La genèse et l'évolution du mouvement de libération des femmes à Montréal, 1969-1979* (Thèse de maîtrise (Histoire), UQAM, 1980), 207 p.

des objectifs révolutionnaires. Si la fondation du Front de libération des femmes en 1969 a consacré l'émergence d'un axe idéologique à la fois marxiste, féministe et nationaliste, le mouvement a connu à partir de 1975 une phase d'expansion et de pluralisme idéologique et organisationnel. Avec l'apparition du féminisme radical, le mouvement a renforcé son autonomie, élargi ses champs d'interventions et ses revendications et diversifié ses activités. De son côté, Diane Lamoureux, dans une thèse sur le féminisme contemporain, pose le mouvement des femmes comme un mouvement social[92].

La publication d'une anthologie de textes du Front de libération des femmes (1969-1971) et du Centre des femmes (1972-1975), de la collection complète du journal féministe radical *Les Têtes de Pioche* et du bilan de la revue *Des Luttes et des Rires de Femmes* constituent des compléments d'information indispensables à la compréhension du mouvement[93].

Une des meilleures façons d'appréhender les débats idéologiques qui ont agité le néo-féminisme demeure encore le recours aux textes d'analyse sur l'oppression des femmes. Rédigé il y a dix ans, l'article de Nicole Laurin-Frenette sur «La libération des femmes» présentait pour l'époque l'immense avantage d'analyser et de systématiser les différentes approches théoriques sur la question des femmes et du féminisme. Considérant que celles de la psychanalyse, du marxisme, du féminisme radical et de l'existentialisme étaient partielles, elle proposait d'en regrouper les acquis autour du concept de reproduction. C'est en analysant la question des femmes à partir de ce concept que pouvait s'élaborer, selon elle, une synthèse cohérente de la question. L'auteure introduisait par là une problématique originale et ouvrait de nouvelles avenues de recherche. Dans la première édition de ce recueil, en 1977, nous avions reproduit ce texte en soulignant toutefois que depuis sa rédaction les critiques et les stratégies proposées avaient avantage à être réétudiées en fonc-

---

92. Diane Lamoureux, *Les difficultés d'émergence d'un mouvement autonome de femmes au Québec* (Thèse de doctorat, Sociologie, Paris, École des hautes études en sciences sociales, 1982).

93. Veronique O'Leary et Louise Toupin, *Québécoises deboutte! Une anthologie de textes du Front de libération des femmes (1969-1971) et du Centre des femmes (1972-1975)*, (tome I, Montréal, les éditions du Remue-Ménage, 1982), 212 p. Ce premier tome sera suivi de la publication complète du journal *Québécoises deboutte!* publié entre 1972 et 1975 par le Centre des femmes. Collectif, *Les Têtes de Pioche. Journal des femmes. Collection complète* (Montréal, éditions du Remue-Ménage, 1980), 207 p.; *Sans fleurs ni couronne* (Montréal, Des Luttes et des Rires de Femmes, 1982).

tion du développement des luttes féministes, populaires et ouvrières. Cet article conserve cependant encore aujourd'hui un grand intérêt, d'autant plus qu'il demeure un classique de la critique féministe du marxisme, de la psychanalyse et de l'existentialisme. Aussi l'avons-nous retenu dans cette nouvelle édition. D'une part, il offre une analyse des idéologies féministes en cours au début des années 1970. D'autre part, il permet de retracer une étape importante du développement de la pensée féministe au Québec. La lettre que Laurin-Frenette nous adresse en guise d'introduction à son article permet d'ailleurs de situer dans les grandes lignes le cheminement parcouru depuis lors dans le domaine de la recherche théorique féministe.

Son essai plus récent sur les rapports contradictoires entre le féminisme et l'État s'alimente à cette nouvelle réflexion et jette un regard neuf sur la réalité du mouvement[94]. Sur la base d'une analyse à la fois historique et sociologique du mouvement des femmes et de son évolution depuis la fin du 18e siècle jusqu'à aujourd'hui, elle tente de situer le féminisme par rapport aux projets de l'État. Selon elle, la possibilité historique du féminisme (discours et pratiques) passe nécessairement par l'adoption d'une forme anarchiste de lutte révolutionnaire qui pourra seule permettre d'actualiser son «potentiel subversif».

Femmes, féminisme et religion

Justifiées en partie par le caractère spirituel de leur célibat, les religieuses ont joué un rôle prépondérant, voire déterminant, au Québec. Pendant près de trois siècles, elles ont assuré gratuitement l'essentiel des services dans les domaines de l'assistance sociale, de la santé publique et de l'éducation. À titre de veuves ou de célibataires, les fondatrices et dirigeantes de communautés ont d'ailleurs joui à cet égard d'une marge de manoeuvre beaucoup plus large que les femmes mariées, car le droit civil ne les considérait pas juridiquement comme des incapables. La religion a certes été un facteur puissant qui a incité des femmes à investir le champ social[95]. La floraison

---

94. Nicole Laurin-Frenette, «Féminisme et anarchisme: quelques éléments théoriques et historiques pour une analyse de la relation entre le mouvement des femmes et l'État» dans *Femmes et politique,* 147-191.

95. Voir Huguette Lapointe-Roy, *Paupérisme et assistance sociale à Montréal 1832-1865* (Thèse de M. A. (Graduate Studies and Research). Université McGill, 1972), 157 p. Elle y réunit, entre autres choses, quelques données sur la participation des laïques et des religieuses aux oeuvres de charité privée.

soudaine des congrégations féminines au 19ᵉ siècle et l'élargissement graduel du rôle des laïques dans les oeuvres de charité privée traduisent bien l'ampleur du phénomène. Il semble possible d'établir une relation de cause à effet entre les changements progressifs survenus dans le rôle des femmes avec le développement du capitalisme industriel et la prolifération étonnante des communautés féminines à cette époque.

Toute une tradition historiographique s'est constituée autour de l'histoire des communautés religieuses féminines. Elle a canalisé jusqu'ici la majeure partie des recherches menées sur les femmes et la religion au Canada français. Mais depuis la fin des années 1960, de nombreuses études ont insufflé un nouveau dynamisme dans ce secteur de la recherche. Notre connaissance de cette facette importante de l'histoire des femmes s'en est trouvée renouvelée. On s'est intéressé tour à tour et pour certaines périodes à l'activité économique des couvents et à leur autonomie financière face à l'État, au recrutement des communautés, aux motivations des postulantes, à l'origine sociale des religieuses ou encore à la baisse des vocations après 1960[96]. Des travaux de type sociologique, comme ceux de Bernard Denault, ont introduit une nouvelle hypothèse sur la fonction d'intégration sociale des fondations féminines, au 19ᵉ siècle tout particulièrement: celles-ci auraient correspondu au désir des veuves et des célibataires de contester l'étroitesse du rôle et du statut imposés à leur sexe dans la société[97]. Des synthèses plus globales ont vu le jour récemment, mais elles se révèlent malheureusement d'inégale valeur[98].

---

96. Voir, entre autres, Micheline D'Allaire, *L'Hôpital Général de Québec (1692-1764); Id.*, «Origine sociale des religieuses de l'Hôpital général de Québec, 1692-1764», *Revue d'histoire de l'Amérique française*, 23, 4 (mars 1970): 559-582; *L'Hôtel-Dieu de Montréal*.

97. Bernard Denault, «Sociographie générale des communautés religieuses au Québec (1837-1970)» dans *Éléments pour une sociologie des communautés religieuses au Québec* de Bernard Denault et Benoît Lévesque (Montréal, Presses de l'Université de Montréal, 1975), 15-117.

98. Voir par exemple les deux ouvrages suivants: Marguerite Jean, *L'évolution des communautés religieuses de femmes au Canada de 1637 à nos jours* (Montréal, Fides, 1978), 324 p.; Diane Bélanger et Lucie Rozon, *Les religieuses au Québec* (Montréal, Éditions Libre Expression, 1982), 338 p. Jean retrace l'histoire de 66 communautés de femmes (anglophones et francophones) pour la période des débuts du régime français jusqu'en 1975. Il s'agit d'une étude rigoureuse et bien documentée. Bélanger et Rozon prétendent jeter un regard sur la contribution des communautés religieuses féminines ainsi que sur le vécu des femmes qui y sont actives aujourd'hui. Cet ouvrage souffre malheureusement d'un manque de rigueur scientifique et méthodologique et n'offre aucun cadre d'analyse,

Depuis peu, on assiste à une réévaluation, dans une perspective féministe, de l'histoire des communautés. Instrument de promotion sociale ou voie personnelle d'accès à une carrière professionnelle pour certaines, le choix de la vie religieuse, à partir de la seconde moitié du 19e siècle, paraît aussi avoir exprimé le désir d'échapper à la dépendance économique dans le mariage ou de fuir les grossesses répétées; pour d'autres, il aurait été un exutoire à la pauvreté, à l'émigration dans les régions de colonisation ou aux États-Unis, au travail en usine ou au placement en service domestique[99]. Ces études autorisent maintenant un rapprochement original entre l'histoire du féminisme et celle des communautés de femmes. Dépassant la problématique de l'oppression, elles offrent par leur caractère novateur des pistes de recherche stimulantes. Il est permis désormais d'inscrire les religieuses et leurs communautés dans l'histoire de la prise de conscience féministe, individuelle et collective des Québécoises. Sans en déduire pour autant que la «vocation religieuse» a représenté pour toutes celles qui sont entrées en communauté une possibilité d'affirmation et d'autonomie personnelles, ces études montrent qu'un certain nombre d'entre elles ont posé des gestes que l'on peut qualifier de féministes et manifesté une certaine capacité de résistance au pouvoir masculin. Les religieuses ont également contribué à améliorer la condition d'autres femmes, laïques ou non, en leur donnant les moyens d'accéder à une vie intellectuelle ou professionnelle.

La brève synthèse de Micheline Dumont, «Vocation religieuse et condition féminine», reproduite dans ce recueil, fournit les principales données de cette réinterprétation et propose de nouvelles hypothèses sur le féminisme québécois. Selon l'auteure, l'importance incontestable du rôle social et économique assumé par les religieuses et les communautés féminines aux 17e et 18e siècles a particularisé l'histoire du régime français, un phénomène que les autres colonies nord-américaines n'ont pas connu. Sous la protection du voile, elles ont organisé le réseau de l'assistance sociale et de la santé

---

aucune perspective critique. Il reflète aussi l'ignorance des auteures des nouvelles problématiques et leur méconnaissance de la plupart des nouveaux écrits sur les femmes et la religion.

99. Voir, entre autres, Marta Danylewycz, *Taking the Veil in Montreal, 1840-1920: An Alternative to Marriage, Motherhood and Spinsterhood* (thèse de Doctorat (PHD), Université de Toronto, 1981); Danielle Juteau-Lee, «Les religieuses du Québec: leur influence sur la vie professionnelle des femmes, 1908-1954», *Atlantis*, 5, 2 (printemps 1980): 22-33.

publique et exercé des fonctions exclusives dans le secteur de l'éducation. À partir de 1940, la croissance phénoménale du nombre de fondations religieuses féminines et la structuration progressive d'un modèle spécifique d'organisation de l'assistance sociale et de l'éducation ont eu des conséquences sur l'émergence du mouvement féministe au Québec. Dumont soumet l'hypothèse suivante: le monopole presque exclusif des religieuses dans les domaines de la bienfaisance, de la santé publique et de l'éducation des filles aurait canalisé les aspirations qui, dans les autres pays industrialisés, ont provoqué l'apparition des premiers mouvements féministes. En ce sens, dès la deuxième moitié du 19e siècle en milieu francophone, les congrégations auraient représenté une «forme déviée de féminisme» et en auraient été la première expression. L'évolution des communautés religieuses féminines depuis 1960, et particulièrement leur histoire récente, tend à étayer cette argumentation. Le recrutement à la baisse, le départ d'un grand nombre de religieuses professes, le vieillissement des effectifs s'expliqueraient notamment par les modifications survenues dans la situation des femmes depuis la Révolution tranquille.

L'article de Marta Danylewycz, «Une nouvelle complicité: féministes et religieuses à Montréal, 1890-1925», reproduit dans cet ouvrage, se rattache à ce courant historiographique, mais aborde la question sous un autre angle. Selon l'auteure, le féminisme de la fin du siècle est venu modifier la relation déjà ancienne entre laïques et religieuses, en incitant les premières à jeter les bases d'une nouvelle collaboration, qui s'est exprimée d'abord à travers une pratique commune du féminisme social, puis dans le cadre des luttes menées pour l'accès aux professions et à l'éducation supérieure. Danylewycz se trouve donc à inscrire l'action des religieuses dans la dynamique interne du premier mouvement féministe francophone. Elle examine en premier lieu le contexte qui a favorisé la constitution d'un tel front commun. Insatisfaites de leur rôle de soutien dans les oeuvres de bienfaisance, les femmes de la bourgeoisie ont redéfini les conditions du bénévolat laïc traditionnel en s'appuyant sur une interprétation féministe de la charité, ce qui leur a permis du même coup d'associer le bénévolat religieux à leur action et de justifier leurs aspirations laïques féministes au nom de la religion. L'unification de ces deux formes de bénévolat, «sous la seule bannière de l'initiative féminine» animée d'un idéal de charité, a ainsi donné lieu à une association égalitaire entre laïques et religieuses. Le féminisme en a retiré de grands avantages. Les modalités de cette collabora-

tion, tout comme ses limites, ont été définies tant par les deux parties en cause que par l'Église et ses alliés politiques farouchement
opposés à l'amélioration du statut politique et professionnel des
femmes. Par leur présence dans le mouvement, les religieuses apparaissent avoir influencé les rapports de force entre féministes et antiféministes.

D'autres textes ont paru sur le féminisme et la religion au
Canada français, mais ils se situent dans une autre perspective.
Michèle Jean aborde la religion comme une composante de l'oppression spécifique vécue par les femmes au 20ᵉ siècle[100]. L'Église
aurait récupéré le premier mouvement féministe francophone. Son
attitude sexiste à l'endroit des femmes lui a permis d'exercer pendant longtemps un «pouvoir incontesté» sur elles dans leur «agir
extra-familial» individuel et collectif. «La collusion du pouvoir
mâle, capitaliste et ecclésial» a contribué à en faire des citoyennes de
seconde zone. Si les groupes féministes actuels, d'où se trouve exclue
la religion, ressentent un jour le besoin d'un retour aux sources spirituelles, c'est à d'autres courants mystiques qu'ils iront sans doute
puiser. La problématique de Colette Moreux, par contre, se situe à
un pôle diamétralement opposé[101]. La religion, jusque dans les
années 1960, aurait été une source de pouvoir pour les femmes dans
la famille. La «possession sans partage de la maison», la procréation, l'éducation des enfants, voilà les fondements de ce «pouvoir
ancestral». La laïcisation de la société québécoise et le développement du mouvement de libération des femmes à partir des années
1960 sont venus saper les bases de ce pouvoir. Une telle approche
amène l'auteure à réintroduire la thèse d'un «matriarcat» québécois, défini principalement par «l'instance de domination ultime,
l'Église»[102]. À notre avis, si on peut émettre l'hypothèse que les fem-

---

100. Michèle Jean, «Féminisme et religion au Québec, 1900-1978» dans *La femme et la reli-*
     gion au Canada français. Un fait socio-culturel. Perspectives et prospectives de Élisa-
     beth J. Lacelle, éd. (Montréal, les Éditions Bellarmin, 1979), 33-42. À l'avenir: *La*
     femme et la religion...
101. Colette Moreux, «Féminisme et désacralisation» dans *La femme et la religion...,*
     99-110.
102. Sa thèse d'un matriarcat québécois peut être résumée en ces termes: «Pour la masse de
     la population, on peut bien parler d'un «matriarcat», matriarcat limité sans doute,
     mais attaché aux structures les plus signifiantes du groupe: la production d'enfants et
     la reproduction culturelle, telles que les a définies l'instance de domination ultime,
     l'Église». (p. 101) Les femmes traditionnelles ont exercé des formes de domination dif-
     férentes de celles des hommes, mais tout aussi décisives. Les idéologies «modernistes»
     comme le féminisme lui apparaissent avoir été importées de l'étranger, contrairement

mes aient pu détenir une certaine forme de pouvoir dans la sphère «privée», on ne peut pour autant endosser cette thèse d'un matriarcat québécois qui nie (ou passe sous silence) les conditions objectives et bien réelles de l'oppression des femmes dans la famille, le contrôle de cette dernière par l'Église ainsi que l'existence d'une sphère publique du pouvoir dont les femmes sont exclues.

Nadia Fahmy-Eid et Nicole Laurin-Frenette ont analysé le rapport femmes/famille sous l'aspect du contrôle clérical[103]. La place des femmes au sein de l'Église est l'objet des préoccupations et des recherches de théologiennes comme Monique Dumais et Élisabeth J. Lacelle, ce qui témoigne des interrogations actuelles des chrétiennes face à leur statut[104].

L'insuffisance de la recherche sur les femmes et la religion au Canada français est maintenant un fait reconnu. On ne saurait contester la pertinence et l'utilité d'étudier plus à fond la composante religieuse dans l'histoire des Québécoises, ou de la réétudier dans certains cas. L'influence réelle du religieux dans le vécu des femmes, le rôle des mères de famille et des soeurs dans la transmission des valeurs religieuses, la forte hiérarchie sociale, les rapports de pouvoir et la division du travail au sein des communautés féminines, l'adhésion ou l'opposition des religieuses au pouvoir des prêtres,

---

aux idéologies traditionnelles bien enracinées dans la réalité québécoise, et de la sorte mal adaptées aux «conditions matérielles et socio-culturelles des Canadiennes françaises». Celles-ci se seraient pour ainsi dire laissées convaincre par une idéologie qui ne correspond pas à leurs intérêts propres. Situation qui risque, selon Moreux, de leur faire perdre les avantages dont elles jouissaient avant. Ce regard pour le moins nostalgique sur le passé conduit-il l'auteure à rejeter le bien-fondé des luttes féministes actuelles même si elle prétend ne pas vouloir se prononcer sur la question? Moreux s'appuie sur une conception très traditionnelle de l'histoire du Québec où l'histoire du féminisme se trouve évacuée. Voir aussi de la même auteure, *Fin d'une religion? Monographie d'une paroisse canadienne-française* (Montréal, Presses de l'Université de Montréal, 1969), 485 p.

103. Nadia Fahmy-Eid et Nicole Laurin-Frenette, «Théories de la famille et rapports famille/pouvoirs dans le secteur éducatif au Québec et en France (1850-1960)», *RHAF*, 34, 2 (septembre 1980): 197-223. Article reproduit dans *Maîtresses de maison, maîtresses d'école. op. cit.*

104. Voir Élisabeth J. Lacelle, «Pertinence et sens d'une étude sur la femme et la religion au Canada français» dans *La femme et la religion...*, 19-31; Monique Dumais, «Les femmes et la religion dans les écrits de langue française au Québec», *Atlantis*, 4,2 (printemps 1979): 152-162. Dumais a aussi préparé un dossier sur le féminisme et la religion au Québec depuis 1960 qui est présenté dans *Religion et culture au Canada/Religion and Culture in Canada* de Peter Slater, éd. (Ottawa, Wilfrid Laurier Press, 1977); *Id.,* «La théologie peut-elle être du genre féminin au Québec?» dans *La femme et la religion...*, 111-126.

voire les antagonismes entre celles-ci et les femmes laïques, voilà quelques sujets qui ont été à peine effleurés et qui méritent un examen approfondi.

Le discours idéologique sur les femmes

La dichotomie que le discours idéologique dominant a opérée entre un univers masculin qualifié de «public» et un univers féminin dit «privé» aura eu pour effet d'imposer une image unique des femmes, masquant ainsi les véritables rapports sociaux. L'unicité et la fixité du discours qu'on a tenu sur les femmes ont gelé l'image de leur statut dans la société québécoise, et en ont nié par le fait même le caractère évolutif. On a représenté les femmes comme un ensemble rigide, un groupe monolithique uni par une espèce d'idéologie commune (féminine?) sur la base du seul critère de l'appartenance au sexe féminin, occultant ainsi les différences de classe, ethniques et culturelles. La spécificité de l'oppression vécue par les femmes de la bourgeoisie ou de la classe ouvrière disparaissait derrière cette représentation statique. Toute femme ayant suffisamment d'audace pour sortir du rôle étroit qui lui était imposé devenait nécessairement une «marginale», sinon une «paria»[105].

Dans ce contexte, c'est d'abord un tel discours qui a retenu l'attention. La pensée de Henri Bourassa est devenue le symbole du discours idéologique sur les femmes, pour la première moitié du siècle à tout le moins, et elle a eu droit à un traitement de faveur. L'article de Susan Mann Trofimenkoff, «Henri Bourassa et la question des femmes», inséré dans le présent ouvrage, pose l'existence d'un tel symbole dans l'historiographie des idéologies au 20e siècle qui, en général, a fait peu de cas des femmes. Trofimenkoff analyse le discours de Bourassa chaque fois où celui-ci a pris position sur cette question. La virulence des propos de Bourassa sur le féminisme, le suffrage et le divorce a trouvé maints échos dans la presse de l'époque et à la Chambre des communes, où des politiciens ont repris ses

---

105. Qu'on songe seulement à Cordélia Viau à qui l'on reprochait d'être une amazone ou encore à des «féministes» comme Idola Saint-Jean si allègrement qualifiées de «vieilles filles frustrées», de «filles laides» ou de «viragos». Voir Pauline Cadieux, *La lampe dans la fenêtre* (Ville d'Anjou, Libre Expression, 1976), 199 p. (sur l'histoire de la pendaison de Cordélia Viau à la fin du siècle dernier). Voir aussi Michèle Jean, «Idola Saint-Jean, féministe (1880-1945)» dans *Mon héroïne. Les lundis de l'histoire des femmes: an I. Conférences du Théâtre expérimental des femmes. Montréal 1980-81* (Montréal, Éditions du Remue-Ménage, 1981), 117-147. Yolande Pinard prépare un livre sur cette militante et Jocelyne Beaulieu une pièce de théâtre.

arguments dans le cadre des grands débats féministes du temps. Plus que le portrait de la misogynie de Bourassa, ce texte esquisse le contexte plus global de l'antiféminisme au Québec. L'intérêt premier de cette étude réside dans son explication de la violence verbale des opposants aux revendications des féministes. Selon Trofimenkoff, dans leurs attaques verbales, ceux-ci ne parlent pas des femmes comme telles, mais plutôt de l'image particulière qu'ils se font d'elles. Dès l'instant où ils acceptaient d'accorder le droit de vote aux femmes, ils risquaient de détruire non seulement cette image, mais aussi l'image sous-jacente qu'ils se faisaient d'eux-mêmes, ce qui était plus lourd de conséquences, puisque cela pouvait engendrer une remise en question de l'ordre sexiste de la société.

Utilisant de nouveau l'image de la femme comme instrument d'analyse, Trofimenkoff s'est également penchée plus récemment sur un autre beau cas intéressant, la pensée nationaliste de Lionel Groulx; elle a découvert des similitudes pour le moins «curieuses», comme elle l'écrit elle-même, entre celle-ci et le féminisme du début du siècle[106]. Posant les premiers jalons d'une réflexion sur les rapports entre nationalisme et féminisme, elle présente une réinterprétation originale et pour le moins inattendue du nationalisme de Groulx. Elle établit une relation entre l'image de la femme chez Groulx et son idéologie nationaliste qui aurait amené celui-ci à proposer «implicitement» un modèle féminin de société, base première de son nationalisme. Elle s'interroge sur le lien possible, au début du siècle, entre le féminisme et ce type de nationalisme: celui-ci aurait adopté les «couleurs du féminisme». Les hypothèses de Trofimenkoff devraient inciter d'autres chercheuses à entreprendre des études similaires sur le féminisme des années 1960. Quels liens ont entretenu le néo-nationalisme et le néo-féminisme? Le premier s'est-il également appuyé sur un modèle féminin de société?

L'antiféminisme au Québec ne s'est pas exprimé qu'à travers la voix de Henri Bourassa. Il s'est aussi inspiré d'une philosophie du droit niant le principe de l'égalité formelle entre les sexes. Les juristes ont imposé une conception figée du statut juridique des femmes mariées que la loi est venue sanctionner, jusqu'aux années 1960 tout au moins. Les composantes d'une définition aussi restrictive de la condition juridique des femmes sont analysées par Jennifer Stoddart dans un article reproduit dans cet ouvrage: «Quand des

---

106. Susan Mann Trofimenkoff, «Les femmes dans l'oeuvre de Groulx», *Revue d'histoire de l'Amérique française,* 32, 3 (décembre 1978): 385-398.

gens de robe se penchent sur les droits des femmes: le cas de la commission Dorion 1929-1931». Ce texte perce enfin une brèche dans un secteur de recherche relativement inexploré jusqu'ici, celui de l'histoire de la condition juridique des Québécoises; il vient enrichir notre connaissance du discours sexiste et de l'opposition antiféministe. Il situe dans une perspective féministe toute la question du statut juridique des femmes mariées à un moment précis de l'histoire du droit civil québécois, celui de la commission Dorion instituée en 1929. Réponse partielle aux revendications des féministes et des réformistes anglophones et francophones, elle a débouché en 1931 sur l'adoption d'une loi réformant le Code civil, mais qui n'a pas substantiellement modifié le statut des femmes. La création de la commission ne peut s'expliquer, selon Stoddart, que par le succès des tactiques du mouvement féministe des années 1920. Mais loin de refléter une volonté politique d'améliorer le statut civil des femmes, elle se présente davantage comme une stratégie gouvernementale visant à apaiser les revendications féministes ou réformistes et à calmer les anglophones qui dénonçaient l'archaïsme du droit civil. L'analyse des rapports des commissaires laisse croire que l'objectif réel était la réhabilitation du Code civil bien plus que des amendements à y apporter. Pour Stoddart, l'étude de la commission revêt une signification particulière dans la mesure où son mandat, limité en apparence à la seule question des droits civils des femmes, recouvrait en réalité un objectif plus large: en se penchant sur la structure juridique des relations familiales, les commissaires n'ont pu que soulever toute la question de la vie communautaire et donc de la structuration des relations sociales, politiques et ethniques. La commission tire sa signification première dans sa réaffirmation de l'idéologie traditionnelle. En conclusion, l'auteure s'interroge sur les rôles instrumental et idéologique de la loi qui en a découlé. Celle-ci a permis aux législateurs d'imposer formellement leur propre définition des relations sociales et de faire dominer une image idéalisée de la société québécoise, fournissant ainsi à l'élite francophone une justification à son conservatisme tout en venant renforcer un «ordre symbolique intimement relié à l'idéologie du catholicisme» fondée sur la tradition de la loi naturelle.

Vers une nouvelle histoire

Depuis les dernières années, la théorie féministe a considérablement bouleversé la recherche sur les femmes dans plusieurs disciplines. Plutôt que de s'encombrer de systèmes d'analyse inaptes à intégrer les femmes dans leurs cadres conceptuels, elle appelle maintenant, voire exige un dépassement des anciennes problématiques pour rendre compte plus adéquatement de la complexité et de la totalité de l'expérience individuelle et collective des femmes. On assiste donc au développement d'une nouvelle perspective féministe qui invite à une redéfinition des théories, des concepts et des méthodologies utilisés. Qui plus est, émerge une contestation radicale des cadres d'analyse conventionnels dénoncés dans leurs postulats de base qui apparaissent non scientifiques parce qu'ils ont évacué la réalité des femmes[107].

L'histoire n'échappe pas à ce mouvement[108]. Au début des années 1970, des historiennes avaient tenté de réintégrer les femmes dans l'histoire à partir des approches de l'histoire économique, politique ou sociale en dénonçant «l'oubli» dans lequel les historiens les avaient laissées. La nouvelle histoire des femmes, qui se dessine un peu partout dans le monde occidental, refuse d'être à la remorque de l'historiographie. Elle ne peut plus être un «sous-champ histori-

---

107. Pour la sociologie, on consultera particulièrement Margrit Eichler, *The Double Standard. A Feminist Critique of Feminist Social Science* (London, Croom Helm, 1980), 151 p.; Dorothy Smith, «Le parti pris des femmes» dans *Femmes et politique*, 139-144. On retrouvera des réflexions similaires dans *Sociologie et sociétés*, XIII, 2 (octobre 1981) réalisé sous la direction de Nicole Laurin-Frenette. Ce numéro présente un bilan partiel et provisoire des travaux les plus récents en sociologie des femmes dans divers secteurs. Il reflète bien une partie des préoccupations et des perspectives actuelles de la sociologie des femmes tant dans le domaine de la recherche théorique que dans celui de la recherche empirique. Une nouvelle sociologie des femmes semble en voie d'émerger. L'excellent texte de présentation de Laurin-Frenette situe la place que les femmes occupent dans la sociologie comme profession et discipline du savoir tout en présentant, entre autres, les trois nouvelles voies de recherche que la perspective féministe a fait naître en sociologie des femmes. Pour une critique des méthodologies en sciences sociales, voir *Doing Feminist Research* de Helen Roberts ed., (London, Boston and Henley, Routledge & Kegan Paul, 1981), 207 p.

108. Micheline Dumont, «Découvrir la mémoire des femmes» dans *Maîtresses de maison, maîtresses d'école;* Christiane Dufrancatel et al., *L'Histoire sans qualités*, Coll. L'espace critique (Paris, Galilée, 1979), 223 p.; Berenice A. Carroll ed., *Liberating Women's History. Theoretical and Critical Essays* (Chicago, London, University of Illinois Press, 1976); Carl Degler, *Is there a History of Women?* (Oxford, Clarendon Press, 1975); Mary Hartman et Lois Banner, *Clio's Consciousness Raised* (New York, Harper, 1974); Gerda Lerner, *The Majority Finds its Past. Placing Women in History;* Alison Prentice, «Writing Women in History: The History of Women's Work in Canada», *Atlantis*, 3,2 (1978), 2e partie: 72-84; Nancy F. Cott et Elizabeth H. Pleck, eds., *A Heritage of Her Own. Toward a New Social History of American Women;* Ruth Pierson et Alison Prentice, «Feminism and the Writing and Teaching of History», *Atlantis*, 7, 2 (printemps 1982): 37-46.

que» qu'on laisse à quelques historiennes et se contenter de figurer dans un ou deux chapitres de la «grande histoire».

Si l'histoire a toujours la prétention d'être une science vouée à l'analyse des changements dans le temps et une science reconstituant l'expérience des sociétés et des humains qui ont participé à ces changements, elle ne peut plus se permettre de véhiculer une vision «partielle» et «partiale» du passé[109]. Elle ne peut plus se permettre d'établir comme point de référence dominant l'expérience de la minorité numérique, à savoir, l'expérience des seuls hommes et des systèmes et espaces sociaux qu'ils contrôlaient. «Ce qui devient non seulement fascinant mais urgent, c'est de prendre le champ historique dans son entier, sans le restreindre au domaine du féminin, en l'interrogeant autrement, faisant ressortir chaque fois qu'il est possible la division sexuelle des rôles. C'est justement sur ce partage entre le masculin et le féminin que le silence de l'histoire s'est abusivement fait. De ce silence, le masculin est ressorti vainqueur, inscrit dans la matière noble du tissu événementiel historique, pendant que le féminin disparaissait deux fois; une première fois sous la domination effective du pouvoir masculin et par sa lente soumission à un rôle désigné, et une seconde fois caché par le souvenir encombrant dont dispose la mémoire collective et politique et qui volontairement fait uniquement surgir de l'ombre l'événement du masculin, son avènement[110]».

L'histoire sociale avait obligé, depuis quelques décennies, les historiens à chambarder l'ensemble de leurs outils conceptuels et méthodologiques afin de sortir des ornières de l'histoire des grands hommes pour faire l'histoire des humains et des sociétés. L'histoire des femmes les conviera éventuellement à un défi encore plus lourd à relever: ce sont les lieux mêmes de l'histoire et les significations historiques qui devront se modifier. La nouvelle histoire des femmes ne veut plus seulement redécouvrir le passé des femmes. Elle veut refaire une histoire où femmes et hommes interagissent et tissent le passé. Et ce défi ne saurait être confié à quelques historiennes féministes, puisque c'est l'histoire au complet qu'il faudra réécrire.

---

109. Voir pour la sociologie, Danielle Juteau-Lee, «Visions partielles, visions partiales: l'impact du féminisme sur la pratique sociologique», *Sociologie et sociétés,* XII, 2 (octobre 1981): 33-47.
110. Arlette Farge, «L'histoire ébruitée» dans *L'histoire sans qualités,* 19-20.

2

La majorité oubliée:
le rôle des femmes à Montréal
au 19e siècle*

D. Suzanne Cross

Malgré les progrès récents de l'histoire sociale urbaine au Québec, les conditions de vie des femmes au 19e siècle restent encore mal connues. Rappelons que le 19e siècle fut, d'une façon générale, une période de croissance urbaine rapide, caractérisée par des émigrations massives des campagnes environnantes vers les villes. Dans le cas de Montréal, l'immigration des Îles britanniques renforça ce mouvement, quoique de façon moins importante que pour certaines autres villes nord-américaines. À différents moments, au début des années vingt, dans les années trente, à la fin des années quarante et encore au début des années quatre-vingt, le flux d'immigrants à Montréal prit les proportions d'une véritable marée; mais relativement peu d'entre eux s'y installèrent en permanence: la plupart émigrèrent vers l'Ouest canadien ou aux États-Unis.

La première partie de cette étude examine la croissance de la population féminine à Montréal, sa répartition par âge et sa distribution dans les différentes parties de la ville et ses banlieues. Le marché du travail dans les régions rurales étant encore plus fermé aux jeunes filles qu'aux jeunes hommes, les femmes participèrent au mouvement de migration des campagnes surpeuplées vers les villes du Québec et de la Nouvelle-Angleterre, augmentant ainsi considérablement la proportion féminine de la population urbaine. Cette tendance n'était pas particulière au Québec. La prédominance des femmes dans plusieurs villes américaines durant la seconde moitié du 19e siècle a été signalée ailleurs[1]. La demande pour les domesti-

* Texte paru en langue anglaise dans la revue *Histoire sociale/Social History,* VI, 12, novembre 1973, 202-223. Reproduit avec la permission de l'éditeur. L'auteur tient à remercier Terry Copp et Micheline Dumont pour leurs commentaires. La traduction est de Sandra Marchand. Pour ce texte et les suivants, voir les notes à la fin de l'ouvrage.

ques était très grande à Brooklyn, Pasadena et Newton, trois villes dont les revenus *per capita* étaient élevés, tandis que les villes du textile comme Lowell, New Bedford et Fall River, offraient de l'emploi dans leurs usines.

Les femmes venaient s'installer dans les villes afin de gagner leur vie; aussi, la seconde partie de cette étude analyse les possibilités d'emploi à Montréal. L'établissement de l'industrie manufacturière sur une échelle relativement grande créa de l'emploi; la main-d'oeuvre féminine devint majoritaire dans au moins une industrie et constitua un pourcentage important dans plusieurs autres. Les femmes, dont plusieurs étaient mariées, travaillaient par nécessité, pour leur subsistance et celle de leurs dépendants. Conscientes de la misère de nombreuses familles ouvrières, les communautés religieuses créèrent un certain nombre de garderies, permettant ainsi à plusieurs mères de travailler à l'extérieur de la maison pour augmenter le revenu familial. Nous verrons que l'expérience des protestantes fut différente, car elles eurent accès à des carrières qui étaient fermées aux catholiques. Nous reviendrons brièvement sur les communautés religieuses féminines et sur les oeuvres de charité dirigées par des femmes pour en souligner les répercussions sur le marché du travail.

I

Le graphique 1 indique les taux de féminité (le nombre de femmes pour 100 hommes) à Montréal, à Québec et dans l'ensemble de la province. Pendant toute la période, le nombre de femmes dépasse celui des hommes à Montréal et à Québec, et leur proportion augmente graduellement de 1851 à 1881. En 1891 et en 1901, la proportion des femmes continue de s'accroître à Québec, alors qu'elle diminue légèrement à Montréal. Dans les villes, les taux de féminité contrastent avec ceux de l'ensemble de la province: au milieu du siècle, il y avait moins de femmes que d'hommes au Québec, mais à partir de 1871, les populations féminine et masculine s'équilibrent.

Le tableau 1 indique le taux de féminité pour différents groupes d'âge à Montréal: les enfants de moins de 15 ans, les jeunes filles entre 15 et 19 ans, les jeunes femmes de 20 à 29 ans et les femmes adultes de plus de 30 ans. L'élément le plus frappant est la proportion élevée de jeunes filles et de jeunes femmes. L'indice du groupe des enfants se situe toujours autour de 100, alors que celui du

Graphique 1
Nombre de femmes pour 100 hommes à Montréal,
dans la ville de Québec et pour l'ensemble du Québec, 1844-1901

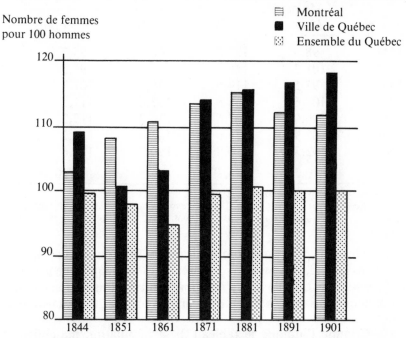

Nombre de femmes
pour 100 hommes

▤ Montréal
■ Ville de Québec
▒ Ensemble du Québec

Source: *Recensement du Bas-Canada, 1844; Journal de l'Assemblée Législative*, vol. V, app. 1. 1846; *Recensement des Canadas,* 1851, vol. I. t. 3; 1861, vol. I, t. 5; *Recensement du Canada,* 1871, vol. I, t. 1; 1881, vol. I, t. 1; 1891, vol. I, t. 3; 1901, vol. I, t. 7.

groupe des jeunes filles et des jeunes femmes se situe bien au-dessus. Pour ces deux derniers groupes, la proportion de femmes dépasse celle des hommes pour chaque année étudiée. La proportion élevée de jeunes filles ne peut être attribuable au passage des enfants de la décennie précédente à ce groupe, car le groupe des enfants se compose d'un nombre presque égal de garçons et de filles. Elle s'explique plutôt par l'arrivée massive de jeunes filles à Montréal. L'indice élevé pour les groupes de jeunes femmes et de femmes adultes résulte, du moins en partie, du passage des jeunes filles de la décennie précédente dans ces deux groupes. À partir de 1871, l'indice pour les groupes de femmes adultes est sensiblement plus élevé, sans pour autant atteindre celui des groupes de jeunes filles et de jeunes femmes, et il semble qu'il soit le résultat des transferts dont nous venons de parler plutôt que de migrations massives de femmes plus

Travailleuses et féministes

Tableau 1
Nombre de femmes pour 100 hommes par groupe
d'âge à Montréal, 1844-1901

Année	Moins de 15 ans	15-19	20-29	30 et plus
1844	98,5	128,2	106,6	95,7
1851	101,3	126,4	134,0	95,5
1861	97,5	114,6	126,5	101,9
1871	100,6	138,8	132,8	111,8
1881	100,0	127,6	136,2	115,2
1891	102,9	119,6	122,4	112,2
1901	102,3	116,8	120,2	112,6
χ^2	0,24	46,39*	51,59*	7,20

* Signification au niveau de confiance 0,05.
Source: *Recensement du Bas-Canada,* 1844; *Recensement des Canadas,* 1851, vol. 1, t. 3; 1861, vol. 1, t. 5; *Recensement du Canada,* 1871, vol. II, t. 7; 1881, vol. II, t. 8; 1891, vol. II, t. 1; 1901, vol. I, t. 7.

âgées. Dès 1844, un grand nombre de jeunes filles étaient déjà installées dans la ville, et nous pouvons prendre pour acquis que la majorité des femmes qui venaient s'établir à Montréal tout au long du siècle étaient âgées de 15 à 20 ans ou d'un peu plus de 20 ans à leur arrivée.

Comme l'indique le tableau 2, la population masculine et féminine était répartie inégalement à travers la ville. Pendant toute la seconde moitié du siècle, la population féminine dépassa de beaucoup la population masculine dans les quartiers Saint-Antoine, Saint-Laurent, Saint-Louis et Saint-Jacques. Saint-Antoine était essentiellement un quartier résidentiel pour la classe moyenne et la classe supérieure, quoique des journaliers et des artisans habitaient le secteur sud. Les établissements industriels étaient concentrés dans le sud-est. Les familles protestantes très riches qui habitaient la rue Saint-Antoine employaient un nombre considérable de domestiques. En 1871, 66 % du nombre total des domestiques dans toute la ville travaillaient dans Montréal-Ouest[2]. Un examen rapide des recensements de 1861 et de 1871 révèle que la plupart de ces domestiques étaient des jeunes catholiques irlandaises. La proportion élevée de femmes dans les quartiers Saint-Laurent, Saint-Louis et même Saint-Jacques était surtout attribuable à la localisation, à quelques pas du centre-ville, de plusieurs industries employant des femmes. Il était important pour les femmes d'habiter près de leur lieu de tra-

Tableau 2
Nombre de femmes pour 100 hommes par quartier
de Montréal, 1861-1901

Quartier	1861	1871	1881	1891	1901
Est	82,5	105,5	107,0	105,7	61,0
Centre	98,0	141,8	100,7	128,8	186,3
Ouest	100,0	149,0	98,1	95,5	95,1
Sainte-Anne	98,7	101,5	103,1	98,5	97,9
Saint-Antoine	113,2	114,3	124,3	118,6	120,5
Saint-Laurent	110,4	118,0	120,7	115,5	111,7
Saint-Louis	110,7	120,5	117,0	118,6	113,1
Saint-Jacques	102,1	118,6	118,8	115,7	114,1
Sainte-Marie	103,1	108,6	108,9	104,9	108,2

Source: *Recensement des Canadas,* 1861, vol. I, t. 5; *Recensement du Canada*, 1871, vol. I, t. 1; 1881, vol. I, t. 4; 1891, vol. I, t. 1; 1901, vol. I, t. 7.

vail, car elles gagnaient à peine 0,50$ ou 0,75$ par jour, alors que la tarif de tramway était de 0,05$. Les billets se vendaient 0,25$ pour six et 1$ pour vingt-cinq, mais de telles sommes représentaient des déboursés énormes pour les pauvres. Il a fallu attendre jusqu'en 1892 l'introduction de billets spéciaux pour les travailleurs, qui pouvaient les utiliser tôt le matin et le soir. Même le nouveau tarif de 0,25$ pour huit billets était au-dessus des moyens de la plupart des travailleuses.

La proportion de femmes dans les quartiers Sainte-Anne et Sainte-Marie était plus basse que celles des quartiers déjà cités. Le quartier Sainte-Marie dans l'est de la ville était une zone à forte croissance démographique et semblait posséder les caractéristiques propres aux nouvelles banlieues dont nous parlerons plus loin. Le cas de Sainte-Anne, un quartier ancien et en majeure partie catholique irlandais, était différent. Le quartier était à proximité du canal Lachine, du port et des gares de triage du Grand Trunk Railway, trois emplacements attirant une main-d'oeuvre masculine. Il y avait quelques usines locales qui employaient des femmes, mais de nombreuses jeunes filles de Sainte-Anne travaillaient comme domestiques dans le quartier voisin de Saint-Antoine.

La population des quartiers Ouest et Centre, lesquels formaient, avec le quartier Est, le coeur du Vieux-Montréal, diminua progressivement durant la seconde moitié du siècle. Ces quartiers formaient le centre commercial de la ville, mais ils comprenaient également des manufactures de vêtements et de chaussures. Durant les années cinquante, des commerçants et leurs commis (masculins) résidaient au-dessus de leurs établissements, mais en 1860, lorsque la Montreal City Passenger Railway fut mise en service, plusieurs quittèrent le secteur pour s'installer à l'extérieur du centre-ville. Il est difficile d'expliquer les fluctuations du taux de féminité dans ces quartiers, mais il est à noter que les différences étaient peu significatives car les populations étaient faibles. Une majorité d'à peine quelques centaines d'individus de l'un ou de l'autre sexe peut produire des variations extrêmes du rapport à l'intérieur d'une petite population, alors qu'une même majorité produit des variations infimes dans une population plus grande. La faible proportion de femmes dans le quartier Est en 1861 était due à la présence de la garnison du Quebec Gate Barracks, mais aucune explication satisfaisante n'a été trouvée pour les autres variations.

Dans les trente dernières années du siècle, la croissance démographique dans les villages de banlieue (Hochelaga, Côte Saint-Louis, Saint-Louis de Mile End, Saint-Jean-Baptiste, Sainte-Cunégonde, Saint-Henri et Saint-Gabriel) était plus rapide qu'à Montréal même. Exception faite d'Hochelaga, le taux de féminité, se situant entre 102 et 108, était similaire à celui du quartier Sainte-Marie, quoique dans quelques cas il tombait à 98. En 1871, l'indice pour Hochelaga était de 130,2 et dix ans plus tard, il était de 115,7. La Hudon Cotton Company ainsi que la W. C. MacDonald Tobacco Company étaient situées à Hochelaga et plusieurs femmes travaillaient dans ces usines. Durant les années quatre-vingt cependant, plus de mille hommes entrèrent au service de la Canadian Pacific Railway dont les ateliers et les gares de triage étaient situés dans l'est de la ville. En 1883, une partie de la région fut annexée à la région de Montréal et l'indice pour Hochelaga baissa à 105,7 en 1891 et à 103,9 en 1901. Les possibilités d'emplois pour les femmes dans les villages de Saint-Louis de Mile End, Côte Saint-Louis, Saint-Jean-Baptiste et Saint-Gabriel étaient limitées. Les carrières de pierre de Côte Saint-Louis attiraient une main-d'oeuvre masculine vers ces municipalités, alors que les industries le long du canal Lachine et les ateliers de la Grand Trunk Railway offraient beaucoup d'emplois aux hommes de Saint-Gabriel. Sainte-Cunégonde et Saint-Henri étaient des municipalités industrielles: la filature de soie Belding Paul, la Merchants Cotton Company, la Montreal Woollen Mill ainsi que plusieurs entreprises du secteur alimentaire employaient un nombre considérable de femmes; cependant, plusieurs d'entre elles étant mariées, le taux de féminité se stabilisait en général autour de 100. Si le marché du travail offrait des ouvertures aux femmes, en contrepartie, un grand nombre d'usines établies le long du canal Lachine offraient du travail aux hommes. Bien que quelques bourgeois très riches employaient des domestiques dans leur maison de banlieue, il y avait peu de demandes pour des aides domestiques dans les quartiers de la classe moyenne inférieure et de la classe ouvrière.

Les femmes émigraient à Montréal pour gagner leur vie mais aussi pour se trouver un mari. Le nombre de femmes dépassant celui des hommes, la concurrence était vive, mais les chances de succès étaient plus élevées que dans les régions rurales, où une minorité seulement de fils de cultivateurs pouvait espérer obtenir une terre assez grande pour subvenir aux besoins d'une famille. Les mariages précoces étaient rares, car la plupart des jeunes gens qui émigraient à la ville avait peu ou pas d'argent pour fonder un foyer. En 1891, seulement 1,5 % des femmes mariées et 0,2 % des hommes mariés étaient âgés de moins de vingt ans. Les femmes se mariaient généralement plus jeunes que les hommes. La fréquence de mariage chez les femmes et chez les hommes augmenta à mesure qu'on avançait dans le siècle. En 1861, seulement 32 % des femmes et un même pourcentage d'hommes étaient mariés, mais en 1891, ces pourcentages atteignaient respectivement 41 et 43 %[3].

En 1891, nombre d'hommes et de femmes célibataires qui avaient émigré massivement à Montréal durant les décennies précédentes étaient mariés. Le mariage devait être reporté au jour où le couple avait économisé pour fonder un foyer et où le mari pouvait subvenir aux besoins d'une famille. Il devint toutefois de plus en plus fréquent pour la Canadienne française mariée de travailler à l'extérieur de la maison. Cette tendance encouragea peut-être les couples à se marier plus tôt et à vivre avec deux salaires, au lieu d'attendre que le mari puisse faire subsister une famille avec son seul salaire.

II

Les sources d'information sur le travail féminin au dix-neuvième siècle sont incomplètes et, pour le début du siècle, presque inexistantes. Avant l'établissement des manufactures, les femmes de la classe ouvrière devaient compter sur les travaux domestiques de nettoyage, de lessivage, de couture et de soin des enfants. Selon le recensement de 1861, deux pour cent des femmes travaillaient dans la couture, soit comme ouvrières, soit comme confectionneuses. Comme l'indique le tableau 3, le service domestique était la source d'emploi la plus importante. Aucune explication n'a été trouvée pour la baisse sensible du nombre de domestiques entre 1844 et 1851; on se serait plutôt attendu à une augmentation de ce nombre, consécutive à l'arrivée de milliers d'immigrants irlandais à la fin des années quarante. Quelques femmes s'orientaient déjà vers le travail en usine mais cela ne peut pas tout expliquer. Il est imprudent de trop se fier aux premiers recensements, car il est possible que le nombre de domestiques calculé pour l'année 1844 soit trop élevé et celui de l'année 1851 trop bas. En 1871, le nombre de domestiques avait augmenté, mais la population aussi s'était accrue et les contemporains signalaient une pénurie de domestiques[4]. Durant les années soixante-dix, la «crise domestique» inquiétait les dames de Montréal et les plaintes qu'elles formulaient à l'effet que les jeunes filles préféraient travailler dans les usines étaient probablement fondées[5]. Dans les usines, les heures de travail étaient extrêmement longues et les conditions mauvaises, mais contrairement à la domestique qui devait en tout temps se soumettre aux règlements de la maison, l'ouvrière d'usine était sa propre maîtresse à la fin de la journée. Au moins un journaliste imputa aux patronnes la réticence des jeunes filles à travailler comme aide domestique. Les domestiques, disait-il, étaient mal payées, surchargées de travail, n'avaient guère de congés, et en plus d'être mal logées et mal nourries, elles étaient à toute heure assujetties aux caprices de leur maîtresse. Du point de vue des

Tableau 3
Nombre et pourcentage de femmes employées
comme domestiques à Montréal, 1844-1881

Année	*Nombre de domestiques*	*% de la population féminine*
1844	3013	9,2
1851	915	3,1
1861	2770	6,0
1871	3657	6,4
1881	5898	7,9

Source: *Recensement du Bas-Canada*, 1844; *Recensement des Canadas*, 1851, vol. I, t. 4; 1861, vol. I, t. 7; *Recensement du Canada*, 1871, vol. II, t. 8; 1881, vol. II, t. 14.

employeurs, la situation s'était quelque peu améliorée en 1881, alors qu'on comptait une domestique par 4,8 familles en comparaison de une par 5,8 familles en 1861[6].

Le service domestique était source d'emploi pour certaines femmes et en libérait d'autres de l'obligation de consacrer tout leur temps aux affaires de la maison. Un nombre croissant de femmes des classes moyenne et supérieure avaient le loisir de se consacrer à des activités sociales et récréatives, ainsi qu'aux oeuvres de charité et à l'éducation supérieure, comme en témoigne la création en 1871 de la Montreal Ladies Educational Association. La pénurie de domestiques était une source réelle d'inquiétude pour les dames des classes supérieures. Diverses tentatives de solution furent amorcées; cependant, l'offre demeurait toujours inférieure à la demande. Les demoiselles Rye et McPherson, qui dirigeaient une des nombreuses agences de placement de domestiques, organisaient périodiquement la traversée jusqu'à Montréal de jeunes Anglaises. En 1871, J.E. Pell de la St.George Society suggéra qu'on lui accorde une aide financière afin qu'il puisse visiter les villages d'Angleterre et convaincre les jeunes filles d'émigrer à Montréal[7]. Plusieurs oeuvres de charité s'occupaient de trouver de l'emploi aux femmes, particulièrement dans le service domestique. La Protestant House of Industry and Refuge fonda une agence de placement en 1867[8] et la YWCA créa un comité pour les aides domestiques, dès son établissement à Montréal en 1874[9]. La Women's Protective Immigration Society tenta également de diriger les immigrantes vers le travail domestique et de temps à autre avançait le prix de la traversée à de bonnes candidates[10]. À la fin du siècle, la Montreal Day Nursery agissait officieusement comme bureau de placement. Les demandes pour une femme de ménage sur une base journalière étaient faites à cette garderie, laquelle dirigeait les femmes qui y avaient amené leurs enfants vers les postes disponibles.

La pénurie de domestiques était seulement un aspect du problème. La plupart des jeunes filles qui s'engageaient comme domestiques n'avaient aucune expérience et peu d'employeurs étaient prêts à consacrer du temps à leur apprentissage. On tenta périodiquement de leur donner quelque formation préliminaire, mais sans grands résultats. En 1860, l'initiation des jeunes filles au travail domestique devint une des priorités pour la Home and School of Industry[11]. Plus tard, on créa un cours spécial pour fillettes de huit ans et plus[12]. On organisa même des cours d'art ménager (classes *Kitchen Garden*) pour fillettes de moins de sept ans, et celui de la

Day Nursery n'aurait été qu'un exemple parmi beaucoup d'autres. Les *Kitchen Gardens* débutèrent aux États-Unis et furent implantés à Montréal par une certaine demoiselle Huntingdon de New York[13].

III

La distinction entre main-d'oeuvre masculine et main-d'oeuvre féminine apparut pour la première fois dans le recensement de 1871. Bien que le nombre de domestiques à Montréal baissa entre 1844 et 1861 et n'atteignit le niveau de 1844 qu'en 1871, la population féminine passa d'un peu moins de 33 000 à plus de 57 000. Comme on peut le voir sur le graphique 2, en 1871, les femmes jouaient un rôle important dans de nombreuses industries et on peut supposer qu'il en était ainsi depuis un certain temps. Plusieurs établissements industriels employant des femmes avaient été fondés durant les années cinquante et soixante, et quelques-uns encore plus tôt. J. & T. Bell commença à fabriquer des chaussures en 1819 et, en 1894, l'entreprise était encore florissante[14]. En 1856, la Brown and Childs employait quelque 800 ouvriers dans la chaussure[15]. Durant les années cinquante, au moins six nouvelles manufactures d'importance furent établies et quatre autres s'ajoutèrent à ce nombre durant les années soixante[16].

Au milieu du siècle, plusieurs manufactures de vêtements, dont quelques-unes d'importance, étaient en opération. Moss and Brothers datait de 1836, la manufacture de chemises John Aitken and Co. de 1851 et la firme de vêtements McMillan and Carson de 1854[17]. H. Shorey and Co., qui devint plus tard une des plus grandes manufactures de vêtements de Montréal, fut fondée en 1865[18]. En 1852 et 1853 respectivement, deux usines de textile, dont une pour la filature de la laine et l'autre pour celle du coton, entrèrent en opération à proximité de l'écluse Saint-Gabriel[19]. L'usine de tabac W.C. MacDonald Co.[20], l'usine de cigares Stonewal Jackson[21] ainsi que S. Davis and Sons[22] étaient toutes en opération avant 1860. On peut supposer qu'à partir des années cinquante et possiblement plus tôt, un nombre croissant de femmes étaient employées dans ces usines. Les manufacturiers étaient conscients du fait que les femmes et les enfants pouvaient travailler en usine aussi efficacement que les hommes, tout en acceptant un salaire moindre.

Le travail industriel se faisait le plus souvent en usine; cependant, tel n'était pas le cas pour l'industrie du vêtement, dans laquelle des conditions diverses prévalaient. D'une part, il y avait plusieurs boutiques de confection pour dames et pour hommes ainsi

qu'un grand nombre de magasins de modes; d'autre part, des couturières, ouvrières ou confectionneuses, travaillaient dans des maisons privées sur une base journalière. Dans l'industrie de la confection des vêtements pour hommes, une partie du travail se faisait en
usine, mais la plus grande part était distribuée à des femmes qui travaillaient chez elles sur des machines louées ou fournies par le
manufacturier[23]. En 1892, la J.W. Mackedie Company employait
900 couturières à domicile, tandis que la H. Shorey Company en
employait 1400, sans compter les 130 ouvrières qui travaillaient à
l'usine[24].

Le graphique 2 identifie les industries de Montréal qui s'appuyaient largement sur la main-d'oeuvre féminine. Différents
emplois industriels énumérés de façon distincte dans les recensements ont été regroupés sous la rubrique de l'industrie du
vêtement[25]. Le nombre de femmes dans cette industrie baissa entre
1881 et 1891: la plupart des sous-groupes demeurèrent inchangés;
par contre dans le métier de tailleur, les femmes étaient remplacées
par des hommes. Le nombre d'hommes et de femmes dans les usines
de chaussures baissa également. À la fin des années quatre-vingt,
l'industrie de la chaussure connut des difficultés et en 1891, la valeur
de la production avait baissé de près de deux millions de dollars et la
diminution dans les salaires atteignait un quart de million. On
comptait alors 129 établissements en comparaison de 171 en 1881.
Plusieurs usines furent fondées grâce à la «National Policy», mais la
faiblesse du marché canadien en limita la croissance et il ressort clairement des rapports des différentes usines qu'un petit nombre d'entre elles seulement pouvaient produire à pleine capacité[26]. La main-
d'oeuvre féminine augmenta graduellement dans l'industrie du
tabac, du coton, de la soie et du caoutchouc, mais la source principale d'emploi demeurait l'industrie du vêtement.

Le graphique 2 tient compte seulement des usines employant
plus de 100 femmes, mais il en existait d'autres qui en employaient
un plus petit nombre. En 1871, un peu moins de 23 000 hommes,
femmes et enfants étaient comptés comme travailleurs industriels à
Montréal et à Hochelaga. De ce nombre, plus de 7000 étaient des
femmes et des jeunes filles, soit approximativement 33% de la main-
d'oeuvre industrielle. En 1891, on comptait plus de 42 000 travailleurs industriels, dont environ 12 000 femmes et jeunes filles. Le
nombre d'hommes travaillant dans l'industrie avait doublé alors
que le nombre de femmes n'avait augmenté que de 4500: leur proportion baissait ainsi à 28% de la main-d'oeuvre industrielle[27].

Graphique 2
Pourcentage de la main-d'oeuvre féminine dans
certains secteurs industriels à Montréal, 1871, 1881 et 1891

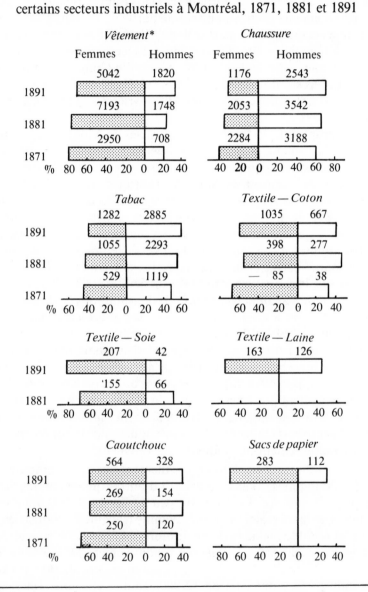

---

* Englobe des occupations connexes.

Source: *Recensement du Canada,* 1871, 1881 et 1891, tableaux sur les industries.

Durant ces années, les nouveaux emplois s'offraient moins souvent aux femmes qu'aux hommes. Les chiffres ci-dessus indiquent le nombre de femmes qui travaillaient le jour du recensement; ils sont probablement en-deçà du nombre de femmes qui travaillaient une partie de l'année. Il n'y a aucune façon d'évaluer le nombre de femmes qui travaillaient temporairement lorsque le soutien de famille était malade ou sans emploi. Les livres de paie de la brasserie Molson montrent de fréquents changements parmi les employées de l'atelier d'embouteillage[28].

IV

Les faits démontrent clairement que dès les années cinquante il était de plus en plus fréquent pour la Canadienne française mariée de travailler à l'extérieur de la maison. À titre d'exemple, en 1855 les soeurs de la Providence commencèrent à prendre soin des jeunes enfants qu'on avait refusés dans les écoles en banlieue et en 1860: elles établirent une salle d'asile distincte à l'hospice Saint-Joseph[29]. Les enfants, âgés de deux à sept ans, étaient placés tôt le matin par leurs parents qui les reprenaient en fin d'après-midi. En 1858, les Soeurs Grises ouvrirent le premier de cinq centres semblables: la salle d'asile Saint-Joseph. La réponse des parents fut immédiate et il s'ensuivit l'ouverture de l'asile Nazareth en 1861, de l'asile Bethléem en 1868, de l'asile Saint-Henri en 1885 et finalement de l'asile Sainte-Cunégonde en 1889. Comme on devait s'y attendre, l'asile Saint-Vincent-de-Paul, l'asile Saint-Joseph et l'asile Sainte-Cunégonde étaient situés dans les quartiers de la classe ouvrière. Par contraste, l'asile Nazareth et l'asile Bethléem étaient situés à des endroits plus prestigieux, sur la rue Sainte-Catherine et à Richmond Square. La rue Sainte-Catherine convenait quelque peu aux femmes du sud des quartiers Saint-Laurent et Saint-Louis ainsi qu'aux femmes qui venaient à pied du village Saint-Jean-Baptiste, au nord. L'emplacement du Richmond Square avait été rendu disponible grâce à l'Honorable C.S. Rodier et n'était pas tellement loin des rues Saint-Joseph et Saint-Bonaventure. La baisse du nombre d'enfants à l'asile Bethléem après 1887 laisse croire que plusieurs d'entre eux venaient des paroisses Sainte-Cunégonde et Saint-Henri et qu'ils fréquentèrent plus tard les salles d'asile locales.

Le nombre d'enfants inscrits aux salles d'asile dirigées par les Soeurs Grises est donné au tableau 4, tandis que le tableau 5 indique

Tableau 4
Nombre d'enfants inscrits aux salles d'asile dirigées par
les Soeurs Grises, 1863-1902

Année	Asile Saint-Joseph	Asile Nazareth	Asile Bethléem	Asile Saint-Henri	Asile Sainte-Cunégonde
1863	408	334			
1868	604	795	33		
1872	512	500	100		
1877	484	220	360		
1882	348	400	280		
1887	429	187	324	450	
1892	110	387	312	542	352
1897	130	314	256	604	550
1902	*	298	246	404	380

* Chiffre manquant.
Source: «Les Rapports des Chapitres Généraux», vol. II, Archives des Soeurs Grises.

Tableau 5
Nombre total d'enfants inscrits aux salles d'asile, par
périodes de 5 ans, 1858-1902

Période	Nombre d'enfants
1858-1863	1704
1864-1868	3408
1869-1872*	2848**
1873-1877	2959**
1878-1882	6401
1883-1887	5387
1888-1892	7907
1893-1897	9608
1898-1902	10 126

* Période de 4 ans.
** N'inclut pas les inscriptions de l'asile Bethléem.
Source: «Les Rapports des Chapitres Généraux», vol. II, Archives des Soeurs Grises.

le nombre total d'enfants qui fréquentèrent ces salles sur des périodes de cinq ans. Un coup d'oeil rapide nous apprend qu'un nombre considérable de jeunes enfants fréquentaient les salles d'asile. Nous devons cependant nous demander si ces enfants étaient orphelins de père ou si les deux parents étaient vivants. Les registres d'inscription des années 1858 à 1869 de l'asile Saint-Joseph ainsi que celui des années 1889 à 1891 de l'asile Sainte-Cunégonde ont été conservés[30]. Le nom et l'âge de chaque enfant ainsi que l'adresse et l'emploi des parents y sont inscrits. Très peu de veuves enregistraient leurs enfants à ces salles. Il semble certain qu'un grand nombre de familles dont les deux parents travaillaient envoyaient leurs enfants aux salles d'asile. En 1878, les Soeurs Grises affirmaient que «le but principal de cette oeuvre (les salles d'asile) est de donner aux parents de la classe peu aisée, la libre disposition de leurs journées afin qu'ils puissent se livrer à un travail fructueux pour la famille[31]». À l'ouverture de l'asile Saint-Henri, le curé Rémi Clotaire Décary fit observer que «les parents pauvres qui travaillent en dehors de leur maison ont le privilège d'aller placer leurs enfants sous la protection bienveillante des soeurs de l'asile Saint-Henri[32]». Les registres d'inscription des asiles Saint-Joseph et Sainte-Cunégonde montrent que les enfants étaient presque sans exception canadiens-français: les Irlandais et les Anglais n'envoyaient pas leurs enfants à ces institutions. En général, les Soeurs Grises ne demandaient pas de frais pour le soin des enfants mais quelques-uns des parents pouvaient les payer. Le revenu des religieuses provenait des dons, des ventes de charité et d'une subvention minime équivalant à environ 25 cents par enfant par année de la Législature provinciale[33].

Ainsi, les salles d'asile permettaient aux femmes mariées de travailler à l'extérieur de la maison; cela mérite qu'on s'y arrête. Les enfants de moins de deux ans n'étaient pas admis et les registres indiquent que la plupart des enfants fréquentant ces salles avaient plus de trois ans. Quoique non concluantes, les preuves semblent indiquer que l'arrivée d'un nouveau-né dans la famille n'empêchait pas la mère de travailler. Selon les témoignages des contemporains, les mères canadiennes-françaises avaient plus souvent recours à l'allaitement artificiel qu'à l'allaitement maternel car cela leur donnait la possibilité de retourner travailler tôt après la naissance, à condition que les soins essentiels du nourrisson soient assurés[34]. Il est sous-entendu que les enfants de 10 à 13 ans avaient l'habitude de prendre soin des enfants qui étaient trop jeunes pour fréquenter les salles d'asile. Les registres de l'école paroissiale Saint-Joseph que dirigeaient les soeurs de la Congrégation de Notre-Dame indiquent que la majorité des enfants quittaient l'école après la troisième année mais qu'à cet âge, vraisemblablement 10 ou 11 ans, très peu allaient travailler[35]. Il y avait certainement un nombre considérable d'enfants disponibles pouvant garder les enfants plus jeunes dans leur propre famille ou possiblement chez les voisins, libérant la mère qui pouvait alors travailler à l'extérieur de la maison.

La rareté des garderies pour les enfants d'âge préscolaire dans la communauté de la langue anglaise laisse croire que seules les mères canadiennes-françaises travaillaient à l'extérieur. En 1886, un groupe de dames sollicita l'aide de la YWCA pour établir une garderie d'enfants. Un édifice fut loué sur la ruelle des Fortifications et deux ans plus tard, la Day Nursery déménagea dans un local plus grand sur la rue de la Montagne. Un nombre relativement limité d'enfants fréquenta la garderie: en 1899, la moyenne quotidienne était de 25 enfants[36], quoique plus tôt dans la décennie elle avait atteint 40[37]. Les frais de dix cents par jour par enfant et de cinquante cents par semaine éloignaient possiblement les mères. D'après les rapports annuels, il semble que la garderie était utilisée par des femmes qui étaient l'unique soutien de la famille[38]. Il est possible que certaines oeuvres de charité protestantes aient hébergé quelques enfants pendant que les mères travaillaient, mais les conditions matérielles n'étaient comparables, ni en dimension ni en nombre, à celles des Soeurs Grises.

V

D'autres types d'emploi s'offraient aux femmes qui disposaient d'un certain capital ou qui avaient de l'instruction. Les annuaires de Montréal révèlent les noms de plusieurs femmes tenant des maisons de pension, des épiceries et d'autres petits commerces. Certaines travaillaient comme commis de magasin ou de bureau. Durant les années quatre-vingt et quatre-vingt-dix, la machine à écrire et le téléphone commençaient à se répandre, sans être encore d'usage courant. Il semble peu probable que beaucoup de femmes aient travaillé comme dactylo ou téléphoniste avant 1900.

Le soin des malades, des indigents et des orphelins a traditionnellement été la responsabilité des femmes. Les soeurs Grises et les soeurs hospitalières de Saint-Joseph avaient depuis longtemps assumé la responsabilité de ce travail à Montréal et les soeurs de la Congrégation de Notre-Dame s'étaient occupées d'éducation dès le début. Ces ordres religieux étendirent leur oeuvre pour tenter de répondre aux besoins grandissants d'une ville en pleine expansion, mais la nécessité de services additionnels devint évidente. Durant les années quarante et cinquante, plusieurs nouvelles communautés furent fondées sous la direction de Mgr Bourget et l'Église institutionnalisa les oeuvres de charité catholiques. Les limites de notre étude ne nous permettent pas d'examiner le rôle des ordres religieux. Cependant, nous devons signaler que durant les années trente, des femmes laïques, catholiques aussi bien que protestantes, travaillaient pour les oeuvres de charité. L'Orphelinat catholique de Montréal, fondé en 1832 par les Sulpiciens, fut confié à la garde de la Société des Dames de Charité[39]. Sous la direction des fondatrices, l'administration laïque fit vaillamment face aux besoins de l'orphelinat, mais devant les graves problèmes financiers des années quatre-vingt, leurs successeurs envisagèrent d'abandonner l'institution. Les Sulpiciens les aidèrent à poursuivre leur oeuvre, mais lorsqu'en 1889 mademoiselle Morin, qui avait dirigé l'orphelinat pendant de nombreuses années, prit sa retraite, la charge des enfants fut confiée aux soeurs Grises[40]. En 1847, les Sulpiciens fondèrent une seconde institution, d'abord connue sous le nom de *The House* et devenue par la suite le *St. Patrick's Orphan Asylum*[41]. Les Irish Ladies of Charity s'intéressèrent à cette oeuvre dès le début et durant les premières années des femmes laïques prenaient soin des orphelins. Très tôt les soeurs Grises en prirent la responsabilité, mais les Irish Ladies of Charity continuèrent d'apporter leur appui pendant de nombreuses années. Le Refuge de la Passion, également fondé par les Sulpiciens en 1861, fut dirigé par mesdemoiselles Pratt et Cassant jusqu'en 1866. Les Petites Servantes des pauvres prirent alors la relève, et après plusieurs changements de direction l'institution fut confiée aux soeurs Grises qui, en 1895, lui donnèrent le nom de *Le Patronage d'Youville*[42].

Durant les années 1820 et 1830, les femmes laïques ne demandaient qu'à servir la société. Mgr Bourget veillait cependant à ce que chaque institution sociale catholique soit contrôlée par l'Église et «l'élan de piété imprimé à tous les fidèles de son diocèse par l'Évêque de Montréal (fit) surgir de nouvelles communautés[43]». Un groupe de dames que dirigeait madame Gamelin s'était occupé depuis 1828 de femmes malades et indigentes. Mgr Bourget voulut d'abord confier ce travail à une communauté française, les soeurs de Charité de la Providence. Cette communauté n'ayant pu répondre à son appel, il fonda une communauté locale et six dames, qui travaillaient déjà pour cette oeuvre, se placèrent sous la direction de madame Gamelin[44]. En 1844, l'Institut des soeurs de Charité de la Providence fut établi canoniquement à Montréal. L'apostolat laïque de madame Marie Rosalie Cadron et de ses compagnes fut de plus courte durée. En 1845, elle quitta sa famille et fonda le refuge Sainte-Pélagie pour mères célibataires. Avec l'assistance de Sophie

Desmarêts, elle recueillit 11 jeunes filles la première année, mais leur oeuvre prit rapidement de l'ampleur et on compta presque 400 naissances à ce refuge durant les six premières années de sa fondation. En 1846, l'évêque institua un ordre pour ces dames et six d'entre elles furent acceptées au noviciat des soeurs de la Miséricorde[45]. Comment les choses auraient-elles évolué si l'évêque avait été un homme moins dynamique et déterminé? Les femmes laïques auraient sans doute poursuivi leur travail aux côtés des communautés religieuses existantes. Il se trouve que les communautés religieuses prirent en charge les orphelins, les vieillards et les indigents, les malades mentaux et physiques, les aveugles, les sourds et muets, les mères célibataires et les prisonnières, tandis que les laïques se virent graduellement retirer toute responsabilité, pour ne garder qu'un rôle de soutien.

Dans la communauté protestante, les femmes s'occupaient d'un grand nombre d'institutions de charité[46]. Leur rôle à l'intérieur de ces organismes variait considérablement. Les oeuvres d'envergure, telles que la House of Industry and Refuge, avaient un conseil d'administration généralement composé d'hommes d'affaires éminents qui s'occupaient des questions financières et juridiques. Divers comités de femmes fixaient les objectifs et dirigeaient les différentes activités. Ces dames faisaient habituellement partie des classes supérieures et elles travaillaient bénévolement. Une dame respectable et d'âge plus mûr agissait comme directrice et veillait à la bonne marche de l'institution avec l'aide de deux ou trois servantes. Les oeuvres de charité de moindre envergure, telles que la YWCA, la Women's Protective Immigration Society et la Women's Christian Temperance Union, étaient dirigées exclusivement par des femmes.

VI

C'est dans le domaine de l'éducation et des soins infirmiers que les Montréalaises protestantes connurent le plus grand succès. L'école Jacques-Cartier, qui était l'école normale catholique de Montréal, n'admit aucune étudiante avant 1899, date à laquelle on ajouta une annexe pour femmes[47]. En 1869, madame Médéric Marchand ouvrit une école privée qui, plus tard, reçut une subvention de la Commission des écoles catholiques. Cette école tentait de préparer les jeunes filles à des carrières dans l'enseignement et dans le travail de bureau. Entre 1881 et 1901, près de 1000 jeunes filles obtinrent leur brevet d'enseignement pour le cours primaire pour le cours modèle ou pour le cours académique[48]. Le nombre de diplômées ayant effectivement enseigné n'est pas connu, mais il est peu probable qu'elles aient eu une influence marquée sur leur profession car elles étaient en minorité. En 1893, les écoles de la commission comptaient 42 enseignantes laïques pour 142 religieuses et celles-ci étaient plus de 400 dans les écoles indépendantes[49]. L'école normale de McGill, quant à elle, admit des étudiants des deux sexes à partir de 1857. Le nombre de femmes surpassa toujours de beaucoup celui des hommes; mais cela n'avait pas été prévu. Les faibles traitements que touchaient les enseignants n'attiraient pas les jeunes hommes. L'école avait quelques originalités: l'enseignement y était gratuit et on offrait même de modestes bourses d'études pour les dépenses courantes. Les étudiants qui habitaient à plus de 90 milles de Montréal recevaient une indemnité de déplacement. Les étudiants de sexe masculin qui obtenaient de bons résultats étaient admis au collège, mais ce privilège n'était pas accordé aux femmes. Le but de l'école était d'abord et avant tout de former des enseignants: les étudiants devaient prendre l'engagement d'enseigner pendant les trois années suivant l'obtention de leur diplôme[50]. Cela n'était pas très clair dans le premier prospectus: les étudiants devaient promettre de respecter le règlement numéro 23, mais on ne leur expliquait pas le sens de ce règlement. Au moins une étudiante de la première promotion voulut se soustraire à une telle obligation; son père écrivit dans ce sens à William Dawson, le principal de l'école[51]. On ignore la réponse du principal Dawson, mais une formule d'inscription ultérieure explicitait les règlements. Le postulant promettait de verser 10 livres au principal de l'école, s'il ne respectait pas ses engagements, dont celui d'enseigner pendant trois ans[52].

L'assistance financière aux étudiants variait d'une année à l'autre. En 1857, on offrait une somme de 8 ou 9 livres[53]. Le prospectus de 1867 parle d'une somme de 36$ pour les étudiants orientés vers le cours primaire ou le cours modèle, et d'une somme de 80$ pour les étudiants orientés vers le cours académique[54]. L'année suivante, 19 étudiantes reçurent 24$ chacune[55].

Dans le courant du dix-neuvième siècle, l'école normale de McGill décerna des brevets d'enseignement à 1664 femmes pour le cours primaire, à 978 femmes pour le cours modèle et à 160 femmes pour le cours académique[56]. Le nombre d'étudiantes augmenta d'une façon constante, passant de 11 jeunes filles (dont six de Mon-

tréal) la première année à 149 à la session de 1898-99[57]. L'enseignement gratuit et l'octroi de modestes bourses d'études permirent à de
nombreuses jeunes filles qui n'auraient pas eu les moyens de poursuivre des études collégiales d'envisager une carrière. Bien que très
mal rémunéré, l'enseignement était considéré comme un travail
socialement acceptable pour les jeunes filles de bonne famille. Le
mystère, c'est comment elles parvenaient à maintenir leur rang
social avec des salaires annuels de moins de 100$! L'enseignement
était par ailleurs la seule carrière ouverte aux femmes offrant une
pension. En 1899, le salaire moyen des enseignantes diplômées était
de 99$[58], mais le salaire annuel de certaines enseignantes au Mon-
treal High School for Girls se situait entre 350$ et 600$[59], plusieurs
d'entre elles devaient donc recevoir des salaires bien au-dessous de
la moyenne. Les pensions étaient encore plus modestes que les salaires. En 1900, il y avait à Montréal 23 femmes qui recevaient en
moyenne des pensions de 67,34$ pour 23 années d'enseignement. La
pension annuelle la plus basse était de 21,87$ après 20 ans d'ensei-
gnement, alors que la pension annuelle la plus élevée était de 218,77$
pour les mêmes années de service[60].

Avant 1871, l'école normale de McGill était la seule institution
offrant une éducation supérieure aux femmes, mais à partir de 1884,
le McGill College admit les femmes d'une façon régulière. Les diplômées de l'école normale et du Montreal High School for Girls, ainsi
que les dames qui avaient suivi les cours organisés par la Montreal
Ladies Educational Association, pouvaient donc poursuivre leurs
études. Une diplômée de McGill n'était pas pour autant assurée
d'une ouverture immédiate sur le marché du travail. Comme le soulignait un journaliste en 1875, en dehors de l'enseignement il n'y
avait guère de débouchés pour une femme instruite[61]. L'admission
des femmes à McGill eut des conséquences importantes au vingtième siècle plutôt qu'au dix-neuvième[62]. Un très petit nombre de
femmes fréquentèrent McGill College en comparaison de celles qui
fréquentèrent l'école normale. Les femmes n'étaient pas admises
aux facultés de médecine et de droit et celles qui désiraient s'inscrire
en médecine devaient le faire à l'école de médecine de Bishop's College, à Montréal. À partir de 1890, cette institution accepta les femmes et dix d'entre elles y terminèrent leur cours avant sa fusion avec
l'école de médecine de McGill en 1905[63].

La Montreal School of Nursing contribua beaucoup plus à
ouvrir le marché du travail dans le domaine de la médecine. Au
milieu du siècle, Florence Nightingale avait réussi dans une large

mesure à faire de la profession d'infirmière une carrière pour femmes de la bonne société, bien qu'à Montréal on confondait encore le métier d'infirmière avec celui de servante. Reconnaissant de plus en plus l'utilité d'avoir des infirmières qualifiées, le personnel médical et la direction du Montreal General Hospital cherchèrent à mettre sur pied une école de formation. En 1874, on fit appel à Maria Machin, une disciple de Nightingale du St. Thomas Hospital de Londres. L'année suivante, mademoiselle Machin arrivait à Montréal et plusieurs infirmières diplômées la rejoignirent plus tard[64]. En raison de difficultés financières, l'école ne put être établie et plusieurs des infirmières quittèrent. La YWCA voulut prendre la relève en 1877 mais, l'hôpital n'ayant pu coopérer, le projet fut abandonné[65]. En 1879, on engagea Anne Caroline Maxwell, une diplômée de Boston City Hospital. Une circulaire annonçait l'ouverture en 1880 d'une école offrant un cours de deux ans, mais ce projet ne se réalisa pas non plus[66]. Dans les années quatre-vingt, sous la direction de mademoiselle Rimmer, une dame intelligente et douée d'un bon sens de l'organisation, l'hôpital réussit à améliorer la situation en attirant de meilleures candidates[67].

En 1889, la direction de l'hôpital revint sur la nécessité d'une école professionnelle. Par des annonces dans les journaux locaux et dans les revues médicales américaines, on recruta Gertrude Elizabeth Livingstone, une diplômée du New York Hospital's Training School for Nurses, ainsi que deux assistantes diplômées. En avril 1890, l'école ouvrit ses portes. À Montréal, la carrière d'infirmière attira immédiatement les femmes: la première année, l'école reçut 160 demandes. Quatre-vingts candidates furent admises en probation et 42 furent finalement acceptées[68]. D'une durée de deux ans, le cours mettait l'accent sur l'expérience pratique et le programme d'études ne comprenait que 22 heures de cours. Les étudiantes travaillaient en rotation dans les différentes salles et faisaient un stage de quelques mois dans chacune[69]. En dépit des nombreuses inscriptions, seulement six infirmières de la première promotion reçurent leur diplôme.

VII

En 1900, Montréal était devenue la ville adoptive de milliers de femmes venues soit des régions rurales du Québec, soit des Îles britanniques. La demande d'une main-d'oeuvre féminine les avait attirées vers la ville, et elles avaient dû s'adapter à un environnement tout à fait nouveau. Les jeunes filles qui avaient été élevées sur la ferme, entourées de la chaleur et de l'affection d'une grande famille, s'étaient habituées à travailler en usine et à vivre à l'étroit dans une chambre ou un logement de fond de cour. De jeunes Irlandaises, quelques-unes nouvellement arrivées, d'autres, filles d'immigrants installés dans les régions au nord et au sud de Montréal, avaient appris à se soumettre aux exigences des riches familles protestantes. Ces femmes ne laissèrent aucun témoignage de leur solitude, de leur découragement et de leur nostalgie du pays, mais peut-on supposer qu'elles échappèrent à ces sentiments?

Une des caractéristiques les plus frappantes de l'époque fut l'arrivée de la mère canadienne-française sur le marché du travail. Les répercussions de cette situation sur les relations à l'intérieur de la famille ne sont pas connues, mais elles étaient probablement très grandes. L'influence des communautés religieuses sur le développement moral et religieux des enfants canadiens-français était plus importante qu'on ne l'a cru; nous savons maintenant qu'un nombre considérable de très jeunes enfants passèrent leurs années formatrices sous la garde de religieuses, dont la préoccupation première était de leur inculquer un ensemble de valeurs enracinées dans le catholicisme québécois du dix-neuvième siècle. Les prières et le catéchisme faisaient partie de la routine quotidienne des salles d'asile et nous ne pouvons en minimiser l'importance dans la formation d'attitudes religieuses, morales et sociales.

Dans un sens, notre étude soulève plus de questions qu'elle ne tente d'en résoudre. Une des plus intéressantes a trait aux raisons pour lesquelles les mères canadiennes-françaises travaillaient, alors qu'apparemment celles d'origine anglaise, écossaise et irlandaise ne travaillaient pas. La pauvreté était-elle généralement plus répandue chez les Canadiens français ou est-ce que les familles nombreuses exigeaient un second revenu? D'autre part, est-il vrai que certains artisans canadiens-français achetaient des maisons en banlieue, comme le prétendaient les journaux? Le tableau d'ensemble tend à confirmer ce que nous avons déjà soutenu, à savoir que l'adaptation des Irlandais avait été assez heureuse à Montréal et qu'ils n'étaient plus, dans les années qui suivirent la Confédération, au bas de l'échelle économique[70].

À mesure que les communautés religieuses se multipliaient, les laïques se voyaient de plus en plus exclues d'une variété d'activités. Au sein de la communauté religieuse toutefois, il était possible pour les femmes d'atteindre des niveaux de pouvoir et de responsabilité, qui n'avaient pas leur égal dans la communauté protestante. Il fallait un grand talent administratif et un sens aiguisé des affaires pour répondre aux besoins temporels aussi bien que spirituels d'une communauté. La supérieure devait savoir faire preuve de haute diplomatie pour concilier les désirs de l'évêque, de l'aumônier et des religieuses, tout en se conformant au Code civil.

L'expansion industrielle créa de l'emploi pour les femmes et diminua leur dépendance envers le service domestique. En même temps, l'existence d'une main-d'oeuvre féminine mal rétribuée encouragea la croissance de l'industrie du vêtement, de la chaussure, du textile et du tabac. Le nombre de femmes travaillant dans l'industrie atteint son maximum en 1881, au moment où presque 16% de la population féminine était employée dans des manufactures, comparativement à 8 % dans le service domestique. En 1891, un peu moins de 11% de la population féminine travaillait dans l'industrie[71]. Ces chiffres sont vraisemblablement en deçà du nombre réel, pour une période donnée, car la main-d'oeuvre féminine devait être assez mobile, le mariage, les grossesses et les responsabilités familiales obligeant les femmes à passer fréquemment de l'usine à la maison.

En conclusion, on peut affirmer que le rôle des femmes à Montréal subit des changements considérables durant le dix-neuvième siècle. À la fin de cette période, les femmes forment une partie importante mais docile de la main-d'oeuvre. Dans l'hypothèse invraisemblable d'une grève générale des femmes, il est permis de croire que les Montréalais auraient été plus qu'étonnés par l'ampleur du bouleversement qu'elle aurait provoqué. Il se trouva que les femmes n'élevèrent pas la voix contre les difficultés incontestables de leur existence et que ceux qui parlèrent en leur nom furent peu nombreux.

3

Contraintes au silence... Les ouvrières vues par la Commission royale d'enquête sur les relations entre le capital et le travail*

Susan Mann Trofimenkoff

Les membres de la Commission royale d'enquête sur les relations entre le capital et le travail† n'avaient épargné aucun effort. Pendant des mois, ils avaient interrogé sans relâche ouvriers et employeurs de quatre provinces, mais leurs recherches s'étaient avérées vaines. Au total, ils n'avaient découvert qu'un seul incident, lequel mettait en cause une jeune ouvrière de Montréal, Georgina Loiselle. Visiblement, les commissaires étaient déçus. Au départ, ils avaient pensé rencontrer de nombreux cas du genre, informés qu'ils étaient des résultats d'enquêtes similaires aux États-Unis et en Grande-Bretagne[1]. Leur déception était d'autant plus vive qu'en plus d'être isolé cet incident remontait au début des années 1880, à l'époque où les fabriques «modernes» faisaient leur apparition au Canada entraînant des tensions qui, pouvait-on penser, allaient dégénérer en abus criants. Solides défenseurs des valeurs de la classe moyenne, ces hommes s'attendaient manifestement à ce que les classes populaires se comportent plutôt mal dans ces nouvelles fabriques, mais ils durent se contenter du seul exemple de Georgina Loiselle.

Apprentie à la fabrique de cigares Fortier, Georgina Loiselle aidait financièrement sa mère, une veuve qui avait charge de plusieurs enfants. Au travail, elle se montrait cependant insolente à l'occasion, récriminant et refusant de faire du travail supplémentaire. M. Fortier était déterminé à lui donner une leçon et un jour où

---

* Tiré de *Atlantis*, vol. 3, no 1, automne 1977.

† Pour abréger, nous parlerons dorénavant de la Commission du travail, nous inspirant en cela de l'ouvrage de Fernand Harvey, *Révolution industrielle et travailleurs*, Montréal, Boréal Express, 1978, 350 p.

elle refusait de faire 100 cigares additionnels, il tenta de lui donner une fessée. Il essaya de coucher Georgina sur ses genoux, mais elle tomba sur le plancher de l'usine où il l'immobilisa et la battit avec un moule à cigares. Lorsqu'ils racontèrent cet incident à la commission, Georgina Loiselle et Fortier ne semblèrent pas particulièrement embarrassés. À la fin de son apprentissage, elle avait quitté la fabrique de Fortier, mais elle y était retournée par la suite. Elle semblait désormais tout à fait docile et Fortier n'avait pas eu à sévir de nouveau.

Fortier considérait de son devoir de corriger les jeunes que les parents lui confiaient[2]. Il n'était d'ailleurs pas le seul à avoir une telle conception. Ainsi, le *recorder* de Montréal croyait que les jeunes ouvriers recevaient probablement le même traitement à la maison et il était de beaucoup préférable, selon lui, de voir les jeunes dans les fabriques, peu importe le traitement qu'ils y recevaient, plutôt que de les voir courir les rues. Les commissaires semblaient du même avis, puisqu'ils se souciaient davantage de la convenance morale «d'un homme plaçant une jeune femme de 18 ans dans une telle position[3]» que du traitement infligé à Georgina Loiselle. Au cours de leur enquête, ils auront d'autres occasions de se scandaliser, mais parmi les 102 témoignages de femmes qu'ils entendront, ils ne trouveront aucun autre cas de mauvais traitement physique.

Tout teintés qu'ils soient par ce genre de morale, les travaux de la Commission du travail demeurent d'intérêt pour l'histoire des ouvrières des années 1880. Quelques-unes sont en effet venues devant la commission pour y décrire leurs tâches et leurs conditions de vie ainsi que pour exprimer leurs doléances. Des ouvriers et des patrons ont exprimé leur point de vue sur le travail de ces femmes. Enfin, par leurs questions, les commissaires ont révélé leur attitude à l'endroit des ouvrières. Dans les pages qui suivent, nous allons examiner de plus près ces trois aspects des travaux de la commission.

La Commission du travail ne faisait pas, il va sans dire, une enquête sur la nature du travail féminin dans les années 1880. Pendant 18 mois, les commissaires parcoururent l'Ontario, le Québec, le Nouveau-Brunswick et la Nouvelle-Écosse, et ils entendirent tout près de 1800 témoins. On ne compte que 102 femmes parmi les témoins et seulement 218 hommes abordèrent la question du travail des femmes, qui n'était qu'un sujet parmi bien d'autres. Les témoins eurent en effet à s'exprimer sur une très grande variété de sujets, tels les lois sur les fabriques, les salaires, l'apprentissage, le logement, les arbitrages, l'immigration, le travail des prisonniers, les grèves[4]. L'objet principal de l'enquête était les relations entre le capital et le travail; c'était la grande préoccupation du 19e siècle.

Sujet d'intérêt secondaire pour la commission, les femmes avaient présenté encore moins d'intérêt lorsque le premier ministre John A. Macdonald créa la commission. Il ne pouvait guère en être autrement, car il s'agissait avant tout d'un geste politique, sinon d'une simple manoeuvre[5]. En dépit de leurs premières tentatives pour obtenir le droit de vote et même de quelques succès sur la scène municipale[6], les femmes comptaient pour peu en politique et encore moins dans le domaine de la législation ouvrière[7]. Politicien vieillissant, Macdonald espérait, en créant la Commission du travail, calmer l'agitation ouvrière qui se manifestait par l'apparition de journaux radicaux, par la candidature d'ouvriers aux élections et par des tentatives de former des centrales syndicales nationales. Il voulait du même coup répliquer à l'Ontario et au Québec qui avaient adopté quelques années plus tôt des lois déterminant la journée de travail et limitant le travail des enfants. Peu favorable à ce genre de lois, Macdonald avait jusque-là évité les législations ouvrières, misant sur la réputation d'ami des ouvriers qu'il s'était acquise en accordant aux syndicats leur premier statut légal en 1872. Il ne pouvait toutefois laisser les provinces établir leur souveraineté en ce domaine sans réagir. Aux prises par ailleurs avec une situation économique difficile, le premier ministre voulait enfin démontrer que sa politique nationale de 1879 avait été et pouvait encore être profitable à l'économie et à la classe ouvrière canadienne. Les commissaires prirent d'ailleurs très au sérieux cette partie de leur mission, attribuant dans leurs rapports le mérite de l'industrialisation du pays à cette politique de Macdonald.

Les femmes étaient donc laissées pour compte. Personne ne voulait les écouter et elles étaient contraintes au silence. La proportion de leurs témoignages devant la commission illustre bien leur absence. De tous les témoins du Québec, seulement 10% étaient des femmes, alors qu'au Nouveau-Brunswick elles ne représentaient que 5%, en Nouvelle-Écosse 3% et en Ontario 2,5%. Pourtant à cette époque les femmes représentaient, comme l'indique le recensement de 1891, près de 20% de la main-d'oeuvre industrielle en Ontario, au Québec et au Nouveau-Brunswick, et un peu plus de 20% en Nouvelle-Écosse[8]. L'anonymat choisi par de très nombreuses femmes pour témoigner illustre encore plus dramatiquement ce phénomène, puisque des 102 voix entendues par les commissaires, 43 n'avaient pas de noms. Les hommes n'avaient pas ce genre de réticences: seulement 30 des quelque 1700 témoins masculins tairont leur identité.

D'aucuns s'étonneront qu'on puisse tirer autant d'informations sur les ouvrières canadiennes des travaux de cette commission, compte tenu de ses objectifs et de la discrétion manifestée par les femmes. C'est là une difficulté inhérente à l'histoire des femmes et il s'agit de savoir tirer parti de chaque parcelle d'information provenant de sources les plus diverses.

On peut en premier lieu établir à partir du témoignage de ces femmes un tableau de leurs occupations. Les ouvrières du textile étaient les plus nombreuses, sauf en Ontario, et elles étaient employées dans les filatures de coton pour la majorité, puis dans les fabriques de laine et de tricots. Venaient ensuite celles qui travaillaient dans les fabriques de chaussures et d'allumettes, dans l'industrie du tabac, dans les imprimeries où, étant exclues de la composition typographique, elles effectuaient le pliage et le brochage. Enfin il y avait çà et là des modistes, des couturières, des cordières et des fabricantes de sac de papier. Détails révélateurs, on compte, parmi les témoins, une téléphoniste et une dirigeante de la Women's Christian Temperance Union, qui n'eut rien à répondre aux questions des commissaires. Ce tableau peut être complété par les informations fournies par les employeurs qui, lorsqu'ils étaient interrogés sur le travail des femmes, indiquaient combien de «mains» ils employaient. Grâce à eux, on peut reconstituer l'existence d'un second groupe de près de 5000 ouvrières qui furent totalement ignorées par la commission. On ne connaît d'elles que leurs emplois. Elles étaient, par ordre décroissant, ouvrières du tabac, opératrices dans les filatures de coton, ouvrières de la chaussure, couturières, allumettières et ouvrières dans les filatures de laine. Leurs occupations sont donc similaires à celles du groupe précédent, quoique l'ordre d'importance diffère quelque peu.

On peut se demander dans quelle mesure ces deux groupes étaient représentatifs de la structure d'emploi. D'après le recensement de 1891 (qui ignorait d'ailleurs la majorité des travailleuses), les femmes qui participaient à la main-d'oeuvre active étaient, par ordre décroissant: couturières, ouvrières couturières, tailleuses, modistes, opératrices dans les filatures de coton, ouvrières de moulins, ouvrières de la chaussure et opératrices dans les filatures de laine[9]. Les ouvrières du textile, si on additionne les diverses catégories d'ouvrières de filatures, occupent la troisième place dans cette liste d'emplois industriels, mais en réalité on pourrait bien leur attribuer la première, puisque de nombreuses couturières et ouvrières couturières travaillaient chez elles, dans des maisons privées, dans de très petits ateliers ou encore comme sous-traitantes pour des magasins de vêtements. La surreprésentation des ouvrières de fabriques devant la commission peut s'expliquer fort simplement du fait que les ouvriers de fabriques étaient le principal sujet d'étude des commissaires et qu'ils étaient plus susceptibles d'entendre parler de l'existence de la commission que les autres travailleurs.

Un échantillon de seulement 102 personnes est, il faut le reconnaître, un échantillon bien mince pour représenter les 57 283 femmes qu'on retrouvait en 1891 dans les manufactures et les industries[10], d'autant plus que la variété des emplois de ces 102 femmes était limitée. Les dépositions faites devant la commission nous permettent néanmoins de faire quelques remarques générales à propos de la condition de vie des ouvrières et de la naissance de l'industrialisation canadienne.

Dans le secteur du textile, l'industrialisation n'avait pas tout bouleversé. On assistait essentiellement à un transfert dans les fabriques des tâches domestiques réservées traditionnellement aux femmes. Seuls l'environnement et les cadences de travail allaient être différents pour ces femmes déjà familières avec les tâches qu'on leur confiait. Il en allait autrement dans l'industrie de la chaussure où, selon la logique du système de la fabrique, on avait transformé une technique spécialisée en une série de gestes simples, répétitifs et mécaniques. La cordonnerie exigeait auparavant un long apprentissage et des ouvriers très spécialisés; désormais on n'avait besoin que d'ouvriers attentifs pour surveiller des machines, et cette tâche fut évidemment confiée aux femmes qu'on pouvait payer moins cher. Enfin, les allumettières et les employées d'imprimerie illustraient l'essor dans certaines régions de l'industrie légère qui requérait une main-d'oeuvre nombreuse et non spécialisée, et par conséquent bon marché. Dans une société où le service domestique et l'enseignement représentaient pour les femmes les seules issues vers l'indépendance économique, l'industrialisation ouvrait donc de nouvelles perspectives de travail rémunéré que ces femmes acceptaient volontiers.

Les témoignages des 102 femmes devant la commission nous fournissent par ailleurs un aperçu des conditions de travail des ouvrières. On apprend ainsi que la journée de travail variait d'est en ouest: 11 heures dans les Maritimes, 10 heures au Québec et 9 heures en Ontario. Les commissaires conclurent rapidement qu'elle était en moyenne de 10 heures[11].

Beaucoup plus révélatrices étaient leurs remarques sur les salaires. Comme on pouvait s'y attendre, la rémunération variait en fonction de l'âge et de l'occupation. Par exemple, une jeune fille de 14 ans, plieuse dans une imprimerie, gagnait 2$ par semaine; une ouvrière de 20 ans dans une filature de coton, 4$ par semaine; une couturière d'expérience, 7$ par semaine; une contremaîtresse dans la force de l'âge gagnait dans une tannerie 10$ par semaine[12]. Ces chiffres sont trompeurs car les femmes, comme la plupart des hommes travaillant dans les fabriques à cette époque, étaient payées à la pièce, selon le nombre d'articles produits, plutôt qu'à la journée ou à la semaine. Pour pouvoir amasser un salaire décent[13], les ouvriers devaient donc pouvoir travailler régulièrement, ce qui n'était pas toujours le cas. Faute d'être approvisionnés en matériel nécessaire à leur travail, il leur arrivait de rester des journées entières à flâner à l'usine, attendant un travail inexistant et se retrouvant au bout de la semaine avec une paye en conséquence. Les femmes ne pouvaient pas non plus espérer travailler toute l'année car, lors des périodes de surproduction, les fabriques stoppaient tout simplement les machines, fermaient leurs portes et mettaient à pied leurs ouvriers. Dans plusieurs secteurs industriels, les emplois étaient par ailleurs saisonniers. Dans l'imprimerie, la couture et les articles de mode, par exemple, la demande et la mode déterminaient la durée de l'emploi. Au total, les salaires des femmes étaient constamment plus bas que ceux des hommes. Enfin, pour compléter cet aperçu du salaire des ouvriers, il faut rappeler que de nombreuses amendes étaient imposables pour un travail mal fait ou pour mauvaise conduite. Une bosse dans un tissu, une semelle de chaussure défectueuse, un retard, un bavardage, un ricanement, une boucle à cheveux faite avec du papier de toilette de l'usine, tout pouvait provoquer la colère du contremaître et entraîner une amende[14]. Généralement, ces femmes semblent avoir accepté sans protester cette discipline industrielle. Peut-être étaient-elles habituées à ce genre de vexations à la maison.

Peu de témoins firent état de leurs conditions de vie. Quelques-unes reconnurent cependant qu'elles ne pouvaient se permettre de vivre en chambre. Les pensions familiales exigeaient 2$ par semaine et les pensionnats et autres institutions du genre[15] encore plus, ce qui mettait le rêve d'une vie indépendante hors de la portée des ouvrières, exception faite des plus qualifiées. Elles dépendaient donc de leurs familles pour être logées et nourries, tout comme d'ailleurs leurs familles comptaient sur l'argent que les jeunes femmes rapportaient à la maison. Il semble même que les familles ouvrières comptaient sur les salaires des plus jeunes et que dès l'âge de 12 ans on attendait d'une jeune fille qu'elle contribue au revenu familial, du moins si l'on se fie à l'âge des témoins, qui variait entre 16 et 34 ans et qui souvent travaillaient depuis l'âge de 12 ou 14 ans. Cette forme de solidarité familiale, où parents et enfants étaient interdépendants, profitait aux employeurs, assurés ainsi d'avoir constamment une main-d'oeuvre docile et bon marché[16].

Ces femmes, qui s'étaient montrées plutôt volubiles et franches pour décrire leurs conditions de travail et de vie, devinrent cependant silencieuses lorsque vint le temps de formuler des griefs. Elles demeuraient très réticentes, même devant la sympathie manifestée par certains commissaires, et ce n'est que sous le couvert de l'anonymat, après s'être ni plus ni moins censurées, que certaines eurent l'audace de faire entendre leurs doléances. Elles se plaignirent alors d'ateliers mal ventilés, trop chauds ou trop froids, ou trop poussiéreux. «Nous avons tous de terribles rhumes, ce n'est pas bon pour la santé je vous assure», affirme l'une d'elles. Il fut aussi question de temps supplémentaire non rémunéré ou de salaires trop bas. Une femme vint affirmer qu'elle travaillait plus fort que le témoin précédent, mais qu'elle touchait le même salaire. D'autres protestèrent contre le fait qu'on ne leur payait pas les arrérages de salaires lorsqu'elles abandonnaient leur emploi. Enfin certaines, sous l'influence des commissaires, manifestaient des semblants de plaintes:

Q- Est-ce qu'une demi-journée de congé le samedi serait une requête?

R- Oui.

Q- Y-a-t-il autre chose que vous désireriez?

R- Je pense que nous pourrions espérer obtenir plusieurs autres choses que nous n'avons pas[17].

Lorsque des femmes acceptaient d'être identifiées, leurs remarques étaient d'une nature différente, quand ce n'est pas les femmes elles-mêmes qui étaient différentes des témoins précédents. Ainsi deux ouvrières de l'Ontario donnèrent volontiers leurs noms, mais c'était pour affirmer que tout allait pour le mieux à leur fabrique. Une jeune ouvrière et sa mère s'identifièrent aussi avec plaisir. La jeune fille avait en effet déjà payé pour son refus de se taire: elle avait été congédié à la suite de son témoignage, prétendirent-elles, lors d'une enquête sur un accident de travail. Il y avait enfin quelques patronnes couturières et modistes qui employaient des femmes.

S'identifiant volontiers, ces dernières profitaient de l'occasion pour récriminer contre l'incompétence de leurs ouvrières. Le système scolaire, disaient-elles, ne préparait tout simplement pas les jeunes filles aux emplois de la couture. Pire encore, les filles leur semblaient plus intéressées au mariage qu'à l'apprentissage d'un métier[18]. Les plaintes des ouvrières n'atteignirent donc les oreilles des commissaires qu'indirectement. Seules osèrent parler celles qui étaient à l'abri des pressions de leur milieu de travail en raison de leur anonymat, d'un congédiement ou de leur statut. Même Georgina Loiselle ne se plaignit pas du traitement qu'elle reçut de la part du fabricant de cigares Fortier qui, il est vrai, assistait à son témoignage. On peut donc conclure que les femmes avaient peur et qu'elles s'autocensuraient.

Les témoignages des femmes ne peuvent nous apporter beaucoup plus. Heureusement, les commissaires poussèrent plus loin leurs recherches sur la question du travail féminin en interrogeant ouvriers et employeurs. Rappelons que le travail des femmes n'était aucunement un sujet d'intérêt majeur, ni pour les commissaires ni pour les hommes qu'ils firent témoigner. Sur les 1800 témoins, seulement 218 abordèrent cette question, souvent par un simple mot ou une seule phrase avant de passer à un autre sujet. Ainsi un témoin approuva le principe du salaire égal à travail égal pour enseignants et enseignantes puis, sautant du coq à l'âne, discuta longuement du système d'égouts de la ville de London, Ontario[19]. Malgré ces difficultés, on peut tirer un certain nombre d'informations des commentaires formulés par les ouvriers et les employeurs.

Les ouvriers avaient pour leur part des attitudes fort ambiguës sur le travail des femmes; le sujet semblait les mettre dans l'eau bouillante. Un cigarier admit volontiers que les femmes pouvaient faire le même travail que les hommes, aussi bien qu'eux, et qu'elles avaient donc droit au même salaire. D'autres ouvriers, des tailleurs, des imprimeurs et des cigariers, soutinrent au contraire que la qualité du travail des femmes était inférieure. D'autres, qui travaillaient dans des ateliers de confection, affirmèrent que les bas salaires payés aux femmes favorisaient celles-ci au détriment des hommes au moment de l'embauche. À leur avis, on tentait ainsi de réduire à la fois le nombre d'emplois réservés aux hommes et le niveau de leurs salaires. Ils admettaient leur impuissance devant ce problème vexant dont ils ne faisaient état que pour faire connaître leurs préoccupations. Des ouvriers soulignèrent aussi qu'il existait une division sexuelle du travail dans plusieurs fabriques: les hommes et les femmes effectuaient des tâches différentes. Cette division du travail permettait de continuer de verser aux femmes des salaires inférieurs et rendait impossible les comparaisons et la compétition entre hommes et femmes[20].

Quelques ouvriers furent plus directs, affirmant par exemple que de jeunes filles n'avaient pas leur place dans les grandes filatures où, exposées à entendre des «choses immorales», elles risquaient d'être corrompues. D'autres firent la suggestion que les femmes devraient tout au moins pouvoir quitter le travail à un moment différent des hommes, pour éviter d'entendre les «mots grossiers» qu'on se lançait à la sortie de la fabrique[21]. Ces ouvriers émettaient des opinions largement partagées par les commissaires, qui croyaient que les femmes, corruptibles moralement, avaient besoin d'être protégées contre un langage indécent. On peut penser que ces velléités moralisatrices de la part des ouvriers n'étaient qu'une façon pour ceux-ci de cacher leur embarras devant la soudaine concurrence qu'ils subissaient de la part des femmes sur le plan économique. Mais il y avait là également un moyen efficace de contrôler les femmes. Beaucoup moins subtils, certains suggérèrent tout simplement ne pas écouter les femmes. L'un d'eux fit remarquer qu'il ne fallait pas accorder trop d'attention aux plaintes à propos de la poussière dans les ateliers parce que les ouvrières, selon lui, «rouspétaient toujours à propos de tout et de rien»[22]. Ces hommes avertirent les commissaires de ne pas prendre trop au sérieux les plaintes de ces femmes qui n'étaient que des plaignardes. Incapables de leur interdire l'entrée des fabriques, ils faisaient indirectement ce qu'ils ne pouvaient faire directement: ils ignoraient l'existence des femmes au travail en ne les écoutant pas.

Chez les ouvriers, on rencontre pour ainsi dire autant d'opinions que de témoins, ce qui laisse croire qu'ils ne savaient pas trop quoi penser de cette question. Comme chefs de famille, ces hommes savaient bien que le salaire de leurs femmes ou de leurs filles était indispensable pour la survie économique de la famille. Comme syndiqués, ils appuyaient même le principe du salaire égal à travail égal[23]. Comme membres de la classe ouvrière, le travail des femmes leur apparaissait par ailleurs comme une chose normale car ils avaient toujours vu, à la ville comme à la campagne, les femmes travailler, même si elles accomplissaient alors des tâches différentes des leurs. L'arrivée des fabriques signifiait généralement pour ces hommes que les femmes allaient désormais pouvoir faire le même travail qu'eux, fournir parfois un rendement supérieur, tout en étant payées moins cher. Le travail des femmes n'augurait rien de bon pour eux et leur désarroi transpirait de leurs témoignages.

Les employeurs, de leur côté, étaient directs et francs. Loin de partager les soucis des ouvriers, ils appréciaient grandement le travail des femmes: «Nous ne les emploierions pas, avouaient-ils, si ce n'était pas avantageux[24]». Les exigences particulières qu'ils avaient à l'endroit des femmes résument bien les avantages qu'ils y voyaient. Elles devaient en effet être dociles, propres, rapides, bon marché, raisonnables[25], et aussi longtemps qu'elles conservaient ces qualités qui les rendaient supérieures aux hommes, elles étaient certaines d'avoir du travail. Les employeurs avaient d'ailleurs un moyen efficace pour aider ces femmes à se conformer à leurs attentes. Voulaient-elles protester contre leurs conditions de travail ou cesser d'être dociles, propres, rapides, bon marché ou raisonnables, ils pouvaient facilement les ramener à la raison, car il y avait toujours d'autres femmes prêtes à remplacer les contestataires et à bien se comporter. Cette méthode donna de bons résultats à la Stormont Cotton Mills de Cornwall, où des femmes faisaient la grève pour protester contre les exigences du contremaître qui voulait qu'elles soient silencieuses et disciplinées à l'heure du lunch. Menacées d'être remplacées, elles reprirent docilement le travail[26]. Dans un autre cas, l'employeur déménagea tout simplement sa fabrique loin des contestataires[27]. La répression pouvait prendre plusieurs formes, toutes aussi efficaces les unes que les autres.

Les employeurs s'attendaient par ailleurs à ce que leurs employées soient des travailleuses temporaires[28] qui travailleraient quelques années avant le mariage, pour être ensuite remplacées par d'autres jeunes femmes. Ce perpétuel remplacement de la main-d'oeuvre féminine leur permettait de garder les salaires à des bas niveaux et de se débarrasser des ouvrières instables, peu intéressées à apprendre un métier ou à s'y appliquer sérieusement. Cette instabilité, qui était probablement réelle, dissimulait le fait que les emplois réservés aux femmes étaient stables et immuables et profitaient aux employeurs. Ceux-ci empochaient des bénéfices supplémentaires qu'ils justifiaient par le fait que les ouvrières ne présentaient pas les mêmes caractéristiques de stabilité que les ouvriers. Notons que certains allaient jusqu'à invoquer des arguments paternalistes pour justifier ces bénéfices. Ainsi Fortier, lorsqu'il bat Georgina Loiselle, prétend qu'il remplace le père de cette orpheline[29]. Un maître bou-

langer croit de son côté que les femmes travaillant dans sa boulange-
rie moderne seront, grâce à leur expérience, de meilleures épouses et
de meilleures mères[30]. Le travail des femmes était à ce point profitable aux employeurs que ceux-ci en venaient tout naturellement à
penser que la réciproque était vraie.

Aux yeux de leurs employeurs, les femmes devaient enfin être
moins qualifiées que les hommes, ce qui leur donnait un autre argument pour justifier les bas salaires. Cette exigence était même érigée
en règle par quelques patrons qui maintenaient une rigoureuse division sexuelle du travail, où les tâches les moins spécialisées allaient
aux femmes. Dans d'autres ateliers, c'est une division sexuelle des
salaires qui s'appliquait, alors que les tailleurs étaient payés à la
semaine, s'il s'agissait d'hommes, et à la pièce, s'il s'agissait de
femmes[31]. Le travail à la pièce exigeait des ouvrières une production
ininterrompue et rapide si elles voulaient réussir à remplir leur enveloppe de paye. Elles pouvaient y parvenir, mais les employeurs prétendaient que le travail des hommes était de qualité supérieure. Perdantes sur les deux tableaux, les femmes n'avaient de toute façon
aucune chance de gagner au point de départ.

Les employeurs exprimaient et défendaient sans aucune équi-
voque leurs intérêts économiques à l'égard du travail des femmes et,
à l'opposé des ouvriers, ils n'entretenaient aucun souci à propos de
la moralité de leurs ouvrières. Il en était autrement des commissaires
qui s'intéressaient au plus haut point à la moralité, mais pour des
motifs différents de ceux des ouvriers. Issus de la classe moyenne, ils
n'avaient en effet nullement à craindre une concurrence économique des femmes, et il faut chercher ailleurs les raisons profondes de
leurs préoccupations. Il est difficile d'être catégorique à ce sujet.
Peut-être craignaient-ils que le travail en usine ne menace leur conception de la famille et de la propriété? Peut-être pressentaient-ils
qu'une telle remise en cause pouvait se propager à l'intérieur des
fabriques[32]? Peut-être traduisaient-ils tout simplement les conceptions qui prévalaient à l'endroit du travail des femmes dans les classes moyennes? À cette époque, on considérait en effet que les femmes étaient les gardiennes de la morale bien qu'elles soient aussi des
êtres vulnérables. On croyait également que la pauvreté était généralement le résultat d'insuffisances personnelles. Les femmes qui
étaient à la fois pauvres et ouvrières ne pouvaient donc être que des
objets de scandale.

Les femmes en tant qu'ouvrières n'intéressaient pas les commissaires qui se souciaient avant tout des hommes, même si dans une

fabrique donnée la main-d'oeuvre était en majorité féminine[33]. Quand c'était au tour des femmes de témoigner, ils les muselaient ni plus ni moins par des questions de pure forme sur les heures de travail, les salaires, le langage, les toilettes. On n'allait jamais plus loin. Si par hasard ils interrogeaient des patronnes, celles-ci avaient par contre toute liberté de s'exprimer sur n'importe quoi, et en particulier sur un sujet important pour les épouses des commissaires, le refus des jeunes filles de faire du travail domestique[34].

Fidèles à leurs préjugés, les commissaires cherchaient ce qu'ils attendaient le plus naturellement de la classe ouvrière féminine: le scandale. La promiscuité des sexes dans les fabriques ne pouvait qu'entraîner, selon eux, des comportement immoraux et ils entreprirent de scruter soigneusement chaque occasion d'immoralité. Leur première cible fut le langage. L'immoralité était une maladie qui, leur semblait-il, se transmettait par le langage et s'avérait particulièrement contagieuse pour les femmes qui ne devaient pas entendre et encore moins utiliser un langage violent. Les ouvrières ne partageaient pas ce point de vue, et un commissaire qui s'inquiétait à ce propos reçut de l'une d'elles une réplique pour le moins directe et désinvolte. Cette femme, haussant sans doute les épaules, lui lança: ce ne sont «que des jurons, c'est tout»[35].

Nullement découragés par ce premier échec, les commissaires poursuivirent leurs recherches du côté des toilettes. Dans leur esprit, l'immoralité avait quelque chose à voir avec les toilettes, d'où leurs questions répétées pour savoir s'il existait des toilettes séparées pour hommes et femmes dans les fabriques. L'état des toilettes était devenu une véritable obsession pour ces hommes qui demandaient, par exemple: «Avez-vous déjà vu des hommes essayer d'entrer dans les toilettes des femmes lorsque des femmes étaient à l'intérieur?» ou «Quelle est la hauteur des cloisons qui sépare les toilettes des hommes de celles des femmes[36]?» On apprend ainsi probablement plus sur l'étrange mentalité victorienne des membres de la classe moyenne que sur les conditions de travail dans les fabriques canadiennes. Certes, ils trouvèrent un nombre suffisant de toilettes mixtes pour satisfaire leur curiosité, mais le lien de tout cela avec la moralité des ouvrières demeure mystérieux.

Les commissaires poussèrent encore plus loin leur enquête, essayant cette fois de connaître si les contremaîtres et les propriétaires de fabriques se conduisaient en «gentilhommes»[37]. Les classes populaires étant supposées mal se conduire, on s'attendait à ce que les hommes abusent des femmes qui étaient leurs subalternes. Animés sans aucun doute par cet instinct protecteur inné chez tout gentilhomme, les commissaires pouvaient prétendre jouer aux gardiens de la moralité, mais encore une fois on peut penser qu'ils révélaient inconsciemment par leur attitude un comportement de classe. Dans le Canada des années 1880, les femmes travaillant comme domestiques étaient beaucoup plus nombreuses que les ouvrières et elles étaient beaucoup plus exposées aux agressions de leurs patrons. De fait, des études sur cette période montrent que la plupart des prostituées commençaient leurs carrières comme servantes[38]. Là encore, ces questions nous éclairent plus sur le comportement des hommes que sur la situation des ouvrières. Exception faite de cette affaire où M. Fortier donnait une fessée à Georgina Loiselle, ils ne trouvèrent rien de concluant sur le comportement des patrons face à leurs ouvrières.

Loin de s'avouer vaincus, les commissaires s'inquiétèrent ensuite de la présence dans les fabriques de mères célibataires, qu'ils désignaient par une longue périphrase bien victorienne. «Ces personnes non mariées dont l'état ne leur permettait pas d'être là», ils en découvrirent finalement quelques-unes, auxquelles ils faisaient allusion en parlant des «coupables»[39].

Un seul commissaire fit preuve d'une certaine conscience des aspects économiques de ce problème en demandant à un témoin s'il ne croyait pas que les bas salaires puissent conduire les femmes à la prostitution. Ce témoin, le maire Howland de Toronto, contourna rapidement la question qui allait au coeur du problème. Représentant typique de la classe moyenne, il ramena le sujet à son niveau habituel, déclarant sur un ton glacial: «Une femme de bonnes moeurs se laisserait plutôt mourir[40]».

Les commissaires finirent par trouver une fabrique à Montréal où la situation pouvait confirmer leurs préjugés. À la St. Anne's Cotton Factory, ils découvrirent que des hommes et des femmes se lançaient de l'eau par-dessus la cloison des toilettes, que des ouvriers et des ouvrières avaient une conduite plutôt «libertine», que le gérant et le surintendant avaient des «gestes rudes», qu'il y avait de «jeunes femmes célibataires dont l'état exigeait qu'elles ne soient pas mêlées aux autres»[41]. Encore une fois, les ouvriers n'entendaient pas laisser les préjugés des commissaires l'emporter et une femme se plaignit devant la commission que la presse locale avait exagéré les «racontars» sur la filature[42].

Au moment de rédiger leurs rapports, les membres de la commission furent sans doute sensibles à cet argument; peut-être aussi se rendirent-ils à l'évidence de leur propre enquête. Ils conclurent donc — à regret, pourrait-on penser — que rien ne permettait de croire qu'il se commettait «des actes sérieux d'immoralité dans les fabriques du Canada». Dans un élan de magnagnimité, ils reconnurent même que «la morale des ouvrières du Canada était aussi bonne que celle des femmes des autres classes[43]». Personne ne leur avait demandé d'enquêter sur la moralité des Canadiennes; ils le firent néanmoins, déviant ainsi le débat et occultant les questions économiques et sociales fort importantes soulevées par l'existence des fabriques et par la place qu'y tenaient les femmes. Ils ne pouvaient, vu leur parti pris pour la morale, que répéter l'opinion voulant que les femmes constituaient une classe sans ressources, ayant besoin de protection à la fois physique et morale contre les dangers du monde du travail. Les commissaires n'étaient sur ce plan guère différents de leurs contemporains qui faisaient adopter des lois sur les fabriques et demandaient des inspectrices dans ces établissements. Dans les années 1880, protéger les femmes contre le monde était un souci général.

Les quatre groupes de personnes dont on vient de parler semblent avoir vécu dans autant de mondes différents. Ouvrières, ouvriers, employeurs et commissaires entretenaient un dialogue de sourds. Les femmes essayèrent de décrire leurs réalités quotidiennes, mais elles le firent à voix basse. Les ouvriers de leur côté cachèrent sous une rafale d'opinions contradictoires leur embarras face au travail des femmes. Les employeurs furent pour leur part explicites: les femmes constituaient un avantage économique dans une fabrique dans la mesure où elles répondaient à certaines exigences. Les commissaires enfin embrouillèrent délibérément la question du travail des femmes en la réduisant à une affaire de moralité. Le seul dénominateur commun à ces quatre groupes était l'occultation du débat autour du travail des femmes, qu'on retrouve dans l'anonymat choisi par les femmes elles-mêmes, dans l'ambiguïté des ouvriers, dans l'intérêt économique des patrons et dans les préoccupations morales des commissaires. Le silence imposé aux femmes, et accepté par celles-ci, est peut-être une caractéristique de la «culture des femmes»[44] et il pourrait bien être à la fois la cause et la conséquence de la dépendance économique des femmes, à la maison comme à la fabrique. Les jeunes filles qui cherchaient un emploi dans les fabriques devaient sûrement respecter cette consigne du silence. Le défi, pour qui veut faire leur histoire, est de réussir à briser ce silence.

4

Ouvrières et travailleuses montréalaises, 1900-1940*

Marie Lavigne et Jennifer Stoddart

La grande industrie, tuant l'atelier familial, prit les rouets et les métiers et les riva à la manufacture, la femme et l'enfant qui avaient faim prirent le chemin de l'usine, et c'est là que nous les retrouvons aujourd'hui[1].

Au début du siècle, on parle du travail féminin comme d'un fait nouveau. Pourtant les femmes n'avaient pas attendu l'ouverture des usines pour retrousser leurs manches et gagner leur vie. Depuis toujours, elles participent au travail agricole, au travail domestique; au Québec, elles ont assumé, dans le cadre des communautés religieuses, la plus grande partie du travail dans le domaine de la santé et de l'éducation.

Ce qui est nouveau depuis la fin du 19e siècle[2], c'est leur participation «visible» au travail, c'est-à-dire une participation non plus dans le cadre d'une économie familiale ou conventuelle, mais dans la production sociale en échange d'un salaire.

Tant que le travail féminin demeurait «invisible», à l'abri des regards dans une famille ou dans un couvent, il ne heurtait nullement l'image de l'épouse-mère-ménagère. Mais cette image s'effrite et paraît anachronique à partir du moment où des milliers de travailleuses et d'ouvrières se dirigent au lever du jour vers l'atelier ou le bureau.

Cette nouvelle réalité, qui suscite pourtant de nombreux débats, ne modifiera pas en substance le discours sur le rôle social de la femme. On assistera dans la première moitié du 20e siècle à un élargissement progressif du fossé entre la réalité vécue par les travailleuses et la femme idéale, selon l'idéologie dominante. Ce sont les travailleuses qui seront les premières victimes des contradictions entre d'une part les besoins d'une économie qui ne saurait se passer

---

* Une partie de cette étude a fait l'objet d'un article, «Les travailleuses montréalaises, 1920-1940», *Le travailleur*, 2, 1977.

de leur travail, et d'autre part une idéologie qui leur nie jusqu'à un certain point le droit au travail salarié.

Dans les pages qui suivent, nous examinerons les modalités générales de la participation des Montréalaises au travail et leurs conditions de travail dans certains secteurs particuliers de 1900 à 1940. Nous verrons les réactions des travailleuses et le contexte social dans lequel le travail féminin a évolué. Enfin, nous tenterons de déceler certains effets de ce contexte sur les travailleuses elles-mêmes.

À Montréal, point central de la production industrielle canadienne, la participation féminine au travail croît sans cesse depuis la fin de 19ᵉ siècle. Guerres et crises économiques n'interrompent pas ce mouvement irréversible. En 1941, les femmes forment 27% de la main-d'œuvre montréalaise[3]. Ces travailleuses sont pour la plupart des célibataires[4] qui gagnent leur vie parce qu'elles sont seules pour subvenir à leurs besoins, ou parce qu'à Montréal la pauvreté généralisée de la classe ouvrière oblige les familles à avoir plus d'un gagne-pain[5]. L'éventail des emplois est assez mince: la majorité des travailleuses se retrouvent dans les manufactures, dans les services ou dans le travail de bureau.

En ce qui concerne les revenus, la discrimination salariale est de rigueur au cours de toute la période. Les femmes touchent en moyenne la moitié des salaires masculins: 53,6% en 1921, 56,1% en 1931 et 51% en 1941[6]. Cette stabilité dans les écarts de gains confère à la main-d'œuvre féminine un statut incontestable de main-d'œuvre à bon marché.

Les manufactures

Le secteur qui engage la plus grande partie des femmes est le secteur manufacturier. La structure industrielle du Québec est basée sur une industrie légère qui requiert une abondante main-d'œuvre à bon marché; ainsi en 1911, 27% et en 1941, 30% des ouvriers de la production sont des femmes[7]. Ces ouvrières sont cantonnées dans des industries bien spécifiques: la confection, les textiles, le tabac et la chaussure. Ces industries sont en l'occurence celles qui paient les moins bons salaires[8].

L'industrie de la confection, ne nécessitant que de faibles investissements de capitaux, est reconnue pour son instabilité et sa tendance à ouvrir des petits ateliers spécialisés dans la réalisation de sous-contrats. L'instabilité de cette industrie n'est pas étrangère au chômage périodique qui atteignait les midinettes, parfois même six

Répartition (en %) de la main-d'oeuvre féminine selon les
principaux secteurs occupationnels, Montréal, 1911-1941

Secteur occupationnel	1911	1921	1931	1941
Manufactures	40,1	33,5	23,4	29,6
Services personnels	32,6	20,2	29,3	26,9
Commis de bureau	*	18,5	18,9	19,9
Services professionnels	9,6	14,2	11,6	10,0
Commerce	13,9	8,8	8,4	10,0
Transports	2,7	3,6	4,4	1,5
Pourcentage de femmes dans la main-d'oeuvre totale	21,6	25,2	25,4	27,4

* Le recensement de 1911 ne compte pas les commis de bureau; cette catégorie de travailleurs est intégrée aux autres secteurs occupationnels.

Source: *Recensement du Canada*, 1911, 1921, 1931 et 1941. En 1911 et 1921, il s'agit des femmes âgées de 10 ans et plus; en 1931 et 1941, il s'agit des femmes âgées de 14 ans et plus.

mois par an[9]. Les salaires dans la confection seront l'objet d'ordon-nances de la Commission du salaire minimum des femmes. Les règle-ments de la commission fixaient des salaires variables selon l'expé-rience des ouvrières: celles qui ont de l'expérience touchent près du double de celles qui sont considérées comme apprenties[10]. Près de la moitié des ouvrières de la confection sont classées dans les travail-leuses inexpérimentées, même si en réalité elles connaissent leur métier: «Beaucoup d'industriels rangent dans la catégorie des apprenties toutes celles qui se présentent pour travailler chez eux pour la première fois en leur disant que l'apprentissage est indispen-sable. Pendant ce temps ces ouvrières pourtant expérimentées ne gagnent qu'un salaire d'apprenties. Trop souvent après les six mois d'apprentissage on les renvoie sous un prétexte ou sous un autre pour recommencer le même jeu[11]».

Cette manœuvre n'est pas la seule manière de donner les salai-res les plus bas possibles: selon une contremaîtresse, «des ouvrières elles-mêmes aident à tromper la surveillance des inspecteurs du Comité du salaire minimum sous prétexte que l'usine serait forcée de fermer ses portes s'il fallait mettre la loi en vigueur (suggestion des patrons)[12]». Une autre méthode employée est celle qui force «deux et parfois trois femmes de la même famille à poinçonner la même carte de présence de sorte qu'un seul salaire était versé pour le travail de deux ou trois personnes[13]».

La confection est surtout caractérisée par le travail parcellaire effectué à domicile et dans des petits ateliers (*sweating system*). Cette forme de travail est très répandue; on a estimé que les trois quarts des vêtements fabriqués dans la métropole l'étaient, en 1898, sous ce système: «10 000 Juifs et Canadiennes françaises à Montréal (sont) engagés dans la confection d'habillements dans des conditions de surmenage, dans des petits établissements dépourvus d'hygiène, à des salaires très bas et avec des heures de travail excessives[14]». Les revenus d'un tel travail sont si bas que le rapport de Mackenzie King sur la question juge qu'avec «les prix accordés à un grand nombre de femmes travaillant à domicile, il n'y a pas de doute qu'il leur aurait été impossible de vivre à même leur gagne-pain résultant de soixante heures de travail par semaine[15]». L'aide des jeunes enfants et des personnes âgées était essentielle pour joindre les deux bouts. Avec les résultats de cette enquête, le gouvernement fédéral légiféra sur les contrats d'habillement qu'il octroyait. Mais dans l'ensemble, les conditions de surexploitation de cette forme de travail se sont maintenues. En 1935, une autre commission d'enquête fédérale rapporte qu'une douzaine de pantalons courts confectionnés à domicile rapporte 0,25$ à la couturière alors que le même travail effectué dans une usine syndiquée est payé 1,50$[16].

Il n'existe pas de données permettant de mesurer l'ampleur réelle du travail à domicile; celui-ci s'est toujours fait plus ou moins clandestinement et souvent avec la complicité de ménagères qui n'avaient pas le choix. Pour de nombreuses femmes, la confection à domicile était la seule forme de travail compatible avec le travail ménager et l'élevage des enfants. Par ailleurs, la position des féministes sur le *sweating system* était ambiguë: tout en le condamnant, elles n'en souhaitaient pas moins la mise en place d'une certaine forme de travail à domicile qui aurait permis un juste salaire tout en évitant aux mères de famille d'aller travailler en usine.

Dans les textiles, la situation n'est guère meilleure. Les témoignages recueillis par la Commission royale d'enquête sur les relations entre le capital et le travail à la fin du 19e siècle révèlent des conditions de travail qu'on retrouve encore en 1938 lors de l'enquête sur l'industrie textile. Parmi les plaintes, on note les conditions malsaines de filatures: mauvaise ventilation, poussière, humidité, malpropreté, bruit et insuffisance des lieux sanitaires[17]. Les ouvrières de la Dominion Textile d'Hochelaga se plaignent d'être obligées d'enfiler les navettes par aspiration, ce qui était une pratique dangereuse car elle accroissait les risques de contacter la tuberculose. Dans cette même usine, on note «le mauvais état des toilettes (malpropreté sans nom), les crachoirs dégagent une odeur infecte (...) et il n'y a qu'un gobelet pour tout le personnel[18]». Comme les ouvrières étaient payées à la pièce, tout arrêt de machinerie entraînait des pertes de temps et de revenus, obligeant par la suite les ouvrières à travailler les soirs et les dimanches.

La semaine de travail dans les filatures est fixée à 58 heures en 1910 et à 55 heures en 1912, mais la loi prévoyant des possibilités d'extension des heures de travail, les ouvrières travaillent souvent au-delà du maximum légal: «Actuellement dans le département des tisserands à Hochelaga, on ne travaille pas seulement 60 heures par semaine, mais 67½ heures. Car trois soirs on travaille jusqu'à neuf heures du soir sans désemparer avec une pauvre petite demi-heure pour souper[19]».

Comment les ouvrières ont-elles réagi à de telles conditions de travail et à de tels salaires qui étaient à peine suffisants pour les loger et les nourrir? N'y avait-il pas une limite à l'exploitation? Certains indices nous permettent de croire que les ouvrières, lorsqu'elles étaient organisées en syndicats[20], ne se soumettaient pas allègrement à cette exploitation.

D'après le ministère du Travail, entre 1901 et 1915, les textiles et le vêtement ont été, après les transports, les secteurs les plus affectés quant au nombre de journées de grève ou de lock-outs[21]. Quand on sait qu'à cette période les femmes forment 58% des employés des textiles et 60% de ceux de la confection à Montréal, il est permis de croire que sans leur participation active et militante, l'agitation ouvrière n'aurait pas connu une telle ampleur[22].

Les journaux ont suivi la grève de la filature de la Dominion Textile à Hochelaga en 1908. Aux assemblées syndicales, «les femmes parées de leurs vêtements de fête étaient au premier rang de l'assemblée et formaient la grande majorité de l'assistance»; on remarque que «les femmes surtout, font preuve de beaucoup de courage et de solidarité[23]». Le syndicat qui mène cette grève, la Fédération des ouvriers du textile du Canada, est composé d'ailleurs aux deux tiers de femmes. Celles-ci participent pleinement à la structure syndicale et sont généralement les vice-présidentes des cellules locales[24].

La Gazette du Travail rapporte de nombreuses grèves, principalement dans les textiles et la confection où femmes et hommes débrayent ensemble. Rares cependant sont les grèves n'impliquant que des femmes, puisque rares sont les usines n'engageant que des femmes. Même les célèbres «grèves de la guenille» de 1934 et 1937, qualifiées de grèves de femmes, sont des grèves où travailleurs des deux sexes luttent côte à côte[25].

Peu de revendications concernant l'égalité salariale ont été élaborées à cette période et les conventions collectives étaient truffées de clauses discriminatoires[26]. Certaines revendications liées à l'oppression spécifique des femmes eurent cependant quelques succès. Il arrivait que des ouvrières soient victimes de harcèlement sexuel de la part de contremaîtres et même de collègues de travail. Ainsi dans une usine, l'usage des ascenseurs fut, à la demande des ouvrières, interdit aux ouvriers parce que ceux-ci y importunaient les femmes. C'est dans le même esprit que des ouvrières demandent d'être supervisées par des contremaîtresses plutôt que par des contremaîtres et de travailler dans des départements où seules les femmes sont admises. Il est même arrivé que des usines permettent aux femmes de quitter le travail midi et soir cinq minutes plus tôt que les hommes[27]. Ce n'est certes par la seule morale chrétienne qui amenait des ouvrières à réagir de la sorte. L'usine reproduisait sans doute concrètement les mécanismes de l'oppression sexuelle et contribuait ainsi à diviser davantage entre eux les ouvriers et les ouvrières d'un même lieu de travail.

Les services personnels

Le deuxième grand secteur d'emploi est celui des services dits «personnels», qui emploient une travailleuse sur trois. Les domestiques dans les maisons privées constituent la majeure partie de ce groupe[28].

La plupart d'entre elles sont des jeunes filles fraîchement arrivées de la campagne québécoise ou d'Europe, qui s'engagent dans des familles résidentes du «Mille carré doré» du quartier Saint-Antoine ou des nouvelles banlieues d'Outremont ou de Westmount. Elles quittaient le domicile familial pour aller vivre dans une famille de la ville qui les protégerait des dangers moraux de la vie urbaine. Leur séjour dans une même famille ne semble pas avoir été long et la mobilité paraît avoir été élevée chez les domestiques, si on en croit les plaintes des femmes de la bourgeoisie.

Cette catégorie de travailleuses ne verra jamais ses gages fixés par la loi. Le Syndicat professionnel féminin de Jonquière a demandé, mais en vain, au congrès de la CTCC de 1937 que des pressions se fassent pour que la loi du salaire minimum s'applique aussi aux domestiques[29]. La situation est similaire pour les «femmes de peine», ces domestiques à la journée. Parmi celles-ci, il semble qu'un certain nombre aient été mariées: «La statistique officielle ne donne pas le nombre de femmes mariées qui travaillent, mais nous savons, par le témoignage des inspecteurs et de nos associations professionnelles, que la femme mariée qui a besoin de gagner sa vie ne se dirige pas vers la manufacture ou le magasin. On la retrouve trop souvent hélas parmi les femmes de peine. Une seule annonce dans nos quotidiens nous en dit long à ce sujet. Une partie des femmes qui vont en journée sont des femmes mariées qui même pendant leur grossesse acceptent des travaux au-dessus de leurs forces[30]».

Alors que les féministes montréalaises intercédaient fréquemment en faveur des ouvrières d'usine ou à domicile en dénonçant leurs conditions de travail, elles n'avaient que rarement conscience du sort de leurs propres domestiques ou femmes de ménage, qui sont les travailleuses recevant les plus bas salaires et effectuant probablement les plus longues journées de travail. Les reproches concernant l'irresponsabilité, l'instabilité et l'indépendance des domestiques foisonnent dans les revues féminines[31], mais les contemporaines des domestiques ne semblent jamais s'être souciées de comprendre les motifs de cette instabilité.

Évidemment, peu de domestiques ont laissé des témoignages de leur expérience. Cependant, les nombreuses campagnes de recrutement de domestiques faites par l'intermédiaire de curés de villages québécois ou par le ministère de l'Immigration sont significatives du mécontentement des servantes qui étaient rapidement attirées vers les meilleurs salaires des manufactures, ou vers d'autres emplois socialement plus valorisés[32].

Cette tendance se confirme d'ailleurs par les variations dans la participation aux services personnels. Lorsque la guerre crée une grande demande de main-d'œuvre, on constate une chute de 10 points de pourcentage dans ce secteur. Cependant, lors de la crise des années trente, ce secteur se gonfle à nouveau de 10 points aux dépens d'une baisse équivalente dans le secteur manufacturier. Le travail des domestiques, cuisinières, femmes de ménage semble jouer le rôle de réserve de main-d'œuvre pour le secteur manufacturier. Prévoyant un fort taux de chômage après la guerre de 1939-1945, des associations féminines proposent: «Considérant que l'emploi domestique représente un des meilleurs moyens d'absorber les surplus de chômage féminin après la guerre, et que l'on y trouve la formation la plus apte à préparer la jeune fille aux soins du foyer, là où l'industrie tend à l'en détacher, la Conférence prie le gouverne-

ment de créer un système uniforme pour toute la province d'entraînement domestique[33]».

Le service domestique apparaît ici clairement comme un réservoir de main-d'œuvre ouvrière extensible à volonté. La possibilité
pour les ouvrières en chômage de se transformer en domestiques
explique en partie que durant la crise le chômage féminin ne soit que
de 9,7%, alors que le chômage masculin est de 20,3%[34]. En outre,
nous remarquons que non seulement le taux global de participation
féminine à la main-d'œuvre est stable à cette période de crise, mais
aussi que les femmes travaillent en moyenne un plus grand nombre
de semaines que les hommes.

Le travail dans les bureaux et dans les magasins

Le travail dans les bureaux est un des rares métiers féminins
qui exige un minimum d'instruction. À cause de cela, les jeunes filles issues de milieux ouvriers plus à l'aise ou de la petite bourgeoisie
entreront dans cette profession alors en pleine croissance.

Cependant, l'entrée des femmes dans les bureaux ne va pas de
soi. Elle sont la cible idéale d'attaques contre le travail féminin parce
qu'elles envahissent un secteur qui jusque-là était strictement masculin. On brandit le spectre des dangers moraux; même le *Journal de
Françoise,* revue féminine progressiste, dira que «la vie de bureau
pour les jeunes filles est périlleuse à l'excès[35]». L'opposition prend
aussi la forme d'une tentative d'expulsion des femmes de la carrière
de sténographe au tout début du siècle. Plus tard, on voudra interdire l'accès de la fonction publique aux femmes, et dans les années
trente une association de «collets blancs» veut effectuer une enquête
sur le travail féminin avec le but avoué de remplacer graduellement
les femmes par des hommes[36]. Mais là aussi les salaires féminins sont
inférieurs aux salaires masculins[37].

Quant aux vendeuses, leurs conditions de travail sont passablement pénibles: elles ont de longues heures de travail, fréquemment des journées de 12 heures qu'elles passent debout à servir la
clientèle dans des endroits où les courants d'air sont fréquents. Ces
conditions attirent l'attention de réformistes qui fondent l'Association des demoiselles de magasin. Les deux premières décennies du
siècle verront s'organiser des campagnes pour la fermeture des
magasins à bonne heure le soir et pour l'observance de la loi des sièges. Cette loi prévoyait la provision de sièges aux vendeuses pour
qu'elles puissent s'asseoir en l'absence de clients. Les pressions

eurent peu de succès car en 1927 «une enquête approfondie nous a forcé de constater que si la loi existe, elle n'est observée nulle part ou à peu près[38]».

Le personnel employé à temps partiel se trouve surtout dans les magasins à rayons. Les magasins Woolworth's embauchent jusqu'à 40% de femmes à temps partiel, ce qui, d'après la Commission sur les écarts de prix, empêche les femmes de se trouver du travail à temps plein ailleurs et de vivre décemment de leur salaire[39]. S'opposant à la généralisation du travail à temps partiel, une travailleuse écrit: «Vous suggérez qu'on ait deux équipes pour le jour et sans doute la nuit; la seconde équipe ravirait à la première ses heures de travail par conséquent retrancherait aussi le mince salaire qui est souvent bien juste pour payer ses dépenses d'honneur (...) Je sais que votre idée n'est pas assez logique pour être considérée car le patron d'aujourd'hui est trop mesquin et ambitieux pour faire la moindre addition à ses dépenses; faire travailler bien fort et payer très peu cela fait son affaire[40]».

Cette réponse en dit long sur l'opinion de travailleuses concernant le travail à temps partiel, depuis longtemps préconisé comme la solution idéale qui «donnerait (à la femme) la seconde partie de sa journée pour exécuter son travail ménager[41]».

Les professions

Partout dans le monde occidental les femmes durent mener des luttes acharnées pour accéder aux professions libérales, mais au Québec les succès furent lents à venir. L'admission des femmes à la pratique de la médecine et de la comptabilité ne se fit qu'en 1930, à la pratique du droit en 1941 et à la pratique du notariat qu'en 1956. Les élites conservatrices canadiennes-françaises ont su contrôler l'accès des professions libérales les plus prestigieuses et ainsi garder leurs femmes et leurs filles à la maison.

Reste donc comme professions accessibles, l'enseignement et la carrière d'infirmières. C'est dans ces deux professions qu'on retrouve 10% des travailleuses. Là aussi l'entrée des femmes laïques catholiques ne sera pas facile car les services de la santé et l'éducation sont en bonne partie contrôlés par les communautés religieuses. Que ce soient les sœurs Grises, les Hospitalières de Saint-Joseph ou les sœurs de la Congrégation pour n'en nommer que quelques-unes, elles font une difficile concurrence aux laïques. Ainsi, ce n'est qu'en

1897 qu'un cours d'infirmières est offert en langue française à des laïques à l'hôpital Notre-Dame[42].

Pour les «femmes du monde» qui doivent gagner leur vie en enseignant ou en soignant les malades, l'éthique de bénévolat et de sacrifice, qui caractérise le travail des religieuses effectué en marge de la production sociale, fera partie de leurs conditions de travail. Cette «vocation», que doivent partager malgré elles les institutrices avec leurs consœurs religieuses, explique en partie que les protestantes, qui ne subissent pas une telle concurrence des religieuses, gagnent le double du salaire des institutrices catholiques en 1905[43]. C'est aussi à cette époque que s'amorce la laïcisation de l'enseignement; alors qu'il y a six fois plus de religieuses que de laïques en 1905, ces dernières forment 43% des enseignantes de la CECM en 1938[44].

Au début du siècle, les salaires des institutrices montréalaises sont inférieurs aux salaires moyens féminins dans la province. Des luttes seront menées par l'Association des institutrices catholiques fondée en 1907, qui obtiendra avec les anglophones le relèvement de 50% du montant de leur pension. Les salaires seront majorés lors de l'obtention d'une nouvelle échelle par l'Association de bien-être des instituteurs en 1919. Cette échelle, qui restera en vigueur jusqu'en 1944, est l'exemple parfait de l'application du principe à travail égal, salaire inférieur. L'enseignante à sa première année touche 625$ et le jeune homme 900$; si ce dernier a la bonne fortune de convoler en justes noces, son salaire monte à 1200$. Si par contre l'institutrice se marie, elle doit quitter la commission scolaire[45]...

Le travail social et le travail d'infirmière seront, quant à eux, dans plusieurs de leurs aspects une chasse gardée des religieuses pour toute la première moitié du siècle.

Enfin, reste aux femmes instruites la carrière journalistique: profession fort mal payée mais qui jouissait d'un certain prestige et permettait à des courriéristes, comme Fadette, Colette, Françoise ou Madeleine, d'avoir une certaine influence dans la société[46]. La plupart des quotidiens montréalais ont à cette époque une page féminine, mais il faut bien voir que cette carrière ne pouvait constituer un débouché important pour les femmes instruites, étant confinées aux seules pages féminines ou aux journaux féminins.

À toutes fins utiles, l'accès au monde du travail est réservé aux seules femmes d'origine ouvrière ou rurale qui devront se contenter de salaires très peu élevés. Le travail de bureau ou les professions dont nous venons de parler, à cause de l'instruction qu'ils exigent, recrutent probablement des femmes des couches les plus aisées de la classe ouvrière ou celles de la petite bourgeoisie.

Quant aux femmes de la bourgeoisie, peu d'emplois leur sont accessibles. Les professions libérales leur sont fermées et elles sont exclues du «monde des affaires» à cause de l'incapacité juridique des femmes mariées. Elles n'auront donc guère tendance à entrer sur le marché du travail.

La société et le travail féminin

Pour de nombreux idéologues de la première moitié du 20e siècle, le travail féminin était un phénomène nouveau. L'insertion des femmes dans la production marchande, au même titre que les autres travailleurs, a été traitée comme un problème social ou moral auquel on a tenté d'apporter de nombreuses solutions pour l'enrayer, le contrôler ou même l'interdire. C'est dans un climat de réprobation si ce n'est d'hostilité que des milliers de travailleuses ont dû gagner leur vie.

Cependant, les attitudes face au travail féminin n'ont pas été uniformes au cours des années 1900-1940. Avant la Première Guerre mondiale, le mouvement de réforme, mené par des bourgeois progressistes, entraîne une remise en question des abus les plus flagrants du capitalisme industriel. Parmi ces abus, la situation des femmes au travail: dans quelles conditions travaillent-elles? Leurs salaires sont-ils suffisants? Comment peuvent-elles harmoniser travail et famille? Doit-on protéger les travailleuses? Tous les métiers peuvent-ils leur être ouverts? Ces questions ont été vivement débattues. Elles ont donné lieu à des enquêtes sur la situation des travailleuses, à des pressions pour une législation protectionniste, à la nomination d'inspectrices d'usines, à la formation d'associations professionnelles et à la création de cours de perfectionnement. Des traces de ces débats et de cette agitation se trouvent tant chez des organisations féministes que réformistes ou ouvrières[47].

Cette remise en question s'inscrit dans un contexte où la constatation de nouvelles conditions sociales nécessite un ajustement. Même les femmes changent: «Les femmes ne craignent plus de s'assurer une fière indépendance par le travail, si humble qu'il soit (...) travailler n'est pas déchoir (...) Le nombre de filles qui se marient n'est plus ce qu'il était autrefois (...) Autres temps (...) autres mœurs et il faut toujours parer aux éventualités qu'il apporte[48]».

Rarement cependant on remettra en cause le rôle des femmes

dans la famille; des progressistes rêvent d'une harmonieuse conciliation du travail salarié et du travail domestique: «Je voudrais que
rien ne l'empêchât dans la mesure de ses devoirs d'épouse et de mère
de faire place au foyer, pour un bureau d'affaires, un atelier, une
étude, soit des professions libérales, de la science ou des arts (...) et
cela non comme simple amateur mais comme professionnelle. La
femme créerait donc sa situation économique, mais oui, là est la
condition de son développement[49]».

D'autre part, les féministes saisiront l'importance de l'organisation parmi les travailleuses. Elles mettront sur pied une série d'associations professionnelles de travailleuses qui réuniront dans les
mêmes associations des dames patronnesses, souvent épouses de
patrons, et des travailleuses. Le caractère très ambigu de ces associations se reflète aussi dans les moyens d'action préconisés qui diffèrent passablement de ceux du mouvement ouvrier de l'époque[50].

Malgré les limites inhérentes à ce réformisme, on assiste avant
la guerre de 1914-1918 à une tentative de redéfinition du rôle des
femmes et à l'élaboration d'une certaine notion du droit au travail
des femmes. L'après-guerre sera la période du retour en arrière avec
la résurgence du conservatisme. La mainmise des élites clérico-
nationalistes s'affirme au cours des décennies suivantes sur la plupart des institutions politiques, des associations et des organisations
ouvrières. Surtout véhiculée par le clergé et une partie de la petite
bourgeoisie, l'idéologie conservatrice s'oppose fermement à tout
changement dans le rôle féminin susceptible de bouleverser le pouvoir paternel dans la famille et la division rigide des tâches entre
homme et femme. Cette vision de la femme, gardienne de la langue,
de la foi et des traditions, fait partie intégrante d'une vision d'un
Canada français catholique et aura des porte-parole prestigieux:
l'archevêque de Montréal, Mgr Gauthier, le cardinal Villeneuve, le
premier ministre Maurice Duplessis, et les directeurs du *Devoir*,
Henri Bourassa et Georges Pelletier.

En temps de prospérité relative, cette opposition au travail
féminin s'exprime dans un souci exagéré pour le bien-être du foyer
qui pourrait être compromis si la mère prend des goûts de luxe, d'indépendance ou est mal préparée à sa mission domestique par son
expérience de travail[51].

Les positions du mouvement ouvrier face au travail féminin
sont ambiguës. Les travailleuses sont souvent perçues comme des
concurrentes et des syndicats ont même mené des grèves pour faire
renvoyer les femmes[52]. Par contre, certains syndicats ont préconisé

l'égalité salariale entre hommes et femmes de façon à ce que les employeurs ne retrouvent aucun avantage à embaucher des femmes. Mais n'osant se prononcer carrément contre le travail féminin et n'osant non plus revendiquer l'égalité pour les travailleuses, le mouvement ouvrier québécois et canadien s'est retranché derrière des mesures visant à protéger la main-d'œuvre féminine. Les syndicats, avant la crise des années trente, formulent donc des revendications protectionnistes, telles la fixation de salaires minima pour les femmes, des allocations aux mères afin qu'elles ne soient pas obligées de travailler, une réglementation du travail féminin avant et après l'accouchement, et une protection et une sécurité accrues pour les femmes et les enfants dans l'industrie[53].

La nouvelle Confédération des travailleurs catholiques du Canada (CTCC), très influencée par le clergé, considère les travailleuses comme des concurrentes qui prennent des emplois «au détriment des pauvres pères de famille[54]», tout en votant des résolutions pour protéger le travail féminin. Mais la division créée entre travailleurs et travailleuses est telle que durant la crise la CTCC dénoncera systématiquement le travail féminin: «Attendu que l'une des causes principales du chômage est le développement exagéré du travail féminin, le congrès demande à la législation provinciale de restreindre à de justes proportions l'emploi de la main-d'œuvre féminine (…) et spécialement en commençant par le congédiement des femmes mariées[55]». La dénonciation du travail des femmes mariées a une signification plutôt symbolique, vu le faible nombre de femmes mariées au travail. Mais il faut bien un bouc émissaire pour canaliser le mécontentement provoqué par le chômage aigu: on a donc prôné le droit des hommes au travail par la négation de ce même droit aux femmes.

Cette dénonciation, alimentée par une idéologie conservatrice, atteint un certain sommet lors de la présentation du projet de loi Francœur en 1935. Les débats autour du projet de loi «décrétant que les femmes ou les jeunes filles sollicitant un emploi devront faire la preuve qu'elles ont réellement besoin de le faire[56]» sont révélateurs des différentes conceptions du rôle des femmes, et plus spécifiquement sur leur participation au marché du travail. Si, pour le clergé, le travail des femmes menace l'unité morale qu'est la famille, pour les laïques, il remet en cause tout simplement les rôles sexuels traditionnels au détriment du prestige et de l'autorité masculine. Selon le député de Hull: «Il faut corriger une situation complètement anormale: on en est rendu à voir des jeunes filles et même des mères quitter la maison pour le travail, tandis que le mari et les jeunes gens restent chez eux prenant soin des enfants et font même la cuisine[57]».

Le premier ministre Taschereau et certains députés manifestèrent leur accord avec «l'esprit» du projet de loi, qu'ils rejettent cependant par un vote de 47 voix contre 16. Ce rejet, malgré cette adhésion de plusieurs membres de l'Assemblée législative à «son esprit», reflète curieusement la contradiction entre une idéologie conservatrice et les nécessités économiques d'une province qui ne peut se passer du travail féminin.

* * *

L'étude de ces décennies d'histoire du travail féminin montre une lente mais continuelle progression de la participation des femmes au travail. On y constate assez peu de changements au niveau de la répartition de la main-d'œuvre, si ce n'est des déplacements des travailleuses des services personnels et des manufactures selon la conjoncture économique. La discrimination salariale est tenace et l'éventail des emplois féminins fort restreint: on est midinette, domestique, secrétaire, vendeuse ou enseignante. Les lois de travail sont peu respectées, et par leur caractère protectionniste, elles contribuent à marginaliser le travail féminin. Enfin, syndicats et porte-parole de l'idéologie officielle maintiennent la primauté du rôle de la femme au foyer.

Cette idéologie, qui s'affirme surtout après la Première Guerre mondiale, a affecté les femmes au travail. Tant que les élites conservatrices posent leur veto à l'entrée des femmes dans les universités et les professions, tant qu'elles maintiennent les femmes mariées dans un état d'incapacité juridique, femmes et filles de la bourgeoisie sont à toutes fins utiles exclues du monde du travail. La seule échappatoire est le travail professionnel, mais bien sûr gratuit et invisible dans les communautés religieuses, qui est beaucoup trop rentable socialement pour qu'on s'y oppose.

Mais cette idéologie de la mère au foyer, que claironnent les bien-pensants, ne pouvait empêcher les femmes qui en avaient besoin d'aller gagner leur vie. Le travail des ouvrières était essentiel à l'économie: le commerce et l'industrie étaient détenus par une bourgeoisie qui avait besoin du travail des femmes et qui ne voulait se payer le luxe de s'embarrasser des concepts conservateurs en vigueur dans la société québécoise. Cependant, cette idéologie a eu aussi des effets réels sur les travailleuses, car, en caractérisant leur travail comme marginal et anormal, elle les conditionnait à se soumettre aux injustices et à la discrimination. En outre, elle amenait la plupart des syndicats à fermer les yeux sur les conditions de travail et les salaires des femmes, à négocier pour elles des salaires inférieurs à ceux des hommes ou encore à ne pas chercher à les syndiquer, privant ainsi les travailleuses d'un instrument de lutte essentiel. L'idéologie dominante de la mère au foyer a favorisé le maintien de l'ère du «cheap labor» féminin en soulignant l'illégitimité du travail féminin, et les premières victimes de cette situation ont été les travailleuses elles-mêmes.

En dépit de cette opposition au travail, les femmes ne sont pas retournées à la maison, et elles ont même lutté pour l'amélioration de leurs conditions de travail. Cette résistance s'est exprimée de multiples façons. Que l'on songe à la timide protestation d'institutrices réclamant une augmentation de salaire[58], ou à la participation d'ouvrières au 1er mai dans les années 1910[59], ou à l'adhésion de midinettes à la Ligue d'unité ouvrière, syndicat d'inspiration communiste, et il nous sera possible d'imaginer que l'histoire des travailleuses est autre chose que l'histoire de leur exploitation. C'est aussi celle de leur résistance qui a dû passer par un processus d'auto-identification en tant que travailleuses. Cette prise de conscience, qui s'effectue durant des décennies, était une étape nécessaire à franchir dans l'histoire du travail des femmes, avant l'élaboration de revendications plus systématiques contre la discrimination à une période ultérieure.

5

L'éveil syndical des «religieuses laïques»: l'émergence et l'évolution de l'Alliance des infirmières de Montréal, 1946-1966*

Johanne Daigle

«De la vocation à la profession»[1], un itinéraire parsemé d'embûches et jonché de préjugés. À l'instar du travail des religieuses, qui assumaient depuis toujours la direction d'institutions hospitalières et les soins de santé, celui des infirmières laïques a longtemps été défini et perçu comme une mission exclusivement féminine et une activité charitable. La professionnalisation du nursing au 19ᵉ siècle, sous l'initiative de Florence Nightingale[2], a conféré du prestige à cette occupation «féminine» par excellence et permis aux filles de la bourgeoisie victorienne d'accéder à une nouvelle carrière tout en situant toutefois cette dernière dans le prolongement du rôle traditionnel dévolu aux femmes dans la société. Au Québec, comme partout ailleurs, ce métier a été hissé sur un piédestal: l'image de l'infirmière qui s'en dégage est celle d'une femme désincarnée. L'historiographie traditionnelle a perpétué ce mythe de «femme modèle».

Or, la réalité s'écarte du mythe. Ces «religieuses laïques», comme travailleuses, ont dû se battre durement pour la reconnaissance professionnelle de leur métier et l'amélioration de leurs conditions de travail. Pourtant, rares sont les études qui ont entrepris de reconstituer l'histoire de leurs luttes. Les recherches effectuées jusqu'ici s'inscrivent dans une perspective hagiographique et s'attachent à faire ressortir les qualités et attributs jugés nécessaires et souhaitables à l'exercice de ce «plus beau métier» pour une femme. L'histoire du travail féminin a pour ainsi dire laissé dans l'ombre celle de la profession d'infirmière. Qui plus est, l'histoire syndicale elle-même a négligé cette catégorie de travailleuses[3].

---

* Je tiens à remercier Yolande Pinard et Paul-André Linteau pour leurs commentaires sur ce texte.

Cet article[4] retrace l'émergence et l'évolution du premier véritable syndicat d'infirmières au Québec: l'Alliance des infirmières de Montréal (AIM), de sa fondation en 1946 jusqu'en 1966, à la veille des négociations collectives à l'échelle provinciale. Cette association syndicale d'infirmières est la première à s'être affiliée à une centrale ouvrière, la Confédération des travailleurs catholiques du Canada (CTCC). Cerner la spécificité de la syndicalisation de ces travailleuses n'est pas facile, compte tenu de l'existence de structures syndicales nettement masculines[5]. Néanmoins, dans l'évolution de l'Alliance, trois périodes se détachent clairement: une phase d'expansion jusqu'en 1950, une autre de stagnation qui se poursuit au cours des années 1950, et une dernière de croissance accélérée durant la première moitié des années 1960.

La question qui nous intéresse est celle de la pratique du syndicalisme au sein d'une profession féminine organisée. Les membres de l'AIM se définissent à la fois comme femmes, professionnelles et syndiquées. Le cumul de ces trois conditions fixe en quelque sorte les modalités du militantisme de ces travailleuses. À cet égard, l'idéologie qui sert à définir ce métier féminin et le statut professionnel particulier qui s'y rattache constitue, croyons-nous, un indicateur privilégié du rapport des infirmières au syndicalisme. Il s'avère important de reconstituer l'expérience méconnue de ces pionnières, d'autant plus que les termes dans lesquels se pose leur syndicalisation nous ramènent au coeur de l'actualité syndicale[6].

Les entraves à la syndicalisation des infirmières

Lors de la fondation de l'Alliance en 1946, il y avait déjà d'autres associations accréditées comme syndicats d'infirmières dans les hôpitaux. Parrainées pour la plupart par les employeurs, surtout des religieuses, celles-ci s'apparentent à des organismes d'action catholique. La première a été créée en 1928 à Québec sous le nom de l'Association des gardes-malades catholiques licenciées de la province de Québec. Son but est «l'étude, la protection et le développement des intérêts professionnels de celles qui en font partie; mais elle subordonne cette fin prochaine aux exigences supérieures des âmes, de la société et de la religion[7]».

L'Association catholique des infirmières canadiennes, fondée à Montréal en 1936, poursuit des buts similaires. Selon son aumônier diocésain, Mgr Louis-E. Hudon, son «idéal serait le corporatisme, c'est-à-dire la réunion de tout le personnel hospitalier, dirigeants et dirigés, constituant une grande famille groupée pour le règlement de toutes les questions économiques et hospitalières, avec le plus de perfection possible[8]». Mentionnons qu'il existe, à partir de 1936, de nombreuses autres associations «syndicales» d'infirmières de moindre importance qui, encadrant rigidement la profession, freinent la pratique d'un syndicalisme plus militant.

Au cours de la période qui s'échelonne de 1946 à 1966, la syndicalisation des infirmières présente des obstacles réels. On peut citer principalement les difficultés reliées à la pratique de la profession et l'idéologie particulière qui sert à la définir. Lors du développement du nursing au milieu du 19e siècle, Florence Nightingale avait défini le travail de l'infirmière comme une fonction féminine honorable, et surtout respectueuse de l'autorité exercée par les médecins dans les hôpitaux. Avec la professionnalisation croissante de ce métier, les rôles sexuel et occupationnel, c'est-à-dire les rôles de femme et d'infirmière, ont été institutionnalisés jusqu'à se confondre presque complètement[9].

Cette confusion des rôles, lorsqu'elle est appliquée à la relation médecin-infirmière, reflète par extrapolation la division sexuelle du travail dans la société. Ce biais sexiste intervient à deux niveaux: les tâches de l'infirmière s'inscrivent dans le prolongement du travail domestique et sont placées sous la dépendance de la profession médicale. Plus spécifiquement, la répartition du travail entre médecins et infirmières s'est structurée autour de deux ensembles de fonctions: le *care* et le *cure* pour reprendre des expressions consacrées. Les médecins ont monopolisé tout le champ du *cure* en laissant aux infirmières un domaine qui lui a été subordonné, mais qui demeure entier: le *care*[10]. À partir de la Deuxième Guerre mondiale, on assiste à l'éclatement de ces champs respectifs. Les médecins, ne pouvant plus suffire à la tâche, obtiennent le pouvoir de déléguer certaines responsabilités aux infirmières qui, elles-mêmes, doivent partager leur domaine d'attribution avec les infirmières auxiliaires.

Historiquement, le métier d'infirmière a été défini comme une simple extension du rôle maternel des femmes. Comme on prétendait que ce rôle était naturel, toutes les femmes possédaient par instinct, croyait-on, l'art de soigner les malades. Ce métier sera hissé au rang de profession lorsque la pratique du nursing sera réglementée par des critères de formation particuliers. Pour accéder au statut de professionnelles, les infirmières ont dû se plier à certaines règles de conduite. Dans la tradition du serment d'Hippocrate, les infir-

mières diplômées au Québec, au cours de la première moitié du 20e
siècle à tout le moins, doivent prononcer le serment professionnel.
En substance, on promet: «De toujours tenir à la pratique de ma foi
catholique, source des vertus de ma vocation. De donner au médecin l'aide, l'obéissance et le respect auxquels il a droit. D'être toujours au poste où le service de Dieu, de mon pays, ou la souffrance
humaine m'appelleront[11]».

Pour faire honneur à la formation reçue et se voir conférer le
statut de professionnelle, l'infirmière laïque doit modeler sa pratique sur celle d'une religieuse. Mais malgré l'apprentissage d'un
savoir-faire, son travail est considéré comme une vocation alors que
le savoir «scientifique» du médecin, par contre, confère à celui-ci
autorité et prestige. De plus, cette travailleuse «vertueuse et obéis-
sante» est tenue au secret professionnel dans l'exercice de ses fonctions. La reconnaissance juridique du statut professionnel des infirmières s'appuie sur les considérations suivantes: la loi des infirmières de 1946 a reconnu ce travail comme une profession explicitement
réservée aux femmes et comme une profession de soutien par rapport à la profession médicale. À cet égard, un amendement déjà inscrit en 1943 dans une loi antérieure précise que la profession est
dévolue aux personnes de sexe féminin. Par ailleurs, le code de
déontologie des infirmières inclut certaines réserves ayant trait au
domaine de juridiction des médecins qui ne peuvent être enfreintes
sans l'autorisation de ces derniers.

Les affrontements d'ordre idéologique qu'entraîne la syndicalisation des infirmières constituent un deuxième niveau de difficulté. L'organisation professionnelle est souvent perçue comme
plus prestigieuse que l'organisation syndicale. L'épisode suivant,
relaté par l'aumônier du Conseil central de Montréal en 1946, l'illustre bien: «Une garde qui est venue de l'hôpital de Verdun le 11 du
mois de novembre 1946 (…). Elle est venue en taxi de Verdun, c'est
loin hein! Alors pour me dire: Ça n'a pas de bon sens. Vous voulez
que nous autres, des professionnelles, nous nous organisions dans
un syndicat. J'ai dit: savez-vous dans quel syndicat, enfin si vous
voulez, vous allez entrer? Elle a dit: non. C'est le syndicat professionnel des infirmières. Ah! là ça a été fini. Elle est partie. Un syndicat professionnel, c'est ce qu'elle voulait, c'était une professionnelle. C'est parce qu'elle s'imaginait que les syndicats, c'était tous
des gens qui avaient les mains sales[12]».

La sociologie contemporaine oppose quelquefois professionnalisme et syndicalisme. Dans le cas particulier de la Corporation

des ingénieurs québécois, on ira jusqu'à faire de l'interdiction de l'organisation syndicale une règle d'éthique professionnelle[13]. Mais le plus souvent, la structure syndicale se greffe à la structure corporative. L'Alliance considère ces deux types d'organisme comme complémentaires. De la corporation relève tout ce qui concerne l'éthique professionnelle alors que le syndicat s'occupe des conditions de travail. Le journal de l'Alliance, *L'Éveil Social*, porte en sous-titre l'épithète révélatrice des buts que se fixe le syndicat: «Pour la liberté économique de la profession». On y précise que c'est pour mieux assumer le rôle qui lui incombe que les conditions de travail doivent changer. Ainsi, pour une travailleuse du métier, Hélène Savoie, «l'infirmière doit (...) se préoccuper de son sort matériel, afin de pouvoir tenir dans la société le rang que lui vaut son titre de professionnelle[14]».

Il reste à signaler un troisième obstacle majeur: l'héritage religieux qui marque l'évolution de cette profession au Québec. La conception et la pratique des soins aux malades ont été définies par l'Église. Avec le développement de l'industrie hospitalière, il devient nécessaire de s'appuyer sur un personnel laïc de plus en plus nombreux qui sera encadré par des religieuses. La laïcisation de la profession d'infirmière s'effectue durant la première moitié du 20e siècle. Les religieuses, qui comptent pour 50,1% des infirmières à Montréal en 1931, n'en représentent plus que 23,2% en 1941[15]. Ce changement coïncide avec une augmentation substantielle de l'ensemble des effectifs. De 4167 en 1941, le nombre d'infirmières passe à 39 252 en 1971, ce qui correspond à une augmentation de 842% pendant ces 30 années alors que l'ensemble de la main-d'oeuvre féminine au Québec enregistre une hausse de 190%[16].

Dans l'histoire du nursing au Québec, religion et profession sont si intimement liées qu'on a pu affirmer que «le professionnalisme est devenu le prolongement et le successeur du cléricalisme[17]». Plus particulièrement dans le domaine hospitalier, la formation du personnel et la direction des institutions ayant été assurées par des communautés, la dimension professionnelle a été subordonnée à la dimension religieuse. Sous la direction quasi maternelle d'un patronat majoritairement féminin, les infirmières laïques, tout comme les religieuses par ailleurs, ont exercé leurs fonctions dans la perspective d'un apostolat féminin. Notons à cet égard que les religieuses adoptent, dans leurs relations avec les infirmières laïques, une attitude calquée sur l'organisation hiérarchique qu'on retrouve dans les couvents. Le modèle d'obéissance et de respect des «soeurs» à l'égard des «mères» dans les communautés se transpose par extrapolation dans les hôpitaux et précise le type de relations qui s'établit entre les infirmières laïques et les religieuses. Concrètement, les laïques partagent avec les religieuses l'idée de la noblesse de leur mission dans les hôpitaux: si leur conduite est étroitement surveillée, elles se voient conférer du prestige et une certaine autorité vis-à-vis des employé(e)s généraux[18]. Le cardinal Villeneuve, se faisant le porte-parole des évêques du Québec, leur rappelle en 1936 «qu'elles n'ont pas le droit en conscience de faire passer des avantages matériels immédiats avant des obligations morales et spirituelles contre lesquelles rien ne prévaut[19]».

En dépit de ces obstacles concrets, l'incorportion de l'Alliance des infirmières de montréal marque le début de leur syndicalisation à la fin de la Deuxième Guerre mondiale. Comme le fait remarquer Judi Coburn, «nurses had an especially difficult road to travel in overcoming both the feminine mystification of their work and the illusion of professionalism used against many skilled hospital workers[20]». Dans ce contexte, l'Alliance reste une organisation syndicale nettement minoritaire et, jusqu'aux années 1960, elle ne regroupe pas plus de 200 membres.

L'émergence de l'Alliance des infirmières de Montréal: 1946-1950

L'émergence de l'Alliance en 1946 s'effectue parallèlement à la reconnaissance juridique d'une corporation professionnelle, l'Association des infirmières de la province de Québec (AIPQ). En vertu de la loi des infirmières adoptée le 17 avril 1946, tous les membres de la profession doivent s'enregistrer auprès de cette association. Le 21 mai 1946, un groupe d'infirmières de la région de Montréal se fait accréditer comme syndicat professionnel sous le nom de Syndicat des gardes-malades de Montréal: celui-ci devient l'Alliance la même année[21]. Le premier exécutif du syndicat se compose de Diane Paquet, présidente, Jacqueline Leblanc, vice-présidente et Yvette Sauvé, secrétaire.

Comment expliquer l'émergence simultanée de ces deux types d'organisation? Il est certain que les infirmières manifestent alors une volonté ferme de se regrouper pour défendre leurs intérêts. Un premier élément d'explication réside certes dans la conjoncture qui prévaut pendant la guerre, conjoncture dont les effets se répercutent à la fois sur l'économie en général et sur les conditions de travail en particulier. La syndicalisation des infirmières correspond par ailleurs à une évolution des mentalités concernant le travail féminin. La guerre a été l'occasion pour les femmes d'élargir leur champ d'action et d'assumer des initiatives et des responsabilités nouvelles. En ce sens, il s'établit une rupture avec la conception du rôle traditionnel assigné aux femmes[22]. Plus que tout autre, la profession d'infirmière est auréolée de prestige. De plus, l'essor du syndicalisme chez les employés d'hôpitaux — majoritairement des femmes — à travers la province à partir de 1944 est de nature à inciter les infirmières à s'organiser.

La détérioration des conditions de travail s'avère aussi un facteur important. On peut déceler une contradiction manifeste entre l'image prestigieuse que véhicule le modèle courant de l'infirmière et la réalité vécue par celle-ci. Pendant la guerre, ces travailleuses, en raison de la croissance de leur nombre, doivent de plus en plus résider à l'extérieur des hôpitaux. Tandis que le coût de la vie grimpe de 20%, leurs frais de subsistance augmentent considérablement. Par conséquent, les bas salaires offerts par les hôpitaux incitent un certain nombre d'entre elles à rejoindre l'armée et les industries de guerre. Face à la détérioration de leur situation matérielle, la corporation professionnelle fonde alors un comité de relations de travail pour discuter avec les autorités hospitalières des conditions faites aux infirmières[23]. Comme les religieuses, leurs employeurs sont membres de la corporation. Le besoin d'un syndicat qui soit libre de toute ingérence patronale se fait sentir.

Par ailleurs, en provoquant une pénurie d'infirmières, la guerre vient accentuer le phénomène de rareté qui touche cette catégorie de travailleuses. On engage alors des infirmières auxiliaires bientôt perçues comme des concurrentes par les infirmières licenciées. Ces dernières voient gruger leur domaine de compétence par des travailleuses qui ont une formation moins poussée et qui reçoivent des salaires comparables. Si le professionnalisme résulte de l'opposition des infirmières aux travailleuses non qualifiées effectuant un travail similaire, il demeure que les nouveaux rapports ainsi créés favorisent la syndicalisation. Les infirmières seront ainsi poussées à s'assurer une protection sur deux plans: professionnel et syndical.

L'initiative de la fondation de l'Alliance revient au Conseil central des syndicats nationaux de Montréal qui tente alors d'élargir ses assises dans les hôpitaux. L'embauche de René Rocque comme

organisateur en 1946 fournit l'élan initial. Celui-ci est chargé généralement d'établir les contacts nécessaires avec des travailleuses déjà
sensibilisées à l'organisation syndicale jusqu'à la convocation
d'une première réunion; il revient alors au père Cousineau de convaincre les infirmières réunies de la nécessité de se syndiquer[24]. Soulignons toutefois le rôle joué par quelques infirmières qui ont
appuyé concrètement les efforts d'organisation syndicale. Dès
1941, Ernest Armand Lacaire, secrétaire de l'Association des
employés d'hôpitaux de Montréal, mentionne la contribution
d'Alice Bérubé, une infirmière de l'hôpital Pasteur qui, de concert
avec les employé(e)s généraux, tente d'améliorer les conditions de
travail des infirmières de Montréal[25].

En 1946, des infirmières de l'Hôpital général de Verdun et de
l'hôpital Pasteur s'adressent à la CTCC pour obtenir l'appui nécessaire à la mise sur pied d'un syndicat. Le premier numéro de *l'Éveil
Social*, en 1947, précise qu'une infirmière de l'hôpital de Verdun a
rencontré René Rocque et que, suivant ses recommandations, elle
s'est chargée de réunir quelques compagnes venues lui communi-
quer les informations requises pour mousser l'organisation. Sans
doute par crainte des représailles, ces pionnières sont restées dans
l'anonymat[26]. Il est cependant possible d'évaluer leurs efforts par
les résultats impressionnants obtenus dans ces deux hôpitaux. On
rapporte que «séance tenante les infirmières de Pasteur, d'un commun accord, adhérèrent au syndicat[27]».

Toutefois, cette initiative du Conseil central de Montréal ne
semble pas avoir été prisée par toutes les autorités de la CTCC. Les
organisateurs du Conseil central accusent même la centrale d'être en
partie responsable des délais encourus pour l'obtention de la reconnaissance du syndicat. Cet extrait d'une lettre adressée au comité
d'organisation de la CTCC en témoigne: «Au milieu de ce débat, ce
syndicat a entendu dire que certaines autorités de la CTCC ne ver-
raient pas d'un bon oeil cette organisation syndicale des gardes-
malades et que leur expression d'opinion nuirait à l'obtention d'un
résultat définitif auprès de la Commission des relations
ouvrières[28]».

On peut croire que la position ambivalente de la centrale au
sujet de l'organisation des infirmières témoigne de l'idéologie de la
CTCC sur le travail féminin[29]. Il faut tenir compte également de l'influence du clergé qui soutenait déjà des associations catholiques
d'infirmières dans certains hôpitaux. Par ailleurs, il est probable
qu'une centrale catholique ait été plus à même qu'un syndicat neu-

tre de recueillir l'adhésion des infirmières et de l'ensemble des travailleuses et travailleurs d'hôpitaux, employés pour la plupart par des autorités religieuses.

Comme en font foi ses statuts[30], l'Alliance se dote d'une structure centralisée par laquelle chaque hôpital, où des infirmières sont représentées, constitue une unité d'accréditation distincte mais ne jouit pas d'une autonomie administrative. Le petit nombre de syndiquées par hôpital et le taux de roulement élevé du personnel justifient la structure adoptée qui se veut par ailleurs très démocratique. Pratiquement toutes les décisions qui concernent les membres se prennent directement en assemblée générale qui doit être convoquée théoriquement au moins quatre fois par année.

Il faut ajouter cependant que, même avec l'obtention d'une accréditation et de statuts bien en règle, les problèmes du syndicat ne sont pas terminés pour autant. À Pasteur et à Verdun, on enregistre des cas de congédiement; pour que les infirmières mises à pied réintègrent leur emploi, il faudra faire appel à la Commission des relations ouvrières (CRO) et prouver que ces congédiements sont liés à des activités syndicales. La commission statue également sur la prétention de l'hôpital Pasteur de contester la validité de la certification obtenue et rejette l'appel inscrit dans ce sens par les autorités de l'hôpital. Dans l'ensemble, les autorités hospitalières semblent avoir tout mis en oeuvre pour éviter la syndicalisation des infirmières. *L'Éveil social* souligne en 1947 l'opposition des employeurs en ces termes: «Toutes les infirmières (...) étaient sans cesse en butte aux tracasseries, aux ennuis et aux plaintes des autorités des hôpitaux (...). On voulait à tout prix enlever aux infirmières l'idée de l'organisation syndicale et surtout, forcer les membres par toutes sortes de moyens à démissionner[31]».

Les autorités laïques des hôpitaux de Verdun et Pasteur ont réagi négativement à la syndicalisation, mais les autorités religieuses d'autres institutions manifesteront encore plus d'agressivité. L'opposition s'exprime ouvertement à l'hôpital Sacré-Coeur de Cartierville, institution de dimension importante appartenant à la communauté des soeurs de la Providence. À cet endroit, il y avait déjà une association de diplômées connue sous le nom de l'Association des gardes-malades graduées de l'hôpital Sacré-Coeur de Cartierville et accréditée en vertu de la loi des syndicats professionnels. Or, l'aumônier de cette association, Jacques-Yvan d'Orsonnens, est le supérieur ecclésiastique de Jacques Cousineau et ne voit pas d'un oeil favorable l'arrivée du nouveau syndicat.

Une véritable coalition se forme pour éliminer l'AIM. La corporation, qui jusque-là avait manifesté une opposition latente à la syndicalisation, va jusqu'à intenter un procès en bonne et due forme à l'Alliance, de concert avec l'Association catholique des infirmières dirigée par les religieuses. L'AIPQ présente, parallèlement à l'Alliance, une requête auprès de la CRO pour se faire reconnaître comme agent négociateur au nom des infirmières de l'hôpital Sacré-Coeur. Après trois mois de délibération, le 28 mars 1947, la CRO rend une décision favorable à l'Alliance en reconnaissant qu'elle est la seule association habilitée à négocier au nom des infirmières[32]. Cette décision permet à l'AIM, dont l'existence avait été mise en cause, de reprendre ses activités.

Entre 1946 et 1950, l'Alliance réussit non seulement à obtenir une reconnaissance légale comme syndicat mais également à étendre son influence à d'autres hôpitaux de Montréal. Membre de la CTCC, l'Alliance participe cependant peu aux activités de la centrale. Jacques Cousineau affirme même n'avoir jamais vu une seule infirmière aux réunions du Conseil central pendant cette période[33]. Il est intéressant de souligner qu'à ses débuts, l'Alliance jouit d'une marge d'autonomie considérable dans ses relations avec la CTCC. Les interventions de la CTCC sont peu fréquentes. N'étant pas encore affiliée à une fédération à l'intérieur du mouvement, l'Alliance relève directement de l'autorité exercée par le Conseil central qui s'occupe d'orchestrer la liaison entre les différents syndicats. Le développement de l'Alliance témoigne du militantisme syndical des infirmières. Sur dix hôpitaux syndiqués en 1960, sept ont été accrédités dans les seules années 1946-1950[34].

Ce succès est sans doute imputable à l'amélioration sensible des conditions de travail des infirmières des hôpitaux syndiqués. À la veille de la signature du premier contrat de travail en 1947, les infirmières ne disposent guère de protection légale, étant exclues de l'application de la loi du salaire minimum, de celle des accidents de travail et de l'assurance-chômage. Elle n'ont droit, règle générale, à aucune vacance ou congé payé. Cette période de leur histoire est qualifiée par l'Alliance de «temps de la soumission» pendant lequel les infirmières «étaient considérées à toute fin pratique comme des religieuses laïques sans cependant avoir la protection de la communauté[35]». Pour plusieurs, la seule façon d'améliorer leur situation consiste à changer d'emploi. C'est du moins le témoignage que nous a laissé Joseph Pelchat à propos de l'hôpital de Verdun: «Je me rappelle, par exemple, qu'à Verdun, c'était un véritable va-etvient. À tout moment l'une d'entre vous laissait le travail, soit pour prendre des vacances prolongées, soit pour accepter un poste plus payant dans le service privé ou pour le gouvernement. C'est que la plupart étaient fatiguées d'un travail long et pénible ou lassées de se donner pour un salaire de famine[36]».

La première convention collective de travail, obtenue en 1947 par une décision arbitrale, nous donne un aperçu de l'amélioration des conditions de travail pendant cette période[37]. Le contrat prévoit des congés payés: 48 heures à la période des fêtes, des congés pour cause de maladie et deux semaines de vacances payées par année. La semaine régulière de travail passe de 55 à 48 heures. L'augmentation des salaires est aussi substantielle. Le salaire mensuel de base qui se situait autour de 50$ grimpe à 135$. De plus, la sentence arbitrale est rétroactive à l'obtention du certificat de reconnaissance syndicale. Selon René Rocque, «le premier arbitrage (...) avait donné une rétroactivité de 800$ à 900$ pour 14 mois[38]». Ces travailleuses qui gagnaient environ 50$ par mois n'avaient probablement jamais disposé d'une telle somme!

Les années 1950: une période de stagnation

Si les résultats sont encourageants, les premiers efforts de syndicalisation restent cependant limités, compte tenu de la nature de l'industrie hospitalière. Pendant les années 1950, celle-ci est contrôlée à environ 72% par des communautés religieuses. C'est une industrie dont les budgets d'opération sont constamment déficitaires et qui enregistre une croissance lente du nombre des admissions et des lits disponibles[39].

Au milieu de la prospérité générale des années 1950, les hôpitaux constituent un secteur défavorisé de l'économie québécoise. Les travailleuses et travailleurs des hôpitaux sont les «enfants pauvres» d'un secteur encore marginal de l'activité économique qui évolue en circuit fermé sous le couvert de la charité. À ce problème se greffe la question délicate du caractère religieux d'un patronat surtout féminin qui confère aux négociations un caractère particulier, comme le constatent les représentantes et représentants des infirmières et des employé(e)s généraux dans un mémoire à l'épiscopat en 1955: «Le syndicat est toujours malvenu de vouloir contester une décision d'une religieuse. Il y a là la source d'un préjugé favorable qui infirme (sic) que parce qu'elle est religieuse une représentante de l'employeur ne peut pas se tromper et encore moins nous tromper, et qu'elle possède de plus le privilège de l'infaillibilité tout au moins de l'immunité de ses décisions[40] ».

Pour être complet, le portrait de l'industrie hospitalière doit évoquer la présence d'une main-d'oeuvre majoritairement féminine. Pendant cette période, celle-ci se divise en deux catégories regroupant plus de 85% des travailleuses et travailleurs: le personnel d'entretien (femmes et hommes) et le personnel infirmier (infirmières, étudiantes-infirmières, infirmières auxiliaires et infirmiers). Comme la croissance des coûts d'opération est attribuée en grande partie aux salaires qui représentent environ la moitié des dépenses des hôpitaux publics, on note un recours plus fréquent que les normes officielles ne le permettent aux services des étudiantes et des auxiliaires. Cette tendance se traduit par une augmentation plus rapide du personnel infirmier non licencié par rapport aux infirmières diplômées: entre 1952 et 1960, le personnel non qualifié connaît une hausse de 191% contre 161% pour les infirmières[41]. Ces dernières subissent les contrecoups d'une industrie hospitalière déficitaire, dirigée par un patronat qui tente de réduire autant que possible les coûts de main-d'oeuvre.

En raison des particularités de cette industrie à vocation «charitable», les travailleuses et travailleurs hospitaliers ont été exclus de toute la législation sociale adoptée au cours des années 1930. En 1944, lors de la promulgation de la loi des relations ouvrières qui allait fixer le cadre juridique des relations de travail au Québec jusqu'en 1964, le législateur entérine une loi spéciale pour les employé(e)s des services publics comportant encore une fois des prescriptions particulières. La loi des différends entre les services publics et leurs salariés vient retirer formellement le droit de grève dans les services publics et institue le recours à l'arbitrage obligatoire.

En dépit de cette restriction d'importance, la loi des relations ouvrières améliore sensiblement la législation antérieure en ce qu'elle attribue un pouvoir de marchandage à tout syndicat légalement constitué. Elle prévoit l'accréditation, par la Commission des relations ouvrières, de tout syndicat regroupant la majorité des travailleurs d'une entreprise. L'employeur se voit obligé par la loi de négocier de «bonne foi» avec le syndicat ainsi constitué. La loi précise en outre les procédures de négociation à suivre et les mécanismes prévus en cas de mésentente entre les parties. Cette législation représente, faut-il le souligner, une arme à double tranchant: elle confère un pouvoir de négociation aux travailleuses et travailleurs, mais les délais qu'entraîne la mise en branle des procédures liées à l'arbitrage auront un effet de plus en plus démobilisateur au cours des années 1950.

L'activité première de l'Alliance vise la syndicalisation des infirmières dans les différents hôpitaux. Dans les années 1950, cette tâche s'avère difficile si l'on en juge par le ralentissement notable des nouvelles adhésions: l'Alliance ne réussit à syndiquer que deux nouveaux hôpitaux. La mobilité élevée de la main-d'oeuvre dans le secteur hospitalier et la formation à caractère nettement anti-syndical dispensée aux étudiantes-infirmières accroissent les difficultés de recrutement. Le contexte antisyndical sous le gouvernement de Maurice Duplessis s'exprime avec plus de force encore dans les hôpitaux entre les années 1954 et 1956 et accentue les problèmes d'organisation. Pendant cette période, Régina Boisvert, agente d'affaires de l'Alliance, précise qu'il s'agit surtout de consolider les locaux existants: «Nous avons pris huit ans pour remonter l'hôpital St-Luc à son objectif[42]».

Pour contrer ces difficultés, l'Alliance, affiliée à la Fédération nationale catholique des services (FNCS) de la CTCC à partir de 1950, veut étendre le champ de sa juridiction. En 1951, on change le nom pour celui de l'Alliance des infirmières de la province de Québec. Nouvelle modification en 1955 dans le but de rejoindre les hôpitaux anglophones de Montréal: l'appellation devient l'Alliance des infirmières de Montréal/Montreal Nurses Union[43]. Les changements de noms, n'obtenant pas de sanction légale, restent au niveau des résolutions et ne se traduisent pas par des gains d'effectifs. Les tentatives d'expansion échouent surtout en raison de la pénurie des ressources financières disponibles mais également à cause du peu d'initiative de la FNCS à l'endroit de la syndicalisation des infirmières.

L'initiative des membres de l'Alliance visant à étendre la juridiction de leur syndicat s'inscrit dans le cadre de la position autonomiste défendue par ce dernier à l'égard de la CTCC pendant cette période. L'Alliance se glorifie d'appliquer des principes démocratiques respectant leur désir d'autonomie. Les liens qui se tissent entre l'AIM et la CTCC dès le début des années 1950 le confirment. La présidente de l'Alliance en 1951, Diane Paquet, déclare devant l'assemblée générale des infirmières: «Nous appartenons à la grande famille de la Confédération des travailleurs catholiques du Canada, la CTCC. L'Alliance est un syndicat autonome, indépendant, com-

posé uniquement de gardes-malades et dirigé par elles. Nous sommes heureuses de garder un lien sympathique avec l'ensemble des
travailleurs catholiques syndiqués car nous connaissons la prédilec-
tion de l'Église pour ceux qui sont faibles, qui souffrent davantage
et d'autre part par notre profession, nous sommes continuellement
en contact avec la classe ouvrière par les soins physiques qu'on lui
procure[44]». Cette position autonomiste n'empêche cependant pas
l'Alliance de manifester sa solidarité envers d'autres syndicats.
L'appui réel accordé à la grève des vendeuses et employés de Dupuis
Frères en 1952 en témoigne[45].

Compte tenu des liens structurels définissant le rôle des différentes instances de la centrale (syndicats, fédérations professionnelles, conseils centraux), les relations seront plus étroites avec la FNCS.
Tout au long des années 1950, les relations entre l'Alliance et sa
fédération s'effectuent par l'entremise de deux permanents, confé-
rant à l'action syndicale une note personnalisée: Régina Boisvert
occupe le poste d'agente d'affaires de l'Alliance et Pierre Vadeboncoeur cumule à la fois les postes d'avocat du syndicat et de conseiller
de la fédération. L'approche spécifique de la FNCS à propos de la
pratique syndicale des infirmières oriente sa position vis-à-vis de l'Alliance. Ce texte de Pierre Vadeboncoeur, écrit en 1954, la définit
bien: «J'ai pu me rendre compte du fait que le syndicalisme des
infirmières doit considérablement différer du syndicalisme d'usine
(...). Les méthodes d'action, dans votre cas, doivent être assez particulières. Elles doivent se confondre, pour une part, à des activités
qui n'ont rien de proprement syndical, et qui peuvent intéresser par
leur caractère purement professionnel. C'est pourquoi nous posons
en principe que le syndicalisme des infirmières débouche, par sa
nature même, dans l'action collective de caractère professionnel, et
dépasse d'emblée l'action purement revendicative[46]».

Suivant cette optique, la fédération s'appuie sur la présence
de tendances professionnalistes en précisant la nécessité d'adopter
des stratégies spécifiques à l'égard de l'Alliance. On peut croire certes que la FNCS endosse l'idéologie de la différenciation sexuelle
qui caractérise à l'époque le discours et la pratique de la CTCC.
Mais une forme de clivage plus manifeste agit sous l'angle du professionnalisme en ce qui concerne les infirmières: si «par nature»,
comme le croit Vadeboncoeur, la pratique de l'AIM débouche sur
l'action professionnelle, les méthodes de la fédération devront différer de celles utilisées pour les autres employé(e)s d'hôpitaux. C'est
pourquoi la fédération organise des causeries à la radio et à la télé-

vision, des conférences, etc., qui, bien qu'appréciées par les infirmières, ne masquent cependant pas une diminution de son aide concrète à l'Alliance. À quelques reprises, l'exécutif de l'Alliance se dit mécontent du soutien accordé par sa fédération. En 1955-1956, cette dernière refuse d'appuyer une campagne systématique d'organisation lancée par l'Alliance, en alléguant des difficultés financières.À son congrès de 1958, elle décide d'accorder plus d'importance à la syndicalisation des infirmières, des aides-infirmières et des technicien(ne)s. Cependant, Régina Boisvert se plaint du peu d'appui accordé: «Depuis le Congrès de la CTCC, nous attendons encore. Pourquoi? Les infirmières ne demandent qu'à répondre. C'est de l'éducation qu'elles ont besoin[47]».

Les effectifs du syndicat reflètent bien ces difficultés d'organisation. Regroupant 161 infirmières en 1947[48], l'Alliance atteint un sommet en 1950 et ses effectifs décroissent à partir de 1953. Le creux de la vague est atteint en 1955 alors qu'elle ne compte plus que 154 membres; à partir de 1956, on observe un léger redressement. Toutefois, en tenant compte du nombre d'hôpitaux syndiqués, il s'agit plutôt d'une baisse réelle du membership: les membres de l'Alliance en 1947 se recrutent dans deux hôpitaux, alors qu'en 1959, les mêmes effectifs se répartissent dans dix institutions. Pierre Vadeboncoeur note cette tendance en 1958, la qualifiant de «crise du syndicalisme».

Les infirmières syndiquées représentent une proportion tout à fait marginale d'une population d'environ 3000 infirmières à Montréal. Il faut cependant préciser que ces chiffres ne représentent que les membres en règle du syndicat. Comme l'Alliance ne dresse pas de liste de membres pendant cette période, et que des infirmières enregistrent leur appartenance au syndicat sans en informer les représentantes et représentants de leur employeur, ces chiffres se situent certainement en deçà de la réalité. Une remarque consignée dans *Le Travail* en 1952 nous porte à croire que le membership comptabilisé est inférieur au membership réel de l'Alliance: «Il est de rumeur que dans divers hôpitaux, on se demande quel est le nombre réel de membres. Comme il y a dans chaque hôpital des membres qui payent directement, sans se prévaloir de la clause de «retenue syndicale», on se perd en conjonctures, étant donné l'attitude de certains patrons, la formule est pourtant très normale[49]».

La finalité d'un syndicat jouissant d'un statut légal, c'est-à-dire reconnu par l'État, est la conclusion d'un contrat de travail entre l'employeur et les salariés. Pendant les années 1950, la négociation des conditions de travail mobilise la plus grande partie des énergies de l'Alliance. Le comité exécutif ainsi que l'agente d'affaires s'emploient principalement à recruter des membres, négocier les contrats de travail et voir à l'application des conventions collectives. Il reste donc peu de ressources à allouer aux activités reliées à l'éducation et à l'information des syndiquées. Au début, ces services étaient assurés par l'aumônier du syndicat, Jacques Cousineau. L'action éducative prend forme avec la parution de *L'Éveil Social* dès 1947. Faute de ressources suffisantes, sa publication est interrompue entre 1948 et 1954, pour reprendre par la suite jusqu'à la fin des années 1950. D'autres activités s'adressent aux infirmières par l'entremise de la FNCS et de la CTCC, entre autres, des cours d'éducation, des émissions de radio et de télévision, des conférences et des représentations cinématographiques[50].

Quant à la négociation des contrats de travail, elle n'occupe qu'un petit nombre de personnes qui doivent forcément y consacrer beaucoup de temps. Cette situation explique sans doute l'intérêt mitigé des infirmières, souvent relevé par les dirigeantes, à l'égard des activités du syndicat[51]. Pour susciter une participation accrue, l'Alliance augmente le nombre de postes de responsabilité, notamment en créant le poste de conseillère, qui devient celui de représentante syndicale en 1958. Nonobstant cet ajout, la période se caractérise par un plus faible militantisme des infirmières syndiquées.

Dans ce contexte, on constate que les conditions de travail des syndiquées s'améliorent plus lentement pendant les années 1950. La première convention collective a précisé les clauses qui avaient fait l'objet de l'entente: les salaires, les heures de travail, les congés payés et la reconnaissance syndicale. Bien que les infirmières rencontrent des problèmes multiples, les revendications de l'Alliance portent uniquement sur les clauses inscrites dans les conventions collectives. À certains moments, les négociations touchent essentiellement les salaires[52]. Pour soutenir ses revendications, l'AIM utilise systématiquement la comparaison des salaires (entre les infirmières de différentes régions et avec d'autres catégories de travailleuses), qui devient l'argument le plus important à l'appui de ses demandes. Elle publicise également dans les journaux syndicaux, et quelquefois même dans la presse montréalaise, les problèmes auxquels sont confrontées les infirmières dans les hôpitaux. Lorsque cette action se révèle inefficace, on réclame l'intervention du clergé[53].

Une analyse des conventions collectives de l'Alliance dans les années 1950 permet de constater que[54]: 1) les salaires des infirmières augmentent graduellement mais à un rythme plus lent qu'au début; 2) les hausses obtenues à la suite d'une négociation ne sont pas plus importantes que celles octroyées à la suite d'un arbitrage, et elles ne sont pas aussi généreuses que ce que la première sentence arbitrale pouvait laisser espérer. Mentionnons également que les infirmières reçoivent des suppléments de salaire pour le travail de nuit ou lorsqu'elles occupent des postes de responsabilité dans les hôpitaux.

Pour évaluer les conditions salariales des infirmières, il est intéressant de les comparer à celles de travailleuses effectuant des métiers dits féminins et à celles de l'ensemble de la main-d'oeuvre active. En considérant sept occupations féminines[55], on constate que la situation des infirmières du Québec s'est améliorée entre 1951 et 1961: classés au quatrième rang quant à la moyenne des revenus en 1951, leurs salaires grimpent au premier rang en 1961. Cependant, une comparaison avec la main-d'oeuvre totale (femmes et hommes) présente une image différente. En 1947, les revenus hebdomadaires des infirmières (30 à 36$) s'approchent de la moyenne des salaires des travailleuses et travailleurs montréalais, fixée à 35,14$[56]. En 1951, l'AIM accuse un recul: la moyenne générale des salaires à Montréal monte à 47,69$ tandis que les infirmières ne reçoivent que 33 à 36$ par semaine. En 1957, le fossé s'élargit légèrement: les salaires de la main-d'oeuvre totale à Montréal atteignent en moyenne 62,63$ alors que les revenus des infirmières de l'Alliance se situent entre 47 et 53$[57].

En plus des gains réalisés sur le salaire de base, les infirmières réussissent à se faire reconnaître et à se faire payer le travail effectué en temps supplémentaire. Outre les clauses à incidence monétaire, les améliorations les plus significatives sont enregistrées au chapitre des heures de travail et des vacances annuelles. Entre 1946 et 1959, la semaine régulière de travail est réduite de 54 à 40 heures. Pendant ces années, la période allouée pour les vacances annuelles se prolonge: de deux semaines en 1947 pour toutes les infirmières ayant complété une année de service, elle s'étend à partir de 1949 jusqu'à un mois complet pour celles qui ont plus de cinq ans de service à leur crédit. En 1951, les infirmières qui ont cumulé deux années de service se voient accorder trois semaines de vacances payées par l'institution.

À la fin des années 1950, il existe un malaise à l'Alliance qui se traduit par l'impatience de certaines infirmières devant le caractère limitatif des progrès réalisés pour améliorer sensiblement leur situation. On constate alors le peu d'efficacité des actions entreprises jusque-là. L'Alliance presse la FNCS de lui accorder plus de soutien et exprime une volonté d'intervention plus radicale afin d'étendre le syndicalisme dans d'autres hôpitaux. L'éclatement d'un conflit entre Régina Boisvert et Pierre Vadeboncoeur, celle-ci accusant ce dernier de freiner le militantisme des infirmières[58], est symptomatique de ce malaise.

Pendant cette phase de structuration qui s'effectue dans un contexte antisyndical, les infirmières de la base, exclues pour la plupart de l'action syndicale lors des négociations même si elles participent au projet de convention et sont appelées à voter sur les résultats des négociations, ne se font guère entendre. Les seules activités qui leur sont destinées, outre les cours d'éducation syndicale dispensés par la CTCC, restent des activités à caractère social ou professionnel. Elles ne se sont guère exprimées non plus par le biais du journal, du moins en apparence: la plupart des articles publiés dans *l'Éveil Social* ne sont pas signés et présentent des informations ponctuelles sur les gains obtenus lors des négociations ou encore des comparaisons de salaire entre les infirmières de différentes régions et d'autres catégories de travailleuses. Des membres du syndicat, surtout de l'exécutif, y ont collaboré à l'occasion. Notons cependant les nombreux articles de Pierre Vadeboncoeur qui se fait le porte-parole des infirmières pendant cette période.

On peut poser comme hypothèse que la rigidité des structures syndicales, qui n'ont pas été conçues en fonction des besoins des infirmières, a pu freiner le développement de l'Alliance. On peut croire qu'à ce premier stade d'organisation la défense des conditions de travail, limitée à quelques aspects susceptibles de rallier l'ensemble des membres, a représenté une condition essentielle à l'implantation du syndicat. L'amélioration minimale des conditions de travail permettra ultérieurement aux infirmières de politiser leurs revendications. Dans un contexte particulièrement difficile, l'Alliance a réussi à se maintenir et c'était là l'essentiel.

La consolidation du syndicat: 1960-1966

Dans la foulée des réformes entreprises au cours de la Révolution tranquille, on assiste à l'expansion rapide du syndicalisme qui s'effectue suivant le rythme du développement économique de la période. Entre 1960 et 1966, le taux de syndicalisation au Québec passe de 30 à 35% de la main-d'oeuvre, bien que les travailleuses constituent une proportion plus faible du nombre de syndiqués[59]. Ce développement est attribuable en grande partie à l'implantation du syndicalisme chez les employé(e)s des secteurs public et parapublic qui, pour la plupart, joignent les rangs de la Conférération des syndicats nationaux (CSN). Pour le secteur hospitalier, la situation est encore plus explosive: la FNCS qui regroupe 9100 travailleuses et travailleurs d'hôpitaux en 1960 comptera 25 600 membres en 1964. La hausse la plus spectaculaire se trouve chez les infirmières affiliées à la FNCS: 531 membres en règle répartis dans tout le Québec en 1960 et 2645 en 1965.

La décision de l'État de payer la majeure partie des coûts d'hospitalisation entraîne une croissance phénoménale du nombre de patients, d'employés et de lits, provoquant par le fait même une montée vertigineuse des coûts d'opération des hôpitaux[60]. Entre 1958 et 1965, les revenus des hôpitaux triplent, passant de 102 031 924$ à 310 988 980$. Pour assumer cette croissance, l'industrie hospitalière double pratiquement son personnel: de 54 493 employés en 1961, les hôpitaux du Québec compteront 102 091 travailleurs en 1967. Malgré cette hausse considérable, le personnel demeure en nombre insuffisant pour répondre à la demande croissante de soins. Le caractère public des institutions permet aux infirmières de manifester plus de fermeté dans leurs revendications.

Dans la première moitié des années 1960, l'Alliance enregistre un rythme de croissance accéléré. La période se caractérise par une intensification du recrutement qui dénote l'intérêt manifesté par la FNCS et la CSN à cet égard. À son congrès de 1962, la CSN décide de lancer une campagne d'organisation dans le secteur des «collets blancs». La FNCS emboîte le pas en novembre en affectant un nouveau conseiller technique, Bruno Meloche, à l'organisation des infirmières. En 1962, Marcel Pepin confie aux membres de l'Alliance l'intention de la centrale de faire tous les efforts requis pour accroître le nombre de syndiquées, «non seulement pour qu'elles aient une meilleure paye, mais aussi pour protéger leur profession et la revaloriser pour que les infirmières rendent le service d'une manière plus compétente[61]».

Les efforts consentis donnent des résultats significatifs: entre 1962 et 1965, 11 nouveaux hôpitaux joignent les rangs de l'Alliance et le nombre de membres en règle passe de 288 en 1960 à 1671 en 1965. En cinq ans seulement, l'Alliance a multiplié ses effectifs par cinq. Au cours de cette période, l'organisation syndicale semble plus facile à réaliser. À quelques reprises, les infirmières de certains hôpitaux prennent elles-mêmes l'initiative de se syndiquer et recourent à l'AIM pour obtenir l'aide nécessaire. C'est le cas notamment à l'Hôtel-Dieu de Montréal en 1962 et à l'hôpital Sainte-Justine en 1963[62].

Les transformations suscitées par l'adoption du régime d'assurance-hospitalisation provoquent une grande effervescence au chapitre des relations de travail. L'implication de l'État à titre de principal bailleur de fonds des hôpitaux favorise un regroupement des syndiqués, tant chez les infirmières que chez les employé(e)s généraux, membres de la FNCS. Du côté patronal, les autorités hospitalières, laïques et religieuses se regroupent également et fondent en 1962 l'Association des hôpitaux catholiques de la province de Québec qui agira comme porte-parole dans les relations avec leurs employé(e)s et avec l'État. Le nouveau rôle de l'État crée une certaine confusion dans la direction des institutions: celle-ci demeure la prérogative des administratrices et administrateurs locaux, mais les implications financières qui concernent notamment les salaires provoquent un blocage dans le processus de la négociation et entraînent des délais plus longs, ce qui accroît le mécontentement des infirmières et des autres employé(e)s.

Les revendications de l'Alliance au cours de cette période s'inscrivent dans la poursuite des objectifs prioritaires définis au cours des années 1950. On tente d'obtenir une augmentation substantielle des salaires et l'uniformisation des conditions de travail dans les différents hôpitaux. Au début de la période, les changements qu'on peut relever sont principalement d'ordre quantitatif; lors du renouvellement des contrats de travail, l'Alliance tente de reporter les clauses déjà négociées antérieurement dans le même hôpital ou dans d'autres hôpitaux, en essayant de les rendre plus avantageuses aux infirmières. Aussi, les stratégies utilisées pour promouvoir ces revendications restent-elles sensiblement les mêmes: les comparaisons entre les salaires des infirmières et ceux des autres catégories de travailleuses, et la publicité faite autour des problèmes qui se posent. Cependant, sur le plan technique, l'Alliance est beaucoup mieux préparée qu'auparavant pour justifier ses nouvelles demandes[63]. De plus en plus, ces moyens d'action apparaissent insuffisants pour obtenir des tribunaux d'arbitrage une amélioration satisfaisante des conditions de travail. Les membres de l'Alliance expriment leur mécontentement en menaçant de faire la grève presque à chaque négociation entre 1961 et 1965[64].

À partir de 1962, on assiste à un élargissement du champ des revendications des infirmières de l'Alliance. L'ère des hôpitaux, dont le caractère «charitable» avait imprégné le statut et la situation économique des travailleuses et des travailleurs hospitaliers, prend fin. Délaissant l'éthique du dévouement accolée à l'exercice de leurs fonctions, les infirmières de l'Alliance s'affirment et se définissent de plus en plus comme des travailleuses professionnelles. On peut déceler cette tendance à travers l'ajout de nouvelles revendications qui visent à définir certaines normes de travail dans la pratique des soins, jusque-là une prérogative exclusive des autorités hospitalières. Ainsi, les membres de l'Alliance dénoncent les charges excessives de travail depuis la mise en vigueur du plan d'assurance-hospitalisation et réclament le droit de participer à l'organisation des soins infirmiers.

Ce renouvellement des revendications portant sur des aspects de travail qui n'avaient jamais pu être négociés est attribuable aux syndiquées de la base. C'est à l'hôpital Sainte-Justine en 1963 que les problèmes reliés à l'exercice de la tâche seront négociés pour la première fois. Selon Madeleine Morgan, présidente du syndicat des infirmières de Sainte-Justine, les infirmières désiraient obtenir à la fois une amélioration de leur situation économique et des conditions d'exercice de leur profession[65]. Elles réclament le droit, pour les infirmières laïques, d'ête promues aux postes de direction au même titre que les infirmières religieuses et la mise sur pied d'une caisse de retraite. Elles obtiennent gain de cause: on leur accorde aussi la création d'un comité de nursing chargé d'étudier les plaintes relatives aux charges de travail. Le précédent créé à Sainte-Justine permet à l'Alliance de soutenir efficacement les mêmes demandes lors des négociations de 1964; ce qui sera obtenu dans les contrats des infirmières de 12 hôpitaux de la région de Montréal[66].

Les tensions provoquées par l'application du programme gouvernemental d'hospitalisation culminent avec le déclenchement de deux conflits majeurs: à l'Hôtel-Dieu de Montréal en 1962 et à l'hôpital Sainte-Justine en 1963. À l'Hôtel-Dieu, la menace de grève proférée par les infirmières de l'hôpital avait été suffisamment efficace pour qu'elles obtiennent un règlement quelques heures avant le déclenchement du conflit. À Sainte-Justine, les infirmières mènent une grève d'un mois. Déclarée illégale, elle est la première grève d'importance dans le secteur public. L'action de grève est en elle-même novatrice et présente un déroulement particulier. Les infirmières tiennent des «journées d'étude» sans dresser de ligne de piquetage mais effectuent une marche quotidienne devant l'hôpital. Ces travailleuses qui, en l'absence de fonds de grève, doivent poursuivre la lutte en touchant 8$ par semaine, comme le rapporte Lysiane Gagnon, offriront bénévolement leurs services aux hôpitaux de Montréal pour éviter que leurs compagnes n'aient à souffrir d'une surcharge de travail[67]. Cette offre généreuse est refusée par les autorités hospitalières.

Si le côté spectaculaire de cette grève a frappé l'opinion publique, on ne s'est guère attardé à cerner les motivations réelles qui ont incité les infirmières à la déclencher. De prime abord, une grève aussi spontanée traduit l'indignation et la révolte de travailleuses qui doivent affronter une situation jugée intolérable. On remarque également le développement d'une «conscience professionnelle» chez les infirmières qui entendent participer aux réformes des services de santé. Marîse Thivierge note une situation similaire chez les institutrices pendant la même période[68]. La grève de Sainte-Justine aura des répercussions importantes: elle constitue le fer de lance non seulement des grèves dans les hôpitaux mais également de la négociation, sur le plan syndical, des conditions d'exercice du travail. Bien qu'elle soit soutenue par l'Alliance, il ne s'agit pas d'un mouvement organisé comme tel puisque le droit de grève n'avait jamais été une revendication prônée par ce syndicat.

En dépit de l'accroissement du militantisme des infirmières, les années 1960-1965 ne marquent pas de coupure significative dans l'évolution des conditions salariales des syndiquées. La première sentence arbitrale décrétée en 1962, lors de la prise en charge du financement des hôpitaux par l'État, est considérée comme la meilleure jamais obtenue dans ce secteur[69]. Les salaires augmentent de 24,5% par rapport aux contrats de travail des années 1959-1961. Les décisions arbitrales subséquentes déterminent cependant des augmentations respectives de 9% et de 5,5% pour les années 1963-1964[70]. Dans l'ensemble, les décisions arbitrales n'ont pas été aussi généreuses que l'Alliance l'espérait malgré les menaces de grève proférées à quelques reprises.

Par contre, l'Alliance réussit à obtenir une voix au chapitre dans l'organisation des soins par le biais des comités de nursing. Les infirmières pourront désormais participer à l'élaboration des normes définissant les tâches qui se rapportent au nursing. En cas de désaccord entre le patronat et les syndiquées, elles pourront se prévaloir d'un recours au ministère de la Santé, prévu aux termes de la convention collective. L'AIM réussit également à élargir les clauses qui font l'objet des contrats de travail des infirmières. En 1964, pour la première fois, les contrats prévoient une clause de promotion par voix d'affichage des postes vacants, la définition des tâches, un congé de maternité sans traitement garantissant l'emploi pour une durée d'environ quatre mois, une caisse de retraite de l'ordre de 2,5% du salaire et la libération d'agentes syndicales. Si plusieurs aspects du travail des infirmières restent en dehors de tout contrôle syndical, on peut noter, à partir de 1964, une amélioration qualitative des conditions de travail des infirmières de l'Alliance.

* * *

Les années 1946 et 1966 se caractérisent principalement par la naissance et la consolidation du premier syndicat d'infirmières dans la région métropolitaine. Pionnières dans ce secteur, les infirmières de l'Alliance se heurtent à des obstacles de taille. Les difficultés relèvent à la fois de l'idéologie définissant la profession, des limites inscrites dans la législation du travail qui s'applique aux hôpitaux, et de contraintes d'ordre économique liées aux difficultés financières de l'industrie hospitalière.

Jusqu'aux années 1960, leur syndicalisation est une entreprise ardue. L'Alliance se heurte à la mobilité des infirmières. Les négociations sont laborieuses et les services aux membres se restreignent aux ressources disponibles. Dans ce contexte, l'AIM réussit à structurer son organisation et à obtenir de meilleures conditions de travail. Alors que les progrès enregistrés au cours des années 1950 se limitent à quelques aspects seulement de leur situation, les infirmières réussissent en 1964 à inclure dans le champ de la convention collective des éléments qui concernent l'exercice du métier et, du même souffle, à améliorer sensiblement l'ensemble de leur convention.

Avant les années 1960, les revendications de l'Alliance ne diffèrent guère des demandes syndicales exprimées par d'autres catégories de travailleuses et travailleurs syndiqués. On peut croire qu'à ce premier stade d'organisation, l'obtention de conditions de travail plus satisfaisantes, notamment au chapitre des salaires et des heures de travail, était un prérequis nécessaire à l'expression de revendications englobant l'ensemble de la situation. L'intervention étatique dans le secteur hospitalier a certainement contribué à la redéfinition d'un métier jusque-là associé principalement à une vocation. S'identifiant comme des travailleuses professionnelles, les infirmières réclament dès lors le droit de participer à l'élaboration des normes de travail qui régissent leur profession.

Pour l'ensemble de la période étudiée, une constante se dégage plus nettement: le désir d'autonomie manifesté par l'Alliance à l'égard du mouvement syndical. Celle-ci se définit comme un syndicat autonome dont la responsabilité est d'améliorer la situation des infirmières, définies d'abord comme travailleuses. En ce sens, elle souhaite une prise en charge de l'ensemble des revendications par les syndiquées de la base et cela, à tous les échelons. Est-ce une caractéristique propre au syndicalisme féminin évoluant dans le cadre de structures syndicales contrôlées par des hommes? La question se posera avec plus d'acuité à partir de 1966 lorsque les négociations se transposeront à l'échelle provinciale, entraînant par le fait même une délégation des responsabilités aux officiers (majoritairement des hommes) de la FNCS et de la CSN.

La question de l'autonomie s'articule également sur le développement d'une «conscience professionnelle», facteur contribuant à l'expression d'une solidarité accrue entre ces travailleuses. Phénomène significatif, leur syndicalisation se produit au moment de l'engagement d'infirmières auxiliaires dans les hôpitaux. La présence de ces nouvelles travailleuses, situées à un niveau inférieur de la hiérarchie hospitalière, amène les infirmières à tenter de professionnaliser davantage leur métier et à préciser sur le plan syndical les tâches qui leur incombent. On peut émettre l'hypothèse selon laquelle les infirmières, en se distanciant des religieuses-infirmières et des travailleuses non qualifiées, tentent de se rapprocher d'un statut professionnel jugé plus enviable, celui des médecins. À cet égard, jusqu'en 1966 du moins, la pratique de l'Alliance apparaît bien plus être un outil de défense des conditions de travail des infirmières et de reconnaissance sur le plan professionnel qu'une contestation ouverte des contraintes rattachées à la définition et à l'exercice de ce métier dit féminin.

6
Les femmes dans le mouvement syndical québécois*
Mona-Josée Gagnon

Il aura fallu la résurgence des mouvements féministes pour que des chercheurs s'intéressent à la place des femmes dans les diverses organisations, dont le mouvement syndical. La recherche concernant l'activité féminine dans tous les secteurs semble appelée à s'intensifier au cours des prochaines années, à cause du caractère d'actualité de la discussion sur la condition féminine. Mais le chercheur québécois, et cela est encore plus vrai dans le domaine du syndicalisme, a bien peu à se mettre sous la dent. Le mouvement syndical québécois, comme entité, s'est trouvé peu d'historiens. Conjugué au féminin, ce sujet n'a inspiré qu'un nombre infime de thèses et d'enquêtes parcellaires et autant de publications syndicales qui ont eu plus ou moins de retentissement. On n'a pas beaucoup non plus écrit sur la femme québécoise au travail: quelques statistiques (fédérales pour la plupart), des bribes d'articles ou d'ouvrages traitant du sujet de façon tangentielle... Si d'autre part des ouvrages sérieux ont été faits en d'autres pays sur le travail féminin, les études sur la femme dans le mouvement syndical ne commencent qu'à apparaître de façon générale.

Ce vacuum bibliographique dont nous faisons état conditionne forcément la rédaction d'un article consacré à la femme dans le mouvement syndical québécois. Puisqu'il faut bien commencer quelque part, au risque de ne rien dire du tout, cet article tente surtout de lancer des hypothèses, à la lumière des informations que nous détenons sur les organisations syndicales et à l'intérieur d'un cadre d'analyse féministe. Puisse-t-il susciter d'autres recherches.

---

*   Texte paru dans *Sociologie et sociétés,* VI, 1, mai 1974, 17-36. Reproduit avec la permission de l'éditeur.

Car les femmes ne peuvent se permettre encore très longtemps d'être absentes, tant physiquement qu'au niveau idéologique comme catalyseurs de discussion sur la condition féminine, dans le mouvement syndical québécois et dans les organismes militants qui gravitent autour de ce dernier. L'affirmation de la présence féminine dans le syndicalisme semble d'ailleurs heureusement être la tendance qui s'est dessinée au fil des derniers mois. Mais cela seul ne saurait conférer à la collectivité syndicale féminine un «poids» politique qu'elle n'a pas encore su gagner.

La société québécoise: idéologies sociétales et dynamique du mouvement syndical

On ne peut étudier la dynamique de notre mouvement syndical sans mettre ce dernier en parallèle avec la société dans laquelle il s'incarne. Même si le mouvement syndical, par la voix de ses leaders et militants, se définit de plus en plus comme agent de changement à l'intérieur de notre société et porte-parole de la contestation et de la remise en cause de l'ordre établi, il n'en demeure pas moins qu'il s'est révélé tributaire, dans la formulation de son attitude vis-à-vis des femmes (niveau idéologique) et dans la place qu'il a réservée aux femmes (niveau politique), de cette même société. C'est à partir de ce postulat de base que nous allons maintenant faire un bilan de ces idéologies sociétales qui ont marqué, à des degrés divers, le mouvement syndical dans son attitude face aux femmes[1]. Cette étude nous amènera à formuler deux hypothèses.

La femme dans les idéologies sociétales québécoises

La perception du travail féminin n'est qu'un aspect d'un sujet plus vaste: la définition du rôle social attribué aux femmes et aux hommes, ces deux rôles étant généralement définis de façon complémentaire. De même la perception du militantisme syndical féminin est reliée à la perception du travail féminin. C'est pourquoi les notes qui suivent sur les idéologies québécoises englobent toute la question du statut des femmes: le «destin» féminin est indivisible[2].

L'étude de la place de la femme dans nos idéologies permet de lire en filigrane les angoisses et les craintes qu'éprouvèrent les Québécois à accepter l'urbanisation et l'industrialisation; on peut d'ailleurs faire certains rapprochements entre idéologies globales et idéologies partielles concernant la femme.

S'il est difficile de déterminer avec précision la naissance et la disparition d'une idéologie, on peut connaître les périodes où une idéologie est en position dominante. Jusqu'aux années 1960, une idéologie traditionaliste centrée sur la femme au foyer domine incontestablement le Québec: elle fait partie intégrante du système idéologie traditionaliste centrée sur la femme au foyer domine même qu'on refuse les progrès et les changements dus à la transformation de notre structure industrielle, au nom de notre authenticité canadienne-française, on refusera de voir apporter quelque changement à la condition féminine. La famille étant alors considérée non seulement comme la cellule de base de notre société mais encore comme la raison de notre survivance miraculeuse comme peuple, on refusera d'accepter que les femmes puissent avoir d'autre vocation que d'être au service de la famille, rempart contre l'envahisseur matérialiste et anglo-saxon. On en déduira que les activités extérieures au foyer ne siéent pas aux femmes et on opposera un refus global au travail féminin.

Les élites cléricales et nationalistes ne manqueront pas d'ailleurs d'accrocher le grelot lors de l'envahissement des usines de munitions par la main-d'oeuvre féminine en temps de guerre (1939-1945). Ce besoin qu'avait le marché du travail de la main-d'oeuvre féminine en raison de la conjoncture politique et économique apparaît alors comme un complot anti-canadien-français visant à tuer l'institution familiale et à diffuser parmi les âmes féminines des idées matérialistes et égoïstes. Les ouvrières sont présentées par nos élites comme des femmes calculatrices ne pensant qu'à gagner de l'argent, abandonnant leurs enfants ou peu intéressées à procréer. Toujours la présence de la femme au foyer est présentée comme la condition indispensable à notre survivance nationale. Et c'est sur un ensemble de raisons d'ordre religieux, moral, politique (nationaliste), que l'on appuiera le refus du travail féminin.

Avec la Révolution tranquille et la fin du duplessisme, l'idéologie traditionaliste doit faire place pendant les années 1960 à l'idéologie globale de rattrapage, et qui constitue en fait un conglomérat idéologique assez diffus; ses tenants se regroupent surtout autour d'une volonté d'adaptation à la réalité, d'un refus de la conception purement traditionaliste du rôle de la femme en société. Les valeurs fondamentales ne sont toutefois pas remises en question; ainsi, tant dans l'idéologie traditionaliste que dans l'idéologie d'adaptation idéalisant une «femme-symbiose», la famille et la division traditionnelle des rôles ne sont-elles pas contestées sérieusement. On définit encore la place de la femme à partir de son rôle dans l'institution familiale. L'idéologie de rattrapage est exigeante envers les femmes. On demande aux femmes d'être des maîtresses de maison et des mères tout aussi douées que celles des générations précédentes. Mais on ne veut pas les voir confinées, ni physiquement ni mentalement, aux limites du foyer. On réclame des femmes socialement éveillées, intelligentes et cultivées.

En continuité avec certains éléments de la définition des vertus et aptitudes féminines à laquelle s'adonnaient les définisseurs de l'idéologie traditionaliste, on considérera que les femmes ont le devoir d'apporter au monde une contribution proprement féminine; leur douceur, leur amour de la paix, leur esprit de sacrifice, leur altruisme, leur sens du travail bien fait, leur compréhension de la psychologie enfantine, leur instinct maternel, etc., toutes ces qualités leur dessinent des vocations sociales particulières. On réclame donc la contribution des femmes dans la société et on l'acceptera dans la mesure où cettre contribution s'exerce dans les cadres d'une féminité bien comprise. Même les mouvements dits féministes insistent sur le caractère éminemment «féminin», au sens traditionnel, de la contribution des femmes dans la vie politique; ex.: mouvement féminin pour la paix.

Au niveau de l'acceptation du travail féminin, les attitudes varient tout au long d'un continuum mais se fondent sur un même dénominateur commun. Ce dénominateur, c'est la prépondérance que l'on accorde toujours au rôle familial et domestique des femmes. De façon générale, on acceptera le travail féminin dans la mesure où les femmes en cause s'acquittent bien de leur responsabilité première. Les opinions varient au niveau des modalités: on conditionnera le droit des femmes au travail à l'âge des enfants, au revenu du mari ou à l'état civil bien sûr. Il s'agit d'un droit individuel au travail. Cette notion de féminité débordant les cadres du foyer, que l'on appellera parfois «maternité spirituelle» des femmes, donne naissance à la valorisation des métiers «féminins», ceux-là mêmes où les femmes peuvent donner libre cours à ces qualités intrinsèquement féminines. En bref, la femme-symbiose est une femme qui, si elle ne travaille pas, est du moins en mesure de le faire ou l'a déjà fait; elle est active dans diverses organisations (comités d'école, bénévolat, partis politiques...), mais son activité socio-politique est d'autant plus appréciée qu'elle ne heurte pas l'accomplissement de ses responsabilités premières (famille et foyer) et qu'elle se fait dans le cadre d'une féminité dont la définition se situe dans le prolongement de l'idéologie traditionnelle et de conservation.

Cette idéologie de rattrapage, qui nous semble encore largement dominante, est depuis peu attaquée par une idéologie de l'indifférenciation sexuelle qui remet en cause la division même des rôles sociaux entre hommes et femmes. À partir de cette remise en cause fondamentale, les notions de féminité et de masculinité se vident de leur contenu pour se limiter à la constatation des différences physiologiques et des différences au niveau de la fonction de reproduction aisément observables. Cette idéologie aboutit à la description d'une société d'individus; le marché du travail serait transformé de fond en comble, l'institution familiale également[3].

C'est donc autour de ces trois systèmes idéologiques qu'a oscillé la société québécoise pendant ces dernières décennies. Le mouvement syndical lui-même s'est défini par rapport à ces idéologies; si en certains cas la recherche idéologique syndicale est pour le moins peu articulée, il est généralement possible de la catégoriser, pour fins d'analyse, en fonction de ces systèmes idéologiques que nous avons définis plus haut.

Le mouvement syndical québécois face aux idéologies sociétales

Influence de l'origine des centrales syndicales. Nous savons que le mouvement syndical québécois, s'il se présente aujourd'hui sous la forme de trois principaux regroupements[4], CSN, CEQ et FTQ, est d'origine diverse. Québécoise bien sûr, mais aussi canadienne et américaine. On a assez décrit d'autre part les particularités sociologiques du Québec en terre nord-américaine pour qu'il ne soit besoin d'insister longuement sur l'influence qu'ont pu exercer les pays d'origine, et ce que cette réalité charrie en termes de différenciation des valeurs, sur nos centrales syndicales. Ces différenciations apparaissent particulièrement évidentes lorsque l'on compare les attitudes des deux centrales ouvrières, FTQ et CSN, par rapport à la question féminine. Nous avons tenté d'expliquer précédemment le caractère central du rôle social conféré aux femmes par les définisseurs d'idéologie québécoise; cette importance accordée à la famille et à la femme se manifestera nettement à la CSN et beaucoup moins à la FTQ. Nous reviendrons sur ces différenciations dans les analyses de ces différentes centrales. Nous étudierons dans un premier temps le syndicalisme d'origine québécoise et dans un second temps le syndicalisme d'origine canadienne ou américaine. Par delà l'identité fondamentale au niveau du *membership*, les membres de chacune des centrales étant tous aussi Québécois les uns que les autres et à ce titre porteurs des mêmes valeurs et des mêmes ambiguïtés, on constate des différences très nettes. Ces différences sont toutefois en voie de s'estomper si elles ne sont pas complètement disparues, et nous croirions volontiers que les deux centrales ouvrières, CSN et FTQ, jadis si différentes, vont suivre des chemins parallèles au niveau de la réflexion sur la condition féminine.

Décalage entre le niveau d'articulation de l'idéologie syndicale globale et le niveau d'articulation de la réflexion sur la condition féminine. Le mouvement syndical a, croyons-nous, participé de l'incapacité de la gauche québécoise à articuler une idéologie de contestation sur la condition féminine, en réponse à l'idéologie traditionaliste puis à l'idéologie de rattrapage (femme-symbiose). Plus précisément, on observe un décalage considérable, dans le temps, entre la remise en question de notre système politique et économique, et la remise en question de la division traditionnelle des rôles sexuels et la constatation des liens unissant ces deux réalités. C'est ainsi qu'on a pu voir le mouvement syndical, ou du moins certains de ses éléments, amorcer une contestation globale de la société, en remettre les fondements en cause, sans pour autant cesser de véhiculer des valeurs, relativement à la condition féminine, qui sont objectivement reliées à un système idéologique traditionaliste. Nous reviendrons également sur cette hypothèse dans les sections subséquentes.

Le mouvement syndical québécois d'origine québécoise

La CTCC-CSN*

«Pour la CTCC-CSN, la cellule familiale est l'unité sociale fondamentale. Elle transcende l'individu. Les politiques socio-économiques doivent être subordonnées à ses besoins. On considère qu'une société qui n'a pas de sollicitude particulière pour la famille et le foyer ne peut se prétendre une société chrétienne et civilisée[5]». À l'origine, la CTCC-CSN se présente porteuse d'une double tradition qui confirmait son authenticité québécoise: catholicisme et

---

* Les sigles désignent respectivement la Confédération des travailleurs catholiques du Canada et la Confédération des syndicats nationaux, soit un seul et même organisme. Le changement de nom et la déconfessionnalisation ont eu lieu en 1961. Cette section est inspirée en partie d'un chapitre de la thèse déjà citée de l'auteur.

nationalisme. Sa fondation (1921) permit de regrouper les syndicats qui avaient germé au Québec, grâce à l'appui actif du clergé, en réponse à la pénétration de syndicats d'origine étrangère, qualifiés de matérialistes (non catholiques) et parfois de communistes. Les travailleurs membres de la CTCC se définissaient comme membres d'une collectivité culturelle (religieuse, ethnique, linguistique), cette collectivité englobant aussi les patrons canadiens-français, conformément à l'idéologie corporatiste qui imprégna fortement la CTCC jusqu'aux années 1950. Le travailleur membre de syndicats d'origine américaine et/ou canadienne était par contre défini par opposition à l'employeur.

Le travail féminin devint donc rapidement une préoccupation à la CTCC, à cause des répercussions qu'il était susceptible d'avoir sur l'institution familiale. La CTCC fut toujours extrêmement attentive aux conditions de travail des femmes, qu'elle ne considérait pas comme des travailleurs «ordinaires»[6]. La CTCC délaissa une attitude relativement sereine face à la réalité du travail féminin lors de la Seconde Guerre mondiale. On la vit alors suivre les élites cléricales et nationalistes (bourgeoises) dans leur dénonciation de l'utilisation de main-d'oeuvre féminine. La CTCC s'opposait au travail féminin au nom de valeurs familiales et morales, dénonçait même les garderies mises sur pied par l'État, réclamait un salaire «familial» suffisant pour dispenser la femme de l'obligation de travailler: «L'heure est grave. Notre pays est menacé à la source même de sa vitalité: la famille. Des mesures destinées à nous sauver peuvent au contraire nous perdre si elles sont appliquées sans tenir compte du plan providentiel[7] (...) Enfin, la femme mariée qui a de jeunes enfants ne devrait pas être admise dans les usines de guerre (...) La tâche primordiale de nos mères est de bien élever leurs enfants (...). Au nom des femmes canadiennes-françaises, nous nous adressons aujourd'hui au ministre provincial du Travail et nous le prions d'user de son autorité pour préserver la femme de tout travail qui, soit par sa nature même, soit par sa durée, dépasse ses forces, ou encore qui l'expose à de graves dangers d'ordre moral[8]».

En 1942, les délégués au congrès de la CTCC se prononcèrent pour l'emploi de tout homme valide avant l'embauche de femmes, parallèlement à une revendication de parité salariale pour les femmes. Ce congrès demandait aussi au gouvernement de classifier les emplois féminins et masculins, mesure évidemment susceptible de maintenir les salaires des travailleuses à des niveaux très bas. À l'issue de la guerre, la CTCC fit campagne, toujours de concert avec les élites cléricales et nationalistes, pour le retour des femmes au foyer et demanda une action gouvernementale en ce sens. Dans une publication d'après-guerre, la CTCC marquait nettement que le travail des femmes était anormal, mais qu'il ne pouvait être défendu à toutes (mères abandonnées, jeunes filles soutiens de famille, veuves) à cause de considérations d'ordre humanitaire. «La CTCC estime qu'il est impossible de concilier l'ordre naturel des choses avec la présence des femmes dans les activités industrielles et commerciales. Sans doute que des contingences sociales viennent tempérer l'énoncé ci-dessus[9]».

À vrai dire, cette attitude de refus fondamental du travail féminin devait dominer la CTCC jusqu'en 1953, et laisser des traces jusqu'en 1964. Cela n'empêchait pas la CTCC de se préoccuper, à l'occasion, de ses membres féminins, par la revendication de la parité salariale à travail égal, et continuer l'élaboration d'une politique protectionniste à l'endroit des femmes (horaires allégés). D'ailleurs, si on regarde le journal de la CTCC pendant cette période, on se rend compte que jusqu'en 1960 les pages féminines et les articles consacrés aux femmes s'adressaient presque uniquement aux épouses de syndiqués et étaient consacrés à la mission maternelle et familiale de la femme.

La période 1953-1964 constitue à l'intérieur de la CTCC une époque de discussion sur le travail féminin. Ces discussions eurent un écho notamment au niveau du congrès: création d'un comité, rapports sur le travail féminin. On parle des conditions difficiles des femmes sur le marché du travail, de la non-représentation des femmes à la direction de la CTCC. De 1953 à 1964, toutefois, ces discussions semblent être davantage le fait d'individus (nommément Jeanne Duval, vice-présidente de la CTCC) que de la centrale elle-même. C'est seulement en 1964 que la CTCC devait «officialiser» cette préoccupation, par la voix de son président Jean Marchand dans son rapport moral: «Nous ne sommes pas contre le travail féminin. D'ailleurs ça ne servirait à rien. Nous voulons seulement que leur «nature» soit respectée. Les femmes qui travaillent ont droit à un statut qui les protège non seulement comme individus salariés mais qui tienne compte aussi des besoins particuliers de leur condition de femmes ayant des responsabilités familiales[10]».

C'est avec les années 1960 également que le journal de la CSN devait délaisser les épouses de ses membres[11], les recettes de cuisine et les trucs de ménage, pour s'intéresser aux problèmes vécus par un tiers de ses membres, les travailleuses.

En 1964, la CSN s'engagea résolument dans une attitude protectionniste à l'endroit de ses membres féminins. Cette attitude protectionniste, sur laquelle nous reviendrons plus loin, se fonde sur les responsabilités familiales et domestiques des femmes; parce que les femmes au travail ont en plus la charge du foyer, elles doivent bénéficier d'un certain nombre de privilèges au cours des négociations comme pour ce qui est des lois du travail. Le travail féminin est encore souvent présenté de façon négative: on proclame que les femmes qui travaillent le font par obligation, mais que même si cette situation est essentiellement anormale, il faut accepter cette réalité.

De 1953 à 1966, on discuta beaucoup du travail féminin à la CTCC-CSN, d'abord au niveau de son congrès et ensuite dans les pages de son journal (à partir de 1960), et souvent par l'intermédiaire d'un «comité féminin». À ce niveau, la CSN fut véritablement novatrice dans la société québécoise: elle fut la première à poser les problèmes pratiques engendrés par le travail féminin, et à dénoncer les inégalités subies par les femmes sur le marché du travail. En 1966, toutefois, le «comité féminin» de la CSN devait se dissoudre officiellement, ses membres alléguant que les membres féminins de la CSN n'étaient pas fondamentalement différents de ses membres masculins et que par conséquent, elles devaient s'intégrer aux structures mixtes de la CSN[12]. Depuis, la CSN comme centrale n'a pas pris de position comme telle sur le travail féminin, si ce n'est dans son mémoire à la commission Bird[13], mémoire qui n'a pas véritablement suscité de discussions à l'intérieur du mouvement. Ce mémoire s'inscrit dans l'optique protectionniste décrite plus haut: «On doit viser à abolir les conditions de vie ou de bas revenu de la famille qui obligent la femme mariée à travailler de façon à ce que son choix soit totalement personnel et non lié uniquement à ces contingences financières. La femme pourra alors participer réellement et s'intéresser davantage au monde du travail puisque son entrée y sera une affaire de choix personnel entièrement assumé (...) Mais comme le BIT[14] le proclame, une fois ce choix fait, les femmes doivent pouvoir jouir des conditions de travail telles qu'elles puissent s'acquitter pleinement de leurs responsabilités sans discrimination aucune et sans inconvénient pour la santé et le bien-être de leur famille[15]».

À partir de ces positions, le mémoire réclame des mesures avantageant les femmes au travail (garderies, congés de maternité, etc.). Il n'en reste pas moins que les travailleuses sont définies comme femmes d'abord, avec ce que cela implique de responsabilités familiales et maternelles. Les femmes au travail doivent s'acquitter de ces fonctions familiales. L'attribution de ces fonctions n'est pas contestée. L'optique d'ensemble est protectionniste: lois ou clauses privilégiant les femmes, compte tenu de ces responsabilités additionnelles.

Pour résumer brièvement, on peut diviser en trois étapes l'élaboration de l'idéologie CSN sur le travail féminin. Jusqu'en 1953 domine l'attitude négative: le travail féminin est antinaturel, antichrétien, moralement dangereux, antifamilial. La CTCC est alors l'écho syndical de l'idéologie traditionaliste élaborée par les élites cléricales et nationalistes. De 1953 à 1964, phase de discussion intense sur le travail féminin, à l'instigation de femmes influentes du mouvement. En 1964, officialisation de cette préoccupation et reconnaissance officielle de la légitimité du travail féminin. Parallèlement, élaboration d'une idéologie protectionniste se situant dans le cadre de l'idéologie d'adaptation ou de rattrapage décrite dans la première partie de cet article. Toutefois, depuis la dissolution du comité féminin en 1966, le problème de la condition féminine est, à l'heure où ces lignes sont écrites, passé dans l'ombre. On pourrait penser que, à la faveur de sa rupture avec tout relent d'idéologie traditionaliste, la CSN, par ce silence, s'achemine en fait vers l'idéologie de l'indifférenciation sexuelle et l'abandon de son optique protectionniste.

Jusqu'au milieu des années 1960, sauf en 1942, les femmes constituaient moins de 10% des délégués aux congrès de la CTCC-CSN, même si elles représentaient le tiers des membres. Il fut cependant longtemps coutume d'avoir une femme à l'un des postes de vice-président. Une femme en particulier fut pendant plusieurs années vice-présidente à la CTCC-CSN, et c'est sous son impulsion que fut amorcée de façon positive la discussion sur la condition féminine. Depuis quelques années, toutefois, la direction de la CSN est exclusivement masculine; la dissolution du comité féminin devait consacrer le silence que fit la CSN sur la question féminine. Les membres du comité féminin ne visaient évidemment pas cet objectif en prônant la dissolution; le peu de retentissements qu'ont eus les problèmes du travail féminin dans la CSN depuis indiquent sans doute que la sensibilisation n'avait pas atteint un niveau suffisant pour dispenser la centrale d'un comité catalyseur et provocateur des discussions.

Des chiffres datant de 1968 situent ainsi la présence féminine à la CSN. Les femmes constituaient toujours environ le tiers des effectifs de la CSN, dominant largement quelques secteurs (vêtement, hôpitaux). À l'exécutif, on retrouvait une femme sur 11 personnes. Au Bureau confédéral, 11 femmes sur 130 personnes (8%). Parmi les 60 présidents, secrétaires et trésoriers des conseils centraux (structures régionales), il y avait 8 femmes en 1968 (13%). Parmi les 30 présidents, secrétaires et trésoriers des fédérations et secteurs (structures professionnelles), 2 femmes seulement (6%). Enfin sur 200 permanents syndicaux, 5 femmes seulement (2,5%), dont deux à la CSN et les trois autres dans la FNS (Fédération nationale des services).

Nous avons obtenu de la CSN des chiffres semblables, compilés en septembre 1973.

Conseil confédéral: 17 femmes et 109 hommes   (13%)
Bureau confédéral: 4 femmes et 13 hommes   (23%)
Comités exécutifs des fédérations: 1 femme et 24 hommes   (4%)
Comités exécutifs des conseils centraux: 15 femmes et 48 hommes   (24%)
Présidents de syndicats locaux: 145 femmes et 865 hommes   (14%)
Secrétaires de syndicats locaux[16]:   418 femmes et 593 hommes   (41%)
Trésoriers et syndicats locaux: 190 femmes et 720 hommes   (29%)

On sait qu'il n'y a plus de femme à l'exécutif depuis que le nombre de postes à cet organisme de direction est passé de onze à cinq, puis à six. Enfin, on note une très légère augmentation au niveau des permanents de la centrale: 170 hommes et 10 femmes, soit 2,5% à 5,5%.

Syndicalisme enseignant CIC-CEQ[17]

La CEQ n'est devenue centrale syndicale aux yeux de la loi que depuis quelques mois seulement. Toutefois, il y a déjà quelques années qu'elle est considérée comme partie intégrante du mouvement syndical québécois. L'organisation syndicale des enseignants a commencé vers 1936, dans le cadre d'organismes ruraux et urbains. Une femme, Laure Gaudreault, était à l'origine de l'organisme le plus militant en ce domaine (Fédération catholique des institutrices rurales). On situe de façon générale le syndicalisme enseignant dans la ligne du syndicalisme catholique et on le dit très perméable, comme la CTCC et plus longtemps que cette dernière, à l'influence de la doctrine corporatiste.

On sait qu'à la fin des années 1950, il existait encore des disparités salariales énormes entre enseignants masculins et féminins, ainsi qu'entre urbains et ruraux. Par suite du caractère corporatiste de l'organisme, la CIC ne fut pas appelée à se prononcer sur le travail féminin de façon générale. La lutte qu'elle mena se limita à revendiquer la parité entre hommes et femmes.

Même si les femmes constituent les deux tiers des effectifs de la centrale, on ne trouve que deux femmes sur onze personnes à l'exécutif et cela depuis peu. Le Conseil provincial de l'organisme, instance suprême entre les congrès, comprend 12 femmes sur 125 membres (10%). Toujours à la fin de l'année 1973, on comptait trois femmes sur 42 personnes présidant les syndicats régionaux de la centrale (7%), et seulement cinq femmes sur 46 occupaient des postes de «permanents» (11%).

C'est à son congrès de 1973 que la CEQ s'orienta résolument vers l'approfondissement de sa réflexion sur la condition féminine. Un après-midi fut consacré à l'étude de la condition féminine en commission[18]. En plénière, le lendemain, on adopta une «résolution-fleuve» qui marquait la préoccupation globale de la CEQ pour la libération des femmes, parallèlement à sa lutte pour la libération de la classe ouvrière. La résolution parlait également de garderies, de salaire à la femme au foyer[19], et finalement de la libéralisation des lois sur l'avortement. La CEQ est d'ailleurs le seul organisme syndical à avoir pris position sur la question de l'avortement et même à l'avoir discutée. Concrètement, un comité d'étude a été mis sur pied, à la suite de ce congrès: des budgets de recherche ont été votés: des enseignantes sont «libérées», pour participer au travail du comité. Le comité entend mener particulièrement une étude sur l'image de la femme dans les manuels scolaires; le comité fera aussi de l'animation autour de cette question dans les syndicats locaux et suscitera la création de comités féminins.

Le mouvement syndical québécois d'origine canadienne ou américaine

La FTQ est l'organisme résultant de la fusion, en 1957, des deux succursales québécoises des syndicats américains et canadiens, la Fédération provinciale du travail du Québec (FPTQ) et la Fédération des unions industrielles du Québec (FUIQ). Répliques de l'American Federation of Labour et du Congress of Industrial Organizations, ces deux organismes incarnaient d'une part les syndicats de métier et d'autre part les syndicats industriels; on retrouvait toutefois des syndicats industriels au sein de la FPTQ. L'absence de recherches fouillées sur l'idéologie de ces deux organismes, combinée à la faiblesse de ces organismes qui n'en faisaient guère plus que des comités de coordination, nous permettent difficilement d'émettre quelque hypothèse que ce soit à leur sujet.

La FUIQ elle-même n'exista d'ailleurs que cinq années; malgré son option social-démocrate et sa remise en question globale de la société, qui faisaient d'elle la «centrale» la plus avancée politiquement, il ne semble pas que la question féminine fut sérieusement discutée dans ses rangs. De son côté, la Fédération provinciale du travail du Québec qui regroupait majoritairement des syndicats de métier, lesquels dans bien des cas contrôlaient l'embauche et bloquaient l'entrée de femmes, arborait un visage très «masculin» et ne discutait pas beaucoup du travail féminin.

Si on compare en effet les mentions du travail féminin dans les pages du journal de la FPTQ ou lors des congrès avec le vaste débat qui eut lieu à la CSN de la Seconde Guerre jusqu'au milieu des années 1960, on peut presque parler d'indifférence de la FPTQ à l'endroit des femmes. Cette attitude est d'autant plus frappante que le Québec entier vibrait alors aux accents d'une vigoureuse campagne profamiliale et antitravail féminin. C'est dire que la FPTQ était relativement imperméable à la campagne d'opinion menée par les élites bourgeoises et à la CTCC. Bien sûr, cette dernière réclama la parité salariale en déplorant la montée du travail féminin; mais cette résolution du congrès de 1939 ne donna pas lieu à des discours officiels faisant appel à des arguments nationalistes, moraux et religieux, comme à la CTCC. Les membres de la FPTQ voulaient simplement dénoncer l'utilisation de *cheap labour*.

Si l'on regarde l'actuelle FTQ, qui n'existe que depuis 1957, cette attitude d'indifférence s'est maintenue jusqu'à récemment. De 1957 à 1973, on remarque la traditionnelle résolution sur la parité salariale, la dénonciation du travail à domicile; dans les pages du journal, un billet régulier d'une femme assez influente dans le mouvement qui abordait souvent la question à titre personnel. La FTQ refusa en 1965, à l'exemple de la CSN, de participer à un comité d'enquête gouvernemental sur le travail de nuit des femmes en usines; prétextant que le mandat du comité était trop restreint, la FTQ demanda, par son congrès, au gouvernement de faire une vaste enquête sur toute la question du travail féminin.

C'est en 1968 que la FTQ présenta un mémoire à la commission Bird. Ce mémoire, comme tout autre mémoire, passa cependant inaperçu à l'intérieur de la «centrale» et ne suscita pas de débats. Le mémoire rattachait les problèmes de la main-d'oeuvre féminine à la division traditionnelle des rôles sociaux et s'opposait à toute forme de mesures spécialement destinées aux femmes (ex.: temps partiel); le travail de nuit des femmes, sujet litigieux, n'était cependant pas abordé. Le rapport du comité féminin présenté au congrès de 1973 se situe dans la même ligne, précise l'option de 1968 et surtout lance à nouveau la discussion dans le mouvement.

En 1972, en effet, fut créé à la FTQ un comité d'étude sur la condition féminine. Composé uniquement de femmes, militantes ou employées des syndicats affiliés, le comité avait pour mandat de retracer les raisons qui sont à l'origine de l'absence quasi totale des femmes dans les structures de pouvoir et de responsabilité de la FTQ et de ses syndicats affiliés. Ce n'est donc qu'en 1972 que la FTQ décida de s'occuper véritablement de la condition féminine, c'est-à-dire d'une façon propre à soulever des débats dans ses rangs; il faut mentionner que la féminisation de la FTQ — les femmes ne constituent même aujourd'hui que 20% de ses effectifs comparativement à 33% chez la CSN — est un phénomène relativement récent, qui a pris de l'ampleur au milieu des années 1960 avec la syndicalisation des secteurs public et parapublic.

Le rapport présenté en 1973[20] fit l'objet de discussions en congrès et même d'une séance en commissions pour tous les délégués; pour une «centrale» que la question n'avait jamais réellement préoccupée, cela constituait une ouverture assez radicale.

Après des séances en commissions assez animées et où les femmes s'exprimèrent beaucoup plus qu'à l'habitude, le congrès de la FTQ devait ratifier en plénière l'orientation du document. Celui-ci contenait entre autres les points suivants:

1) Association de la division traditionnelle des rôles sociaux à la discrimination subie par les femmes sur le marché du travail. Dénonciation de cette division traditionnelle des rôles;

2) Dénonciation de la sexualisation des métiers;

3) Adhésion à une optique syndicale «égalitariste» à l'endroit des femmes, par opposition au protectionnisme (négociation de privilèges, de mesures spéciales);

4) Reconnaissance du lien entre le système économico-politique et l'oppression des femmes.

Une série de politiques de négociation se situant dans cette optique furent adoptées par la suite, axées notamment sur la dénonciation de la sexualisation des métiers. Le congrès adopta aussi une résolution dénonçant une politique éventuelle de salaire pour la femme au foyer, au nom des principes de base du rapport: nécessité de la reconnaissance du droit au travail pour les femmes, contre la division traditionnelle des rôles sociaux, liberté de choix des parents d'élever leurs enfants comme ils l'entendent, etc.

Avec ce rapport, la FTQ a fait des pas de géant dans la reconnaissance du problème de la condition féminine. Le sujet a en peu de temps gagné ses «lettres de noblesse» à l'intérieur du mouvement. Mais il faut ici rappeler la faiblesse des structures de la FTQ (affiliation volontaire, ressources financières et humaines réduites au strict minimum); cette dernière, sans l'appui actif et militant de ses syndicats affiliés, dispose de peu de pouvoirs.

À la FTQ, tant dans sa propre direction que dans celles de ses syndicats affiliés, les femmes sont sous-représentées de façon flagrante. Il n'y a jamais eu de femmes à l'exécutif de la «centrale»; on retrouve maintenant 2 femmes au conseil général, sur un total de 85 personnes (plus haute instance entre les congrès). Sur les 680 permanents des syndicats affiliés, elles ne totalisent pas 3% des effectifs. Des statistiques mises à jour par le comité d'étude donnent des exemples multiples de cette sous-représentation. Au niveau des syndicats locaux, il est cependant relativement fréquent de voir des femmes siéger à l'exécutif. La proportion baisse régulièrement au niveau des directions provinciales[21]. Il est remarquable de voir que si dans certains cas les femmes font des percées au niveau des postes exécutifs, les postes de permanents à plein temps demeurent l'apanage presque exclusif des hommes. Or on sait que, même s'ils ne se situent pas dans la structure formelle de pouvoir, les permanents ont dans les faits une influence énorme sur l'orientation des politiques de négociation des syndicats et qu'à ce titre ils constituent une sorte de «pouvoir parallèle». De plus, il n'y a plus de place, au niveau des postes de permanents, pour les candidatures «honorifiques»; il n'y a de place que pour la confiance dans la capacité de leadership et la compétence technique. Les femmes dans les rangs de la FTQ ont donc beaucoup de chemin à faire pour prendre leur place[22].

La participation des femmes
au mouvement syndical québécois

Alors qu'au Québec le taux de syndicalisation global des travailleurs salariés atteint 39%, ce qui est supérieur au taux canadien, on peut estimer à environ 30% le taux de syndicalisation des femmes salariées et à 45% celui des hommes[23]. Ce faible taux de syndicalisation des femmes trouve une explication superficielle dans le fait que les femmes sont proportionnellement plus nombreuses dans des secteurs faiblement syndiqués (tertiaire et services en général). La question qu'il faut ensuite se poser est évidemment: «Pourquoi ces secteurs-là justement sont-ils faiblement syndiqués?» Les raisons peuvent être multiples, allant des difficultés objectives de syndicalisation (petits établissements, relations patron-travailleurs de type parternaliste, etc.) à l'indifférence ou à l'incompétence des structures syndicales, en passant par la réticence des femmes à la syndicalisation. Ce problème a d'ailleurs déjà été étudié[24].

Pour pallier les difficultés de syndicalisation inhérentes à certains secteurs, ces secteurs où la main-d'oeuvre féminine est abondante, le mouvement syndical, et particulièrement la FTQ, ont réclamé l'accréditation sectorielle. Ce système, qui n'a jamais dépassé l'étape de projet, et qui serait sans doute susceptible de permettre une expansion importante du mouvement syndical, pourrait rétablir l'équilibre entre le taux de syndicalisation des femmes et leur importance dans la main-d'oeuvre (une sur trois approximativement).

Au chapitre de la syndicalisation, il serait intéressant de voir dans quelle mesure l'opposition ville-campagne, incarnée par la FTQ et la CSN, a pu avoir un impact sur la discussion de la condition féminine. On sait d'une part que la CTCC avait, dans les années 1940, fait de fortes percées parmi les industries situées dans les régions semi-rurales, dans les fiefs du petit patronat canadien-français: la FTQ, par contre, par ses ancêtres FUIQ et FPTQ, était rentrée en force dans les grands centres urbains, les grosses usines à patronat anglo-saxon ou étranger. D'autre part, les populations urbaines ont semblé toujours précéder les populations rurales ou semi-rurales (petits centres urbains) au niveau de l'acceptation des réalités de l'industrialisation et de l'urbanisation; et le travail féminin se présentait comme partie intégrante de ces processus. La teneur différente des débats sur la condition féminine pourrait aussi s'expliquer par l'opposition ville-campagne au niveau du *membership* entre la FTQ et la CSN.

Nous avons fait état de l'entrée massive des femmes sur le marché du travail lors de la Seconde Guerre mondiale; non pas qu'elles n'aient pas été présentes auparavant, mais elles occupaient alors des secteurs relativement peu syndiqués. Pénétrant, grâce à la guerre, des secteurs industriels à haute productivité et à fort taux de syndicalisation, les femmes s'illustrèrent dans beaucoup d'endroits comme d'ardentes militantes. Une lignée de militantes s'inscrivit dans la tradition du syndicalisme communiste et oeuvra à l'intérieur de syndicats d'origine américaine. Dans plusieurs cas, ces militantes étaient venues au syndicalisme par le canal de leur militantisme politique (au Parti communiste) et se taillèrent ensuite une place dans le mouvement syndical. Plusieurs militantes furent cependant balayées à la suite de l'«épuration» d'après-guerre. À part quelques cas isolés de limogeages «politiques» (ex.: Madeleine Parent, syndicat des textiles), le départ des femmes se fit de façon quasi «naturelle»; les hommes, de retour du front ou de l'armée, réoccupèrent les places laissées vacantes sur le marché du travail ainsi que dans les structures syndicales.

Avec la syndicalisation massive des secteurs public et parapublic des années 1950 et surtout des années 1960, une nouvelle génération de militantes a fait son apparition, et ce sont en majorité ces femmes qui commencent à faire entendre leurs voix dans les centrales ouvrières. La FTQ, particulièrement, a vu ses affiliations hautement «féminisées» pendant les années 1960. De façon générale, toutefois, les femmes sont à peu près absentes des structures formelles et informelles de pouvoir à l'intérieur des centrales et des syndicats ou fédérations.

Au-delà des différences entre les centrales dont nous avons déjà fait état et qui prennent racine dans l'idéologie et dans les attitudes des directions syndicales (masculines), on peut isoler un certain nombre de facteurs qui conditionnent directement le militantisme féminin. On voudra bien considérer ces avancés comme des hypothèses, une seule étude de type monographique ne pouvant à nos yeux suffire à tirer des conclusions définitives. Ces conclusions découlent d'une monographie sur la participation féminine à l'intérieur de la Fédération nationale des services (FNS) de la CSN, aujourd'hui connue sous le nom de Fédération des affaires sociales (FAS).

On peut énumérer brièvement les trois variables qui, d'après nos recherches*, favorisent le militantisme. Les informations disponibles ne nous ont permis que de faire des recoupements entre les postes d'officiers dans les syndicats locaux, le sexe et l'état civil. Il faut donc entendre par «militantisme» l'accession à l'exécutif d'un syndicat local. Il semble y avoir une relation positive entre la proportion de femmes dans les syndicats et le nombre de femmes occupant des postes à l'exécutif. Les chances sont plus grandes de trouver des femmes à l'exécutif des syndicats quand les membres y sont très majoritairement féminins.

Il semble y avoir une relation positive entre la dimension du syndicat et la participation féminine aux exécutifs de syndicats locaux. La proportion de membres féminins n'est pas significativement différente selon que l'on a affaire à un petit ou gros syndicat local. Les très gros syndicats (1000 membres et plus) ont une proportion extrêmement faible de femmes officiers; en revanche, les très petits syndicats (49 membres et moins) ont une proportion quadruple de la première de femmes aux postes exécutifs.

Il semble y avoir une relation positive, dans le cas des femmes, entre le célibat et le militantisme syndical. Alors que les célibataires constituaient 45% des femmes membres de la FNS, elles occupaient 78% des postes exécutifs féminins. Les informations disponibles ne nous permettaient malheureusement pas de connaître les charges familiales (nombre d'enfants) des femmes officiers[25].

Une constatation à laquelle nos recherches nous amènent est aussi le fait que la participation féminine va s'amenuisant au fur et à mesure que l'on monte dans l'échelle des pouvoirs et/ou des responsabilités à la FNS. À chaque palier, on trouve moins de femmes, si bien qu'au sommet, elles sont en nombre infime. La FNS a compté de façon générale environ 70% de femmes[26]. Considérons qu'un premier niveau de participation consiste à être un membre actif de son syndicat local: 51% des simples membres[27] participant aux congrès étaient des femmes. On peut considérer ce chiffre comme une approximation — probablement biaisée vers le bas, car la participation aux congrès est susceptible de décourager les femmes chargées d'enfants — de la proportion réelle de femmes militantes. Déjà on observe un décalage important entre le nombre de membres féminins et le nombre de militantes.

---

*   Cette section s'inspire des conclusions de la thèse déjà citée de l'auteur.

Mais à mesure que l'on monte dans la hiérarchie, ce décalage est accentué. Un second niveau de participation consiste à occuper un poste à la direction d'un syndicat local et/ou à être délégué officiel aux congrès de la FNS. Selon les différentes méthodes de mesure utilisées, on arrive à un taux de 36% à 43% de participation féminine. Montons encore d'un cran et nous trouvons, pour les années 1964 à 1970, un taux de participation des femmes de 32% au Bureau fédéral (plus haute instance entre les congrès) et de 30% à l'exécutif de la fédération. Au niveau des permanents de la FNS, la représentation féminine subit une importante dégringolade et frôle le 10%[28]. La voie que suit le militantisme syndical féminin est donc semée d'embûches, puisqu'il se conjugue difficilement avec pouvoirs et responsabilités. Telles sont les principales conclusions de notre recherche monographique. Seules d'autres études pourront confirmer la constance de ces tendances, indépendamment des secteurs industriels en cause[29].

Le mouvement syndical québécois face aux femmes

Au-delà des différences d'attitudes découlant de traditions syndicales opposées, les centrales syndicales ont cependant un ensemble de positions en commun: de même, elles se trouvent confrontées aux mêmes alternatives, aux mêmes dilemmes. Ce sont ces points communs que nous allons maintenant faire ressortir.

Les revendications traditionnelles

À la fin des années 1930, tous les secteurs du mouvement syndical (ouvrier) québécois avaient embouché la trompette de la «parité salariale» pour les femmes, à travail égal. Malgré qu'il n'ait jamais dérogé de cette position, cette revendication n'a pas, après tout ce temps, rencontré le succès escompté. Les permanents syndicaux admettent, dans bien des cas, n'avoir pas encore réussi à hausser les salaires féminins au niveau des salaires masculins; des travailleurs masculins syndiqués contestent même parfois ce principe[30]. Si à l'origine les syndicats s'opposèrent à ce qu'on paye les femmes à tarifs moindres, ils étaient alors mus par leur mentalité protectionniste qui les faisait s'opposer à toute forme de *cheap labour*: ils y voyaient avec raison une menace aux emplois de leurs membres. La revendication de la parité salariale est devenue extrêmement virulente lors de la Seconde Guerre mondiale: la main-d'oeuvre féminine était en effet très abondante, et on la faisait travailler dans des secteurs considérés comme masculins. Des déclarations officielles des dirigeants de la CTCC ne font d'ailleurs pas mystère des motivations à l'origine de la position syndicale sur la parité salariale: la place des femmes, disait-on, était à la maison. La FPTQ votait en congrès une résolution pour la parité salariale, «attendu que des hommes valides chôment alors que des femmes travaillent». Passé le grand traumatisme de la guerre, une fois que les femmes eurent en partie regagné leur foyer, la revendication de parité salariale s'institutionnalisa peu à peu, dans un cadre plus serein, dépourvu d'émotivité. Depuis plusieurs années déjà, le mouvement syndical réclame la parité salariale pour des raisons d'équité et de justice. On rapporte parfois que des employeurs, après s'être fait «imposer» par négociation de payer autant les femmes que les hommes, n'embauchent plus que des hommes; mais les clauses d'ancienneté et de promotion des conventions collectives peuvent dans une grande mesure contrer ces tendances patronales.

La sexualisation des métiers

L'attention du mouvement syndical, au niveau de la protection d'un salaire décent pour les femmes, se portait uniquement sur les cas où elles effectuaient le même travail qu'au moins un homme; ce qui a permis au patronat de «créer», à son avantage, des métiers féminins, mal payés autant que peu intéressants. La tactique patronale était habile; connaissant le bas niveau d'acceptation du travail féminin en milieu syndical, l'hégémonie qu'y exerçaient les hommes, il était facile de prévoir que les critères de négociation et de revendication des syndicats seraient plus faciles à rencontrer s'il s'agissait de femmes uniquement. La notion de «salaire acceptable» varie beaucoup selon qu'il s'agit d'un homme ou d'une femme[31]. Même si la formation de la structure salariale et d'emploi est le résultat de l'activité patronale, l'absence de dénonciation de ce processus de sexualisation des métiers, qui permettait au patronat de maintenir l'ensemble des femmes à des niveaux salariaux inférieurs, fait du mouvement syndical un «complice» objectif des employeurs.

Ce silence est d'autant plus étonnant de la part des syndicats qu'ils revendiquaient fortement la parité salariale, soi-disant par souci de justice et d'équité. Il était pourtant facile à voir que cette revendication de parité salariale était quotidiennement contournée par les employeurs par le biais de la sexualisation des métiers; les différences les plus minimes entre les postes de travail justifiaient des différences salariales importantes, les femmes occupant bien sûr l'étage du dessous. Et même à l'intérieur de secteurs industriels contrôlés par les syndicats (ex.: la confection), on remarque que les postes de travail les plus prestigieux et les plus rémunérateurs (ex.: tailleurs) sont l'apanage des hommes. Et l'on n'ignore pas non plus que les syndicats de métier (FPTQ-FTQ) ont longtemps bloqué l'embauche de femmes, au même titre que les employeurs[32].

La tentation du protectionnisme syndical

Dans l'ensemble et du moins jusqu'à très récemment, les centrales syndicales ont eu tendance à adopter une attitude protectionniste face aux femmes. Très marquée à la CTCC-CSN, diffuse à la FTQ, cette attitude se fonde sur le double fardeau dont héritent les femmes travailleuses en bon nombre: travail à l'extérieur et travail à la maison (ménage, enfants). C'est au nom de raisons morales, familiales que la CSN se prononcera contre le travail de nuit des femmes[33]. Cette centrale réclamera également des heures de travail allégées pour les femmes en 1968[34]. La FTQ sera la première à prendre ses distances face à cette attitude protectionniste. Cette dernière ne s'est jamais prononcée spécifiquement contre le travail de nuit des femmes. Déjà en 1968, la FTQ s'opposait à la formulation de revendications spéciales pour les femmes[35]. Cette tendance se confirmait au congrès de 1973.

* * *

Il semble y avoir un renouveau dans la discussion de la condition féminine parmi les diverses composantes du mouvement syndical québécois, spécialement à la CEQ et à la FTQ. Pourtant, en 1973, la sous-représentation des femmes dans les structures syndicales les maintient dans une proportion dérisoire.

Si dans le passé on a pu voir la CTCC-CSN et la FTQ, en raison de leurs traditions et de leurs origines différenciées, adopter des attitudes très différentes face au travail féminin et à la condition féminine, il est prévisible que ces différences vont aller en s'estompant, les deux centrales puisant de plus en plus leur inspiration politique aux mêmes sources et en fonction d'analyses similaires de la société. Il nous apparaît que le mouvement syndical a eu tendance — et ceci est particulièrement vrai dans le cas de la CSN — à laisser de côté la dimension féministe dans le développement de son «projet politique»; on procédait à des analyses critiques de la société, on en remettait en cause les fondements, mais parallèlement, relativement à la condition féminine, on se référait à des schèmes sortis tout droit de l'idéologie traditionaliste. Le mouvement syndical doit donc opérer un rajustement à ce niveau; il devra ensuite intégrer la dimension féministe dans sa pratique quotidienne et dans l'idéologie qu'il véhicule.

La condition féminine est un sujet que l'on ne peut plus aborder de façon parcellaire. Toute discussion sur le travail féminin renvoie à une discussion plus globale remettant en cause l'orientation même d'une société. À travers cette réflexion, le mouvement syndical devra faire un choix clair entre «protectionnisme» et «égalitarisme» syndical. Nous croyons que l'idéologie de l'indifférenciation sexuelle devrait à l'avenir inspirer le mouvement syndical québécois dans sa réflexion. Ce faisant, il se trouvera très certainement à prendre plusieurs longueurs d'avance sur la société dans laquelle il s'incarne, mais c'est là le rôle d'agent de changement qu'il joue à tous les autres niveaux de la réflexion politique. De plus, il nous apparaît que la défense et la promotion des intérêts de ses membres féminins passent par cette voie.

7

Les comités syndicaux de condition féminine

Mona-Josée Gagnon

L'article qui précède fut écrit à l'aube des comités syndicaux de condition féminine, en 1973, à une époque où les centrales ne faisaient que commencer à s'intéresser à la question des femmes. Sans même mentionner le caractère périmé des données statistiques, il saute aux yeux que la dernière décennie nous a fait assister à une transformation de la situation des femmes dans le mouvement syndical; de nouvelles structures ont été mises sur pied, un discours s'est élaboré, des pratiques se sont développées et de nouvelles tensions et contradictions ont vu le jour en conséquence de cette effervescence. Il apparaissait donc indispensable d'apporter d'autres éléments d'information ainsi qu'un regard critique sur le développement des comités de condition féminine, afin de mieux rendre compte de la réalité des années 1980.

Les pages qui suivent ne sont pas le résultat d'une recherche poussée. Il s'agit essentiellement de poser des balises dans le but de nuancer les perspectives d'analyse, de mettre en relief la nécessité de mener des recherches systématiques sur le sujet, d'essayer d'aller au-delà d'un discours officiel pour retrouver la réalité des femmes. Le présent texte ne constitue pas une mise à jour systématique du fonctionnement et des activités des comités syndicaux de condition féminine: d'autres études sont disponibles, outre les documents officiels des centrales[1]. Ce texte ne se veut pas non plus une suite de l'article précédent, lequel découlait d'un travail universitaire et dont la mise à jour systématique eût représenté un travail différent.

On trouvera donc dans les pages qui suivent — écrites à la fin de 1981 — des informations sur quelques changements dans la situation des travailleuses syndiquées, et surtout des éléments de réflexion sur l'action des femmes à l'intérieur des centrales, qui découlent en bonne partie de la pratique de l'auteure. À travers ces notes, des relations seront établies avec la situation des années 1970, mais de façon non systématique.

Présence des femmes dans le mouvement syndical et dans les centrales

Il importe dans un premier temps de déterminer les changements — ou de diagnostiquer l'absence relative de changements — dans la situation objective des femmes sur le marché du travail et dans les syndicats. Le Conseil du statut de la femme a mené une étude fort complète — à la mesure des statistiques disponibles — sur la participation des femmes au marché du travail salarié, qui constitue maintenant une référence indispensable pour celles et ceux qui s'intéressent à la question[2].

L'article qui précède présentait des données statistiques fondées sur des estimations personnelles, à partir des effectifs des centrales et des statistiques canadiennes. On dispose maintenant de données plus précises. Malheureusement, les données les plus récentes portent sur l'année 1976[3]. On peut observer qu'entre 1973 et 1976 il y a une augmentation tant dans le taux de syndicalisation que dans la proportion des femmes parmi les effectifs syndicaux.

L'année 1976 semble cependant marquer un ralentissement dans la syndicalisation des travailleuses. Il demeure qu'une travailleuse sur trois est syndiquée, qu'un syndiqué sur trois est une femme. Malgré un écart relativement faible entre la proportion des femmes parmi les effectifs syndicaux et leur proportion dans la main-d'oeuvre en emploi (3,8% en 1976), les travailleuses sont toujours proportionnellement moins syndiquées que les travailleurs[4]. L'écart entre la syndicalisation féminine et la syndicalisation masculine s'explique par le fait que les secteurs largement sous-syndiqués sont les secteurs hautement féminisés. De ces données, il ressort aussi une légère tendance à la baisse du taux global de syndicalisation d'ailleurs confirmée par une étude incluant l'année 1977[5].

Cette situation a amené la FTQ et la CSN à réclamer des changements majeurs dans la mécanique de la syndicalisation, et les comités syndicaux de condition féminine à intégrer l'accréditation multipatronale à leur propre plate-forme revendicative: il s'agirait de permettre à des travailleurs à l'emploi de deux ou plusieurs employeurs de se regrouper à l'intérieur d'un même syndicat ou

Taux de syndicalisation des femmes et pourcentages de
femmes parmi les effectifs syndicaux et la main-d'oeuvre en
emploi, Québec, 1963, 1966, 1971 et 1976

	1963	*1966*	*1971*	*1976*
Pourcentage de femmes syndiquées dans la main-d'oeuvre en emploi	15,2	17,6	31,0	28,7
Pourcentage de femmes dans les effectifs syndicaux	20,2	20,9	30,7	31,8
Pourcentage de femmes dans la main-d'oeuvre en emploi	27,8	30,0	32,9	35,6
Écart entre la proportion des femmes dans la main-d'oeuvre en emploi et dans les effectifs syndicaux	7,6	9,1	2,2	3,8

Source: Conseil du statut de la femme, *Syndicalisation: droit à acquérir, outil à
conquérir. Étude sur les travailleuses non syndiquées au Québec*, tableau
2, p. 62.

unité d'accréditation. Cette revendication est, dans le discours
syndical, explicitement reliée à l'amélioration des conditions de vie
et de travail des femmes, la syndicalisation apparaissant un point de
départ à une amélioration significative.

La présence féminine dans les centrales n'a pas subi de changements majeurs. Les statistiques de source syndicale sont en fait
très approximatives et sont souvent calculées à partir d'un échantillon plus ou moins représentatif, problèmes qui s'ajoutent aux fluctuations dans la main-d'oeuvre syndiquée: industries saisonnières,
mises à pied et rappels... En 1981, on estimait encore la présence
féminine à la CEQ aux deux tiers, ce qui ne présente pas de changement par rapport à l'année de référence précédente (1973); la CSN et
la FTQ auraient pour leur part des proportions de femmes à la
hausse, soit environ 40% à la CSN et environ 30% à la FTQ, ces
deux chiffres étant très impressionnistes. Il n'est pas évident qu'il
s'agit d'une augmentation marquée à la FTQ, car le chiffre de 30%
découle d'une enquête d'une envergure beaucoup plus grande que le
chiffre plus conservateur fourni par l'enquête de 1973.

Depuis la parution de l'article précédent, les bureaux de direction des centrales ne se sont guère féminisés. Jusqu'à son congrès de

mai 1982, la CSN comptait une femme à son exécutif; une femme siège au Bureau de la FTQ depuis 1979; la CEQ avait un exécutif majoritairement féminin pour la première fois de son histoire en 1981. Les statistiques syndicales indiquent que les femmes demeurent sous-représentées, par rapport à leur présence à la base, au niveau des instances de direction; cette sous-représentation s'accentue avec l'importance de l'instance, en vertu du modèle pyramidal explicité dans l'autre article. On note cependant partout de légères améliorations.

Du côté des postes de responsabilité rémunérés (permanentes syndicales), la situation change plus lentement, ce qui s'explique par la plus grande stabilité dans les postes rémunérés que dans les postes électifs, les employés des centrales jouissant d'une relative sécurité d'emploi.

La CSN (centrale et fédérations) compte 30 femmes sur 200 permanents, soit 15% par rapport à 5,5% en 1973. La CEQ, où il n'y a pas eu d'embauche sur une base permanente depuis trois ans, compte 7 femmes pour 45 postes, soit 15,5% par rapport à 11% en 1973. Quant à la FTQ, son équipe centrale et régionale de 21 permanents ne compte toujours qu'une seule femme (5% à peine); on a noté cependant dans quelques syndicats l'embauche de femmes à des postes de responsabilité. La situation d'ensemble de cette centrale s'est donc légèrement améliorée: 6% de femmes par rapport à 3% en 1973.

L'institutionnalisation de la «condition féminine» dans le fonctionnement des syndicats: acquis, ambiguïtés et faiblesses

Les pratiques syndicales[6]. Les publications des trois centrales — Centrale de l'enseignement du Québec (CEQ), Confédération des syndicats nationaux (CSN), Fédération des travailleurs du Québec (FTQ) — sur la question des femmes pendant la dernière décennie constituent un ensemble impressionnant et diversifié: réflexions générales et plus «idéologiques», rapports de recherche, documents sur des questions spécifiques (discrimination, garderies ou sexisme dans les manuels scolaires), guides de formation, de négociation, de conscientisation, tracts, résolutions... Les centrales ont maintenant un discours articulé, des outils destinés à en faciliter la concrétisation, et des plates-formes revendicatives élaborées en ce qui a trait aux femmes.

Chaque centrale a maintenant son comité de condition féminine (CCF). En 1974, la CSN a remis sur pied un comité dont l'orientation se démarque de celle de l'ancien comité, qui s'était sabordé dans les années 1960 pensant faciliter ainsi l'intégration des femmes à la centrale. Ces comités ont tous des mandats qui leur définissent un double rôle d'intégration et de sensibilisation; ils existent tous comme une réponse à la discrimination des femmes sur le marché du travail ainsi qu'à la faiblesse de la participation syndicale des femmes.

Outre les centrales elles-mêmes, leurs instances et syndicats affiliés ont aussi des structures équivalentes aux CCF; la mise sur pied systématique de relais dans les instances régionales, les syndicats ou les fédérations n'est pas nécessairement complétée, mais c'est là une préoccupation commune aux trois comités de condition féminine.

C'est en fait l'ensemble des pratiques syndicales qui ont été touchées par l'action des femmes. On ne trouve plus guère de document syndical qui ne fasse état de la question des femmes, de même qu'on n'entend guère d'envolée oratoire de chefs syndicaux qui ne s'attarde un peu aux travailleuses. La célébration du 8 mars, journée internationale des femmes, est devenue une institution au même titre que celle du 1er mai.

La négociation et l'administration de conventions collectives ne sont plus comme auparavant un champ d'activité et de réflexion strictement masculin; rares — et honteuses — sont les conventions qui ne sont pas dotées d'une clause de maternité convenable, rares aussi les discriminations grossières et patentes, la perpétuation de «doubles standards». La condition féminine fait maintenant partie des préoccupations syndicales officielles, on en parle dans les congrès, les assemblées; les femmes sont plus nombreuses et participent davantage; bien des hommes ont changé plusieurs de leurs attitudes. Des cours de formation syndicale se donnent maintenant sur le congé-maternité, les femmes et la santé-sécurité, ou la discrimination. Dans chaque centrale, les militantes ont tenté d'investir l'ensemble des services, avec des succès inégaux bien sûr mais toujours avec quelque résultat. Ces luttes ont entraîné des répercussions dans le domaine des législations s'adressant à l'ensemble des travailleuses ou occasionné des percées importantes, telles le congé de maternité dans la loi sur les normes minimales de travail ou les droits parentaux dans les conventions collectives des secteurs public et parapublic.

Autant il serait naïf de chanter victoire, puisque les femmes demeurent surexploitées sur le marché du travail et scandaleusement absentes des sphères du «pouvoir» syndical, autant il serait inexact de tenir pour peu de choses les changements survenus depuis dix ans dans les centrales. Il y a eu des progrès remarquables, suffisamment pour qu'on puisse dire qu'un point de non-retour est atteint. Trop de rouages ont été mis en place, trop d'objectifs tracés, trop de militantes et militants conscientisés pour que l'on puisse craindre la disparition de cette préoccupation syndicale. Les dangers sont d'une autre nature: ils se relient à ce processus d'institutionnalisation qui frappe aussi bien les syndicats que les CCF, ou les groupes populaires et dont on a souvent bien du mal à démêler les bons des mauvais côtés.

Des ressources inégales. Les programmes respectifs des centrales en matière de condition féminine sont ambitieux: mise sur pied de relais, transformation des conventions collectives et désexisation[7], promotion des garderies, sensibilisation au sexisme et à la discrimination, présence des femmes aux postes de direction et de responsabilité... Une foule d'objectifs dont la coordination — sinon, dans certains cas, la mise en oeuvre — est confiée à un nombre fort restreint de personnes. Si la CEQ avait auparavant deux permanentes à la condition féminine, elle n'en a maintenant qu'une, à cause de compressions budgétaires. La CSN dispose d'un service de la condition féminine composé d'une permanente et d'une employée de soutien. La FTQ s'apprête à créer un poste de permanente à la condition féminine. Ce sont là de maigres ressources, si l'on considère l'ensemble des budgets des centrales et le nombre de leurs employés. Chaque centrale «libère» à l'occasion des militantes pour combler des lacunes trop évidentes, répondre à des besoins plus pressants, mais c'est encore le militantisme — proche parent du bénévolat — qui demeure la pierre d'assise de l'action des femmes à l'intérieur des syndicats.

Bien sûr, les militantes désirent que les structures et les services en place prennent en compte leurs revendications, et que la préoccupation «condition féminine» soit ainsi diffusée et présente dans toutes les activités syndicales, au-delà des CCF et de leurs responsables en titre. C'est ce qui se passe d'ailleurs de plus en plus souvent; on verra ainsi la problématique féministe intégrée à des interventions spécifiques sans que le CCF ait nécessairement été présent. Mais ce n'est pas toujours le cas, tant s'en faut, et parfois les manifestations de bonne volonté se révèlent être d'énormes gaffes, si bien que la question des ressources mises à la disposition des CCF se pose encore avec beaucoup d'acuité. Les trois CCF considèrent leurs ressources insuffisantes, se sentent incapables d'introduire les correctifs nécessaires partout où il le faudrait; réclamant plus de ressources, les militantes travaillent donc en même temps à mettre sur pied d'autres groupes-relais qui, dans les syndicats, les fédérations, les conseils, agiront comme catalyseurs.

De l'autonomie à la dépendance. On a parfois tendance à assimiler les comités syndicaux de condition féminine aux «groupes de femmes», oubliant ainsi leur enracinement dans des organisations officiellement mixtes, mais en pratique plutôt masculines. Les CCF sont d'abord et avant tout des instances syndicales, qui rendent des comptes, espèrent des ressources, et discutent leurs orientations et leurs activités à l'intérieur d'appareils qui ont fort peu à voir avec des groupes de femmes. C'est pourquoi il est important de considérer l'autonomie réelle des CCF. On passera donc en revue ces quelques indicateurs que sont le mode de nomination des membres des comités, les modalités de la prise de décisions, l'acheminement des rapports et les ressources des comités eux-mêmes.

Le Conseil général de la CEQ élit un comité de cinq membres qui doivent être des militantes — et non des employées de la centrale — mais pas nécessairement des membres du Conseil général. La CSN a un comité de 15 membres élues par le Congrès — ou par le Conseil confédéral si le temps manque — dont dix militantes et cinq salariées. La composition du CCF de la CSN, créé plus tard que les comités des deux autres centrales, a suscité de nombreux débats et constitue une exception à la CSN. La présence de cinq salariées (permanentes ou employées de soutien) est en effet une caractéristique qui particularise ce comité et qui est apparue, pour les militantes à l'origine de sa formation, une nécessité politique. Ces dernières craignaient en effet qu'un comité composé uniquement de militantes, libérées à l'occasion, ne réussisse pas à peser efficacement et durablement sur le fonctionnement de la centrale. Cette préoccupation témoignait de l'état de marginalisation relative de la préoccupation «condition féminine» — bien sûr pas particulier à la CSN — et de la volonté d'y mettre fin: c'est d'ailleurs à la suite d'un débat de congrès que cette composition fut retenue.

Le CCF de la FTQ comprend un nombre variable de membres — une quinzaine en 1981 — ce en quoi il ne se différencie d'ailleurs pas des autres comités de la centrale. Les membres sont élus par le Conseil général de la centrale, à partir des recommandations soumises par le Bureau exécutif, lequel se conforme en fait aux recommandations émanant des syndicats et des conseils habilités à déléguer une représentante au CCF. En pratique, l'objectif ultime est que chaque syndicat et chaque conseil de travail soit représenté au comité afin que ce dernier acquière une meilleure représentativité. Cette conception «fonctionnelle» du comité ainsi que le mode d'élection ont pour effet d'associer étroitement les membres du CCF et les organisations (syndicats ou conseils) qui ont proposé leur candidature aux instances supérieures de la FTQ; cette situation peut se traduire par une garantie de meilleure représentativité, mais peut aussi constituer un obstacle à l'autonomie du CCF: les organisations peuvent théoriquement décider que leur déléguée au CCF ne les représente plus, et les instances de la FTQ ne feront que ratifier cette décision. Le comité de la FTQ se distingue également des autres en ce que *le* secrétaire général de la centrale assiste et participe à toutes les réunions; sa présence fait suite à des tensions sérieuses entre le comité et la direction de la FTQ, et vise à créer un lien effectif entre les deux pour assurer un suivi et permettre une meilleure communication. Les autres CCF se réunissent sans la présence obligée d'un membre de l'exécutif; à la CEQ, il est cependant assez fréquent qu'un membre du Bureau national — en l'occurrence *la* responsable politique de la condition féminine — assiste aux réunions.

À l'intérieur de leurs mandats, qui sont très larges, les CCF disposent de marges de manoeuvre différenciées. Le comité de la CEQ fait rapport statutairement au Conseil général, après en avoir saisi le Bureau national, lequel a un pouvoir de recommandation sur ces rapports. La tradition veut que les rapports soumis au Conseil général soient présentés intégralement au congrès, avec ce même pouvoir de recommandation. Dans la pratique, les rapports du CCF n'ont pas fait l'objet de recommandations négatives. Le CCF fonctionne à l'intérieur des mandats donnés par le congrès annuel. Il dispose d'une autonomie relative, ayant la prérogative de prendre des positions publiques ou de participer à des activités sans l'autorisation de la centrale, dans la mesure où cela se fait à l'intérieur de mandats ou de résolutions explicites.

Le comité de la CSN, pour sa part, ne rend statutairement compte qu'au congrès, contrairement aux autres comités qui rendent aussi compte aux autres instances. Les militantes à l'origine de la formation du comité voulaient ainsi se protéger contre d'éventuelles tentatives de réduction des débats émanant des instances trop masculinisées. Dans la pratique, le CCF soumet cependant plusieurs documents aux instances de la centrale. À l'intérieur des mandats de congrès, il est maître de ses interventions et déclarations et dispose d'un budget qui lui est propre en plus de celui qui est associé au service. Toute nouvelle position doit être entérinée par les instances, comme à la CEQ.

Le comité de la FTQ a une marge de manoeuvre plus réduite, mais se trouve cependant sur le même pied, formellement, que les autres comités de cette centrale. Aucune position publique, aucun document ne peuvent être publicisés et diffusés sans l'aval de la direction ou des instances de la centrale, indépendamment des mandats de congrès ou d'instances. Les rapports du comité sont soumis au bureau et au conseil général, la première instance disposant d'un pouvoir de recommandation sur leur contenu. Les rapports des comités de la FTQ ne se rendent pas directement au congrès, les activités et les discussions des comités étant médiatisées à travers le «rapport du secrétaire général».

Ce bref tour d'horizon invite à un ensemble d'interrogations sur l'exercice concret de l'autonomie des CCF à l'intérieur des organisations syndicales: on se rend compte que c'est de rapports de force qu'il est ici question.

Malgré tout, des structures de contestation. Les comités de condition féminine sont nés de la double constatation de la surexploitation des travailleuses et de l'insuffisance de la prise de conscience syndicale ainsi que des moyens mis en oeuvre pour combattre cette situation. C'est essentiellement sous la pression de militantes syndicales que ces comités ont vu le jour. Dans leur démarche, ces femmes ont reçu l'appui au moins formel des instances et directions syndicales, appui indispensable puisque ces militantes se situaient inévitablement en dehors des structures du pouvoir syndical.

On a vu que les centrales se distinguent par plusieurs aspects comme les suivants: marge plus ou moins grande d'autonomie du CCF, présence plus ou moins importante de femmes dans les instances et dans l'«appareil»..., tous facteurs pouvant être reliés. Mais les centrales se ressemblent fondamentalement quant au double rôle qui est joué en pratique par les comités de condition féminine: un rôle d'intégration et un rôle de contestation. Intégration parce que les CCF contribuent à changer l'image publique et interne du mouvement syndical, à y attirer des effectifs qui s'y sentiraient autrement étrangers, à susciter une plus grande participation des femmes[8]. C'est d'ailleurs cet aspect «utilitaire» qui fait accepter leur présence à ceux des chefs syndicaux masculins qui sont moins sensibles aux situations d'oppression vécues par les femmes. Structures de contestation aussi parce que les CCF ne sont pas et ne peuvent pas être satisfaits du fonctionnement syndical à l'égard des femmes, en tant que travailleuses et militantes. Le seul fait qu'ils existent témoigne de cette insatisfaction.

Selon le rapport de force spécifique à l'intérieur de chaque centrale, les CCF jouiront d'une marge de manoeuvre plus ou moins grande à l'intérieur de ce double rôle. Les militantes, partagées entre leur allégeance syndicale profonde et leurs convictions féministes, tentent de concilier les deux rôles, d'être prosélytes tout en demeurant critiques, coopératives sans être inféodées. Sur cette toile de fond se sont élaborés des rapports complexes entre les comités et les directions/instances syndicales. Ces dernières ne sont pas toujours prêtes à laisser les comités jouer un rôle de contestation et d'agent de changement interne; les CCF doivent donc s'appuyer sur une force politique — liée à des individus ou à des groupes internes de militantes — pour réussir à s'opposer aux visées dirigistes des directions/instances syndicales.

Selon les époques, selon les centrales aussi, il s'agira de tiraillements, de tensions et de discussions, ou encore d'autocensure de la part des CCF, de tentatives de manipulation et de récupération de la part des directions/instances syndicales, voire même, un cran plus loin, de censure et de sanction.

Désavantagées au départ parce qu'elles sont hors pouvoir, avantagées éventuellement par la prise de conscience grandissante et bruyante des syndiquées, les militantes syndicales et féministes se caractérisent en outre par une très grande mobilité qui contraste avec la stabilité relative de ceux qui se retrouvent à la direction des appareils syndicaux. Cette mobilité constitue une faiblesse qui colorera certains moments dans la vie des CCF et le déroulement des rapports de force internes.

Des effets d'entraînement inégaux. Il est impossible de taire les difficultés que rencontrent les CCF dans leurs tentatives pour obtenir l'adhésion et le soutien du plus grand nombre. Les effets d'entraînement, que l'on peut notamment mesurer par le nombre de comités de condition féminine sectoriels, régionaux ou locaux, varient d'une centrale à l'autre; tout porte à croire que le milieu socio-économique est au moins autant en cause que les particularités structurelles des centrales et des syndicats.

Les centrales ne disposent pas de chiffres précis sur le nombre des comités de condition féminine dans les cellules de base ou syndicats locaux; courants, mais non généralisés dans le secteur public, ils se font rares dans le secteur privé. La majorité des syndicats de la CEQ, qui sont en fait ses structures régionales, ont un CCF; les fédérations de la CSN ont de même leur comité, sauf les deux plus masculines (bâtiment et métallurgie); à la FTQ, seulement sept syndicats sur une quarantaine (au niveau provincial) possèdent un tel comité.

Ces chiffres peuvent apparaître trompeurs dans la mesure où certaines catégories de travailleuses, et par conséquent certains syndicats, sont moins facilement mobilisables sur les revendications des femmes. La CSN éprouve ainsi des difficultés à pénétrer certains secteurs (ensemble des cols bleus) analogues aux difficultés vécues à la FTQ où ces catégories sont plus nombreuses. Lors du colloque sur la condition féminine organisé par la FTQ en 1979 sur le thème «Une double exploitation, une seule lutte», les deux tiers des 400 délégués (ées) présents(es) provenaient du secteur public, ce qui est exactement l'inverse de la répartition privé-public dans le membership de la FTQ. En conséquence, certaines des recommandations adoptées par le colloque, qui dépassaient les positions traditionnelles de la centrale, n'ont pas été retenues par les instances officielles de la FTQ, dont le congrès, où ces déséquilibres dans la représentation privé-public n'existaient pas.

L'essor qu'a connu, d'autre part, tout le dossier «condition féminine» à la CSN n'est pas étranger à l'implication militante de membres féminins de la CSN qui appartiennent aux couches sur-scolarisées des travailleuses: professeurs, universitaires, chercheuses... Les militantes de la CEQ sont pour leur part conscientes de la difficulté d'impliquer des travailleuses relativement privilégiées, qui ne subissent pas de discrimination évidente dans l'exercice de leurs fonctions.

D'où qu'elles viennent, les militantes ne sont pas sans saisir le hiatus qui existe entre le discours et la pratique. Il n'est plus terriblement ardu de faire adopter des revendications sur les droits des femmes; bien souvent les opposants ne se déclareront même pas. Les difficultés surgissent lorsqu'il s'agit de transposer dans la réalité des négociations et de l'action syndicale les principes que tout le monde est censé endosser. Les rapports des divers comités de condition féminine ne sont pas sans faire ce genre de constat, en termes plus ou moins énergiques, avec plus ou moins d'amertume.

C'est pourquoi les militantes des trois centrales sont toutes d'abord préoccupées par l'implantation des dossiers, la consolidation des acquis et la traduction dans l'action concrète des principes officiels. Et pour en arriver là, elles visent à impliquer un plus grand nombre de militantes, de syndicats et d'instances régionales dans la lutte des femmes.

Rupture dans la solidarité inter-centrales

Une nouvelle donnée s'est imposée ces dernières années dans le cheminement de la lutte des femmes à l'intérieur des centrales. Réunies auparavant pour célébrer à tout le moins le 8 mars, de même qu'à l'occasion de coalitions et fronts communs (coalition pour un congé-maternité universel, par exemple), les trois centrales ont mis fin à toute unité d'action dans le dossier de la condition féminine. En pratique, c'est la FTQ qui a retraité, abandonnant par le fait même le comité inter-centrales sur la condition féminine, formé en 1977, et dont l'existence avait toujours été quelque peu chaotique, la collaboration n'ayant jamais été au-delà d'actions ponctuelles. Seule a subsisté la pratique unitaire de la négociation dans le secteur public, qui ne constitue pas vraiment un front commun des centrales en matière de condition féminine, mais plutôt un regroupement sectoriel inter-centrales.

Le contentieux des relations inter-centrales ne touche évidemment pas uniquement le dossier «femmes», tant s'en faut. C'est dire que cette rupture reflète en fait une orientation générale mise au point par les instances politiques des centrales et répondant forcément à des considérations n'ayant rien à voir avec ce dossier: riposte au maraudage et au dénigrement, réaction à des divergences idéologiques et politiques qui se sont accentuées depuis la prise du pouvoir par le Parti québécois en 1976.

Cette détérioration des relations inter-centrales mine en pratique tous les champs d'action syndicale et politique du mouvement ouvrier qui se présente inévitablement fractionné. Mais on peut légitimement soutenir que les effets de cette rupture se font et se feront plus durement sentir dans le dossier de la condition féminine: à la CSN et à la FTQ, où les femmes, moins nombreuses que les hommes à la base et dans les structures, représentent une minorité objective; à la CEQ, où malgré leur présence majoritaire à la base, les femmes sont minoritaires dans les structures, constituant de ce fait une minorité subjective.

Il appert d'autre part que les revendications des trois centrales concernant les femmes et les travailleuses sont pratiquement identiques, malgré des accents et des cadres d'analyse différents. Ainsi, la FTQ sera-t-elle plus sensible à des préoccupations propres aux travailleuses du secteur privé. La CSN se réfère officiellement à une analyse marxiste orthodoxe, les autres centrales étant à des degrés divers moins «doctrinaires».

La CSN et la CEQ ont de leur côté maintenu et même accentué leur collaboration sur différents dossiers. On les a vues organiser les États généraux des travailleuses salariées. On les a vues collaborer avec d'autres organisations comme des groupes populaires, des garderies, des groupes de femmes, des syndicats indépendants. La FTQ, en rupture avec les autres centrales et, dans le même mouvement, avec les groupes populaires qui collaborent avec ces dernières, préfère miser sur sa représentativité — numérique et idéologique — de même que sur son authenticité, réaction contre un certain intellectualisme auquel plusieurs à la FTQ identifient les autres centrales.

Réunies par des revendications similaires, des discours fort compatibles, les militantes des différentes centrales entament donc les années 1980 de façon très divisée.

Des débats révélateurs

Dans chacune des centrales, des débats de même nature ont vu le jour en marge de la question des femmes, qui font bien ressortir la similitude des situations vécues de part et d'autre. Deux dossiers sont particulièrement révélateurs: l'action positive ainsi que la conciliation du militantisme et des charges familiales et ménagères. Le cheminement des discussions syndicales à ce sujet s'avère du plus grand intérêt.

À l'initiative des CCF, mais aussi de groupes de femmes et d'organismes reliés à la promotion des droits comme la Commission (québécoise) des droits de la personne, les syndicats ont ouvert le dossier de l'action positive. La sexisation du marché du travail, contre laquelle tout le mouvement syndical lutte officiellement, peut être combattue de diverses façons, non opposées mais complémentaires: lois prohibitives à portée restreinte, action syndicale, ou encore programmes de rattrapage systématiques appelés aussi action positive. En vertu de programmes d'action positive, on met en oeuvre un train de mesures destinées à hausser significativement la présence des femmes dans les secteurs d'emploi où elles sont sous-représentées: embauche préférentielle, accès à des cours de formation, etc., le même raisonnement s'appliquant aux hommes dans les secteurs féminisés. Il est toutefois assez évident que l'intérêt pour les hommes d'avoir accès à des postes de secrétaires n'a pas de commune mesure avec l'intérêt que représente pour les femmes l'accès aux secteurs masculinisés, caractérisés par des salaires beaucoup plus élevés.

On touche là en fait à un des points les plus sensibles des relations hommes/femmes. La lutte organisée aux ghettos d'emplois menace potentiellement la supériorité économique des hommes, collective et individuelle, et porte atteinte à un ensemble d'idées largement partagées sur les conditions féminine et masculine: aux hommes les meilleurs salaires et le statut de pourvoyeur, aux femmes le salaire d'appoint et les responsabilités parentales et ménagères.

Promouvoir l'action positive dans les milieux de travail syndiqués entraîne logiquement que les syndicats en tant qu'employeurs devraient agir de même. La CSN a été la première à franchir ce pas. Sous la pression de son comité, elle a accepté de mettre en oeuvre, en 1979, un programme interne d'action positive; à compétence égale, les femmes sont préférées aux postes professionnels, leurs candidatures sont recherchées, des femmes sont présentes aux comités de sélection... Des débats similaires ont lieu dans les autres centrales. Ces efforts risquent cependant de se heurter au nombre très faible de candidatures féminines à ce genre de postes; toutes n'ont pas une âme de pionnières, toutes n'ont pas la disponibilité requise pour ces fonctions, et sans doute plusieurs femmes sont-elles de plus en plus réticentes à évoluer dans des milieux de travail très masculinisés.

Cette rareté de postulantes renvoie au second débat, celui de la conciliation entre les tâches familiales et ménagères d'une part, professionnelles et militantes d'autre part. Le (la) permanent(e) syndical(e) ou le (la) militant(e) syndical(e) doit se débrouiller pour se conformer à des horaires de travail ou de militantisme chargés et imprévisibles, de fréquentes absences hors du foyer, tout cela étant bien peu conciliable avec des responsabilités familiales et la conception traditionnelle du rôle de la femme gardienne du foyer. Les militantes ou permanentes syndicales subissent plus durement que les hommes les pressions, aussi fortes que subtiles, qui s'exercent sur ceux et celles qui refusent la disponibilité totale qui caractérise le militant des images d'Épinal. C'est par le biais de l'organisation de garderies à l'occasion de congrès que les centrales ont commencé à prendre en compte ce problème.

Ces expériences, réussies à la CSN et à la CEQ, ont sans doute contribué à hausser la participation des femmes. On a commencé aussi à s'interroger sur l'organisation des réunions syndicales, les heures de réunions, les difficultés pour les parents, et particulièrement pour les femmes, d'y assister. De façon assez générale cependant, ces interrogations n'ont pas beaucoup de suite et demeurent au niveau de principes: on ne sait comment éviter les réunions de fins de semaine, et on est conscient en même temps que si les fonctions militantes apparaissent si lourdes, c'est qu'elles s'ajoutent à une organisation et à des horaires de travail trop contraignants, à une division inéquitable des tâches entre hommes et femmes et au phénomène de la monoparentalité qui touche majoritairement les femmes.

Il s'agit donc ici d'un autre de ces débats qui obligent leurs participants(es) à prendre conscience de la fausse division public-privé ou travail-loisirs. Dans le mouvement syndical, comme dans la société tout entière, ce sont les femmes qui font avancer ce débat et qui sont porteuses de changements dans la pratique militante.

* * *

Au terme de ces notes, il s'impose que, malgré l'image généralement cohésive présentée par chaque centrale et «son» comité de la condition féminine, ce qui se passe en pratique relève bel et bien de la lutte des femmes: lutte pour l'égalité et la reconnaissance, lutte aux préjugés et au paternalisme sur le marché du travail bien sûr, mais aussi à l'intérieur des structures syndicales. On ne s'interroge plus à haute voix, dans le mouvement syndical, sur le droit au travail ou à l'égalité des femmes; les préjugés, les conditionnements n'en sont pas moins présents, là comme ailleurs. L'égalitarisme hommes-femmes inspire maintenant les positions officielles des centrales qui ont mis au grenier leur protectionnisme; mais lorsque les militantes veulent maintenant mettre l'accent sur certaines spécificités de la condition féminine (double fardeau, harcèlement sexuel...) leurs efforts sont encore souvent perçus comme contradictoires avec la revendication fondamentale pour l'égalité.

Les CCF syndicaux évoluent donc à l'intérieur de contraintes politiques qui les particularisent par rapport aux groupes autonomes de femmes, mais ils disposent en même temps de ressources supérieures à ces dernières — bien qu'insuffisantes — ce qui peut entraîner des attitudes hégémoniques de la part des CCF des centrales. Ces différences, ces tensions ne doivent pas empêcher de constater que les comités de condition féminine syndicaux participent véritablement au mouvement des femmes, et que leur efficacité, tout comme leur faiblesse, passe justement par leur double allégeance.

8

Les débuts du mouvement des femmes à Montréal, 1893-1902*

Yolande Pinard

Le mouvement des femmes qui apparaît à la fin du siècle dernier au Québec émerge principalement à Montréal, dans un contexte de crise urbaine. L'expansion de l'action féminine et le développement du féminisme coïncident avec l'éclosion simultanée du mouvement de réforme urbaine qui se structure dans les villes canadiennes à partir des années 1880. Des femmes s'enrôlent dans ce mouvement et se dotent d'instruments de revendication autonomes parfois calqués sur le modèle des organisations masculines. Une communauté d'intérêts, favorisée par une même appartenance de classe, c'est-à-dire bourgeoise, amène les deux types d'organisation à collaborer fréquemment dans la poursuite d'actions communes.

Tributaire de l'évolution du mouvement des femmes au Canada et d'une façon plus générale, dans le monde occidental, le mouvement montréalais articule ses principaux objectifs autour de la réorganisation du travail philanthropique dans la métropole, de l'amélioration de la situation des travailleuses et de la promotion plus globale des droits des femmes.

Cette étude porte d'abord et avant tout sur le Montreal Local Council of Women (MLCW), fondé en 1893. Une fois le mouvement replacé dans son contexte canadien et international, nous définirons les motifs qui ont poussé des Montréalaises sur la voie du regroupement de leurs forces. Puis, nous nous pencherons plus précisément sur le MLCW en présentant les réactions que sa création a suscitées et un survol de ses premières actions entre 1893 et 1902, où se dessinent les grandes luttes du 20e siècle. Enfin, nous terminerons

---

* Quelques modifications mineures ont été apportées à ce texte depuis sa parution en 1977.

par l'exposé d'une nouvelle tendance au sein du mouvement, le féminisme chrétien.

Le Montreal Local Council of Women est la constituante montréalaise du National Council of Women of Canada (NCWC) institué en 1893 par Lady Aberdeen, épouse du gouverneur général de l'époque[1].

La naissance du NCWC représente en quelque sorte l'aboutissement d'un vaste courant en faveur de l'unification du mouvement des femmes au Canada. Il surgit à un moment où se termine une grande période d'expansion organisationnelle qui, amorcée depuis 1870, a vu se former une kyrielle d'associations féminines pancanadiennes[2]. Les femmes qui se sont jointes au «Woman's Club Movement» proviennent pour la plupart de la bourgeoisie ou de la petite bourgeoisie. Elles ont acquis une solide expérience dans le domaine des affaires publiques et de l'action sociale.

Les clubs ou associations multiples qu'elles ont fondés débordent les frontières purement locales ou régionales qui, jusque-là, constituaient le cadre plus ou moins informel de leurs groupements. Les sociétés religieuses dominent encore en force le mouvement, mais, parmi les nouvelles associations, il en est quelques-unes qui se sont données une orientation davantage laïque bien qu'elles soient confessionnelles elles aussi[3]. Cette tendance à la sécularisation deviendra majoritaire entre 1893 et 1929, seconde phase organisationnelle marquée par une diversification plus poussée de la composition du mouvement au Canada[4].

Le NCWC est un organisme confédératif. À ce titre, il souhaite unifier les associations de femmes et s'imposer comme organisation formelle afin de briser la barrière religieuse qui caractérise le mouvement des femmes. Il demeure conscient d'avoir à se situer au-dessus de toute politique partisane pour préserver l'autonomie et la diversité des sociétés qui consentent à se rallier en son sein.

Il se porte à la défense de l'institution familiale et de la vocation traditionnelle de mère et d'épouse qui lui apparaissent grandement menacées par l'industrialisation croissante. La croyance du NCWC dans la spécificité du caractère féminin et son adhésion à l'idéologie de la domesticité caractérisent son approche: la «nature» maternelle des femmes, trait unique de leur personnalité qui, affirme-t-on, les différencierait de l'autre sexe, sert de critère pour légitimer leurs interventions dans le domaine de la vie publique.

Le «Woman's Club Movement» n'est pas un phénomène exclusif à la société canadienne. L'apparition du NCWC s'inscrit dans une perspective internationaliste qui voit s'affirmer une tendance à la formation de conseils nationaux de femmes dans les pays occidentaux. Le congrès de fondation du International Council of Women (ICW), en 1888, à Washington, en avait popularisé l'idée.

Cette volonté d'association reflète directement les changements économiques et sociaux de l'époque qui incitent les femmes de la bourgeoisie et de la petite bourgeoisie à étendre leur pouvoir d'intervention dans le domaine des affaires publiques. L'organisation de leurs forces leur apparaît la réponse idéale à une variété de problèmes engendrés par l'industrialisation croissante, l'urbanisation, l'immigration et la prolétarisation. Par la mise en commun de leurs énergies, elles veulent participer aux efforts de leurs maris et de leurs frères, qui ne cessent de créer des associations à buts réformistes pour faire face à la montée des revendications ouvrières et à la constitution d'organisations syndicales[5]. Ces efforts prennent de plus en plus la forme de croisades en faveur d'une régénération morale et sociale du milieu urbain.

Vers l'organisation des femmes à Montréal

À la fin du siècle dernier, les activités féminines se cantonnent surtout aux sphères religieuses ou philanthropiques, particulièrement du côté des Canadiennes françaises. Cette caractéristique définit l'ensemble du mouvement des femmes au Québec.

Bientôt cependant, des femmes des classes bourgeoises désirent rompre avec une conception trop étroite de leur rôle et elles remettent en question l'organisation traditionnelle du travail charitable dans la métropole. On note un effort tangible pour sortir des sentiers battus et adhérer à une idéologie réformiste et féministe qui se précisera au cours des premières années du 20e siècle. Chez les protestantes, on décèle une laïcisation plus grande des institutions de charité. Peut-être pouvons-nous dire que la fondation du MLCW est venue institutionnaliser cette orientation nouvelle dans le milieu canadien-anglais. La même tendance qu'on retrouvait dans le mouvement à l'échelle du pays a sans aucun doute influencé des Montréalaises anglophones, d'autant plus que certaines sociétés pancanadiennes laïques créées à partir de 1870 établissent des succursales dans la métropole, affiliées par la suite au MLCW. Des Canadiennes françaises réussissent à s'ajuster au mouvement qui se développe, mais il leur faudra attendre encore une quinzaine d'années avant de pouvoir elles-mêmes jeter les bases d'une action laïque véritablement organisée. Leurs difficultés s'accroissent du fait que, depuis 1840 environ, les femmes laïques ont été peu à peu exclues des associations catholiques de charité et d'une quantité d'occupations désormais contrôlées par le clergé et les religieuses. Elles ne remplissent plus qu'un rôle de soutien en ce domaine. D'après Suzanne Cross, elles jouissaient, jusqu'au milieu du 19e siècle, d'une marge d'autonomie suffisante qui leur permettait de diriger des activités de charité ou des œuvres de bienfaisance parallèles à celles des religieuses en général[6]. La prolifération des communautés de femmes à Montréal et au Québec à partir de cette date et jusqu'à l'aube du 20e siècle témoigne de la force de cet encadrement clérical[7]. Alors que les protestantes ont pu renforcer leur action dans ce secteur et dans le champ de l'éducation sans risquer une interférence de ce genre, les catholiques ont pris un certain retard qu'elles ont maintenant de la peine à combler.

Ainsi, en milieu francophone, l'antiféminisme semble être ancré plus profondément; ce qui expliquerait pourquoi l'expérience de l'action féminine laïque ne soit pas appréciée. En 1880, la fondatrice de l'hôpital Notre-Dame, Mme Rosaire Thibaudeau (Marie «Loulou» Lamothe), a rencontré dans son entreprise laïque une opposition tenace de l'évêché, comme le relate une de ses contemporaines[8].

Au Québec, comme partout ailleurs, le développement du capitalisme a ébranlé la structure traditionnelle de la famille et nous assistons à une modification des rôles et tâches en son sein: avec l'organisation du travail autour de l'usine, le domaine de la production domestique est écarté de celui de la production non domestique et les femmes sont davantage confinées à l'intérieur de la sphère familiale. Définies essentiellement comme épouses, mères et ménagères, elles sont présentées comme les principales dépositaires des valeurs morales et nationalistes. Au Canada français, l'importance accordée à la famille est plus considérable qu'au Canada anglais. L'idéologie clérico-nationaliste assigne une fonction supplémentaire aux femmes: celle de gardiennes de la foi chrétienne, de la langue et des traditions. Les protestantes ont une plus grande liberté d'action; n'étant pas exposées à la censure d'un clergé résolument hostile, elles sont moins réfractaires au libéralisme réformiste et elles peuvent se permettre d'être plus avant-gardistes. Des Canadiennes françaises s'intègrent néanmoins au mouvement implanté par des anglophones.

Elles croient en la complémentarité innée entre l'homme et la femme et le sexe demeure, selon elles, le critère de distribution des rôles sociaux. Elles endossent les principes de l'idéologie libérale qui repose sur l'individualisme, le droit inaliénable à la propriété privée et la division dite «naturelle» de la société en classes sociales. Les femmes, autant que les hommes, proclament-elles, doivent disposer du droit démocratique d'agir dans les structures de la société pour y jouer un rôle essentiel. Ainsi, acquièrent-elles la certitude d'avoir à prendre en main la lutte pour affirmer leurs droits politiques et juridiques qui sont pour ainsi dire inexistants.

L'adhésion à un double courant idéologique, le féminisme social et le féminisme de revendication de droits égaux, constitue la condition essentielle à l'organisation d'une action féministe à Montréal; c'est aussi la condition d'une entente possible entre militantes anglophones et francophones. Cette prise de conscience se rattache au féminisme bourgeois qui s'affermit dans le monde occidental à ce moment-là.

Les féministes sociales perçoivent leur participation à la vie publique comme la garantie d'un gouvernement plus sain, comme un instrument de réforme qui relèvera le niveau moral de la société et permettra de résoudre plus adéquatement les problèmes urbains. De nouveaux moyens de pression et des techniques d'investigation sont éprouvés: enquête, emploi de statistiques, référendum, envoi de pétitions et de requêtes auprès de la législature québécoise et des corps administratifs. Ceci donne une allure très légaliste à leurs démarches et se conforme à la tradition libérale de réforme. Cette génération de réformistes définit l'action collective comme un moyen pour améliorer la société, et ses aspirations tendent vers une organisation rationnelle des œuvres de charité à Montréal. À cet effet, on espère former des experts et des professionnels spécialisés dans le règlement des problèmes municipaux.

La philanthropie scientifique qui est mise à l'essai et les méthodes de cette génération de réformistes, dont H.B. Ames est le principal initiateur pour la région montréalaise, représentent une conception nouvelle de la pratique de la charité[9]. La tentative de professionnalisation du travail social est une constante qui se dégage de l'idéologie féministe réformiste à partir de 1890.

L'idéologie de la famille contient un sérieux paradoxe. Tout en continuant à cantonner les femmes à l'intérieur de leur rôle premier, cette idéologie nie le changement du rôle qui affecte une autre partie de la population féminine contrainte de se prolétariser pour subvenir à ses besoins. La valorisation de la femme au foyer est cependant démentie par les nouveaux rapports sociaux qui se constituent sur une base capitaliste et qui impliquent l'exploitation de la force de travail des femmes et des enfants. La perception essentiellement négative que les hommes et les femmes partagent à propos du travail féminin semble généralisée parmi toutes les classes sociales.

Le Montreal Local Council of Women

Créé en novembre 1893, le Montreal Local Council of Women se donne, à l'instar du NCWC, une ligne d'action non partisane et rejette toute distinction fondée sur la race, l'ethnie ou la religion.

Premier organisme du genre à voir le jour à Montréal, il réunit sous son égide une majorité de protestantes, mais il n'est pas confessionnel. Des nominations prestigieuses de toutes les tendances politiques assurent la respectabilité du mouvement. On vise de la sorte à tuer dans l'œuf les résistances les plus farouches[10].

Le MLCW autorise à la fois les adhésions collectives, c'est-à-dire, l'affiliation d'associations diverses, et des adhésions individuelles. Pour réussir à travailler en commun, les membres doivent proclamer la neutralité officielle du conseil sur toute question susceptible de faire naître des controverses. De l'extérieur, principalement au niveau de sa direction, le MLCW présente une homogénéité relative. Ceci n'exclut pas l'existence de tiraillements internes entre des fractions aux intérêts parfois divergents. L'éclectisme inhérent au mouvement, et qui caractérise tout autant le NCWC, lui nuira à certains moments en favorisant une trop grande dispersion des énergies.

En 1899, 27 associations sont affiliées au conseil, qui rassemble au total quelques milliers de membres. Sur le nombre, on repère quelques succursales montréalaises de sociétés féminines qu'on a vues émerger à l'échelle canadienne depuis 1870. Par exemple, on trouve des groupes aussi diversifiés que The Girls' Friendly Society, le Victorian Order of Nurses, la Young Women's Christian Association (la YWCA, établie à Montréal en 1874), la Women's National Immigration Society ou encore la Women's Art Association of Canada. D'autres sociétés laïques locales foisonnent au sein du MLCW. On peut citer The Alumnae Society of McGill University ou le Montreal Women's Club, associations très dynamiques. Des groupes philantropiques plus traditionnels ou des sociétés religieuses côtoient donc des sociétés à buts typiquement réformistes. Le désir des membres du conseil d'appliquer les principes de tolérance et de conciliation dans la conduite des activités communes s'explique dans ce contexte. Les sociétés fédérées se subdivisent en trois groupes d'œuvres: philanthropie, hygiène et éducation, musique et art. La distribution du travail s'effectue à travers des comités locaux spécialement créés à cet effet.

Une pluralité de tendances se fait jour. Sociétés ou individus membres ne partagent pas obligatoirement les mêmes idéaux réformistes ou féministes. Certains représentent le contingent traditionnel des femmes d'œuvres qui s'activent dans les domaines de la charité et de la philanthropie. Les chefs de file de l'organisation, par contre, personnifient un type récent de femmes qui expriment une conscience sociale neuve et que l'époque a qualifiées de «new women».

Parmi celles-ci, on identifie quelques médecins, journalistes, professeurs d'université et autres réformistes qui ne craignent pas de se battre pour l'affirmation de leurs droits. Futures présidentes du MLCW, Carrie Derick et Grace Ritchie-England sont des militantes qui sauront, au fil des années, donner le ton aux plus grandes luttes féministes du début du 20ᵉ siècle. Rompues à l'exercice d'une profession, elles font partie de cette première génération de diplômées universitaires qui ont si grandement influencé le mouvement des femmes à cette époque. D'autres femmes, comme la première présidente du conseil, Lady Julia Drummond, épouse du président de la Banque de Montréal, partagent la conviction selon laquelle les riches ont des responsabilités envers les plus démunis et ont le devoir d'améliorer la société. Familiarisées avec les théories modernes du travail social, ces femmes agissent sur l'orientation initiale du MLCW.

Des militantes canadiennes-françaises, comme Mme Rosaire Thibaudeau, Joséphine Marchand-Dandurand ou Marie Lacoste-Gérin-Lajoie, cumulent des fonctions d'importance au sein du MLCW ou du NCWC et cela, malgré l'hostilité du clergé[11]. Ce dernier voit d'un mauvais œil l'affiliation d'associations catholiques laïques à une organisation qui se proclame officiellement non confessionnelle, mais qui est en réalité dominée par les protestantes. À deux reprises, en 1893 et en 1896, l'archevêque de Montréal, Mgr Fabre, repousse les requêtes de la présidente du NCWC à cet égard[12]. Il ne tolère que l'adhésion individuelle des Montréalaises catholiques au conseil. La méfiance de l'archevêché à l'endroit du MLCW accroît l'hésitation des Canadiennes françaises désireuses d'en faire partie. La question de la prière d'usage à l'ouverture des réunions les a sérieusement inquiétées par la suite. Après négociation, il fut entendu qu'une prière silencieuse serait substituée au Notre Père (Lord's Prayer) dont le contenu varie selon les confessions religieuses[13].

Marie Lacoste-Gérin-Lajoie commence à jouer au MLCW un rôle qui deviendra bientôt déterminant pour l'avenir du féminisme au Canada français. Sa classe sociale d'appartenance la relie à la fraction plus libérale de la bourgeoisie. La nomination de sa mère, Lady Lacoste (Marie-Louise Globensky), comme vice-présidente au tout début montrait bien l'effort du conseil de rallier toutes les tendances, y compris celle plus traditionnelle de l'exercice de la charité privée à Montréal et qui demeure rattachée au courant du 19e siècle[14]. D'autres personnalités comme Joséphine Marchand-Dandurand ou Mme Rosaire Thibaudeau s'illustrent de la même façon. La première provient d'un milieu libéral bourgeois et pratique une activité professionnelle. Par le biais de la revue littéraire qu'elle a fondée, *Le Coin du Feu* (1893-1896), elle souhaite hausser le niveau intellectuel de ses compatriotes qu'elle considère nettement désavantagées par rapport aux Canadiennes anglaises, qui ont accès, du moins en partie, aux études supérieures. Elle hésite à se qualifier elle-même de «femme de lettres», n'ayant pas la formation académique qui justifierait ce titre[15]. Elle se taille une place dans le journalisme en créant sa propre revue, expérience professionnelle qui lui est facilitée par sa situation financière. À cette époque, il semble que le fait d'écrire dans une revue littéraire ou dans des journaux (ou à la rigueur d'en fonder) ait constitué une sorte de débouché possible, sinon rentable, pour les femmes instruites de la bourgeoisie[16]. La revue de Dandurand ne se veut aucunement un organe de revendications féministes; elle reflète néanmoins les nouvelles idéologies dont les Canadiennes commencent à se réclamer. Même si Dandurand y prend ardemment la défense de l'appareil familial et du rôle maternel dévolu aux femmes, il semble que son initiative n'ait pas eu l'heur de plaire à tout le monde puisque, raconte-t-elle, «à cette époque l'apparition du *Coin du Feu* fit en certains cercles une manière de petit scandale. Toute hostilité cependant s'effaça bientôt devant notre attitude inoffensive[17]».

Marie Lacoste-Gérin-Lajoie rédige une série d'articles pour *Le Coin du Feu* sous le pseudonyme de Yvonne. Comme Dandurand parfois, elle camoufle sa véritable identité sous un nom de plume. Cette habitude semble avoir été pratiquée couramment par les premières Canadiennes françaises qui se sont initiées au métier de journaliste. Emprunter un pseudonyme était peut-être une sage précaution à cette époque qui acceptait difficilement que les femmes expriment ouvertement leurs opinions et même, qu'elles en aient une! Robertine Barry connut une expérience similaire: elle débuta à *La Patrie* en 1891 sous le nom de plume de Françoise. Sans être membre en règle du MLCW ou du NCWC, elle s'intéresse aux questions sociales. À un congrès annuel du NCWC, elle adopte une attitude résolue en refusant de censurer une partie controversée d'un discours qu'elle y prononce[18].

Mme Rosaire Thibaudeau, présidente de l'hôpital Notre-Dame et épouse de l'un des propriétaires de la Montreal Cotton Co., œuvre activement au MLCW ou au NCWC à leurs débuts. L'Association des dames patronnesses de l'hôpital Notre-Dame qu'elle dirige est la seule association laïque canadienne-française à avoir été pendant un certain temps membre du MLCW.

La quasi-impossibilité pour les Canadiennes françaises d'accéder à des études supérieures et universitaires signifie qu'il règne en milieu francophone un antiféminisme plus virulent et plus efficace qu'en milieu anglophone, et cette situation se répercute sur la composition même du leadership du mouvement qui prend forme au Canada français. À l'opposé des Canadiennes anglaises, très peu de féministes francophones exercent une profession. Alors que Thibaudeau représente bien le courant du féminisme social à l'époque, Gérin-Lajoie, Dandurand et Caroline Dessaules-Béique, à partir de 1902-1903, épousent davantage la cause du féminisme de revendication de droits égaux.

Quelques réactions

La naissance du MLCW a soulevé une tempête d'indignation et de protestations qui l'a forcé, à l'origine, à justifier maintes et maintes fois sa présence aux yeux d'une population incertaine. Dans la pratique de ses luttes, son attitude à l'égard des maux sociaux qui ravagent la vie urbaine est extrêmement prudente et les solutions envisagées sont minutieusement analysées avant leur mise en application[19].

Le MLCW tente d'éduquer et de mobiliser l'opinion publique par la mise sur pied de campagnes vigoureuses en ce sens. En 1915, la première présidente du conseil confie: «This, perhaps, the changing and moulding of public opinion, is after all the greatest thing the Council has done. It is before all else a federation of ideas or ideals, and an educative force[20]».

Les débuts du MLCW n'ont pas été faciles: «First it had to find itself and then it had to dissipate all kinds of queer impressions as to what it really was. (...) At a garden party not far from this, someone introduced me to the late Mr. Goldwin Smith, as the President of the Local Council, whereupon he appeared to take a strong dislike to me and said, «I distrust all such societies. They can only end in one way, to teach women to regard marriage as a sort of co-partnership to be dissolved at pleasure». I fled from his cold and scrutinizing eye. But suspicion and prejudice and misconception were gradually overcome, and a year or two later we read our daily press: «The Council no longer needs justification or defence, it is itself its own vindication[21]».

Du côté canadien-français, les affrontements sont plus brutaux. La permanence de la crise l'illustre. La directrice du *Coin du Feu* dénonce la mauvaise foi des forces d'opposition qui accablent le NCWC et MLCW de tous les torts. Elle s'attaque au comportement sexiste de journalistes canadiens-français qui utilisent des procédés discriminatoires nuisant à l'extension du féminisme. Ainsi, le congrès annuel du NCWC, qui a lieu au mois d'avril 1894 à Ottawa, obtient une excellente publicité dans la presse anglophone qui couvre toutes les séances alors que la presse francophone omet presque d'en parler sinon en termes injurieux[22]. En 1896, le MLCW organise un concours littéraire pour développer le goût des choses intellectuelles chez les femmes. Dandurand se charge de publier les textes des deux gagnantes dans sa revue et en profite pour accuser certains journalistes «arriérés et à l'esprit borné du district de Québec» d'avoir refusé de présenter à leurs lecteurs les conditions du concours en prétextant leur désapprobation du MLCW[23]. Cette tribune littéraire sert finalement de canal pour réhabiliter ces associations auprès des lecteurs et de la population canadienne-française en général[24]. Dans le compte-rendu fait par *Le Coin du Feu* de la séance française du congrès du NCWC de mai 1896, on rapporte que l'assistance a été moindre que lors des deux derniers congrès annuels qui ont eu lieu à Ottawa et à Toronto, ce qui prouverait que «l'idée a peine à s'y frayer une voie, et c'est une infime minorité de sa population relativement immense qui profite des cours gratuits, des conférences, de toutes les occasions de s'instruire enfin qui lui sont offertes[25]».

Ardente partisane de la cause de l'instruction publique défendue par son père, le premier ministre provincial F.-G. Marchand, la directrice du *Coin du Feu* s'oppose avec virulence à l'autoritarisme du clergé et elle revendique en des termes énergiques un élargissement de la sphère d'action attribuée aux femmes. Les pages de son journal intime témoignent de la vigueur de ses objections et elles révèlent l'antipathie croissante du clergé québécois à l'endroit du NCWC et de sa fondatrice protestante. À son avis, si au Canada anglais on était plus disposé à accueillir une telle initiative, au Canada français, les milieux cléricaux et traditionalistes ont qualifié cet événement de véritable calamité. L'auteur souligne qu'ils craignent effectivement une laïcisation des associations de charité catholiques et des œuvres de bienfaisance contrôlées jusque-là par des religieux. Il est temps, ajoute-t-elle, que la femme intéressée à l'action sociale s'évade de son rôle «passif» et qu'on lui propose une alternative autre que celle de se faire religieuse ou de jouer, dans le monde, à la dame patronnesse, grande pourvoyeuse de fonds. L'apparition du NCWC lui donne des espoirs[26].

Par le biais de leur participation active à des congrès du MLCW ou du NCWC, les Canadiennes françaises se forment peu à peu à l'habitude de parler en public, acquièrent une solide expérience sur le plan organisationnel et développent des liens nouveaux avec d'autres femmes, autres que ceux créés par la famille ou le clergé. Elles sauront s'en prévaloir durant les premières décennies du 20e siècle. Leurs conférences couvrent une multitude de thèmes: le travail des femmes dans les hôpitaux, la culture intellectuelle pour les femmes, la crise domestique, l'économie, le journalisme, le mouvement féministe, etc.

L'inauguration de la séance française du congrès annuel du NCWC, qui s'ouvre dans la métropole en mai 1896, se heurte à l'opposition du clergé qui refuse la présence d'un prêtre et l'utilisation par les membres de l'assemblée de la salle des conférences de l'Université Laval de Montréal, d'où l'obligation de tenir la réunion dans un *High School*[27]. Le père de Marie Lacoste-Gérin-Lajoie, Sir Alexandre Lacoste, préside la séance car on considère que les femmes sont incapables de le faire en ce temps-là[28]. Il s'agit de la première séance française organisée par le NCWC. À travers son journal et dans un style percutant, Dandurand a exprimé son ressentiment face à l'ambiguïté d'une telle situation et à la présence même du juge Lacoste, qu'elle juge ultramontain et adversaire avoué du NCWC, qui a assisté au congrès par intérêt politique et parce que sa femme y était[29].

Orateurs et oratrices se sont succédés à la tribune et le discours prononcé par Marie Lacoste-Gérin-Lajoie pour la circonstance semble avoir été le premier qu'elle ait présenté devant une assistance publique, bien qu'elle ne l'ait pas fait comme membre officiel du MLCW, ce qu'elle n'est pas avant 1900[30]. Elle y parle de la nécessité pour les femmes de s'ouvrir à l'influence extérieure en élargissant leur champ d'action pour l'application de réformes; celles-ci, cependant, doivent être à la mesure de leur sexe. Il est temps que les femmes de l'élite, celles de la «classe aisée» comme elle les appelle, se joignent au mouvement féministe et qu'elles apprennent aussi à se débrouiller d'une façon honorable et sans jamais s'abaisser. À ces femmes incombe le devoir de diriger le mouvement, de le conduire modérément, sans exagération, pour favoriser la promotion des femmes. Elles doivent se garder de forger une véritable ligue pour la conquête de droits égaux, mais plutôt de suivre le MLCW ou le NCWC, guidées par le souci de respecter la vraie nature du sexe féminin.

Pour Gérin-Lajoie, le mouvement féministe a pris naissance dans la classe ouvrière. Probablement identifie-t-elle le féminisme dans sa première expression à la pénétration des femmes sur le marché du travail, femmes qui ont dû sortir du cadre d'activité familiale.

Les journaux ont énormément critiqué la tenue d'une telle séance et les effets de cette mauvaise presse ont été longs à se dissiper: «En a-t-on assez fait de tapage autour de cette soirée française du conseil national des femmes. Après un mois, deux mois, nos journaux en ont encore quelque chose sur le cœur. Tant mieux, c'est le signe de l'importance qu'on y attache. Des curieux, gens mal disposés envers nous, ou dans tous les cas des indifférents pour la plupart assistaient à la soirée. La salle était comble. Nous avons fait cependant quelques amis. Et puis sur l'estrade étaient des hommes dont la présence certainement nous encourageait et que nous avions plaisir d'essayer de rallier à notre cause. C'était M. Laurier qui nous a expliqué que son opinion n'était pas faite sur l'opportunité d'accorder le suffrage aux femmes. Nous le convertirons[31]».

Quelques temps après, Dandurand paraît s'être attiré les foudres de l'antiféministe Tardivel dans *La Vérité*, sans doute à cause de la teneur de ses propos féministes. Gérin-Lajoie, quant à elle, ne se formalise pas outre mesure de ces éclats: «Elle (Robertine Barry) m'a dit que Mme Dandurand prend à cœur les attaques de M. Tardivel dans *La Vérité*. C'est vraiment lui faire trop d'honneur à cet imbécile. Forte de ma cause je me soucierais peu de recevoir les épithètes ridicules dont il affuble nos femmes intelligentes. On sent son

impuissance à travers ces arguments à enrayer le mouvement féministe. Du reste, Dieu merci, les femmes ne sont plus comme les
enfants peureux et ne rebroussent plus chemin à la première escar-
mouche. (...) Elles font leur chemin en dépit de tout. Leurs revendications qui ne sont que justice s'imposeront. Je ne crois pas que la
famille en souffre[32]». Plusieurs membres du MLCW ont siégé au
comité d'organisation chargé de préparer l'ouvrage que le NCWC a
publié à l'occasion de l'Exposition universelle de Paris, en 1900, ou
y ont contribué par des articles[33].

Premières actions

Le MLCW essaie de remédier aux maux sociaux que la métropole engendre avec une rapidité toujours croissante. Thibaudeau et
Mme Learmont, qui dirigent le comité de l'hygiène, instituent une
série de conférences publiques et des cours bilingues d'hygiène
populaire dans les quartiers défavorisés de la ville; elles distribuent
des brochures aux mères indiquant tous les soins à prodiguer à un
enfant malade. Dans cette campagne de sensibilisation publique,
certains organismes municipaux de santé acceptent de collaborer.
Cette pratique laïque de la charité ouverte sur le féminisme social ne
plaît pas au clergé montréalais qui se montre récalcitrant: «Je veux
consigner afin de ne pas l'oublier la conduite énergique qu'a tenue
Mme Thibaudeau pour obtenir chez les Canadiennes l'établissement de cours sur l'hygiène faits spécialement pour la classe pauvre.
Les Canadiennes ne sont pas riches c'est entendu. Aussi la tâche
était grande il s'agissait d'obtenir un local où seraient suivis ces
cours. On a songé aux salles des commissaires d'écoles mais comment obtenir ces salles il fallait d'abord avoir l'assentiment du président l'abbé Bruchési. Le clergé à Montréal s'est jusqu'à présent
montré hostile à ce conseil. Il s'agissait donc, d'obtenir de l'abbé si
attaché à l'évêque une espèce de don de faveur pour ce conseil. Il a
fallu une bonne heure d'entretien entre l'abbé et Mme Thibaudeau
pour que cette dernière gagna enfin sa cause. La salle obtenue, on
voulait naturellement trouver des auditeurs[34]».

Marie Lacoste-Gérin-Lajoie poursuit en relatant l'habileté de
la tactique employée: «Le tact était de commencer les conférences
dans le quartier français le mieux préparé à accepter cette innova-
tion. Nos femmes canadiennes n'ayant de volonté que celle de leur
pasteur, il restait à deviner quel serait le curé le plus capable de diriger son troupeau vers les salles de la conférence. On a songé à l'abbé

Auclair, homme à l'esprit large et entreprenant, jouissant d'une influence très grande sur sa paroisse. Il fit en effet très bon accueil à Mme Thibaudeau mais il n'a pas poussé la complaisance jusqu'à annoncer la chose au prône. Cependant, il fit la promesse qu'il seconderait tous les efforts de Mme Thibaudeau en engageant les femmes de ses congrégations à aller assister aux conférences sur l'hygiène. Ce bon coup de main décida du succès et à la première conférence assistaient huit cent femmes. Les autres donnèrent pleine satisfaction. Le quartier où on recommença ensuite à travailler fut celui que dirigent les rédemptoristes. Ces religieux plus hostiles à cette œuvre que ne l'était M. Auclair finirent cependant par céder et prêtèrent la salle sous l'église[35]». L'initiative se poursuivra jusqu'en 1903.

Par l'entremise du Montreal Foundling and Baby Hospital qui lui est affilié, le MLCW ouvre en 1901 le premier dépôt de lait expérimental à Montréal. À peu près à la même période, grâce au prestige de Thibaudeau et au triomphe des conférences, un dépôt similaire naît dans l'est de la ville sous la surveillance de médecins canadiens-français[36]. Du lait non contaminé par la tuberculose est désormais distribué à un coût minime et une équipe de médecins dispense des soins médicaux aux mères et aux enfants nécessiteux.

D'autres initiatives voient le jour. Lady Drummond obtient le premier bain public pour la ville en 1896. Le MLCW recommande la nomination d'inspecteurs médicaux dans les écoles publiques, l'établissement d'une cour juvénile, d'une institution de réforme pour les filles et d'hôpitaux critiques, la protection et l'isolement des déficientes mentales dont la présence dans la communauté est perçue comme un danger constant et la suppression des publications dites «immorales». Car si la santé physique et la santé mentale canalisent une partie de ses efforts, la santé morale l'intéresse au plus haut point comme chez les autres réformistes. Le MLCW se réjouit en 1897 de la nomination temporaire de deux matronnes pour surveiller les détenues dans les postes de police.

La préservation de l'environnement et des espaces verts mobilise toute son attention. Quelques membres du MLCW participent activement à la Parks and Playgrounds Association, qui, fondée en 1901, adhère au conseil. Grâce à leurs pressions, des terrains de jeu pour enfants sont créés en 1902.

Sept membres de l'exécutif du MLCW siègent au bureau de direction de la Charity Organization Society (COS), fondée en 1899, et dont l'ébauche semble avoir été élaborée par la présidente du

MLCW[37]. Cette tentative de rationalisation et de centralisation des opérations charitables sur la scène municipale s'adresse aux deux communautés ethniques et s'inspire des projets qui sont mis en branle aux États-Unis surtout. Lady Drummond en a fort bien dégagé l'idée directrice quelques années plus tard en relatant que «before this Society was formed, Montreal was called the Naples of Canada, and I remember thirteen men-beggars coming to my door in a single day! But the spirit of this Society is constructive before it is repressive[38]». En fait, les concepteurs aspirent à encadrer les pauvres pour épurer leurs rangs afin d'en extraire les paresseux et de repérer les insoumis. Cette philanthropie bourgeoise répond aux intérêts de classe des promoteurs immédiats qui composent le bureau de direction et qui sont des représentants de la grande bourgeoisie et de la moyenne bourgeoisie montréalaises.

En 1895, le MLCW dirige une enquête sur les conditions de détention dans les prisons et dans les institutions de réforme et il commence à réclamer des réformes à la prison des protestantes. Collaborant avec la Young Women's Christian Association, la Prisoners' Aid Association et la Protestant Ministerial Association, des membres du MLCW, dans une pétition adressée au gouvernement québécois, demandent la construction d'une autre prison où des réformes pourraient être plus facilement appliquées[39]. Malgré l'envoi d'une autre requête en 1901, le MLCW n'obtient pas gain de cause si ce n'est la nomination de deux nouvelles matronnes.

Sur le front de l'éducation, le MLCW préconise l'institution de maternelles, le droit démocratique des femmes à l'exercice de toutes les professions et réclame une instruction industrielle et technique pour les classes laborieuses. Luttant en faveur de la professionnalisation du travail ménager, les membres veulent aussi former des servantes qui puissent en fait servir adéquatement leurs patronnes. Au congrès annuel du NCWC de 1894, Dandurand y prit si habilement la défense des intérêts des bourgeoises que sa plaidoirie lui valut une ovation monstre[40].

Le MLCW tente d'introduire l'éducation ménagère dans les écoles. Il se joint aux efforts de la Young Women's Christian Association qui a fondé en 1895 une école de cuisine et de couture dans la métropole. Le conseil encourage l'action entreprise par la Women's National Immigration Society pour faire venir d'Angleterre, entre autres, des servantes qualifiées[41].

La filiale montréalaise du Victorian Order of Nurses, intéressé à professionnaliser le métier dévalorisé d'infirmière pour en faire une carrière féminine honorable et respectée, regroupe à son exécutif des membres du MLCW. Parmi les autres réalisations du conseil à cette époque, signalons qu'il a obtenu l'enregistrement obligatoire des naissances et l'insertion de plusieurs de ses recommandations dans le projet de loi sur l'immigration des enfants dans la province de Québec qui fut adopté en 1899.

Si, en général, à cette période la plupart des actions qui sont entreprises continuent de se référer à la fonction maternelle réservée aux femmes — c'est en tout cas la tendance dominante au sein du NCWC — il est deux secteurs d'intérêt où le MLCW adopte une position vraiment égalitariste. D'une part, il lutte pour l'obtention d'une véritable égalité de formation entre filles et garçons et ce, même au niveau de l'instruction générale. D'autre part, dès 1896, il dénonce le caractère protectionniste des lois qui placent les femmes et les enfants dans la même catégorie. À cet effet, il s'oppose à toute législation spéciale qui limiterait exclusivement les heures de travail pour les femmes. Il recommande l'application du principe «À travail égal, salaire égal», l'abolition de toute discrimination entre les sexes dans le milieu de travail, la journée de huit heures et de meilleures conditions de travail pour tous sans exception, hommes et femmes compris. Au sein du NCWC, son attitude déterminée, voire avant-gardiste en ce domaine, l'entraîna dans des polémiques vigoureuses avec d'autres conseils locaux favorables à l'adoption de législations protectionnistes[42]. Sa prise de position ne l'empêche pas d'entériner la promulgation, en 1899, de la loi des sièges qui oblige les patrons à placer des sièges à la disposition des vendeuses.

Le conseil obtient, en 1896, la nomination de deux inspectrices de manufacture pour Montréal et une extension de leur juridiction, cinq ans plus tard[43]. L'intérêt du MLCW envers la nomination d'inspectrices dans les manufactures, les hôpitaux ou les écoles reflète aussi sa croyance dans le prétendu pouvoir de regénération «morale» et «sociale» qui serait l'un des «attributs féminins» par excellence.

Nous l'avons déjà souligné, la participation des femmes à la vie politique est à peu près nulle à la fin du siècle. Dans la province, la loi permet à tout électeur d'être éligible au poste de commissaire d'école et, depuis 1892, le droit de vote est accordé aux Montréalaises contribuables, célibataires ou veuves. En 1899, une extension de la loi autorise une autre catégorie de femmes à voter, les locataires, célibataires ou veuves. La femme mariée, en raison de son incapacité juridique totale, ne jouit d'aucun droit à ce niveau. Le MLCW essaie cette année-là de faire élire une femme au Protestant Board of School Commissioners puisque, en vertu de la loi, elle y est éligible. La législature québécoise lui répond durement en privant une fois pour toutes les femmes de l'exercice de ce droit.

La question du suffrage provincial ne monopolise pas encore l'attention du MLCW. Point n'est besoin de se remémorer le lien qui se tisse entre tempérance et droit de vote pour les femmes puisqu'il s'agit d'une arme dont celles-ci entendent se servir pour réformer la société. C'est d'ailleurs la Women's Christian Temperance Union de Montréal qui a présenté la première requête revendiquant le suffrage féminin dans la province, à la fin du siècle.

Un mini-sondage réalisé par *Le Coin du Feu* auprès de certaines sommités littéraires, journalistiques ou politiques du temps dévoile une opposition majoritaire au droit de vote à environ 70%[44]. Les opposants évoquent les dangers de la cabale électorale pour les femmes, les risques de promiscuité et les atteintes morales auxquelles elles s'exposeraient!

Le MLCW, en 1902, obtient le rappel d'un projet de loi qui aurait dénié aux femmes sténographes le droit de pratiquer leur métier à la Cour suprême. Enfin, à cette époque, le MLCW, par le biais de son comité législatif présidé par Gérin-Lajoie, se penche sur la question de l'incapacité juridique des femmes mariées dans la province et étudie des moyens d'action à entreprendre en ce domaine. Ceci présage les grandes batailles juridiques du 20e siècle.

Le féminisme chrétien

Au réformisme libéral des féministes canadiennes-françaises, s'adjoint la pensée sociale catholique. Le catholicisme social est cette nouvelle doctrine de l'Église exposée dans l'encyclique *Rerum Novarum* du Pape Léon XIII et elle commence à soulever des débats au Québec. Elle transparaît de plus en plus dans leur idéologie et leurs actions concrètes.

Nous pouvons déceler un double cheminement à l'intérieur de la démarche féministe dans la province, à ses débuts. Lors d'une première étape, entre 1893 et 1902, les femmes des deux groupes ethniques coopèrent étroitement dans une organisation unique, le MLCW, seul organisme de ce type à Montréal. Mais progressivement, les militantes francophones précisent une caractéristique originale de leur idéologie, l'aspect novateur du féminisme chrétien, hérité du courant féministe français. Cette composante est incorporée à leur idéologie et constitue le trait essentiel qui les distinguera toujours des féministes protestantes. À cela s'ajoute un nationalisme grandissant qui s'épanouira dans la première décennie du 20ᵉ siècle. Fondamentalement, ces féministes ne rompent jamais avec l'idéologie globale du nationalisme de conservation. Elles s'en séparent néanmoins sur le plan de l'énonciation de leur idéologie particulière qui s'abreuve au mouvement réformiste. À ce niveau, elles rencontrent les intérêts des anglophones. Déjà s'annonce à la fin du siècle la contradiction qui va opposer leur idéologie féministe à l'idéologie clérico-nationaliste et à ses représentants officiels. L'ambiguïté de leur position se répercutera sur leurs luttes prochaines. À partir de l'année 1902, une seconde phase s'annonce avec l'affermissement de la volonté autonomiste des Canadiennes françaises dont la résultante logique sera l'édification de la Fédération nationale Saint-Jean-Baptiste, en 1907. Facteur de division sur le plan organisationnel, la question nationale n'éliminera pas les luttes communes pour la conquête de droits égaux et une collaboration dans le domaine des réformes sociales. L'idéologie réformiste demeure aussi forte. La question sociale et la question des femmes unissent en dernière instance les francophones aux anglophones et leurs intérêts se recoupent souvent à cet égard.

Dès 1896, les symptômes de cette évolution apparaissent avec plus de clarté. Les Canadiennes françaises ne se sont jamais senties tout à fait libres au MLCW et le clergé a contribué pour une très large part à accentuer ce malaise. Elles cherchent leur propre voie et des solutions qui puissent concilier à la fois leurs convictions féministes et leur foi catholique. Or, cette année-là un mouvement naît en France et il va exercer un puissant impact sur les francophones. Il s'agit de la Société des féministes chrétiens qui s'organise autour de la revue *Le Féminisme Chrétien*, créée par Marie Maugeret. Le premier éditorial explicite le programme: «En premier lieu, nous ferons l'éducation de la femme en vue de ce rôle nouveau dont elle rêve sans en bien comprendre la portée, dont elle a tout à la fois l'ardent désir et la vague terreur. Nous lui révélerons son droit au droit (...). Mais plus nous lui parlerons de droits, plus nous lui parlerons de devoirs; plus nous lui répéterons que les uns sont le corrolaire et le contrepoids des autres. (...) Nous lui dirons que la division du travail en carrières masculines et en carrières féminines est, dans nombre de cas, purement artificielle et fondée sur l'arbitraire le plus injuste, puisqu'il n'a d'autre mobile que d'attribuer toutes les professions lucratives aux hommes, et toutes les autres aux femmes. Mais nous ne lui laisserons pas oublier que sa véritable carrière est avant tout, et quelquefois exclusivement, d'être épouse et mère[45]».

Gérin-Lajoie devient optimiste quant à la réhabilitation du mouvement féministe auprès du clergé québécois et du public en général. Elle voit déjà s'effriter les oppositions puisque le féminisme épouse maintenant la cause des catholiques en s'inspirant de la doctrine sociale de l'Église. Elle écrit à Marie Maugeret et lui envoie un article élogieux qu'elle a rédigé pour les journaux afin de la féliciter de son initiative: «N'est-ce pas la première tentative du genre, entreprise sous une bannière catholique. Oui, la cause de la femme est aussi la nôtre à nous catholiques. (...) Imputons à l'apathie seule des catholiques, les fausses solutions qu'on a voulu y donner jusqu'ici. Quelques-uns, je le sais, s'effrayeront de voir se former au sein du catholicisme une école aux idées aussi libérales. À ceux-là je répondrai qu'il leur est loisible de conserver leurs anciennes convictions, mais qu'ils ne peuvent blâmer au-delà des limites tracées par une critique courtoise, celle qui entreprend pour notre sexe une campagne que la politique de notre chef l'illustre Léon XIII ne semble pas désapprouver, lui ce génie par excellence qui a compris notre siècle et qui s'intéresse avec une bonté si fraternelle aux besoins de toutes les classes[46]».

Ces «fausses» solutions ont été proposées, en France du moins, par les groupes féministes appartenant à l'école de la «libre-pensée». En retour, Marie Maugeret confie à Marie Lacoste-Gérin-Lajoie: «Ainsi que vous l'avez bien compris, le titre de «Féminisme» que nous avons osé prendre pouvait susciter des soupçons et sembler insuffisamment corrigé par le mot «Chrétien», aussi est-ce une véritable satisfaction pour moi quand je suis bien comprise et qu'il ne reste aucune arrière-pensée dans l'esprit de ceux, qui, en y réfléchissant un peu, doivent pourtant admettre sans peine que le christianisme a été et reste encore et pour toujours l'image de la liberté et de la justice pour tous. (...) parce que j'ai déploré la tendance libre-penseuse des femmes qui les premières ont lancé l'idée en France, que j'ai cru devoir entreprendre une sorte de contrepartie, qui, tout en prêtant main-forte à l'autre camp chaque fois qu'il poursuivrait une revendication légitime et raisonnable, le tiendrait en échec et le démasquerait dans toutes ses manœuvres franc-maçonnes car si chez vous, ce sont les protestantes anglaises qui sont à la tête du mouvement, chez nous, ce sont les libres-penseuses, les athées, les franc-maçonnes, les socialistes; or, le protestantisme, c'est encore une religion, la libre-pensée est la négation de toute religion, partant de toute morale, et, vraiment, c'est une honte depuis que la direction exclusive d'une partie qui a la prétention de ramener la justice sur la terre est entre les mains de femmes dont la vie privée laisse tout à désirer et qui — quelques-uns du moins — ne prêchent l'amour libre, une théorie, que parce qu'elles ont commencé par le pratiquer. Malheureusement, de même que chez vous on se défie de ce qui est anglais et protestant, chez nous on se défie dans le monde chrétien d'une thèse qui semble identifiée avec les personnalités qui l'ont lancée tout d'abord et nous rencontrons en province surtout une grande défiance et une grande insouciance[47]».

L'idéologie féministe des francophones commence donc à s'apparenter au mouvement féministe chrétien établi pour juguler les effets considérés néfastes du courant radical qui s'affirmait dans ce pays à ce moment-là. Ici, en l'occurence, c'est le caractère protestant et non confessionnel du mouvement qui provoque l'affirmation de cette tendance et non l'existence concrète d'une pratique féministe «révolutionnaire», même si on en a une peur féroce!

Le Coin du Feu souligne l'événement et reproduit plusieurs articles tirés de la revue[48]. Désormais, les Canadiennes françaises ont un point de référence pour les guider et les orienter. En 1898, Gérin-Lajoie écrit: «Je comprends tellement l'importance de la question féministe que si je n'étais résolue d'abord à donner ma vie à Dieu elle serait exclusivement au service de cette question. Mais comme tout juste cause relève de Dieu et toute idée philanthropique part de lui, qui est essentiellement justice, j'établis aisément un lien entre les deux et je donne aux intérêts humains un point d'appui puissant en les plaçant en un être immuable. Je viens de lire un article de Marie Maugeret dans *Le Féminisme Chrétien* qui me fait frémir de plaisir[49]».

Ce féminisme pacifique, raisonnable et chrétien, Dandurand en rend compte en 1901 dans un article intégré dans l'ouvrage qu'elle vient de publier[50].

L'engagement des premières féministes canadiennes-françaises va de pair avec l'essor de l'action sociale catholique féminine qui se manifeste à une échelle internationale à partir de 1900. Les organisations nationales des femmes à l'étranger et au Canada sont non confessionnelles et, bien qu'admettant des catholiques, elles n'ont guère réussi à en attirer dans leurs rangs. Les catholiques veulent rattraper le temps perdu pour riposter contre le socialisme et les doctrines «athées». Le rôle social qu'elles se définissent les appelle à un rassemblement des forces féminines catholiques.

Le congrès des œuvres et institutions féminines, qui se tient dans le cadre de l'Exposition de 1900 à Paris et auquel Lady Drummond, Robertine Barry et Joséphine Marchand-Dandurand assistent à titre officiel, ne rencontre pas le succès prévu. Loin de favoriser la constitution d'une assemblée unique internationale, il produit une scission en trois groupements: libéral-protestant, socialiste ou «antireligieux» et catholique, cette dernière tendance étant largement minoritaire[51]. La fondation de la Ligue patriotique des Françaises l'année suivante semble consacrer le début de l'expansion de l'influence féminine catholique sur le plan social.

Les Canadiennes françaises ont trouvé la seule voie possible qui leur permettra de revendiquer leurs droits de femmes tout en respectant la foi chrétienne. N'allons pas croire cependant que le féminisme chrétien prédomine dans leur idéologie. Celle-ci se complète du féminisme de revendication juridico-politique et du féminisme social dont elles sont loin d'abandonner la pratique. Ces trois constantes composent leur idéologie et, pour les premières décennies du 20e siècle, une contradiction entre le féminisme de revendication de droits égaux et le féminisme chrétien créera des frictions intenses.

* * *

Époque charnière entre deux siècles, la période qui s'étend de 1893 à 1902 se caractérise par la naissance et la consolidation d'un premier mouvement organisé de femmes laïques dans la métropole. Quoiqu'un peu hésitant à ses débuts, celui-ci s'est rapidement aguerri et, en 1902, son orientation s'est précisée. Une partie des effectifs du Montreal Local Council of Women persiste à vouloir se raccrocher à une conception traditionnelle du rôle philanthropique assigné aux femmes de la bourgeoisie dans les œuvres de charité. Une autre fraction toutefois, et non la moindre, aborde le 20e siècle avec un bagage de formation pratique qui la destine à se battre à beaucoup de paliers pour l'obtention de réformes sociales et de droits égaux. Le mouvement est sorti de l'enfance.

La diversité d'intérêts inhérente au mouvement se reflète dans le type même des actions entreprises. Au cours de la première phase d'existence du MLCW, le conservatisme de certaines démarches se trouve contrebalancé par le contenu plus progressiste d'autres interventions. Cette dichotomie n'est qu'apparente au sens où l'implica-

tion de ces femmes dans des champs traditionnels assure une continuité avec le passé et vient de la sorte cautionner les gestes féministes
et réformistes posés à d'autres moments. Nous songeons, par exemple, à la prise de position égalitariste adoptée par le MLCW vis-à-vis
le travail féminin qui le singularise dès 1896 au sein du National
Council of Women of Canada. Le dynamisme du MLCW le distingue en partie de l'allure généralement conservatrice du NCWC sous
le règne de sa première présidente[52].

Les membres du MLCW adhèrent fondamentalement à
l'idéologie de la femme au foyer et leurs actions s'inscrivent presque
toutes dans le prolongement du rôle d'épouses et de mères que
l'idéologie dominante assigne aux femmes. À part sa position sur le
travail des femmes ou l'égalité complète de formation entre filles et
garçons qu'il préconise, le MLCW subordonne son féminisme de
droits égaux à cette composante de son idéologie. Il reprend à son
compte, mais dans une moindre mesure, l'argument antiféministe
qui pose l'existence de différences de «nature» entre les sexes afin de
justifier cette fois un élargissement de la sphère d'action féminine. Il
ne rejette pas la «doctrine de la séparation des deux sphères» qui
domine en Occident au 19ᵉ siècle. Ces femmes s'appuient sur leur
prétendue «supériorité morale» pour agir dans la société. Elles ne
remettent pas en question l'institution de la famille. D'où l'ambiguïté certaine de leur idéologie qui rejoint paradoxalement celle de
leurs adversaires dans une perception similaire du rôle des femmes.
Cette valorisation de l'idéologie de la famille conditionne leurs
interventions et les amène à ne pas vouloir reconnaître le principe de
la généralisation du travail des femmes hors du foyer à cette époque.

Au sein du MLCW, les Canadiennes françaises commencent à
envisager la possibilité de se regrouper entre elles sur une base confessionnelle et ethnique. Leur participation au MLCW a aiguisé leur
combativité et les a incitées à particulariser leurs vues et leurs
besoins. Le conseil est une espèce d'école d'apprentissage qui leur
permet de s'approprier une expérience de militantisme très riche
dans le secteur laïque. Elles souhaitent se dissocier d'un demi-siècle
d'encadrement clérical des activités féminines et ébranler le monopole du clergé en ce domaine.

9

La Fédération nationale Saint-Jean-Baptiste et les revendications féministes au début du 20e siècle*

Marie Lavigne, Yolande Pinard
et Jennifer Stoddart

Les premières décennies du 20e siècle sont caractérisées par l'essor rapide du féminisme, mouvement s'inscrivant dans la vague réformiste que connaît à cette époque le monde occidental. Le Québec n'est pas à l'écart et les organisations féministes qui s'y développent se rattachent à ce courant international.

L'historiographie québécoise a négligé l'importance des mouvements féministes qu'on assimile trop souvent à la seule revendication pour le droit de vote. Les premières organisations qui naissent au début du siècle ont débordé ce cadre et joué un rôle fondamental dans la lutte pour la promotion des droits des femmes. Notre étude est centrée sur la Fédération nationale Saint-Jean-Baptiste (FNSJB), fondée par Caroline Dessaules-Béique et Marie Lacoste-Gérin-Lajoie[1] et présidée durant plus de 20 ans par cette dernière. Elle se limitera donc à l'aire d'influence de la FNSJB, le milieu canadien-français de Montréal. Après avoir décrit brièvement les circonstances de la naissance de la fédération ainsi que son organisation et son idéologie, nous examinerons les grandes lignes de son

* Une première version de ce texte a été publiée dans la *Revue d'histoire de l'Amérique française*, 29, 3, décembre 1975; p. 353-373. Reproduit avec la permission de l'éditeur. Cette recherche est basée principalement sur la documentation recueillie aux archives de la Fédération nationale Saint-Jean-Baptiste à Montréal, et dans les archives personnelles de Marie Lacoste-Gérin-Lajoie conservées à la maison mère de la Communauté des sœurs de Notre-Dame-du-Bon-Conseil à Montréal. Un premier dépouillement de ces archives a été effectué en 1973 par le groupe de recherche «Les premières féministes canadiennes-françaises» dont étaient membres, outre les auteures de ce texte, Évelyne Bissonnette-Paquette, Johanne Cloutier-Boucher et Rosanne Saint-Jacques. Nous tenons à remercier Paul-André Linteau de l'Université du Québec à Montréal pour ses commentaires sur ce texte.

action entre 1907 et 1933, et plus particulièrement ses interventions sociales, juridiques et politiques.

La Fédération nationale Saint-Jean-Baptiste: organisation et idéologie

Au tournant du siècle, de nombreuses Montréalaises deviennent conscientes des problèmes sociaux engendrés par la croissance rapide du capitalisme et sur lesquels se penchent les réformistes: santé publique, assainissement de la vie politique, travail des femmes et des enfants, éducation, délinquance juvénile, tempérance[2], etc. Elles joignent les rangs du mouvement de réforme et mettent sur pied divers organismes d'action sociale. Ce faisant, elles se heurtent quotidiennement aux limites que leur impose leur propre incapacité juridique et politique[3].

Une telle situation amène nombre de réformistes à militer en faveur des droits des femmes. Une déclaration de Marie Lacoste-Gérin-Lajoie met en relief la relation entre action sociale et action politique et la nécessité d'une articulation du féminisme et du réformisme: «Mesdames, comprenez-vous l'importance qu'il y a pour vous de vous présenter pour voter aux élections municipales... Vous vous plaindrez ensuite de voir au coin de chez vous une buvette qui perd votre fils, vous mourrez de chagrin à la vue de votre fille dont la vertu tombera miette à miette au milieu de représentations malsaines, vous déplorerez la mort d'un enfant empoisonné par la contamination des ordures de la rue et vous n'essayez pas de remédier à tout ce mal[4]».

C'est d'abord au sein d'une organisation féministe anglophone, le Montreal Local Council of Women (MLCW), que se retrouvent pendant une dizaine d'années les féministes francophones. Puis à partir de 1902, elles se dotent d'une organisation francophone, la section des dames patronnesses de l'Association Saint-Jean-Baptiste. À l'origine, cette organisation, qui réunit des noms bien connus de la bourgeoisie montréalaise, avait pour objectif d'appuyer l'Association Saint-Jean-Baptiste aux prises avec des difficultés financières à la suite de la construction du Monument national. Conscientes du rôle patriotique que les femmes doivent jouer, elles espèrent aviver le nationalisme canadien-français. Mais ces femmes ne se limitent pas à l'action patriotique et songent à élargir leur champ d'action. Elles projettent alors la fondation de la Fédération nationale Saint-Jean-Baptiste.

Issue de la section des dames patronnesses de l'ASJB, la Fédération nationale Saint-Jean-Baptiste (FNSJB), fondée en 1907, groupe un bon nombre de membres qui ont déjà à leur actif une expérience d'intervention sociale et politique. Acquise principalement au MLCW, cette expérience influencera pendant les premières années le style de travail et les interventions de la FNSJB.

La fondation d'une organisation catholique et canadienne-française, indépendante du MLCW, fait suite à la prise de conscience de la nécessité d'un encadrement qui respecte leurs croyances religieuses, surtout en matière d'éducation, et qui sauvegarde leur ethnie. L'idéologie cléricale et nationaliste inspire donc la FNSJB et la différencie du MLCW, organisation non confessionnelle et anglophone. La structure de la FNSJB est toutefois la réplique de celle du MLCW[5].

La fédération réunit sans les fusionner une série d'associations jusque-là isolées. Les 22 sociétés affiliées, totalisant quelques milliers de membres, se répartissent selon trois types d'œuvres: soit les œuvres de charité surtout composées des associations de dames patronnesses déjà existantes, les œuvres d'éducation, telles l'Association des femmes journalistes ou les écoles ménagères provinciales et enfin, les œuvres économiques qui rassemblent des associations professionnelles pour l'amélioration de la situation des travailleuses. Chaque société regroupe des personnes ayant les mêmes intérêts, la même profession ou provenant d'une même classe sociale. La diffusion des activités de la FNSJB s'effectue par des assemblées annuelles, des semaines sociales, des congrès et à partir de 1913, par un journal mensuel, *La Bonne Parole,* dont le tirage atteint quelque 2000 exemplaires.

La répartition des associations en trois champs d'action reflète les préoccupations des premières féministes en même temps qu'elle indique leur lien avec l'idéal réformiste et philanthropique de l'époque.

La formation et la sensibilisation sont perçus comme des moyens privilégiés en vue de l'émancipation et de la promotion des femmes dans la société. La création de cercles d'étude dans les diverses associations à partir de 1910 s'inscrit dans cette perspective et vise à la formation d'une élite féminine parmi les Canadiennes françaises, qu'il s'agisse d'une élite ouvrière ou bourgeoise[6]. L'emprise de l'idéologie clérico-nationaliste ainsi qu'un antiféminisme frisant souvent la misogynie créent un climat peu propice aux changements sociaux ou à des modifications du statut des Québécoises.

L'impossibilité pour le clergé d'étouffer un mouvement déjà bien enraciné amène ce dernier à l'encadrer pour mieux le récupérer. Ainsi, la création de la FNSJB est entourée d'un débat entre «bon» et «mauvais» féminisme, le «bon» féminisme étant celui qui saura respecter les valeurs nationalistes et la pensée sociale catholique. Cela explique l'extrême prudence de ces féministes et les ambiguïtés de leur idéologie.

L'unanimité s'opère autour de la primauté du rôle maternel des femmes et le partage des rôles entre hommes et femmes est rarement remis en question. Des féministes continuent de parler de complémentarité innée entre l'homme et la femme (antithèse d'une attitude égalitariste), et c'est en fonction de cette même complémentarité que le rôle social de la femme se définit. On se contente de s'attaquer aux effets discriminatoires qu'entraîne cette répartition des tâches entre les deux sexes en ne s'interrogeant pas sur le sens de cette inégalité, et les réflexions de ces féministes ne sont pas orientées vers une remise en cause de la «féminité» elle-même et de ses effets oppressifs[7].

Idéologiquement, la FNSJB s'alimente au *féminisme social* qui subordonne la lutte pour les droits de la femme aux larges réformes sociales considérées comme les plus urgentes — telles la lutte contre l'alcoolisme, la mortalité infantile, etc. — au *féminisme chrétien*, inspiré de la doctrine sociale de l'Église, et à un *féminisme de revendication* politique plus directement relié à la tradition libérale.

Les dirigeantes de la FNSJB sont pour la plupart des femmes de la bourgeoisie, ce qui restreint singulièrement le contenu et la portée de leur combat féministe. Au problème de l'infériorité dans laquelle toutes les femmes sont maintenues, de même d'ailleurs qu'à tous les autres maux sociaux, elles n'envisageront que des solutions réformistes et légalistes. Au cours de la période étudiée, nous constaterons que la fédération s'éloignera graduellement des revendications politiques et professionnelles les plus controversées, se dégagera des influences du mouvement de réforme progressiste et s'inspirera de plus en plus du féminisme chrétien.

Malgré tout, le contenu contestataire et progressiste de l'idéologie de la FNSJB va permettre d'ébranler certains des préjugés les plus tenaces; par son action, la fédération ouvre la voie à l'émancipation des femmes aux niveaux politique et juridique. C'est là toute la signification politique de ce féminisme.

Les luttes sociales

Ce sont les «œuvres de charité» qui correspondent le plus à l'idéal traditionnel de l'action sociale féminine; cette appellation revêt aux yeux de la fédération un sens plus dynamique qu'une simple redistribution symbolique des richesses d'une classe sociale à l'autre et s'inscrit dans le champ plus vaste des luttes sociales.

La rationalisation de la charité face aux problèmes gigantesques de pauvreté dans les milieux industrialisés a eu partout un grand impact sur l'orientation des organisations féminines et a même suscité l'apparition d'une nouvelle fonction prestigieuse pour les bourgeoises: celle de travailleuse sociale[8]. La philanthropie scientifique, qui essayait de remédier aux problèmes par une observation minutieuse de la situation, par une supervision personnelle de l'administration de l'aide et par une insistance sur la réhabilitation possible des victimes de la pauvreté, était encore relativement nouvelle pour les femmes d'œuvres parmi la bourgeoisie francophone[9]. À ces dernières, la FNSJB a probablement ouvert de nouvelles portes sur la pratique de la charité, et par association inévitable, sur le féminisme social. De cette manière, les luttes sociales du MLCW et de la FNSJB se recoupent d'assez près jusque dans les années vingt.

Fidèles à la définition de l'action féminine qui veut que la femme s'occupe presque exclusivement des problèmes touchant la famille et le foyer, les membres de la fédération appuient fortement les œuvres de sauvegarde des enfants et du foyer. Ainsi, des liens étroits sont créés entre la fédération et l'hôpital Sainte-Justine pour les enfants. L'Œuvre de la Goutte de lait, établie pour tenter de diminuer le taux de mortalité infantile qui est parmi les plus élevés en Amérique du Nord, bénéficie de son aide lors de campagnes de financement ou de publicité[10]. La FNSJB fonde elle-même au moins 17 comités de Goutte de lait pendant la guerre et organise des conférences sur l'hygiène.

On assiste à la mise sur pied de deux comités chargés d'aider la mère de famille lors de son accouchement. Comme la fédération considère que les femmes ont des besoins spécifiques selon leur classe sociale, les mères ouvrières sont assistées dans la maternité par l'œuvre de charité dite l'Assistance maternelle. Fondée en 1909, elle se propose de venir en aide à la «légion de jeunes mères murées dans une existence étroite (...) entre les classes privilégiées et les classes déshéritées» qui s'épuisent dans des accouchements rapprochés et qui, sans aide ménagère adéquate, se relèvent trop vite de leurs couches[11].

Pour les autres mères qui ont les moyens de se payer une aide maternelle à l'accouchement, on fonde, 18 ans plus tard, le Comité des aides maternelles. En effet, Marie Lacoste-Gérin-Lajoie est persuadée qu'une des causes du taux élevé de mortalité infantile est l'accouchement à l'hôpital. Sa volonté de garder la mère au foyer lui fait déclarer devant la Commission des assurances sociales de Québec (commission Montpetit) que le meilleur moyen d'aider les familles dans le besoin n'est pas la construction de nouveaux hôpitaux, mais le secours direct aux mères: «Je vous demande (...) de ne favoriser aucun mouvement qui entraînerait la femme vers l'hôpital au lieu de rester au foyer. Même de son lit de souffrance, une mère peut diriger sa maison et voir à ce que tout aille bien[12]». Un autre grand champ d'action de la FNSJB est la lutte antialcoolique. D'ailleurs, on conçoit mal une organisation féminine de cette époque qui ne se prononce pas sur ce problème qui, croit-on, est à la base de la pauvreté et du vice, et ce d'autant plus que l'alcool est l'ennemi numéro un du bonheur des familles et de la paix du foyer. Dès sa fondation, la FNSJB collabore avec le MLCW afin de faire réduire le nombre de débits de boissons dans la ville et formule un projet de loi pour limiter l'octroi des permis. Preuve de l'appui populaire pour la lutte antialcoolique, ce projet est appuyé par une pétition de 60 000 noms. Chaque année, le «comité de tempérance» renouvelle la bataille, souvent de pair avec les autres organisations de tempérance, telles la Women's Christian Temperance Union (WCTU). Ainsi en 1910, lors des élections municipales de Montréal, un grand appel est lancé à la solidarité féminine afin que toutes les femmes qui possèdent le droit de vote appuient les candidats endossant le programme de la Ligue antialcoolique. Ce phénomène est intéressant car il illustre bien la croyance qu'ont les féministes de cette époque dans le rôle régénérateur de la femme et dans la possibilité d'un vote solidaire des femmes.

Elles ont en outre combattu la traite des blanches. Il est difficile de savoir si celle-ci avait une importance considérable à Montréal et au Québec, mais un fait n'en est pas moins certain, c'est qu'elle a terriblement préoccupé les bourgeoises, autant de la FNSJB que du MLCW. La FNSJB organise un comité de surveillance aux gares, où prétend-on, le recrutement se fait et on envoie des lettres à des curés du Bas du Fleuve leur fournissant la liste des foyers vers lesquels ils doivent diriger les jeunes filles en partance pour la ville afin de les protéger.

D'autres questions, telles le paiement aux épouses du salaire des maris prisonniers, l'assistance médicale aux chômeurs, la création de tribunaux pour l'enfance, le logement ouvrier, la présence des femmes policiers aux postes de police et la lutte contre la tuberculose, ont retenu l'attention de la FNSJB à différents moments. Comme les autres organisations féminines, la fédération participe à l'effort de guerre en fondant la section française de la Croix-Rouge et du Fonds patriotique.

Après la guerre, la lutte contre le cinéma mobilise très longtemps une partie des effectifs de la fédération, qui s'interroge sur la valeur morale du cinéma et sur la pertinence d'en interdire l'accès aux enfants. L'incendie du cinéma Laurier, en 1927, dans lequel périrent 77 enfants, ne fait que raffermir leur position. La même année, la fédération envoie une requête au premier ministre Taschereau lui enjoignant de légiférer sur la fermeture des cinémas le dimanche et sur l'interdiction de l'entrée aux enfants. Entre-temps, on lutte aussi bien contre les affiches immorales à l'entrée des théâtres et des cinémas que contre la mode indécente. Dans cette action, la FNSJB emboîte le pas aux milieux cléricaux qui essaient d'instaurer un puritanisme rigide[13].

Un examen attentif des luttes sociales de la fédération nous révèle un changement d'orientation au cours des ans. Dans une première phase, allant de la fondation en 1907 jusqu'à l'après-guerre, son action ressemble à celle des autres mouvements de réforme à Montréal, quelle que soit leur appartenance ethnique ou religieuse. Cependant, après la guerre, on remarque de moins en moins d'affinité avec les organisations non catholiques, qu'elles soient féministes ou réformistes, et un attachement de plus en plus solide à la pensée sociale catholique et aux milieux cléricaux. La fédération avait permis à des laïques de se pencher sur des problèmes sociaux et de mener un bénévolat plus prestigieux et mieux structuré, domaine auparavant largement dominé par les communautés religieuses. Mais vingt ans plus tard, leur pratique d'un certain réformisme sera solidement encadrée par l'Église et s'éloignera des courants progressistes.

Les luttes pour la conquête de droits égaux

C'est l'absence de droits égaux qui a amené les féministes à considérer leur statut juridique et politique comme la source même de leur infériorité en tant que femmes. De grandes luttes se mène-ront donc pour l'obtention du droit de vote à tous les paliers, pour l'accès à des professions et à l'enseignement supérieur traditionnel-lement réservés aux hommes et pour l'abolition de la discrimination au niveau juridique. Nous allons, dans cette partie, dégager succes-sivement l'essentiel de ces luttes qui ont été pour la plupart commen-cées sous l'instigation du MLCW, puis poursuivies conjointement avec la FNSJB.

Au tournant du siècle, aucune Canadienne ne possède le droit de vote aux niveaux fédéral et provincial, mais les veuves et les céli-bataires contribuables peuvent voter aux élections municipales, et au Québec, la loi permet à tous les propriétaires de voter et d'être éli-gibles au poste de commissaire d'école[14]. Les féministes estiment en outre que leur participation au niveau scolaire est essentielle car «l'inspection des écoles par des gardes, la santé des enfants, la direc-tion des filles sont des questions qui concernent principalement les femmes[15]».

La lutte pour l'obtention du suffrage au niveau municipal sera l'une des plus importantes et ce, d'autant plus que la plupart des féministes sont grandement engagées dans le mouvement de réforme urbaine. Lorsque le Conseil municipal de Montréal tente, en 1902, de retirer ce droit aux 4804 femmes locataires qui en jouis-sent, Marie Lacoste-Gérin-Lajoie, au nom du MLCW, adresse une requête aux échevins et au maire revendiquant la conservation de ce droit. Les locataires montréalaises (veuves et célibataires) purent continuer à exercer leurs droits de vote et conséquemment les élec-tions de 1904 suscitèrent une grande participation féminine.

Dans la lutte pour l'obtention du droit de vote au niveau fédé-ral, le rôle des féministes canadiennes-françaises n'a pas été prédo-minant, mais elles ont généralement appuyé toutes les actions menées en ce sens. La fédération s'est particulièrement mobilisée sur cette question en 1917, lors de l'adoption de la loi des élections en temps de guerre qui n'accordait le droit de vote qu'aux parents de soldats. Marie Lacoste-Gérin-Lajoie écrit à ce moment: «Les fem-mes voteront en raison des liens qui les rattachent aux soldats du front; de sorte que le suffrage est moins un privilège qu'on leur con-cède qu'un droit accordé aux soldats de voter plusieurs fois par l'in-termédiaire de parentes[16]».

Il devenait, croyait-elle, de l'intérêt même des opposants du suffrage féminin au Québec de réclamer son extension à toutes les femmes du Québec afin qu'elles puissent «devenir une aide précieuse dans l'orientation de la politique nationale», et qu'elles manifestent leur opposition à la conscription. Cette loi est dénoncée à la fois pour des motifs féministes et nationalistes.

Les femmes obtiennent le droit de vote au fédéral en 1918 et on assiste alors à une démobilisation des groupes qui avaient centré leurs efforts sur cette question. Mais sur la scène provinciale, les femmes n'ont pas encore le droit de vote et de vastes campagnes d'opposition aux démarches des féministes s'esquissent[17]. Afin de relancer le mouvement au Québec, Marie Lacoste-Gérin-Lajoie propose en 1921 la création d'un nouveau comité unissant Anglaises et Françaises: l'année suivante est fondé le Comité provincial pour le suffrage féminin. La participation de la FNSJB à ce comité est de courte durée car Gérin-Lajoie doit céder aux pressions de l'Église et abandonner la présidence du comité.

La vaste campagne antisuffragiste amène des catholiques à croire que préconiser le vote des femmes va à l'encontre de la doctrine de l'Église. Marie Lacoste-Gérin-Lajoie entreprend donc des démarches auprès des évêques québécois afin de les rallier à la cause du suffrage. Devant leur refus, elle participe au congrès de l'Union internationale des ligues catholiques féminines à Rome[18]. Elle y demande des directives précises sur l'attitude à adopter, vu l'opposition cléricale. Ce congrès confirme que l'exercice du suffrage électoral pour les femmes n'est pas incompatible avec la doctrine catholique. Toutefois, une résolution stipule que toute nouvelle initiative sur le terrain du suffrage féminin devra être approuvée au préalable par l'épiscopat. La FNSJB devient ainsi soumise à la volonté de son évêque.

La question de l'accès aux professions et à l'éducation supérieure intéresse particulièrement les féministes. Cependant, sur la question de l'instruction obligatoire, les positions divergent parfois. La FNSJB suit une ligne d'action très prudente qui lui est dictée par son souci de ne pas contrarier le clergé qui s'y oppose fermement. En 1909, la journaliste Françoise (Robertine Barry) écrit un article sur l'instruction pour la revue de la fédération, *La Bonne Parole*. L'article est censuré, à la suite de pressions exercées par Mgr Bruchési. Dans une lettre de protestation, Françoise écrit à Gérin-Lajoie: «Je reconnais que vous avez besoin pour le triomphe de la fédération de cette force, toute-puissante en notre pays, qu'est le clergé. Sacrifiez-lui des holocaustes. Je souhaite seulement qu'il ne vous en demande d'autres plus dures encore comme de renoncer, par exemple, au suffrage féminin. En attendant, je vous plains car, en me sacrifiant, vous allez contre ce sentiment de droiture, de loyauté, de justice, que j'ai toujours admiré en vous puisque de votre aveu vous n'avez rien vu de répréhensible à ce que j'ai écrit [19]». Les peurs de Françoise se sont avérées justes puisqu'en 1922 la fédération doit se retirer de la lutte pour le suffrage à cause des pressions du clergé.

Les projets de la fédération face à l'éducation comportent, d'une part, la revendication en faveur de l'instruction supérieure et universitaire et, d'autre part, la mise sur pied de cours ménagers. Le premier aspect préoccupe particulièrement Marie Lacoste-Gérin-Lajoie qui est active dans la lutte pour la fondation de l'École d'enseignement supérieur pour jeunes filles (qui devient le collège Marguerite-Bourgeoys en 1926). De vaines luttes se mènent pour l'admission des femmes à l'exercice de la médecine, de la comptabilité, et plus particulièrement, pour leur admission au Barreau.

Toutefois, ces revendications rejoignent les aspirations et les intérêts d'une minorité de femmes. L'accès à l'éducation supérieure comme moyen d'émancipation ne leur semble pas souhaitable pour toutes les Québécoises. Le contenu du projet à cet égard correspond au rôle social qu'on désire attribuer aux filles de la bourgeoisie.

Les féministes ont cependant formulé pour les femmes de toutes les classes de la société d'autres projets éducatifs, mais aux visées nettement plus traditionnelles. Leur adhésion au mouvement des sciences domestiques, en rapide expansion depuis la fin du siècle, le démontre. Avec la modernisation croissante de leurs rôles et de leurs tâches, provoquée par le développement du capitalisme industriel, les femmes tentent de se redéfinir un nouveau statut dans la famille et de valoriser leurs fonctions de mères, d'épouses et de ménagères. L'acquisition d'une formation «scientifique» dans les «arts» domestiques, voilà, croit-on, une forme d'éducation appropriée pour préparer adéquatement les femmes à la gestion d'une maison. La promotion d'un tel projet répond aussi au désir des femmes de la bourgeoisie de faciliter le recrutement de servantes et d'améliorer la qualité de leur formation. La FNSJB appuie donc l'École ménagère de Montréal, projet s'inscrivant dans le sens d'une professionnalisation du travail ménager [20]. Malgré le caractère traditionnel de l'entreprise, l'école s'attire l'hostilité de certaines mères de famille: la fondatrice, Caroline Dessaules-Béique, raconte qu'on l'accusait de faire fausse route et d'insulter de la sorte les mères canadiennes [21].

La formulation de ces deux projets d'éducation, apparemment contradictoires, reflète l'opposition entre le rôle des femmes tel que défini par l'idéologie conservatrice (école ménagère) et l'idéologie réformiste (éducation supérieure).

L'absence de droits juridiques égaux est une composante fondamentale de la situation des femmes au début du siècle. L'incapacité juridique de la femme mariée était le principe sur lequel reposait toute l'organisation familiale; seules les veuves et les célibataires jouissaient de leur pleine capacité civile. Dès 1902, Marie Lacoste-Gérin-Lajoie avait publié un *Traité de droit usuel,* vulgarisation et simplification du droit civil et constitutionnel. Ce livre était destiné à un large public et en fait, selon les souhaits intimes de son auteur, spécialement aux femmes. Ses connaissances juridiques la font reconnaître comme la personne ressource des féministes pour cette question. De nombreuses luttes ont été entreprises sous son instigation[22].

Une réforme globale du Code civil de la province de Québec s'avérait essentielle. Réclamée à de fréquentes occasions, cette demande ne fera l'objet de considérations qu'en 1929 lorsque le gouvernement Taschereau acceptera de mettre sur pied une commission chargée de réviser les droits civils des femmes: c'est la commission Dorion. Malgré leur demande, les femmes ne réussissent pas à siéger à cette commission; tout au plus consent-on à créer un sous-comité féminin. Marie Lacoste-Gérin-Lajoie y prend la défense de la communauté légale. Le type même de modifications qu'elle préconise pendant plus de 20 ans vise d'abord et avant tout à minimiser les effets et conséquences de cette incapacité juridique de la femme mariée: elle ne s'attaque pas directement à ce problème, ni au fait que l'incapacité demeure la règle générale pour les femmes mariées. S'attaquer ouvertement à ce principe d'incapacité aurait exigé une conception nouvelle de la famille, et cette institution n'a pas été remise en cause par les féministes bourgeoises du début du siècle qui y demeurent attachées.

En somme, les divers points sur lesquels ont porté les luttes pour les droits égaux démontrent un niveau de conscience féministe relativement élevé. Il faut noter néanmoins que les revendications et les projets de ces féministes s'inscrivaient dans une démarche excluant la remise en cause du rôle traditionnel de la femme-mère-épouse et limitant par le fait même le sens de leur mouvement.

L'organisation du travail féminin

La création à la FNSJB d'un secteur d'activité concernant le travail féminin montre que la participation des femmes à la production marchande est un phénomène irréversible et révèle une certaine inquiétude de la bourgeoisie à ce sujet. Craignant une dislocation de la famille traditionnelle et voulant, par là, protéger le rôle premier des femmes en tant que reproductrices, on s'intéresse aux travailleuses d'abord et avant tout pour préserver leur vocation de mères et d'épouses.

La forme particulière d'organisation ouvrière fondée par la FNSJB s'établit à une époque où le syndicalisme est en croissance au Québec. Plutôt que de proposer des syndicats, la fédération préconise la formation d'associations professionnelles. Identifiant l'association professionnelle à une «famille élargie», et rejetant la lutte des classes, on en propose la définition suivante: «La réunion des personnes de même métier ou profession qui, par la mise en commun de leurs petites énergies individuelles, veulent acquérir une force collective suffisante pour opérer dans leur situation économique les améliorations désirables, pour obtenir le développement intellectuel nécessaire et trop facilement comprimé par le labeur quotidien, pour augmenter en elle-même le trésor de vie morale déposé en leur âme par l'Église et dont les associations professionnelles catholiques sont des foyers protecteurs effectifs et reconnus. (...) Hâtons-nous d'y enrôler les nôtres avant que les syndicats neutres, socialistes et franchement anticléricaux ne soient devenus une force trop grande[23]».

Il faut relever la classe ouvrière féminine et en faire surgir une élite de travailleuses. On dissocie fermement l'association professionnelle d'un syndicat proprement dit qu'on assimile exclusivement à la protection des intérêts économiques de ses membres: «Cette petite allure agressive ne convenait nullement au rôle pacifique que doit remplir la femme en économie politique, même lorsqu'il s'agit pour elle de faire valoir de justes revendications. L'appellation de syndicat ne rencontra point l'assentiment général des esprits, et fut rejetée[24]». Cette formule tient compte de la double fonction de la travailleuse, «laquelle étant femme, doit se mouvoir à la fois dans la famille et dans la profession[25]».

Hantées comme leurs contemporains par le spectre du syndicalisme révolutionnaire, les membres de la fédération entendent envahir une partie du mouvement ouvrier pour y empêcher toute infiltration socialiste. Les associations ont un caractère confessionnel et ont toutes à leur direction un chapelain: leur non-agressivité répond au souci de ne pas effrayer le patronat par des revendications économiques trop radicales, ce qui aurait nui au prestige de la FNSJB[26].

En dépit de cette optique axée sur une perception harmonieuse des relations entre le capital et le travail, la création des associations professionnelles s'attire une grande suspicion de la part des autorités cléricales et nationalistes. Enfin, autant par leur idéologie que par leurs moyens d'action, les associations professionnelles se démarquent nettement du syndicalisme politique et du syndicalisme d'affaires.

Établies pour améliorer les relations tendues entre les patrons et leurs employées, les associations professionnelles regroupent diverses catégories de travailleuses sur une base catholique et canadienne-française: employées de manufactures, employées de magasins, employées de bureau, servantes, institutrices et même «femmes d'affaires». Chaque association ou presque jouit de la «protection» d'un comité de dames patronnesses, indice significatif de l'idéologie bonne-ententiste de la FNSJB. Mme Albert Dupuis, épouse du propriétaire de «Dupuis Frères», préside le comité des dames patronnesses de l'Association professionnelle des employées de magasins, alors que Mme Damien Rolland, épouse du président de l'Association des manufacturiers canadiens, assume la direction de celui de l'Association professionnelle des employées de manufactures. Politique qu'on croit habile puisque dans l'esprit de Marie Lacoste-Gérin-Lajoie: «Ayant avec nous et pour nous les femmes de nos Patrons, nous pourrions plus sûrement être entendues et il serait sans doute plus facile de faire passer certaines réformes dans notre travail[27]».

Ces associations, qui sont en quelque sorte des sociétés d'entraide, offrent à leurs membres, en plus du respect de leur croyance religieuse, toute une série de cours ménagers et professionnels en conformité avec leur vocation première et, dans certains cas, les bénéfices d'une caisse de secours en cas de maladie. Toutefois, l'établissement de tels cours s'organisera toujours en fonction de ce qu'on croit être les intérêts professionnels immédiats de la travailleuse. Au fil des années, les associations abandonneront progressivement leurs préoccupations à l'endroit de l'instruction professionnelle de leurs membres au profit d'un intérêt plus marqué dans l'institution des cours de sciences domestiques et ceci, à la mesure de l'évolution conservatrice et du déclin de la FNSJB. Si les employées de bureau, de magasins et de manufactures bénéficient de secours en cas de maladie, cette aide ne réussira à rejoindre que peu d'associées.

Malgré cette soumission évidente de leurs activités à l'idéologie de la femme au foyer, chaque association s'est d'une façon ou d'une autre consacrée à la défense des intérêts économiques de ses membres. L'Association professionnelle des employées de magasins lutte surtout pour l'utilisation de sièges par les vendeuses et la fermeture des magasins tôt dans la soirée. L'Association professionnelle des employées de bureau obtient en 1912, grâce en bonne partie aux efforts de Marie Lacoste-Gérin-Lajoie, le rappel d'un projet de loi qui aurait fermé aux femmes la carrière de sténographe à la Cour supérieure.

L'Association professionnelle des employées de manufactures (APEM), fondée en janvier 1907, est la plus dynamique et la plus considérable des œuvres économiques de la FNSJB. Au moment de son affiliation à la fédération, en mai 1907, ses effectifs se chiffrent déjà à 471 membres qui proviennent de la Dominion Textile d'Hochelaga, de la fabrique de chaussures Tétreault et de la maison de confection John P. Black, entre autres. Elle enrôle principalement des contremaîtresses des grandes maisons industrielles, ce qui cadre bien avec l'élitisme qui guide la FNSJB. «Il faut que notre cœur se fonde dans notre association, il faut en faire une association d'élite, par leur éducation et leur entraînement c'est de faire surgir l'élite. Elle soulève les autres et les élève dans les classes de la société. Celles-là, ne les arrêtons pas, ne les jalousons pas, ce sont elles qui élèvent la condition de la femme qui travaille[28]».

L'APEM lutte pour l'observance des fêtes religieuses par les patrons, réalise des enquêtes sur le travail des femmes, inaugure une Fête du travail féminin en 1908[29] et fait des pressions afin qu'on remédie à l'installation défectueuse de la lumière artificielle dans les filatures de coton d'Hochelaga; elle demande que les hommes soient séparés des femmes en leur attribuant des départements respectifs et que des contremaîtresses supervisent les ouvrières. Elle insistera aussi en 1915 pour que soient affichés les noms des inspectrices de manufactures.

Elle craint beaucoup l'influence du syndicalisme international sur ses membres. Une partie de ses effectifs qui travaille dans les buanderies en 1913 refuse de changer d'allégeance au profit d'une union internationale, l'International Union Laundry Workers[30], indice de son rejet de cette forme de syndicalisme. Cette association ne se transformera jamais en syndicat: en 1932, elle devient la

Société des ouvrières catholiques (SOC), autre dimension de la subordination définitive de la FNSJB envers le clergé.

L'Association des institutrices catholiques, section de Montréal, groupe une cinquantaine d'enseignantes et travaille de concert avec les institutrices anglophones. Cette association en 1921 constitue la section féminine de l'Alliance catholique des professeurs de Montréal.

Si les bourgeoises ont été parmi les premières à s'intéresser à la promotion des droits des femmes, elles le doivent en partie à des conditions matérielles leur permettant de se libérer des tâches ménagères qu'elles confient à des domestiques. L'acuité de ce qu'elles ont appelé la «crise domestique» nous permet de cerner la véritable nature de classe de leurs revendications[31].

La Société des aides ménagères, fondée en 1908, vise entre autres buts à aider les femmes de la fédération à recruter de meilleures domestiques et à améliorer la qualité de leurs services. Cette société a, on s'en doute bien, une existence brève de quelque trois années. Les membres de la fédération expliquent cet échec par l'instabilité du personnel domestique qui rendait le recrutement des membres de la société fort difficile. Il est aussi possible que cet échec s'explique par le fait que les domestiques n'aient guère été attirées par une société qui leur offrait comme loisir des cours de sciences domestiques...

Se définissant comme une association féminine commerciale appelée à guider la femme dans la conduite des affaires, l'Association des femmes d'affaires aspire à former une élite féminine dans le monde commercial, entend lui fournir un centre d'étude sur des questions économiques du ressort des femmes, tout en développant leurs intérêts moraux et professionnels. C'est autour d'une revendication précise qu'elle concentre ses efforts: prenant la défense du petit commerce soumis à une concurrence déloyale de la part des grands magasins, elle obtient un amendement d'exception à la nouvelle loi adoptée en faveur de la fermeture des magasins à des heures moins tardives. Comme nous le voyons, les revendications de cette dernière association entrent en contradiction avec celles de l'Association professionnelle des employées de magasins.

La FNSJB, dans le mémoire qu'elle a présenté à la Commission royale d'enquête sur la formation industrielle et l'enseignement technique en 1911, dévoile l'une des contradictions majeures de son idéologie: tout en demandant l'égalité politique pour les femmes, elle préconise l'établissement d'une législation protectionniste à l'égard du travail féminin. Les membres de la fédération ne semblent pas considérer, contrairement à leurs consœurs anglophones, que le protectionnisme contient implicitement l'institutionnalisation de la marginalité du travail féminin et la consécration des bas salaires octroyés aux femmes. Les démarches pour hâter l'application de la loi du salaire minimum pour les femmes, votée en 1919, s'inscrivent dans la même perspective. Une autre contradiction de l'attitude de la fédération face au travail féminin est l'encouragement qu'elle donne au travail à domicile, entre autres, en créant un comité d'assistance qui avait pour but de fournir du travail de couture à domicile aux chômeuses. Les conditions du travail à domicile sont souvent bien proches de celles du «sweating system», cependant la fédération juge nécessaire d'encourager le premier tout en dénonçant le second.

Le fléchissement des activités des associations professionnelles à partir de 1920 peut s'expliquer par l'appui que le clergé accorde aux syndicats catholiques naissants. Les associations auraient pu aboutir à la création de véritables syndicats féminins; mais de tels syndicats exclusivement féminins ne semblaient pas cadrer avec les conceptions que les autorités cléricales se faisaient du syndicalisme. La fédération a tenté de concilier des intérêts aussi contradictoires que ceux de dames patronnesses, épouses de manufacturiers, avec ceux d'ouvrières; de domestiques avec leurs patronnes; de vendeuses avec leurs employeurs «femmes d'affaires». Il est probable que dans la direction bourgeoise des associations professionnelles réside l'explication de la faible portée de ces groupements de travailleuses et du contenu protectionniste et timoré de leurs revendications au niveau du travail féminin.

*   *   *

Marie Lacoste-Gérin-Lajoie cesse toute activité à la FNSJB en 1933, après en avoir présidé les destinées pendant plus d'un quart de siècle. Son départ marque non seulement la régression de la fédération en tant que regroupement des forces féministes, mais illustre l'impossibilité de survie à long terme, dans la société québécoise, de ce type d'association s'abreuvant simultanément à l'idéologie traditionnelle conservatrice et au réformisme.

Dès la naissance de la FNSJB, cette contradiction se manifeste clairement: pour se développer dans la société canadienne-française, le mouvement féministe doit se ménager des appuis, faire des alliances avec les représentants de l'idéologie officielle, et plus particulièrement le clergé. Les alliances impliquant des compromis, les revendications centrées sur une plus grande autonomie des femmes dans la société sont subordonnées au maintien intégral de la famille, et le refus d'y contester le rôle des femmes entraîne l'échec relatif de nombreuses revendications. Un des paradoxes de l'idéologie de la fédération est d'avoir adhéré à une idéologie de la famille basée sur le conservatisme, tout en réclamant des droits politiques pour les femmes. Cet héritage du féminisme de revendication l'amène sans cesse à s'inscrire en faux contre l'idéologie dominante. L'abandon des luttes politiques par la fédération consacre la victoire du féminisme chrétien, seul admissible dans l'idéologie conservatrice.

Le féminisme bourgeois engendre lui-même de nombreuses contradictions en opérant une division des membres de la société selon les sexes et non en fonction d'une position économique et de rapports de production, car cette idéologie affirme l'existence d'une solidarité «naturelle» des femmes entre elles. En conséquence, la FNSJB a tenté de regrouper des femmes d'appartenance de classes différentes au nom d'intérêts communs «féminins», ce qui l'a parfois amenée à adopter des positions qui paraissent incohérentes.

La perte d'influence de la FNSJB dans la société québécoise semble coïncider avec la démarcation qui s'effectue dans les années vingt entre les intérêts conservateurs et réformistes. L'émergence, d'une part, d'associations féminines catholiques, telles les Cercles de fermières au cours de la deuxième décennie du siècle, et d'autre part, de groupements réformistes de femmes laïques organiquement indépendants du clergé, tels la Ligue des droits de la femme et l'Alliance canadienne pour le vote des femmes du Québec, témoigne de l'impossibilité de fusionner ces deux pôles de l'action féminine. La fédération se retranche derrière son conservatisme catholique, tandis que d'autres organisations féminines charitables ou politiques continuent d'évoluer. Dès lors, on ne saurait s'étonner de voir la nouvelle génération de femmes bourgeoises militer davantage dans des associations autres que la FNSJB, et de trouver cette dernière confrontée au délicat problème du vieillissement de ses effectifs.

Malgré l'histoire de sa récupération, dont les modalités sont propres à l'histoire du Québec, il est nécessaire de situer ce déclin du féminisme de revendication dans la perspective de celui du mouvement réformiste et féministe en Occident durant les années 1920, et de ne pas sous-estimer l'influence de cette première génération de femmes qui ont joué le rôle d'éveilleuses de conscience dans une société sexiste.

10

Les Cercles de fermières et l'action féminine en milieu rural, 1915-1944

Ghislaine Desjardins

L'importance d'une organisation comme les Cercles de fermières ne fait l'objet d'aucun doute. Non seulement parce qu'elle a mobilisé des milliers de femmes au Québec, mais également parce qu'elle a su se maintenir en place malgré les transformations profondes qu'a subies le milieu rural au 20ᵉ siècle. Depuis sa fondation en 1915, c'est elle qui a regroupé et qui regroupe encore le plus grand nombre de femmes[1].

Pour les Cercles de fermières, le passé remonte au début du siècle dans un Québec majoritairement rural, alors que la vie était difficile et la production agricole largement axée sur le travail des femmes. En effet, en plus des tâches domestiques qui exigeaient beaucoup de temps à l'époque, les fermières devaient également travailler aux champs et s'occuper des animaux. Les fermes, de petites dimensions pour la plupart, rapportaient peu car les méthodes de culture étaient désuètes. L'électricité n'avait pas encore gagné les campagnes, et si les journaux nationaux et régionaux pénétraient le milieu rural, la radio n'était pas inventée.

Vivant en communautés partiellement autarciques, les villages étaient éloignés les uns des autres, et les difficultés de transport ne facilitaient pas les contacts. En milieu agricole, cet isolement, à bien des égards, frappait encore plus durement les femmes que les hommes, qui, eux, avaient davantage l'occasion de se retrouver, ne serait-ce que pour les parties de pêche ou dans les chantiers, l'hiver. Les Cercles de fermières viendront donc briser cet isolement en offrant aux femmes la possibilité de se regrouper autour d'un idéal commun, mais cette fois à des fins non strictement religieuses. S'ils ne constituent pas le premier type d'association féminine en milieu rural, ils en représentent du moins la forme la plus large et la mieux structurée. Sans doute aussi, est-ce la première fois au Québec que les femmes se regroupent au sein d'un mouvement organisé dans le but spécifique d'encourager, de faciliter et de valoriser leur production domestique et agricole.

Dans cet article, nous retracerons les débuts et les objectifs de ce mouvement féminin rural au Québec, en le situant dans le contexte européen et canadien, au moment où on assiste à la multiplication d'organismes semblables dans le monde occidental au début du siècle. Ensuite, nous examinerons à travers la revue des Cercles de fermières les modèles de comportement proposés aux femmes rurales ainsi que le rôle qu'on entend leur faire jouer aux niveaux social, économique et politique[2].

Cette étude se limite aux 30 premières années de l'organisation, soit de la naissance à la scission de 1944, où à la suite d'une invitation des évêques, 10 000 femmes se dissocièrent du mouvement pour fonder l'Union catholique des fermières, section féminine de l'Union catholique des cultivateurs[3]. S'inspirant de l'encyclique *Quadragesimo Anno,* le clergé a alors entrepris de dénoncer l'ingérence de l'État dans les associations professionnelles et a décidé de ne plus donner son appui aux Cercles de fermières[4]. Malgré ce revirement soudain de la part de l'épiscopat catholique, le mouvement a conservé les trois quarts de ses effectifs.

Il semble donc y avoir chez les femmes du milieu rural une volonté de continuité, et ce, malgré les bouleversements qui affectent la société. Mais avant d'aborder cet aspect, et pour saisir toute la portée du discours et des pratiques des Cercles de fermières, il nous faut retourner aux origines du mouvement et le replacer dans le contexte qui a favorisé son émergence.

Le contexte québécois au début du siècle: industrialisation et transformations du monde rural

Les premières décennies du 20ᵉ siècle sont marquées par les progrès de l'industrialisation au Québec qui peu à peu s'insère dans le marché nord-américain. Or, cela ne peut se produire sans provoquer des transformations profondes au niveau de la production agricole. Bernard Bernier parle, à ce propos, d'une pénétration du capitalisme dans l'agriculture qui a pour effet d'accroître la dépendance des paysans vis-à-vis des monopoles qui contrôlent la vente des produits[5]. Plusieurs agriculteurs se voient forcés d'augmenter leur production s'ils veulent faire face à la concurrence. Ils doivent se procurer la machinerie agricole, les engrais, les outils, les insecticides qui sont devenus les moyens de production de base en agriculture. Certains croient trouver la solution en se spécialisant dans l'industrie laitière, ou encore en se tournant vers l'industrie forestière pour ajouter un complément à leurs activités agricoles. Quoi qu'il en soit, un grand nombre s'endettent et doivent abandonner leurs terres. Ils partent grossir les rangs du prolétariat des villes alors en pleine expansion. Ainsi, durant la période étudiée, l'agriculture perd sa place dominante en fonction de la montée de nouveaux secteurs de l'économie. Il est significatif à cet égard de constater qu'en 1901, les ruraux composaient 60,3% de la population totale du Québec, et qu'ils ne seront plus que 36,7% en 1941.

D'abord impuissants face aux transformations du monde rural qui affectent directement leurs conditions d'existence, les agriculteurs tentent peu à peu de s'organiser en formant des sociétés coopératives ou en se dotant d'une association professionnelle.

Toutefois, au début des années 1920, les prix s'effondrent, et les fermiers déjà endettés doivent subir les contrecoups d'une agriculture en crise. On constate d'ailleurs une intensification du militantisme des agriculteurs durant cette période[6]. En 1921, ils fondent le Parti fermier-progressiste du Québec[7]. Le ministre de l'Agriculture est inquiet puisque les membres influents des organismes agricoles appuient le nouveau parti et que les Fermiers unis, au pouvoir dans trois provinces canadiennes, jouent un rôle important à Ottawa. Le ministre de l'Agriculture du Québec, Joseph-Édouard Caron, les accuse même de bolchevisme et décide d'écraser le mouvement[8]. C'est alors que les agriculteurs décident de se doter d'une association catholique afin de neutraliser l'influence du ministre Caron. En 1924, au moment où l'on assiste à une reprise générale de la production agricole, l'Union catholique des cultivateurs (UCC) est fondée lors d'un congrès à Québec auquel assistent 2400 cultivateurs. En 1928, l'Église donne sa caution à l'organisation, moyennant la neutralité politique de celle-ci et à la condition qu'elle défende des positions conformes à la doctrine sociale de l'Église[9].

La crise économique qui s'ouvre en 1929 est plus importante pour les agriculteurs que celle de 1920. Il faut dire que la permanence d'un type d'agriculture nécessitant la participation active de tous les membres de la famille favorise un retour à l'autosuffisance, surtout dans les zones de colonisation. Néanmoins, si l'agriculture de subsistance permet à chaque famille d'être autosuffisante pour la majorité de ses besoins, elle ne permet pas au cultivateur de réaliser de gros profits et par conséquent de vivre décemment. Gérald Fortin souligne que la famille agricole moyenne à cette époque réussit à peine à acheter les biens essentiels (farine, sucre, thé, tissus, mélasse...) qu'elle ne peut produire sur la ferme[10]. C'est pourquoi plusieurs fermiers doivent rechercher un revenu d'appoint pour réussir à boucler leur budget. Nous verrons que les Cercles de fermières, par exemple, encourageront durant la Crise la mise sur pied de ce qu'on appelait les «petites industries féminines à la campagne», c'est-à-dire le filage, le tissage, la couture, le tricot, etc. Celles-ci, en plus d'éviter l'achat de produits commerciaux, viseront à assurer un revenu supplémentaire à la famille.

Enfin, il faudra attendre la Deuxième Guerre mondiale pour qu'il y ait une certaine prospérité dans le secteur agricole. Celle-ci, créée artificiellement par la demande européenne, pousse les agriculteurs à réinvestir leurs profits dans la ferme et à augmenter leur consommation. De nouvelles aspirations naissent en milieu agricole et le style de vie s'en trouve modifié. L'univers de la famille dépasse cette fois le rang et la paroisse pour s'ouvrir au mode de vie urbain.

Ces quelques considérations générales étant faites, il nous faut tout de même signaler que le milieu rural n'est pas homogène, et que ceux qui habitent la campagne ne vivent pas tous sur une ferme. En 1931, plus du quart de la population rurale vit dans les villages, où l'on retrouve des artisans, des journaliers, des commerçants, des rentiers, des membres des professions libérales, etc. De plus, il existe différentes catégories d'agriculteurs: certains pratiquent une agriculture de subsistance, alors que d'autres s'orientent vers une production spécialisée et liée à l'économie de marché.

Une conjoncture favorisant la naissance et le développement des organisations féminines en milieu rural

La naissance des Cercles de fermières au Québec n'est pas le fruit du hasard ou de l'inspiration soudaine de l'un de ses promoteurs. Elle s'inscrit dans le vaste mouvement des femmes qui se développe d'abord en milieu urbain, puis en milieu rural, et ce, tant au Canada que dans l'ensemble des pays occidentaux au tournant du siècle.

L'essor du capitalisme et les problèmes sociaux qu'il engendre suscitent la création d'organisations féminines ou féministes à travers le monde. Au Canada et au Québec, le National Council of Women of Canada (NCWC) institué en 1893, et sa constituante montréalaise, le Montreal Local Council of Women (MLCW), ainsi que la Fédération nationale Saint-Jean-Baptiste (FNSJB) sont parmi les plus connus des exemples manifestes de cette tendance en milieu urbain.

Si le contexte social favorise la mise sur pied de telles organisations dans les villes, il en est de même pour la campagne. Toutefois, les femmes rurales s'organisent de façon indépendante parce qu'elles ont des problèmes particuliers à résoudre. Par exemple, à mesure que l'industrialisation progresse, la dichotomie ville/campagne s'avère de plus en plus manifeste. En effet, les conditions de vie sont à certains égards plus difficiles à la campagne à cause du manque de services élémentaires et de l'éloignement des grands centres. En outre, les ruraux ont à affronter d'énormes problèmes de santé dus à la mauvaise qualité de l'eau et à l'inaccessibilité relative des soins médicaux.

Face aux difficultés engendrées par les changements économiques et sociaux, les femmes rurales décident de se regrouper. Conscientes de l'inaction des gouvernements, elles appellent la coopération entre les femmes des villages et les fermières pour stimuler la production agricole, développer des coopératives, créer des cliniques pour enfants, former des infirmières, apporter une aide aux mères nécessiteuses, aider les familles pauvres... C'est pourquoi leur organisation ne se compose pas exclusivement de fermières: des femmes de différentes classes sociales s'y associent parce qu'elles sont soucieuses d'améliorer la qualité de la vie à la campagne.

L'origine et l'expansion des Women's Institutes au Canada

C'est en Ontario, dans le petit village de Stoney Creek, que le premier Women's Institute au monde est fondé le 19 février 1897. Une centaine de femmes répondent à l'appel d'Adelaide Hoodless qui les a convoquées pour discuter des problèmes de la vie familiale en milieu rural[11]. L'idée d'une telle organisation avait été lancée quelques semaines plus tôt lors d'une réunion de l'Institut des fermiers à laquelle les femmes assistaient. Ce soir-là, le sujet à l'étude était «la meilleure façon de faire l'élevage du bétail». Invitée à prendre la parole, Hoodless, dès le début de son allocution, s'empressa de proclamer que «le bien-être des familles avait certainement autant d'importance que celui des troupeaux[12]». Coup de théâtre, ses propos ne furent guère appréciés par les fermiers présents à la réunion qui ont vu d'un mauvais œil cette propagandiste de l'association féminine. Quoi qu'il en soit, le mouvement est né et, dès 1905, il y avait déjà en Ontario plus de 69 Women's Institutes groupant 7018 membres[13].

Il faut situer l'œuvre d'Adelaide Hoodless dans le courant du mouvement de réforme sociale qui préconise, entre autres, l'enseignement des sciences domestiques dans les écoles. Des biographies rapportent que, à la suite de la mort d'un de ses enfants âgé de 18 mois, Hoodless prend conscience de la nécessité pour les jeunes mères d'acquérir des notions élémentaires en hygiène et en puériculture[14]. Elle décide alors de s'impliquer dans les organismes sociaux, et son activité culmine avec la fondation des Women's Institutes (WI). Écologiste avant l'heure, cette pionnière a le souci d'établir des rapports équilibrés entre les populations rurales et leur milieu environnant. Ainsi retrouve-t-on dans le programme des Women's Institutes diverses préoccupations: éducation domestique des femmes rurales, santé et bien-être de l'enfant, condition des personnes âgées, conservation de la nature...[15]

Le mouvement précurseur des Women's Institutes en Ontario fait rapidement boule de neige. Entre 1909 et 1915, les instituts féminins ruraux se multiplient à travers le Canada. À la fin de cette période, il y en a, semble-t-il, plus de 800 dont environ 13 au Québec. Contrairement aux Cercles de fermières, les WI se déclarent ouverts aux femmes de toutes les races, religions, classes et allégeances politiques. Anglophones et francophones ont travaillé ensemble à plusieurs occasions.

Pour coordonner l'activité des différents groupements provinciaux, une fédération canadienne est fondée à Winnipeg en 1919, la Federation of Women's Institutes of Canada (FWIC). À la première réunion, on choisit comme présidente la juge Emily Murphy et on adopte comme devise «For Home and Country[16]». Cette devise, choisie par les cercles ontariens quelques années plus tôt à la suite d'une proposition d'Adelaide Hoodless, sera reprise par plusieurs pays.

Suivant l'exemple canadien, les autres pays emboîtent rapidement le pas. C'est ainsi que du Canada, les Women's Institutes émigrent aux États-Unis, puis ils traversent l'Atlantique. La Belgique, la France, l'Angleterre, l'Irlande, la Pologne, le Luxembourg, l'Italie, le Danemark organisent des mouvements semblables chez eux, la plupart du temps avec l'appui et sous la surveillance de leur gouvernement. Depuis ce temps, les organisations de femmes rurales n'ont cessé de se développer à travers le monde, et à l'heure actuelle, plus de neuf millions de femmes sont ainsi regroupées au sein de l'Associated Country Women of the World (ACWW)[17].

Ce sont les Canadiennes qui les premières ont lancé l'idée d'un tel regroupement international. Lady Aberdeen et madame Alfred Watt ont ainsi proposé, lors d'une réunion de l'International Council of Women (ICW), de former un comité chargé d'étudier les conditions et les modalités nécessaires à la mise sur pied d'une organisation internationale de femmes rurales[18]. En 1929, à Londres, des déléguées de plusieurs pays se réunissent pour discuter de leurs intérêts communs et élaborent la constitution du futur mouvement. Officiellement créée en 1933, à Stockholm, l'ACWW vise l'établissement de relations amicales entre les groupements ruraux de tous les pays.

La création et les objectifs des Cercles de fermières au Québec

Au Québec, les fermières anglophones sont les premières à s'organiser. Dès 1911, elles fondent sous les auspices de madame George Beach les premiers Homemaker's Clubs (HC)[19]. Originaires des Cantons de l'Est, les HC réussissent rapidement à s'implanter dans la majorité des comtés ruraux habités par des anglophones. Ainsi, en 1944, rejoignent-ils plus de 2000 membres répartis dans 23 comtés.

Certes, ils pouvaient difficilement mobiliser de larges effectifs, vu le faible taux de la population rurale anglophone au Québec. Pour être plus efficaces, ils travaillent donc dès le début en étroite collaboration avec le MacDonald College. Fondé à Sainte-Anne de Bellevue, celui-ci a pour objectif de donner des cours d'agriculture et de sciences domestiques aux jeunes anglophones du milieu rural. Les Homemaker's Clubs offrent donc un prolongement à l'enseignement professionnel ménager et agricole dispensé au MacDonald College[20].

Chez les francophones, l'idée d'un regroupement de femmes en milieu rural est émise pour la première fois en 1914 par Alphonse Désilets, lors d'un congrès de la Jeunesse catholique tenu à

Montréal[21]. Après avoir étudié le fonctionnement des associations de fermières de la Belgique et du Canada anglais, celui-ci propose la création d'une organisation semblable au Québec. Encouragé par Joseph-Édouard Caron, ministre de l'Agriculture, il fonde en 1915 avec les agronomes Georges Bouchard et Raoul Dumaine deux cercles de fermières, le premier à Chicoutimi et le second à Roberval. Paradoxalement, un mouvement créé par des femmes au Canada anglais est implanté par des hommes au Québec. Même si les cercles sont devenus de véritables organisations de masse en milieu rural, l'initiative des premières fondations ne revient pas aux femmes. D'ailleurs, la direction générale du mouvement relève du service de l'économie domestique du ministère de l'Agriculture. Le directeur des cercles, Alphonse Désilets, est chargé de veiller à la réalisation du programme annuel et au respect des statuts généraux, ainsi qu'à l'utilisation des subventions gouvernementales accordées aux différents groupements[22].

En ce qui concerne les détails structurels de l'organisation, retenons que l'on retrouve des sociétés affiliées dans toutes les régions du Québec; elles couvrent en général le territoire d'une paroisse et doivent compter au minimum 15 membres actifs. Chaque cercle est administré par un bureau de direction composé de sept personnes; il peut aussi s'adjoindre un aumônier choisi avec l'assentiment du curé de la paroisse[23].

Les Cercles de fermières s'adressent à toutes les femmes des districts ruraux qui ont atteint l'âge de 16 ans. À côté des fermières, on retrouve des femmes rurales dont les maris sont membres de professions libérales ou journaliers. Cependant, les fermières représentent en moyenne 63 % des effectifs jusqu'en 1935. Après cette date, les rapports du ministre de l'Agriculture ne dévoilent plus de statistiques à ce sujet[24]. On peut néanmoins présumer que la tendance à la baisse du nombre de fermières par rapport au reste des membres se poursuit puisque la population rurale agricole décroît sans cesse.

Durant les quatre premières années de leur existence, les cercles se développent lentement, le ministère n'autorisant la fondation que de trois ou quatre cercles par année. Mais en 1919, lors de leur premier congrès général, les Cercles de fermières prennent leur véritable envol. L'organisation passe de 1047 à 2400 membres en un an, grâce en partie à l'aide du gouvernement qui a mis un budget et des personnes ressources à leur disposition. Les années 1920-1935 voient les effectifs s'accroître au fil des ans, et passer à quelque 11 230 membres.

Toutefois, c'est durant la Deuxième Guerre mondiale que le mouvement prend le plus d'ampleur: 10 000 femmes rurales joignent les rangs des Cercles de fermières et c'est ainsi qu'en 1944 elles sont plus de 49 000 à s'impliquer davantage dans les secteurs de l'économie domestique, de l'artisanat, de la santé, de l'éducation, etc. Cette croissance phénoménale du mouvement à cette époque s'explique par la participation active des femmes rurales à l'effort de guerre. Œuvrant de concert avec la Croix-Rouge et les Women's Institutes québécois ou canadiens, elles créent des comités paroissiaux de production agricole intensive. Le ministère fédéral de l'Agriculture s'empresse d'ailleurs d'inviter les fermières à soutenir cet effort de guerre. La publicité que l'on trouve dans *La Revue des Fermières* en fait foi: «La ferme est notre champ d'action, et la production des vivres est notre tâche — une production acharnée, intensive pendant toute la durée du conflit (...) Des vivres pour la Victoire! (...) «Oui, nous travaillons pour la guerre, ici même sur cette ferme — et notre travail est indispensable». (...) «Travaillons sans cesse», tel est le mot d'ordre de la fermière canadienne sur le front intérieur»[25]. Au Québec, plusieurs femmes rurales adhèrent donc aux cercles afin de participer au grand mouvement d'organisation sur «le front domestique» qui vise à préparer des conserves pour les soldats, confectionner des vêtements, ramasser des plantes pour la fabrication de médicaments, travailler dans les cliniques de premiers soins[26], etc.

Entre 1915 et 1944, les objectifs de l'organisation demeurent sensiblement les mêmes malgré les transformations majeures de la société québécoise. Dès leur fondation, les Cercles de fermières se fixent un double but: 1. Attacher la femme à son foyer en lui rendant agréable et facile l'accomplissement de ses devoirs d'épouse, d'éducatrice et de ménagère. 2. Garder à la terre nourricière nos garçons et nos filles en leur rendant la vie rurale plus attrayante et prospère[27].

En 1944, en dépit du fait que 63% de la population québécoise réside en milieu urbain, les Cercles de fermières tiennent toujours le même discours concernant le foyer rural et la désertion des terres. Les deux objectifs de base demeurent les mêmes mais on ajoute cette fois que le but immédiat «est la formation familiale (ménagère-agricole), morale, intellectuelle et sociale[28]». Il est intéressant de souligner ici que ce nouvel objectif reflète probablement la «ménagerisation» croissante de la fermière. En effet, la prospérité artificielle créée dans le secteur agricole pendant la Deuxième Guerre mondiale a amené les familles rurales à accroître leur consommation et, de ce fait, les fermières ont tendance à délaisser une partie de la production domestique destinée à la famille. En ce sens, leur situation commence à s'apparenter de plus en plus à celle des ménagères urbaines. La période d'après-guerre verra ce phénomène s'accentuer.

Au départ, les Cercles de fermières se sont constitués pour permettre aux femmes rurales d'acquérir des notions d'économie domestique ou d'utiliser avec profit l'enseignement reçu dans les écoles ménagères. C'est pourquoi l'organisation exige un engagement actif de la part de ses membres. Il faut accepter le programme, le mettre en application, se soumettre aux règlements, payer sa cotisation et évidemment s'intéresser de près à la vie agricole. Les membres doivent aussi introduire dans leur milieu et exploiter personnellement au moins une des «petites industries agricoles» suivantes: jardinage, aviculture, apiculture, soin et élevage des moutons ou autres animaux domestiques, filage et tissage. Afin de réaliser ce programme, le gouvernement apporte une aide concrète en fournissant par exemple des œufs d'incubation ou des colonies d'abeilles. Il accorde aussi des subventions pour l'achat, entres autres, de métiers à tisser, de sertisseuses, de tricoteuses dont les membres se servent à tour de rôle.

Et pour encourager l'émulation des femmes, les Cercles de fermières organisent des célébrations de toutes sortes. Dans chaque localité, les fermières préparent avec les autorités municipales et religieuses des expositions, concours et fêtes annuelles où la vie rurale est célébrée. Les cercles vont même jusqu'à décerner, lors de ces fêtes publiques, une médaille d'honneur avec un ruban bleu-vert-rouge (foi-espérance-charité) à la mère qui présente le plus grand nombre d'enfants vivant avec elle, à la campagne ou au village.

Par ailleurs, les Cercles de fermières, nous l'avons dit, apparaissent à une période où la société québécoise subit des transformations majeures. L'urbanisation et la pénétration du capitalisme dans l'agriculture amènent des modifications importantes dans la production agricole qui affectent par le fait même le travail des fermières. Martine Segalen émet à ce sujet l'hypothèse que le regroupement des fermières en France ait été une réaction à leur perte de pouvoir économique dans la famille. La spécialisation de l'agriculture et son intégration à l'économie marchande ont entraîné ce qu'elle appelle «la disparition de la fonction productrice de la femme». Les fermières ont vu alors leur dépendance face à un mari pourvoyeur s'accroître, et leurs fonctions économiques tendre à devenir invisibles[29].

Au Québec, au début de la période étudiée, on remarque que la production de l'agriculteur est de plus en plus spécialisée (industrie laitière) et intégrée dans la sphère de l'économie marchande. Par contre, la production de la fermière demeure polyvalente et se module encore principalement sur les besoins familiaux caractéristiques de l'ancien système d'autosubsistance. On peut dès lors parler d'une différenciation progressive des fonctions économiques entre l'homme et la femme dans l'unité familiale. Cela expliquerait pourquoi les fermières se regroupent, tentent de redéfinir leurs fonctions, et mettent tant d'ardeur pour préserver les industries domestiques.

De plus, si l'amélioration des conditions de vie et de leur milieu environnant les préoccupe au plus haut point, le maintien de la cellule familiale leur paraît être une condition préalable à la survie de la petite propriété terrienne, centre de la production artisanale et domestique des fermières. D'ailleurs, la devise des cercles «Pour la terre et le foyer», qui apparaît sur les drapeaux, sceaux, insignes et documents officiels, indique bien qu'il s'agit là du domaine privilégié de leur intervention.

Dans ce contexte, il faut bien voir qu'en milieu paysan la famille constitue l'unité de production et de consommation de base. Famille et travail se présentent comme deux réalités étroitement imbriquées l'une dans l'autre. Or, si on peut affirmer que l'exploitation agricole dépend en grande partie du travail de la femme, la détermination des Cercles de fermières à vouloir contrer l'exode rural prend alors tout son sens. En effet, la production domestique de la ménagère urbaine n'étant guère valorisée par la société, il est normal que la fermière s'accroche davantage à une réalité qui lui confère une place de premier plan dans la famille et dans l'agriculture. Ainsi, dans leur revue, les fermières nomment-elles leur association «professionnelle»; cet élément confirme le fait qu'elles considèrent ce qu'elles font comme un travail et que les Cercles de fermières se définissent comme une association professionnelle tout comme celle de leurs maris.

Enfin, après avoir vu les objectifs qui ont présidé à l'organisation des femmes rurales, il reste maintenant à déterminer en quoi les Cercles de fermières ont pu intéresser le pouvoir clérical et politique dans les années 1920. En effet, non seulement le ministre de l'Agriculture est-il associé de très près aux cercles, mais encore le clergé intervient-il de façon directe dans la vie interne et l'orientation du mouvement.

La guerre de 1914-1918 et la crise agricole de 1920 amènent les agriculteurs à s'organiser au sein de mouvements revendicatifs. Les petits producteurs résistent à la pénétration du capitalisme dans l'agriculture, et la force de leur mouvement inquiète le gouvernement qui ne réussit pas, au début, à prendre le contrôle de leurs associations. L'hypothèse que le gouvernement ait voulu utiliser les Cercles de fermières pour faire contrepoids au Parti fermier-progressiste du Québec nous paraît donc plausible.

En 1921, la population urbaine dépasse la population rurale, atteignant le taux de 56%. Les Cercles de fermières apparaissent du même coup comme un mouvement de résistance à l'urbanisation et à l'industrialisation. Leurs critiques contre la ville et contre l'usine se font nombreuses: insalubrité, travail dépersonnalisé, manque d'espace pour les enfants, perte des valeurs morales, dissolution des liens familiaux, etc. Toutes ces critiques se font au nom de la «tradition» et de la «famille» qu'il faut sauvegarder à tout prix.

Mais en incitant ainsi les gens à demeurer à la campagne, les Cercles de fermières favorisent le maintien du contrôle moral de l'Église sur les paroissiens des villages et des rangs, contrôle qui perd évidemment de son efficacité dans les grandes agglomérations urbaines. Le retour à la terre est donc vu comme un remède à la «crise sociale» et au climat d'incertitude qui marquent le Québec d'après-guerre. Selon Alphonse Désilets, il faut amener la population à se dégager de l'attrait factice des villes pour préserver la famille et la tradition canadienne-française au Québec. Pour ce faire, il faut encadrer les femmes engagées dans le mouvement de colonisation puisque ce sont elles qui, d'après lui, constituent «la défense la plus puissante de la race et de la force de leur pays[30]».

Enfin, pourquoi le pouvoir politique prône-t-il le retour à la terre alors que le capitalisme se développe? Au début des années 1930, la revue des Cercles de fermières accueille la propagande du ministère de la Colonisation sur cette question. Même si le mouvement n'a pas été un succès en soi, il faut cependant souligner que l'opposition entre capitalisme et précapitalisme n'est pas fondamentale. Si le pouvoir encourage la colonisation, c'est assurément parce que certains industriels en tirent profit. Selon Anne Legaré et Gilles Bourque, «les fils des agriculteurs qui travaillaient de façon intermittente comme bûcherons, à la mine ou dans les usines de textiles, exerçaient une pression à la baisse des salaires puisque: 1) la terre familiale leur assurait un soutien économique supplétif et permettait ainsi de maintenir à un bas niveau le coût de reproduction de la force de travail; 2) ils constituaient une armée de réserve rêvée, la sécurité sociale étant objectivement assumée par la famille qui accueillait le fils ou la fille à la ferme durant la période de chômage[31]». Ainsi donc, les régions colonisées offrent en même temps une main-d'œuvre à bon marché aux entreprises qui s'y développent (mines, exploitations forestières, usines). On peut voir là une forme de complémentarité, du moins à court terme, entre le mode de production capitaliste et la petite production agricole.

Cette articulation spécifique entre deux formes de production au niveau de l'infrastructure économique permet de mieux saisir le rôle privilégié que l'idéologie dominante assigne aux femmes rurales dans ce qui compose le triangle femme - famille - agriculture. En tant qu'appareil d'État, la famille sert non seulement à la reproduction de l'espèce, mais aussi à celle des rapports sociaux. Les élites cléricales et nationalistes ont donc tout intérêt à valoriser cette institution et à encourager l'agriculture pour assurer le maintien de la «race» et de la tradition. Dans cette optique, le rôle de la femme apparaît central puisque c'est elle qui assure, dit-on, la cohésion de la cellule familiale. Les définisseurs de cette idéologie veulent donc obtenir l'appui des femmes pour transmettre les valeurs traditionnelles aux nouvelles générations et maintenir ainsi la stabilité de la société.

Les modèles de comportement proposés aux femmes rurales

Comme nous l'avons mentionné au tout début, c'est à travers l'organe de presse officiel des Cercles de fermières que nous essayerons de dégager les modèles de comportement proposés aux femmes rurales, ainsi que le rôle social, économique et politique que veut leur donner l'organisation.

Durant la période étudiée, trois revues se succèdent: *La Bonne Fermière* (1920-1931), *La Bonne Fermière et la Bonne Ménagère* (1931-1933), et *La Revue des Fermières* (1941-1944). En premier lieu, nous avons dépouillé les éditoriaux des trois revues. Il est important de préciser que les textes et les modèles de comportement qui sont valorisés représentent l'opinion de la direction des cercles et pas nécessairement celle des membres. En second lieu, nous avons dépouillé les articles rédigés par des collaborateurs, tels les instructeurs ou instructrices en économie domestique et en agriculture. Enfin, comme une section importante des revues est consacrée aux courriers des lectrices, nous avons voulu voir s'il existait une note discordante quelque part. Force nous est de constater qu'une homogénéité de pensée semble se dégager à travers les trois revues. Toutefois, il faut préciser que celles qui rédigeaient les textes étaient plus souvent qu'autrement directrices d'un cercle local[32]. Mais avant de définir les grandes lignes qui tissent la trame de l'idéologie officielle des Cercles des fermières, une brève description des revues s'impose.

En 1920, *La Bonne Fermière* est publiée à 2000 exemplaires, mais rapidement elle élargit son champ d'activité pour devenir également en 1924 l'organe des écoles ménagères de la province de Québec. Tous les membres des cercles sont abonnés à cette revue trimestrielle publiée par le Conseil provincial des Cercles de fermières. Le gouvernement assure le financement de la revue qui se vend cinquante cents l'unité.

Dès la parution de son premier numéro, *La Bonne Fermière* entend se consacrer entièrement à la défense des intérêts des fermières et des «ménagères rurales». Avec un objectif semblable, cette revue d'économie domestique et d'agriculture féminine fait figure de pionnière pour les femmes de la campagne. Dix rubriques définissent le contenu de ce nouvel instrument de propagande, d'éducation et d'organisation des Cercles de fermières. Nous disons, instrument de propagande, parce que la revue propose un système de valeurs articulé où la famille et la paroisse constituent la clef de voûte de l'édifice social. Elle rappelle constamment aux fermières leurs devoirs moraux, éducatifs et patriotiques. Comme instrument d'éducation, la revue s'attache à livrer des connaissances pratiques dans des domaines aussi variés que la couture, l'art culinaire, l'hygiène médicale et domestique, l'horticulture potagère, l'aviculture, etc. Enfin, la revue sert d'instrument d'organisation parce qu'elle est le lieu par excellence pour unir entre eux les différents cercles et ceux-ci à l'organisation générale. Par le biais de la chronique «échos des cercles», *La Bonne Fermière* donne de l'information sur l'activité des différentes sections de l'organisation à travers la province. Elle ouvre également des perspectives en orientant l'action féminine dans les différentes régions; la direction des cercles fait des suggestions à ce sujet et donne les directives à suivre.

En 1931, la revue subit une première transformation; elle devient *La Bonne Fermière et la Bonne Ménagère*[33]. Publiée par la

Petite Épargne Nationale Limitée, la revue atteint un plus large auditoire puisqu'elle s'adresse également aux institutrices, aux religieuses enseignantes, aux élèves des couvents et des écoles rurales ou urbaines, ainsi qu'aux lecteurs et lectrices des villes[34]. Sans donner de chiffres, Alphonse Désilets, toujours directeur de la revue, mentionne que le tirage augmente de façon importante[35].

Si la devise «Faire aimer l'existence en la rendant meilleure» demeure inchangée, la forme et le contenu de la nouvelle revue évoluent quelque peu. Il y a moins d'articles de fond et on ne fait que très peu mention des activités des différents cercles. Il y a un plus grand nombre d'annonces commerciales, voire même des pages consacrées à la mode, indices que l'on commence à rejoindre une clientèle urbaine. D'autre part, on ne saurait nier en parcourant la revue l'existence réelle d'une crise économique au Québec. La propagande du gouvernement y prend d'ailleurs une large place, incitant les gens à épargner et les encourageant à aller s'établir sur des terres nouvelles.

Toutefois, cette deuxième revue, qui se voulait un mensuel au départ, doit interrompre sa publication en avril 1933 à cause de difficultés engendrées par la crise économique. Pendant près de dix ans, l'organisation sera sans revue officielle et il faudra attendre 1941 pour qu'un nouvel élan significatif soit donné avec *La Revue des Fermières* publiée cette fois par le ministère de l'Agriculture. Le premier ministre du Québec, Adélard Godbout, présente ainsi le premier numéro de la revue offerte gratuitement aux membres: «Cette revue sera le lien qui unira les 718 Cercles de fermières de la province de Québec; ce sera le porte-parole des membres qui leur permettra de mettre en commun leurs talents et leurs connaissances au bénéfice des uns et des autres[36]».

En 1944, au moins 49 000 membres reçoivent la revue qui se propose de développer «l'amour du sol régional, le bonheur du foyer par l'épargne et la sécurité ainsi que la vulgarisation de l'artisanat[37]». En plus des chroniques régulières sur l'économie et les arts domestiques, les cercles rendent compte encore une fois des programmes d'expositions locales et provinciales. Née en temps de guerre, cette revue ne peut en être que le reflet. Le gouvernement incite les lectrices à acheter les Bons de la Victoire, à produire davantage pour aider les Alliés, à récupérer les restes et à remplacer à la ferme les hommes partis au front.

Enfin, une lecture attentive des trois revues des Cercles de fermières révèle que si les femmes rurales veulent apporter leur concours à l'édification de la société, cette contribution doit être spécifiquement féminine. Cela dit, elles définissent la famille comme étant le point de départ et le point d'arrivée de toutes leurs activités tant sociales, qu'économiques et politiques.

L'action sociale de la femme rurale

L'idéologie des Cercles de fermières, telle qu'elle apparaît à travers leur presse officielle, semble tributaire de plusieurs stéréotypes véhiculés à l'époque. La famille est considérée comme la pierre angulaire de l'édifice social et, dans cette optique, ce sont les femmes qui, prétend-on, en cimentent la structure. Or, si cette définition de la famille s'applique au milieu rural, il est évident que transposée en milieu urbain l'institution familiale semble dangereusement compromise. En effet, les membres s'adonnent à diverses activités en dehors de leur travail et sont en contact avec de nouvelles idées ou façons de vivre. Pour contrer cette menace, les Cercles de fermières entreprennent une vaste campagne de revalorisation de la famille traditionnelle.

Mais cette campagne, elles ne sont pas seules à la faire. Elles agissent de concert avec le clergé et les mouvements nationalistes. En 1923, par exemple, un numéro spécial des *Semaines sociales du Canada* est consacré à la famille[38]. On retrouve pour signer les articles des noms aussi célèbres que Lionel Groulx, Henri Bourassa, Charles-Joseph Magnan et le père Rodrigue Villeneuve, qui deviendra cardinal en 1933. Tour à tour, ceux-ci exposent les dangers que l'urbanisation fait peser sur la famille canadienne-française.

Au même moment, dans les autres provinces canadiennes, tout comme en Europe occidentale d'ailleurs, on asiste à une réduction volontaire de la natalité. Même si au Québec cette réduction ne semble pas toucher les milieux ruraux agricoles, les nationalistes décident de prendre les devants et introduisent le thème de «la revanche des berceaux» pour sauver la «race» de l'assimilation[39].

Le développement des Cercles de fermières coïncide avec le début de cette croisade en faveur de la famille nombreuse. La maternité «chrétienne» devient une œuvre éminemment sociale, et on fait de la fécondité exceptionnelle des Québécoises rurales un trait particulier de la culture canadienne-française. *La Bonne Fermière* énonce ainsi les motifs qui militent en faveur de la forte natalité: «La famille nombreuse nous a sauvés de l'absorption et de l'assimilation. La chaîne des berceaux qui animent le sourire des petites mères canadiennes, et autour desquels s'élève le concert perpétuel des vieilles chansons françaises, est notre rempart le plus solide et notre défense la plus puissante (...) Ce sont les familles nombreuses qui font les États puissants et respectés. Que l'on favorise donc la forte natalité[40]». Pour célébrer la mère de famille, les Cercles de fermières popularisent, au début des années 1930, la fête annuelle des mères. Celle-ci est célébrée avec faste dans chaque paroisse. Et fières de leur progéniture, les mères organisent également des «concours de bébés» intitulés «Protégeons nos berceaux». Il s'agit en quelque sorte d'une exposition de bébés pour établir «une rivalité entre les mères». Les enfants sont examinés par des médecins: les plus beaux et les plus en santé sont proclamés gagnants!

Dans cette perspective, l'action sociale de la femme rurale se concrétise aussi par l'éducation qu'elle donne à ses enfants. Alors que par l'instruction ils acquièrent des connaissances intellectuelles, l'éducation vise à assurer leur formation morale. En éduquant ses enfants, la mère accomplit une œuvre à la fois religieuse, sociale et patriotique: religieuse parce qu'elle doit élever ses enfants selon les normes de la religion catholique; sociale, parce qu'en plus de développer chez eux une mentalité agricole, elle doit reproduire une nation saine et en santé; patriotique, parce qu'elle leur enseigne les valeurs ancestrales et contribue ainsi à perpétuer les traditions canadiennes-françaises.

Toutefois, la mère éduque différemment ses filles et ses garçons, reproduisant ainsi la division sexuelle des tâches et des rôles à la ferme. Alphonse Désilets les invite à s'imposer «pour garder notre jeunesse à la terre, nos garçons à l'agriculture et nos filles à la maison[41]».

La mère québécoise doit apporter une attention particulière à ses filles en contrôlant de façon très stricte leurs toilettes, leurs sorties et leurs fréquentations. S'inspirant de Fénelon et des *Lettres sur l'éducation des filles* de Mgr Dupanloup, la revue mentionne que «la mauvaise éducation des femmes fait plus de mal que celle des hommes puisque les désordres des hommes viennent de ce qu'ils ont été mal élevés par leurs mères, ou des pressions que d'autres femmes leur ont inspiré dans un âge avancé[42]».

En prolongement de leur action sociale au sein de la famille, les femmes rurales sont également invitées à participer à des œuvres de bienfaisance, de tempérance et aux organisations paroissiales. Tout comme la Fédération nationale Saint-Jean-Baptiste, à laquelle les cercles s'affilient dès 1919, elles travaillent à organiser la charité pour les plus démunis et pour les victimes de calamités naturelles. Elles organisent également l'assistance maternelle en milieu rural et donnent des cours aux femmes désireuses d'offrir leurs services pour soigner les malades et les vieillards. Toutefois, la direction demande aux membres de ne pas créer d'organismes parallèles aux Cercles de fermières (œuvres relatives à l'enfance ou à l'éducation familiale, coopératives d'achat et de vente...). Il est préférable, dit-on, «de créer des œuvres à buts particuliers au sein de l'association professionnelle comprenant les fermières et ménagères de l'endroit[43]». Comme les activités sociales des Cercles de fermières varient d'une région à l'autre, l'organisation assure l'encadrement serré de ses membres.

Les Cercles de fermières collaborent avec certains organismes tels la Croix-Rouge, les Women's Institutes ou la FNSJB pour des actions précises, comme ce fut le cas durant la Deuxième Guerre mondiale. La revue note à cet effet, qu'en 1942, plus de 527 000 livres de confiture furent préparées et expédiées outre-mer par les Canadiennes; elles furent distribuées aux malades des hôpitaux militaires, aux victimes des bombardements et aux orphelins.

Pour les femmes rurales, cela signifiait ni plus ni moins une intensification de leur besogne quotidienne, comme en fait foi le témoignage suivant: «Il faut de l'argent, des médicaments, des vêtements, de la nourriture. Dans les comités comme dans les foyers, on coud, on tricote, on travaille à la charpie, on emballe: la collaboration prend toutes les formes. Mais tant que l'aube de la paix ne se lèvera pas, il faut la continuité dans l'assistance[44]».

Au terme des considérations précédentes, on peut facilement conclure que le rôle des fermières ne se limitait nullement à la famille. On attend d'elles une intense participation à la vie communautaire et villageoise, ce qui manifeste en quelque sorte l'extension de l'action féminine du privé au public. Par ailleurs, cela reflète également la pénétration du mode de vie urbain en milieu rural car les œuvres de bienfaisance sont d'abord et avant tout des moyens de répondre aux problèmes sociaux engendrés par le mode de production capitaliste.

Le rôle économique de la femme rurale

Pour se maintenir, la famille agricole appelle la participation active de tous ses membres. Évidemment l'entreprise appartient à l'homme, et c'est lui qui de façon générale organise la production.

Malgré cela, il ne peut le faire sans sa femme puisque c'est elle qui contrôle le budget, s'occupe de correspondance, des achats et ventes, etc. Les Cercles de fermières encouragent donc la formation professionnelle de leurs membres et mettent sur pied, dès le début, des cours (comptabilité, jardinage,...) afin que la fermière devienne la véritable associée de son mari au sein de l'exploitation agricole.

Mais outre cela, la fermière doit aussi se charger de «la partie féminine de l'agriculture», qui évolue selon le rythme des saisons. En effet, la famille rurale vit en contact étroit avec l'univers de la nature et des animaux. C'est pourquoi, en plus des tâches régulières comme l'éducation des enfants, la préparation des repas et l'entretien de la maison, la fermière s'occupe également du jardin, du poulailler, de la culture des petits fruits et des fleurs, et dans certains cas, de la production laitière et apicole. Elle participe aussi périodiquement à certains travaux comme le soin des animaux et la récolte annuelle. Enfin, durant la saison morte, elle s'affaire à des industries domestiques (filage, tissage, tricot, couture) dont les produits sont parfois destinés au marché. On peut donc parler d'une polarisation entre les univers masculin et féminin au sein de la famille paysanne; les rôles et les tâches sont liés au genre de vie et à l'organisation de la production qui repose sur une forte division sexuelle du travail.

Conscientes de leurs nombreuses responsabilités, les fermières se perçoivent comme «l'élite féminine des districts ruraux». Elles disent représenter «la catégorie la plus nombreuse des travailleuses» et leurs «devoirs» leur apparaissent plus importants que ceux des ménagères urbaines. Voilà pourquoi les Cercles de fermières ont entrepris une véritable campagne d'éducation sur l'agriculture. «Nul ne contestera que les devoirs de la femme qui habite la campagne et qui veut jouer un rôle actif sont plus importants que ceux de la femme qui habite la ville. (...) La fermière doit se considérer et être considérée comme vraiment utile, nécessaire et même indispensable pour l'augmentation du bien-être de la ferme[45]».

Du reste, un véritable mysticisme marque le discours des Cercles de fermières lorsque la revue aborde la question de l'agriculture. C'est plus qu'une profession, c'est une vocation; c'est le travail le plus salutaire parce qu'il rapproche l'homme du Créateur... Les agriculteurs constituent, en quelque sorte, l'élément sain de la nation parce qu'ils n'ont pas été contaminés par la dépravation des villes, par la rencontre d'immigrants qui pratiquent une religion différente, etc. Ils sont donc les plus en mesure d'assurer la survie de la «race» et de la tradition. Cette formule qui revient constamment dans les articles apparaît comme le principal leitmotiv.

Par ailleurs, faisant référence à l'épopée des ancêtres qui ont peiné pour édifier la nation canadienne-française, la revue retrace le lien historique entre les fermières et leurs aïeules, ces femmes fortes qui, malgré leurs nombreuses maternités, s'adonnaient à toutes les tâches qu'exige le travail sur la ferme. S'exprimant ainsi, elles rendent hommage à ces pionnières qui ont lutté aux côtés des hommes pour défricher les terres et arracher au sol, pouce par pouce, les récoltes qui assuraient leur subsistance: «Leur courage n'avait d'égal que leur vaillance. Leurs mains se livraient aux travaux grossiers, à la banalité des occupations journalières, mais qu'elles étaient grandes par le cœur et par l'âme! Qu'elles étaient chrétiennes et fortes, ces femmes d'autrefois, dont la descendance était souvent de douze, quinze ou vingt enfants[46]». Et Marie Rollet, la première fermière de la Nouvelle-France, devient le symbole de l'organisation. *La Bonne Fermière* lance même un concours artistique et littéraire pour célébrer l'héroïque pionnière.

L'image présentée de la femme idéale est donc l'antithèse de la femme faible, soumise et écrasée par sa situation. Au contraire, les articles font souvent référence à la «femme forte des Évangiles», celle qui a du caractère et qui sait vaincre les obstacles.

On décèle même dans les textes la projection du modèle physique de la beauté féminine: une femme robuste et en santé, habillée simplement avec les étoffes du pays et qui n'ajoute aucun artifice à ses toilettes. Pour elle, point n'est besoin de maquillage, elle a «le front couronnée du hâle des labours» et «la bonne humeur éclaire son visage». De tous les coins du Québec, les lectrices font parvenir des poèmes, des chansons, qui entretiennent cette vision idyllique du travail de la femme des champs.

Ces «femmes fortes», durant cette courte période de 30 ans, doivent subir deux crises et deux guerres. Or, pour les femmes rurales, et pour les fermières en particulier, cela signifie qu'il n'y a pas de répit, que le travail les réclame inlassablement.

En temps de crise par exemple, la femme doit s'ingénier à tirer le maximum du revenu de son mari. Mais pour cela, il lui faut renoncer à se procurer des produits qui sont disponibles au village ou qu'elle pourrait commander par catalogue, et accentuer sa production domestique: battre le beurre, cuire le pain, confectionner les vêtements en fabriquant elle-même ses tissus ou en taillant dans du vieux, ... Bref, tout pour éviter l'achat de produits manufacturés.

Dans la revue des Cercles de fermières, certains articles propagent l'idée que si la famille manque d'argent, c'est à cause du gaspillage: «Et c'est ce gaspillage, ce manque de prévoyance qui font que dans les grandes crises et même dans les petites crises économiques, les gens sont pris au dépourvu, souffrent et font souffrir leurs familles[47]». Les élites cléricales et politiques soutiennent qu'il n'est pas nécessaire d'avoir beaucoup d'argent pour que l'entreprise familiale fonctionne bien; tout dépend de la manière dont on l'utilise. Si elle est économe et prévoyante, la femme peut réussir à équilibrer le budget: «Les résultats prouvent donc qu'on a pas atteint directement le mal qui existe, pour vrai dire, dans la famille. Quelle en est la cause???... Le manque d'équilibre dans le budget domestique. Ménagères!!! à l'œuvre[48]!!!» La solution du problème économique est entre les mains des femmes, proclament les éditoriaux de *La Bonne Fermière et la Bonne Ménagère*. En déplaçant ainsi les véritables enjeux, la responsabilité du capital s'estompe. Pourtant, le gouvernement ne peut aller jusqu'à nier complètement la crise car il doit inciter les femmes rurales à augmenter leur production. Son appel sera entendu par les Cercles de fermières qui encourageront durant la crise la mise sur pied des industries féminines à la campagne. Alphonse Désilets avoue d'ailleurs que «c'est en revenant aux petites industries du passé que nous rétablirons l'équilibre entre le capital et le travail[49]».

Mais les femmes rurales ne peuvent s'improviser artisanes et ouvrières domestiques du jour au lendemain; il leur faut acquérir de nouvelles notions de base. Cette formation est assurée par les écoles ménagères et les Cercles de fermières qui offrent des cours pratiques, et pour stimuler la production, planifient des cours et expositions annuelles.

Dans les campagnes, les femmes se mettent à l'œuvre, filent la laine, cultivent le lin, tissent la toile, fabriquent des souliers, des gants, des étoffes, des habits, des draps, des couvertures, des tapis, tricotent des mitaines, des tuques, des bas, des ceintures fléchées, crochètent des rideaux de dentelle et même confectionnent des manteaux de moutons canadiens.

Ce n'est pas par philanthropie que le gouvernement encourage la recrudescence de ces «arts domestiques». Ces travaux ont une valeur économique et sociale certaine. S'ils rapportent un numéraire à la famille, ils lui permettent de survivre en ces temps difficiles et de ne pas aller grossir les rangs du prolétariat et des chômeurs, victimes de la crise, en ville. Pour écouler cette production, les cercles organisent des comptoirs coopératifs dans les villes et les campagnes. Les produits sont ainsi achetés par les industriels tisserands, les voyageurs de commerce, les experts en élevage et en culture du lin et les touristes américains. Il serait intéressant de pouvoir déterminer la valeur de cette production domestique destinée à la vente sur le marché, mais nous ne possédons pas de chiffres concernant cette période. Signalons cependant, à titre d'indication, que lors du troisième congrès général des Cercles de fermières en 1927, le sous-ministre de l'Agriculture évaluait à 600 000$ la valeur des seuls travaux de laine et de lin fabriqués par les fermières du Québec[50]. Il semble d'ailleurs qu'entre juin 1926 et juin 1927, les travaux domestiques aient rapporté en moyenne 200$ par personne[51].

Mais en plus d'assurer un revenu supplémentaire à la famille, les industries domestiques favorisent aussi la fierté nationale car on demande aux gens de n'acheter que des produits fabriqués au «pays». Comme en période de crise les gouvernements ont tendance à pratiquer l'autarcie, la promotion de ces industries va exactement dans ce sens.

Par ailleurs, ces incitations aux travaux manuels ne sont pas que l'effet d'une situation économique conjoncturelle, car les années passent et les Cercles de fermières continuent toujours à les promouvoir. Ainsi, peu après la crise, c'est la guerre, et le gouvernement fait encore appel aux femmes rurales qui, proclame-t-il, «comptent parmi les plus utiles des ouvriers de guerre du Canada. Le soin du lait et des produits agricoles sur la ferme est une partie tout aussi importante de notre effort de guerre que le remplissage des obus dans une usine de guerre. (...) Elles jouent un grand rôle dans la production de vivres sur les fermes canadiennes pendant la guerre[52]».

Cette fois, il faut produire non seulement pour la nation, mais aussi pour approvisionner les troupes outre-mer. D'ailleurs en 1943, 400 000 Canadiens ont dû quitter les fermes pour s'engager dans les forces armées ou dans les industries de guerre. Et les hommes partis au front, ce sont surtout les femmes qui doivent les remplacer à l'ouvrage. *La Revue des Fermières* publie régulièrement des images présentant des jeunes filles au volant de tracteurs, conduisant les chevaux ou portant de lourdes charges. Ces travaux, autrefois réservés aux hommes, sont donc en période de guerre le lot des femmes et des enfants. La division sexuelle du travail au sein de l'entreprise familiale ne tient plus et les fonctions productives des femmes rurales prennent alors de nouvelles dimensions. C'est là leur contribution à la VICTOIRE.

D'autre part, durant la guerre, les femmes rurales sont recrutées par le Service national sélectif pour travailler dans les usines de guerre et les services essentiels durant l'hiver. Auger et Lamothe citent, à ce sujet, les propos que madame Eaton publiait dans *La Presse* du 23 septembre 1942: «Depuis que leurs maris et leurs fils sont partis outre-mer, plusieurs fermières ont dû assumer des responsabilités qui n'incombaient autrefois qu'aux hommes. Nous leur demandons de faire davantage. Nous savons que plusieurs d'entre elles envisagent l'hiver prochain comme une période de loisirs. Ce sera un sacrifice personnel de renoncer à cela, mais je suis certaine que les femmes canadiennes n'hésiteront pas et que celles qui pourront aider le feront volontiers[53]». Enfin, les fermières et les ménagères rurales ont aussi pour mission de contrôler les prix et de récupérer les restes. Plusieurs d'entre elles travaillent comme bénévoles dans le service des consommateurs de la Commission des prix et du commerce. Par le biais de cet organisme, elles encouragent encore une fois la pratique de l'économie. Elles présentent cette tâche comme étant une œuvre de collaboration avec l'État, car «en faisant de nos mains tout ce dont la famille a besoin», disent-elles, «nous contribuerons à l'effort de guerre[54]».

Lorsqu'on considère la somme de travail effectuée par les femmes rurales de la génération de l'entre-deux-guerres, on est à se demander comment l'idéologie officielle a pu nier la valeur productive de leurs travaux. Ils ne sont pas comptabilisés dans les dossiers du gouvernement, et c'est seulement après 1945 qu'une véritable enquête sera effectuée parmi les femmes rurales à ce sujet. Celle-ci révèle que les industries et le travail domestique ajoutent au revenu de la famille au moins 50, peut-être 75%[55]. Voilà qui est peu dire sur la valeur économique du travail de la femme au foyer!

La femme rurale et la politique

Diverses études portant sur l'histoire du mouvement féministe au Québec ont souligné que la lutte pour l'obtention des droits politiques (suffrage féminin, tout particulièrement) y a été plus difficile à mener que dans les autres provinces canadiennes. On ne saurait nier que l'idéologie cléricale affirmant que l'égalité politique était contraire à la «nature» féminine ait pu contribuer à entretenir l'opposition, du moins apparente, des femmes rurales face à cette question. En conséquence, on peut aisément comprendre qu'une organisation encadrée par l'Église et le gouvernement, comme l'étaient les Cercles de fermières, ait dû faire sienne leur position en matière de suffrage. Sans se prononcer fréquemment sur le sujet, la revue a tout de même à quelques reprises défini sa pensée. En 1932, par exemple, à la suite du débat mené à la Législature sur le vote des femmes, la revue publie une lettre adressée au premier ministre du Québec, Alexandre Taschereau, pour le remercier de s'être prononcé contre le droit de vote pour les femmes: «Au nom des mères de famille de cette province qui s'opposent au suffrage féminin, vous me permettrez de vous offrir avec nos remerciements l'hommage de notre reconnaissance[56]».

De la même façon, la revue prend position contre les mouvements féministes qui réclament l'égalité des droits entre l'homme et la femme. Vingt siècles de christianisme ont fait leurs preuves, mentionne la revue, et les femmes ne s'en portent que très bien. Ainsi, dans un éditorial, Rolande Désilets parle des interventions «exagérées» de certaines féministes à la commission Dorion[57]. Il n'y a pas lieu, selon elle, de critiquer le Code civil qui protège la femme et la famille: «Cette pierre d'assise de la paix domestique doit demeurer intacte[58]». Cela amène l'éditorialiste de *La Bonne Fermière* à affirmer au nom des femmes du Québec «que l'immense majorité des mères de familles et des épouses canadiennes-françaises désapprouvent ce mouvement féministe. Bien plus, elles demanderont aux autorités compétentes de mettre fin à cette agitation qui trouble la paix habituelle des foyers[59]». Selon les responsables des Cercles de fermières, les féministes professent la destruction de leur seul univers immédiat, la famille. Cette remarque nous amène à considérer la question de la femme rurale et de la politique sous deux angles qui apparaissent contradictoires au premier abord.

D'une part, les femmes ne sont pas représentées au sein du pouvoir politique institué. Est-ce à dire qu'elles ne possèdent aucun pouvoir dans la société? Les analyses récentes se sont peut-être trop rapidement satisfaites d'une telle affirmation, car en creusant le problème, on constate que le pouvoir est conscient de l'influence qu'exercent les femmes sur le reste de la société. Les textes des différents ministères et ceux du clergé en témoignent de façon éloquente. Il ressort clairement qu'avec l'appui des femmes les élites conservatrices ambitionnent de gagner la nation tout entière. De fait, en faisant de la mère le centre de la famille, on réussit à canaliser toutes ses énergies vers cette «mission» dite «providentielle» qui est de transmettre aux nouvelles générations l'héritage culturel et religieux de la civilisation canadienne-française. On peut donc affirmer que le pouvoir utilise les femmes pour véhiculer une idéologie tradition-nelle et assurer la stabilité de la société.

D'autre part, la lecture des revues des Cercles de fermières nous permet de constater que les femmes, elles aussi, sont conscien-tes de l'influence qu'elles exercent sur la société à partir de la famille: «La femme est toute-puissante sur la famille et par la suite sur la société[60]».

Elles ne sont pas prêtes à bouleverser l'ordre social parce qu'elles ne sont pas certaines de ce qu'elles y gagneraient. Leur réac-tion d'autodéfense s'explique donc par la perception qu'elles ont des revendications féministes. Il leur parvient un écho déformé par la propagande officielle qui établit une équation automatique entre féminisme et abolition de la famille. La citation suivante en dit long à ce sujet: «Qu'ils soient donc flétris les partisans de l'émancipation féminine ne cherchant qu'à briser le bonheur des familles en arra-chant l'âme au foyer, l'épouse à son mari, la mère à ses enfants[61]».

Du reste, il faut également reconnaître que les mouvements comme la Ligue des droits de la femme et l'Alliance canadienne pour le vote des femmes du Québec n'ont pas centré leur travail de conscientisation sur le milieu rural. Thérèse Casgrain a mentionné à ce sujet avoir été invitée pour la première fois à la convention annuelle des Women's Institutes en 1938[62]. Les élites conservatrices de l'époque avaient donc le champ libre pour susciter des sentiments xénophobes dans les campagnes en présentant les féministes comme des agents venant de l'extérieur (en l'occurrence les anglophones des villes) et en brandissant encore une fois le spectre de la nation en péril! Ce n'est là qu'un des aspects de la contradiction ville/campa-gne alimentée par l'idéologie cléricale et qui s'articule entre autres autour du rejet de certaines formes du libéralisme.

* * *

Au terme de cette étude sur les Cercles de fermières, une ques-tion de fond reste en suspens. Jusqu'à quel point les femmes du milieu rural se sont-elles conformées à ces modèles qu'on leur pro-posait, et jusqu'à quel point ont-elles adhéré à ces valeurs?

Pas plus que de l'analyse de la littérature romanesque, on ne peut se satisfaire du dépouillement de journaux féminins pour répondre convenablement à cette question fondamentale. Il faudrait avoir recours à d'autres sources que les documents écrits pour savoir, par exemple, si les membres des cercles suivaient leurs dirigeantes. L'histoire de vie semble être à ce niveau un matériau intéressant pour connaître la perception que les fermières avaient de l'association, de son idéologie et aussi pour identifier leur motivation à en faire partie. Le croisement de la presse écrite et des récits de vie apporterait sûrement des données complémentaires pour en arriver à une véritable connaissance des femmes rurales durant la première moitié du 20e siècle.

Malgré ces limites, un certain nombre de remarques s'imposent. D'aucuns diront, par exemple, que les Cercles de fermières ont été des cibles privilégiées manipulées par l'Église et l'État pour intervenir et faire passer leurs politiques. Mais on ne peut se limiter à une telle affirmation, à moins de considérer les femmes comme de pures marionnettes entre les mains du pouvoir.

Nous ne croyons pas que les femmes rurales aient pu s'impliquer si entièrement dans une organisation qui ne leur ouvrait aucune perspective. Sans doute plusieurs d'entre elles adhéraient aux cercles pour briser leur isolement. Ou encore pour pouvoir emprunter le métier à tisser ou la sertisseuse du cercle de la paroisse. Mais, rappelons-le, les fermières du début du siècle avaient un rôle beaucoup plus important au sein de la famille que les urbaines de la génération d'après-guerre. Accomplissant une besogne considérable, et connaissant tous les rouages du travail à la ferme, elles avaient conscience de l'importance de leurs tâches et de leurs rôles. Rien d'étonnant alors à ce qu'elles veuillent sauvegarder la famille, institution dans laquelle elles ont investi toute leur vie et qui constitue le cadre et le lieu même de leur travail.

De plus, le développement du capitalisme et la rupture de l'ancien système d'autosuffisance changent le rôle effectif de la fermière. La diminution de l'importance du secteur agricole, tout comme le recul progressif des industries domestiques l'amènent à vouloir préserver ses fonctions de productrice.

Alors que leurs activités n'étaient guère valorisées par la société, les femmes rurales et les fermières se sont regroupées pour proclamer à la face du monde: «Oui, nous avons un rôle à jouer dans la société et il est fondamental». Plutôt que de remettre en question ce rôle, elles l'ont exalté au plus haut point, reprenant à leur compte certains principes de l'idéologie cléricale. Elles ont popularisé la fête annuelle des mères et entonné l'hymne de la glorieuse maternité, chantant aux femmes du peuple que c'est sur leurs genoux que se forme la nation. De là, il n'y avait qu'un pas à franchir pour soutenir la propagande nataliste de l'époque.

De la même façon, tout en célébrant la vie rurale, on a voulu que la fermière soit reconnue comme une professionnelle en son domaine. Les cercles critiquent la façon dont la femme a été considérée jusqu'à cette date: humble, attachée au quotidien et satisfaite d'ambitions modestes. Non, les cercles se développent justement parce que la femme rurale veut participer au mouvement social, «dans sa sphère d'influence», bien entendu. Ainsi, en améliorant sa formation domestique et agricole, la fermière visait à devenir la véritable associée de son mari. Quant à la ménagère du village, elle pouvait, en s'adonnant aux industries domestiques, apporter un revenu supplémentaire à la famille et, de ce fait, moins ressentir les effets de sa dépendance économique.

Enfin, tout en faisant l'expérience de la solidarité, les femmes rurales ont investi un champ social qui ne les mettait pas en contradiction avec ce qu'elles étaient. Depuis les dernières décennies du 19e siècle, en milieu urbain, les femmes avaient en effet été exclues de certaines sphères d'activités réservées à l'Église et aux religieuses. L'implication progressive de femmes laïques dans le domaine social à l'aube du 20e siècle leur a permis de se retailler une place dans la vie communautaire, et a peut-être préparé la voie à l'engagement des femmes dans les décennies suivantes.

On pourrait également se demander, concernant les industries domestiques, jusqu'à quel point la persistance d'un type de travail précapitaliste n'a pas permis à l'agriculture québécoise de ralentir le processus d'intégration du grand capital. Si l'agriculture de subsistance s'est maintenue si longtemps au Québec, c'est peut-être parce que les femmes y ont cru et l'ont encouragée. En somme, plusieurs questions débordent le cadre étroit de cet article. Mais peut-être les quelques jalons posés ici pourront-ils alimenter des débats fructueux.

11
Une nouvelle complicité: féministes et religieuses à Montréal, 1890-1925*

Marta Danylewycz

L'étude du mouvement féministe de la fin du 19ᵉ siècle au Québec a été abordée de deux façons différentes au cours des dernières années. Certaines historiennes se sont penchées sur les activités et les orientations des organisations féministes les plus connues en les resituant dans le contexte historique qui a favorisé le développement du mouvement. Identifiant les contradictions dans les prises de position féministes et insistant sur l'opposition vigoureuse des milieux cléricaux et politiques à la moindre revendication, leurs travaux nous éclairent sur la faiblesse et l'essoufflement relativement rapide de la première vague féministe à Montréal[1]. Adoptant une démarche opposée, d'autres ont privilégié comme sujet d'étude les religieuses qui sont omniprésentes dans la société québécoise du 19ᵉ siècle. Selon cette approche, l'élan qui dans les sociétés protestantes et laïques a inspiré les initiatives féminines dans le domaine de la charité privée a plutôt été au Québec une source de vocations religieuses: ici, l'Église catholique a joué un rôle prépondérant et influent en matière d'éducation et de service social. Les francophones qui sont entrées dans un ordre religieux actif (par opposition à un ordre contemplatif) dans le but de servir la société se sont comportées de façon similaire aux laïques qui, ailleurs, ont organisé le travail charitable. Les religieuses ont partagé les préoccupations

* Texte paru en anglais sous le titre «Changing Relationships: Nuns and Feminists in Montreal, 1890-1925» dans *Histoire sociale — Social History*, 28, novembre 1981. Reproduit avec la permission de l'éditeur. La traduction est de Bernard Descôteaux. L'auteure tient à remercier Marko Bojeun, Paul-André Linteau et Alison Prentice pour leurs commentaires sur une version préliminaire de cet article.

de plusieurs féministes sociales américaines ou canadiennes-
anglaises à l'égard du soin des enfants et du renforcement de l'institution familiale. Elles ont enseigné aux hommes et aux femmes leurs
responsabilités familiales et sociales et, si cela s'avérait insuffisant,
elles fournissaient un abri et un foyer aux victimes de la pauvreté, de
l'ignorance, de la maladie et de la délinquance. Pour certaines, les
couvents ont constitué la seule voie socialement acceptée pour
échapper au mariage et à la maternité sans avoir à subir la solitude et
la pauvreté qui allaient souvent de pair avec le célibat. Pour quelques autres, la vie religieuse a représenté une voie d'accès à de nombreuses occupations professionnelles que les femmes, dans d'autres
sociétés, ont tenté d'atteindre à travers le mouvement féministe[2].

Les religieuses viennent, grâce à cette deuxième interprétation, enrichir la liste des personnages de l'histoire du féminisme.
Quels rôles ont-elles joué et comment leur présence a-t-elle pu
influencer le rapport entre les forces féministes et antiféministes?
La réponse à une telle question se trouve en partie dans la relation
déjà ancienne entre religieuses et laïques, que le féminisme a modifié
d'abord pour permettre à ces dernières de militer sur le terrain social
puis, plus tard, d'obtenir de meilleures chances d'accès à l'éducation. Nous nous proposons dans cet article de décrire l'évolution de
ces relations entre religieuses et laïques et de mettre en lumière les
avantages que le féminisme en a retirés. Pour ce faire, nous réexami-
nerons les circonstances qui ont permis une mobilisation croissante
des femmes à la fin du 19e siècle, la création en 1907 de la Fédération
nationale Saint-Jean-Baptiste, l'ouverture un an plus tard de
l'École d'enseignement supérieur pour jeunes filles, la propagation
des cercles d'étude féminins et, enfin, la fondation en 1923 de l'Institut de Notre-Dame-du-Bon-Conseil. Nous verrons du même coup
comment les relations entre religieuses et laïques, tout comme les
limites à leur collaboration, ont été définies non seulement par les
deux parties en cause, mais également par les forces opposées à tout
changement au statut politique et professionnel des femmes. La hiérarchie ecclésiastique et ses alliés politiques, se sentant menacés par
les revendications égalitaires des femmes et leurs réalisations intellectuelles, ont tenté de décourager les sœurs de sympathiser avec les
féministes, suggérant que les intérêts religieux étaient à l'antipode
de l'émancipation des femmes. Avant d'approfondir ces questions,
jetons d'abord un coup d'œil sur les activités des religieuses et des
laïques à la veille de l'émergence du mouvement féministe.

La constitution d'un front uni

À l'aube du 20ᵉ siècle, sur les quelque 6500 religieuses œuvrant au Québec, un sixième se dévouaient aux besoins sociaux de la population féminine croissante de Montréal[3]. Les sœurs de la Miséricorde et les sœurs du Bon-Pasteur hébergeaient les mères célibataires. Les sœurs de la Charité de la Providence et les sœurs Grises administraient de leur côté des garderies pour les mères qui travaillaient hors du foyer et des hospices pour les femmes âgées; elles enseignaient dans les écoles primaires et s'occupaient de l'éducation des aveugles et des sourds. Avec l'intensification de l'émigration rurale vers Montréal et la diversification des activités industrielles et commerciales, les communautés furent amenées à assumer des responsabilités nouvelles. En 1895, sœur Pelletier, une sœur Grise, ouvrit le Patronage d'Youville où les émigrantes rurales trouvèrent refuge tout en y apprenant les rudiments de l'économie domestique. S'adaptant aux changements sociaux, la Congrégation de Notre-Dame et les sœurs des Saints-Noms de Jésus et de Marie ajoutèrent, au cours des années 1880, la dactylographie et la sténographie aux programmes d'études de leurs collèges[4].

À côté des communautés religieuses qui étaient toutes-puissantes, dynamiques et bien organisées, les laïques francophones se voyaient quant à elles attribuer une portion congrue en matière de service social. Leur rôle en était un de soutien. À l'exception d'une poignée de femmes entreprenantes qui dirigèrent des associations charitables et créèrent des maisons pour les pauvres et les nécessiteux, la majorité ne participaient aux activités charitables qu'à titre d'assistantes aux religieuses.

C'est au cours des années 1840 et 1850, sous l'impulsion de Mgr Ignace Bourget, que la présence religieuse dans le domaine de la charité commença à se développer. Engagé dans la construction d'une Église puissante, Bourget invita d'abord les communautés religieuses françaises, alors l'objet d'attaques de la part de l'État français, à quitter la France et à émigrer au Québec, ce que firent plusieurs d'entre elles. Il encouragea par ailleurs l'émergence de vocations au Québec même et incita les laïques qui faisaient du bénévolat à se placer, elles et leurs œuvres, sous son autorité. Parmi celles qui acceptèrent le conseil de Mgr Bourget, on trouve la veuve Émilie Tavernier-Gamelin qui, après plusieurs années consacrées au soin des femmes malades et sans foyer, fonda la Congrégation des sœurs de la Providence. De même, Mme Rosalie Cadron-Jetté, qui donnait asile aux mères célibataires et aux enfants abandonnés, échangea son apostolat laïque pour une vocation religieuse, adoptant pour sa nouvelle communauté le nom de sœurs de la Miséricorde[5].

À l'occasion, ce sont des enseignantes laïques et des personnes actives dans les œuvres de charité qui prirent l'initiative de former des communautés religieuses, contribuant ainsi sans le vouloir à renforcer le contrôle clérical sur les services sociaux et l'éducation. Par exemple Esther Blondin, une enseignante, directrice d'un pensionnat et ancienne novice de la Congrégation de Notre-Dame, consacra ses qualités administratives et pédagogiques à créer la communauté des sœurs de Sainte-Anne en 1850. Elle suivait alors les traces d'une autre élève de la Congrégation, Eulalie Durocher, qui sept ans plus tôt avait institué celle des sœurs des Saints-Noms de Jésus et de Marie. Dans des conditions moins favorables, dans la région de Rimouski, la communauté des sœurs du Saint-Rosaire vit le jour en 1880. Louise Turgeon conçut et mit sur pied tenacement, en dépit de l'opposition de Mgr Langevin, une communauté consacrée à l'éducation des enfants des régions rurales[6]. À d'autres moments, le contrôle religieux fut favorisé par les difficultés financières qui sonnaient le glas d'associations laïques. Ce fut le cas avec l'Orphelinat de Montréal. Fondé en 1832 par les Dames de la Charité au lendemain de l'épidémie de choléra qui avait laissé de nombreux enfants orphelins, cette institution était demeurée sous leur direction pendant 50 ans. Au cours des années 1880, des difficultés financières grandissantes, et semble-t-il insolubles, entraînèrent la démission de ses directrices, Elmire et Delphine Morin. Après leur départ, l'orphelinat fut confié à l'administration des sœurs Grises[7].

La faible participation des laïques aux œuvres charitables, de même que le caractère irrégulier de cette participation favorisèrent aussi la domination de l'Église sur les services sociaux. Le désintérêt, l'apathie, les responsabilités familiales, l'éducation des enfants ou encore simplement le fait que «les tâches les plus ardues et les moins agréables» pouvaient, selon certaines femmes, être laissées aux sœurs, renforcèrent le contrôle religieux[8].

Les laïques commencèrent à exprimer leur insatisfaction à l'égard des rôles qu'elles-mêmes se définissaient et que la société leur attribuait au moment où l'hégémonie religieuse semblait assurée dans les domaines sociaux et éducatifs. Elles n'eurent d'autre choix que de se tourner vers le mouvement féministe, mouvement qui ralliait sur des bases politiques et religieuses fort différentes des femmes ayant des préoccupations semblables aux leurs. En 1893, *Le Coin du*

Feu, une revue féministe qui fit œuvre de pionnière, surprit la société québécoise en demandant «un regain du prestige de la femme»[9]. En plus de chercher comment améliorer le statut politique et social des femmes, sa rédactrice en chef, Joséphine Dandurand, fit des conférences devant des auditoires composés de laïques et de religieuses[10]. Elle préconisa l'établissement de relations plus égalitaires entre ces deux groupes et rejeta l'idée que la participation des laïques aux œuvres bénévoles dut être secondaire et limitée à des activités de soutien. Des lectrices de cette revue partageaient les préoccupations de Dandurand qu'elles poussaient plus loin. Ainsi Marie Lacoste-Gérin-Lajoie, qui allait devenir le chef de file des féministes montréalaises et une juriste autodidacte, entretenait l'idée de faire de la maison de chaque femme «un bureau d'affaires, un atelier, une étude, soit des professions libérales, de la science ou des arts[11]». Elle allaitait alors son plus jeune enfant et tout en se dévouant à son rôle de ménagère et de mère, elle refusait néanmoins d'en être esclave et de devenir «un être déformé, une créature manquée[12]». Des célibataires ressentaient également un besoin de changement. Robertine Barry, journaliste et directrice du *Journal de Françoise,* était l'antithèse de la «vieille fille d'autrefois», cette recluse qui vivait dans l'ombre de ses parents ou de sa famille. Endossant la cause de l'accès des femmes aux professions, cette féministe, qui deviendra plus tard inspectrice de manufacture, se fit la championne de l'émancipation des femmes, appelant des changements sociaux et politiques qui, croyait-elle, allaient améliorer la condition des célibataires[13].

Dans les dernières décennies du 19ᵉ siècle, Montréal était en mutation. De ville commerciale, elle allait devenir une métropole industrielle tentaculaire. Surpopulation, conditions sanitaires insuffisantes, maladie, chômage et pauvreté allaient de pair avec cette transformation et le tissu social fragile de la ville menaçait de se déchirer. Les classes bourgeoises se sensibilisèrent à la nécessité de réformes sociales devant la perspective d'une dégénérescence de la vie urbaine conjuguée à la montée de l'agitation ouvrière. Des moyens plus efficaces et plus considérables furent mis en œuvre pour soulager la misère sociale. De nouvelles formes d'aide sociale apparurent à la faveur de ces changements, et les femmes qui se sentaient étouffées par le rôle qu'on leur imposait trouvèrent alors de nouvelles avenues d'intervention. Gérin-Lajoie, Barry et Dandurand, qui les premières avaient exprimé leur insatisfaction à l'égard de leur rôle traditionnel, profitèrent de l'occasion que leur fournissait le besoin de réformes sociales[14]. Elles firent connaître par leurs discours la condition de l'ouvrière, réclamèrent l'adoption de lois protectionnistes et l'amélioration des conditions de travail et proposèrent la création d'associations ouvrières. En même temps, elles réclamèrent pour elles-mêmes une extension de leurs droits politiques et juridiques afin d'être en mesure de réaliser leur engagement envers les pauvres et les exploités. «Secourir les humbles, aller vers ceux qui jusqu'ici sont restés sans défense; se mettre au service des opprimés et donner par là une expression nouvelle à la charité[15]» n'était possible que si les femmes avaient à leur disposition les instruments politiques et juridiques pour mettre en œuvre et imposer des réformes sociales.

Ce processus de politisation parmi quelques privilégiées donna naissance à une idéologie féministe. Il en résulta aussi une remise en question des relations entre religieuses et laïques ainsi que de la dominance des premières sur les œuvres de charité. Gérin-Lajoie, Dandurand et Barry firent appel à un vocabulaire religieux pour justifier les changements qu'elles réclamaient en vue d'une association égalitaire entre religieuses et laïques.

Tout comme elles invoquaient l'idée de la justice et de la rédemption chrétiennes pour promouvoir les droits des femmes, leurs revendications en faveur des réformes et du bénévolat s'appuyaient sur la vertu de charité. Comme celle-ci constituait le pivot de la mission sociale de l'Église, les femmes apparaissaient tout aussi vitales à la réussite de cette mission. Ces deux éléments, croyaient les féministes, étaient le pain et le souffle de vie[16].

L'idée que le travail charitable était inné chez les femmes faisait disparaître un obstacle qui, à la fin du 19e siècle, avait relégué les laïques à un rôle secondaire dans les œuvres de charité. Du même coup, on niait et on faisait disparaître les distinctions qui s'étaient développées entre l'action laïque et religieuse. L'apostolat et la bienfaisance émanaient de la seule source de la charité à laquelle toutes les femmes puisaient, peu importe la vocation qu'elles avaient choisie.

Cette conception d'un front uni des femmes a eu des conséquences importantes. Les laïques se sentirent revalorisées et leur confiance dans leur rôle de gardiennes des valeurs sociales fut raffermie. Il en résulta également un sens de l'identité, un sens de la continuité historique et un sentiment d'appartenir à une longue tradition de militantisme. Marie Lacoste-Gérin-Lajoie était convaincue de la nécessité d'unir les bénévolats laïcs et religieux sous la seule bannière de «l'initiative féminine» animée par l'idéal de la charité. Elle pressentait aussi les dangers d'une division: «Nous nous nuirions singulièrement quand nous parlons de nos œuvres, si nous en excluions celles des religieuses, et si nous voulions échapper aux mérites que leurs institutions font rejaillir sur toute notre sexe[17]».

Elle croyait que si l'on distinguait les initiatives des femmes selon qu'elles soient religieuses ou laïques, on privait dès lors les Canadiennes françaises de leur passé collectif et on émoussait leur perception de leurs forces et de leurs capacités. Considérer les laïques et les religieuses comme des groupes distincts, parler des sœurs et de leurs réalisations uniquement en termes religieux revenait à nier l'élan féministe, ce souci inné et cette identification aux pauvres et aux nécessiteux qui unit les femmes et les conduit à œuvrer à l'amélioration de la condition humaine.

Des femmes qui partageaient les préoccupations de Gérin-Lajoie fouillèrent le passé, désireuses de redonner aux femmes leur histoire. Elles réexaminèrent dans une perspective féministe la vie de religieuses éminentes ,telles Marguerite Bourgeoys, Marie de l'Incarnation et Marguerite d'Youville. Les réalisations de sainte Gertrude, sainte Roswintha et sainte Hilda, abbesses célèbres du Moyen-Âge, et de sainte Catherine, une érudite de cette époque, leur fournirent des armes redoutables pour contrer à la fois les arguments religieux du clergé sur la discrimination sexuelle et ceux de prétendus experts de la psychologie de la femme qui décrivaient sa nature comme trop délicate et trop émotive pour supporter la tension d'une vie politique et professionnelle[18]. Du même coup, elles inscrivaient leurs préoccupations politiques dans la tradition du féminisme chrétien.

La tendance à légitimer les droits des femmes par la religion et par des références à des personnages et des événements de l'histoire récente ou ancienne persista bien après que les laïques eurent établi leur hégémonie sur les œuvres de charité et de réformes sociales. La propagande suffragiste fut truffée de portraits de religieuses et de saintes femmes ayant œuvré dans la «cité laïque» dans le but d'illustrer le potentiel inexploité de la majorité des femmes. Les féministes rappelèrent à leurs adversaires que les religieuses élisaient couramment leurs supérieures, tournant ainsi en ridicule l'argument absurde, mais puissant, voulant que le droit de vote puisse corrompre les femmes. Si l'histoire avait démontré que les sœurs n'avaient pas pour autant perdu leur «ressemblance à leur pur modèle, la très sainte Vierge[19]» — ce que personne n'osait contester — dès lors élire couramment des représentants aux gouvernements municipaux et au parlement ne pouvait certes pas dégrader les femmes laïques. Robertine Barry utilisa une tactique similaire lorsqu'elle se demanda «ce que nos Seigneurs les évêques auraient répondu à une députation féminine demandant d'assister au concile qui s'est tenu dernièrement à Montréal[20]», considérant le fait que des femmes participaient aux synodes de l'Église médiévale. L'allusion était claire: les femmes du haut Moyen-Âge avaient davantage voix au chapitre dans la gouverne de l'Église et dans la société médiévale tout aussi bien que les laïques dans le Québec contemporain.

La Fédération nationale Saint-Jean-Baptiste

L'interprétation féministe donnée à la charité et à l'histoire des femmes permit aux laïques d'accéder à une vie intellectuelle et politique. À mesure que la sphère d'influence de leurs organisations s'élargissait et que la praxis féministe touchait graduellement les religieuses, ce mouvement prit de l'ampleur. En 1893, Dandurand, Gérin-Lajoie et Barry se joignirent avec une poignée de bourgeoises francophones au National Council of Women of Canada (NCWC). Elles collaborèrent au sein de la section montréalaise du NCWC avec les anglophones sur plusieurs questions. Les batailles qu'elles engagèrent pour l'obtention de droits politiques et les réformes qu'elles tentèrent d'introduire dans les lieux de travail leur donnèrent une expérience de l'action sociale et l'apprentissage du leadership dont elles avaient grandement besoin. Au même moment, des femmes et des filles des membres de l'élite financière et politique québécoise fondèrent une section féminine à l'association Saint-Jean-Baptiste de Montréal, une association nationaliste canadienne-française. L'objectif premier avait été de recueillir des fonds pour la construction du Monument national; néanmoins, elles élargirent rapidement leur mandat au domaine de l'éducation[21], créant en 1906 l'École ménagère de Montréal. Grâce à l'appui financier de la section féminine de l'association, Antoinette Gérin-Lajoie et Jeanne Anctil étudièrent durant deux ans l'économie domestique en France et en Suisse et à leur retour devinrent les premières directrices de l'école; elles formèrent une grande partie des futures enseignantes d'économie domestique de la province[22].

Ayant participé pendant une décennie au NCWC, ces femmes en arrivèrent à la conclusion qu'une association catholique et francophone était nécessaire pour créer un mouvement d'appui aux droits des femmes au Québec. Les Canadiennes françaises étaient incommodées par le type de patriotisme pratiqué par le conseil et les nombreuses déclarations chauvines de féministes anglophones du genre: «Je suis Anglaise et Canadienne, et aussi longtemps que l'une et l'autre seront la même chose je ne les séparerai pas»; ou encore: «C'est parce que le Canada est britannique que je suis si patriote[23].

Sans aucun doute Gérin-Lajoie avait-elle à l'esprit ce type de commentaires lorsqu'elle expliqua son désaccord avec la position du conseil, faisant de l'unité des femmes la priorité sur toute autre action. Elle fit alors remarquer que «nos mœurs, nos idées, notre langue, tout est différent; notre race a une vraie personnalité qui lui permet d'être bonne camarade mais lui défend de s'assimiler[24]». Le NCWC était résolument protestant en dépit de son caractère non confessionnel, ce qui constituait une autre difficulté aux yeux des francophones. Même si Dandurand et Gérin-Lajoie n'avaient aucun scrupule à collaborer avec des femmes d'autres confessions, elles savaient qu'elles ne pouvaient espérer rallier les associations charitables catholiques au réseau du conseil. De fait, celui-ci, sauf exception, n'attira aucun de ces groupes francophones en son sein.

La formation en 1907 de la Fédération nationale Saint-Jean-Baptiste offrit aux femmes une autre voie que celle du NCWC ou de la section féminine de l'Association Saint-Jean-Baptiste, dont la fédération demeura néanmoins proche sur le plan politique. Créée et dirigée par des francophones, la fédération était au confluent des diverses influences et traditions auxquelles les laïques avaient été exposées comme militantes. En baptisant la fédération du nom du saint patron du Québec, on situait la campagne en faveur des droits des femmes et d'une réforme sociale dans une perspective francophone et catholique. De même, cela pouvait indiquer que les préoccupations de la section féminine de l'Association Saint-Jean-Baptiste étaient reprises maintenant par la fédération. Celle-ci avait adopté la structure du NCWC et se voulait un lieu de coordination visant à consolider et à élargir les efforts en matière de charité, d'éducation et de service social. Plus encore, la fédération, comme son prédécesseur, choisit délibérément d'éviter la question controversée du suffrage avant d'avoir pu articuler la réforme sociale et les droits des femmes[25]. Enfin, la fédération institutionnalisa l'association entre religieuses et laïques telle que les féministes l'avaient définie: elle admit en son sein les couvents et leurs institutions auxiliaires. Plus de la moitié des 22 groupes membres de la fédération étaient contrôlés par des sœurs. Tout comme les autres associations, ils conservaient leur indépendance, mais avec le temps un lien de dépendance se développait du fait qu'ils avaient droit à une partie des sommes d'argent recueillies lors des campagnes annuelles de souscription. Les sœurs qui administraient des institutions charitables devinrent automatiquement membres de la fédération[26].

Des religieuses enseignantes, accompagnées de leurs étudiantes les plus âgées ou représentant des institutions charitables, assistèrent d'ailleurs aux congrès de la fédération. Leur présence ne passa pas inaperçue: «Parmi elles figuraient un grand nombre de religieuses; leur présence faisait sentir les solides liens qui unissent dans des aspirations communes toutes les âmes de bonne volonté; il était touchant ce spectacle de laïques et de religieuses s'unissant dans des séances d'études pour se perfectionner dans la science de la charité et augmenter au sein de notre société la fécondité de leur apostolat[27]». Au cours des premières années de la fédération, elles demeurèrent silencieuses lors des sessions plénières, n'intervenant que par l'intermédiaire de laïques.

Cette timidité peut s'expliquer de diverses façons. Caroline Béique, cofondatrice de la fédération, suggéra que la gêne des sœurs les éloignait des tribunes[28]. Il est possible que, dans le cadre de la fédération, les religieuses se voyaient elles-mêmes comme des «back-benchers» dont le rôle était simplement d'appuyer et à l'occasion de conseiller les dirigeantes laïques de la fédération. Leur réticence a pu aussi être le résultat en partie d'un conseil «paternel» du clergé. Compte tenu du conservatisme du clergé, il n'est pas insensé de penser qu'il jugeait inapproprié pour une femme voilée de faire des interventions publiques. En tout cas, on aurait là une explication à la contradiction persistante entre leur silence apparent et les assurances données à Gérin-Lajoie à plusieurs reprises de leur volonté de participer activement aux congrès[29].

Au-delà de ces considérations sur le comportement des religieuses aux congrès et la perception qu'elles avaient de leur rôle au sein de la fédération — il est difficile d'en dire plus, compte tenu de la documentation disponible — il est certain que les communautés ont développé des liens de travail avec les membres laïques de la fédération, comme l'illustrent les exemples des soeurs Grises, des soeurs de la Providence et des sœurs de la Miséricorde. Leurs crèches, leurs orphelinats, leurs asiles furent placés sous le parapluie de la fédération. Leurs membres participèrent régulièrement aux sessions de formation sur le soin des enfants, l'hygiène et les soins prénatals organisées par les laïques. De même, les sœurs de la Congrégation de Notre-Dame offrirent des locaux pour les réunions et les assemblées de la fédération et, comme on le verra plus tard, elles travaillèrent étroitement et systématiquement avec les féministes pour accroître l'accès des femmes à l'éducation. Lorsqu'en 1912 la fédération lança une campagne pour réduire le taux incroyablement élevé de mortalité infantile, les sœurs Grises participèrent à la distribution de lait pasteurisé aux familles pauvres et gérèrent des dépôts de lait dans les quartiers où les taux de mortalité étaient les plus élevés. Des sœurs contribuèrent, sur une base individuelle, à l'œuvre de la fédération en invitant leurs étudiantes et leurs amies à joindre cette organisation, en distribuant ses brochures et en sollicitant des fonds et des contributions à son journal, *La Bonne Parole*[30].

Religieuses et féministes ont fait front commun sur d'autres questions d'actualité à cette époque. La «crise domestique», la pénurie de servantes adéquatement formées ainsi que le besoin d'une tenue de maison de qualité et de rendement supérieurs les préoccupaient. Conjointement, elles ont élaboré des programmes de sciences domestiques axés sur la qualité des soins maternels et l'efficacité de la gestion de maison. Ces cours ont-ils permis la formation de domestiques dignes de confiance pour les familles de la bourgeoisie ou pour les maisons mères des communautés religieuses prospères? Ont-ils contribué à rehausser les normes et critères du maternage? Nous n'en connaissons pas avec précision les résultats, mais il demeure qu'à long terme ces cours ont limité l'accès à l'éducation pour les femmes des classes populaires en les orientant vers le service domestique et le travail mal rémunéré en usine[31].

L'accès à l'éducation et aux professions: le cas de l'École d'enseignement supérieur pour jeunes filles

L'unité d'action entre féministes et religieuses a atteint son sommet avec la fondation en 1908 de l'École d'enseignement supérieur pour jeunes filles qui, en 1926, a pris le nom de collège Marguerite-Bourgeoys. Sa création exigea la collaboration de toutes les personnes qui revendiquaient le droit d'accès à l'éducation supérieure pour les femmes des classes bourgeoises, en milieu francophone; elle opposa les religieuses et les féministes aux prêtres et aux politiciens qui appréhendaient les conséquences d'un tel changement. Le programme de ce premier collège classique féminin et le mouvement des cercles d'étude qu'il engendra permit à la fédération d'exercer une influence sur la formation de la génération suivante de féministes.

Le Coin du Feu, la première revue féminine, et les «Chroniques du Lundi» publiées chaque semaine dans *La Patrie* abordèrent les premiers la question de l'éducation supérieure, surveillant et signalant les progrès accomplis aux États-Unis, en Europe et dans les provinces voisines, et les comparant aux besoins immenses de changement au Québec[32]. Barry, Dandurand et Gérin-Lajoie, apôtres acharnées d'un plus grand accès à l'éducation et aux professions, employèrent toute une variété de moyens pour sensibiliser les hommes à cette question. Comme les féministes ailleurs, elles firent appel au sens de la justice et à la courtoisie des hommes, et exprimèrent leur dédain envers ceux qui protégeaient les privilégiés et approuvaient l'injustice. Elles s'étaient juré d'obtenir des changements et elles raillèrent les hommes qui redoutaient la compétition féminine. «Si la terreur de se voir égalés ou surpassés les inspirent, qu'ils nous permettent encore une fois de calmer leurs larmes[33]». Parfois, elles invoquèrent la fierté nationale et se servirent de cet argument pour justifier leurs revendications. Elles faisaient valoir que la discrimination sexuelle en éducation constituait un handicap pour les Canadiens français dans leur quête de prestige et de leadership au Canada. Gérin-Lajoie brandit le spectre de l'infériorité, laissant entendre qu'il y avait peut-être du vrai à la réputation de retard du Québec. Elle rappela à ses adversaires que «chaque année à l'étranger et plus près de nous, chez nos sœurs anglo-saxonnes, une élite de femmes se forme, qui entraîne la race entière vers un idéal toujours plus élevé et des destinées plus hautes[34]». Selon elle, la plupart de ses contemporains, quelles que furent leurs opinions à l'égard de l'éducation féminine, y voyaient un symbole de progrès. Avec la moitié de la nation entravée par l'ignorance, elle croyait que la race française ne pourrait faire bonne figure sur la scène internationale.

Les féministes ne firent pas que mener des polémiques. Chaque fois que l'occasion se présenta, elles prirent elles-mêmes les choses en main. Ainsi, pour aider à accroître la participation des femmes à la vie intellectuelle, Dandurand convainquit les enseignantes religieuses et laïques d'encourager les étudiantes à soumettre leurs travaux aux concours littéraires du NCWC. Les gagnantes voyaient leurs œuvres publiées dans *Le Coin du Feu.* À l'initiative de Dandurand, un système de prêts de livres fut organisé pour donner aux femmes rurales accès aux bibliothèques; des femmes se virent accorder le droit de siéger au conseil de la Bibliothèque nationale, et en 1904, elles obtinrent la permission d'assister aux cours de littérature de l'Université Laval de Montréal[35].

Les féministes amadouèrent par ailleurs les religieuses, cherchant à obtenir leur appui et leurs conseils. Robertine Barry s'adressa aux sœurs d'abord dans sa chronique de *La Patrie,* puis après 1902 à travers *Le Journal de Françoise,* sa revue bimensuelle. Rappelant l'époque lointaine où les couvents étaient des «pépinières de femmes érudites», elle pressa les religieuses de faire revivre cette époque glorieuse en créant des collèges classiques féminins et en rehaussant les exigences de leurs écoles pour préparer les jeunes filles au travail et à l'université. Elle souhaita également que la réforme de l'éducation s'accompagne d'une plus grande accessibilité au marché du travail, suggérant même aux religieuses d'accueillir dans leurs collèges et institutions de haut savoir des laïques comme professeurs[36]. Une pléthore de suggestions remplissait les pages du magazine de Barry. Une collaboratrice donna aux communautés enseignantes l'exemple d'une sœur innovatrice et avant-gardiste, Mme Marie du Sacré-Cœur, qui avait ouvert en France un collège catholique pour filles[37]. Comme le débat traînait en longueur, Marie Lacoste-Gérin-Lajoie ne s'embarrassa pas d'allusions évasives et demanda sans ménagements: «Pourquoi une de nos maisons religieuses ne remplirait-elle pas auprès de Laval les fonctions des sœurs de Notre-Dame de Namur auprès de l'Université de Washington? Pourquoi l'une d'entre elles ne consentirait-elle pas à suivre après le pensionnat la jeune fille studieuse que le monde ne prend pas toute entière? L'Église a toujours soutenu que l'éducation était sienne, dans ce pays d'ailleurs, que n'a-t-elle pas fait pour cette sainte cause[38]»?

En plus de ces incitations à travers la presse, les féministes discutèrent régulièrement avec les religieuses des questions relatives à l'éducation. Le journal de sœur Saint-Anaclet, adjointe à la supérieure générale de la Congrégation de Notre-Dame dans les années 1890, puis elle-même supérieure générale de 1903 à 1912, montre que Gérin-Lajoie avait sa communauté en tête lorsqu'elle posa des questions embarrassantes et publia le résumé d'un éventuel programme d'études collégiales dans *Le Journal de Françoise.* En mai 1897, une délégation de laïques rencontra sœur Saint-Anaclet et sa compagne sœur Sainte-Olivine pour discuter d'éducation supérieure. Le jour suivant, sœur Saint-Anaclet écrivit que Ernestine Marchand, une étudiante du couvent et une parente de Dandurand, «est venue et a répété de bonnes impressions que Mme Dandurand a emportées de sa visite [39]». La bonne impression que les deux religieuses avaient laissée à leurs visiteuses semblait avoir de l'importance à ses yeux. Le commentaire d'Ernestine Marchand à sœur Saint-Anaclet laisse croire que les deux religieuses partageaient les vues des laïques sur la question de l'éducation des femmes. Selon sœur Saint-Anaclet, Gérin-Lajoie venait régulièrement s'enquérir des progrès de sa fille et rappeler aux religieuses son intention ferme de l'envoyer dans un collège européen ou américain, si ce n'était pas possible au Québec. D'autres annotations portaient sur le projet de Gérin-Lajoie d'écrire un manuel de droit civil. Avant de publier ce livre, celle-ci demanda conseil à sœur Saint-Anaclet et toutes deux passèrent des heures à discuter du manuscrit [40]. En 1902, au moment de la parution du *Traité de droit usuel,* la communauté demanda à Gérin-Lajoie d'enseigner le droit aux étudiantes les plus âgées. Enfin, lorsque le projet de fonder l'École ménagère de Montréal était en préparation, des rencontres eurent lieu entre sœur Saint-Anaclet, Caroline Béique, Marie Thibodeau et Marie de Beaujeu, qui furent parmi les fondatrices de cet établissement [41].

Il est difficile de déterminer jusqu'à quel point sœur Saint-Anaclet endossa les aspirations de ses visiteuses compte tenu de la discrétion exigée par l'éthique de son état religieux. Son journal suggère à l'occasion l'existence d'une complicité entre elle et ses invitées. Assistant à une conférence de Gérin-Lajoie, elle s'exclama: «quelle femme»; après la lecture d'un texte dégradant pour les femmes, elle écrivit simplement: «Toute réserve faite de notre dignité (de femmes), n'est-ce pas ça l'histoire du chien [42]?» Plus significatif fut l'existence, pendant son administration et aussi quelques années avant, d'une coterie de sœurs de la Congrégation dirigée par sœur Sainte-Anne-Marie qui négocièrent avec Mgr Bruchési, archevêque de Montréal, la création d'un collège de filles.

Sœur Sainte-Anne-Marie était la fille aînée de Guillaume Bengle et de Philomène Pion-Lafontaine et la nièce de sœur Sainte-Luce, un membre influent et hautement considéré de la communauté. Elle se joignit à la Congrégation en 1879 et après des débuts difficiles comme enseignante à Sherbrooke, elle retourna à la maison mère à Montréal. Là, comme enseignante au Mont Sainte-Marie, l'un des plus prestigieux pensionnats offrant une éducation primaire et secondaire complète, elle se révéla une pédagogue et une administrative exceptionnelle. En 1897, elle devint l'adjointe à la directrice de l'école, puis six ans plus tard, directrice [43]. Sympathique à la cause féministe, sœur Sainte-Anne-Marie commença à préparer le terrain pour l'institution d'un collège féminin dans les années 1890. Discrètement, avec l'appui moral de l'aumônier de la communauté, l'abbé Henri Gauthier, et du conseil d'administration de la Congrégation, elle inscrivit au programme d'études du Mont Sainte-Marie des cours de philosophie, de chimie et de droit. Pour préparer les religieuses à leurs futures tâches d'enseignantes collégiales, elle créa une chaire de littérature et invita plusieurs professeurs de l'Université Laval de Montréal à titre de conférenciers. En contact avec des universitaires européens, elle obtint en 1913 une licence de philosophie la qualifiant comme professeur de niveau collègial[44].

Les initiatives de sœur Saint-Anne-Marie suscitèrent au sein de la communauté des réactions diverses. Les religieuses proches des féministes l'appuyaient et espéraient que «son exemple ne reste pas stérile». D'autres, scandalisées par son «modernisme», applaudissaient aux efforts du clergé pour briser la vague de changement[45]. Le sort du collège, comme pour toute grande décision touchant l'éducation et impliquant les communautés religieuses, reposait entre les mains de l'évêque. Mgr Bruchési avait, lors de discussions sur la fondation de la Fédération nationale Saint-Jean-Baptiste, donné l'impression à Gérin-Lajoie d'être favorable aux préoccupations des femmes[46]. Dans ce cas-ci, il était plutôt indécis, approuvant un jour les propositions de sœur Sainte-Anne-Marie et le lendemain jugeant leur application prématurée. Cette valse-hésitation dura des années, mais Bruchési y mit fin abruptement lorsque *La Patrie* annonça en avril 1908 que deux journalistes de Montréal, Éva Circé Côté et Gaëtane de Montreuil (nom de plume de Marie-Georgina Bélanger), allaient ouvrir un lycée pour filles sur la rue Saint-Denis[47]. L'audace de ces femmes ne plaisait pas au clergé. Non seulement avaient-elles le courage de prendre les choses en main, mais encore menaçaient-elles le monopole clérical sur l'éducation secondaire et collégiale de la province. Ce lycée offrait non seulement une alternative au système collégial en vigueur mais aussi la possibilité pour les femmes d'obtenir des diplômes des universités anglaises et américaines. Avec l'intention de saboter le lycée, Mgr Bruchési approuva précipitamment la proposition de sœur Sainte-Anne-Marie. En retour celle-ci informa la population par la voie de *La Semaine religieuse* qu'un collège dirigé par les sœurs de la Congrégation de Notre-Dame et affilié à l'Université Laval de Montréal allait ouvrir ses portes en septembre 1908. À l'automne, plus de 40 étudiantes s'inscrivirent, dont la fille de Marie Lacoste-Gérin-Lajoie, Marie-Justine[48].

L'égalité d'accès à l'éducation et aux professions n'était pas pour autant acquise, compte tenu des circonstances dans lesquelles le projet de collège fut approuvé. Même si l'éducation supérieure n'était réservée qu'à une minorité privilégiée, on tenta néanmoins à plusieurs reprises d'adopter de nouvelles mesures discriminatoires et de renforcer celles qui existaient déjà. Lors de la cérémonie d'ouverture du collège, le vice-recteur de l'Université Laval de Montréal, Mgr Dauth, insista dans son discours sur les limites qu'il fallait imposer à la formation des étudiantes: «Livrer trop largement les jeunes filles aux études abstraites, ne pas savoir leur doser prudemment la science selon la nature et la mesure de leur esprit, ne pas les immuniser contre le sot orgueil ou le vertige... c'est les jeter en dehors de leur sphère et les engager dans une voie funeste... c'est en faire non plus les compagnes généreuses de l'homme, mais les rivales encombrantes et dans tous les cas incomprises[49]». La forme d'éducation dispensée dans les collèges féminins devait se démarquer de celle donnée aux garçons, les filles étant portées naturellement vers l'orgueil et appelées à être les compagnes plutôt que les rivales des hommes. Les remarques de Dauth étaient générales mais certains de ses collègues furent plus directs. Consternés par la décision de sœur Sainte-Anne-Marie d'adopter le programme d'études des collèges de garçons, ils contestèrent la validité de ce choix et l'invitèrent à remplacer des matières masculines comme la chimie, la physique et même la philosophie par «les matières féminines». Quoiqu'elle demeura ferme dans sa décision de donner aux filles une éducation collégiale «bona fide», sœur Sainte-Anne-Marie eut à faire des compromis en inscrivant à l'horaire une série d'activités extra-académiques, tels les récitals de piano, les lectures de poèmes et les thés de l'après-midi. Ces «activités féminines» visaient à faire taire ceux qui prétendaient que les femmes ne pouvaient supporter la tension d'un travail intellectuel continu[50].

On retrouva d'autres formes de discrimination dans l'absence d'appui public au collège. Ses étudiantes furent contraintes de mener des campagnes pour convaincre la société canadienne-française du bien-fondé de l'éducation des femmes. Sœur Sainte-Anne-Marie dut miser sur son ingéniosité, sur l'aide financière de la communauté et sur les frais de scolarité pour assurer la survie du collège. Les politiciens et les membres de la hiérarchie ecclésiastique, qui aux assemblées annuelles du collège parlaient avec éloquence et fermeté de restreindre la formation académique des filles à ce qui était pertinent au mariage et à l'éducation des enfants, n'offrirent pas de soutien financier. Cette attitude mesquine, lorsque comparée à la générosité manifestée pour le développement des programmes de sciences domestiques, révèle en dernière analyse l'absence d'appui à l'endroit de l'éducation supérieure pour les filles[51].

Le dévouement sans faille de sœur Sainte-Anne-Marie a pu garantir à ses étudiantes une éducation égale à celle des garçons, mais comme pour d'autres initiatives éclatantes des féministes, ce n'était pas suffisant pour faire reconnaître aux femmes le fruit de leur travail. Les réalisations académiques des femmes furent étouffées par une conspiration du silence. On n'a pas cru bon de mentionner le fait que Marie-Justine Gérin-Lajoie, la première graduée de l'École d'enseignement supérieur pour jeunes filles, arriva au premier rang, avant tous les garçons, aux examens provinciaux. En fait, l'Université Laval de Montréal cacha cet «incident compromettant» et d'autres du même genre[52]. Voir des femmes dont le droit à une éducation supérieure était encore contesté devancer ceux qui étaient supposés leur être supérieurs était inacceptable. Comme on pouvait s'y attendre, la presse passa sous silence ces faits particuliers mais rapporta par contre dans le moindre détail les harangues dirigées contre «les femmes savantes», sans compter les reportages critiques sur les activités féministes. Les journaux, plutôt que de tenir compte de l'évolution des rôles féminins, continuèrent de présenter, dans leurs articles sur l'École d'enseignement supérieur, une image des femmes qui n'autorisait aucune nuance: si elles n'étaient pas douces, effacées, cultivées, «sans prétention», bref conformes à l'idéal de la féminité, elles ne pouvaient être que des «femmes-hommes» arrogantes[53].

Les efforts concertés du monde politique et du clergé pour exclure les femmes des professions sont infiniment plus révélateurs de cette discrimination. Avec plus de succès que lors de leurs tentatives pour restreindre l'accès des femmes à l'éducation, ils exploitèrent la vulnérabilité des sœurs et cherchèrent à les éloigner des laïques. Dès l'ouverture du collège et à chaque collation de grades qui suivit, on prévint les étudiantes que leurs diplômes, peu importe leur valeur, ne leur donnaient pas des droits équivalents à ceux accordés aux garçons. Les femmes n'avaient pas accès aux études en médecine, en droit, en pharmacie, en comptabilité. Sœur Sainte-Anne-

Marie, à qui l'on avait fait entendre que le collège pourrait fermer si on passait outre à ces normes, fut chargée de veiller à ce que les étudiantes filent droit. «Si vous voulez tuer le collège», répondait-elle à celles qui étaient intéressées aux professions interdites[54]. Lorsque Marthe Pelland, la première diplômée à briser la tradition, s'inscrivit en 1924 à la faculté de médecine, sœur Sainte-Anne-Marie s'excusa et exprima ses regrets auprès des autorités de l'Université Laval de Montréal: «Daignez me permettre de vous faire part du regret que j'ai éprouvé en apprenant que l'une de nos élèves de l'École d'enseignement supérieur avait été admise à suivre les cours de médecine[55]». Au lieu d'être applaudi, le succès académique de Marthe Pelland fut accueilli avec consternation.

Sœur Sainte-Anne-Marie, tout en voulant répondre favorablement aux demandes des féministes et aux ambitions de ses étudiantes, devait composer avec la volonté de l'autorité ecclésiastique masculine. Il est improbable toutefois qu'elle-même et les laïques, qui recherchaient son appui, aient partagé le point de vue des hommes sur les conséquences de l'accès à l'éducation et de l'égalité économique pour les femmes[56]. Pour les féministes, il s'agissait de permettre aux femmes de se réaliser sur le plan intellectuel et économique et de contribuer au bien-être de la société. Aux yeux de l'élite canadienne-française masculine, imaginer que des femmes puissent occuper «des fonctions lucratives jusqu'ici dévolues aux hommes[57]» évoquait la perspective de voir les femmes remplacer les hommes, les institutions patriarcales s'écrouler, les familles se désintégrer et les femmes remettre à plus tard ou tout simplement rejeter le mariage. L'abbé Lionel Groulx, qui enseigna l'histoire à l'École d'enseignement supérieur et qui contesta la sagesse de la position de sœur Sainte-Anne-Marie sur l'éducation féminine, confessa plusieurs années plus tard que «l'on craignait que la femme n'acceptât plus le mariage et la famille une fois ses études universitaires terminées[58]». Si pour plusieurs hommes l'élimination de la discrimination sexuelle au travail et à l'université menaçait l'ordre social, elle représentait pour le clergé une menace beaucoup plus grave: celle d'un déclin de la vague de vocations religieuses. Même si le clergé avait la conviction que seule la divine providence était responsable des nombreuses vocations au Québec, on pouvait soupçonner que si de nombreuses avenues économiques s'offraient aux femmes elles seraient moins tentées de prendre le voile. Adversaire des droits des femmes, le sénateur Alphonse Pelletier, un avocat qui fut par la suite lieutenant-gouverneur du Québec, souleva ce point pour illustrer les aspects positifs de la discrimination. Dans une lettre à une sœur de la Congrégation de Notre-Dame où il justifiait son opposition à l'accès des femmes à la pratique du droit, il exprima les craintes que le clergé avait peut-être eu honte d'admettre ouvertement: «Je crois plus que jamais que l'usage consacré, dans la province de Québec, au moins, de n'admettre que des hommes au Barreau est très sage, car s'il était permis à celles que l'on qualifie bien à tort de sexe faible, de pénétrer dans le temple de Thémis, les communautés religieuses perdraient d'excellents sujets et ces pauvres avocats auraient à lutter contre des rivales qui les éclipseraient très souvent, et il est fort probable que vous (son correspondant) et ma chère mère Pantaléon (sa nièce) auriez manqué votre vocation à la vie religieuse pour entrer au Barreau[59]». La perte de vocations n'aurait pas seulement dégarni les rangs des communautés religieuses, elle aurait pu également saper l'influence de l'Église sur les affaires sociales et l'éducation. Un large bassin de vocations religieuses féminines était indispensable au clergé pour exercer un contrôle et influencer la société. Les religieuses dispensaient les services sur lesquels la hiérarchie ecclésiastique avait édifié une Église puissante. Qu'un renversement de la tendance intervienne et qu'il n'y ait plus assez de sœurs pour faire le lien entre la hiérarchie et les fidèles, l'Église risquait alors de perdre son influence sur les organisations bénévoles laïques et gouvernementales.

L'histoire du premier collège de filles, le destin de ses diplômées et les réactions de sœur Sainte-Anne-Marie face aux choix de carrière de ses élèves s'inscrivaient à l'intérieur des paramètres d'une société patriarcale dont les défenseurs ont interprété les changements aux rôles politique et économique des femmes en des termes apocalyptiques. Malgré tout, on trouva le moyen de contourner cette dernière influence. Les diplômées ne devinrent pas comme ils le voulaient «les compagnes de l'homme». En effet, la moitié d'entre elles ne se marièrent jamais. Plusieurs entrèrent en religion, associant vie religieuse et professionnelle. D'autres prirent au sérieux l'oraison funèbre de Robertine Barry sur les vieilles filles d'autrefois et se cherchèrent une place au soleil. Peu ont été aussi hardies que Marthe Pelland, la première Québécoise à obtenir un diplôme de médecine. La majorité se tailla de nouvelles niches dans le monde des occupations féminines, devenant bibliothécaires, chercheuses, travailleuses sociales, employées d'associations féminines et d'agences gouvernementales[60].

Les cercles d'étude féminins

Les activités parascolaires du collège mirent par ailleurs féministes et collégiennes en contact, ouvrant une autre voie à la collaboration entre religieuses et féministes. Les fondatrices de la fédération étaient intéressées à accroître et élargir les activités éducatives et sociales de leur organisation, tout comme à de nouvelles méthodes de recrutement[61]. Le programme du Cercle Notre-Dame répondait à ces deux objectifs. Fondé en 1909 par les étudiantes de l'École d'enseignement supérieur, il visait à favoriser l'épanouissement intellectuel et social des femmes. Ses membres se rencontraient deux fois par mois pour discuter et analyser des thèmes choisis en littérature, en histoire et en arts ou pour se pencher sur les solutions aux problèmes suscités par l'urbanisation et l'industrialisation. À l'occasion, on délaissait les livres pour aller sur le terrain apprendre ce qu'était la pauvreté. Les membres du cercle visitaient et offraient leurs services aux pauvres à titre de professeurs, d'aides ménagères et de conseillères[62].

L'appui de sœur Sainte-Anne-Marie, la présidente honoraire du groupe, et celui de la Fédération nationale Saint-Jean-Baptiste assurèrent la survie du cercle qui devint partie intégrante des activités du collège. Aidées par la fédération, les collégiennes encouragèrent la création d'autres cercles où les jeunes filles pourraient «acquérir une formation intellectuelle et sociale»[63]. Cette idée de réunir en cercles d'étude des jeunes filles fit son chemin et en cinq ans dix cercles furent fondés. Neuf de ces cercles formèrent en 1916 la Fédération des cercles d'étude. Les militantes attirées aux cercles, tout comme les membres de la Fédération nationale Saint-Jean-Baptiste, s'unissaient pour centraliser et coordonner leur action. L'unité, espéraient-elles, faciliterait la croissance et favoriserait les intérêts du mouvement[64].

Entre 1909 et 1925, les cercles d'étude suscitèrent un nombre imposant de recherches et de discussions sur la classe ouvrière, la mortalité infantile, la pauvreté, l'éducation et le syndicalisme. Les découvertes et les recommandations des cercles d'étude furent publiées dans *La Bonne Parole*. Pour combattre les maux du capitalisme et aider les plus démunis, les cercles mirent au point une approche en trois points: promotion de l'éducation populaire sous forme de cours destinés aux analphabètes, visites à domicile et propagande de la doctrine sociale catholique à l'église ainsi que dans les journaux; organisation des ouvrières en syndicats et en associations professionnelles et création de sociétés d'entraide; et, en dernier recours, intervention de l'État pour amoindrir «les vices de notre organisation économique»[65]. Bref, les cercles d'étude proposaient un mélange de réformes sociales, de regénération morale et de prise en charge.

Par leur engagement dans l'éducation populaire, par leur implantation dans les associations et syndicats féminins, par leur participation à la publication de *La Bonne Parole* et aux conférences des «Semaines sociales», les cercles d'étude contribuèrent à propager dans la société canadienne-française tout le courant de la doctrine sociale de l'Église. Plus important encore, ils préparèrent, notamment le Cercle Notre-Dame, la seconde génération de militantes laïques qui exerceront des rôles de premier plan dans la Fédération nationale Saint-Jean-Baptiste. Tout comme la précédente, celle-ci se composait essentiellement de femmes issues des classes bourgeoises dont le but était d'étendre le rôle des laïques dans la société[66]. Quelques-unes travailleront à plein temps à la fédération et siégeront à son comité central; d'autres publieront *La Bonne Parole;* certaines se joindront au Comité provincial pour le suffrage féminin créé en 1922 et à sa dissolution, et participeront alors aux activités de la Ligue des droits de la femme fondée en 1929; d'autres créeront des établissements pour les pauvres et les personnes sans abris[67]. Cette seconde génération sera à l'origine de la transformation du travail social au Québec qui, de travail bénévole, deviendra un travail professionnel. Bien que cette évolution prit des années avant d'être complétée, elle était inévitable dans la mesure où l'on avait reconnu que la charité seule ne pouvait vaincre la pauvreté et la détérioration urbaine, et parce qu'on avait adopté une approche scientifique des problèmes sociaux[68].

L'Institut de Notre-Dame-du-Bon-Conseil ou la professionnalisation du travail social

Une des figures déterminantes de la professionnalisation du travail social fut Marie-Justine Gérin-Lajoie. Après l'École d'enseignement supérieur, elle étudia en France les méthodes d'organisation et de distribution de l'assistance. Quelques années plus tard, elle s'installa à New York pour suivre à l'Université Columbia un cours intensif de travail social. À l'automne 1919, elle enseigna la sociologie et le travail social à l'École d'enseignement supérieur et au cours des années suivantes elle mit au point un programme d'études complet que l'École de travail social, fondée en 1931, adopta[69]. Au début des années 1920, elle fonda un ordre religieux, l'Institut de Notre-Dame-du-Bon-Conseil, réaffirmant ainsi l'existence de liens étroits entre le féminisme québécois et la vie religieuse.

La vocation de Marie-Justine Gérin-Lajoie était inséparable de son engagement féministe, qui se situait dans le courant liant militantisme réformiste, éducation et travail social. Sa vocation apparut lors d'une retraite en 1911, mais elle ne se précisa que lentement. Elle étudia, voyagea, fit des conférences et travailla au comité central de la Fédération nationale Saint-Jean-Baptiste, puis au cours des étés de 1919 et de 1921, elle se retira à la campagne avec un groupe d'amies partageant ses préoccupations pour vivre en communauté et expérimenter une vie religieuse autonome. Dans la paix et la tranquilité des Laurentides, «la journée se passait à de petits travaux, à des lectures, à des promenades. Le chapelet se disait en commun et la prière le soir[70]». Elle prit aussi contact avec des communautés religieuses déjà engagées dans le service social et l'œuvre missionnaire dans l'espoir qu'au moins l'une d'elles serait assez souple pour accepter une femme comme elle, désireuse de faire vœu de chasteté et de pauvreté, mais hésitante à adhérer aux règles strictes et souvent restrictives de la vie de couvent. L'objectif de ce groupe particulier de religieuses était de garantir la stabilité des projets féministes récemment formulés. «Et qu'y aurait-il de plus désirable que ces personnes fussent des religieuses?», demanda Gérin-Lajoie. Liées par le vœu de chasteté, leur zèle et leur dévouement ne pourraient être refroidis par «les inévitables obligations familiales», le lot de la majorité des femmes. Lorsque toutes ses tentatives pour trouver une communauté «assez souple» eurent échoué, elle demanda à l'archevêque la permission de fonder sa propre communauté[71]. L'autorisation papale fut accordée en 1923 mais accompagnée de l'exigence que Marie-J. Gérin-Lajoie mette de côté certaines de ses idées non conformistes sur la vie religieuse. L'idée de dépouiller celle-ci de ses rites et de son décorum était inacceptable à la hiérarchie ecclésiastique, tout comme elle rebutait probablement de nombreuses religieuses. Tous les attributs de la vie religieuse, l'imposant costume, la routine quotidienne, même le cloître, contribuaient à exercer un meilleur contrôle de la vie des religieuses. Convaincue que la «vertu» et le «zèle» étaient suffisants pour mener une vie religieuse, Marie-J. Gérin-Lajoie avait espéré éliminer l'encombrant costume porté par les sœurs, libéraliser le noviciat en permettant aux novices de passer une partie de cette période d'essai à la maison, et donner à celles qui avaient prononcé leurs vœux la possibilité de résider dans une communauté traditionnelle ou en petits groupes près de leurs lieux de travail. Rome n'autorisa que des changements mineurs: une plus grande liberté de voyager, le droit de garder son nom de famille et le port d'un costume ordinaire[72].

Mgr Gauthier, le successeur de Mgr Bruchési, tenta, une fois la communauté créée, de lui imposer de nouvelles restrictions. En 1927, l'Institut de Notre-Dame-du-Bon-Conseil fut invitée à interrompre sa collaboration à *La Bonne Parole,* mais Mgr Gauthier revint bientôt sur sa position, à la suite de pressions peut-on penser, et autorisa une participation anonyme à la publication de cette revue. Gauthier était au cœur du débat vindicatif sur le suffrage et les droits des femmes, et il était gêné par la présence d'une communauté si étroitement liée aux suffragistes. Du moins c'est ainsi que Marie-J. Gérin-Lajoie interpréta, dans une lettre à sa mère, le comportement de l'archevêque: «Ce qu'il veut avant tout c'est qu'il n'y ait ni fusion ni confusion aux yeux du public et que nous ne soyons pas engagées, même de loin dans la question que tu sais[73]». Mgr Gauthier définit ainsi les règles de la collaboration entre religieuses et féministes: acceptable dans les domaines de la charité et de la réforme sociale, elle était totalement inadmissible à propos du suffrage.

L'Institut de Notre-Dame-du-Bon-Conseil est né de cette relation entre religieuses et laïques que les féministes avaient construite au cours des premières années du mouvement et dont elles s'étaient servi pour permettre aux laïques de participer à la réforme sociale et gagner le droit à l'éducation supérieure. Dès le début, la fondatrice de l'institut indiqua clairement son intention: renforcer cette alliance et la mettre au service des laïques. L'insistance qu'elle mit à décrire le but de l'institut comme étant de soutenir les laïques et «non les remplacer, les aider et non les dispenser d'agir, les conseiller et non leur enlever toute initiative[74]» illustre bien la nature des relations que sa mère, Marie Lacoste-Gérin-Lajoie, Joséphine Dandurand et Robertine Barry s'étaient efforcées de créer au début du mouvement féministe. Les sœurs Grises, les sœurs de la Providence, les sœurs de la Congrégation de Notre-Dame et toutes les autres communautés qui participèrent aux projets sociaux et éducatifs de la Fédération nationale Saint-Jean-Baptiste acceptaient implicitement les laïques comme partenaires, mais l'Institut de Notre-Dame-du-Bon-Conseil fut la première communauté créée explicitement pour favoriser l'action des laïques et assurer la réalisation des projets de la fédération. Marie-J. Gérin-Lajoie et les jeunes filles qui se joignirent à elle dans les années 1920 et 1930 firent partie de l'exécutif de la fédération, dirigèrent le service d'aide sociale de l'hôpital Sainte-Justine — fondé par Justine Lacoste-Beaubien, la sœur de Marie Lacoste-Gérin-Lajoie — collaborèrent régulièrement à *La Bonne Parole,* encouragèrent l'étude de la sociologie et la participation des femmes aux cercles d'étude[75].

*   *   *

Sous l'impulsion du mouvement féministe, la relation entre religieuses et laïques parcourut un itinéraire idéologique considérable. À travers tout le 19ᵉ siècle, et de fait dès le début de la Nouvelle-France, religieuses et laïques avaient été associées très étroitement. Celles-ci comptaient sur les services éducatifs et charitables dispensés par les sœurs, leurs prières et leur appui lors des périodes de crise personnelle. De leur côté, les religieuses avaient besoin pour leur survivance de la reconnaissance des laïques, de leur aide et de leur soutien moral. Comme Joséphine Dandurand l'a écrit, «en effet, que peuvent ces institutions dans le secours, les avis et le concours des femmes du monde[76]». Ce n'est qu'à la fin du 19ᵉ siècle, lorsque les femmes à travers l'Amérique du Nord et l'Europe commencèrent à exiger une plus grande autonomie, que purent être mesurés les effets de cette relation. La confiance que le Québec avait dans les services fournis par les religieuses désavantageait politiquement les laïques. Le travail des sœurs était orienté «exclusivement au profit de l'idée religieuse»[77], rejetant dans l'ombre «l'initiative féminine» sous-tendant le militantisme de ces dernières.

Les femmes étaient incapables de percevoir leur propre force et étaient privées du sens de l'achèvement personnel et collectif. Inversement, dans une société dominée par les hommes, cela servait à renforcer le prestige de ces derniers et à perpétuer leur tyrannie. Le fondement de cette lutte pour l'égalité politique et économique à la fin du 19ᵉ siècle devait être le développement du bénévolat laïc qui reposa essentiellement sur la restructuration en pleine connaissance de cause de cette ancienne relation entre laïques et religieuses. En termes historiques plus généraux, cela signifia une démarginalisation des laïques et la destruction de l'héritage de Mgr Bourget en matière d'éducation et de service social. La Fédération nationale

Saint-Jean-Baptiste, l'École d'enseignement supérieur pour jeunes filles et l'Institut de Notre-Dame-du-Bon-Conseil furent les points saillants de ce processus qui a culminé dans l'engagement manifeste d'un petit groupe de religieuses à l'égard de plusieurs des objectifs du féminisme social.

12
Vocation religieuse et condition féminine*
Micheline Dumont

Il n'y a pas si longtemps, il était de mise de caricaturer une scène québécoise, n'importe laquelle, en y faisant figurer un personnage religieux, curé aux jupes flottantes ou religieuse à la coiffe compliquée. Les *soeurs* du Québec étaient une marque si caractéristique qu'elles authentifiaient le pays d'origine. Depuis 15 ans, la scène a bien changé. Les religieux et les religieuses n'ont pas disparu, mais manifestement, ils n'ont plus, dans la société québécoise, la même présence. Depuis 15 ans, également, de nombreuses monographies sont venues éclairer sous un jour nouveau le phénomène des communautés religieuses en général et, plus particulièrement, celui des communautés de femmes. L'ensemble de ces monographies permet de réinterpréter ce volet important de l'histoire des femmes au Québec. Cet article a pour objet de situer à larges traits les données de cette réinterprétation afin de proposer de nouvelles hypothèses sur le féminisme québécois.

L'Ancien Régime (1640-1840)

L'historiographie traditionnelle a fait une large place aux femmes qui ont joué un rôle dans l'histoire de la Nouvelle-France. En effet, l'imagerie patriotique et historique a multiplié à souhait les récits pieux des héroïnes canadiennes. Marie de l'Incarnation,

* Cet article a paru en 1978 dans *Recherches sociographiques*, vol. XIX, no 1, sous le titre «Les communautés religieuses et la condition féminine». Le texte a été révisé et quelques données statistiques mises à jour. Le tableau 3 a été entièrement repris. La conclusion a été complètement remaniée. L'auteure remercie Yolande Pinard, Marie Lavigne et soeur Lucille Potvin de leurs remarques et suggestions.

Jeanne Mance, Marguerite Bourgeoys, Marguerite d'Youville, pour ne nommer que les plus célèbres, figurent comme des *vedettes* dans tous les manuels d'histoire de la Nouvelle-France à côté des Champlain, des Maisonneuve, des Frontenac et des Montcalm. Commentant à l'envi l'expression de Georges Goyau que notre histoire est «une épopée mystique»[1], notre historiographie traditionnelle nous a surtout enseigné que «dans cette aube authentiquement pure, sont apparus dans leur suprême beauté, la force, la générosité et le sacrifice[2]».

Replaçons tout d'abord ce courant de zèle religieux dans son contexte historique. Religieuse et fervente, notre histoire l'a été indéniablement, tout au moins durant les premières générations. Mais ce courant n'est pas spécifique à la Nouvelle-France; on le retrouve dans presque toutes les expériences de colonisation du 17e siècle: les *Pèlerins du Mayflower* qui abordèrent en Amérique en 1627[3] appartiennent à ce courant de colonisation religieuse, tout comme les colons quakers de William Penn en Pennsylvanie en 1681[4]. Au 17e siècle, l'Amérique représente, pour l'Européen abreuvé de guerres de religions, moins la terre de la liberté religieuse que le champ par excellence de la perfection chrétienne. «La tolérance, en effet, n'est pas un concept que les colons du dix-septième siècle reconnaissaient ou approuvaient[5]». Mais par contre un grand nombre d'entre eux désiraient vivre une expérience de vie pure et parfaite dans l'environnement virginal du Nouveau Monde. Au demeurant, c'est tout le 17e siècle lui-même qui est dominé par l'importance du sentiment religieux. «Il peut paraître difficile, pour un lecteur du vingtième siècle, de comprendre l'omniprésence de la religion et son influence universelle sur les hommes, les femmes, les enfants des premiers temps des colonies. Les croyances religieuses étaient tout aussi variées que maintenant; mais quelle que fut leur croyance, les hommes croyaient avec plus de dévotion que n'en témoignent leurs descendants aujourd'hui. Cela ne signifie pas que nos ancêtres étaient plus vertueux que nous le sommes, mais qu'ils craignaient Dieu davantage[6]».

Les fondations féminines canadiennes se situent dans ce vaste courant, et l'on aurait certes mauvaise grâce de les amputer d'un de leurs plus authentiques aspects, celui de la foi chrétienne.

Néanmoins, ce qui est spécifique à l'histoire de la Nouvelle-France, c'est le nombre remarquable de religieuses qui ont joué un rôle de premier plan dans la fondation spirituelle et matérielle de la colonie. On chercherait en vain des faits similaires dans les annales de l'histoire américaine. Comme l'écrit James Douglas: «Dans le système ecclésiastique puritain, de toutes manières, il n'y avait aucun domaine réservé aux femmes comme dans l'Église catholique romaine. Dans cette dernière (...) comme membres d'ordres monastiques voués à l'éducation et au soin des malades, les femmes pouvaient exercer quelques-unes des plus nobles prérogatives de leur sexe. C'est en accomplissant ces fonctions de bienfaisance que, dans les premières années de la Nouvelle-France, elles se sont trouvées à jouer un rôle de premier plan particulièrement important[7]».

De plus, non seulement ces fondations sont originales en soi, par rapport au contexte colonial, mais elles ont joué dans l'établissement de la colonie française un rôle social d'une importance indiscutable, plaçant la Nouvelle-France à l'avant-garde des colonies américaines sur le plan de la sécurité sociale. Dès la fin du 17e siècle, ce sont des communautés de femmes qui ont assumé, en Nouvelle-France, tout ce qui concernait la charité publique: pauvres, vieillards, invalides, malades, fous, filles, orphelins[8]. Pourtant bien plus peuplées, les colonies anglaises n'ont pas connu pareil mouvement. «On ne trouve aucun hôpital général sur le sol des États-Unis avant le 18e siècle, nous dit le *Dictionary of American History*. Le Philadelphia General Hospital, mieux connu sous le nom de *old Blakley,* qui fut ouvert en 1732 comme asile, serait le premier hôpital des États-Unis[9]».

Toutefois, il semble que le cadre catholique soit l'élément le plus déterminant pour expliquer le dynamisme des communautés religieuses. En effet, on a observé dans le Mexique colonial des phénomènes analogues à ceux qui se sont produits en Nouvelle-France, concernant le rôle économique et social des religieuses et des couvents[10]. Plusieurs travaux récents sont venus apporter des données nouvelles dans notre connaissance des communautés religieuses féminines de l'Ancien Régime. Hélène Bernier a quelque peu rajeuni l'image de Marguerite Bourgeoys, mettant en évidence les aspects modernes, voire révolutionnaires de son oeuvre: enseignement gratuit et offert de préférence aux enfants des familles pauvres; formation des institutrices; absence de clôture pour les sœurs (elles sont séculières); costume laïc (pour l'époque, cela s'entend)[11]. Marie-Emmanuel Chabot a su également, mais avec moins d'efficacité, mettre en évidence le rôle de Marie de l'Incarnation, chef d'entreprise[12]. Micheline D'Allaire, de son côté, a rajeuni l'image de Jeanne Mance en mettant en relief son sens de l'initiative et de l'organisation[13]. Les œuvres de Marguerite d'Youville nous sont davantage connues depuis les travaux d'Albertine Angers-Ferland[14]. Son adresse administrative et sa compétence paraissent d'autant plus exceptionnelles quand on les compare à l'échec et à la faillité de l'hôpital des frères Charron[15], œuvre prise en charge par la fondatrice des Sœurs Grises en 1747. On peut noter également que dans les deux ordres d'Hospitalières, deux religieuses nées en Nouvelle-France ont pris la décision d'écrire l'histoire de leur ordre. Marie Morin, née en 1649, écrit à partir de 1697 *L'histoire simple et véritable*, sorte de récit naïf de la fondation de l'Hôtel-Dieu de Montréal[16]. Jeanne-Françoise Juchereau de la Ferté, dite de Sainte-Ignace, née en 1650, rédige une *Histoire de l'Hôtel-Dieu de Québec*[17]. Ces deux religieuses, les premières écrivaines natives du pays, ont été longtemps ignorées des manuels de littérature[18]. Toutefois, ces réussites individuelles de fondatrices ne doivent pas leurrer. Il est certes significatif que la société coloniale les ait suscitées et permises, mais ce qui est intéressant, en regard de la situation des femmes aux 17e et 18e siècles, c'est d'examiner leur autonomie financière face à l'État et ce, longtemps après la disparition des fondatrices; c'est d'analyser leur rôle, comme pôle d'attraction, pour l'ensemble de la population féminine; c'est d'évaluer leurs fonctions en regard des besoins sociaux de leur époque.

On peut d'ores et déjà affirmer que les communautés religieuses féminines ont manifesté une grande autonomie financière tout au long de leur histoire primitive. Toutes les analyses n'ont pas été faites mais l'une d'elles, sur les Hospitalières de Montréal[19], permet d'avancer que cette communauté tire en moyenne 82,3% de sa recette annuelle à partir de ses propres ressources. On peut faire l'hypothèse que ce modèle a été repris, avec des variantes, par les autres communautés. Marcel Trudel, analysant la situation de l'Église canadienne sous le régime militaire, diagnostique de graves problèmes financiers pour chaque communauté[20]. Mais il est symptomatique que les œuvres féminines aient toutes surmonté la période critique causée par la guerre et le désarroi économique des dernières années du régime français. (On ne peut en dire autant des communautés d'hommes moins bien tolérées par les autorités britanniques, il est juste de le mentionner.) Signalons enfin que les Ursulines, «désireuses de raffermir les bonnes relations établies avec les Britanniques pendant les années 1759 et 1760, au cours desquelles elles servirent d'infirmières aux troupes britanniques[21]», élirent comme supérieure Esther Wheelwright, mère de l'Enfant-Jésus, la seule anglophone de leur congrégation. De fait, les administratrices qui ont maintenu en état de fonctionner les œuvres sociales des communautés de femmes témoignent de beaucoup d'efficacité et d'esprit d'entreprise. Le système des dots des religieuses, tel qu'analysé par Micheline D'Allaire, semble avoir été un des pivots de cette efficacité[22].

Cela nous amène à aborder un deuxième point sur les communautés de femmes, celui du recrutement. Micheline D'Allaire a analysé longuement cette question pour trois communautés de la ville de Québec entre 1692 et 1764[23]. Il est maintenant admis que les communautés ont recruté leurs membres dans toutes les couches de la société et qu'on ne peut croire les contemporains narquois qui, à l'instar de Pehr Kalm, laissent entendre «qu'aucune jeune fille ne se décide à entrer au couvent qu'après avoir atteint un âge qui ne lui laisse plus d'espoir de jamais trouver un mari[24]». La majorité des jeunes filles qui deviennent religieuses entrent au couvent à l'âge où leurs consœurs se marient. Les vocations sont relativement nombreuses. Selon Louise Dechêne, chez les habitants, «les parents n'encouragent pas ces vocations qui grèvent leur revenus et les privent d'un support dans leur vieillesse[25]». Il n'est pas possible de dresser un tableau complet, mais certaines données partielles permettent d'avoir une bonne idée de l'ensemble.

1. L'Hôtel-Dieu de Montréal a attiré 190 jeunes filles entre 1642 et 1800[26].
2. La Congrégation Notre-Dame a attiré 193 jeunes filles entre 1653 et 1763[27].
3. L'Hôtel-Dieu de Québec a attiré 109 jeunes filles entre 1692 et 1764[28].
4. L'Hôpital Général de Québec a attiré 107 jeunes filles entre 1692 et 1764.
5. Les Ursulines ont recruté 103 jeunes filles entre 1692 et 1764.
6. On comptait 15 Sœurs Grises à l'Hôpital Général de Montréal en 1764[29].

On nous permettra d'additionner tous ces chiffres, assurément non comparables, pour donner approximativement un ordre de grandeur. Il permet d'avancer le chiffre de 717 vocations pour une période de près de 75 ans. On peut penser que c'est peu: près de dix vocations par année. Ce chiffre devient plus grand, toutefois, quand on considère la population totale de la colonie au 18ᵉ siècle, qui est celle d'une ville de grosseur moyenne.

On peut également tenter d'évaluer le nombre de religieuses, à une date précise, pour établir une moyenne. En 1760, on comptait 204 religieuses en Nouvelle-France, soit une femme sur 175 qui était religieuse[30]. Cette proportion manifestement élevée est toutefois comparable à celle des religieux: un homme sur 175 également est prêtre ou religieux. Mais il faut ajouter qu'une bonne proportion des religieux est française: ces vocations ne sont pas canadiennes. De fait, 22 prêtres retourneront en France entre 1760 et 1764, ce qui n'est pas le cas des religieuses.

Bref, on peut conclure que la vocation religieuse a été perçue par les femmes, aux 17e et 18e siècles, comme une voie normale, choisie par un grand nombre de jeunes filles.

Il est malheureusement plus malaisé de connaître les motivations réelles de celles qui ont pris le voile. Aux motifs religieux indéniables ont pu s'ajouter des motifs plus prosaïques: sécurité matérielle, reconnaissance sociale, pressions familiales ou cléricales. Mais il n'est pas possible, dans l'état actuel des recherches, d'épiloguer longtemps sur cette question. Le montant élevé des dots exigées (mais pas toujours versées)[31] et le grand nombre de vocations issues des familles aisées[32] doivent nous rendre prudent dans ces affirmations. À cette époque, la vocation religieuse n'a pas encore l'incidence démographique qu'elle aura après 1850, au Québec. Mais elle reste régulière dans les sociétés de l'Ancien Régime. Ce qui rend le phénomène intéressant, pour mieux saisir cet aspect de l'histoire des femmes aux 17e et 18e siècles, c'est d'examiner le rôle social qu'elles ont joué sous le couvert de la vocation religieuse.

Dans le domaine de l'éducation, si le rôle traditionnel concernant l'instruction des filles de familles est assuré par les Ursulines, un rôle nouveau et exceptionnel pour l'époque est inauguré par les Dames de la Congrégation qui mettent sur pied des écoles de villages destinées à l'ensemble de la population. Une douzaine d'écoles sont ainsi fondées au 17e siècle et la plupart seront maintenues tout au long du 18e siècle. Ce rôle des femmes dans l'éducation n'est pas spécifique à la Nouvelle-France[33], mais il a pris ici des structures bien particulières sur le plan de l'organisation et de l'efficacité. L'instruction primaire des filles, en effet, n'a pas été laissée, en Nouvelle-France, à l'initiative individuelle comme dans les colonies anglaises, elle a été planifiée dans un panorama d'ensemble. D'autre part, l'éducation prodiguée par les femmes pouvait rivaliser avantageusement avec celle qui était assurée par les hommes, si l'on excepte toutefois l'éducation supérieure conférée à une petite minorité de jeunes garçons. Pour les unes et les autres, cette instruction était des plus rudimentaires. De nombreux témoignages affirment: «Le nombre de femmes instruites excède celui des hommes[34]», mais à ce jour, aucune recherche sérieuse n'a confirmé ce jugement. Quant aux fonctions liées à l'assistance sociale, elles sont innombrables. Elles sont accomplies vraisemblablement selon les normes en vigueur durant l'Ancien Régime mais, ici encore, cette question n'a pas été étudiée de manière exhaustive. Certes, les religieuses ont joué, en Amérique française, un rôle typique de l'esprit de la Contre-Réforme en France. Mais elles l'ont joué ici dans un climat d'autonomie remarquable, relativement à l'autorité ecclésiastique ou royale. C'est ce que nous démontrent, notamment, la fondation des Dames de la Congrégation et celle des sœurs de la Charité de Montréal (Sœurs Grises), fondations entreprises contre la volonté des autorités religieuses et civiles et en dehors des cadres prescrits par la loi canonique de 1566[35]. C'est ce que nous indique également l'attitude des communautés face aux ordonnances qui prétendent réglementer les dots[36]. Cela nous est enfin démontré par la reconnaissance sociale qui leur est accordée, soit en termes de richesses matérielles, soit en termes de responsabilités sociales. Un voyageur comme Pehr Kalm a été très justement frappé par l'importance de ces congrégations de femmes dans la petite société de la Nouvelle-France. Il décrit longuement leurs maisons, leur style de vie et leurs occupations[37]. Certes, le phénomène avait de quoi frapper un protestant, mais c'est justement parce que c'est là le point de vue d'un étranger que ses jugements sont intéressants. D'ailleurs, le même étonnement se retrouve dans les écrits de quelques femmes de lettres anglaises dès le début du régime anglais[38].

En définitive, ce qu'il faut retenir surtout, c'est l'intensité de ce mouvement durant les 17e et 18e siècles; c'est le caractère original de ce phénomène social par rapport aux sociétés coloniales nord-américaines; c'est la possibilité de réalisation personnelle et collective qu'il a permis aux femmes quant aux responsabilités exclusives face à l'assistance sociale et à l'enseignement des enfants, ainsi qu'à l'infrastructure financière qui rendait possible toutes ces activités.

Cet ensemble de caractéristiques ne prend cependant tout son sens que si on examine de quelle manière ce mouvement s'est maintenu durant la première moitié du 19e siècle. En effet, la période de 1760 à 1840 en fut une de stabilisation et ce, à plus d'un égard. Le nombre des communautés est resté inchangé; les vocations, tout en étant continuelles, ont diminué en intensité puisqu'en 1850 on éta-

Travailleuses et féministes

blit la proportion de religieuses à une sur 495 femmes environ; les œuvres assumées par les communautés religieuses ne se sont pas diversifiées ou modifiées; enfin, le nombre de maisons est resté stable également, si on excepte la Congrégation Notre-Dame. Cette communauté, en effet, a essaimé en de multiples couvents: 20 fondations entre 1800 et 1850[39], suivant en cela le modèle déjà dessiné sous le régime français. Dans l'histoire des communautés religieuses féminines, la césure se produit vers 1840, et non en 1760 ou en 1789. C'est pourquoi cette section sur l'Ancien Régime ne se conforme pas aux dates traditionnelles de l'histoire.

L'âge d'or des communautés de femmes (1840-1960)

Après 1840, toutefois, s'amorce un mouvement impressionnant de fondations religieuses féminines. À ce mouvement il faut ajouter un grand nombre d'implantations de communautés françaises. De plus, les œuvres féminines s'engagent dans des fonctions de plus en plus spécialisées et nombreuses, la plupart adaptées aux transformations de l'urbanisation et de l'industrialisation. Il s'amorce également un mouvement d'exportation hors du Québec, de l'Ouest canadien aux missions les plus éloignées. Enfin, le nombre de vocations atteint des sommets extrêmement élevés. Cet ensemble de phénomènes, inauguré en 1837 par la fondation de la communauté des Sœurs Grises de Saint-Hyacinthe, va se maintenir, *grosso modo,* jusqu'à la décennie 1950-1960.

De fait, on peut observer dans la société québécoise l'émergence d'un modèle particulier d'organisation de l'assistance sociale et de l'éducation, par comparaison aux autres modèles qui s'instaurent, à la même époque, dans les pays industrialisés[40]. L'explication de ce phénomène déborde les cadres de la présente analyse. Mais, pour les besoins de notre propos, il est important de faire ressortir que ce modèle particulier aura des conséquences certaines sur l'apparition du mouvement féministe au Québec. En effet, alors qu'en Angleterre, aux États-Unis et en France on discerne le rôle prépondérant joué par la philanthropie, les œuvres sociales laïques féminines, et surtout le développement de l'éducation supérieure des filles, dans l'apparition du féminisme[41], on doit constater que le phénomène n'a pas la même incidence au Québec. D'une part, les œuvres charitables laïques sont beaucoup moins nombreuses et importantes que les oeuvres religieuses. D'autre part, l'éducation post-élémentaire des filles est exclusivement entre les mains des commu-

nautés religieuses. Enfin, c'est par le biais d'associations anglophones que des francophones du Québec découvrent et endossent les
objectifs du féminisme à la fin du 19e siècle[42]. On peut même avancer l'hypothèse que la présence, dans notre société, d'une structure
presque exclusivement religieuse d'assistance sociale et d'éducation
des filles a canalisé les aspirations qui, ailleurs, ont provoqué les premiers mouvements féministes. Dans cette perspective, le retard du
féminisme québécois, si souvent diagnostiqué, n'en est plus un[43].
Au contraire, la Québécoise francophone aurait eu accès, dès la
seconde moitié du 19e siècle, à des voies de promotion personnelle et
sociale (et cela est vérifié par les fondatrices, les administratrices, les
supérieures, les économes des centaines de communautés de femmes
au Québec); à des voies de promotion intellectuelle (et cela est
démontré par la possibilité, pour les religieuses, d'avoir accès à plusieurs professions et aux nombreuses possibilités d'expression artistique: arts, musique, poésie); à des voies de contestation de la fonction féminine, contestation contre la tare du célibat et la perspective
des maternités nombreuses. La contestation féminine étant ainsi
canalisée dans une option qui offrait, au demeurant, des possibilités
d'expression, le mouvement féministe n'a pas trouvé au Québec un
terrain favorable, et cela d'autant plus que la vocation religieuse y a
été perçue comme une *maternité spirituelle*. Dans cette hypothèse,
les communautés religieuses féminines, au Québec, représenteraient
une forme déviée de féminisme, recherchée davantage par les femmes que l'engagement dans une association laïque[44]. Or, justement,
il est possible d'étayer en partie cette hypothèse et de dépasser les
explications faciles de l'omnipotence du clergé et de la religion sur la
société. La récente monographie de Bernard Denault des communautés religieuses au Québec est l'ouvrage qui permet enfin de
mieux saisir l'originalité et l'ampleur de ce phénomène social[45].
Pour les besoins de notre propos, on reprendra ici quelques-unes des
conclusions de cet ouvrage.

La première observation concerne le nombre de communautés
de femmes qui ont été fondées ou implantées au Québec entre 1840
et 1960: pas moins de 133. Le tableau que présente Bernard Denault,
en page 72 de son ouvrage, permet des constatations intéressantes:
seules deux communautés d'hommes ont été fondées au Québec; les
Québécoises, elles, en ont fondé 34[46]. On constate également que les
communautés féminines sont deux fois plus nombreuses que les
communautés masculines. On note enfin que le mouvement est continu et ce, jusqu'aux belles années de la Révolution tranquille: 47

communautés de femmes ont fait leur apparition au Québec entre 1943 et 1965. Denault a également démontré que les communautés de femmes étaient plus colossales que les communautés d'hommes (p. 55-59) et que leurs fonctions étaient beaucoup plus variées (p. 59-64). Entre autres, les communautés de femmes assument presque à elles seules toutes les charges de la sécurité sociale. On les voit, dès 1860, ouvrir des salles d'asile pour recueillir les enfants de la classe ouvrière dont les parents peinent dans les usines de Montréal[47]. Ce sont les sœurs qui assument, à mesure qu'ils sont suscités par la conjoncture économico-sociale, les différents problèmes sociaux nés de l'urbanisation: les prostituées, les criminels, les pauvres, les délinquants, les orphelins, les ouvriers, les chômeurs, les vieillards sont secourus par des religieuses. Certaines religieuses prennent des initiatives: Albine Gadbois inaugure, dès 1851, la réhabilitation des sourds-muets et va chercher, à New York et en Allemagne, la formation nécessaire[48]. Les Dames de la Congrégation ouvrent en 1908 le premier collège classique pour jeunes filles et plusieurs communautés assument seules, jusqu'en 1960, sans subventions gouvernementales, ce domaine de l'éducation féminine[49]. Les premières maîtrises et les premiers doctorats décernés à des femmes au Québec sont presque tous attribués à des religieuses[50]. Ces quelques exemples devraient suffire à illustrer le grand dynamisme qu'ont représenté, dans la société québécoise, les communautés religieuses féminines.

Ce dynamisme a toutefois eu son revers. En effet, la présence exclusive des sœurs dans l'assistance sociale, les soins aux malades et l'éducation des filles a eu pour conséquence de relier le rôle des femmes aux concepts de la charité et du dévouement[51] et de retarder l'éclosion, dans notre société, du concept de justice sociale. Sans s'étendre sur la contamination idéologique qui sous-tend cette observation, on doit cependant mettre en relief que cette situation a eu des conséquences sur la perception du rôle de la femme en général. En effet, alors que les fonctions accomplies par les religieux (sacerdoce, enseignement, animation, etc.) exigeaient presque toutes une formation poussée, il est arrivé que les fonctions accomplies par dévouement ont été dévalorisées. Au surplus, les exigences académiques pour devenir religieuse ont longtemps été très basses. Aussi doit-on nuancer quelque peu l'hypothèse émise plus haut: si la vocation religieuse a représenté pour la Québécoise francophone une voie de promotion et de contestation, cette voie ne lui a pas assuré, par le fait même, une égalité face aux fonctions dites masculines. Mieux, le modèle féminin religieux vécu au Québec a dû ancrer davantage, dans l'opinion générale, l'idée que la femme ne peut être considérée sur le même pied que l'homme. Il y a là une ambiguïté que l'importance du phénomène a sans doute considérablement amplifiée. Le malaise actuel du féminisme québécois y trouve peut-être une partie de son explication.

Le meilleur exemple de cette soumission nous est donné par les communautés vouées au service du clergé. Marguerite Jean a bien illustré ce fait[52], rapportant de nombreux exemples d'ecclésiastiques incitant des jeunes filles à fonder une communauté au service exclusif des prêtres d'un diocèse, alléguant même «qu'il y a suffisamment de communautés pour le service des pauvres[53]»!

D'un autre côté, il est certain que les élites québécoises voyaient d'un œil critique l'implication des laïques dans l'action politique et sociale. Le destin de deux femmes illustre très bien cette affirmation. En 1907, Marie Gérin-Lajoie, mère, qui milite depuis 1893 dans le National Council of Women, fonde la Fédération nationale Saint-Jean-Baptiste, authentique mouvement féministe. Après quinze années d'action[54], elle doit mettre en sourdine certaines de ses revendications dans l'impossibilité où elle se trouve de poursuivre les buts qu'elle s'est fixés, notamment le droit de vote pour les femmes, lesquels sont jugés pernicieux par les élites québécoises[55]. Par ailleurs, sa fille, Marie Gérin-Lajoie, première bachelière du Québec, songe à une carrière dans l'engagement social.

Dès la fin de ses études, elle opte pour le célibat «pour y être dégagée de tous les soucis de la famille afin d'avoir la liberté de se consacrer toute aux oeuvres[56]». Mais pour des «raisons personnelles», elle finit par transformer son projet en entreprise religieuse. Elle rêve d'une société de femmes «affranchies des obligations de famille», «sans clôture et sans costume singulier». Elle opte un instant pour le titre de «missionnaire sociale, qui permet une certaine liberté d'allure»: «des missionnaires en effet sont justifiés(...) de tenter de nouveaux moyens d'action, de voyager, de parler, d'écrire». Lorsqu'elle commence son action avec des compagnes, sous un costume laïc, des curés lui disent qu'ils les accueilleront «lorsqu'(elles) auront pris le petit bonnet»[57]. Enfin, lorsqu'en 1923 elle fonde l'Institut Notre-Dame-du-Bon-Conseil, on peut comprendre que son projet n'a pu être mené à terme que sous le couvert de la vie religieuse. Quoi qu'il en soit, ces considérations sur le nombre des communautés religieuses féminines, sur leur dynamisme et sur les fonctions qu'elles ont remplies dans notre société, sur les conséquences que ces fonctions ont eues sur l'image de la femme ne suffisent pas pour décrire le phénomène. Il faut décrire également le recrutement de ces communautés. Le tableau 1 nous en donne une bonne idée.

Tableau 1
Effectifs des communautés de femmes, 1850-1969

Année	Nombre de communautés	Effectifs Au Québec	Hors Québec	Total
1850	15	650	23	673
1901	36	6 628	2 973	9 601
1911	49	9 964	4 335	14 299
1921	58	13 579	5 760	19 339
1931	73	19 616	7 671	27 287
1941	80	25 488	9 687	35 175
1951	105	30 383	10 171	40 554
1961	128	35 073	11 860	46 993
1965	132	43 274	12 490	46 764
1969	132	33 565	12 082	45 647

Source: B. Denault, *op. cit.*, p. 43.

Les données de ce tableau permettent de nombreuses observations. Le nombre de religieuses a décuplé entre 1850 et 1900, ce qui semble un taux de croissance exceptionnel. À partir de 1900, le nombre de religieuses est en augmentation constante jusqu'en 1961. Mieux, le pourcentage d'augmentation est lui-même en progression jusqu'en 1941, si on excepte un bref ralentissement entre 1911 et 1921. La proportion de catholiques pour une religieuse est exceptionnellement basse, beaucoup plus, à tout le moins, que la proportion des religieux[58]; entre 1940 et 1950, cette proportion a été établie à une religieuse pour 111 catholiques. Bernard Denault fait d'ailleurs l'hypothèse que cette proportion soit la plus élevée de tout le monde catholique. Manifestement, on est en face d'un phénomène social unique en son genre.

Jusqu'ici ces chiffres ne font que préciser l'ampleur d'une réalité que chacun connaissait d'une manière impressionniste. Il reste que pareille abondance de vocations mérite une explication. Il serait certes exagéré d'affirmer que la vie religieuse a représenté une perspective d'expression et d'affirmation personnelle pour les 46 933 religieuses dénombrées au Québec en 1961. Un petit nombre d'entre elles a pu trouver, dans une communauté, un milieu d'épanouissement ou, à tout le moins, l'occasion de se réaliser comme personne. Pour l'immense majorité toutefois, la vie en communauté a dû représenter autre chose. Durant les années 1940, Albert Tessier se faisait fort de démontrer que les familles nombreuses fournissaient une bonne partie du contingent des vocations religieuses féminines au Québec. Une de ses «enquêtes» proposait que le nombre d'enfants, dans la famille d'un groupe de religieuses qui suivaient un cours de perfectionnement à l'université, se situait autour de douze [59]. De fait, la vie religieuse représentait une alternative intéressante au placement en service domestique [60], à l'émigration dans les régions de colonisation, à l'exil aux États-Unis [61], et même au mariage. Elle était l'assurance d'un lit individuel, voire d'une cellule et d'une chambre, à une époque où les enfants s'entassaient dans les maisons québécoises, à la ville comme à la campagne. Elle était l'assurance de la sécurité matérielle d'être nourrie, logée, vêtue et blanchie à une époque où la pauvreté chronique frappait tant de milieux québécois [62]. Une recherche a d'ailleurs démontré que le nombre d'entrées en communautés a connu son point maximum au début des années 1930, soit au moment de la crise économique [63]. De plus, les communautés elles-mêmes favorisaient le recrutement intensif par l'établissement de juvénats qui accueillaient les fillettes pour des pensions souvent dérisoires, ou même en échange de services domestiques, dès l'âge de 12 ans. (Précisons ici que les juvénats existaient également pour les communautés de frères.) Les services assurés par les communautés de femmes exigeaient une main-d'oeuvre abondante et cette situation satisfaisait finalement tous les intéressés. Il va de soi que les aspects religieux et spirituels de chaque vocation ne doivent pas être négligés dans cette analyse, mais on peut faire l'hypothèse qu'ils n'ont pu jouer si fortement que parce qu'ils étaient jumelés à d'authentiques avantages matériels.

Dans une enquête non scientifique auprès de cent quarante jeunes religieuses, enquête menée en 1965, donc bien après que le flot des vocations eût commencé à se tarir, Benoît Lacroix soulignait les ambiguïtés de la vocation religieuse féminine. Près du tiers des répondantes évoquent très ouvertement des motifs d'ordre humain pour expliquer leur vocation: «besoin d'absolu», «déception dans le monde», «besoin d'un amour exigeant et total» «comme la vie religieuse était un état supérieur aux autres, y entrer était le meilleur moyen de me valoriser»; «je suis entrée pour m'épanouir pleinement», «pour y développer toutes mes potentialités [64]». Une étude récente a même démontré que le déclin des vocations a atteint les communautés missionnaires dix ans après les autres, ce qui semble indiquer que l'exotisme pouvait jouer beaucoup dans le choix d'une carrière religieuse[65]. Il ne s'agit pas de compter ici pour rien l'appel religieux de la *vocation* mais bien d'en saisir toutes les composantes. En fait, il est difficile de dégager l'ensemble des motifs qui expliquent une vocation de leur enveloppe spirituelle et religieuse. Toute la littérature existante à ce sujet en est tellement imprégnée qu'il faut recourir à d'autres textes pour tenter d'y voir plus clair.

Après 1960, pour parer à la baisse du recrutement, les diverses communautés explorent les possibilités du *marketing*. Elles placent dans les maisons de retraites fermées et dans les couvents des feuillets publicitaires. Analysant cette publicité, un prêtre y discerne un «style triomphaliste et sentimental». On y présente la vie religieuse comme «un état supérieur aux autres». On y dénonce «le monde trompeur ou trompé». On l'illustre de photographies de religieuses qui prennent l'avion, jouent au ping-pong, etc. On vante l'élégance du costume. Autrement dit, ces pages de prospectus «se prononcent à bon compte sur la vocation religieuse» et édulcorent «l'appel exigeant à suivre le Christ et à le servir dans l'Église»[66].

Toute cette ambiguïté ne reflète au fond qu'un aspect parmi d'autres de l'intense imprégnation du profane par le religieux au Québec, dans le contexte global de la société. Les théories de la *folk society* ont été avancées pour expliquer cet amalgame du profane et du religieux et l'importance de la structure cléricale dans la société québécoise[67]. Sur cette toile de fond, l'ensemble des communautés religieuses féminines a pu offrir aux femmes de notre société, comme l'a souligné Denault, une voie de contestation qui a été cependant récupérée par la société globale[68].

D'un autre côté, il est difficile de considérer l'abondance des vocations religieuses comme un phénomène exclusivement religieux. Dans son enquête sur la vie religieuse d'une paroisse québécoise[69], Colette Moreux a bien mis en relief le caractère épidermique des attitudes religieuses des femmes qu'elle a interrogées. L'auteur affirme même: «Les réalités sociales ou religieuses en dehors du groupe familial sont perçues avec indifférence. (...) La morale est ramenée à la morale familiale et principalement aux trois points qui forment le tryptique de base de la vertu: la virginité prénuptiale, la fidélité conjugale et la fécondité[70]».

Au fond, c'est peut-être par l'analyse du concept de *maternité spirituelle,* tel qu'il a été proposé aux religieuses et aux jeunes filles dans les couvents, que l'on pourrait le mieux discerner la véritable attraction qu'a présentée la vocation religieuse pour les milliers de jeunes filles qui l'ont choisie. Entre une morale familiale contraignante et sévère et la perspective d'une maternité spirituelle libérée de toutes les contraintes de la maternité physique[71], il était sans doute facile de choisir la vie religieuse. Une religieuse elle-même a souligné cette nouvelle ambiguïté de la vocation religieuse: «D'une part, l'engagement religieux et l'apostolat sont présentés sous des figures féminisées: épouse du Christ, mère des âmes. D'autre part, les réalités humaines et biologiques qui les sous-tendent sont systématiquement ignorées, bannies de la réflexion et de la vie[72]».

Par ailleurs, une autre religieuse, dans un ouvrage où abondent les stéréotypes les plus éculés sur la vie féminine, ne propose pas une seule ligne sur la maternité. Son objectif est pourtant de démontrer que la vie religieuse permet l'épanouissement de la femme[73]. Manifestement, cette question n'est pas limpide.

Possibilité de réalisation personnelle pour quelques-unes; permission d'exercer une fonction dans la société sous la protection du voile, fonction virtuellement interdite dans la vie civile (et ce, de plus en plus à mesure qu'on avance dans la première moitié du 20e siècle); occasion plus ou moins consciente de contester la fonction de la maternité physique tout en jouissant des avantages moraux de la maternité spirituelle; possibilité d'échapper à la pauvreté: telle a pu être la vie religieuse pour les milliers de femmes qui l'ont choisie. Si ces hypothèses s'avéraient fondées, ils nous faudrait conclure que la vie religieuse a représenté, dans notre société, une avenue privilégiée pour la réalisation des aspirations féminines, puisque cet état de vie a été le choix d'un nombre exceptionnellement grand de jeunes filles.

Mais où sont les couvents d'antan? (1960-1979)

Les événements récents ne font que confirmer le caractère plausible de ces hypothèses. Il y avait au Québec, au début de 1979, 26 786 religieuses[74].

Ce chiffre, assurément élevé, doit cependant être éclairé par quelques commentaires. De ce nombre, environ 14% étaient à la retraite complète; 13% étaient à la retraite tout en exerçant une fonction à temps partiel à l'intérieur de la communauté; 26% étaient au service interne d'une communauté[75]. C'est dire que la moitié seulement des effectifs des religieuses exerçaient une fonction dans la société, soit un peu moins de 15 000.

Par ailleurs, on compte un très grand nombre de religieuses âgées. La pyramide d'âge des religieuses canadiennes nous donne une bonne idée du vieillissement actuel des communautés: comme les religieuses du Québec forment 68% des effectifs des religieuses canadiennes, ces chiffres demeurent passablement significatifs.

Graphique 1
Pyramide des âges des religieuses canadiennes, 1979*

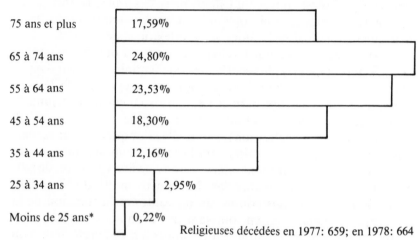

75 ans et plus	17,59%
65 à 74 ans	24,80%
55 à 64 ans	23,53%
45 à 54 ans	18,30%
35 à 44 ans	12,16%
25 à 34 ans	2,95%
Moins de 25 ans*	0,22%

Religieuses décédées en 1977: 659; en 1978: 664

* La catégorie «moins de 25 ans» comprend les professes temporaires.
Source: *Statistiques 1979, op. cit.*, p. 27.

Le grand nombre des plus de 55 ans (65,9%) et le nombre infime des moins de 25 ans (0,22%) sont à eux seuls bien significatifs. Or, à ce graphique, on doit ajouter celui qui décrit le nombre de départs de religieuses à vœux temporaires et perpétuels ainsi que celui qui décrit le nombre des entrées.

Graphique 2
Nombre de départs chez les religieuses à vœux perpétuels

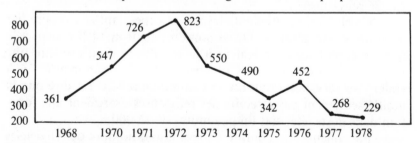

Source: *Statistiques 1979, op. cit.*, p. 30.

Graphique 3
Postulantes et novices

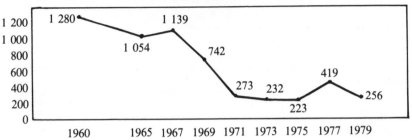

Source: *Statistiques 1979, op. cit.*, p. 30.

Cette conjoncture: vieillissement prononcé, recrutement minime et départ de religieuses qui avaient prononcé leurs voeux, laisse bien voir que l'ère des couvents est terminée au Québec. En 1969, une étude démographique avait proposé un modèle prospectif pour prévoir le nombre de religieuses canadiennes en 1975 et en 1980[76]. Cette étude proposait trois hypothèses pour l'année 1980:

— Hypothèse faible: 53 821
— Hypothèse moyenne: 58 328
— Hypothèse forte: 61 298

Or, le nombre effectif des religieuses canadiennes en 1979 était bien en deçà de l'hypothèse la plus faible, soit 40 159. D'autre part, les évaluations prospectives de la Conférence religieuse canadienne, en 1975, prévoient qu'il y aura au Canada, en 1985, 32 384 religieuses[77]. On peut estimer que 22 000 d'entre elles seront des religieuses québécoises et que, sur ce nombre, moins de 10 000 seront engagées dans un travail précis hors de leur communauté.

Une autre étude avait déjà démontré que le recrutement et la persévérance des religieuses étaient à la baisse et qu'ils étaient d'autant plus réduits qu'on avait affaire à de grandes communautés, lesquelles sont le plus souvent des communautés fondées avant le 20e siècle[78]. Perceptible dès la fin des années 1950, le phénomène prenait déjà un visage inquiétant à l'heure de Vatican II. Déjà en 1965, *Maintenant* organisait un colloque intitulé: *Les soeurs sont-elles démodées*[79]? Les religieuses québécoises elles-mêmes organisaient une gigantesque manifestation en 1968: le congrès des religieuses[80].

Il faut préciser dès maintenant que les phénomènes précités sont bien différents selon que l'on a affaire aux communautés de pères, de frères ou de religieuses.

Tableau 2
Quelques facteurs démographiques affectant les communautés
religieuses au Canada, en 1974

Type de communauté	Diminution des entrées depuis 1962 (%)	Perte d'effectifs*	Moyenne d'âge	Novices et postulants (%)
Pères	85	4	52	0,019
Frères	79	14	53	0,024
Frères éducateurs	90	37	51	0,015
Religieuses	83	267	57	0,005

* Différence entre le nombre de départs et le nombre d'entrées.

Source: D'après les chiffres fournis par *Statistiques 1975*, p. 5 et 9 (pères); p. 11 et 15 (frères); p. 22 et 26 (frères éducateurs); p. 31 et 35 (religieuses).

Le tableau précédent permet de mettre en relief que les phénomènes démographiques qui affectent les communautés religieuses jouent plus fortement à l'intérieur des communautés de femmes. Si le pourcentage de diminution des entrées est comparable, tel n'est pas le cas des trois autres facteurs observés: le nombre de départs de religieuses est sans commune mesure avec celui des communautés d'hommes; la moyenne d'âge y est plus élevée; le pourcentage des novices et postulantes y est beaucoup plus faible.

Encore une fois, cet ensemble de phénomènes est partie intégrante du processus de transformation économico-sociale qui s'est opéré au Québec depuis 1960. Il n'y a pas lieu, dans le cadre de cet article, d'en analyser toutes les composantes[81], mais on nous permettra de mettre en relief un certain nombre de constatations qui concernent la situation de la femme.

La possibilité, pour les femmes, de faire carrière dans la société sans pour cela prendre le voile n'est-elle pas la cause du grand nombre de départs qui affligent toutes les communautés à vocation éducative ou sociale? Il existe une étude scientifique sur cette question. Jacqueline Bouchard a conduit une enquête auprès de 250 ex-religieuses et 250 religieuses pour tenter d'établir quels sont les facteurs de sortie des communautés religieuses féminines[82]. Après avoir déterminé 16 critères susceptibles d'expliquer les défections, elle a cherché à identifier ceux qui ont exercé une influence certaine et ceux qui n'avaient joué aucun rôle. Ces critères ont été déterminés par le moyen d'une préenquête qui présentait des centaines de perceptions diverses concernant les communautés religieuses et la vie des religieuses.

Selon l'auteur de cette étude, «les facteurs qui semblent être les principaux responsables des sorties de communautés seraient, dans l'ordre décroissant d'importance: 1) le manque de considération des valeurs humaines dans les communautés religieuses; 2) un désir insatisfait de liberté et d'autonomie dans les instituts religieux; 3) le statut social diminué des religieuses d'aujourd'hui; 4) les lenteurs et les lacunes des renouveaux communautaires; 5) la déception devant l'idéal religieux qu'on avait ambitionné de réaliser; 6) une formation inadéquate et négative à la vie religieuse; 7) un défaut d'orientation et de sélection des candidates; 8) les lacunes dans l'exercice de l'autorité religieuse». (p. 285.)

Par contre, les facteurs qui n'ont, pour ainsi dire, joué aucun rôle sont: 1) le célibat religieux; 2) le grand nombre des exercices de piété; 3) le besoin d'émancipation. (p. 208.)

L'étude de Jacqueline Bouchard a également démontré que le niveau de scolarité des ex-religieuses est plus élevé que celui des religieuses persévérantes, et que les communautés à œuvre unique, notamment l'enseignement, perdaient plus de sujets que les autres communautés.

Cet ensemble de considérations, sans être entièrement démonstratif, souligne nettement le caractère vraisemblable des hypothèses suggérées dans la seconde partie. Il est certes significatif qu'en établissant *l'inventaire des perceptions,* qui a servi à déterminer la liste des facteurs à la base de l'analyse, l'auteure de cette étude n'ait pu en retenir aucune qui concernait la maternité, pourtant considérée comme *naturelle* pour la majorité des femmes. Tout comme il est intéressant d'apprendre que les religieuses quittent leurs couvents depuis que le statut social des religieuses a diminué dans la société québécoise. Autrement dit, la vocation religieuse n'étant plus une avenue privilégiée de réalisation personnelle, elle aurait été abandonnée par un grand nombre de femmes qui l'avaient choisie. Par ailleurs, elle ne serait plus choisie par les jeunes filles depuis que la société laïque a été en mesure d'offrir aux femmes autre chose que le mariage et la perspective de maternités nombreuses.

N'est-il pas significatif que les seules communautés qui n'aient pas été touchées par la baisse du recrutement soient des communautés à voie contemplative? Le tableau illustre ce phénomène.

Tableau 3

Taux de diminution de diverses communautés de femmes
entre 1973 et 1979

Communauté	Effectifs		Diminution
	1973	1979	
Soeurs de Sainte-Anne	1 775	1 555	12%
Soeurs de la Congrégation	3 091	2 374	23%
Soeurs des Saints-Noms de-Jésus-et-Marie	2 052	1 757	14%
Ursulines	737	640	13%
Soeurs de la Providence	2 960	1 884	36%
Soeurs de la Charité de Québec	1 579	1 361	14%
Soeurs de la Sainte-Famille	904	789	12%
Soeurs Grises de Montréal	1 409	1 221	13%
Cisterciennes de Saint-Romuald	66	61	7%
Bénédictines de Précieux Sang	36	38	--
Carmélites de Montréal	20	22	--
Rédemptoristines	35	33	5%

Source: *Statistiques des congrégations religieuses du Canada*, 1973, 1979. Conférence religieuse canadienne. Certaines communautés peuvent compter des sujets hors du Québec. Mais les deux séries de chiffres réfèrent à des entités (provinces-maisons) identiques.

Un article récent de Hélène Pelletier-Baillargeon[83], sur le phénomène de la vie contemplative, soulignait ce que la vocation religieuse était devenue maintenant que le rôle de la religieuse est changé dans la société. La vocation contemplative serait la seule à être admise actuellement[84].

* * *

L'entreprise d'examiner les rapports entre la vocation religieuse et la condition féminine semble donc très féconde. L'idée n'est certes par originale. Lucien Febvre la proposait en 1958 dans un article des *Annales*[85] pour expliquer la floraison des ordres religieux féminins aux 16e et 17e siècles, idée reprise par Robert Mandrou dans son *Introduction à la France moderne*[86]. Au 19e siècle, le phénomène est encore plus flagrant. «Dans le domaine de la créativité religieuse, la fondation de congrégations apparaît, au dix-neuvième siècle, comme l'une des formes les plus répandues d'émancipation relative et d'activité autonomisée susceptible d'aboutir à la mobilisation de vastes rassemblements de femmes pour des finalités religieuses et sociales définies[87]». Au Québec, comme en France, la condition féminine a donc suscité chez un certain nombre de femmes charismatiques[88] le besoin de s'affranchir des normes que leur propose la société: la subordination juridique des femmes mariées, le statut péjoratif attaché au célibat laïque, le confinement des femmes à la sphère féminine et à la vie domestique. Pendant un siècle, au Québec, cette impulsion a été récupérée par la société globale sous le couvert de la structure religieuse ambiante[89]. L'Église du Québec est d'ailleurs à ce moment-là presque la seule à pouvoir fournir l'infrastructure organisationnelle capable de gérer de telles entreprises. Les voies d'expression féminine ou féministe, expérimentées en dehors de cette domination, ont été habilement mises en veilleuses, notamment sous l'étiquette du féminisme chrétien.

Lorsque le féminisme refait surface au Québec, principalement par la fondation de la Fédération des femmes du Québec en 1966, les religieuses semblent complètement étrangères à ce mouvement social. La baisse phénoménale des vocations, les départs de religieuses professes, le vieillissement des effectifs ont même créé l'impression qu'il n'y a plus de religieuses. Or, on comptait, en 1979, 26 786 religieuses au Québec et on peut évaluer à 8500 le nombre de ces religieuses qui ont de 20 à 54 ans[90]. La plupart se trouvent engagées dans l'enseignement, le travail hospitalier, l'animation pastorale ou le service social.

À l'exemple des religieuses américaines, elles ont été touchées à titre divers par les mouvements de femmes[91]. Dans leurs milieux de travail respectifs, elles ont été sensibilisées aux nombreux problèmes des femmes[92]. Dans les facultés de théologie, elles ont commencé à réinterpréter autrement les textes et les problèmes[93]. Dans les paroisses et les diocèses, elles ont questionné le statut des femmes dans l'Église et dans la liturgie[94]. De sorte qu'on n'est pas surpris d'apprendre qu'on trouve désormais un collectif féministe chrétien, *L'Autre Parole*[95], dont les positions sont plus proches des mouvements radicaux que des mouvements dits réformistes; un groupe de travail sur la promotion de la femme[96] suscité par l'Union internationale des supérieures générales; l'organisation de colloques nombreux sur la condition des femmes à l'intérieur des communautés religieuses. Des religieuses sont nombreuses à signer le télégramme d'appui à sœur Theresa Kane en 1980. Il semble même que les religieuses se trouvent de plus en plus une identité en tant que femmes plutôt que comme «épouses du Christ»[97]. Chose certaine, les spécialistes du phénomène religieux semblent ou les craindre[98], ou les ignorer[99]. Peut-être le moment est-il proche où les religieuses québécoises, dont plusieurs sont «curés de paroisse», militeront avec les consœurs anglophones avec les CCWO, les *Canadian Catholics for Women Ordination*.

13

Henri Bourassa et la question des femmes*

Susan Mann Trofimenkoff

Au cours des années 1960, les Canadiens anglais ont redécouvert Henri Bourassa et en ont fait un avant-gardiste, un prophète du bilinguisme et du biculturalisme, un baume pour la conscience canadienne harcelée qu'elle était par les signes de plus en plus nombreux d'insatisfaction au Québec. D'autres générations de Canadiens anglais l'avaient aussi connu. Surtout ceux qui avaient vécu au cours des années 1900 et 1910. Ceux-ci voyaient en lui un traître à la cause du Canada; on le craignait, on s'en méfiait, on le détestait même. Dans les deux cas, la tendance de Bourassa à toujours s'opposer à la majorité faisait de lui une force avec laquelle il fallait compter, une force radicale d'ailleurs et ce, tant aux yeux des francophones que des anglophones. Par conséquent, l'image de Bourassa, qu'elle nous ait été transmise par nos grands-parents ou par nos professeurs, a toujours été celle d'un *rouge*.

Mais Laurier, qui le connaissait bien, avait appelé Bourassa un *castor rouge*. Les historiens ont en général attribué l'aspect *castor* de Bourassa à son ultramontanisme et se sont empressés de passer à des aspects plus passionnants de sa carrière. Il est peut-être temps d'examiner de plus près ce côté *castor* de Bourassa et où pourrait-on mieux le découvrir et l'étudier que dans ses attitudes par rapport aux femmes?

En trois occasions différentes, en 1913, 1918 et 1925, Bourassa trempa sa plume dans le vitriol pour dénoncer ce que la société moderne semblait vouloir faire à ses femmes. D'ailleurs, selon la

---

* Texte paru dans *Journal of Canadian Studies/Revue d'études canadiennes*, X, 4, novembre 1975. Reproduit avec la permission de l'éditeur. La traduction est de Rose-Marie Bélisle.

logique de Bourassa, chaque occasion entraînait inexorablement la suivante; il aurait pu écrire tout ce qu'il avait à dire sur la «question des femmes» en 1913. Il attendit plutôt que les circonstances se présentent, s'empressa d'aller sous presse en grommelant sans doute «je vous l'avais bien dit» puis, après 1925, n'écrivit plus un mot sur le sujet. Les trois questions qui avaient suscité sa colère étaient le féminisme en 1913, le suffrage des femmes en 1918 et le divorce en 1925. Dans chaque cas, les circonstances, les idées de Bourassa et les réactions suscitées par ses idées révèlent une perception particulière des hommes et des femmes et un aspect particulier, bien que partiel, de Bourassa le *castor*.

Dans trois aspects de la «question des femmes» traités par Bourassa, le féminisme offrait le cadre géographique le plus vaste. Le féminisme était «dans l'air» internationalement et tout lecteur de journal québécois devait en avoir pris connaissance. Bien sûr, c'est le féminisme militant qui recevait le plus de publicité; les suffragettes britanniques en étaient aux beaux jours de leur recours à la «violence» et pas un seul détail truculent n'était épargné au lecteur québécois[1]. Certaines suffragettes britanniques les plus en vue étaient même venues à Montréal[2] faire des discours et secouer un peu les timides coloniales. «Ne soyez plus soumises. Ne soyez plus dociles. Ne soyez plus raffinées. N'ayez pas peur de vous faire remarquer», clamait madame Barbara Wylie[3], à la plus grande consternation des castors canadiens comme Henri Bourassa.

Cette «plaie des femmes», comme l'appelait la *Gazette*[4], finit par s'abattre sur nos têtes. En février 1913, le Montreal Local Council of Women organisa une exposition de deux semaines portant sur le suffrage; en mars, un contingent canadien se rendit à Washington pour participer à une marche en faveur du suffrage féminin[5]; en avril, la Montreal Suffrage Association fut fondée[6]; en mai, le National Council of Women of Canada organisa des assemblées d'une semaine pour discuter, entre autres, du suffrage et du statut juridique des Québécoises[7]. Enfin, en novembre, le *Montreal Herald* eut l'audace de publier un numéro spécial sur la femme et de le faire vendre dans la rue par des femmes.

Au coeur de toute cette fièvre féministe, Bourassa écrivit, de son pupitre d'éditorialiste, une série d'articles qui répliquaient, d'une part, à la provocation d'une suffragette montréalaise mais qui lui permirent, d'autre part, de présenter ses arguments contre le féminisme et le suffrage[8].

Aux yeux de Bourassa, le féminisme était un autre de ces produits de l'étranger propres à semer l'agitation et la discorde au Canada français. Malgré tout son respect pour les principes politiques et constitutionnels britanniques, il trouvait parfaitement inutile cette récente exportation anglo-saxonne. Il retraça donc les racines du féminisme dans le protestantisme, l'inscrivit sous la rubrique du socialisme et le condamna en bloc, le considérant comme une menace pour la famille et la civilisation canadiennes-françaises. Voyez les pays où prospère le féminisme; on y voit, prétendait Bourassa, des ivrognesses, des filles-mères, des divorcées et des «faiseuses d'anges»[9]. Bien sûr, aucune de ces viles créatures n'existait au Québec! Ce qui existait toutefois au Québec et qui risquait le plus d'être ébranlé par le féminisme était le vaste édifice idéologique qui s'élaborait depuis au moins les années 1840. Cette «idéologie officielle» avait fait du Québec un havre de culture dans un océan matérialiste, un modèle des plus hautes vertus religieuses, morales, éducatives et familiales. Et la gardienne de tout cela était la femme. Que la femme change, et le féminisme allait sûrement la faire changer, et tout l'édifice s'écroulerait. Qu'adviendrait-il alors?

Il importait tellement de préserver cet édifice et la place qu'y occupait la femme que Bourassa produisit tout un arsenal d'arguments destinés à écraser le féminisme. De la religion au ridicule, des principes à la décence, de lois soi-disant scientifiques à une aversion personnelle pour les pratiques politiques, tout y passa dans l'espoir que de cet amalgame ressorte une thèse irréfutable. Le plaidoyer fut pour le moins exhaustif. Ève s'y trouvait à l'origine de tous les maux qui s'étaient abattus sur l'humanité à cause de son désir d'être l'égale de Dieu; la jupe s'y révoltait contre le pantalon et osait même devenir le pantalon; il s'y trouvait le principe immuable de l'ordre et de l'unité et, par conséquent, du rôle éternel et immuable qu'y tenait la femme; il s'y trouvait le propre sens du décorum de Bourassa qui se voyait offensé à l'idée que les femmes puissent prendre une part active à la vie publique[10]; il s'y trouvait les notions soi-disant scientifiques de l'époque, selon lesquelles chacun s'épanouissait en harmonie avec ses lois internes et naturelles, et, bien sûr, l'espace interne de la femme était son utérus; on y trouvait, enfin, le dégoût personnel de Bourassa pour la corruption, l'intimidation, le chantage et la grossièreté générale qui caractérisaient, à ses yeux, l'activité politique. Dès que les femmes auraient le droit de vote, elles seraient exposées à toutes ces horreurs.

Les arguments de Bourassa recèlent un certain nombre de singularités. D'abord, Bourassa possédait un sens aigu de l'histoire mais dont il ne faisait usage, semble-t-il, que lorsque celui-ci servait ses intérêts. Il argumentait d'emblée par exemple, qu'à l'époque païenne le christianisme avait libéré la femme de son état d'esclave de l'homme, mais se refusait à pousser plus loin ce sens de l'histoire et à se demander si la position subséquente de la femme — sur son piédestal de pureté, de virginité et de spiritualité — ne méritait pas d'être révisée vingt siècles plus tard. Enfin, Bourassa connaissait apparemment bien peu de féministes et les comprenait encore moins. Car les féministes de son époque, qu'elles soient de la Grande-Bretagne, des États-Unis, du Canada ou du Québec, n'auraient aucunement contesté le principe des différences *innées* entre les hommes et les femmes et de la supériorité des femmes dans les domaines de l'affection, de l'amour et du soin des enfants. D'ailleurs, elles ne demandaient accès au domaine public que pour faire profiter l'ensemble de l'humanité de toutes ces qualités.

Comme Bourassa partageait, en fait, un certain nombre des opinions des femmes qu'il décriait, il n'est pas étonnant de retrouver les mêmes idées dans les journaux et les prêches de l'époque. Les pages féminines des journaux d'alors vantaient toutes la mère et l'épouse dévouée, casanière, introspective, émotive, le coeur (et l'esprit) léger[11]. Fadette, dans *Le Devoir,* mettait les femmes en garde contre le rêve féministe d'être la rivale de l'homme[12]; Colette, dans *La Presse,* sanctionnait la répartition de la gent féminine en *femmes* (les vraies, dévouées à leur vocation de mère, la parure de leur foyer), en *suffragettes* (les modérées, dans l'erreur mais autorisées à exprimer leurs opinions) et en *furies* (les suffragettes violentes qui avaient tout bonnement cessé d'être des femmes)[13]. Mêmes les lettres des lecteurs disaient que l'émancipation politique de la femme entraînerait le démembrement total de la société[14]. Ce qui dut plaire encore davantage à Bourassa, ce fut la parution, quelques années plus tard, d'une série d'articles sur le féminisme rédigés par le théologien réputé Mgr L.-A. Pâquet. Non seulement Pâquet puisa-t-il à toutes les sources théologiques possibles, mais il cita même Bourassa pour dénoncer la liberté dont jouissaient les jeunes filles, l'audace avec laquelle elles contestaient l'autorité de leurs parents, la facilité avec laquelle elles se voyaient exposées à des doctrines et à des activités opposées aux traditions familiales et même leur façon de se vêtir qui, selon lui, faisait fi de toute décence[15]. Un peu plus loin, au Canada anglais, Bourassa aurait découvert, s'il s'était donné la peine d'y jeter un coup d'oeil, que les rédactrices d'une nouvelle revue intitulée *Canadian Woman's Annual* propageaient la même vision de la femme «gardienne de la vie, tutrice naturelle des enfants et créatrice du foyer[16]».

Avec tous ces gens qui répétaient les mêmes idées que lui, pourquoi Bourassa sentait-il le besoin d'être aussi véhément? Probablement parce que, à ses yeux, le féminisme n'était qu'une première brèche; le pire était encore à venir: d'abord il y aurait le suffrage, puis ce serait le divorce.

Cinq ans plus tard, en 1918, le gouvernement canadien débattait effectivement un projet de loi visant à étendre aux femmes le droit de vote aux élections fédérales. Contrairement au féminisme qui avait eu des proportions internationales, la question du suffrage était beaucoup plus locale. La guerre occupait la scène internationale et si le Canada était conscient de l'intérêt que portaient les autres pays à la question, le gouvernement s'inspira de certaines provinces canadiennes et de sa propre loi des élections de guerre, adoptée en 1917[17]. Le projet de loi sur le suffrage fut déposé discrètement, débattu courtoisement et promptement voté.

La presse, inondée elle aussi par les nouvelles de la guerre, fit à peine mention de ce nouvel aspect de la «question des femmes». Elle reconnaissait, avec le premier ministre Borden, que les femmes s'étaient engagées publiquement et de façon bien visible dans le travail de guerre; mais que cela les autorise, comme le disait Borden, à être récompensées par le droit de vote était une tout autre histoire. Il y eut un journaliste pour exprimer son inquiétude à la vue d'une délégation de femmes déferlant sur Ottawa pour la conférence féminine sur la guerre en 1918: elles sont peut-être charmantes, mais elles causent plus d'appréhension que n'importe quelle délégation de fermiers de l'Ouest ou d'ouvriers syndiqués[18]. La *Gazette,* pour sa part, beaucoup moins alarmée par la loi sur le suffrage, commenta que cette «loi historique» semblait faire l'objet d'un consensus général[19].

C'est peut-être là ce qui poussa Bourassa à agir. Sans attendre le débat principal (peut-être même en espérant l'influencer), Bourassa se lança dans la mêlée avec une série d'articles dénonçant le droit des femmes au suffrage[20]. Extrêmement révélateur de l'importance qu'accordait Bourassa à la question de l'ordre social, attaqué maintenant pour la deuxième fois, est le fait qu'il écrivit ces articles à l'époque où avaient lieu, à Québec, les émeutes de la conscription.

Bourassa n'en souffla pas un mot, laissant à son second, Omer Héroux, le soin de commenter ces tristes événements.

Comme son ancêtre le féminisme, le suffrage était une importation de l'étranger. Il était la résultante logique de la Réforme, de la rupture des Anglo-Saxons d'avec la tradition, le véritable christianisme, la famille et la société. L'individualisme effréné en découlait inexorablement. Une fois sanctionné le «chacun pour soi», pourquoi s'objecter au «chacune pour soi»? Par ailleurs, les Anglo-Saxonnes étaient depuis longtemps déparées de leurs charmes propres et de leurs moyens naturels d'influence; il était donc normal qu'elles cherchent à obtenir des moyens politiques d'exercer une influence sur la société. Bien sûr, rien de tout cela ne s'appliquait aux Canadiennes françaises qui, elles, avaient conservé les véritables traditions, la véritable foi, le véritable sens de la famille (grâce à leur «glorieuse fécondité») et, par conséquent, leur réelle sphère d'influence.

Puis, Bourassa entreprit d'établir une distinction entre le vote en tant que privilège et le vote en tant que fonction. Le droit de vote, dit-il, n'était en aucune façon un privilège mais plutôt une fonction qui incombe à ceux dont c'est le devoir de protéger la société. Inutile de préciser que ce devoir appartenait aux hommes. Le devoir de la femme était tout autre; il s'agissait de la maternité et devait, par conséquent, s'exercer dans l'intimité. En fait, la maternité était une si haute mission que les femmes, comme les juges, se voyaient accorder le droit de ne pas voter. En dépit de toute cette façade intellectuelle, Bourassa n'exprimait, en fait, que des lieux communs selon lesquels les différences sexuelles non seulement entraînent mais déterminent les différences sociales.

Puis, au cas où ses lecteurs n'arriveraient pas à suivre ses raisonnements historiques et philosophiques, Bourassa se lança dans l'insulte. Les femmes, dit-il, avaient peut-être un sens moral plus poussé que celui des hommes, mais seulement dans la vie privée et seulement s'il était soutenu par la maternité. En public, l'intuition, l'émotivité et la passion ne leur causeraient que des ennuis. Elles pouvaient exercer une très grande influence morale sans voter; à vrai dire, ce n'était qu'en évitant de devenir des «femmes publiques» qu'elles pourraient exercer de l'influence. Et les femmes qui refusaient de se plier à la règle que Bourassa établissait pour elles (la nécessité de la maternité, quel que soit leur état cicil) étaient des «monstres»!

La loi fédérale sur le suffrage allait, semble-t-il, créer toutes ces «femmes publiques», tous ces «monstres». Le droit de vote obtenu, les femmes allaient devenir cabaleurs, souteneurs d'élections, députés, sénateurs, avocats, bref, de véritables «femmes-hommes», des hybrides qui détruiraient la femme-mère et la «femme-femme». Rendues là, les femmes cesseraient de se marier, d'avoir des enfants, de voir au soin et à l'éducation des jeunes. Après avoir repoussé tous ces privilèges, les femmes retrouveraient l'esclavage d'il y a vingt siècles. Le droit de vote, donc, que les suffragistes considéraient comme une marque de liberté, était, aux yeux de Bourassa, l'agent le plus actif de retour à l'esclavage.

C'est à la Chambre des communes, au cours de la discussion en comité du projet de loi, que l'on put entendre le plus grand nombre de propos reflétant les idées de Bourassa. Ce débat eut lieu après la parution des articles de Bourassa et s'il ne s'en trouvait que peu pour répéter mot à mot ses propos, tous les adversaires du projet de loi, et la plupart étaient Canadiens français, se seraient ralliés d'emblée à son point de vue. Les opposants étaient épouvantés à l'idée que les femmes puissent être tirées de leurs foyers[21]. Il n'en résulterait rien de bon: les hommes et les femmes deviendraient semblables, il s'ensuivrait des conflits qui briseraient les foyers, le taux de natalité baisserait, les liens familiaux seraient rompus, l'autorité parentale sapée et les femmes n'inspireraient plus le respect[22]. Qui plus est, il était bien connu que la constitution de la femme ne lui permettait pas de supporter l'agitation de la vie politique; elles succomberaient aux «miasmes de la politique»[23]. Un député, qui réussit d'ailleurs à se contredire aussitôt ses arguments présentés, parvint néanmoins à résumer en une seule phrase ce que tous les autres adversaires, Bourassa compris, avaient pris plusieurs pages à élaborer: «Les Saintes Écritures, la théologie, la philosophie antique, la philosophie chrétienne, l'histoire, l'anatomie, la physiologie, l'économie politique et la psychologie féminine s'accordent à reconnaître que la place de la femme est non pas l'arène politique mais le foyer[24]».

Que pouvait-on dire de plus? Les adversaires eurent beau faire, le débat fut conclu en l'espace de quelques heures et la loi ratifiée sans difficulté. Plus tard, les sénateurs tentèrent bravement de faire amender le texte, mais ce fut peine perdue. Les Canadiennes auraient le droit de vote en dépit de, et peut-être même grâce à ce que la *Gazette* appelait les «idées moisies» qui avaient servi à s'y opposer[25].

Les Québécois, toutefois, continuèrent d'épouser ces «idées moisies» en refusant d'accorder aux femmes le suffrage provincial jusqu'en 1940. Et de nouveau, comme en 1913, Bourassa eut la satisfaction de voir sa province demeurer dans le sentier de la vérité qu'énonçaient les journalistes, les politiciens et les théologiens[26].

Les «idées moisies» cachaient quelque chose que personne ne reconnut à l'époque[27]. Les adversaires du suffrage féminin ne parlaient pas du tout de la femme mais plutôt de son image. Tous ces anges, ces reines, ces parures et ces objets de respect n'étaient pas de vraies femmes mais les images que les hommes se faisaient d'elles. Le projet de loi sur le suffrage impliquait que cet image clochait; une femme qui vote ternirait l'image de la femme dans l'esprit des hommes. On pourrait même aller plus loin et dire que le débat autour du suffrage féminin portait, en fait, sur la propre virilité des députés. Toute leur façon de se percevoir comme des chefs, des protecteurs, des leaders, de galants et courtois descendants de la Création initiale de Dieu était attaquée, et je crois qu'inconsciemment ils le savaient. Le droit de vote pour les femmes détruisait non seulement l'image de la femme mais aussi la propre image de l'homme. D'où la violence verbale de Bourassa et des autres adversaires du suffrage féminin.

Comme Bourassa l'avait prédit en 1913 et comme les adversaires du suffrage féminin le prévoyaient en 1918, l'étape suivante dans cette dangereuse «question de la femme» serait l'éclatement de la famille — le divorce. En effet, dès 1925, le sujet était ouvertement débattu. Des trois occasions où Bourassa traita de la «question des femmes», celle-ci fut la moins discutée publiquement. Le sujet était peut-être encore tabou, tandis que les années vingt voyaient le taux de divorce augmenter lentement mais sûrement chaque année. La question était compliquée, au plan constitutionnel, du fait que le gouvernement fédéral exerçait le contrôle final mais que certaines provinces avaient un tribunal de divorce, que d'autres (comme l'Ontario et le Québec) n'en avaient pas et devaient par conséquent porter leurs causes devant le Parlement fédéral, et que d'autres encore (dans l'Ouest) étaient en train d'en établir. La question était aussi complexe au plan légal du fait que les critères permettant d'obtenir un divorce différaient d'une région à l'autre du pays. Enfin, les diverses sanctions religieuses et sociales entourant le mariage venaient, elles aussi, compliquer le tableau. Rien d'étonnant à ce que peu d'orateurs aient eu envie d'aborder la question!

Par ailleurs, pour ceux qui s'arrêtaient à ce genre de chose, le débat à la Chambre des communes était marqué par de mauvais augures: le projet de loi avait été déposé un vendredi 13 et quelques jours après sa ratification, un tremblement de terre avait secoué l'est de l'Amérique du Nord. Trois femmes en étaient même mortes de peur[28]. Alors que quelques années plus tôt il s'était trouvé des personnes sérieuses pour croire que la Première Guerre mondiale avait été infligée à l'humanité en châtiment de ses péchés, comment s'étonner de ce que certaines personnes puissent maintenant prétendre que la terre elle-même s'objectait à cette récente atteinte à l'ordre social?

La charge, cette fois, venait de l'Ouest canadien. Joseph Shaw, un progressiste de Calgary, eut enfin l'occasion de présenter un projet de loi qu'il proposait depuis des années: un projet de loi visant à uniformiser les critères permettant d'obtenir un divorce dans les quatre provinces de l'Ouest. Avant 1925, les hommes de l'Ouest pouvaient obtenir un divorce pour cause d'adultère de leur épouse, mais les femmes devaient non seulement prouver l'adultère de leur mari, mais aussi sa désertion pour obtenir le divorce[29]. Ce pauvre Shaw ne voulait que corriger une légère anomalie dans la loi, et comme il jouissait de l'appui de la plupart des députés et de certaines grandes associations[30] et même du précédent d'une récente loi britannique[31], il est possible qu'il ne se soit pas douté de l'avalanche de mauvaises humeurs qu'allait déclencher son projet de loi, surtout chez les Canadiens français.

Ces mêmes Canadiens français avaient déjà été sensibilisés à la question par deux causes maritales célèbres: la cause Dépatie-Tremblay qui avait traîné devant les tribunaux de 1909 à 1921 et que les journalistes comme Bourassa ne manquaient jamais de ramener sur le tapis, et la cause Plante-Zannis, de 1918 à 1925; ces deux causes soulignaient la sécularisation croissante du mariage, la mainmise civile et, par conséquent, la perte d'importance de la sanction ecclésiastique sur le mariage[32]. C'était le plus sûr chemin vers la damnation[33] — et maintenant le Parlement canadien se mêlait de souligner davantage la nature purement civile, légale et profane de cette institution divine.

Cette fois, Bourassa n'exprima son opinion qu'après le débat principal à la Chambre des communes, se joignant à la minorité substantielle qui s'était opposée à la seconde lecture du projet de loi et qui en exigeait le rejet par le Sénat[34].

Comme le féminisme et le suffrage, le divorce était une importation de l'étranger, venant cette fois des États-Unis et de la France. Et si le Canada acceptait un tel produit d'importation, le pays s'engagerait lui aussi sur le chemin de la désagrégation nationale et du suicide, ce dernier entraîné par la «stérilité volontaire», euphémisme alors en vogue pour parler du contrôle des naissances. Le divorce allait ébranler les fondements mêmes de la famille, or, va la nation comme va la famille.

Comme la plupart des adversaires du projet Shaw, Bourassa contourna l'objet principal en cause — une simple question d'égalité des sexes dans un domaine législatif bien précis — afin de dénoncer le principe même du divorce. Il agit ainsi délibérément pour démontrer ce que, selon lui, les représentants des catholiques et du Québec avaient négligé de faire depuis la Confédération. Bourassa était renversé par le peu d'importance qu'avaient accordé les pères québécois de la Confédération à la répartition des pouvoirs fédéraux et provinciaux en matière de mariage et de divorce. Le Québec n'avait gardé que les «détails» — la seule célébration du mariage — tandis que le gouvernement fédéral pouvait passer toutes les lois qu'il voulait au sujet du mariage et du divorce. Le texte de la Confédération de 1867 avait donc décrété la validité légale du divorce pour tout le Canada et les Québécois du temps n'avaient pas dit un mot. Rien d'étonnant, disait Bourassa, à ce que depuis lors le reste du Canada ait mal accepté les points de vue sociaux des catholiques. Puis il entreprit de relier tous les coups durs subis par les Canadiens français hors du Québec au manque de caractère manifesté par leurs représentants des années 1860 sur la question du divorce. Pour remédier à cette situation, il fallait que les Canadiens français proclament très haut les principes sociaux catholiques qui, théoriquement, les guidaient et mettent de l'ordre dans les propres lois québécoises sur le mariage qui permettaient de plus en plus au mariage civil de se substituer au mariage religieux. Le mariage civil menait droit au divorce.

Bourassa ne pouvait, bien sûr, éviter complètement la question de l'égalité des hommes et des femmes qui se trouvait au coeur même du projet Shaw. Il n'y tenait d'ailleurs pas, puisque cette question lui permettait de sortir à nouveau tous les arguments sur le thème du déterminisme biologique dont il s'était servi pour combattre le féminisme en 1913 et le suffrage en 1918. L'égalité des hommes et des femmes devant le divorce, affirma-t-il péremptoirement, ne peut découler que de l'abolition du divorce lui-même[35]. Mais comme cette solution semblait impraticable en 1925, Bourassa entreprit de justifier l'inégalité des hommes et des femmes devant la loi en matière de divorce. L'adultère était effectivement bien différent pour les hommes et pour les femmes; ses conséquences sociales étaient bien différentes (Bourassa n'osa pas préciser que les hommes pouvaient s'en tirer plus facilement tandis que les femmes risquaient la grossesse). Et comme la maternité sans tache (une autre expression dont il faut pénétrer le mystère!) était le plus grand honneur d'une femme, un honneur qui ne pouvait échoir à aucun homme, il était normal que la chute d'une telle cime entraîne pour la femme une peine plus lourde que pour l'homme. Les lois en vigueur ne faisaient donc que sanctionner une vérité naturelle et sociale. Ajoutant à cela les paroles du Christ à l'effet qu'un homme pouvait renvoyer sa femme adultère, Bourassa eut la certitude qu'il venait d'établir une preuve irréfutable de l'inégalité des hommes et des femmes devant le divorce.

Les milieux canadiens-français reprirent pendant un certain temps les propos de Bourassa. Ses articles suscitèrent d'ailleurs tellement d'intérêt que *Le Devoir* les réunit en un fascicule qui semble s'être vendu vite et bien[36]. Les débats à la Chambre avaient, bien sûr, précédé la parution des articles, mais les adversaires du projet de loi sur le divorce avaient néanmoins utilisé sensiblement les mêmes arguments. D'ailleurs, l'un des députés, C.-A. Fournier, atteignit, en décrivant les conséquences du divorce, des sommets de lyrisme que même Bourassa n'égalerait pas: «Le libertinage légalisé, l'adultère consacré par la loi, le concubinage appuyé par la Constitution, tous ces aspects du divorce de nos jours étant sanctionnés, florissant à l'extrême, leurs effets délétères s'élèvent comme les exhalaisons d'un bourbier fétide qui répand à tous les vents la peste croissante qui empoisonne la nation[37]». Si la plupart des députés n'allaient pas aussi loin, il régna tout au long du débat et ce, même chez les défenseurs du projet de loi, l'impression que le monde des années vingt se désintégrait tandis qu'augmentaient en nombre les crimes, les femmes hors du foyer et les divorces[38]. Le débat au Sénat, qui eut lieu trois mois après la parution des articles de Bourassa, vit s'élever quatorze adversaires du projet Shaw, dont trois avaient de toute évidence lu et assimilé les arguments de Bourassa[39]. Mais ils n'obtinrent pas le rejet du projet comme Bourassa l'aurait voulu.

Preuve additionnelle de l'approbation générale qu'obtenaient les idées de Bourassa, les pages féminines de la presse francophone de l'époque mettaient régulièrement l'accent sur le rôle maternel et subordonné de la femme[40]. L'«intelligentsia montréalaise» se rendit en foule entendre un prêtre français parler du féminisme en 1925. Le chanoine Coubé défendit lui aussi la supériorité masculine, mais de façon fort charmante, il faut l'admettre. Si les femmes de son auditoire n'avaient pas déjà été convaincues de leur infériorité, elles s'en seraient laissé persuader par tant de flatteries[41]. Enfin, les idées de Bourassa ne différaient pas beaucoup de celles qui étaient exprimées, plus sèchement, dans le Code civil québécois et selon lesquelles un homme pouvait obtenir la séparation, sinon le divorce, pour cause de l'adultère de son épouse tandis que la femme, pour sa part, n'avait droit à la séparation, pour le même motif, que si son mari insistait pour faire vivre sa concubine au domicile conjugal[42].

À l'exception d'une longue série d'articles faisant l'historique juridico-religieuse du divorce et publiés en 1929 au moment où l'Ontario établissait des tribunaux de divorce[43], ce furent là les dernières paroles de Bourassa sur la «question des femmes». Que révèlent-elles?

D'abord, Bourassa entretenait une image particulière de la femme. Pour lui, les femmes étaient des êtres délicats, intuitifs, nobles et dignes. Elles étaient émotives mais avaient aussi beaucoup de bon sens. Elles étaient douces, pures, charmantes, les reines du foyer, les gardiennes de la tradition, les éducatrices de *fils*. Leur fonction première était le mariage et la maternité. Grâce à l'intercession de l'Église en leur faveur, elles étaient les agents de rédemption de l'homme et de la société. Image charmante et rôle de taille, qui comportent néanmoins une singularité. Bourassa n'envisageait les femmes qu'en termes de leur relation sexuelle à l'homme, que celle-ci soit spécifique (épouses, mères de fils), refusée (les religieuses) ou négative (les vieilles filles). Autrement dit, pour Bourassa, les femmes n'existaient qu'en tant que complément sexuel de l'homme.

Il se cache, derrière cette vision particulière de la femme, une vision particulière de l'homme. Aux yeux de Bourassa, les hommes étaient des êtres de raison et de logique; il leur appartenait donc d'être les leaders de la société. Bourassa avouait toutefois que l'homme était aussi brutal, corrompu et passionné. L'image ici en est une de force, peut-être même de contradictions. Inutile de préciser que le rôle compensateur — l'apaisement, l'adoucissement, la modération, la réconciliation des contraires et des aspérités de l'image — revenait aux femmes.

Toujours dans le domaine des images, la relation homme-femme prend ainsi beaucoup d'importance même si elle n'a de valeur que pour l'homme. Bourassa semble suggérer l'existence d'une lutte latente entre les hommes et les femmes, qui n'est tenue en échec que par le strict partage, par l'opposition même, de leurs natures, de leurs rôles, de leurs tâches, de leurs moyens d'action, de leurs méthodes. Pour les hommes comme Bourassa, d'ailleurs, tous les contraires, toutes les dichotomies se réduisaient à des dichotomies sexuelles: raison/émotion; autorité/obéissance; culture/nature; tête/coeur; intérieur/extérieur, etc. Freud peut bien avoir déclaré qu'il était inutile d'attribuer ainsi un caractère sexuel à des qualités et à des caractéristiques, cela ne sert qu'à démontrer la ténacité de l'image et explique peut-être l'hostilité intense que l'on vouait au féminisme. S'il était vrai que la société se maintenait en un tel équilibre, toute rupture de l'équilibre la détruirait certainement. Bourassa pouvait bien se moquer des femmes qui voulaient rivaliser avec les hommes, ce qui l'inquiétait le plus, dans cette «question des femmes», c'était la mise en cause de l'image qu'il se faisait des femmes. Si la femme abandonnait son rôle idéal, la société s'écroulerait. Aussi longtemps que les femmes assumeraient leur rôle de rédemptrices, les hommes pourraient poursuivre leurs basses activités, pourraient être ambitieux, égoïstes, envieux, brutaux; leur méchanceté serait toujours tempérée par les qualités opposées chez la femme et l'équilibre social tant vanté serait sauvegardé. Par conséquent, on devait combattre le féminisme avec toutes les armes disponibles afin de maintenir l'image de la femme qui soutenait l'image de l'homme qui soutenait, à son tour, l'ordre social que, selon Bourassa, l'on devait défendre à tout prix[44]. Un vrai *castor,* quoi!

Bourassa est encore plus *castor* que ça, toutefois. L'homme qui se révèle ici est amer, rigide, dépourvu d'humour, pharisaïque. Il entretenait une vision statique d'un monde régi par des lois et des règlements, ordonné en une hiérarchie où chacun avait sa place et jouait un rôle bien défini, établi d'avance. Il prenait les données de la situation sociale pour des lois immuables de la nature. Il est possible, d'ailleurs, qu'une partie de l'horreur que lui inspirait le féminisme soit due au fait que cette question l'avait obligé à discuter publiquement de sujets que, normalement, il n'aurait jamais osé aborder en privé. Encore là, un vrai *castor!*

Henri Bourassa est loin d'être la seule personne à avoir exprimé de telles opinions. Un grand nombre de ces idées sont encore monnaie courante aujourd'hui, une constatation qui en dit long sur le rythme auquel s'opèrent les changements dans la société. Les historiens et les sociologues qui s'intéressent à la question du changement se sont aperçus que le sujet était tellement complexe qu'ils ont dû renoncer à leurs méfiances réciproques. L'une des plus grandes difficultés inhérentes à ce sujet vient probablement du fait que l'humanité consacre la majeure partie de ses énergies à résister au changement plutôt qu'à le susciter[45]. En ce domaine, Henri Bourassa constitue certainement un cas d'espèce, avec sa façon véhémente de s'opposer à tout changement de son image de la femme. Et le fait qu'un grand nombre de ses opinions soient encore courantes de nos jours donne à penser que nous sommes peut-être tous quelque peu *castors*.

14

Quand des gens de robe se penchent sur les droits des femmes: le cas de la commission Dorion, 1929-1931*

Jennifer Stoddart

Les victoires avaient été rares et toujours durement acquises, mais ce 15 novembre 1929 Marie Gérin-Lajoie vivait un des rares moments de triomphe de son existence. Chef de file des réformistes québécoises et experte reconnue des droits juridiques des femmes, cette féministe allait enfin s'adresser à la Commission sur les droits civils de la femme dont elle n'avait de cesse réclamé la création. Elle qui pendant des années avait subi la hargne de ses adversaires devait savourer la déférence que les commissaires lui témoignaient[1].

Le Québec français de cette époque craignait le féminisme, fût-il modéré, comme celui qu'incarnait Gérin-Lajoie. Le féminisme représentait une menace aux valeurs d'un peuple religieux et discipliné attaché à ses traditions. L'Église catholique, qui jouait le rôle de juge des valeurs du Québec, n'admettait aucune remise en question du rôle de la famille ou des femmes, comme avait pu le constater Gérin-Lajoie qui, quelques années plus tôt, avait été forcée par l'archevêque de Montréal d'abandonner le leadership du mouvement suffragiste. Ébranlée mais toujours convaincue, elle avait poursuivi sa lutte, appuyée par d'autres féministes francophones et anglophones, pour obtenir des modifications profondes au statut juridique des femmes. Ce statut était demeuré inchangé depuis l'adoption du Code civil en 1866, lequel s'inspirait, dans le cas de plusieurs articles traitant du statut des femmes, du Code Napoléon de 1804, voire même remontait à la Coutume de Paris au 16ᵉ siècle.

La création en 1929 de la Commission sur les droits civils de la femme, appelée commission Dorion, confirmait, du moins en par-

* Texte paru dans *Essays in the History of Canadian Law*, vol. 1, David H. Hamilton, ed., the Osgoode Society, UTP, Toronto, 1981. Reproduit avec la permission de l'éditeur. La traduction est de Bernard Descôteaux et de Laure Descôteaux.

tie, les prétentions des groupes féministes et réformistes à l'effet que le rôle des femmes avait évolué et qu'au cours des années de nouvelles conditions s'étaient développées. Par rapport à l'évolution générale du Québec, la commission se situait à la convergence historique de deux courants opposés, celui du pouvoir clérical et celui d'une société en voie de modernisation. Elle symbolisait également le dilemme des élites québécoises et du système juridique qu'elles dominaient. Il fallait à la fin des années vingt procéder à une redéfinition des normes sociales de la vie collective, et la bourgeoisie francophone, à qui incombait cette mission, devait composer avec une situation difficile. D'une part, elle était confrontée dans cette période d'après-guerre à une urbanisation et à une industrialisation grandissantes; elle s'inquiétait par ailleurs du renforcement du caractère anglophone du Canada; enfin, elle avait à subir les pressions militantes d'une Église ultra-conservatrice réorganisée sous la bannière du catholicisme social. Son défi était d'adapter ces normes au contexte nord-américain du 20e siècle en s'assurant toutefois qu'elles continuent d'être la garantie de la survivance de l'identité collective au sein de cette société fortement traditionnelle[2].

La commission Dorion avait un mandat qui à première vue se restreignait à la question des droits civils des femmes mariées, mais elle poursuivait en réalité un objectif beaucoup plus large. Comme toute enquête mettant en cause la structure juridique des relations familiales, elle soulevait en fait la question de l'organisation communautaire. Dans toute société, l'organisation familiale est au centre de l'expérience collective et elle préoccupe particulièrement le groupe dominant lorsqu'il s'agit d'adopter les normes qui, inscrites à l'intérieur d'un système juridique cohérent, lui serviront à définir et instaurer l'ordre social. La commission avait en fait pour objectif de se pencher sur les valeurs culturelles de la société québécoise des années 1920 qu'on retrouvait enchâssées dans le Code civil.

Pendant près d'un siècle, de 1866 à 1964, la condition juridique des femmes mariées fut à peine modifiée. Cependant, cette situation n'a pas été le résultat de l'apathie ou du désintéressement des hommes de loi ou même du public, mais un choix constant et conscient de la part des législateurs québécois[3], que ceux-ci se sont crus obligés de justifier à l'occasion devant l'apparition de réalités sociales et politiques nouvelles. La commission Dorion appartient à l'un de ces moments, et ses rapports nous éclairent à plusieurs égards sur les raisons qui ont conduit au maintien presque intégral du statut juridique traditionnel des femmes mariées jusqu'à la Révolution tranquille.

La commission fut l'objet des pressions de courants d'idées souvent opposés, tels le nationalisme canadien-français, le féminisme et la religion catholique. Le compromis auquel on en est finalement arrivé dans le cas particulier du statut juridique des femmes est très révélateur de la mentalité des élites québécoises de cette époque. Les recommandations de la commission et les réactions qu'elles ont suscitées constituent non seulement un chapitre de l'histoire du droit civil du Québec mais révèlent également les nombreux intérêts sous-jacents au processus complexe de la réforme des lois.

Les droits des femmes au Québec au début du 20ᵉ siècle

Durant les trois premières décennies du 20ᵉ siècle, Marie Gérin-Lajoie (1867-1945) a dominé le combat pour les droits des Québécoises. Fille d'un ancien juge en chef du Québec, juriste autodidacte auteure d'un manuel sur les lois civiles utilisé dans plusieurs écoles, Gérin-Lajoie réunissait toutes les qualités, expertise, détermination et prestige, pour assurer le leadership des féministes francophones dans une société très conservatrice[4]. Dès 1900, elle avait réclamé dans un écrit la réforme du statut juridique des femmes au Québec, réforme que d'autres, comme le Montreal Local Council of Women, souhaitaient également[5]. Celui-ci s'était doté, dès 1896, d'un comité législatif qui avait cherché à éveiller l'attention du public sur la situation de plus en plus discriminatoire que la loi faisait aux femmes. En 1907, Gérin-Lajoie fonda en compagnie d'autres réformistes la Fédération nationale Saint-Jean-Baptiste qui inscrivit en bonne place dans son programme la réforme des lois. La fédération, dont Gérin-Lajoie fut la présidente de 1913 à 1933, était un groupe parapluie regroupant quelque 10 000 femmes. Ses objectifs s'inspiraient du catholicisme social et du féminisme chrétien, ce qui permettait à l'Église d'exercer une étroite surveillance des actions, même les plus modérées, de cet organisme pour améliorer la condition des femmes, qu'il s'agisse de la création d'associations professionnelles pour les ouvrières ou de l'extension de l'éducation supérieure aux filles. Cela n'empêcha pas Gérin-Lajoie de présider en 1914 une délégation officielle de la fédération pour réclamer la création d'une enquête officielle sur le statut juridique des femmes dans la province. Le premier ministre Lomer Gouin avait alors demandé à la fédération de préparer un projet de réforme, mais la guerre vint fournir le prétexte qui permettrait de laisser ce projet dormir sur les tablettes[6].

Les féministes québécoises du début du siècle avaient de nombreuses raisons de s'indigner de leur statut juridique. Le Québec fut le dernier État de l'Amérique du Nord à céder aux revendications des femmes pour l'égalité des droits civils et politiques; fidèle à ses traditions, il a maintenu sans aucun remords l'exclusion presque complète des femmes de l'exercice de leurs droits politiques et limité sévèrement la capacité juridique des femmes mariées[7].

En règle générale, hommes et femmes à cette époque sont égaux devant la loi dans la plupart des domaines, qu'il s'agisse par exemple de préjudice ou de responsabilité en cas de délit et de réparations de dommages, d'actes criminels et de leurs sanctions ou encore d'obligations contractuelles. Un statut spécial a toutefois été créé et reconnu pour les femmes dans deux domaines importants de la tradition juridique occidentale, soit ceux du droit public et du droit familial et matrimonial. Les femmes se sont vu d'abord attribuer un statut particulier qui était fonction de leur position dans le noyau familial, surtout par rapport au mari[8]. Puis, comme les affaires domestiques étaient considérées comme leur univers habituel, le droit coutumier ou statuaire a limité leur degré de participation dans le domaine public.

La création de la commission Dorion et les changements qui s'ensuivirent prennent toute leur signification si on garde à l'esprit la structure complète des droits civils et politiques de la femme au Québec[9] à cette époque. Ainsi en 1910, l'obtention du suffrage à tous les paliers — provincial, municipal et scolaire — est-elle devenue le cheval de bataille du Montreal Local Council of Women et de la Fédération nationale Saint-Jean-Baptiste[10]. Que plusieurs groupes aient, dans un Québec dominé encore par le clergé, résisté à cette prolongation symbolique du rôle féminin hors du foyer n'étonne guère, et encore moins qu'ils aient mené dans cette période d'après-guerre une importante campagne contre le suffrage et le féminisme en général[11]. Cette ferme résistance réussit à faire échec aux revendications des suffragistes jusqu'en 1940[12].

Les généralisations au sujet du statut juridique des femmes conduisent souvent à confondre droits civils et droits politiques, et à passer sous silence le fait que dans plusieurs pays le régime particulier qui restreignait la capacité juridique de la femme concernant sa propre personne et ses biens ne s'appliquait qu'aux femmes mariées. En droit civil, les femmes non mariées ou les veuves ont toujours eu les mêmes droits et capacités juridiques que les hommes concernant l'administration de leurs biens. En 1931, un peu plus de la moitié des femmes adultes de la province étaient mariées, mais de ce nombre bien peu possédaient assez de biens pour être pleinement conscientes des restrictions quant à l'administration de ceux-ci[13]. Au tout début du 20e siècle, les femmes célibataires, les veuves, les femmes légalement séparées de corps ou divorcées jouissaient d'un statut juridique équivalent à celui des hommes pour la plupart des actes concernant la propriété privée. Mais aussitôt que par sa nature l'acte ressemblait à ceux habituellement accomplis par l'homme chef de famille, tels la tutelle ou la curatelle, les femmes étaient exclues[14].

En 1774, l'Acte de Québec avait garanti l'usage du droit civil au Québec, quoique certains éléments du droit coutumier anglais avaient alors été introduits dans les domaines notamment du droit public et du droit criminel. Un des rares avantages que le droit coutumier conférait aux femmes, comme aux hommes d'ailleurs, était, depuis 1801, la liberté absolue de tester. Mis à part ces quelques droits, les Québécoises, une fois mariées, tombaient sous le joug cuirassé de l'incapacité légale des épouses. L'article 986 du Code civil ne fut pas sans soulever l'ire de nombreux réformistes: il statuait que les femmes mariées, à l'instar des mineurs et des interdits, n'avaient pas la capacité légale de s'obliger par contrat, sauf dans les cas prévus par la loi, ou autrement dit avec l'autorisation expresse du mari seulement. Acquérir des biens, recevoir des donations, signer des contrats ou s'engager en affaires sans la permission du conjoint étaient des actes d'une nullité absolue. L'épouse pouvait, une fois dûment autorisée, poser la plupart des actes légaux[15], mais le conjoint se réservait le droit d'exprimer son refus. Parfois il le signifiait par son absence au moment de la signature. Un mandat général de son conjoint étant insuffisant, l'épouse désespérée n'avait d'autres recours que de s'adresser à un juge pour obtenir la permission requise. Obligation était faite par ailleurs à l'épouse, et cela jusqu'en 1981, de résider au domicile choisi par le mari. Un mari pouvait demander la séparation de corps pour infidélité conjugale tandis qu'une femme ne pouvait invoquer l'adultère de son conjoint comme motif de séparation que si la concubine avait vécu sous le toit familial. Enfin, seul le père exerçait en tant que chef de famille l'autorité ultime et ce, malgré la glorification de la maternité[16].

À l'aube du 20ᵉ siècle, les couples désireux de se marier avaient le choix entre deux régimes matrimoniaux. Ils pouvaient établir un contrat notarié ou, en l'absence de contrat spécifique, être soumis au régime de la communauté de biens qui, jusqu'à la fin des années 1960, fut le régime le plus répandu[17]. La commission Dorion estima, sans calculs scientifiques toutefois, qu'en 1930 on trouvait 80% de femmes mariées en communauté de biens, quoique selon d'autres sources cette proportion n'aurait été que de 57%[18]. Régime matrimonial fort complexe, la communauté de biens reposait sur le principe général que tous les biens acquis par l'un ou l'autre des époux entraient dans la communauté pour la durée du mariage, sauf que l'administration de cette communauté était dévolue exclusivement à l'époux. Théoriquement les biens étaient détenus conjointement, mais en réalité l'épouse, en raison de son incapacité légale, n'avait aucun droit de gestion ou d'accès aux biens que son mari pouvait administrer à son gré. Chacun des époux conservait par ailleurs ses biens propres durant le mariage, soit les biens acquis avant le mariage, légués par les ascendants, reçus comme legs à titre particulier et personnel, mais l'époux, en tant que chef de la communauté, administrait les biens personnels de son épouse. L'actif de la communauté comprenait tous les autres biens acquis durant le mariage, de quelque manière que ce soit, auxquels pouvaient s'ajouter les biens meubles, tels bijoux et obligations d'épargne, appartenant à l'un ou l'autre des conjoints au jour du mariage, et les revenus tirés de tous les biens des conjoints. Au début du siècle, la part la plus importante de l'actif entrant dans la communauté provenait du revenu ou du salaire gagné par le mari ou la femme. La plupart des couples, de milieu rural ou urbain, possédaient très peu en se mariant et tout nouvel actif qu'ils acquéraient — fermes, maisons, meubles, épargnes — était, selon les rôles culturels bien connus, administré par l'époux en consultation avec l'épouse.

La plupart des femmes, au moment de leur mariage, ne possédaient ni édifices ni terrains. Ce régime avait pour conséquence de donner après la mariage l'administration de tous leurs biens, présents ou futurs, au mari. Celui-ci pouvait vendre les biens de la communauté ou en disposer autrement sans le consentement de l'épouse et sans obligation, contrairement à un fiduciaire, de lui en rendre compte. L'incapacité juridique de l'épouse souffrait une exception qui était d'ordre pratique, soit la fiction légale du mandat tacite du mari pour l'achat des effets du ménage. D'autres dispositions du code, tout en déguisant la sujétion en privilège, exprimaient une attitude appropriée fondamentale à l'effet que l'épouse devait se confier à la «protection» de son mari. Par exemple, un époux qui avait autorisé sa femme à poser un acte légal devenait civilement responsable des dettes qu'elle pouvait encourir. L'inverse ne s'appliquait pas et le mari était seul responsable de ses dettes.

L'égalité au sein de la communauté, suspendue au cours de son existence, reprenait ses droits à la dissolution de celle-ci, c'est-à-dire, lors du décès d'un conjoint ou à la séparation de corps[19]. Tout le passif et l'actif échus à la communauté durant le mariage étaient alors divisés à parts égales, et pour compenser les pouvoirs dont le mariage l'avait privée, l'épouse pouvait selon un autre supposé privilège renoncer à sa part si la communauté était déficitaire ou si elle avait choisi de bénéficier à titre d'héritière du défunt. La femme mariée en communauté de biens jouissait aussi d'un gain de survie sous la forme du douaire, c'est-à-dire l'usufruit portant sur la moitié des immeubles du mari et de la communauté, privilège qui ne s'appliquait cependant que s'il avait été dûment enregistré. Malheureusement, déjà à la fin du siècle dernier, bien peu de femmes se sont prévalues de cette protection car elles en ignoraient tout simplement l'existence. Les épouses vivant en communauté de biens ne disposaient que de deux moyens pour outrepasser le refus d'un époux ou son incapacité d'accorder une autorisation. Elles pouvaient soit s'adresser au juge pour obtenir les pouvoirs requis, quoique celui-ci allait rarement à l'encontre de la volonté du mari, soit intenter une poursuite légale pour séparation de corps.

Les couples qui avaient choisi d'établir un contrat de mariage notarié étaient libres de s'entendre sur les dispositions qu'ils désiraient pour la gestion de leurs biens, à la condition toutefois qu'ils ne contreviennent pas aux principes fondamentaux, tels le rôle du mari comme chef de famille ou l'incapacité juridique de la femme. La plupart des contrats étaient rédigés suivant le régime de la séparation de biens.

Au sein de la bourgeoisie financière et commerciale où se rangeaient pour une large part les Anglo-Québécois, on privilégiait la séparation de biens. Ce régime offrait toute l'autonomie possible à chaque conjoint et il était généralement choisi tant par les femmes détentrices de biens ou qui étaient à leur propre compte que par les maris actifs dans le commerce et la finance et désireux de protéger le patrimoine de l'épouse contre leurs propres créanciers éventuels[20]. L'épouse y trouvait le grand avantage de pouvoir administrer ses biens et d'être propriétaire des revenus qu'elle pouvait en tirer.

C'était le seul aspect positif car elle ne pouvait vendre, ni disposer de ses propres immeubles, ni en acquérir de nouveaux sans la permission de son conjoint. Les arrangements financiers des époux étaient arrêtés dans un contrat notarié signé avant le mariage. Comme l'ont souligné plusieurs observateurs, les conditions du contrat ne convenaient pas toujours au mode de vie du couple; en outre, elles demeuraient souvent incomprises des conjoints, plus particulièrement de l'épouse. Les clauses usuelles comprenaient des dispositions concernant les dépenses domestiques communes, la reprise de dettes des deux parties par l'époux et la donation d'un montant spécifié payable à l'épouse à la dissolution du mariage. La capacité reconnue à la femme était évidemment plus étendue qu'en régime de communauté de biens, mais cet avantage était souvent diminué par une insécurité financière croissante. La séparation de biens signifiait aussi que l'épouse, en l'absence de testament, n'avait aucun droit particulier sur le patrimoine de son conjoint. De plus, les montants indiqués dans le contrat de mariage étaient très souvent disproportionnés aux besoins et à l'actif des conjoints lorsque venait le temps de payer les donations. Une telle situation pouvait avoir de sérieuses conséquences pour une veuve qui devait se contenter de la donation prévue au contrat, peu importe la valeur des actifs du mari.

Pour bien comprendre la controverse qui avait cours à cette époque autour des droits des femmes, il faut comparer la situation prévalant au Québec avec les réformes réalisées dans les autres provinces et au niveau fédéral. Dans les provinces anglophones, des femmes réformistes, actives et conscientes de l'importance du rôle du système juridique dans la définition des droits et avantages civils ont joué un rôle primordial dans l'obtention d'une série de réformes en ce domaine[21]. Après avoir obtenu le droit de vote au fédéral et au provincial, elles s'attaquèrent dans les années vingt aux dernières résistances du droit public. Les droits des femmes purent retenir l'attention du public grâce entre autres au mémorable «Persons Case» de 1929, lorsque le Conseil privé de Londres décida que le mot «personnes», tel qu'employé dans l'Acte de l'Amérique du Nord britannique, incluait les femmes et qu'elles étaient donc éligibles au Sénat[22].

Les féministes anglophones avaient aussi accompli de remarquables progrès en modifiant le droit coutumier dont les annales étaient plutôt mornes en ce qui concernait les femmes. L'Angleterre, à l'encontre de la France, avait placé la femme dans une situation de dépendance juridique presque totale par la négation de la «personnalité juridique» de la femme mariée au 17ᵉ et au 18ᵉ siècles et par l'élimination de ses droits coutumiers[23]. À partir de 1870, une série de lois sur les biens des femmes (Married Women's Property Acts) avaient été adoptées, mais elles avaient révélé davantage l'hégémonie politique de la bourgeoisie commerciale qu'une ouverture d'esprit envers les femmes, comme plusieurs anglophones québécois le laissaient entendre[24]. Un peuple de marchands ne pouvait en fait tarder à reconnaître l'avantage de pouvoir mettre à l'abri des créanciers ou d'un gendre peu versé en affaires une partie de l'actif familial. Avec la fin du 19ᵉ siècle, la plupart des provinces canadiennes de droit coutumier avaient redéfini la situation des femmes mariées telle qu'elle le demeurera jusqu'aux récentes réformes des années 1970 déclenchées par la cause Murdoch[25]. Selon ces nouvelles lois, la femme administrait seule ses biens, tout comme son époux le faisait pour les siens. Aucune forme de mise en commun, comme la communauté de biens, n'existait. Pour plusieurs réformistes québécois des années vingt, la position de la femme mariée sous ce régime demeurait somme toute enviable. Les femmes, les anglophones surtout, trouvaient difficiles d'accepter le principe de l'autorité paternelle et maritale exercée par l'époux sur elles-mêmes, sur leurs enfants et sur leurs biens. Certes, la plupart des couples en arrivaient à un modus vivendi acceptable, mais le besoin omniprésent de l'autorisation maritale, que ce soit en cas d'intervention chirurgicale urgente pour un enfant ou pour obtenir des conditions de crédit dans un magasin, a pu constituer, pour la communauté anglophone spécialement, une source particulière d'irritation et un rappel constant que les femmes des autres provinces jouissaient d'un régime plus libéral.

Politique, nationalisme et droits des femmes

La virulence du débat sur les droits des femmes au Québec et le retard à moderniser leur statut juridique sont des phénomènes qui s'expliquent par l'évolution politique de la province dans son ensemble. Ironiquement, on constate que le mouvement des femmes au Québec a formulé ses revendications au moment même où la machine cléricale semblait avoir mâté le libéralisme. Dans les années vingt et trente, l'Église tenait le féminisme en sainte horreur. L'archevêque de Montréal, Mgr Gauthier, s'est lui-même donné beaucoup de mal pour freiner les féministes et, en 1922, il força Marie Gérin-Lajoie à abandonner la direction de la coalition des mouvements francophones et anglophones pour le vote des femmes. Même le premier ministre Alexandre Taschereau, qui n'hésita pas à s'opposer à l'Église quand l'avait exigé l'intervention croissante de l'État dans les affaires sociales, invoqua l'opposition cléricale à la libéralisation de la législation familiale pour refuser le suffrage aux femmes[26].

Le Québec était la seule société majoritairement catholique en Amérique du Nord et constituait la base territoriale des Canadiens d'expression française. La période d'après-guerre vit l'abbé Lionel Groulx esquisser la vision séparatiste alors que le problème de la survivance de l'identité collective, exacerbé par les débordements de l'industrialisation et de l'urbanisation, atteignait une nouvelle intensité. Pour défendre l'existence nationale de nouveau menacée, on eut recours aux valeurs anciennes; la trilogie bien connue au 19e siècle qui avait mené les francophones à la Confédération — notre langue, notre religion, nos lois — redevint une litanie incessante. Un historien québécois a écrit à ce propos: «Le climat idéologique de ces années est marqué par une double peur, encore accentuée par la Crise. Il y a d'abord la question nationale... Il y a ensuite en bonne place la crainte devant le changement social suscité par l'industrialisation et l'urbanisation. Les rapports entre le nationalisme et la question sociale sont à la fois très étroits et très complexes[27]». Le Code civil demeurait aux yeux de l'élite francophone un des remparts contre les pressions culturelles anglophones. Malheureusement, la création de la commission en 1929 coïncidait avec la légalisation du divorce en Ontario. Cette victoire de J.S. Woodsworth[28] était vue par les «chiens de garde» de la tradition juridique et morale du Québec comme une menace puissante au Code civil et aux valeurs religieuses. Des leaders d'opinion tels Henri Bourassa, dans *Le Devoir*, et Léo Pelland, dans *La Revue du Droit* (un des plus importants périodiques juridiques de l'époque), n'ont certes pas créé un contexte propice à la reconsidération de la législation matrimoniale en fulminant comme ils l'ont fait contre le divorce démoniaque et l'empiètement sur les droits provinciaux. L'Église mettra d'ailleurs les fidèles en garde contre tout changement en ce domaine et au printemps de 1930, quelques semaines avant la publication du deuxième rapport de la commission, l'épiscopat se prononçait dans une lettre pastorale lue dans toutes les églises[29].

L'avenir du Québec catholique et francophone reposait, aux yeux de l'élite francophone, sur une vision nationaliste du rôle des femmes et de la famille. Émancipées, libérées de l'autorité paternelle et maritale, libres de poursuivre leurs propres buts et d'administrer leurs revenus, les femmes ne seraient pas intéressées, s'empressèrent de souligner des critiques nationalistes, à élever une famille nombreuse, gage de la survivance du Québec. À l'époque, la famille et la définition de l'identité nationale étaient indissociables. La famille et le rôle de l'épouse et de la mère devenaient, alors que les conditions de vie et de travail des hommes francophones se distinguaient de moins en moins de celles des anglophones, la garantie ultime du maintien des structures de la collectivité. L'héritage du droit civil québécois avait permis, rappelons-le, à la législation matrimoniale d'évoluer selon un rythme tout à fait différent de celui des juridictions de droit coutumier des provinces voisines. D'ailleurs, les réformistes de l'époque ont souvent oublié que, pour les juristes de droit civil, toute comparaison avec les dispositions du droit coutumier anglais était inopportune. Comparé aux régimes civils de la France et de la Belgique, le Code civil québécois ne paraissait ni particulièrement désuet ni anormalement répressif, car ces deux pays européens accordaient aux femmes un statut juridique semblable à celui dont jouissaient les Québécoises.

Dès 1920, la communauté anglophone de Montréal désirait, à l'unanimité semble-t-il, des changements tant dans le droit public que privé qui donneraient aux femmes du Québec un statut égal à celui de leurs soeurs des autres provinces[30]. Quelques citoyens très en vue du Québec anglais n'hésitèrent pas à donner leur appui au mouvement pour les droits des femmes. Ainsi le doyen de la faculté de droit de McGill, Frederick Walton, prononça les mots de bienvenue lors du passage à Montréal de la suffragette britannique Emmeline Pankhurst en 1913. De son côté, le quotidien *The Montreal Herald* appuya de tout son poids la campagne féministe en publiant en 1913 un cahier spécial sur le suffrage. Au début des années vingt, la communauté anglophone un peu lasse réalisa toutefois que les changements attendus devaient émaner du milieu francophone[31]. Pour les tenants du statu quo, il eut été trop facile de continuer à établir un parallèle entre les demandes progressistes et les attaques des anglophones contre les valeurs nationales canadiennes-françaises, ce qui pouvait compromettre les chances d'obtenir des réformes[32]. La vision nationaliste de l'évolution historique des relations franco-anglaises dans la province suggère la domination indubitable de la bourgeoisie anglophone sur la classe professionnelle francophone. Une telle vision ne nous éclaire guère sur l'impuissance du lobby anglo-québécois à obtenir le rajeunissement des lois matrimoniales.

Deux hypothèses d'explication peuvent être avancées: d'un côté comme de l'autre on était peut-être d'avis qu'une telle question, qui au premier chef concernait les femmes, ne méritait pas qu'on risque de menacer la paix précaire entre les deux groupes; de façon plus certaine, il est permis de croire que le domaine du droit de la famille avait été attribué à la majorité francophone dans le marchandage des pouvoirs politiques et économiques pratiqué avant la Révolution tranquille. Pour les anglophones, attaquer directement ce monopole aurait affaibli davantage l'édifice chancelant de la Confédération.

Du côté francophone, l'opposition soutenue de plusieurs leaders religieux, politiques et intellectuels à la modernisation du rôle des femmes est bien connue. Le tableau ne saurait être complet, en ce qui concerne le cas précis de la commission Dorion, si on ne mentionnait trois autres éléments. Ainsi le premier ministre Taschereau entretenait-il des idées moyenâgeuses au sujet des femmes et il ne cachait pas son opposition personnelle au vote des femmes[33]. Le refus de la Chambre des notaires et du Barreau de la province de Québec d'admettre des femmes dans leurs rangs était par ailleurs éloquent en dépit de leur silence officiel sur la nécessité de réformer le Code civil[34]. Enfin, les défenseurs du statu quo pouvaient s'appuyer sur l'indifférence assez certaine des femmes francophones face à ce débat. Après tout, la communauté de biens n'était-elle pas, dans la pratique, souvent moins préjudiciable aux femmes que tout autre régime puisqu'elle leur donnait une part dans l'actif familial? En outre, la plupart des épouses acceptaient de bon gré de laisser le soin des affaires du mari, occupées qu'elles étaient par les tâches ménagères et la maternité, et aussi parce qu'elles possédaient peu de choses, sinon rien du tout[35].

La création de la commission Dorion en dépit de toutes ces oppositions ne peut s'expliquer que par le succès des tactiques du mouvement féministe des années 1920. Marie Gérin-Lajoie, tout en demeurant active dans d'autres domaines, avait abandonné à la suite du veto de l'Église la direction du mouvement suffragiste à une génération de femmes plus jeunes. Les nouvelles leaders, Thérèse Casgrain et Idola Saint-Jean notamment, ne reculaient pas devant les pressions de l'Église et leur énergie revigora les forces féministes de la fin des années vingt. Ce furent elles qui instituèrent un rite qui demeura jusqu'en 1940: le pèlerinage annuel à l'Assemblée législative de Québec pour assister aux rejets successifs de projets de loi sur le suffrage. En 1928, Taschereau et les libéraux reconnurent qu'il fallait apaiser un tant soit peu les féministes. En sortant des oubliettes la proposition empoussiérée de la fédération de reconsidérer le statut civil des femmes, le gouvernement pouvait alors gagner du temps et aller au-devant de la question du suffrage. Du même coup, on pouvait calmer la critique anglophone qui dénonçait la nature archaïque des lois du Québec. Bien entendu, le gouvernement ne se sentait nullement tenu, tout comme aujourd'hui d'ailleurs, d'endosser les conclusions d'une commission.

Dans une série d'articles publiés en 1927, Marie Gérin-Lajoie avait réitéré ses premières requêtes pour la reconsidération du Code civil. En décembre de la même année, Thérèse Casgrain profita d'une rencontre fortuite avec le premier ministre dans l'escalier de l'Hôtel de ville de Montréal pour lui demander quand serait instituée une commission dotée de tous les pouvoirs, et le 28 janvier 1928, la fédération envoyait une délégation soumettre officiellement cette requête au premier ministre Taschereau[36]. En 1929, pendant la session de l'Assemblée législative, les femmes obtenaient une première victoire, bien mince il est vrai. Un amendement au Code civil permettait désormais à toutes les femmes de siéger au conseil de famille: c'était un acquis pour les femmes mariées qui, en raison de leur incapacité légale, en avaient été exclues jusque-là. Il aurait été difficile de différer cette réforme, une des plus attendues et des plus urgentes, et plus difficile encore de réfuter l'argument féministe qui soutenait que ce droit était une prolongation logique du rôle maternel[37].

La décision de Taschereau de créer en 1929 une commission ne répondait nullement à un souci d'améliorer le statut civil des femmes. C'était une simple tactique politique. Il écrivit à son ami Charles-Édouard Dorion pour lui rappeler que lors de la dernière session les femmes lui avaient soumis plusieurs requêtes. Il rappelait également à son ami qu'il ne leur avait accordé presque rien... même s'il leur avait promis qu'après la session «tout le chapitre de la communauté de biens serait soumis à l'examen de juristes experts[38]». Cinquante ans plus tard, la sénatrice Thérèse Casgrain, un peu désabusée, confiait avoir toujours eu l'impression qu'on a voulu acheter les femmes[39].

La commission Dorion

Taschereau avait trié sur le volet les membres de la Commission sur les droits civils de la femme, ne choisissant que des personnes dont il connaissait et partageait les opinions. Charles-Édouard Dorion, le juriste qu'il nomma à la tête de la commission, était un ancien doyen de la faculté de droit de Laval et juge à la cour d'appel. Neveu de l'éminent politicien Sir Antoine-Aimé Dorion, il avait un passé libéral irréprochable. Non seulement était-il un vieil ami de Taschereau, mais il était également un catholique dévot, une autorité respectée dans le domaine social où il défendait fidèlement le point de vue clérico-nationaliste. De fait, il écrivit l'année où la commission présenta son rapport final une brochure où il expliquait la vision de l'Église quant au rôle de l'État dans les lois matrimoniales. Celle-ci fut publiée par l'École sociale populaire, une organisation jésuite[40]. Le secrétaire de la commission était une autre sommité juridique, Ferdinand Roy, alors doyen de la faculté de droit de Laval et magistrat en chef. Roy avait été membre de l'étude légale Fitzpatrick, Taschereau, Roy, Parent et Cannon, une pépinière de politiciens libéraux et de juges à cette époque. Il avait été bâtonnier du Barreau de la province en 1920[41]. Le premier ministre désigna ensuite deux notaires. L'un, Joseph Sirois, devait donner son nom à une commission fédérale sur les relations fédérale-provinciales. C'était un notaire distingué, éditeur de la prestigieuse *Revue du notariat* et président de la Chambre des notaires jusqu'en 1930 alors qu'il fut remplacé par le quatrième membre de la commission, Victor Morin. Celui-ci était un homme de lettres, historien, antiquaire, bibliophile et apologiste de la culture française[42]. Morin était probablement le plus progressiste des quatre commissaires et le plus sympathique à la cause des femmes, alors que Sirois défendait généralement le point de vue de l'Église sur les questions sociales[43].

Les femmes, comme les anglophones, furent exclues de la composition de la commission. L'historien Robert Rumilly a écrit au sujet des membres de la commission: «Pour le juge Dorion, toucher au Code civil serait commettre un sacrilège; l'avocat Ferdinand Roy croit à la supériorité masculine; le notaire Joseph Sirois se sent obligé de peser l'opinion notoire du premier ministre (...) Les quatre juristes étaient des hommes d'oeuvres, en contact avec le haut clergé; et l'on savait le haut clergé hostile au féminisme[44]». La commission avait reçu un triple mandat: juger si oui ou non le Code civil était désuet, suggérer les modifications possibles à certaines de ses dispositions et considérer, d'une façon officielle, la validité des critiques féministes[45]. La commission tint des audiences publiques à Québec et à Montréal à la fin de l'automne 1929 et au début de l'hiver de 1930[46]. Quelque six associations de femmes présentèrent des mémoires contenant des revendications similaires. La première concernait le droit des femmes mariées à leur propre salaire, ce qui donna lieu d'ailleurs à l'unique réforme à laquelle le nom de la commission restera irrévocablement lié. La province comptait au maximum 10% de femmes mariées gagnant un salaire à cette époque, et la plupart de celles-ci avait désespérément besoin de cette mesure[47]. Il s'agissait souvent de femmes, comme plusieurs témoignages le soulignèrent, dont les époux saisissaient les revenus à leurs propres fins en s'autorisant pour ce faire de leur supériorité juridique. Les féministes se souciaient, outre de la question de l'autonomie financière des femmes, de la situation de celles dont le mari refusait de soutenir leur famille tout en grugeant le salaire de leurs épouses[48].

Une autre réforme urgente concernait la modification de la capacité légale de l'époux à disposer, sans même consulter son épouse, de l'actif de la communauté. La fédération souhaitait, pour échapper à ce pouvoir de l'époux, qu'on introduise un article semblable à l'article 1422 du Code Napoléon qui stipulait qu'un mari ne pouvait se départir des immeubles ou d'une part substantielle des biens meubles à moins que ce ne soit au bénéfice des enfants issus du mariage. D'autres groupes formulèrent diverses propositions visant à restreindre la capacité de l'époux de dissiper le patrimoine de la communauté, et par le fait même celui de l'épouse, pour des motifs frivoles ou en faveur d'une rivale. Eugène Lafleur, un avocat réputé, fit remarquer dans son plaidoyer en faveur de la Ligue des droits de la femme que les moyens habituels utilisés par un associé en affaires ou par un mandant pour contrôler les actes de son partenaire ou de son mandataire ne s'appliquaient même pas aux gens mariés[49].

Une troisième modification proposée par plusieurs groupes de femmes voulait que le capital des biens meubles soit assimilé aux biens immeubles et que, de cette façon, il n'entre pas dans la communauté. La distinction juridique entre meubles et immeubles était utile pour la protection des héritages de famille dans un système féodal, mais elle n'avait plus sa place dans les réalités financières du 20e siècle. Elle signifiait, par exemple, que les bons, les actions et le compte bancaire se classaient comme biens meubles et tombaient immédiatement sous l'administration exclusive de l'époux lors du mariage. Une autre demande importante était que toutes les femmes soient admissibles aux fonctions de tuteurs et de curateurs d'enfants et d'interdits[50].

Certaines associations parmi les plus progressistes osaient demander l'abolition de l'autorisation maritale obligatoire. D'autres proposaient qu'une épouse puisse recevoir une part déterminée des biens de l'époux au décès de celui-ci, l'adoption de procédures de séparation plus simples et plus expéditives, le droit pour les épouses légalement séparées d'administrer leurs propres biens. On demandait également que soit élevé l'âge minimum pour le mariage et que le consentement de la mère et du père soit requis pour le mariage d'un enfant mineur. L'association des notaires et l'association des artisans canadiens-français recommandaient qu'on permette à l'épouse de prendre une assurance-vie au bénéfice de son époux[51]. Le désaccord de Gérin-Lajoie à ce propos révèle une certaine ambiguïté du mouvement féministe. Alors que dans ses déclarations antérieures où elle affirmait que de plus en plus de mères et d'épouses étaient malheureusement obligées de devenir gagne-pain et avaient donc droit d'administrer leurs salaires, elle écrivait qu'une telle modification signifierait «une spéculation odieuse sur la vie de la femme[52]». La loi sur la déclaration d'association imposait à cette époque des amendes additionnelles aux femmes mariées qui s'engageaient en affaires sans déclarer leur statut marital. Idola Saint-Jean demanda un amendement pour qu'une femme ne soit pas «traitée plus sévèrement que les autres commerçants[53]». Enfin, le Montreal Local Council of Women et l'Alliance canadienne pour le vote des femmes du Québec exigèrent toutes deux l'abolition du double standard dans les cas d'infidélité conjugale[54].

À tout prendre, les mémoires présentés à la commission étaient loin d'être révolutionnaires. On ne réclamait aucun changement radical dans la hiérarchie du pouvoir au sein de la famille. L'abolition du devoir d'obéissance n'y était pas suggéré et on ne trouvait aucune proposition pour rendre les deux parents également responsables de la gestion des affaires de la famille. Enfin, aucune requête ne menaçait l'institution sacro-sainte de chef de famille. À l'exception de quelques insinuations qui qualifiaient le Québec de dernière des nations civilisées, les dossiers conservés ne soulignaient pas le caractère foncièrement «arriéré» de la législation matrimoniale. Au contraire, presque tous reconnaissaient la nature fondamentalement juste du régime de la communauté de biens et les attitudes essentiellement saines du droit civil face au mariage et à la famille. À vrai dire, la plupart des féministes ont sciemment fait appel à la fierté collective face aux institutions juridiques du Québec. La modernisation du code, selon leur raisonnement, freinerait les attaques de ceux qui le qualifiaient de démodé et elle donnerait aux Québécois une confiance renouvelée en leurs traditions. Marie Gérin-Lajoie a résumé succinctement la vraie alternative: ou préserver les traditions en les rajeunissant, ou les voir tomber dans le mépris.

Les commissions de réformes législatives ont rarement intéressé la presse populaire. Même un journal intellectuel comme *Le Devoir* s'intéressait surtout à la législation fédérale sur le divorce, bête noire de Henri Bourassa. Les pages féminines des journaux francophones demeurèrent préoccupées avant tout de chroniques sociales, des tendances de la mode et de conseils culinaires. Plus que tout, cette situation est révélatrice de l'indifférence de la vaste majorité des femmes devant les réalités de leur condition juridique. N'eût été du *Montreal Herald*, la commission Dorion aurait passé presque inaperçu. Pendant que les féministes plaidaient leur cause devant la commission, ce journal lançait un débat public sur le Code civil. Champion des droits des femmes de longue date, il publia un journal de campagne en 12 parties au sujet du statut juridique des Québécoises. Idola Saint-Jean fut invitée à diriger une chronique quotidienne de deux pages qui parut du 18 au 30 novembre 1929, au moment même des audiences de la commission à Montréal. Pour donner encore plus d'ampleur à la diffusion de ces pages, un condensé sous forme de brochure fut préparé par le journal alors que diverses associations féminines se chargeaient de la distribution. La campagne du *Montreal Herald*, humoristique et mordante, parfois même un peu condescendante, exprimait l'impatience d'une communauté plus instruite, laïque et mieux nantie face à un code restrictif qui reflétait les valeurs sociales de l'ère napoléonienne.

La Presse se porta vivement à la défense de la tradition nationale ainsi assaillie. Dans un éditorial, on rappela fermement que le Code civil était «un patrimoine historique (...) une des assises principales sur lesquelles repose notre vie nationale[55]». Le rédacteur de *La Revue du Droit* sembla outré par la «caricature de mauvais goût» que constituait à ses yeux la représentation du Code civil qu'en avait donné le *Montreal Herald;* il reconnaissait cependant la nécessité de certaines réformes en autant qu'elles ne menacent pas l'autorité paternelle et maritale[56]. Il est intéressant de noter que lorsque les Cercles de fermières, une organisation contrôlée par le clergé, choisirent d'intervenir dans le débat, ce fut pour reprocher aux féministes et aux anglophones d'avoir déclenché une controverse tumul-

tueuse. La présidente du Conseil provincial des Cercles de fermières, Rolande-S. Désilets, était d'avis que le Code civil protégeait
adéquatement les femmes et qu'il n'y avait rien à gagner à adopter
les «coutumes anglo-saxonnes». Au nom de 8000 fermières, elle
désavoua les féministes, assurant que la majorité des femmes et des
mères canadiennes-françaises étaient tout à fait satisfaites de leur
sort[57]. Un tour d'horizon de la presse de cette époque laisse croire
qu'effectivement on était indifférent, dans presque toute la société
québécoise, à la création et aux travaux de la commission. Les véritables protagonistes de la réforme du droit de la famille représentaient les pôles extrêmes de la société avec d'une part, les défenseurs
des traditions et de l'autre, les tenants du féminisme, du libéralisme
et de l'anglicisation.

Les recommandations de la commission

En un an, la commission remit ses trois rapports. Le premier
résumait sa philosophie de la réforme du droit de la famille; le
second discutait des solutions d'ordre technique et le troisième formulait des propositions concrètes en vue d'amendements législatifs.

Le premier rapport, le plus important des trois, exposait dans
une langue accessible aux profanes les principes qui avaient guidé les
commissaires dans leurs délibérations. Ceux-ci souhaitaient que le
système juridique reflète ces principes. C'est de fait la réponse officielle aux diverses critiques dont le code avait été l'objet[58]. Sous le
couvert prestigieux de la loi et de la réputation des quatre commissaires, la bourgeoisie francophone exprimait sa conception du rôle
idéal des femmes et de la famille au Québec[59]. La structure même du
premier rapport laisse croire que l'objectif réel des commissaires
était de réhabiliter le Code civil plutôt que de l'amender. Il se divisait
en quatre parties: d'abord une dissertation sur la nature et le rôle de
la loi, puis les caractéristiques du droit civil et le statut des femmes,
et enfin l'essence des réformes proposées.

L'exposé où la commission révélait sa philosophie du droit
représente sans doute l'aspect le plus intéressant du rapport car il est
impossible, si on ne partage pas l'interprétation qu'ils y font du rôle
de la loi, de souscrire ensuite entièrement aux vues des commissaires. La commission avait d'abord payé un rapide tribut à la théorie
de la démocratie libérale, soutenant que les lois étaient avant tout la
reconnaissance par les gouvernants des désirs de leurs commettants.
Cela fait, elle pouvait s'en tenir à son conservatisme habituel et

ensuite affirmer qu'un recueil de lois est l'expression des coutumes nationales consacrées par le temps et «un reflet des sentiments des aspirations du peuple (...) l'expression des moeurs d'une société[60]». Leur raison d'être essentielle était d'imposer un ordre social. La justification des lois se trouvait non seulement dans le maintien de la justice sociale entre individus, mais aussi dans la protection des institutions de la société, particulièrement de la famille. Inévitablement, les lois font obstacle au principe de la liberté individuelle absolue. «Toute loi est faite de lambeaux de liberté individuelle que chacun sacrifie au bien général», affirment-ils[61].

Les auteurs exprimèrent rapidement un de leurs principaux thèmes: la nécessité du sacrifice individuel pour le bien commun. Jusqu'où irait cette «immolation» pour le grand bien de tous? L'élite omnisciente en déciderait. Leur définition opérationnelle des droits individuels leur permettait de pousser plus loin leur raisonnement. Cette définition affirmait que «la loi garantit à chacun d'accomplir sans léser autrui et sans dommage pour la société sa fonction propre[62]». Tenant compte de la différence énorme entre le rôle (et les aptitudes) des femmes et des hommes, il s'ensuivait logiquement que l'égalité des droits pour les deux sexes était hors de propos. Les commissaires pouvaient alors conclure à «l'absurdité de la théorie dite des droits égaux pour tous, c'est à dire pour tous ceux là même que le sort ou leur destinée n'a pas placés dans les mêmes conditions de vie[63]». Une fois pour toutes, les commissaires souhaitaient en finir avec les critiques qui qualifiaient le droit civil de foncièrement inadéquat, une opinion répandue dans le milieu anglophone. Ils cherchèrent à placer dans une perspective internationale le système juridique d'une province qui pour le reste du Canada paraissait socialement rétrograde. Le droit civil, affirmèrent les commissaires, était une admirable réussite intellectuelle, «le fond de l'âme nationale», qui s'était avéré dans le passé un guide fidèle et fiable. Il avait eu pour fonction de «protéger contre toute orientation nouvelle hasardeuse le peuple qui l'a édifié et qui, avec raison, l'admire[64]». Après avoir classé les critiques contre le droit civil en diverses catégories, les commissaires ont répondu à chacune. «Aux dénigreurs systématiques de tout ce qui caractérise essentiellement le groupe ethnique le plus important de cette province[65]» et à ceux qui, aveuglés par l'idée de progrès à tout prix, comparaient défavorablement le droit du Québec à celui d'autres pays, la commission lançait l'avertissement «de ne pas aller, parce que c'est le champ du voisin, y emprunter l'ivraie qui ravagera notre bon grain[66]». Enfin, le système juridique ne devrait pas être tenu responsable, ajoutait-elle, des maux du genre humain et particulièrement de «certains maux (...) dont la femme a toujours été victime[67]». Bref, nulle loi ne pouvait empêcher les mariages malheureux.

Les commissaires concluaient que le code, du fait qu'il n'offrait pas la solution à tous les maux, n'était pas pour autant inférieur aux autres systèmes. Argument irréfutable et combien utile. Il leur servait aussi d'oeillères pour mieux ignorer la réalité d'une loi qui, réformée concrètement, aurait pu alléger les conséquences souvent tragiques qu'elle entraînait. Ainsi, ils pouvaient affirmer à propos de la fonction de tuteurs de mineurs, qu'ils qualifiaient de fonction semi-publique, que «pour ce qui est des droits civils proprement dits, la loi n'en enlève aucun à la femme parce qu'elle est femme[68]». Ce sophisme leur permit de conclure que «c'est donc dans l'état de mariage qu'on ne retrouve plus aussi complète égalité civile des sexes[69]». Dans une province où en 1931 seulement 56% des femmes du milieu rural étaient mariées, et 51% en milieu urbain, cet argument plutôt tendancieux a dû paraître alors tout à fait juste[70].

Les commissaires notèrent avec une certaine satisfaction que personne, pas même les féministes les plus radicales, n'avait demandé l'abolition du devoir d'obéissance à l'époux, ce qui s'expliquait, selon eux, par le fait bien connu que la majorité des femmes approuvaient le principe de l'ordre hiérarchique à la base de la société québécoise. Le mariage impliquait, faisaient-ils remarquer, la nécessité de se conformer à certaines contraintes qui, de toute façon, émanaient de la loi divine. Quant aux rares occasions où le mari outrepassait ses droits ou en abusait, les épouses avaient certains recours et pouvaient faire annuler les actes auxquels elles avaient consenti sous contrainte, et s'adresser à un juge pour obtenir l'autorisation d'agir. Pour les commissaires, ces deux solutions étaient évidemment réalistes et accessibles à la majorité des femmes.

Tout en concédant qu'après un siècle et demi on pouvait s'attendre à des modifications à la loi, les commissaires notèrent que si cette dernière était demeurée statique, il fallait s'en prendre avant tout à la stabilité du rôle des femmes. La raison la plus importante qu'ils avaient trouvée pour justifier le statu quo était que «la femme n'a pas elle-même évolué essentiellement. Créée pour être la compagne de l'homme, elle est toujours, et par-dessus tout, épouse et mère[71]».

Après avoir ainsi émis clairement leurs opinions, les membres de la commission pouvaient passer ensuite aux choses d'ordre pratique. Des 23 résolutions étudiées, ils en retinrent 15 comme fondements de la réforme, quoiqu'ils ne manifestèrent pas le même enthousiasme pour toutes. Parmi les divers éléments du code qu'ils désiraient conserver, ils firent l'éloge des vertus inhérentes au régime de la communauté de biens qui devait demeurer à la base de toute législation matrimoniale. Le mariage ne devait pas être considéré uniquement comme une association d'intérêts matériels, mais aussi comme une institution chrétienne guidée par le chef du ménage qui correspondait aux valeurs sociales de la plupart des Québécois[72]. L'exclusion des femmes de certaines activités ne résultait pas d'un état d'infériorité, affirmèrent-ils, tout en rappelant le statut de droit civil des femmes non mariées. «L'incapacité de la femme mariée est uniquement déterminée par la nécessité de protéger la famille en y établissant l'ordre[73]», écrivirent-ils. Rattachant la modification du statut des femmes à une participation active à la vie publique, les commissaires se demandèrent si «ce n'est pas aux dépens de la famille que la collectivité nationale profitera de la collaboration directe de la femme se faisant homme public[74]». Ils prévinrent qu'ils ne recommanderaient de telles réformes que si la hiérarchie familiale et les rôles individuels demeuraient intacts et conformes à la loi naturelle. Une des grandes catastrophes que pouvaient déclencher des changements juridiques radicaux était évidemment le divorce, mais le Code civil saurait prévenir ce danger car «l'expérience l'a démontré, l'autorité maritale est un des liens qui empêchent ou retardent la chute dans la séparation définitive[75]».

Le premier rapport de la commission Dorion fut sans contredit le plus important des trois. Il exprimait la véritable raison d'être de la commission, c'est à dire répliquer aux féministes et aux critiques du Code civil. Ses arguments étaient essentiellement moralistes et non juridiques et ses objectifs essentiellement politiques. Enfin, on y retrouve les limites des réformes envisagées et la justification du rejet de propositions jugées trop radicales.

Dans le second rapport, la commission expliquait ses recommandations. Chose étonnante, même dans ce rapport qui s'adressait plus particulièrement aux politiciens et aux juristes, le ton de la discussion demeure général. Les subtilités de certains articles ayant trait aux régimes matrimoniaux avaient pourtant préoccupé plusieurs générations de juristes québécois, mais les pages de ce document nous renvoient somme toute peu souvent aux controverses juridiques du passé. Le style est celui d'un sermon plutôt que d'un texte légal[76].

Les recommandations finales de la commission Dorion réflétaient les valeurs profondes de ses membres. Sensibles certes à certains inconvénients d'ordre pratique résultant d'une application trop rigoureuse des principes d'incapacité et d'autorité maritale, ces hommes n'auraient pour rien cédé aux pressions des groupes progressistes. C'eût été compromettre les valeurs traditionnelles de la famille. Encore et encore, ils ont pris la peine de justifier leurs jugements et de placer leurs décisions dans le contexte plus large de la société québécoise. Ils ont par exemple rejeté toute suggestion concernant l'assurance-vie de l'épouse au bénéfice de son conjoint, alléguant que les femmes ne l'avaient pas demandé et que, de toute façon, les primes seraient payées par le mari. Leur souci de protéger et de respecter les institutions existantes du droit civil a été tel qu'on se demande s'ils auraient considéré et proposé des réformes si d'autres juridictions de droit civil, la France notamment, ne les avaient déjà adoptées. Certaines de leurs recommandations, telles la création d'une catégorie de biens réservés exclusivement à l'usage de l'épouse au travail, le droit pour une femme d'authentifier comme témoin un testament et la restriction imposée au droit du mari de disposer des biens de la communauté, avaient été antérieurement adoptées par le Code Napoléon. De fait, la seule réforme inscrite au droit français que la commission refusa était celle du double standard en cas de séparation. Abolie en France en 1884, cette mesure demeura telle quelle au Québec jusqu'en 1954. Les commissaires croyaient qu'au «coeur de la femme le pardon est naturellement plus facile[77]». Dans le contexte du débat surpolitisé sur le divorce dans les années vingt et trente, toute brèche dans la forteresse des coutumes matrimoniales pouvait être vue comme une concession à l'anticléricalisme.

Le premier ministre Taschereau était satisfait, c'était évident, du travail de la commission. Dès juin 1930, quatre mois après la publication du second rapport, il priait les commissaires de rédiger les amendements à la loi qui étaient nécessaires pour la mise en oeuvre des réformes proposées. Le troisième rapport consista donc simplement à traduire en termes juridiques les modifications au code proposées dans les deux rapports précédents[78]. Le premier ministre eut l'intelligence de parrainer lui-même le projet de la loi de la réforme du Code civil, se gagnant ainsi une gratitude plus ou moins ressentie de la part des femmes à qui il refusait en même temps le droit de vote[79]. Sanctionnée le 11 mars 1931, la loi fut promulguée immédiatement[80].

La plupart des changements fondamentaux proposés par les commissaires furent retenus par le gouvernement. La contribution la plus importante de la commission fut l'addition au code d'un chapitre complet traitant des biens réservés des femmes mariées[81]. Celui-ci dérogeait aux principes sous-jacents à la communauté, en ce sens que les femmes mariées avaient désormais la libre disposition de leurs biens (administration et aliénation), meubles et immeubles, issus du fruit de leur salaire. Toutefois, le droit d'exercer un contrôle sur l'actif commun n'avait pas été accordé aux femmes sans salaires qui, par leur travail non rémunéré, contribuaient au bien-être du ménage. La nouvelle loi, qui ne modifiait pas véritablement le rôle passif de l'épouse dans l'administration des biens de la communauté, lui donnait néanmoins un droit de veto advenant l'intention de l'époux de faire une donation inconditionnelle d'un immeuble ou d'un ensemble d'immeubles[82]. Il était clair que les épouses séparées de biens pouvaient désormais aliéner n'importe quel bien meuble, y compris les actions et obligations. De plus, la femme séparée de corps pouvait administrer tous ses biens et en disposer sans avoir à requérir d'autres autorisations judiciaires ou maritales[83]. Dorénavant, la conjointe pourrait formuler une demande de séparation de biens sans la permission du conjoint dans les cas d'abandon du domicile par le mari ou quand son bien-être et ses intérêts matériels étaient menacés[84]. Des amendements furent ajoutés à l'effet que les couples séparés de corps reprenant la cohabitation ne se retrouvaient pas automatiquement sous le régime de la communauté de biens. De nouveaux articles inspirés du Code Napoléon spécifiaient les limites d'un régime modifié de communauté de biens réduite aux acquêts. Dans ce cas, les couples pouvaient par leur contrat de mariage exclure de leur communauté de biens l'actif et le passif accumulés avant le mariage[85]. Les femmes non mariées et les veuves avaient maintenant la pleine capacité d'agir comme tutrices et curatrices; les femmes mariées se voyaient aussi accorder ce droit en autant qu'elles soient nommées conjointement avec leur mari. De plus, les femmes pouvaient être témoins de testaments authentiques[86].

Le principe de l'autorité maritale avait été maintenu et réaffirmé. Pour en amoindrir les inconvénients d'ordre pratique, la loi fut modifiée afin de permettre à un juge de fournir à l'épouse l'autorisation requise en l'absence temporaire de l'époux[87]. Les seules autres exceptions avaient été clairement décrites et désignées comme situations particulières ou exceptionnelles qui ne faisaient que confirmer la règle générale. Seules n'avaient plus besoin de l'autorisation du mari les épouses séparées de corps, celles mariées en séparation de biens qui pouvaient aliéner leurs biens meubles, ou les femmes au travail, mariées en communauté de biens, qui avaient la gestion de leur salaire. Tout aussi important pour le maintien de l'ordre social, le principe de l'autorité paternelle demeura. En vérité, ces esprits traditionnels ne pouvaient imaginer en dépit de toutes leurs ressources que l'égalité entre conjoints puisse aller au-delà de la gestion par l'épouse de ses propres biens ou même de ceux de la communauté. Il faudra attendre jusqu'en 1977 pour que le Québec renonce à l'autorité patriarcale en faveur de l'autorité conjointe des parents sur le ménage et les enfants[88].

La réhabilitation publique du régime de la communauté des biens est probablement la réalisation la plus valable de la commission, ce pour quoi elle avait d'ailleurs été implicitement mandatée. Les commissaires ont réussi à imaginer tout juste assez de réformes pour l'adapter à l'économie urbaine du 20e siècle, sans sacrifier les principes sous-jacents à l'unité de la cellule mari-femme et à la primauté de l'homme chef de ménage. En 1930, ils réalisaient ainsi un nouvel équilibre entre le poids du traditionalisme et la pression du modernisme, harmonie qui sera précaire toutefois. En 1947, on créera en effet la commission Méthot pour répondre aux critiques incessantes contre le statut des femmes. Il faudra attendre toutefois l'abolition de l'incapacité juridique des femmes mariées en 1964 et l'avènement de la société d'acquêts en 1970 pour que soit entreprise une restructuration fondamentale des relations juridiques au sein du mariage[89].

Les réactions au nouveau Code civil

La tâche de la commission avait été de recueillir des opinions et d'arriver à un consensus sur le statut juridique des femmes. La stratégie adoptée, soit la publication au cours de la même année de trois rapports où on formulait une politique générale, puis des réformes et enfin, des amendements au code, assurait l'échec à toutes fins utiles de toute nouvelle controverse sur cette question. La société francophone semblait soulagée qu'on ait traité ainsi les problèmes les plus aigus tout en laissant intacts les principes fondamentaux de la vie de la famille et du mariage.

Les féministes voyaient bien dans la nouvelle législation un énorme progrès pour les femmes mariées. Cependant, elles réalisaient que bon nombre de leurs propositions, celles sur le double standard ou sur le principe de l'autorité maritale par exemple, avaient été écartées. Leurs suggestions relatives aux droits des veuves déshéritées des propriétés du mari furent aussi ignorées au moment de rédiger la loi. L'âge légal requis pour le mariage, qui ne pouvait être modifié que par le parlement fédéral, demeura à 12 ans pour les femmes. Quant aux femmes en instance de séparation de corps, elles devaient continuer à résider au domicile conjugal, sauf décision contraire de la cour. Enfin, le consentement de la mère au mariage d'un enfant mineur n'était toujours pas considéré nécessaire.

Pour Marie Gérin-Lajoie, les amendements apportés au Code civil constituaient le couronnement de 25 ans d'efforts continus consacrés à convaincre l'opinion publique de la nécessité d'une réforme. La plupart des modifications qu'elle avait réclamées avaient été apportées. Interrogée par le journal montréalais *The Gazette,* elle déclara, alors qu'on lui demandait «si les changements apportés rendraient les femmes plus heureuses, que c'était un pas dans la bonne direction[90]». Elle était toutefois déçue que les commissaires n'aient pas osé modifier la disposition du code à propos de l'adultère du mari qui, sauf dans les cas de véritable ménage à trois, continuait à recevoir la sanction de la loi. Elle déclara: «Cet amendement qui eût été si effectif pour protéger la famille fut rejeté (...) avant même d'être soumis à la Législature. On peut déplorer assurément le rejet d'une mesure de si grande portée chrétienne, mais nous avons encore de l'avenir, mesdames[91]». Le réforme du code fut la dernière victoire de Marie Gérin-Lajoie qui, deux ans plus tard, abandonna la présidence de la fédération et quitta la vie publique.

Plusieurs des réformistes ayant témoigné devant la commission restèrent silencieuses au moment de l'adoption de la nouvelle loi. Pour certaines, ces amendements au code étaient tout simplement légitimes tandis que pour d'autres, telles Idola Saint-Jean et Thérèse Casgrain, il restait encore à gagner la bataille du vote des femmes. Dans ses mémoires, la sénatrice Thérèse Casgrain conclura que «le rapport Dorion (...) n'allait pas très loin (...) il est facile de constater l'attitude méprisante et orgueilleuse de notre élite masculine vis-à-vis les femmes qu'on traitait volontiers d'inférieures même dans la famille». Elle raconte aussi que le juge Roy, plusieurs années après la publication des rapports, lui avait avoué que les membres de la commission «n'étaient pas allés assez loin dans les réformes qu'ils devaient apporter au Code civil[92]».

Les leaders d'opinion publique de la société francophone, tant les ecclésiastiques que les professionnels, trouvaient quant à eux que la commission était allée bien assez loin. On retrouve cette opinion exprimée notamment dans un article signé par nul autre que le doyen de la faculté de droit de l'Université de Montréal, le père M.-C. Forest. *La Revue du Droit* reprendra cet article montrant l'unanimité de vues qu'entretenaient l'Église et la plupart des gens de robe. Dans cet article, le père Forest observait laconiquement que la libération des femmes n'était pas l'enjeu le plus important de la commission: «Ils (les commissaires) n'avait pas le droit, pour libérer la femme, d'ébranler ces principes traditionnels et chrétiens sur lesquels la famille s'est édifiée et grâce auxquels elle se maintient chez nous[93]». On ne s'étonne pas que la Chambre des notaires ait approuvé le travail de la commission puisque son président, Victor Morin, en avait été membre[94]. Que ce dernier ait endossé les recommandations de la commission n'élimina pas les attitudes sexistes des juristes à propos du statut des femmes. Un coup d'oeil sur les périodiques juridiques de l'époque montre que, dans les années qui ont suivi les travaux de la commission, leurs attitudes avaient peu évolué et que se poursuivaient toujours les débats sur les restrictions du champ d'action des femmes mariées[95].

La perception des Québécois francophones du rôle des femmes fut-elle modifiée par la nouvelle loi? On peut en douter si l'on en juge par l'attitude du journal *Le Devoir* qui présenta à ses lecteurs un long article mettant en valeur le discours traditionaliste d'un ministre fédéral qui déclarait que «le principal devoir de la femme canadienne (....) est de donner des enfants au pays». On y trouvait aussi un écrit peu flatteur et satirique à propos de la délégation féminine qui s'était rendue à Québec pour assister à une autre défaite du bill sur le suffrage[96]. Dans ce contexte, l'article de Marie Gérin-Lajoie résumant les amendements au code, que publia aussi *Le Devoir,* ne pouvait avoir beaucoup d'influence.

De son côté, la communauté anglophone était satisfaite de la nouvelle loi. *The Gazette* félicita Gérin-Lajoie et Casgrain d'avoir réussi à mettre fin à «de vieilles injustices». Optimiste, *The Gazette* prédit qu'une nouvelle ère s'ouvrait aux femmes: «Les changements prometteurs apportés à la loi montrent au moins que l'on assiste à l'effritement et à l'abandon de cette exigence imposée aux épouses de se sacrifier au nom de prétendues exigences familiales et sociales[97]». *Labour World — Le Monde Ouvrier,* l'organe des syndicats internationaux et pancanadiens au Québec, nota que les féministes venaient de montrer «ce qu'une agitation tenace au nom d'une noble cause pouvait accomplir». On y fit l'éloge de leurs leaders en les qualifiant de «pionnières», d'«héroïnes», de femmes «capables et dévouées» et de «femmes formidables». *Labour World — Le Monde Ouvrier* envisageait aussi de nouvelles victoires pour la cause féministe: «En dépit de sombres prédictions d'injustices, de la malveillance et du mépris, elles ont porté leur combat toujours plus haut et plus loin et sont presque au pinacle du succès[98]».

Sauf pour les initiés aux complexités du Code civil, peu de choses ont changé dans la situation des Québécoises au total. Pour la majorité des épouses de la province, les modifications à la loi sont sans doute passées inaperçues. En dépit de leur importance réelle, les amendements ont à peine modifié la vie quotidienne de la majorité de ces femmes.

* * *

La commission Dorion ne tire pas son sens uniquement des changements apportés au statut juridique des femmes des années trente. Son importance vient du fait qu'elle réaffirma l'idéologie traditionnelle exprimée par l'élite dominée par le clergé. Elle donnait la plus haute sanction civile possible, celle de la loi, à la définition ecclésiastique des relations sociales.

Bien que l'on puisse considérer la loi comme étant une institution qui s'exprime par exemple à travers des tribunaux et des juges, ou comme un système fonctionnel autonome ayant ses propres règles et procédures, on peut la considérer également comme un véhicule idéologique[99]. La loi impose un ensemble particulier de croyances et de normes sociales qui président aux relations d'une société donnée. Son rôle est à la fois instrumental et symbolique. Prise dans son sens instrumental, elle impose des relations sociales telles que définies par les législateurs. Mais si elle est jugée injuste par l'opinion générale, que ce soit en termes de races, de classes ou de sexes, elle ne sera pas respectée et elle n'apportera donc aucun avantage à ceux qui l'auront promulguée. En tant qu'idéologie, la loi a aussi une fonction symbolique importante car elle représente les idéaux sociaux. Elle est un système d'images qui reflète ce qui devrait être plutôt que ce qui est[100]. Dans une société urbaine industrialisée où les anciennes formes de loyauté et d'obéissance ont plus ou moins perdu leurs lettres de noblesse, elle est devenue «un grand réservoir de symboles sociaux dont l'importance est sentimentale[101]».

Les juristes de la commission Dorion, qui étaient des idéalistes sur le plan philosophique, ne perdaient pas de vue dans leurs délibérations la fonction idéologique des lois. Ils croyaient que l'explication et la base de l'ordre juridique qu'ils administraient tenaient plus du domaine spirituel que du domaine matériel. Ils avaient choisi une certaine image de la société québécoise et l'ont tenue pour universelle. Leurs références constantes à la loi naturelle stigmatisaient les fondements philosophiques de leur raisonnement juridique qui reposait sur des bases utopiques plutôt que scientifiques. La tradition de la loi naturelle, telle qu'affinée par Aristote et saint Thomas d'Aquin et enseignée dans les facultés de droit du Québec, fournissait à la bourgeoisie francophone la justification de son conservatisme à l'égard des relations sociales et morales. Les affirmations de principe catégoriques de la commission, que ce soit sur la nature des femmes, la nécessité d'une autorité au sein d'un ménage ou sur le rôle de la famille, renforçaient un ordre symbolique intimement relié à l'idéologie du catholicisme. Sa tâche avait été de statuer sur la virtualité des choses et non sur leur réalité. Une telle conception explique que les commissaires aient souvent jugé des situations vécues portées à leur attention comme étant des «cas exceptionnels». Mais en même temps, les commissaires et le gouvernement du Québec s'aperçurent qu'on ne pouvait soutenir un symbolisme en contradiction trop flagrante avec la réalité. En 1930, les critiques des forces progressistes, comme *The Montreal Herald,* n'étaient devenues que trop fondées. Il fallait donc miner la crédibilité de telles attaques contre un Code civil «oppressif» et «dépassé» en apportant à celui-ci quelques modifications, entre autres celle qui accordait aux femmes mariées le plein contrôle de leur salaire. On apaisa ainsi la tempête, et l'idéologie inhérente à cette loi pouvait continuer à légitimer l'ordre utopique que les groupes dominants et, plus que tout autre l'Église, continuèrent d'offrir en modèle au Québec pendant toute la période de la crise jusqu'à l'après-guerre.

La définition du statut des femmes dans la vie publique et au sein de la famille correspondait à la pensée corporatiste catholique de 1930, laquelle préconisait une hiérarchie de droit divin à tous les niveaux, de la famille aux relations de travail, de l'Église au domaine politique. Une telle conception allait toutefois être rejetée non seulement par les anglophones protestants dont les valeurs sociales convenaient mieux à la société urbaine et industrialisée, mais aussi, au sein de la société francophone, par les féministes, par les radicaux ouvriers et par les matérialistes athées. Pour assurer la sauvegarde de l'hégémonie idéologique de l'Église et de celle de son alliée, la bourgeoisie canadienne-française, il fallait éveiller chez le peuple la peur de forces imaginaires qui engloutiraient le Québec. Maurice Duplessis utilisera d'ailleurs cette technique à la perfection. Le rapport Dorion a employé la même tactique par ses évocations constantes du danger féministe qui causerait la ruine de la famille et la chute de l'ordre social s'il n'était enrayé.

À ce moment de l'histoire canadienne, la fonction symbolique de la justice était sans doute plus importante au Québec que dans toute autre province. L'héritage du droit civil était partie intégrante du nationalisme traditionnel qui avait régné jusqu'à la fin des années 1930. En le défendant, la section conservatrice de la bourgeoisie francophone et son alliée, l'Église, établissaient plus solidement encore leur hégémonie sur leur propre société. Pour le Québec, les années trente furent la décennie où l'affirmation d'une autonomie provinciale devint un slogan politique viable. Les assauts contre le système juridique, qui reflétait l'utopie proposée par les chefs religieux et sociaux à la majorité des Québécois, pouvaient être considérés comme des attaques mettant en danger la survivance du groupe.

Le destin apocalyptique du Québec, intimement relié aux maléfices du féminisme, avait certes impressionné l'imagination populaire[102]. Dans un tel climat de peur créé de toutes pièces, l'image de la maison refuge, de la femme éternelle et celle de relations hiérarchisées au sein de la famille, considérées comme morales et inévitables, avaient été un baume psychologique et social pour un grand nombre d'hommes et de femmes qui n'avaient pas d'autres solutions. La loi, en tant que force idéologique puissante, devait donc jouer un rôle important. Non seulement la commission Dorion s'adressait-elle alors à une poignée de féministes sensibles au statut juridique des femmes, mais elle soulevait en même temps toute la problématique de la structuration des relations sociales, politiques et ethniques au Québec.

15

Les femmes et la vie politique au Québec

Francine Fournier

Toute analyse historique de l'évolution politique des femmes du Québec ou d'ailleurs risque d'établir une distinction artificielle entre les luttes pour la reconnaissance juridique de leurs droits politiques, et celles, diffuses ou spécifiques, qui ont entouré leur condition sociale.

On ne peut cependant guère reprocher aux historiens de s'être trop longuement attardés aux batailles parfois très dures que les femmes ont dû mener pour obtenir les mêmes droits politiques que les hommes. Le reproche porterait plutôt à l'inverse sur le silence dans lequel ils ont tenu ces événements, malgré leur importance fondamentale, non seulement pour la moitié des citoyens directement affectés, mais pour l'ensemble de la collectivité. Cette situation a été pertinemment dénoncée par les historiens et historiennes féministes comme symptomatique du traitement de non-personne, ou tout au moins de personne de seconde zone, qu'ont subi les femmes.

Plus encore, on peut y déceler un réflexe de défense de la part de sociétés qui choisissent d'ignorer les attaques révolutionnaires portées contre leurs institutions établies. «Je prétends que l'histoire des femmes a été camouflée pour les mêmes raisons que l'histoire des noirs l'a été (...) parce que tout mouvement féministe représente une menace directe à l'establishment[1]».

Exception faite de la psychologie dont nous ne ferons pas le procès ici, les sciences humaines d'origine plus récente ont cette même caractéristique d'avoir ignoré la situation particulière faite aux femmes. Jusqu'à ces dernières années, elles ont introduit la question des femmes dans leurs analyses sociales, à peu près uniquement par le biais de la variable «sexe», l'analyse de la collectivité des femmes étant alors réduite à celle d'une variable indépendante parmi d'autres. Il aura fallu attendre la recrudescence récente du féminisme pour trouver les femmes, comme groupe, au centre d'analyses de sciences sociales[2].

Les études historiques qui décrivent et situent les luttes spécifiques des femmes pour l'obtention du droit de vote conservent, malgré le risque d'isoler ces événements de l'ensemble des réalités sociales de l'époque, une importance fondamentale. Il est essentiel de pouvoir retracer avec précision les faits qui ont entouré les victoires et les défaites reliées à la reconnaissance juridique des droits politiques des femmes. Mais l'on est bien forcé de constater qu'en se limitant à ces seuls événements, l'analyse, par définition, porte sur un groupe restreint de femmes, celui d'une poignée de militantes issues de la classe bourgeoise et reflétant, même dans l'opposition, les valeurs et les préoccupations de celle-ci. Il n'est pas facile d'élargir la réflexion à partir du peu de données recueillies et répertoriées portant sur les «autres» femmes.

Par ailleurs, cet aspect spécifique du combat des femmes contre l'oppression mérite l'intérêt que lui ont accordé récemment les historiens, justement parce que faisant partie d'une situation globale, et aussi à cause du caractère particulièrement odieux que représente l'absence de droits politiques. Nous tenterons ici de situer plus largement la question des luttes politiques des femmes du Québec, en posant comme point de départ que toute lutte contre l'oppression ou contre la domination d'une catégorie de la population par une autre est de fait une lutte politique. À la racine même de la situation des femmes se trouve cette réalité de groupe dominé: c'est la *politique du mâle* que Kate Millet[3] dénonce comme oppression politique. C'est aussi, en termes plus larges, la sujétion économique et sociale des femmes reconnue comme point de départ de notre analyse. «La notion d'une cause politique, c'est-à-dire sociale, fait partie intégrante du concept d'oppression. Ce terme est donc la base, le point de départ de toute étude comme de toute démarche féministe (...). Une étude féministe est une étude dont le but est de rendre compte de la situation des femmes; cette situation étant définie comme une situation d'oppression, il devient impossible d'utiliser sans incohérence des prémisses théoriques qui n'incluant pas ce concept, l'excluent[4]».

Sans prétendre aborder toutes les manifestations de l'oppression subie par les femmes, le tour d'horizon historique qui suit fera ressortir des faits et des situations qui démontrent son existence et les combats réels qui ont été livrés pour y faire face.

Dans un premier temps, nous présenterons le long chemin parcouru par les Québécoises pour obtenir l'égalité juridique en terme de droits politiques. La deuxième partie se concentrera sur les luttes des femmes au travail qui, en dehors des questions de reconnaissance de droits formels, ont refusé une situation d'inégalité et d'exploitation.

La lutte pour la reconnaissance formelle des droits politiques

Rappelons d'abord une situation originale du Québec par rapport à d'autres sociétés: les femmes y ont eu, à un moment où peu de sociétés les reconnaissaient, des droits politiques qu'elles ont perdus durant une longue période de noirceur, pour ne les retrouver que plus tardivement que les femmes de la plupart des sociétés à régimes parlementaires. Catherine L. Cleverdon le souligne dans le titre du chapitre qu'elle consacre au Québec: «The First Shall Be Last[5]».

Aux 17e et 18e siècles, les femmes du Québec détenaient un pouvoir réel au niveau des institutions collectives. Elles ont fondé et administré les institutions d'enseignement et de santé: «Elles ont organisé le financement, la construction et la défense de ce qui, pour un long moment, auront été les édifices les plus imposants au Canada — les hôpitaux et les institutions charitables de Montréal et de Québec[6]».

L'organisation sociale, basée largement sur l'économie rurale, atténuait considérablement les relations d'autorité des hommes sur les femmes, celles-ci tenant un rôle effectif et reconnu au niveau de l'administration domestique et municipale. La lecture des jugements du Conseil souverain de la Nouvelle-France donne pour la période de 1663 à 1716 une vision de la vie des premières femmes de la colonie qui soutient cette affirmation[7]. Un premier fait majeur à noter est «l'importance des femmes comme plaideurs devant le Conseil souverain. (...) rares sont les arrêts où au moins une femme n'est pas partie au litige, soit comme accusée lorsqu'elle a osé injurier publiquement le gouverneur, son curé ou ses voisins soit comme partie civile au décès de son mari (...) soit comme la représentante du mari et c'est le cas le plus fréquent. En l'absence du mari — qui semble être régulière: traite de la fourrure, voyage en France, prisonnier chez les Indiens — et bien sûr au décès de celui-ci: c'est l'épouse qui assume la gestion, la responsabilité de la famille et de son patrimoine[8]». Cette tradition d'indépendance et d'autorité à l'époque de la Nouvelle-France explique sans doute l'utilisation que les femmes feront plus tard du droit de vote.

L'Acte constitutionnel de 1791, qui accordait le droit de vote dans la colonie, précisait que les «électeurs» devaient être des «personnes» correspondant à certains critères (propriété, âge, etc.). Les femmes du Québec n'ont pas songé à s'exclure du terme de «personnes». Le sénateur L.-O. David relate le vote de la mère de Joseph Papineau qui, de même que plusieurs femmes de Montréal, vota pour son fils à l'élection de 1809. À haute voix, selon la pratique du vote oral de l'époque, elle fit connaître son choix: «Pour mon fils, car je crois qu'il est un bon et loyal sujet[9]».

C'est la première preuve que nous ayons de la participation des femmes au scrutin; ce qui n'exclut pas qu'elles aient pu le faire lors des élections antérieures. Fait remarquable, seul le Québec, à travers l'Empire britannique, a choisi d'interpréter l'absence d'interdiction formelle comme une autorisation de voter. Ceci mérite d'autant plus d'être souligné que, lorsque les législateurs adoptèrent l'Acte constitutionnel définissant les droits politiques au Canada: «Il est bien certain que rien ne pouvait ou n'était plus éloigné de l'esprit (de ceux-ci) que le fait qu'ils étaient en train de permettre aux femmes de voter (...); et quiconque ayant la moindre connaissance des règles d'interprétation des statuts ne pouvait interpréter cet acte comme incluant un tel cadeau[10]». Il semble cependant que cette politique du vote des femmes était inégalement appliquée à travers le Québec. Ainsi, à propos des élections de 1820, une lettre de M.-P. Bédard à John Neilson démontre que les femmes votaient dans la région de Trois-Rivières: «M. Ogden et M. Bédard furent élus par les hommes et les femmes de Trois-Rivières, car vous devez savoir qu'ici, les femmes votent tout comme les hommes[11]».

Il n'existait pas en effet de consensus absolu à l'égard de l'utilisation du vote par les femmes. Aux élections de 1827, l'officier d'élection William F. Scott de la Haute Ville de Québec refusa le vote de madame veuve Laperrier. Cela donna lieu en 1828 à une pétition d'électeurs présentée par M. Clouet protestant contre ce refus au nom de droits fondamentaux et constitutionnels. On y argumentait: «Par rapport à la taxe sur la propriété et aux redevances à l'État, la veuve est qualifiée par nos lois électorales et est selon tous les aspects essentiels dans la même situation que l'homme[12]». Et on y dénonçait ce refus comme étant «un très dangereux précédent, contraire à la loi, ayant pour effet de nier (les) droits et (les privilèges constitutionnels des (femmes)[13]». De 1828 à 1830, se succéderont une série de pétitions (au sujet desquelles aucune décision ne sera prise) visant à déclarer nulles certaines élections de candidats auxquelles auraient participé «des femmes mariées, non mariées et veuves».

La résistance au vote des femmes se concrétisa en 1834 lorsque, dans le cadre d'une révision de la loi électorale, une proposition d'amendement leur niant spécifiquement le droit de vote fut acceptée par les deux chambres et reçut la sanction royale. La loi fut désavouée pour d'autres raisons, mais après cette date, il ne semble pas que les femmes aient voté à d'autres élections.

Malgré cela, on sent le besoin en 1849 d'interdire officiellement la participation électorale des femmes. Bien que des Québécoises aient pu affirmer leurs droits politiques à l'époque, elles n'étaient qu'une minorité. Rappelons que le suffrage était défini par des critères basés principalement sur la propriété et qu'au Bas-Canada, comme ailleurs, les hommes étaient plus souvent propriétaires que les femmes. Cette période peut être retenue, selon l'expression de Riddell, comme une page de gloire de l'histoire de la femme canadienne-française et du Québec[14].

Autre cas de régression formelle des droits politiques: au niveau scolaire, la loi au Québec donnait le droit à tout propriétaire de voter et de se présenter au poste de commissaire. Ce dernier droit fut retiré aux femmes en 1899, après qu'un groupe de féministes eut tenté de faire élire l'une des leurs au Protestant Board of School Commissioners.

Les femmes résistèrent mieux devant la menace de perdre leur droit de vote au niveau municipal en 1902. Le conseil municipal de Montréal tenta en effet de retirer aux femmes locataires ce droit qu'on leur avait accordé en 1899. La requête adressée aux échevins et au maire par Marie Lacoste-Gérin-Lajoie au nom du Montreal Local Council of Women eut raison de ce projet réactionnaire[15].

Jusqu'en 1899 en effet, seules les femmes propriétaires, qui étaient veuves ou célibataires majeures, avaient le droit de voter et de se porter candidates aux élections municipales. Bien que plus libérale pour les femmes que la loi régissant le droit de vote au niveau fédéral et provincial, la loi des cités et villes reflète bien le caractère patriarcal de la société. L'une de ses dispositions, son article 128(2), donnait même le droit de vote au mari de la femme propriétaire. «C'était fonder sur la qualité foncière de l'épouse le droit de vote de l'époux tout en privant l'épouse du bénéfice de sa qualité de propriétaire[16]».

Il est assez évident qu'après la Conquête, la situation des femmes au Québec s'est progressivement détériorée. Il est nécessaire de s'arrêter à ce phénomène pour comprendre pourquoi leurs luttes ont été plus dures et plus longues que celles des autres femmes du Canada, et plus tardives, bien que s'en rapprochant en intensité, que celles des Américaines ou des Britanniques.

L'adoption du Code civil en 1866 confirma la déchéance légale des femmes. Les femmes mariées devenaient assimilées, à quelques nuances près, aux enfants, aux interdits et aux fous: elles ne pouvaient être les gardiennes de leurs propres enfants, elles ne pouvaient se défendre ou intenter une action devant la loi, elles ne pouvaient recevoir d'héritage[17], elles n'avaient pas le droit au produit de leur propre travail et, bien sûr, sur le plan du droit public, de même que toutes les femmes, elles ne pouvaient voter ou se présenter aux élections.

Un tel carcan n'a pu qu'influencer le comportement et les attitudes des femmes et des hommes et agir profondément sur leur perception d'eux-mêmes et de leur relation réciproque. On peut penser que les répercussions de cette législation civile répressive ont été importantes au niveau de la vie publique ou politique. C'est d'autant plus plausible que la codification des lois civiles a constitué une étape vitale dans l'évolution de la collectivité du Bas-Canada. «Devenant (...) l'arme défensive par excellence, le Code civil prit vite l'allure d'un Livre sacré auquel on ne saurait oser toucher sans pour autant mettre en péril toute la civilisation française en Amérique britannique du Nord[18]».

De plus, au moment de la codification, il ne semble pas que l'autorité quasi absolue du chef de famille (homme) ait été remise en question, que ce soit par les législateurs d'origine française ou ceux d'origine britannique. «D'ailleurs, la loi d'Angleterre renfermait (...) des règles peut-être encore plus rigoureuses à l'égard des femmes mariées qui étaient, juridiquement, totalement dépendantes de leurs époux[19]».

L'analyse que Albert Memmi a présentée de la société nord-africaine, et que Jennifer Stoddard applique à la situation des femmes du Québec[20], peut être retenue comme hypothèse pour expliquer une partie du phénomène de régression des droits des femmes au Québec dans la deuxième moitié du 19ᵉ siècle et la première moitié du 20ᵉ.

La très grande importance accordée aux valeurs traditionnelles et la méfiance envers les idées nouvelles perçues comme pouvant porter atteintes à l'intégrité de la collectivité sont typiques de sociétés colonisées[21]. C'est du moins ce qui semble se dégager des écrits d'une certaine bourgeoisie canadienne-française de l'époque. Il serait hasardeux cependant d'étendre cette hypothèse à l'ensemble de la société. On connaît très mal en effet l'impact de ces théories conservatrices sur les autres classes sociales dont était majoritairement composé le Québec.

Cela dit, les luttes pour la reconnaissance des droits politiques des femmes furent particulièrement ardues au Québec. Bien qu'issues de la bourgeoisie, les féministes avaient une position de classe dont le contenu sur la question des femmes était non seulement différent mais en affrontement avec celle de la bourgeoisie québécoise sur cette question. Les militantes avaient à vaincre une résistance basée sur des valeurs autant nationalistes que machistes. L'évolution des droits politiques des femmes dans le Canada et l'Amérique anglophones n'allait pas influencer les milieux nationalistes qui tenaient précisément à affirmer la spécificité de la société québécoise face à «toute infiltration en provenance des pays barbares[22]». L'attitude conservatrice vis-à-vis des droits des femmes ne constituait pas une simple affirmation d'originalité, elle correspondait à une perception de la femme et de la famille comme rempart et comme élément vital pour la conservation de la société canadienne-française. «C'est en elles (les femmes) que la famille trouvait sa cohésion; la famille qui reste toujours notre dernière ligne de défense, celle que nous ne pouvons pas laisser entamer à moins de nous livrer sciemment à une mort certaine[23]».

Quant aux valeurs machistes, elles furent, comme on le verra, très présentes tout au long de la lutte. Sur ce point, l'histoire du Québec n'est pas originale; avec ce mélange d'illogisme, de crainte et de bêtise dont sont fabriqués les préjugés, les droits politiques étaient perçus comme essentiellement masculins, contraires à la nature noble des femmes et surtout au-delà de leur compétence.

Les militantes francophones qui menèrent ces luttes étaient conscientes de l'importance des valeurs traditionnelles dans le débat. Elles prirent grand soin de démontrer que Rome ne s'opposait pas aux droits politiques des femmes et «le partage traditionnel des rôles féminins et masculins n'a jamais été remis en question»[24].

C'est en effet une approche légaliste et réformiste que les membres de la Fédération nationale Saint-Jean-Baptiste (FNSJB) ont choisi d'adopter pour combattre l'état d'infériorité dans lequel étaient tenues les femmes. Cela s'explique, comme nous le soulignions plus haut, par les valeurs et les intérêts de classes nécessairement soutenus par ce groupe de citoyennes plus instruites et plus informées que la majorité des femmes. Et, faisant partie de ces valeurs, se trouve la conception que la situation d'infériorité des femmes a pour cause l'absence de droits formels ou bourgeois.

Malgré tout, ces femmes courageuses et intelligentes — et il s'agit ici des divers groupements de militantes: le Montreal Local Council of Women, la FNSJB, l'Alliance canadienne pour le vote des femmes du Québec, le Comité provincial pour le suffrage féminin... — ont fait porter leur action au-delà des revendications spécifiques pour le droit de vote. Le vote, en effet, était vu comme faisant partie d'une prise en charge des responsabilités civiques des femmes: «Les femmes sans se l'avouer quelquefois sont très familières avec les questions les plus brûlantes de notre administration. Elles savent toutes qu'il est actuellement question d'accorder ou de refuser des franchises à nos fournisseurs de lumière et de chauffage; qu'il est question de rendre plus potable l'eau que nous utilisons; elles ont constaté à leurs dépens qu'il y a lieu d'assurer, par une surveillance plus étroite, la sécurité de nos rues et le voisinage de nos écoles; elles savent fort bien que l'octroi des licences accordé sans discrétion affecterait leur bonheur domestique et l'avenir de leurs enfants; que l'école, enfin, subira des transformations plus ou moins heureuses selon l'esprit des hommes en qui elles mettront leur confiance[25]».

Les secteurs sociaux sur lesquels les militantes québécoises ont fait porter leur action se rapprochent sensiblement de ceux qui ont universellement retenu l'attention des féministes de l'époque[26]. Si l'action des militantes n'attaque pas directement l'organisation sociale ou l'organisation du travail, elle s'est néanmoins attachée à combattre les effets de la pauvreté et a manifesté par ce fait une conscience des problèmes concrets en plus des problèmes reliés aux aspects formels des droits des femmes.

À l'intérieur des limites idéologiques reliées aux luttes légalistes et réformistes, les Marie Lacoste-Gérin-Lajoie, Idola Saint-Jean, Thérèse Casgrain — pour ne nommer que les plus connues — ont contribué directement à ébranler ce bastion de chauvinisme mâle que constituaient les institutions québécoises.

La conquête du droit de vote par les femmes du Québec tient de l'épopée et du roman à épisodes. On ne peut qu'admirer la fermeté, le courage et la ténacité de ces femmes qui, à l'encontre d'une partie importante des élites cléricales, politiques et intellectuelles de l'époque, ont fait sans défaillance le «pèlerinage à Québec»[27].

Au Québec, le premier mouvement organisé travaillant pour le suffrage des femmes est la Montreal Suffrage Association (1913-1919), orientée principalement vers l'obtention du vote au niveau fédéral. Celui-ci fut obtenu en 1918[28] et faisait suite à une première loi des élections en temps de guerre[29] de 1917, qui donnait le droit de vote aux femmes ayant un lien de parenté quelconque avec une personne ayant servi ou en service dans les forces militaires. Les législateurs de la plupart des autres provinces canadiennes étendirent ce droit au niveau provincial peu de temps après. Le Québec se distingue en repoussant jusqu'en 1940 les demandes répétées des militantes.

Le Comité provincial pour le suffrage féminin fondé en 1922 prit la relève de la Montreal Suffrage Association. Ce nouveau comité avait à sa tête Gérin-Lajoie et Lyman et unissait des femmes des deux communautés francophone et anglophone. En 1922, une délégation d'environ 400 femmes de Montréal rencontra le premier ministre Taschereau. Celui-ci les écouta attentivement mais déclara sans ambiguïté que les femmes obtiendraient peut-être un jour le droit de vote mais que ce ne serait pas par lui. Il conserva le pouvoir jusqu'en 1936... et tint sa promesse. Cédant aux pressions du clergé, Marie Lacoste-Gérin-Lajoie quitte son poste de coprésidente et le comité devient plus ou moins inopérant jusqu'en 1926. Durant cette année, le comité reprit une certaine vigueur lorsque le Club des femmes de Montréal tenta d'obtenir la franchise pour les femmes mariées au niveau municipal. L'amendement fut rejeté par le conseil de ville et les quelques femmes déléguées à Québec pour faire entendre leur cause ne furent même pas reçues.

En 1927, une scission s'opéra au sein du comité et un groupe nouveau, l'Alliance canadienne pour le vote des femmes du Québec, prit naissance avec à sa tête Idola Saint-Jean. Ce groupe eut l'appui de travailleuses qui, selon Idola Saint-Jean, furent même à l'origine de cette organisation: «En 1927 des femmes, surtout des travailleuses, vinrent me voir en délégation et me demandèrent de réorganiser le Comité provincial»[30]. Il semble donc que la question du suffrage n'ait pas laissé indifférentes les femmes de la classe ouvrière.

Thérèse Casgrain devient présidente du comité provincial en 1928 et lui donna le nom de Ligue des droits de la femme en 1929.

À partir de 1927, année après année, et pendant 14 ans, des projets de loi visant à donner le suffrage aux femmes furent présentés et défaits. Année par année, une délégation de membres des deux organismes se rendait à Québec pour assister aux débats entourant le projet de loi.

La dureté de la lutte qu'elles ont menée se mesure à la misogynie ouverte qui entourait les débats à l'Assemblée législative et les écrits de personnes aussi respectées que Henri Bourassa. Témoin, cette remarque typique du député J. Filion de Laval offrant «de prêter ses culottes à Idola Saint-Jean chaque fois qu'elles les voudrait[31]».

L'antiféminisme de Henri Bourassa nous est plus familier. L'accession des femmes aux droits politiques correspondait pour lui à «l'introduction du féminisme sous sa forme la plus nocive; la femme-électeur, qui engendrera bientôt la femme-cavaleur, la femme-télégraphe, la femme-souteneur d'élections, puis, la femme-député, la femme-sénateur, la femme-avocat, enfin, pour tout dire en un mot: la femme-homme, le monstre hybride et répugnant qui tuera la femme-mère et la femme-femme[32]».

En plus des délégations à Québec, les militantes menèrent des campagnes d'information du public et travaillèrent sur des questions comme l'admission des femmes au Barreau (obtenue en 1941).

Donnant suite au demandes de la ligue, le premier ministre Taschereau mit sur pied en 1929 la commission Dorion, chargée d'examiner des réformes possibles au Code civil. Bien que l'on ait refusé aux femmes de siéger à la commission, elles furent néanmoins entendues et un certain nombre de recommandations de la commission furent adoptées en 1931. Parmi ces recommandations, la plus importante est celle qui reconnaît aux femmes mariées le droit de toucher leurs salaires. Cependant, la commission est loin d'avoir entraîné une réforme satisfaisante du Code civil. Elle refusa même de recommander l'abolition du double standard, disposition qui se rapproche plus des prescriptions du Deutéronome que de celles d'un code moderne. Cette disposition stipulait en effet que la femme ne pouvait demander la séparation de corps pour cause d'adultère, qu'à la condition que la mari fasse vivre sa concubine dans la résidence familiale. Il va sans dire qu'une telle restriction ne s'appliquait pas au mari, qui pouvait en tout temps obtenir la séparation pour cause d'adultère de la femme. Le double standard ne fut aboli que près d'un quart de siècle plus tard, en 1954-1955.

De son côté, Idola Saint-Jean, pour attirer l'attention de la population à la cause des femmes, se présenta à l'élection fédérale de 1930 et obtint environ 300 votes. Les femmes allèrent jusqu'à s'adresser directement au Roi, qui bien sûr était impuissant en la matière. Une pétition rassemblant 10 000 signatures fut envoyée au roi George V en 1935, et attira, ce que cherchaient les femmes, beaucoup d'attention.

Les deux groupes présentèrent des mémoires à la commission Rowell-Sirois sur les relations fédérales-provinciales pour signaler la situation aberrante des femmes du Québec.

Enfin, avec le retour au pouvoir d'Adélard Godbout et des libéraux, les féministes reprirent confiance. Le parti avait en effet inscrit le vote des femmes à son programme à la suite des pressions des féministes. Fidèle à ses promesses, le nouveau premier ministre annonça l'octroi du suffrage féminin dans son discours d'ouverture le 20 février 1940. Ceci provoqua une dernière flambée de résistance, en particulier de la part du clergé avec à sa tête non moins que le cardinal Villeneuve.

«Nous ne sommes pas favorables au suffrage politique féminin:

1. Parce qu'il va à l'encontre de l'unité et de la hiérarchie familiale;

2. Parce que son exercice expose la femme à toutes les passions et à toutes les aventures de l'électoralisme;

3. Parce qu'en fait, il nous apparaît que les femmes dans la province ne le désirent pas;

4. Parce que les réformes sociales, économiques, hygiéniques, etc., que l'on avance pour préconiser le droit de suffrage chez les femmes, peuvent être aussi bien obtenues, grâce à l'influence des organisations féminines en marge de la politique.

Nous croyons exprimer ici le sentiment commun des évêques de la province.

J.-M. Rodrigue cardinal Villeneuve, O.M.I.

Archevêque de Québec[33]».

Une telle déclaration, qui endossait clairement les concepts de suprématie de l'homme et de la famille patriarcale, entraîna l'appui d'une certaine partie de la population, y compris de certains groupes de femmes. Maurice Duplessis, qui au pouvoir s'était montré un farouche opposant au suffrage des femmes, imagina même un argument nouveau: en augmentant le nombre d'électeurs, «on augmente par le fait même les dangers de manœuvres électorales»[34]. Les défenseurs du projet de loi eurent cependant gain de cause. Les femmes furent présentées comme «en général plus instruites que les hommes, par conséquent mieux préparées à juger nos problèmes sociaux[35]», et «ayant à souffrir les inconvénients de la vie moderne avec les hommes, (pouvant) avec eux jouir des mêmes droits[36]». La loi fut adoptée le 25 avril 1940 et sanctionnée le même jour. Les habituées du voyage annuel à Québec purent enfin prendre le train du retour en ayant gagné leur bataille.

L'année suivante, un amendement à la loi des cités et villes permettait aux épouses ayant la qualité foncière suffisante de voter ainsi que d'exercer les charges municipales[37]. En 1942, la loi de l'instruction publique, qui privilégiait l'époux en permettant aux maris des femmes propriétaires de voter, fut amendée pour donner le droit de vote au conjoint d'un propriétaire[38].

À l'exception du droit paroissial qui jusqu'en 1965[39] «excluait les femmes de l'assemblée des paroissiens et du banc des marguilliers», les inégalités juridiques entre hommes et femmes quant aux droits politiques étaient alors abolies.

Les militantes ne cessèrent cependant pas toute activité. Ainsi, la ligue fit des pressions au sujet de questions comme la protection de la jeunesse, la réforme des pénitenciers, les amendements au Code civil, etc. Ce sont ces femmes qui obtinrent que les allocations familiales soient adressées aux mères et non aux pères (1945).

Toutefois, avec la victoire de 1940, les luttes féministes perdirent une part de leur intensité. C'est d'ailleurs un risque relié aux actions axées principalement sur l'obtention de droits formels. Ceci est particulièrement remarquable dans le cas du mouvement féministe qui, à travers le monde, a connu un déclin marqué après l'obtention du droit de vote par les suffragettes.

Sur un autre front: le travail

Ce serait restreindre bien arbitrairement notre vision des luttes politiques des Québécoises et du mouvement des femmes que de ne s'arrêter qu'à l'aspect de l'action de celles que nous venons de décrire.

Les combats des Québécoises contre l'exploitation et l'état d'infériorité plus ou moins ouvertement reconnus dont elles ont été l'objet (et ceci n'est certes pas original au Québec) ne se sont pas terminés avec l'obtention du droit de vote. Cette longue bataille, pour importante qu'elle a été, ne couvre pas l'ensemble de la réalité des luttes politiques des femmes du Québec.

La sujétion légale des femmes à leur mari a constitué plus qu'un symbole d'oppression: les femmes, civilement, fonctionnaient à l'intérieur de contraintes extrêmement rigides. Cette sujétion n'a été allégée qu'en 1964, alors que la première femme élue au Parlement du Québec et nommée membre du Cabinet, Claire Kirkland-Casgrain, présenta le fameux projet de loi no 16 qui abolissait l'obligation pour la femme d'obéir à son mari, qui la rendrait partenaire dans la direction matérielle et morale de la famille et qui lui reconnaissait «la pleine capacité quant à ses droits civils»[40]. L'explication de cette rigueur se trouve peut-être en partie dans l'importance accordée aux institutions traditionnelles comme la famille et la religion, qui constitue une réaction de défense des sociétés colonisées. Mais elle se trouve aussi dans le fait que les structures familiales patriarcales traditionnelles, qui impliquent le travail non rémunéré des femmes à la maison et donc un état de dépendance économique de celles-ci, constituent «le fondement des sociétés capitalistes» en rendant possible le travail des hommes[41]. À ce titre, les Québécoises ont eu à affronter un double handicap.

La question du travail des femmes au Québec étant traitée spécifiquement dans d'autres sections de cet ouvrage, nous n'insisterons pas ici sur les détails de leurs luttes sur ce plan. L'importance politique de celles-ci dans le processus de libération des femmes nous amène cependant à les signaler, ne serait-ce que rapidement.

Depuis les dernières décennies du 19e siècle, le Québec s'est rapidement industrialisé et a acquis ou accentué les caractéristiques des sociétés capitalistes. La famille patriarcale, glorifiée par les uns comme salvatrice de la nation, entretenue par les autres comme essentielle au fonctionnement de l'économie, n'a malgré tout pas empêché l'accès des femmes à un secteur d'activité non traditionnel: le travail rémunéré. Vu comme un mal nécessaire, le travail des femmes a eu peu de défenseurs. Considéré comme temporaire et regrettable, le travail rémunéré des femmes a été, et ceci est une caractéristique universelle, l'objet d'une surexploitation évidente. Les femmes ont fait, et font toujours, les frais d'une société qui met en contradiction la famille et le travail des femmes tout en ayant besoin de l'une et de l'autre.

La «ghettoïsation» des emplois des femmes, tout en fournissant une main-d'œuvre à bon marché, était encouragée même par les syndicats qui y voyaient une protection pour leurs membres et pour le maintien du niveau des salaires[42]. Il n'est pas de notre propos de pousser ici l'analyse économique de cette situation, mais elle constitue la toile de fond des luttes très dures qu'ont menées les travailleuses québécoises contre l'exploitation et la discrimination faites au grand jour à leurs dépens.

Il faut entendre Léa Roback décrire les conditions de travail extrêmement difficiles (saleté, longues heures, etc.) et les salaires risibles des travailleuses du vêtement ou en usine, comme chez RCA Victor (1937-1945)[43]. Il faut lire et entendre les récits de ces travailleuses et militantes décrivant leurs combats. Les grèves de la guenille, qui de 1934 à 1940 se succédèrent à un rythme étonnant, témoignent des besoins pressants dans ce milieu de travail et aussi de la combativité des travailleuses[44].

S'ajoute à cette situation classique d'exploitation, l'oppression spécifique des femmes dans leurs rapports avec les hommes, qui a toutes les chances d'être accentuée lorsque ceux-ci sont aussi patrons. À la merci de congédiements possibles dans une période de chômage généralisé, les travailleuses non protégées présentaient une vulnérabilité certaine. «Parfois les petits ou grands patrons exigeaient d'une midinette qu'elle lui fasse les dernières faveurs avant qu'ils ne lui donnent le ballot de pièces taillées avec lequel elle coudrait une robe ou une blouse pour quelques cents[45]».

Il est important de souligner que l'éducation politique des femmes en milieu de travail n'était pas considérée comme essentielle par bien des dirigeants syndicaux. C'est grâce à des femmes comme Rose Pesetta et Léa Roback que certains syndicats internationaux à orientation socialiste ou communiste donnèrent aux ouvrières des cours élémentaires sur les notions de profit et de travail.

Le projet de loi Francœur, présenté le 18 janvier 1935, est une illustration presque caricaturale de la perception que l'on avait, dans bien des milieux, du travail des femmes. Ce projet de loi décrétait «que les femmes ou les jeunes filles sollicitant un emploi devront faire la preuve qu'elles ont réellement besoin de travailler[46]». Les débats qui ont entouré le projet de loi reflètent la perception de «menace à la suprématie masculine» qu'avait une majorité de députés face au travail féminin[47]. Les femmes qui assument des rôles économiques semblables à ceux des hommes sont donc en situation de lutte contre au moins un aspect de leur état de sujétion, et c'est à juste titre que les défenseurs de la suprématie mâle s'insurgent contre des femmes dont l'existence et l'action portent atteinte à leur situation de dominant. Le projet de loi sera bloqué mais comme à regret, le premier ministre Taschereau se disant d'accord avec le principe de limiter la main-d'œuvre féminine.

Dans ce contexte, les grèves des femmes dans le secteur du vêtement et du textile en particulier constituent un des moments héroïques de l'histoire syndicale du Québec. Cette tradition de militantisme des femmes en milieu de travail se retrace dans des conflits plus récents. Soulignons en particulier que la première grève dans le secteur public au Québec a été menée par des femmes et que cette grève était illégale. Il s'agit de la grève dans le secteur hospitalier du début de la Révolution tranquille.

C'est non seulement en tant que travailleuses que les Québécoises ont fait preuve de courage et de volonté politique. En tant que femmes de travailleurs, elles ont manifesté à maintes reprises leur compréhension et leur implication profonde dans les luttes contre un certain rapport d'exploitation.

Simonne Chartrand décrit les gestes des femmes de grévistes à Asbestos (1949) et à Murdochville (1957): «Dans ce climat de terreur, les femmes avaient décidé de manifester leur appui à leurs maris grévistes, et cela de façon publique (...). On a alors vu les femmes (toute manifestation étant interdite) faire des processions en égrenant à tue-tête leur chapelet dans les rues d'Asbestos. Elles s'étaient munies auparavant de leurs longues épingles à chapeau et, pendant ce défilé, encadré par la police provinciale, elles piquaient «mine de rien» les fesses des policiers tout en continuant le chapelet et la procession[48]». Ces femmes de grévistes s'organisèrent à l'occasion en comité féminin (Shawinigan 1957) et on ne saurait exagérer l'importance de leur action, surtout au moment de grèves de longue durée.

Comme grévistes ou comme femmes de grévistes, ces femmes ont acquis la réputation d'être particulièrement tenaces. La grève de Dupuis Frères en 1952, qui impliquait surtout des femmes et qui a été menée par elles, est un exemple de leur fermeté. Durant leur longue bataille, elles tinrent leurs piquets même devant les charges des policiers à cheval.

Dans les filatures, l'action de Madeleine Parent a fait d'elle une figure de toute première importance dans le mouvement syndical. «Madeleine Parent était à mon avis «la» militante politique. Mais elle était communiste à une époque où le Québec ne pouvait accepter ce type d'engagement. Elle a dû s'exiler en Ontario avec son mari pour continuer à militer[49]». Coorganisatrice avec Kent Rowley des Ouvriers unis des textiles d'Amérique durant la grève décisive contre la Dominion Textile en 1946, elle fut arrêtée et emprisonnée sur l'ordre de Maurice Duplessis. Le lendemain, 4000 militants marchèrent dans les rues de Valleyfield pour exiger sa libération[50]!

Rappelons aussi que la première association à caractère syndical dans le secteur de l'enseignement fut mise sur pied par une femme. C'est en 1936 que Laure Gaudreault fonda l'Association catholique des institutrices rurales, au moment où celles-ci venaient de subir une baisse de salaire de 300$ à 250$ par année. À la création de la Corporation générale des instituteurs et institutrices en 1946, elle était toujours, selon un des fondateurs de la Fédération des instituteurs et institutrices des cités et villes, «la véritable âme dirigeante et impératrice de toute cette période (...) Elle traçait la voie et nous n'avions qu'à poser les gestes[51]».

Rappelons enfin les batailles de Jeanne Duval pour faire reconnaître les problèmes spécifiques des femmes au sein de la CSN[52]. Cette lutte des militantes pour faire reconnaître leurs droits au sein du mouvement syndical s'est accentuée ces dernières années et a donné lieu à la formation de comités féminins très actifs à l'intérieur des trois grandes centrales syndicales québécoises.

Les gestes posés par ces citoyens, parmi les plus faibles juridiquement et économiquement, sont d'authentiques actes politiques. Ils correspondent à une volonté de prise en charge de leur propre condition par les femmes, contre les attitudes paternalistes et réprobatrices de l'ensemble de la société et en particulier, des milieux de travail.

L'absence de recherches faites sur la participation des travailleuses du début du siècle aux luttes spécifiques pour la reconnaissance juridique de leurs droits politiques ne nous permet pas de connaître leur implication dans ces questions. Certaines indications, comme l'appui donné à l'organisation d'Idola Saint-Jean, nous portent à croire qu'elles tenaient à leurs droits politiques.

Beaucoup plus tôt, la participation des ouvrières aux défilés du 1er mai nous donne aussi un indice de leur implication politique[53]. À Montréal en 1914, on souligne que le Cercle des femmes socialistes fait partie du défilé et que c'est un groupe de jeunes filles qui porte le drapeau rouge. Et surtout, en 1915, une nouvelle inscription, très remarquée, réclame un droit révolutionnaire: le suffrage féminin. À propos de cet événement, *Le Devoir* note que «bon nombre de femmes, l'air miséreux, suivaient le défilé[54]».

Il serait intéressant de connaître l'ampleur de l'appui de ces femmes à cette revendication, ainsi que, par exemple, de connaître le taux de participation des Québécoises aux élections fédérales à partir de 1918, ce qui nous donnerait une idée de leur volonté d'utiliser le droit de vote. Chose certaine, elles ont posé, avec une vaillance et une solidarité exemplaires, des gestes d'une profonde signification politique: elles ont contesté activement l'exploitation qu'elles subissaient et donc affronté directement le pouvoir économique. Elles ont refusé la conception oppressive qui leur niait le droit au travail.

* * *

Les dures batailles que les Québécoises ont menées pour la défense de leurs droits n'ont pas été inutiles. Elles ont obtenu la reconnaissance juridique de leurs droits politiques, elles ont gagné de meilleures conditions de travail. L'adoption en décembre 1980 du projet de loi no 89, *loi instituant un nouveau Code civil et portant réforme du droit de la famille,* a fait disparaître les dernières inégalités formelles de droits civils entre les hommes et les femmes[55]. Rappelons que le Code civil contenait encore à ce moment-là des archaïsmes étonnants mais qui reflètent bien une certaine conception de la répartition du pouvoir dans la famille. Par exemple, la règle concernant le choix de la résidence: «L'article 175 du Code civil précise (précisait) que le choix de la résidence est (était) déterminé par le mari et que la femme est (était) tenue de le suivre partout où il fixe (fixait) la résidence de la famille à moins que celle-ci n'ait présenté des dangers d'ordre physique ou d'ordre moral[56]». Dans le nouveau Code civil, il est affirmé que: «Les époux ont, en mariage, les mêmes droits et les mêmes obligations (art. 441), Chacun des époux conserve, en mariage, ses nom et prénom; il exerce ses droits civils sous ces nom et pronom (art. 442), Ensemble, les époux assurent la direction morale et matérielle de la famille, exercent l'autorité parentale et assument les tâches qui en découlent (art. 443), Les époux choisissent de concert la résidence familiale (art. 444)».

L'un des changements les plus importants concerne l'adoption par l'Assemblée nationale d'un article portant sur le divorce par consentement mutuel après un an. Notons que cet article n'est pas encore en vigueur, l'entente fédérale-provinciale nécessaire à cet effet n'ayant pas encore eu lieu.

Les résistances ont été particulièrement importantes sans doute parce que l'on y a vu une menace contre la famille comme institution. La ministre de la Condition féminine de ce moment, Lise Payette, décrit ainsi la période qui a précédé cette réforme: «Ce devait être ma dernière vraie bataille. Elle fut sanglante et douloureuse. J'ai réussi à réunir les dernières forces politiques qui me restaient pour gagner ces derniers morceaux auxquels les femmes tenaient[57]». Il faut également mentionner le changement quant aux pensions alimentaires (art. 560) qui peuvent maintenant être versées par l'un ou l'autre des époux, ou remplacées ou complétées par une somme forfaitaire payable au comptant ou par versements répartis sur une période d'au plus trois ans (art. 562).

Ces amendements, on le devine, ont fait l'objet de longs débats. Des pressions fort bien organisées, provenant de groupes comme la Fédération des femmes du Québec, l'Association féminine d'éducation et d'action sociale, l'Association des femmes et le Droit, le Réseau d'action et d'information pour les femmes, l'Association des femmes diplômées des universités, les sections condition féminine des partis politiques, ont largement contribué à leur adoption. Le travail soutenu et intelligent du secrétariat de la Condition féminine et du Conseil du statut de la femme a été, de toute évidence, essentiel à cette victoire.

L'existence de ces deux organismes mérite d'être soulignée car il fait état de la volonté des femmes du Québec de se donner des organismes officiels de défense et de promotion. Le Conseil du statut de la femme[58], créé en 1973, a été chargé de veiller à faire disparaître toutes atteintes aux droits des femmes, cela à partir d'interventions, d'information, de recherche et d'éducation[59].

Le 31 octobre 1979, était créé le Comité ministériel permanent de la Condition féminine, dont l'unité administrative est le Secrétariat de la Condition féminine et dont la responsabilité consiste à mettre en place une politique d'ensemble de la condition féminine ainsi que d'assurer la cohérence des actions gouvernementales reliées à cette question[60].

Dans le cadre du remaniement des structures de coordination gouvernementales, en septembre 1982, ce comité était aboli. Cependant, la ministre responsable conserve toujours le même mandat. Elle est «chargée d'assurer l'application d'une politique d'ensemble sur l'égalité et l'indépendance des femmes au Québec et de coordonner les politiques et actions gouvernementales dans les questions relatives à la condition féminine» (décret concernant la ministre déléguée à la condition féminine, 2231-82, 29 septembre 1982).

L'adoption de la *Charte des droits et libertés de la personne*[61] en 1975, et sa mise en vigueur en 1976, a certainement permis une certaine implantation du principe d'égalité entre les sexes.

Cette loi fondamentale interdit en effet la discrimination sur la base du sexe et la Commission des droits de la personne, chargée de «promouvoir par toutes mesures appropriées les principes contenus dans la Charte» (art. 66...), possède les pouvoirs d'enquêtes qui lui permettent, lorsque la discrimination est prouvée, de faire cesser celle-ci et d'obtenir le dédommagement des victimes par la médiation et, dans le cas d'échec de celle-ci, de porter ces causes devant les tribunaux.

Il est à noter que cette charte comprend le principe du salaire égal pour un travail équivalent sans discrimination, ce qui permet, du moins en partie, de combattre le phénomène bien connu de la séparation des emplois entre les hommes et les femmes qui engendre d'une façon systématique la sous-évaluation des emplois «féminins» par rapport aux «autres».

Soulignons que la Charte des droits et libertés de la personne du Québec a été la première législation en Amérique du Nord à affirmer ce droit[62].

Depuis le début des activités de la Commission des droits de la personne, les statistiques révélées par ses rapports annuels démontrent que la proportion la plus importante de ses enquêtes portent sur des cas de discrimination à l'égard des femmes, et cela plus particulièrement dans le secteur du travail. Cela est certainement significatif de la situation réelle.

Autre législation récente améliorant la situation formelle des droits des femmes: l'*Ordonnance sur les congés maternité*[63]. Cette ordonnance interdit spécifiquement le congédiement et la modification des conditions de travail des femmes pour cause de grossesse et prévoit une protection contre les travaux dangereux pour la femme enceinte ou pour le fœtus. Elle prévoit aussi le congé maternité de 18 semaines payées par l'addition de l'assurance-chômage et des contributions patronales.

À la fonction publique enfin, le congé parental sans solde est devenu possible jusqu'à concurrence de deux années. Notons enfin que le Québec a manifesté dès le départ sa volonté de ratifier la *Convention internationale pour l'élimination de toutes les formes de discrimination à l'égard des femmes,* ce qu'il fit le 20 octobre 1981. Cette convention a été ratifiée par le Canada le 10 décembre 1981.

Malgré ces améliorations cependant, la disproportion des femmes en situation formelle de pouvoir demeure un lieu commun[64]. Ce n'est qu'aux élections provinciales de novembre 1976 qu'il y eut plus d'une femme à l'Assemblée nationale; il y en eut cinq. Depuis leur éligibilité en 1940 jusqu'à cette date, seulement sept femmes au total avaient été élues. Actuellement (1982), sept femmes siègent à l'Assemblée nationale, dont deux ministres. Sur la scène fédérale, six Québécoises siègent à la Chambre des communes, dont une ministre. La présidente de la Chambre est une femme.

La présidence de partis politiques n'a été qu'exceptionnellement entre les mains de femmes (Lise Bacon, Parti libéral du Québec; Léa Cousineau, Rassemblement des citoyens de Montréal...) et leur présence au niveau décisionnel de la fonction publique est minime, bien qu'elle ait augmenté de façon significative avec l'introduction de mesures spécifiques (1,55% du groupe des cadres supérieurs en 1976[65], 4,5% en 1982). La proportion des femmes à des postes de direction dans le milieu des affaires demeure, de la même manière, très faible et la même remarque vaut mais de façon variable pour les exécutifs syndicaux[66].

Les inégalités de revenus entre les femmes et les hommes n'ont en rien diminué. Les écarts de salaires demeurent et même s'accentuent[67]. C'est qu'ils reposent sur des inégalités très profondément ancrées dans nos institutions, qu'elles soient familiales ou politiques.

Les conditions légales et formelles d'égalité sont de toute évidence essentielles si l'on veut espérer quelque chance de succès dans ce combat. Il faut cependant dépasser ces conditions minimales. Une percée dont il est difficile de mesurer les effets s'est produite (travail, éducation, famille) et devrait certes contribuer à faire disparaître l'acceptation banale des inégalités entre les femmes et les hommes. L'intervention législative ferme permettant l'implantation de programmes d'accès à l'égalité introduirait d'une façon positive la réalité de cette égalité, en particulier dans les milieux du travail et de l'éducation. Un projet de modification à la Charte des droits prévoyant l'implantation de tels programmes est actuellement devant l'Assemblée nationale. L'interdiction spécifique de discrimination sur la base de la grossesse et du harcèlement, sexuel entre autres, sont aussi des amendements proposés. Il est à souligner que les groupes de femmes ont été très présents à la Commission parlementaire permanente de la Justice portant sur les modifications à la *Charte des droits et libertés de la personne* qui s'est tenue à l'automne 1981[68].

À l'heure actuelle, les luttes des femmes se poursuivent sur plusieurs fronts à la fois (luttes contre la pornographie, contre la violence faite aux femmes, contre la publicité sexiste, pour l'accès aux emplois non traditionnels, etc.). Les femmes savent que l'absence de participation formelle à des postes de pouvoir a des racines profondes[69]. Elles savent aussi que sans une participation égalitaire à ces postes l'égalité à laquelle elles ont un droit formel ne sera qu'un simulacre.

Au sein des mouvements proprement politiques, partis reconnus ou groupes plus radicaux, les femmes sont présentes, elles sont parfois nombreuses. Mais il reste à mesurer leur importance réelle dans les prises de décision et l'orientation des différents mouvements.

Des associations plus connues, comme la Ligue des femmes du Québec, la Fédération des femmes du Québec et l'Association féminine d'éducation et d'action sociale (organisme dont le recrutement se fait surtout en milieu rural), ont mis à leur programme à différents moments la participation politique des femmes. Ce sont d'importants groupes de pression qui continuent de revendiquer les changements législatifs et sociaux dans le but de parvenir à l'égalité des femmes et des hommes.

Des groupes articulés et militants défendant les droits des Noires, des femmes autochtones, des immigrantes et des femmes de différentes communautés culturelles sont de plus en plus présents sur la scène québécoise. Que l'on pense par exemple au Congrès national des femmes noires (comité régional-Montréal), au Comité des femmes de l'Association des travailleurs grecs, au Comité de femmes de la Maison d'Haïti, à l'Association des femmes autochtones du Québec.

Avec les courants féministes internationaux des dernières années, des regroupements de toutes allégeances ont pris naissance presque spontanément. Certains s'identifient politiquement de façon précise, d'autres refusent tout rapprochement avec des choix politiques autres que la lutte contre «l'oppression des femmes en tant que femmes»[70]. C'est la lutte des féministes radicales contre le pouvoir phallocrate et l'actualisation de «l'incroyable découverte que: *le privé est politique*[71]».

À travers ces groupes, avec les nouvelles prises de conscience dans les milieux syndicaux (comités féminins, etc.) et ailleurs, on peut à tout le moins identifier la ligne suivante: la lutte des femmes se poursuit, c'est une lutte contre l'oppression qui continue à exister, même sous des formes plus discrètes et, à ce titre, c'est une lutte essentiellement révolutionnaire et politique.

16

La libération des femmes*

Nicole Laurin-Frenette

Montréal, le 28 juin 1982.

Chère Yolande Pinard,
Tu m'as dit au téléphone que toi et Marie Lavigne souhaitiez conserver mon article sur la libération des femmes dans la nouvelle édition du recueil, Les femmes dans la société québécoise. *Je préférerais qu'on abandonne ce texte à la critique rongeuse des souris, comme disait le père Marx, mais tu m'assures qu'il présente un certain intérêt — de nature archéologique, j'imagine. Pour parer au pire, je me suis engagée à rédiger une note d'avertissement en introduction, qui se révèle une entreprise difficile. Commenter son propre travail expose, entre autres périls, à la tentation de se prendre au sérieux.*
Relire l'article m'a rappelé Ogunquit et Pauline Julien. En 1972, pour me récompenser de cet effort d'écriture, j'ai passé la fin de semaine de la fête du travail là-bas et j'ai vu la mer à travers des citations de Engels et de Simone de Beauvoir mais il pleuvait, de toute façon. La semaine suivante, on a inauguré à l'UQAM le cours multidisciplinaire sur la condition des femmes. Nous étions dix professeurs et pas loin de deux cents étudiantes entassées dans la plus grande salle du pavillon Read et j'ai meublé la première heure avec l'exposé de mon texte. Après, Pauline s'est précipitée vers la tribune pour m'exprimer son enthousiasme; j'aurais aimé lui dire que ses chansons étaient plus belles que nos élucubrations mais elle était partie. Rassure-toi Yolande, je ne raconterai pas tous mes souvenirs de l'automne 1972 mais quand même, le temps passe.

---

* Texte paru dans *Socialisme québécois*, 23 (mai 1974). Reproduit avec la permission de l'éditeur.

A vec un recul de dix années, le texte peut paraître dogmatique bien qu'il s'écartait de l'orthodoxie marxiste dominante dans le milieu uquamien et dans le cercle de la revue Socialisme québécois *qui en assura la première publication en 1974. À cette époque, incorporer Reich à Engels et assaisonner cette salade d'un zeste de féminisme radical n'allait pas sans audace. Engels maintenant nous lasse; on se convainc à l'usage que sa théorie de l'origine et des transformations de la famille ne pose la question des femmes que pour la noyer dans la question des classes. Essentiellement, Engels réitère la thèse marxiste selon laquelle l'organisation des sociétés, y compris la forme de l'institution familiale, se fonde sur les rapports de production, autrement dit les rapports de classes liées à la propriété des moyens de production. Problématique intéressante mais elle laisse échapper toute composante de l'organisation sociale qui ne serait pas fondée sur les rapports de production, notamment les relations entre les hommes et les femmes ou du moins, plusieurs aspects importants de ces relations.*

En critiquant Engels, j'invoque deux dimensions de la reproduction sociale dont il n'aurait pas tenu compte: la reproduction de la force de travail par le travail domestique des femmes et la reproduction idéologique, c'est-à-dire celle de la constitution psychique des agents par la structure autoritaire et hiérarchique de la famille. Se trouve ainsi formulée la question des formes spécifiques que prend l'oppression des femmes — l'appropriation de leur travail et le pouvoir exercé sur elles par les hommes — mais du même coup, la question est liquidée. En effet, ces deux formes de l'oppression sont aussitôt rattachées à la reproduction des classes; elles en deviennent des conditions et des conséquences. En s'inscrivant dans le circuit de la production non domestique, le travail domestique ne produit et ne reproduit en définitive que les classes. De même, la dite reproduction idéologique ne prépare les agents qu'aux fonctions propres à leur classe et aux conditions de la vie dans une société de classes. Au terme de ce raisonnement, les femmes sont redevenues invisibles.

On voit combien il est inutile de faire entrer de force dans la théorie marxiste ce que cette théorie ne peut pas (ou ne veut pas) contenir. Il faut chercher d'autres manières d'interpréter sociologiquement la constitution des sexes en groupes sociaux et sur cette base, l'exploitation et la domination des femmes par les hommes. Dans les années soixante-dix, tout un courant de la recherche sur les femmes, parti du marxisme, en est venu à refuser le mâle impérialisme théorique des classes et des rapports de production. Une pro-

blématique nouvelle s'est construite, dite féministe et matérialiste, applicable à l'étude du travail domestique, de la famille, de l'État et du mouvement des femmes. Néanmoins, la relation entre les classes sociales et les groupes fondés sur le sexe — qu'on peut appeler des classes de sexe — demeure un problème sociologique non résolu. Les femmes deviendraient-elles la moitié du ciel qu'il serait toujours pertinent de rappeler de temps à autre qu'existent les classes sociales de même que l'exploitation et la domination de classe auxquelles les femmes aussi sont soumises. Pour ma part, je cherche obstinément à comprendre la relation entre les classes sociales et les classes de sexe — entre les rapports de production et les rapports de sexage, selon l'expression de Guillaumin — sans occulter les unes ou les autres et sans réduire les unes aux autres. Le laborieux essai en ce sens que j'ai livré dans Femmes et politique *n'atteint pas encore cet objectif, mais il représente un progrès sur mes ruminations engelsiennes de 1972.*

Quant aux féministes qu'on disait radicales du temps de cet article, elles le sont apparues de moins en moins à mesure que les femmes en grand nombre se radicalisaient. Un peu comme les lesbiennes politiques que nous jugions tellement extrémistes, tu t'en souviens. Le texte reproche aux féministes radicales d'être petites bourgeoises — lire non marxistes — tout en soulignant qu'on leur doit la relance du féminisme aussi bien que l'analyse et la dénonciation des formes actuelles de l'oppression des femmes. Contradiction toute subjective: le coeur est féministe et le sur-moi gauchiste. Remarque que je n'aime toujours pas les théories de Millett, de Firestone et ce qu'on lit encore dans la même veine sur les fondements physiques, biologiques, sexuels, instinctuels — naturels, au fond — de l'inégalité sociale des sexes. Il ne faut pas renoncer à la vieille règle de la méthode sociologique: le social s'explique par le social. Cela dit, les exemples cités dans l'article sont les pires qui se puissent trouver de l'approche naturaliste des rapports entre les sexes, même dans l'oeuvre des auteures concernées. Les chercheuses non marxistes et non matérialistes ont effectué des percées importantes, parfois malgré les théories dont elles s'encombraient — la fameuse problématique fonctionnaliste des rôles et des valeurs par exemple — tout comme les féministes marxistes empêtrées dans les classes et les modes de production. Toutefois, les féministes dites radicales ont affirmé d'emblée la spécificité théorique et politique de l'oppression et de la lutte des femmes, refusant de la subsumer sous des contradictions et déterminations soi-disant plus universel-

les ou plus fondamentales. Les seules pendant longtemps, elles ont osé convertir au féminin les concepts de la tradition sociologique: pouvoir, idéologie, travail, etc.

Ces divergences théoriques dans la recherche féministe existent toujours mais elles ont perdu, semble-t-il, une bonne part de leur importance. Regarde, par exemple, le numéro de Sociologie et sociétés *sur les femmes dans la sociologie: des sources d'inspiration théorique variées y coexistent avec bonheur, souvent dans le même texte. Cet exemple, parmi bien d'autres, révèle un refus du dogmatisme et de la scholastique de la part des femmes; il indique peut-être aussi une tendance au dépassement des anciennes problématiques sur la base d'une théorie en émergence dont les femmes sont l'auteur. Nous rêvions, je rêvais déjà en 1972, «du jour où les femmes réinventeront les mots et la grammaire et cesseront de paraphraser le discours de l'oppression, y compris celui dit théorique». Cet espoir n'a pas vieilli.*

Par contre, on jugera désuet le ton révolutionnaire un peu ronflant qu'emprunte la conclusion de l'article. En 1972, la vague de contestation qui secouait depuis plusieurs années au Québec et ailleurs les milieux étudiants, populaires, syndicaux et autres n'était pas retombée. Aujourd'hui, si beaucoup reconnaissent la nécessité d'une transformation profonde de la société, peu se représentent clairement ce que serait cette révolution et quelles seraient ses voies. Par ailleurs, le féminisme est un des rares mouvements contestataires et subversifs dont l'ampleur et la vigueur se soient accrues dans la dernière décennie. On a beau dire qu'il a été récupéré, et il l'a partiellement été, que son militantisme organisé s'est relâché, qu'il s'est heurté à des impasses de la théorie et de l'action, il demeure que la conscience des femmes et leur pratique se sont modifiées profondément dans l'ensemble de la société sous l'impact du mouvement. On peut penser que l'objectif de la libération des femmes reste tributaire d'un changement global de l'organisation sociale et économique, mais force est de constater que les mouvements réformistes et les mouvements révolutionnaires, du point de vue de leurs stratégies et de leurs problématiques du changement, se trouvent désormais à la remorque des femmes plutôt que l'inverse. Ainsi s'est résolue dans les faits la controverse pénible sur la priorité ou non de la libération des femmes comme projet politique, que reflète mon texte de 1972.

La conclusion évoque un autre problème politique qui maintenant fait tristement sourire, celui de la participation à la lutte de libé-

ration des femmes, de ceux qu'on y appelle «les vrais révolutionnaires de sexe masculin». Il faut l'avouer, je crois, plusieurs parmi nous espéraient livrer le combat féministe avec la complicité et l'appui de leurs compagnons et camarades masculins. Illusion qui fut payée chèrement au plan personnel et sans doute au plan du mouvement. Depuis, nous avons appris à compter seulement sur nous-mêmes, c'est-à-dire les unes sur les autres pour mener notre lutte et réaliser nos rêves. Il y aurait beaucoup à dire là-dessus mais cette lettre est déjà trop longue et j'ai lourdement abusé de ton attention.

Amicalement,
Nicole Laurin-Frenette

L'essentiel des thèses présentées dans cet article a déjà fait la matière d'un texte polycopié utilisé dans le cadre du cours sur la condition féminine, donné à l'Université du Québec à Montréal à l'automne 1972. Il m'a semblé utile de le reprendre à la lumière des commentaires et des critiques qu'a suscités sa discussion. L'objectif de ce travail est de tenter une synthèse des éléments théoriques déjà existants qui peuvent s'appliquer à l'analyse de la condition féminine. Au cours des trois dernières années, une abondante littérature consacrée à la condition féminine a été produite dans le cadre du nouveau mouvement féministe, tant en Europe qu'en Amérique. Ce mouvement a par ailleurs suscité un renouveau d'intérêt pour des ouvrages moins récents consacrés à la femme et à la famille, tels les textes de Engels, Lénine, Bebel dans le courant marxiste, ceux de Reich en psychanalyse, ceux de Simone de Beauvoir, etc.

Dans un premier temps, nous essaierons d'examiner le cadre théorique dont s'inspire chacun des principaux courants: marxisme, psychanalyse, existentialisme, féminisme révolutionnaire. Cette démarche nous permettra de constater que chaque problématique semble privilégier une dimension de la condition féminine — économique, biologique, idéologique — à l'exclusion des autres et qu'une synthèse de ces points de vue partiels peut-être envisagée. Nous verrons qu'une analyse fondée sur une théorie de la reproduction indique la voie d'une telle synthèse. Dans un second temps, nous aborderons brièvement le problème de l'organisation en rapport avec le mouvement féministe, en essayant de dégager les implications pratiques des propositions théoriques discutées dans la première partie.

Avant de s'engager dans l'exposé, quelques mises en garde s'imposent. Il faut d'abord souligner qu'il s'agit de théorie et que, en l'absence de pratique révolutionnaire, la théorie est un discours assez gratuit meublant les heures creuses de l'attente, de mots qui ne sont que «canaux à travers lesquels les analphabètes se donnent bonne conscience», comme dit Léo Ferré. La vraie théorie est dans l'usine, dans la cuisine et dans l'asile; l'université et ses appendices ne sont là qu'en attendant qu'on vienne les transformer en ce qu'on jugera utile: garderie, commune, théâtre ou autre unité de production libre. Aussi, ce qui fait l'opprimé(e), c'est, entre autres, la langue de l'oppresseur. Et qu'on ne s'y méprenne point, nous parlons toutes et tous ce langage. Les femmes ne diront et n'écriront quelque chose que le jour où elles réinventeront les mots et la grammaire et cesseront de paraphraser le discours de l'oppression, y compris celui dit théorique. Telles sont les limites de ce texte.

Engels: le fondement économique de la condition féminine

L'ouvrage de Engels, *L'origine de la famille, de la propriété privée et de l'État,* est l'unique texte marxiste qui applique rigoureusement les principales thèses du matérialisme historique à l'analyse de la condition féminine. Engels part du postulat matérialiste que les institutions économiques, sociales, politiques que l'on trouve dans une société, à une période donnée de son développement, représentent toujours l'ensemble des manières donc les membres de cette société *produisent* et *reproduisent* leur existence matérielle. D'une part, les êtres humains doivent produire ensemble ce qui est nécessaire à leur vie: nourriture, logement, habillement etc., de même que les outils nécessaires à cette production. D'autre part, ils doivent aussi se reproduire, c'est-à-dire produire les enfants nécessaires à la survie de l'espèce. Engels écrit: «Selon la conception matérialiste, le facteur déterminant en dernier ressort, dans l'histoire, c'est la production et la reproduction de la vie immédiate. Mais à son tour, cette production a une double nature. D'une part, la production des moyens d'existence, d'objets servant à la nourriture, à l'habillement, au logement et des outils qu'ils nécessitent; d'autre part, la production des hommes mêmes, la production de l'espèce. Les institutions sociales sous lesquelles vivent les hommes d'une certaine époque historique et d'un certain pays sont déterminées par ces deux sortes de production — par le stade de développement où se trouvent d'une part le travail, et d'autre part, la famille».

Dans la perspective marxiste, c'est donc la manière dont les hommes et les femmes dans une société produisent et reproduisent ensemble leur existence, c'est-à-dire la matière dont ils et elles vivent, travaillent, font des enfants et les nourrissent, qui déterminent ce qu'ils et elles sont, comment ils et elles pensent, parlent, aiment, etc.

Ce mode de production et de reproduction de l'existence est soumis à un changement constant parce que les moyens et les outils dont on se sert et la façon dont on s'organise pour produire se perfectionnent, se développent, se complexifient au fur et à mesure que l'on produit. Les rapports entre les gens, les diverses institutions sociales se transforment en conséquence. C'est ce que Engels s'applique justement à démontrer en reconstituant l'histoire du développement de la propriété, de la famille et de l'État. Nous n'entrerons pas dans les détails de cette démonstration qui relèvent de l'histoire et de l'anthropologie. Nous en tirerons les éléments qui permettent, selon Engels, de rendre compte de l'oppression de la femme.

Selon l'auteur, les sociétés primitives ne reconnaissent aucune inégalité entre les sexes. La femme jouit d'une position identique à celle de l'homme et y détient, dans certains cas, la suprématie sociale; c'est l'époque du matriarcat. Les sociétés primitives produisent et consomment sur un mode communiste; elles ne sont divisées par aucune inégalité, elles ne pratiquent aucune exploitation, domination ou oppression. C'est qu'il n'y existe aucune propriété au sens strict. En effet, la production collective permet tout juste la subsistance de chacun et ne donne lieu à aucun surplus au-delà de ce minimum vital. Selon Engels, on assiste à une division «naturelle» du travail entre l'homme et la femme. Il s'occupe de la chasse, de la pêche, de la guerre; elle se charge de la maison et du jardin. Chacun est propriétaire de ses instruments de travail et considéré comme souverain et autonome dans sa sphère propre. Cette division n'entraîne aucune inégalité entre les sexes parce que les travaux de chacun ont une utilité, une importance et une valeur identiques. Le cadre des rapports sexuels et de l'élevage des enfants est collectif: ce sont les diverses formes de mariage par groupes et de mariage par paires à l'intérieur d'un groupe familial ou tribal très étendu. De même, sur le plan politique, la collectivité règle directement ses propres affaires et l'autogestion tient lieu de gouvernement.

C'est l'instauration de la propriété privée rendue possible par le développement de la production sur une échelle plus vaste qui bouleverse cette organisation de la société. En effet, avec des moyens de production plus efficaces, une division du travail plus poussée s'effectue: des groupes se spécialisent dans l'élevage, ensuite dans l'agriculture, dans l'artisanat, le commerce, etc. Cette productivité accrue permet l'accumulation de richesses (surplus non consommés) par des producteurs individuels. L'exploitation du travail d'autrui devient rentable, d'où l'avènement de l'esclavage. La division du travail et la propriété provoquent ainsi la division de la société en diverses fractions et classes antagonistes, et la destruction de l'ancienne organisation sociale et politique communautaire et égalitaire*.

Avec la division du travail, la production de surplus, l'''émergence de la propriété et la division de la société en classes coïncide, selon Engels, l'avènement de la famille patriarcale et de l'État. La position de la femme est profondément modifiée par le nouveau mode de production. Car ce sont les activités de l'homme (élevage, agriculture, artisanat, commerce) et non les siennes qui deviennent rentables, source de valeur dans l'échange, de profit et de richesse accumulables. La production effectuée par la femme ne présente de valeur que pour l'usage privé, domestique, pour une bonne part,

---

*   Le compte rendu que fait Engels de l'origine et du développement des classes sociales fait ressortir la confusion qui entoure la définition du concept de classe. Dans certains passages, les classes paraissent correspondre aux groupes nés de la division du travail: pasteurs, agriculteurs, artisans, etc., dans la société globale; hommes et femmes dans la famille. Ailleurs, Engels considère comme une division en classes l'inégale distribution de la richesse à l'intérieur d'un groupe sans préciser la nature de l'écart ni celle des biens possédés. Dans d'autres passages, les groupes que l'on considère comme des classes se définissent simultanément par la division du travail et par la propriété ou la non-propriété des moyens de production et des produits; maîtres et esclaves; nobles et serfs; capitalistes et prolétaires. Le problème de l'exploitation dans les rapports d'échange entre ces groupes est également confus. Tout échange découlant de la division du travail n'implique pas nécessairement l'exploitation, mais Engels ne spécifie pas clairement quelles sont les conditions de l'échange qui détermine l'exploitation économique d'un groupe par l'autre.

Cette question de la définition des classes sociales, de leur fondement et de leurs caractères demeure un des éléments les plus embrouillés de la théorie marxiste en général. Il faut retenir pour l'essentiel qu'une société est divisée en classes si, pour effectuer la production sociale, il est nécessaire d'y établir et d'y maintenir des ensembles de positions différentes en ce qui concerne l'apport d'un groupe à la production sociale (propriété ou non des moyens de travail, de la matière première, de la force de travail) et en ce qui concerne le contrôle exercé par un groupe sur la production et sur les produits (gestion du travail productif, appropriation et contrôle du produit et de sa distribution). La simple division du travail ne suffit pas pour qu'il existe des classes ainsi définies. Mais elle en est la condition nécessaire, la base à partir de laquelle se constituent des ensembles de positions distinctes quant à la propriété, au contrôle, à l'appropriation.

elle n'est pas commercialisable. La femme se trouve ainsi dans une position d'infériorité vis-à-vis de l'homme et celui-ci ne tarde pas à la réduire au rang de servante, voire d'esclave dépourvue de propriété et de contrôle quant à son travail, ses outils et ses produits.

En outre, la nouvelle propriété privée acquise par l'homme doit être conservée et transmise à ses descendants; il n'est plus question qu'elle retourne à la tribu, au clan, à la communauté. L'homme obligera donc la femme à lui garantir une descendance qui lui appartienne en propre. Cette nécessité amène l'établissement du mariage conjugal qui consomme et consacre la déchéance de la femme et sa nouvelle position d'infériorité. En résumé: «La monogamie est née de la concentration des richesses importantes dans une même main — la main de l'homme — et du désir de léguer ces richesses aux enfants de cet homme, et d'aucun autre». Ainsi s'établit l'unité économique fondée sur l'union conjugale et réglée par la domination que l'homme exerce sur sa (ses) femme (s), enfants, serviteurs et esclaves. Elle se maintiendra jusqu'à nos jours, avec des variations mineures.

À la famille patriarcale comme appareil d'oppression des femmes et des enfants correspond l'État comme appareil d'oppression des classes qui sont dominées et exploitées à l'échelle de la société globale. Les structures politiques qui se forment en même temps que la famille répondent à la nécessité d'empêcher l'éclatement de la société maintenant divisée en classes antagonistes. L'État permet à la production sociale de s'effectuer en contrôlant par la force et par la persuasion les luttes qui résultent de la division sociale nécessaire de la production. En plus, l'État contribue souvent directement à la production sociale, mais il exerce ce rôle au profit de la classe qui domine la production puisqu'il a comme principale raison de maintenir cette domination. Donc, la famille et l'État sont le cadre des processus qui permettent à l'organisation sociale de se perpétuer malgré les luttes et les oppositions qui la déchirent et qui résultent d'une part, de l'inégalité économique entre les sexes et d'autre part, de l'inégalité économique entre les classes de producteurs. Ces deux types d'oppression ont leur source, comme on l'a vu, dans la propriété privée née de la division du travail dans la production sociale. Telle est, selon Engels, l'origine de la propriété, de la famille et de l'État.

Pour Engels, la fin de l'oppression des femmes coïncide avec l'abolition de la société divisée en classes; à notre époque, il s'agit de la société capitaliste ou bourgeoise. La révolution prolétarienne met

fin à la propriété privée des moyens de la production collective.
Ceux-ci appartiennent à l'ensemble des travailleurs qui, par l'intermédiaire de l'État prolétarien, organisent sur une base égalitaire la
production et la distribution. La femme devient un membre à part
entière de la collectivité parce qu'elle est intégrée à la production
sociale au même titre et aux mêmes conditions que les autres travailleurs. Le travail ménager et les tâches liées à l'élevage des enfants
sont transférés pour une large part à la collectivité. Le mariage peut
être maintenu mais il n'existe plus sous la forme bourgeoise qui
représente simplement une façade légale servant à protéger la propriété privée et derrière laquelle fleurissent l'adultère et la prostitution. Il est fondé sur l'amour réciproque dans l'égalité la plus complète parce qu'il n'est plus indissoluble et que l'homme n'y détient
aucun moyen de suprématie économique et sociale sur la femme.
Pour Engels, l'oppression de la femme est donc, fondamentalement, un problème économique; par conséquent, sa solution est
principalement d'ordre économique et elle n'est possible que dans la
société industrielle socialiste: «L'affranchissement de la femme a
pour condition première la rentrée de tout le sexe féminin dans l'industrie publique et cette condition exige à son tour la suppression de
la famille conjugale en tant qu'unité économique de la société (...)
L'émancipation de la femme, son égalité de condition avec
l'homme, est et demeure impossible tant que la femme restera
exclue du travail social productif et qu'elle devra se borner au travail
privé domestique. Pour que l'émancipation de la femme devienne
réalisable, il faut d'abord que la femme puisse participer à la production sur une large échelle sociale et que le travail domestique ne
l'occupe plus que dans une mesure insignifiante».

Les dimensions du problème
non envisagées par Engels

Le principe sur lequel se fonde l'approche de Engels est cor-
rect et indispensable à la compréhension du problème de l'oppression des femmes: l'inégalité entre les sexes dépend comme tout autre
fait social de la manière dont les membres d'une collectivité produisent et reproduisent leur existence matérielle. Si la production implique l'inégalité des producteurs (leur division en classes), la famille
comme l'État sont nécessaires en tant qu'appareils de maintien et de
perpétuation de cette division. Et la famille, sous ses diverses formes
ou variantes, se définit par l'oppression des femmes et des enfants.

Là-dessus, je suis d'accord avec Engels mais je considère cependant qu'il a tort de ramener l'oppression de la femme et l'ensemble des institutions patriarcales à une seule cause, d'ordre économique. Pour lui, l'instauration de la propriété privée explique directement la sujétion de la femme parce que cette propriété est concentrée dans les mains de l'homme. La suprématie économique masculine est de même nature que celle du maître sur l'esclave, du capitaliste sur le travailleur salarié. Ces affirmations doivent être nuancées.

Il me semble que la prépondérance économique de l'homme basée sur sa propriété des moyens de travail n'explique que pour une part seulement l'oppression de la femme. Toute l'explication de Engels repose sur ce malencontreux hasard qui a voulu que les outils et les activités de l'homme deviennent source de valeur et de profit au dépens de ceux de la femme. On peut bien croire que les femmes, n'étant pas plus bêtes que les hommes, auraient pu délaisser leurs activités domestiques et s'emparer des nouveaux outils, source de richesse. Dans certains cas d'ailleurs, elles s'occupaient déjà de l'artisanat, de l'élevage, etc. En outre, les nouveaux moyens de production n'ont pas permis à *tous* les hommes de s'enrichir. Engels affirme lui-même qu'une classe restreinte s'en est assuré la propriété et le bénéfice. Et pourtant, l'oppression s'est abattu sur toutes les femmes; le mariage et la famille sont devenus le cadre des rapports de *tous* les hommes et de *toutes* les femmes. Il faut également considérer que dans la mesure où elle existe, la prépondérance économique de l'homme ne suffit pas à expliquer que l'on doive condamner les femmes au travail domestique: maison, jardin, enfants. Cette division du travail renforcée par l'institution du mariage et de la famille existe déjà, Engels l'affirme, avant que l'homme n'accède à la suprématie que lui procurent la propriété et l'échange. Et on se demande d'ailleurs comment Engels peut se permettre de la considérer comme une division *naturelle* du travail.

La concentration des richesses dans les mains de l'homme et la nécessité de les léguer à ses descendants légitimes rendent compte certainement d'une partie de l'oppression des femmes. Mais la nécessité pour les membres d'une collectivité d'assurer à la fois la production de leur existence matérielle *et sa reproduction* à court aussi bien qu'à long terme permet également de comprendre certains déterminants importants de la condition des femmes. La reproduction matérielle simple, c'est toute cette partie de la production sociale qui permet à la collectivité de continuer de produire, de renouveler constamment le cycle de la production et de la consommation. Cette part de la production comprend la fabrication de nouveaux outils, machines, etc., et la recherche de nouvelles matières premières; elle comprend aussi la procréation et l'élevage des enfants et enfin le renouvellement de la force du travail du producteur: nourriture, vêtement, soins divers, etc. Une partie importante de cette production sociale destinée à la reproduction matérielle est effectuée par les femmes, dans toutes les périodes de l'histoire. Et il ne semble pas qu'il en soit ainsi parce que les hommes leur sont économiquement supérieurs. C'est que: 1) il est plus rentable que ces tâches soient remplies par une catégorie particulière de travailleurs plutôt que par tout le monde: c'est le principe général de la division du travail; 2) le fait que les femmes portent les enfants, leur donnent naissance, les allaitent, etc. est un prétexte commode pour leur confier ce type de fonction.

Le travail domestique et ménager est source d'infériorité et d'oppression pour les femmes parce qu'il permet à l'homme, dans certains cas, de devenir économiquement supérieur à sa femme, mais non dans tous les cas. Il rend la femme dépendante de l'homme pour son embauche, sa protection et sa participation aux produits de la production sociale dont elle est exclue. Il entraîne et exige le développement de caractères physiques, intellectuels et émotifs qui rendent la femme incapable d'échapper à la prison conjugale et au ghetto familial. Il faut remarquer par ailleurs que d'une autre façon le travail domestique est dévalorisé et dévalorisant, parce que les femmes qui en sont chargées sont considérées comme inférieures sous d'autres prétextes, que nous allons analyser.

En effet, l'asservissement et l'oppression de la femme dans le cadre du mariage et de la famille tiennent à une autre série de raisons, qui s'ajoutent aux premières et qui dépendent également du procès de reproduction, mais de la *reproduction idéologique* cette fois. On a vu que la collectivité doit sans cesse se reproduire matériellement par la fabrication d'outils, le renouvellement de la force de travail, la procréation, etc. Elle doit aussi se reproduire comme organisation sociale, reproduire la manière dont elle produit. Cela signifie que toute collectivité jusqu'à nos jours doit reproduire sa division en classes ainsi que les structures, appareils et institutions sociales qui maintiennent cette division en classes nécessaire à la production sociale. Cette reproduction se fait principalement dans et par la socialisation ou l'éducation des enfants. Ce processus consiste à fabriquer des futurs producteurs ou agents de production présentant des façons de penser et de sentir telles qu'ils trouveront normale la société où ils sont appelés à vivre, qu'ils se mouleront dans les places qui leur sont réservés, qu'ils referont le monde selon le même modèle que leurs parents.

Dans une société de classes, cette reproduction des agents de la production exige qu'ils fassent l'apprentissage et l'acquisition de tous les caractères intellectuels et émotifs nécessaires pour subir l'exploitation, la domination et l'oppression. Les petits maîtres comme les petits esclaves, les petits bourgeois comme les petits prolétaires doivent apprendre à dominer et à être soumis, à opprimer et à être asservis, à gagner et à perdre, etc. Cette formation de la personnalité se fait principalement à l'intérieur de la cellule familiale, c'est-à-dire dans le cadre de rapports humains fondés sur l'inégalité, la domination et l'oppression. La suprématie de l'homme et l'asservissement de la femme trouvent une de leurs raisons d'être les plus importantes dans cette fonction «éducative» de la famille qui consiste à offrir au futur agent de production un milieu d'apprentissage de la société de classe, c'est-à-dire de la domination et de l'exploitation auxquelles il devra plus tard se soumettre et consentir et qu'il devra reproduire à son tour.

La psychanalyse: le fondement idéologique de la condition féminine

Les travaux de Wilhelm Reich sur la famille patriarcale sont centrés sur l'analyse de ce processus de reproduction idéologique auquel il donne le nom d'ancrage caractérologique de l'ordre social: l'imposition à tous les membres d'une société du caractère psychique permettant à l'ordre social de se maintenir, imposition qui se fait par l'intermédiaire de la répression que la famille patriarcale exerce sur ses membres. Il écrit dans l'introduction à *L'analyse caractérielle*: «Tout ordre social crée les caractères dont il a besoin pour se maintenir. Dans la société divisée en classes, la classe dirigeante s'assure sa suprématie par le moyen de l'éducation et des institutions familiales, par la propagation parmi tous les membres de la société de ses idéologies déclarées idéologies dominantes. Mais il ne s'agit pas seulement d'imposer des idéologies, des attitudes et concepts aux membres de la société: en réalité, nous avons affaire, dans chaque nouvelle génération, à un processus en profondeur, générateur d'une structure psychique correspondant dans toutes les couches de la société à l'ordre social établi».

Les idées de Reich sur la famille ressortent d'une tentative de conciliation et de synthèse du marxisme et de la théorie freudienne.

Pour Freud, le refoulement et la sublimation des pulsions libidinales de l'enfant, imposés par les relations familiales, sont nécessaires à la création et au maintien de l'ordre et de la civilisation, malgré les inévitables troubles psychiques qu'ils entraînent (névroses et psychoses) et que la cure psychanalytique individuelle peut soulager. Le mérite de Freud est d'avoir montré et expliqué le fonctionnement de ce processus de production de l'inconscient par lequel les petits humains — mâles et femelles — sont transformés en agents dociles et malades de la production sociale. Mais il n'en est pas moins odieusement misogyne dans la mesure où il considère comme normale, nécessaire et naturelle la castration psychique qui fait de la femme cet être passif, masochiste, infantile et «envieux» qui ne peut s'accomplir que dans la soumission et la dépendance. L'absence de pénis chez la femme justifie, pour Freud, l'infériorité intellectuelle et sociale dans laquelle on la maintient. De même, la présence chez l'homme de cet organe magique suffirait à légitimer la transformation sociale du mâle en être dominateur et agressif, perpétuellement voué à la démonstration physique, intellectuelle et politique de sa supériorité.

Pour Reich, ce conditionnement psychique, fondé sur la répression et la diversion de l'énergie vitale, est nécessaire à la reproduction des sociétés de classes et disparaîtra avec elles. Il considère que cette répression — condition et but de la famille — est soutenue par l'idéologie coercitive ou autoritaire qui, loin d'être le monopole d'une minorité dominante, imprègne largement toutes les classes de la société. Cette idéologie, dès lors qu'elle est enracinée dans la structure psychique des masses, permet le fonctionnement des processus socio-économiques de la production. Ainsi, la production économique est inconcevable hors de la production d'un substrat psychique (intellectuel et affectif) fonctionnel et vice-versa. Reich écrit dans la seconde préface à *La révolution sexuelle:* «Il n'y a rien de l'ordre d'un développement des forces productives per se; il n'existe qu'un développement de l'inhibition dans la structure psychique humaine, dans la pensée et le sentiment, sur la base de processus socio-économiques. Le processus économique, c'est-à-dire le développement des machines, est fonctionnellement identique au processus psychique structural de ceux qui réalisent le processus économique, l'accélèrent ou l'inhibent, et qui en subissent aussi l'influence. L'économie est inconcevable hors de la structure affective agissante de l'homme».

Dans les sociétés capitalistes et autoritaires, la virilité et la féminité — ainsi que le modèle de leurs rapports — ne sont que le produit de la mutilation sexuelle et affective imposée par la famille aux futurs agents de la production, au nom des classes dominantes et en vue de la perpétuation de cet «ordre», cette «culture» et cette «civilisation» dont elles tirent pouvoir et profit. Pour Reich, la révolution sera donc sexuelle et politique à la fois, n'en déplaise à Lénine ou à Freud.

Les thèses de Reich, reprises sous une forme nouvelle par l'école antipsychiatrique actuelle (Laing et Cooper et, d'une autre façon, Deleuze et Guattari), représentent un complément essentiel à la théorie marxiste, particulièrement en ce qui concerne la question de la condition féminine. En effet, elles permettent de comprendre pourquoi le mariage et la famille, tout comme l'appareil d'État, apparaissent en même temps que la propriété privée et la division de la société en classes. C'est que la famille, par ses fonctions de reproduction matérielle et de reproduction idéologique, est essentielle au maintien de toute société de classes. La reproduction idéologique exige l'oppression de la femme car les membres de chaque nouvelle génération doivent être transformés en bons agents de la production dans et par des rapports familiaux inégalitaires, autoritaires et répressifs. À cette fin, la famille doit présenter l'image en miniature de la société de classes. C'est dans ce sens là que Marx et Engels qualifient quelquefois de rapports de classes l'antagonisme entre l'homme et la femme, comparant celui-ci au bourgeois et celle-là au prolétaire. Car «la famille (...) contient en miniature tous les antagonismes qui, par la suite, se développeront largement, dans la société et dans son État». (Marx) «Le mariage conjugal est la forme-cellule de la société civilisée, forme sur laquelle nous pouvons déjà étudier la matière des antagonismes et des contradictions qui s'y développent pleinement». (Engels) «Dans la famille conjugale (...) nous avons une image réduite des mêmes antagonismes et contradictions dans lesquels se meut la société divisée en classes depuis le début de la civilisation, sans pouvoir ni les résoudre, ni les surmonter». (Engels)

La révolution socialiste: une solution?

On a vu que Engels liait la libération de la femme à la révolution socialiste qui abolirait la propriété privée des moyens de production et permettrait à tout le sexe féminin de participer de plein droit à la production sociale. La majorité des penseurs et des leaders socialistes et communistes ont également proposé ce type de solution à l'oppression des femmes. Pour Bebel et Lénine par exemple, l'oppression de la femme a sa source dans le fait que l'économie domestique demeure séparée de la production collective et s'achèvera lorsque le socialisme aura mis fin à cette séparation. Lénine écrit: «La femme continue à demeurer l'esclave domestique, malgré toutes les lois libératrices, car la petite économie domestique l'oppresse, l'étouffe, l'abêtit, l'humilie, en l'attachant à la cuisine, à la chambre des enfants, en l'obligeant à dépenser ses forces dans des tâches terriblement improductives, mesquines, énervantes, hébétantes, déprimantes. La véritable libération de la femme, le véritable communisme ne commenceront que là et au moment où commencera la lutte des masses (dirigée) par le prolétariat possédant le pouvoir contre cette petite économie domestique ou, plus exactement, lors de sa transformation massive en grande économie socialiste».

Cette solution socialiste au problème de la femme est évidemment partielle, et il est aisé de comprendre pourquoi en regard de la critique que l'on vient de faire de la théorie de Engels. En effet, on a constaté que c'est le processus de reproduction nécessaire à toute société de classes qui détermine les caractères particuliers de la condition féminine. Or, ce processus implique des dimensions multiples et les marxistes économistes ne tiennent compte que d'une partie de cet ensemble. Récapitulons les diverses composantes du procès de reproduction:

    1 — *Reproduction matérielle:*
        A) de la *propriété* (outils, moyens de travail, produits);
        B) de la *force du travail;*
        C) de *l'espèce;*
    2 — *Reproduction idéologique:* des caractères nécessaires aux agents de la production.

Il est essentiel de souligner que la reproduction sociale, c'est-à-dire la reproduction de l'organisation générale de la vie collective pour la production, le contrôle, la distribution, la consommation, etc., représente un seul processus d'ensemble dont les divers éléments, phases et composantes ci-haut distingués sont nécessaires, cohérents et interdépendants. En d'autres termes, chaque dimension de ce procès implique toutes les autres de sorte que tout changement social révolutionnaire doit nécessairement modifier l'ensemble des formes de la reproduction. Il est inutile d'en multiplier les exemples; il n'y a qu'à se rapporter au tableau précédent.

La solution socialiste au problème de la femme ne concerne que 1-A et 1-B et n'attaque pas de front 1-C et 2. La socialisation des moyens de production supprime l'économie domestique privée, et par conséquent le travail ménager réservé à la femme en tant qu'esclave de son mari. La femme participe à l'ensemble de la production sociale et le travail privé de reproduction de la force de travail est collectivisé (1-B). La nécessité de reproduire la propriété de l'homme en la transmettant à ses descendants légitimes est également abolie (1-A); ainsi disparaît une partie des raisons justifiant le mariage et la famille. Cependant, la procréation et l'élevage des enfants demeurent en tant que services privés et gratuits que les femmes fournissent à la collectivité (1-C). Cette obligation les maintient dans une position inférieure et dépendante tant et aussi longtemps que l'élevage des enfants — et même la procréation — ne constitue pas une production socialisée, collectivisée au même titre que les autres. Reste enfin la reproduction idéologique qui, comme on l'a vu, impose des rapports d'oppression entre les sexes et cela, aussi longtemps que la famille doit produire et que les enfants sont appelés à s'insérer dans une société divisée en classes, quelle qu'elle soit.

L'échec partiel de la libération des femmes dans les pays socialistes doit être expliqué dans cette perspective. Malgré l'intégration massive des femmes au marché du travail, l'inégalité entre les sexes s'est maintenue. L'insuffisante socialisation du travail domestique et l'absence de socialisation de l'élevage des enfants en sont partiellement responsables. L'oppression des femmes dans le mariage et la famille y demeure aussi possible et nécessaire parce que ces sociétés sont encore divisées en classes. La présence d'une classe dominante, la bourgeoisie d'État, et par conséquent, celle de travailleurs victimes d'une certaine forme d'exploitation, exigent le maintien de rapports conjugaux et familiaux autoritaires et répressifs. Cette nécessité renforce par voie de conséquence le maintien du caractère privé du travail domestique et de l'élevage des enfants et renforce également la tendance à la décollectivisation de la propriété, c'est-à-dire la reconstitution de classes sociales antagonistes et ainsi de suite... car telle est la cohérence du procès de reproduction.

La libération des femmes par leur intégration au marché du travail est un problème qui se pose aussi dans les sociétés capitalistes. On peut constater que cette forme de libération offre des possibilités très limitées parce que: 1) la position d'infériorité générale des femmes est utilisée par la bourgeoisie comme prétexte à la surexploitation de toute cette partie de la main-d'oeuvre qu'elles constituent;

2) le mariage et la famille imposent aux femmes toutes les tâches privées de reproduction de la force de travail et l'élevage des enfants même lorsqu'elles participent au reste de la production sociale; 3) bien que la société capitaliste aura tendance à intégrer à la production publique une plus large fraction du travail domestique dont elle a déjà commercialisé une partie, la nécessité de maintenir des rapports d'inégalité entre les hommes et les femmes pour reproduire la société de classes demeurera et n'en deviendra que plus aiguë encore que par le passé.

Plusieurs textes féministes de socialistes modernes mettent l'accent sur le travail domestique privé comme source d'oppression de la femme. Margaret Benston, dans «Pour une économie politique de la libération des femmes», considère qu'il représente un rapport spécifique aux moyens de production. La femme n'est pas propriétaire de ces moyens; elle produit des biens qui ne sont pas monnayables (valeur d'usage) même si son travail est socialement nécessaire. Isabel Larguia reprend les mêmes idées dans «Contre le travail invisible». Christine Dupont («L'ennemi principal») démontre qu'il existe deux modes de production des biens et des services dans les sociétés modernes: le mode industriel capitaliste et le mode familial patriarcal. Chacun donne lieu à une exploitation spécifique et c'est le second qui détermine la condition féminine. Ces analyses sont correctes mais elles se limitent trop facilement à un des aspects économiques de l'oppression des femmes et négligent d'autres dimensions fondamentales. En ce sens, elles s'exposent — comme les théories socialistes — à limiter la lutte de libération des femmes à des objectifs partiels: participation au marché du travail et commercialisation (ou même socialisation) du travail ménager.

Simone de Beauvoir: l'approche existentialiste

En plus du marxisme et de la psychanalyse, il faut également tenir compte de la conception existentialiste des rapports entre les sexes, ne serait-ce qu'à cause de l'influence qu'elle a exercée et qu'elle exerce encore, principalement par l'intermédiaire des travaux de Simone de Beauvoir. *Le deuxième sexe* est probablement l'ouvrage le mieux documenté et le plus passionnant jamais écrit sur la condition féminine. Il faut y distinguer deux aspects: d'une part, l'analyse descriptive ou phénoménologique de la condition féminine et d'autre part, l'explication philosophique des phénomènes analysés. Cette explication s'appuie sur les principes de la philosophie existentialiste et en utilise les concepts et la terminologie. Je devrai la résumer grossièrement. Pour Simone de Beauvoir, la condition particulière de la femme vient de ce qu'elle tient, pour l'homme, essentiellement la place de l'Autre qui lui permet de se définir et de se constituer comme Sujet. Pour poser des actes librement et en assumer la responsabilité, l'être humain doit s'éprouver comme sujet, c'est-à-dire comme souverain, libre et essentiel au monde. C'est en se confrontant et en s'opposant à un autre individu ou à un autre groupe que l'être prend ainsi conscience de soi. Or, c'est précisément la femme qui remplit ce rôle au profit de l'homme. C'est en se confrontant et en s'opposant à elle, qui est à la fois semblable à lui et différente de lui qu'il s'éprouve comme souverain, autonome et puissant. Il devient essentiel en la définissant comme inessentielle, actif en la réduisant à la passivité, maître de lui-même en l'asservissant. Elle lui permet littéralement d'exister en lui permettant de dominer, de vaincre, de contrôler une liberté et une volonté autres que la sienne. Donc, l'être humain n'existe vraiment que comme sujet et il lui faut se définir par rapport à un autre pour exister comme sujet. Mais son existence comme sujet, l'expérience de sa liberté et de sa souveraineté se font dans l'angoisse, la tension et la solitude. Pour fuir cette angoisse existentielle, il cherche à se perdre, à se nier, à s'abolir comme sujet: il aspire à devenir une chose, un objet inconscient, immuable, pétrifié. Cette caractéristique essentielle de la conscience humaine explique la soumission de la femme à l'homme, son consentement à jouer pour lui le rôle d'Autre, c'est-à-dire d'Objet. Ainsi, la femme se fait complice de sa propre oppression.

En résumé, l'inégalité et la lutte entre les sexes s'expliquent par la coïncidence de deux tendances universelles et essentielles de la conscience humaine: 1) la tendance à constituer l'autre en objet pour s'éprouver comme sujet; 2) la tendance à vouloir se pétrifier en objet pour fuir l'angoisse et la responsabilité d'exister comme sujet.

Simone de Beauvoir résume ainsi la dialectique hégélienne du maître et de l'esclave dans les rapports entre les sexes: «On découvre dans la conscience elle-même une fondamentale hostilité à l'égard de toute autre conscience, le sujet ne se pose qu'en s'opposant: il prétend s'affirmer comme l'essentiel et constituer l'autre en inessentiel, en objet. (...) À côté de la prétention de tout individu à s'affirmer comme sujet, qui est une prétention éthique, il y a aussi en lui la tentation de fuir sa liberté et de se constituer une chose: c'est un chemin néfaste car passif, aliéné, perdu, il est alors la proie de volontés étrangères, coupé de sa transcendance, frustré de toute valeur. Mais c'est un chemin facile; on évite ainsi l'angoisse et la tension de l'existence authentiquement assumée. L'homme qui constitue la femme comme une Autre rencontrera donc en elle de profondes complicités».

Reste à expliquer pourquoi c'est l'homme qui sort vainqueur de cette dialectique avec la complicité de la femme. Il semble que ce soit, selon Simone de Beauvoir, les caractéristiques naturelles de la féminité qui aient destiné la femme plutôt que l'homme à jouer le rôle de l'Autre: le fait qu'elle soit plus dépendante de son corps que l'homme, plus soumise à la matière, plus empêtrée dans la chair, que son anatomie la destine à recevoir le mâle plutôt que le contraire, etc.

Dans cette perspective, la libération de la femme exige qu'elle refuse d'être complice de son oppression. C'est-à-dire qu'elle refuse de s'abandonner au rôle d'objet, qu'elle s'affirme et s'assume comme sujet dans l'angoisse et la solitude inévitables. Et c'est principalement dans et par le travail défini comme activité créatrice, prise sur le monde, réalisation de soi, que la femme peut devenir un être humain authentique, libre et responsable.

La dialectique du sujet et de l'objet, de l'essentiel et de l'autre, du maître et de l'esclave permet de décrire ce qui se passe dans la conscience des hommes et des femmes en rapports d'oppression. C'est le grand mérite de l'ouvrage de Simone de Beauvoir; à partir de ces catégories, elle présente et analyse d'une façon magistrale divers aspects de la condition féminine: les mythes qui ont été créés au cours de l'histoire pour formuler et illustrer ces rapports entre les sexes; les diverses étapes du développement intellectuel et émotif de la femme et de sa transformation en être aliéné et en objet consentant; toute l'expérience vécue de la dialectique sujet-objet, maître-esclave dans l'amour, dans la religion, dans l'étude, dans le travail, etc. Mais si sa philosophie permet de bien analyser la manière dont l'oppression est vécue subjectivement par les femmes et les hommes, elle n'explique ni pourquoi cette oppression existe, ni pourquoi elle est vécue de cette façon. À moins de croire à l'existence de caractéristiques immuables et éternelles de la conscience humaine, de supposer que l'homme est un oppresseur par nature et de toute éternité et que la femme est de toute éternité destinée à être opprimée parce que les êtres humains sont ainsi faits! On ne saurait admettre ce genre d'explication par les essences éternelles. Nous avons vu, avec Engels, que ce que sont les hommes et les femmes dépend de leur mode d'existence matérielle, de la façon dont ils sont obligés de vivre, de produire et de se reproduire et que ce mode d'existence change, se transforme et transforme les hommes en même temps. Il n'y a donc pas de raisons ineffables et éternelles, inscrites dans l'âme humaine qui expliqueraient l'aliénation de la femme, sa transformation par l'homme en objet. La dialectique de l'aliénation est réelle et Simone de Beauvoir l'analyse parfaitement, mais elle a son premier fondement dans l'*existence* des gens, non dans leur *conscience*. Simone de Beauvoir a d'ailleurs admis cette faiblesse de son ouvrage plusieurs années plus tard, dans *La force des choses*. Comme Sartre, elle est arrivée à la conclusion que la philosophie existentialiste était dépourvue de racines et devait chercher un fondement dans le matérialisme historique. Cette révision a par la suite profondément modifié ses positions politiques en général.

La solution qu'elle propose au problème de la femme dans *Le deuxième sexe* est une solution individualiste et bourgeoise: la réalisation de soi comme sujet dans le travail créatif. C'est une solution individualiste parce que sa théorie, comme on l'a vu, suppose que l'aliénation a sa source dans les états de conscience des individus impliqués. La libération exige donc seulement que chacun transforme sa propre morale, s'efforce d'être un sujet sans réduire la femme en objet ou refuse d'être réduite par l'homme à un objet. Il est pourtant évident que les conditions collectives de l'existence qui imposent la dialectique sujet-objet aux consciences des individus ne peuvent être transformées par des efforts personnels isolés d'affirmation de soi et de désaliénation. En outre, ce qu'elle propose à la femme comme objectif de libération: s'imposer comme sujet, signifie au fond adopter ce que Reich appellerait la structure psychique bourgeoise. On constate en effet que les caractéristiques que l'existentialisme prête au sujet, à l'existant, loin d'être des attributs humains essentiels et immuables, sont les traits particuliers du caractère qui sert d'ancrage à l'ordre social capitaliste: individualisme, liberté et souveraineté éprouvés dans l'opposition à autrui, affirmation de soi dans le travail, angoisse, tension, solitude dans la réalisation de soi, etc. L'idée de la femme se libérant et s'affirmant comme sujet dans le travail en usine, par exemple, laisse perplexe. La démarche pratique sur laquelle débouche l'approche existentialiste laisse ainsi de côté l'action collective de libération, parce qu'elle ne tient pas suffisamment compte du fondement économique et politique au sens large, de l'oppression des femmes, tel qu'on l'a analysé dans les pages précédentes.

La théorie féministe radicale:
le fondement sexuel de l'oppression

L'approche féministe radicale ou révolutionnaire est liée à la vague la plus récente du mouvement de libération des femmes et lui sert de théorie. Les ouvrages de Kate Millet, *La politique du mâle,* et de Shulamith Firestone, *La dialectique du sexe,* en sont des exemples représentatifs, de même que plusieurs articles de militantes féministes regroupés dans le numéro spécial de *Partisans* sur la libération des femmes et dans les anthologies de textes féministes américains, *Sisterhood Is Powerful, Woman in Sexist Society,* etc.

Dans cette perspective, les rapports d'oppression entre les sexes sont considérés comme la source première de tous les phénomènes économiques et politiques d'exploitation et de domination dans la société capitaliste comme dans les sociétés antérieures. En d'autres termes, la lutte des sexes représente la contradiction, l'opposition, le conflit social principal dont dépendent et dérivent tous les autres: lutte des classes, conflits raciaux, domination impérialiste, etc. C'est ainsi que pour Kate Millett les rapports entre les sexes sont des rapports politiques, c'est-à-dire des rapports de pouvoir, de puissance, par lesquels la moitié féminine de l'humanité est soumise au contrôle de la moitié masculine. Cette oppression et cette exploitation d'un sexe par l'autre sont fondées dans la relation humaine fondamentale, celle de la sexualité qui est le modèle de tous les rapports sociaux plus élaborés. Le système patriarcal est l'institution qui organise et maintient la suprématie masculine; il repose sur la famille, il est universel et bien antérieur à la société capitaliste. Aucune révolution ne peut opérer une transformation sociale profonde et durable si elle ne s'attaque pas au système patriarcal comme source de tous les autres systèmes d'oppression, si elle ne renverse pas d'abord la suprématie de l'homme sur la femme comme source et modèle de tous les rapports humains corrompus. Kate Millett conclut ainsi son analyse très contemporaine et dénoncée dans les pièces de Jean Genêt: «L'enseignement politique que contient la pièce de Genêt («Le Balcon») est celui-ci: tant qu'on n'aura pas renoncé à l'idéologie de la virilité réelle ou imaginaire, tant que l'on considérera la suprématie masculine comme un droit de naissance, tous les systèmes d'oppression continueront à fonctionner par la simple vertu de mandat logique et affectif qu'ils exercent au sein de la première des situations humaines».

Shulamith Firestone reprend les mêmes thèmes en démontrant qu'un tel cadre théorique est plus fondamental que celui de Marx et Engels et qu'il permet d'expliquer à la fois la lutte des sexes qui dépend du rapport fondamental entre l'homme et la femme dans la procréation de la lutte des classes qui s'édifie sur la base de cette première division sociale du travail. Pour elle, c'est l'organisation sexuelle de la société pour la reproduction qui seule constitue la base à partir de laquelle on peut expliquer la «superstructure» des institutions économiques, juridiques et politiques de même que les systèmes philosophiques, religieux et autres d'une période historique donnée. De son point de vue, une telle perspective est à la fois matérialiste et dialectique parce qu'elle recherche le fondement de l'ordre social dans les rapports de production matérielle premiers et fondamentaux (les rapports entre les sexes dans la reproduction de l'espèce), et parce qu'elle considère le développement social comme le résultat de la lutte entre ces deux classes primordiales que sont les hommes et les femmes. C'est ainsi qu'elle reformule en termes féministes la définition que Engels donne du matérialisme historique: «Historical materialism is that view of the course of history which seeks the ultimate cause and the great moving power of all historic events in the dialectic of sex: the division of society into two distinct biological classes for procreative reproduction, and the struggles of these classes with one another; in the changes in the mode of marriage, reproduction and childcare created by these struggles; in the connected development of other physically-differentiated classes (castes); and in the first division of labor based on sex which developed into the (economic-cultural) class system».

Ce cadre théorique toutefois est simplement ébauché dans les ouvrages féministes radicaux; l'accent est mis plutôt sur la description et l'analyse des situations vécues d'aliénation et de lutte des sexes dans la société capitaliste moderne. La perspective révolutionnaire du féminisme radical s'appuie sur la dénonciation des formes *contemporaines* du mariage et de la famille et des conséquences *actuelles* de l'oppression sexuelle, économique, politique et idéologique des femmes. Cette actualité lui assure une influence plus grande auprès des femmes que celles des courants marxiste et existentialiste.

L'action révolutionnaire privilégiée est celle qui s'attaque aux bases du système patriarcal: la suprématie masculine dans les rapports sexuels et dans les relations qui en dérivent. Cette action prend appui sur l'expérience subjective et les conditions personnelles d'oppression vécues et ressenties par chaque femme dans ses rapports avec la société mâle. En pratique, chacune doit être amenée à se «politiser» à partir d'une réflexion sur ses problèmes personnels, avec l'aide de ses consoeurs; c'est le processus du *consciousness raising*. Ce type de militantisme féministe implique d'abord une transformation de la vie personnelle des militantes. Il débouche sur une organisation politique révolutionnaire dont les femmes ont le contrôle exclusif et qui se caractérise par le refus de subordonner ou d'intégrer les objectifs de la libération des femmes à ceux des mouvements révolutionnaires traditionnels: communistes, socialistes, anti-impérialistes, libération des Noirs, etc., sous prétexte que ces mouvements ne s'attaquent pas au fondement sexiste de toute oppression sociale, économique ou politique et reproduisent dans leurs rangs mêmes les rapports patriarcaux entre les sexes. En conséquence, les féministes révolutionnaires s'efforcent d'extirper de leurs organisations tout élément bureaucratique, hiérarchique ou autoritaire.

Le féminisme radical est une théorie et un mouvement très important et il importe de l'évaluer sérieusement. Il présente quelquefois un caractère petit-bourgeois à la fois par sa composition et par le type de préoccupation qu'il met de l'avant. Il est né de l'oppression vécue et ressentie par toute une catégorie de femmes «émancipées» sur le plan économique et professionnel, et dont l'expérience de l'oppression se situe particulièrement sur le plan des rapports personnels: sexuels, amicaux, conjugaux et familiaux et des rapports de la femme au savoir, à la culture, à la politique, et tout spécialement à la politique révolutionnaire. En effet, il faut noter que dans plusieurs pays, comme les États-Unis et la France, ce sont des militantes déçues par le chauvinisme mâle des organisations de la gauche (communistes, trotskistes, maoïstes) qui sont venues grossir les rangs du mouvement de libération des femmes. Ces conditions expliquent l'emphase placée sur certains aspects de l'oppression des femmes dans l'analyse, dans l'explication et dans l'action féministe radicale. En reprenant la liste que nous avons utilisée des composantes du processus de reproduction dont doit tenir compte l'analyse de l'oppression des femmes, nous pourrons comparer cette perspective aux précédentes:

1 — Reproduction matérielle: a) de la propriété, b) de la force du travail, c) de l'espèce.

2 — Reproduction idéologique: des caractères des agents de production.

La théorie radicale ramène l'antagonisme des sexes aux rapports et à la division du travail qu'entraîne la seule reproduction biologique. La nécessité d'opprimer les femmes en vue de la reproduction de la propriété et de la reproduction de la force de travail est tout aussi importante et ne dérive pas nécessairement des rapports dans la procréation. Elle ne dépend pas non plus de la méchanceté ou de la perversion naturelle du mâle. Elle relève plutôt de la division du travail et trouve son fondement dans le mode de production des biens et des services dans une collectivité.

L'asservissement qu'entraîne la procréation privée et gratuite est certes fondamentale et aucune tentative sérieuse n'a été faite jusqu'ici pour transformer ce mode de reproduction séculaire. Les féministes radicales ont raison de s'attaquer à ce fondement de la suprématie masculine et de réclamer un contrôle collectif des productrices sur l'organisation de la procréation et de l'élevage. D'autant plus qu'existent les moyens techniques nécessaires à cette fin et que Engels, Lénine ou Simone de Beauvoir ne pouvaient même imaginer. Il reste toutefois que l'oppression engendrée par l'organisation économique des sociétés de classes doit également être considérée en tant que déterminant essentiel de la condition féminine, dans tout projet de libération.

Les féministes radicales comprennent mal par ailleurs le processus de la reproduction idéologique en tant qu'il impose l'oppression des femmes dans le cadre de la famille patriarcale, dans le but d'inculquer aux futurs agents de production les caractères nécessaires à leur fonctionnement dans une société de classes. C'est ce processus de reproduction idéologique qui fait des rapports entre homme et femme la «relation première», la «forme-cellule» des relations humaines sur laquelle les autres relations paraissent s'édifier et qui semble faire fonctionner tous les autres systèmes d'oppression. C'est poser un faux problème que de tenter d'établir la primauté de la lutte des sexes dans la famille sur la lutte économique et politique des classes dans la société ou bien l'inverse. La théorie féministe radicale oublie l'interdépendance et la cohérence étroites qui caractérisent les procès de production et de reproduction de la vie sociale. Car les rapports entre les sexes dans la reproduction de l'espèce et les rapports entre les agents économiques dans le travail s'inscrivent dans un seul et même procès général de la production sociale, qui distribue simultanément les agents en classes, en sexe, en races, en catégories de toutes sortes, souvent sur la base de critères qui ne possèdent aucun sens social immanent: couleur de la peau, caractères sexuels, etc. Selon Shulamith Firestone, il est réactionnaire de rapporter au «système» la responsabilité de l'oppression des femmes qui incombe objectivement aux hommes. Ne serait-ce pas, au contraire, jouer le jeu de l'idéologie réactionnaire que de combattre dans les termes mêmes des catégories, divisions et barrières qu'elle impose?

Il faut reconnaître que les féministes radicales ont su décrire et dénoncer avec une vigueur sans précédent les multiples formes et conséquences, des plus brutales aux plus subtiles, de l'asservissement des femmes dans les sociétés capitalistes contemporaines. Elles ont eu le courage de jeter au visage des révolutionnaires les mieux pensants l'image hideuse de la mutilation sexuelle, affective, intellectuelle qu'eux-mêmes subissent et font subir — produits malgré tout dociles du système. En ce sens, le nouveau discours féministe est révolutionnaire. Car dans les sociétés occidentales, certains effets psychiques et sexuels des contradictions du capitalisme moderne sont ressentis avec acuité par une part importante de la population. Le féminisme révolutionnaire, comme l'idéologie hippie et yippie, celle des mouvements de libération des homosexuels, des fous, etc., exprime ce malaise et y propose des solutions.

Mais le sens de la lutte féministe est partiellement ambigu dans la mesure où elle se définit comme une guerre entre les sexes, prenant en outre la précédence sur la lutte des classes, celle des Noirs et autres. À mon avis, il n'y a qu'une seule lutte à finir: celle des révolutionnaires — de tous les sexes — contre les minorités d'exploiteurs qui profitent de l'organisation sociale telle qu'elle est. L'objectif à *long terme* du féminisme ne peut être ni la revalorisation ni la glorification de «l'être féminin», pas plus que l'accession des femmes à l'égalité ou même à la suprématie sociale. Cet objectif doit être la destruction de ce qu'on appelle aujourd'hui la féminité, comme de ce qu'on appelle la virilité, dans l'unique but de justifier diverses formes d'exploitation et d'oppression: du travail domestique non rémunéré jusqu'à la vente des cosmétiques, en passant par le viol, la prostitution, la guerre, etc. Une véritable transformation révolutionnaire de l'ordre social ne peut laisser subsister l'inégalité et la domination entre les sexes, quelle qu'en soit la forme; elle ne peut non plus laisser subsister les institutions qui servent de cadre à l'asservissement sexuel: mariage, famille, etc. Et ce, parce qu'une véritable révolution doit abolir la division de la société en classes, en créant des conditions qui rendent impossibles et inutiles la division du travail, l'exploitation, la domination et la nécessité de les reproduire.

En ce sens, c'est un faux problème que celui de la priorité ou de la non-priorité de la libération des femmes comme objectif révolutionnaire. Les féministes radicales ont raison de s'attaquer au système d'oppression patriarcale; elles ont tort d'exclure comme réformistes ou de considérer comme secondaires les luttes contre le capitalisme, l'impérialisme, le racisme. Une révolution véritable devra libérer tout le monde ensemble: prolétaires, Noirs, colonisés, femmes, enfants, etc. Il peut bien exister plusieurs fronts de lutte mais elle ne doit avoir qu'un objectif ultime: la destruction complète de la propriété, de la famille et de l'État dont on a vu qu'ils formaient un système autoreproducteur d'éléments indissociables.

Certains mouvements qui se disent révolutionnaires visent cependant, en pratique, à établir des formes différentes de domination et d'oppression: technocratie, dictature prolétarienne ou autre. Il est évident qu'ils ne peuvent envisager la destruction de la famille puisqu'ils souhaitent recréer une nouvelle division de la société en classes et conserver l'État et la propriété sous des formes différentes. Ils ne devraient normalement pas pouvoir compter sur le militantisme des femmes. Par ailleurs, toute action visant réellement la destruction de la propriété et de l'État coïncide avec l'objectif de la libération des femmes et réciproquement, toute action visant au renversement du système d'oppression patriarcale contribue à l'abolition de la propriété et de l'État.

Le problème de l'organisation

Une fois admis que la libération des femmes est tout à la fois objectif, condition et conséquence essentielles* d'une révolution digne de ce nom, on peut se demander comment y parvenir dans la pratique. Il est impossible de répondre à cette question de façon complète et satisfaisante, puisque la tâche de libérer les femmes n'est aucunement différente, dans le fond, de la tâche générale de tous les révolutionnaires: faire la révolution. Cette tâche présente des difficultés qui ne sauraient être résolues que par tous les révolutionnaires dans le feu (et le froid) et l'action.

En Europe et en Amérique du Nord, il existe présentement de multiples formes et cadres d'action féministe, qui vont des groupes

---

* «Essentiel» dans cette phrase doit être écrit au masculin pluriel, du point de vue de la grammaire dominante.

de pression réformistes, se consacrant au lobbying parlementaire en faveur des droits égaux au travail, de la contraception, etc., jusqu'aux groupuscules extrémistes visant l'organisation de la lutte armée contre le mâle. Entre ces deux pôles, on trouve des groupes féministes militant à l'intérieur d'organisations politiques de gauche mixtes et de nombreux mouvements féministes autonomes, différant par le caractère plus ou moins radical de leurs revendications et de leurs moyens d'action. Il serait prématuré et prétentieux de tenter d'évaluer l'impact des actions entreprises par ces groupes et l'efficacité de leurs structures. On peut seulement en tirer quelques éléments très simples de stratégie.

D'abord, il semble bien que la majorité des femmes doivent être sensibilisées à partir de problèmes vécus quotidiennement, très restreints en apparence, à partir desquels une réflexion et une «politisation» plus générales peuvent être amorcées. En cela, les femmes ne diffèrent pas des autres classes et groupes opprimés. Les problèmes ou les dimensions de l'oppression qu'il faut privilégier semblent d'ailleurs varier selon les classes ou catégories de femmes auxquelles on s'adresse: travailleuses, ménagères, étudiantes, bourgeoises, etc. Ce qui ne veut pas dire que toutes les femmes ne subissent pas les mêmes formes d'oppression — à des degrés variables — et que les chemins de la sensibilisation ne mènent pas tous à une révolte commune.

Deuxièmement: le sectarisme, ici comme ailleurs, s'avère stérile et épuisant. Le purisme théorique, l'intransigeance idéologique, le chauvinisme féminin ne conduisent qu'au gaspillage d'énergie, à l'isolement et au ridicule. Par exemple, la lutte de libération des femmes n'aura aucun sens si on interdit aux «vrais» révolutionnaires de sexe masculin d'y travailler de plein droit. Il serait pour le moins paradoxal que l'on institue une division du travail de libération! Le féminisme, comme toute théorie et pratique révolutionnaires, doit éviter de devenir une Église, avec sa panoplie de dogmes et de sacrements, ses rituels de consécration et d'excommunication. Pendant que nous nous battrons entre nous, les autres femmes «consommeront» leur libération sous forme de gadgets, cosmétiques et lingerie «libérés».

Troisièmement: on peut constater que l'organisation est nécessaire aux luttes féministes mais qu'elle présente les mêmes dangers qu'en toute autre circonstance. Briser l'isolement des agents subversifs ou potentiellement subversifs est une des conditions les plus cruciales de tout processus révolutionnaire. Il est nécessaire d'établir une communication et une concertation permanentes entre les divers individus, couples et groupes engagés (ou désireux de s'engager) dans des actions de lutte, quelles que soient la nature, la forme ou l'ampleur de ces actions: expériences de vie communautaire, garderies militantes, luttes pour l'avortement et la contraception, contre la publicité sexiste et la discrimination; revendication pour la parité des salaires et les congés de maternité, etc. Il est également essentiel de créer des conditions telles que ces divers types de lutte féministe et antifamiliale rejoignent et complètent les luttes révolutionnaires centrées plus expressément sur les questions économiques et politiques et vice-versa.

Les structures et les mécanismes qui favorisent la communication, la concertation et la coordination ne doivent en aucun cas se transformer en appareils de contrôle, de direction, de centralisation. Car ces organisations doivent permettre de reproduire des modes d'action et de lutte révolutionnaires et non le système des rapports politiques et affectifs imposés par la classe dominante. Il faut que les femmes tirent leur leçon des échecs historiques du mouvement révolutionnaire, comme de ses victoires, et aucune n'est attribuable au bureaucratisme et au sectarisme mais, tout au contraire, à un parti pris de confiance à l'égard de tous ceux et celles qui cherchent péniblement la voie de leur libération.

Notes

2. La majorité oubliée: le rôle des femmes à Montréal au 19e siècle

1. Warren S. Thompson et P.K. Whelpton, *Population Trends in the United States,* Demographic Monographs, vol. IX, New York, Cordon and Beach, 1969, 192.

2. *Recensement du Canada,* 1871. vol. II, t. 3.

3. Calculé d'après *Recensement du Canada,* 1861, vol. 1, t. 5; 1891, vol II, t. 9.

4. *Montreal Herald,* 10 juillet et 7 sept. 1871; 19 et 21 nov. 1872; 5 fév. 1873.

5. *Montreal Herald,* 7 sept. 1871; *Montreal Post,* 4 mars 1882.

6. Calculé d'après *Recensement du canada,* 1861, vol. II, t. 16; 1881, vol. I, t. 2.

7. *Montreal Herald,* 7 sept. 1871.

8. *Report of the 4th Annual Meeting of the Protestant House of Industry and Refuge,* 7.

9. Mary Quayle Innis, *Unfold the Years,* Toronto, McClelland and Stewart, 1949, 21.

10. *Montreal Herald,* 22 nov. 1881.

11. *12th Annual Report of Home and School of Industry,* 1860, 3.

12. *21st Annual Report of Home and School of Industry,* 1869, 4.

13. *Annual Report of the Montreal Day Nursery,* 1889, 8.

14. *Montreal Illustrated, 1894: its Growth, Resources, Commerce, Manufacturing Interest, Financial Institutions. Educational Advantages and Prospects; Also Sketches of the Leading Business Concerns which Contribute to the City's Progress and Prosperity,* Montréal, Consolidated Illustrating Co., 1894, 298 p. À l'avenir, *Montreal illustrated...*

15. *Montreal in 1856. A Sketch Prepared for the Celebration of the Opening of the Grand Trunk Railway in Canada,* Montréal, Lovell, 1856, 45. À l'avenir, *Montreal in 1856...*

16. Il s'agit de: A.Z. Lapierre & Son, 1854, *Montreal Illustrated..., op. cit.,* 146; Hames-Holden Co., 1853, *Ibid.,* 113; James Linton and Co., 1859, *Industries of Canada City of Montreal Historical and Descriptive Review,* Montréal, Gazette Printing Co., 1886, 114; J.I. Pellerin & Sons, 1859, *Montreal Illustrated..., op. cit.,* 195; James Shithem & Co., date précise inconnue, K.G.C. Huttennayer, *Les intérêts commerciaux de Montréal et Québec et leurs manufactures,* Montréal, Gazette Printing Co., 1891, 169; G. Boivin & Co., 1859, *Montreal Illustrated..., op. cit.,* 140; William McLaren & Co., vers les années 1860, Chisholm & Dodd, *Commercial Sketch of Montreal and its Superiority as a Wholesale Market,* Montréal, 1868, 50; B. J. Pettener, 1866, *Montreal Illustrated..., op. cit.,* 236; Robert & James McCready, *Montreal Post,* 3 janv. 1885 et *True Witness,* 15 oct. 1890. D'après les annuaires de Montréal, il y avait trente manufactures de chaussures entre 1845 et 1853. Mais il devait s'agir, pour la plupart, de petits établissements qui n'employaient pas de femmes.

17. *Montreal in 1856...*, *op. cit.*, 46.

18. *Montreal Herald*, 6 sept. 1892.

19. *Montreal in 1856...*, *op. cit.*, 40.

20. John F. Snell, *MacDonald College*, Montréal, McGill University Press, 1963, 9-10.

21. *Montreal Illustrated...*, 138-139.

22. *Ibid.*, 292.

23. *Ibid.*, 266, 294, 296.

24. *Montreal Herald*, 6 sept. 1892.

25. Couturières, modistes, fourreurs, chapeliers, corsetières, chemisiers, gantiers, tailleurs, etc.

26. *Industries of Canada, City of Montreal Historical and Descriptive Review*, Montréal, Gazette Printing Co., 1886, 114; J. Kane, *Le commerce de Montréal et de Québec et leurs industries en 1889*, 76; *Montreal Illustrated...*, *op. cit.*, 146, 204.

27. *Recensement du Canada*, 1871 et 1891, tableaux sur les industries.

28. Livres de paie du 19e siècle, archives Molson.

29. *Le diocèse de Montréal à la fin du 19e siècle*, Montréal, Eusèbe Sénécal, 1900, 299. À l'avenir, *Le diocèse...*

30. Aux archives des Soeurs Grises de Montréal.

31. *Salles d'asile tenues par les soeurs de la Charité de Montréal*, Montréal, archives des Soeurs Grises, 1878, 2. À l'avenir, *Salles d'asile...*

32. *1747 Souvenir 1897: Description et notes historiques sur la maison des Soeurs Grises à Montréal*, 1897, 3.

33. *Salles d'asile...*, *op. cit.*, 2.

34. *Montreal Herald*, 21 sept. 1874; S. Lachapelle, *La santé pour tous*, Montréal, 1880, 122-144; S. Lachapelle, *Femme et nurse*, Montréal, 1901, 43.

35. Registre de l'école Saint-Joseph, 309-700/11, archives de la Congrégation de Notre-Dame.

36. *11th Annual Report of the Montreal Day Nursery*, 1899, 2.

37. 2nd *Annual Report of the Montreal Day Nursery*, 1890, 3.

38. 1st *Annual Report of the Montreal Day Nursery*, 1889, 3-4.

39. Marie-Claire Daveluy, *L'Orphelinat catholique de Montréal*, Montréal, 1918, 14.

40. *Ibid.*, 41-44.

41. J.J. Curran, *St. Patrick's Orphan Asylum*, Montréal, 1902, 23.

42. *Le diocèse...*, *op. cit.*, 281.

43. C. de Laroche-Héron, *Les Servantes de Dieu en Canada*, Montréal, Lovell, 1855, 78.

44. *Le diocèse...*, *op. cit.*, 261-262.

45. E.-J. Auclair, *Histoire des soeurs de la Miséricorde de Montréal*, Montréal, 1928, 14-16, 40, 46.

46. Les plus importantes étaient: The Female Benevolent Society, The Hervey Institute, The House of Industry and Refuge, The Home, The YWCA, The Women's Protective Immigration Society et The Women's Christian Temperance Union.

47. Adélard Desrosiers, *Les écoles normales primaires de la province de Québec*, Montréal, Arbour & Dupont, 1909, 182.

48. *Nos écoles laïques, 1846-1946: Album souvenir d'un siècle d'apostolat*, Montréal, Imprimerie de Lamirande, 1947-57-58.

49. *An Account of the Schools Controlled by the Roman Catholic Board of School Commissioners*, 1893, 12-13.

50. *Prospectus of the McGill Normal School, 1857*, Fonds Dawson, 917-1-4, archives de l'Université McGill.

51. Fonds Dawson, 927-1-4.

52. *Ibid.*, 927-20-34A.

53. *Ibid.*, 927-3.

54. *Ibid.*, 927-19-8.

55. *Ibid.*, 927-20-8.

56. *Documents de la session*, Québec, 63 Vict. 1899-1900, vol. 2, 308.

57. Fonds Dawson, 927-3.

58. *Documents de la session*, *Ibid.*, app. VI.

59. Gillian M. Burdell, *The High School for Girls, Montreal, 1875-1914*, Thèse de M.A., Université McGill, 1963, 41.

60. *Documents de la session*, *Ibid.*, app. VIII, tableau I.

61. *Montreal Herald*, 13 avr. 1875.

62. Catherine Lyle Cleverdon, *The Woman Suffrage Movement in Canada*, Toronto University Press, 1951, 217.

63. Maude E. Abbott, *History of Medicine in the Province of Quebec*, Montréal, McGill University Press, 1931, 67.

64. H.E. MacDermot, *History of the School for Nurses of the Montreal General Hospital,* Montréal, 1944, 17-18.

65. *Montreal Herald,* 6 avril 1877.

66. H.E. MacDermot, *op. cit.,* 28-3.

67. *Ibid.,* 32.

68. *Ibid.,* 43.

69. *Ibid.,* 53.

70. D.S. Cross, *The Irish in Montreal, 1867-1896,* Thèse de M.A., Université McGill, 1969, 261-262.

71. *Recensement du Canada,* 1881 et 1891, tableaux sur les industries.

3. Contraintes au silence... Les ouvrières vues par la Commission royale d'enquête sur les relations entre le capital et le travail

Abréviations utilisées dans les notes:
APC: Archives publique dus Canada
CT: Commission du travail, rapports des commissaires
CTO: Commission du travail, procès-verbaux des audiences tenues en Ontario
CTQ: Commission du travail, procès-verbaux des audiences tenues au Québec
CTNB: Commission du travail, procès-verbaux des audiences tenues au Nouveau-Brunswick
CTNE: Commission du travail, procès-verbaux des audiences tenues en Nouvelle-Écosse

1. La Commission royale d'enquête sur les relations entre le capital et le travail fut instituée le 7 décembre 1886 suivant le projet préparé par le ministre de la Justice J.S. Thompson. Celui-ci s'était inspiré d'enquêtes similaires en Pennsylvanie, au Connecticut, au New Jersey et au Kansas. *APC, Papiers Macdonald,* Thompson à Macdonald, 2 septembre 1886. La commission termina ses travaux en 1889, déposant un rapport majoritaire et un rapport minoritaire, tous deux contenus dans un même volume. Les rapports étaient accompagnés de cinq volumes renfermant les témoignages recueillis.

2. CTQ, p. 91-92, 125-126.

3. *Ibid.,* p. 126.

4. Pour une liste complète des sujets intéressant la commission, voir CT, p. 5-6.

5. Un aspect particulier des manoeuvres politiques qui ont présidé à la formation de la commission aura été le choix de ses membres. Voir à ce sujet, *APC, Papiers Macdo-* nald, T. Stewart à Macdonald, 21 septembre 1887; A.T. Freed à Macdonald, 22 septembre 1886; A.H. Blackeby à Macdonald, 26 janvier 1887. Blackeby, le secrétaire de la commission, voulait recevoir un salaire avant même que la commission ne commence ses travaux pour pouvoir aider le candidat conservateur Cowan dans sa campagne électorale.

6. Voir Catherine Cleverdon, *The Woman Suffrage Movement in Canada* (Toronto, 1974), p. 19-26, 105-111, et Carol Bacchi, *Liberation Deferred: The Ideas of The English Canadian Suffragists, 1877-1918,* thèse de doctorat, Université McGill, 1976, p. 27.

7. L'une des nombreuses revendications des Chevaliers du travail était le salaire égal à travail égal pour les femmes, mais celles-ci participaient rarement aux assemblées de ce mouvement. Le groupe radical Palladium of Labour avait inscrit le droit de vote pour les femmes dans le programme ouvrier réformiste lors des élections ontariennes de 1886 (PL, 7 décembre 1886) et on retrouvait dans le *Palladium,* qui était loin d'être un journal à grand tirage, un article qui à l'occasion était signé par une femme. Le Congrès des métiers et du travail du Canada endossait également dans sa constitution de 1886 le droit de vote pour les femmes. Les syndicats affiliés à cette centrale sont des syndicats de métiers et rares sont les femmes qui en sont membres. Voir Jean Scott, *Conditions of Female Labour* (Toronto, 1892), p. 27.

8. Calculé à partir du *Recensement du Canada,* 1891, vol II, p. 152-155, 164-167, 175-179.

	Femmes au travail	% de la main-d'oeuvre
Ontario	30 757	19,4
Québec	17 792	19,1
N.-Brunswick	3 648	19,5
N.-Écosse	5 086	22,6
Total	57 283	19,5

Pour des raisons inconnues, les Québécoises semblent avoir accepté moins que leurs soeurs des autres provinces la consigne du silence.

9. *Ibid.* Couturières: 22 054; ouvrières couturières: 10 083; tailleuses: 7731; modistes: 3141; opératrices dans les filatures de coton: 2954; ouvrières de moulins: 11 811; ouvrières de la chaussure: 1720; opératrices dans les filatures de laine: 1671. Soulignons pour fins de comparaison que le recensement dénombrait 73 652 domestiques et 14 787 enseignants.

10. Comme dans la note 8, le total est uniquement pour les quatre provinces visitées par la commission.

11. CT, p. 37, 99, 135-195.

12. CTO, p. 1163, CTQ, p. 484, CTO, p. 347, CTQ, p. 11 311.

13. Combien plus significative cette expression du salaire décent que celle du profit décent que les hommes d'affaires de cette période nous présentaient comme une juste récompense. M.B. Bliss, *A Living Profit* (Toronto, 1974). Terry Copp montre clairement dans *Classe ouvrière et pauvreté. Les conditions de vie des travailleurs montréalais 1897-1929* (Montréal, Boréal Express, 1978), qu'à l'exception des pauvres eux-mêmes, personne ne se préoccupait de leur incapacité à gagner un salaire décent.

14. CTQ, p. 482, 987, 1146, 1147, 273.

15. CTO, p. 358, CTQ, p. 989, 1147, 1284, 818-819, 1350, 1351; CTNB, p. 192, 196, 146; CTNE, p. 201, 203.

16. Un tisserand dans une filature de laine de Sherbrooke croyait cependant que ceux qui vivaient en chambre travaillaient plus fort pour pouvoir gagner plus afin de pouvoir se subvenir à eux-mêmes. CTQ, p. 1192. Le prix de la chambre devenait un stimulant.

17. CTQ, p. 984, 9888, 1145, 1148, 1120, 1296-1297, 1294, 1282-83, 1284-85; CTO, p. 1173.

18. CTO, p. 1086, 1087; CTQ, p. 639-640, 641; CTO, p. 358, 347, 348.

19. CTO, p. 662.

20. CTO, p. 919; CTQ, p. 356; CTO, p. 810, 41, 48, 627; CTNB, p. 73, 74, 211; CTQ, p. 1072; CTO, p. 350; CTNE, p. 73.

21. CTO, p. 665; CTQ, p. 320.

22. CTNE, p. 210.

23. Le syndicat des typographes approuvait aussi le salaire égal, mais il comptait peu de femmes dans ses rangs. CTO, p. 44, 48, 108, 596.

24. CTO, p. 617.

25. *Ibid.*, p. 621.

26. *Ibid.*, p. 1074-75.

27. *Ibid.*, p. 288.

28. CTO, p. 289; CTNB, p. 4.

29. CTQ, p. 126.

30. *Ibid.*, p. 598.

31. CTO, p. 693, 628, 1164; CTQ, p. 854; CTNB, p. 117, 339.

32. Cette idée d'un mal se propageant des classes populaires aux classes supérieures a été reprise par Eward Shorter. L'industrialisation a permis, affirme-t-il, la révolution romantique qui s'est propagée de la classe ouvrière à la classe moyenne. Edward Shorter, *The Making of the Modern Family* (New York, 1976). Ce livre a été l'objet de critiques sévères et convaincantes s'appuyant sur le fait que l'auteur a décrit les conditions de la classe ouvrière et paysanne à partir de témoignages provenant de la classe moyenne. Voir notamment le compte rendu de lecture de Joan Scott paru dans *Signs* II, 3 (printemps 1977), p. 692-696. J'espère avoir évité ce piège dans cet article. L'inquiétude manifestée par les commissaires face aux ouvrières était certainement réelle, mais l'on peut se demander si cette inquiétude s'appuyait sur une quelconque réalité.

33. CTQ, p. 1157, par exemple.

34. Voir, par exemple, CTO, p. 358-359, 1009. Les réformistes de la classe moyenne ont été ennuyés par ce déclin du nombre de domestiques à travers tout le dernier tiers du 19e siècle et le premier quart du 20e siècle. Voir National Council of Women, *Yearbooks,* et G. Leslie, «Domestic Service in Canada 1880-1920» publié dans J. Acton *et al.,* éd., *Women at Work: Ontario, 1850-1930* (Toronto, 1974), p. 71-117.

35. CTO, p. 1162.
36. CTO, p. 1079; CTQ, p. 476.
37. CTNB, p. 193.
38. L. Rotenberg. «The Wayward Worker: Toronto's Prostitute at the Turn of the Century», J. Acton *et al.,* éd., *Women at Work,* p. 33-63.
39. CTQ, p. 476, 483.
40. CTO, p. 168. Le commissaire curieux était A.T. Freed.
41. CTQ, p. 481.
42. *Ibid,* p. 485.
43. Les historiens ont commencé à accorder beaucoup d'attention au fait que les commissaires étaient divisés et qu'ils produisirent deux rapports. Voir B. Ostry, «Conservatives, Liberals and Labour in the 1880s», *Canadian Journal of Economics and Political Science,* XXVII, 2 (mai 1961),

p. 150-153; G. Kealy, *Canada Investigates Industrialism* (Toronto, 1973), une version abrégée de la Commission du travail précédée d'une introduction; F. Harvey, *Révolution industrielle et travailleurs* (Boréal Express, 1978); G. Vallières, «La Commission royale sur les relations du travail avec le capital au Canada 1886-1889», thèse de maîtrise en histoire, Université d'Ottawa, 1973. Les deux rapports se ressemblent beaucoup quoique le second manifeste plus de sympathie à l'endroit des ouvriers, ses auteurs étant plus proches des associations ouvrières que ceux du premier rapport. Sur la question du travail des femmes, on ne note aucune différence, si ce n'est dans le style.
44. Berit Äs, «On Female Culture», *Acta Sociologica,* 18, 2-3, p. 142-161.

4. Ouvrières et travailleuses montréalaises, 1900-1940

1. Marie Gérin-Lajoie, «Le travail des femmes et des enfants dans la province de Québec», *La Bonne Parole,* octobre 1920: p. 5-6.
2. Voir dans ce recueil l'article de D.S. Cross.
3. *Recensement du Canada,* 1941, vol. 7, t. 7 et vol. 3, t. 5. Notons que parmi la population montréalaise âgée de plus de 14 ans, 29,4% des femmes et 83,3% des hommes font partie de la population active.
4. En 1931 à Montréal, 87,7% des travailleuses sont célibataires alors que seulement 12% sont veuves ou mariées. 55% des travailleuses ont moins de 25 ans. Calculé d'après le *Recensement du Canada,* 1931, vol. 6, t. 44 et vol. 3.
5. Cette situation a été étudiée dans le livre de Terry Copp, *Classe ouvrière et pauvreté. Les conditions de vie des travailleurs montréalais 1897-1929,* Boréal Express, Montréal, 1978.
6. Ces pourcentages ne sont que légèrement modifiés par les taux d'activité moyenne annuelle. En 1921, les femmes travaillent 1,8 semaines de plus que les hommes, en 1931, 4,6 semaines de plus et en 1941, 0,2 semaines de moins. L'écart de salaire selon les semaines d'activité est alors pour ces années respectivement de 56,6%, 50,1% et 51,1%. Calculé d'après le *Recensement du Canada,* 1941, vol. 6, t. 7. Les données comparables ne sont pas disponibles pour les années 1901 et 1911.
7. *Recensement du Canada,* 1911, vol. 6, t. 6; 1941, vol. 7, t. 7.
8. Ainsi en 1911, 63% des ouvrières sont dans les textiles et la confection, 6% dans le cuir et les produits du caoutchouc et 7% travaillent dans les tabacs. Cette répartition demeure sensiblement la même jusqu'en 1941. D'après *Recensement du Canada,* 1911, vol, 6, t. 6. Parmi les 40 industries les plus importantes du Québec, la presque totalité de celles qui emploient plus de 50% de main-d'œuvre féminine se range parmi celles payant les plus faibles salaires, ce qui implique que la surexploitation des ouvrières est un élément important de la structure de l'économie québécoise. Voir *Manufacturing Industries of the Province of Québec 1930.* Dominion Bureau of Statistics, Ottawa, 1932.
9. *Le Nationaliste,* 13 janvier 1918.

10. D'après le *Rapport de la Commission de la province de Québec sur les salaires minima des travailleuses*, les ouvrières expérimentées en 1930 sont au nombre de 5431 et touchent en moyenne 16,95 $ par semaine alors que les 4079 apprenties touchent 8,37 $. *La Gazette du Travail*, 1931, p. 36. La loi du salaire minimum pour les femmes fut votée en 1919. Elle prévoyait la mise sur pied d'une commission chargée d'établir les heures de travail et les salaires des femmes dans diverses industries. Cette commission ne fut instituée qu'en 1925.

11. Laura Robert, «Conditions de travail à l'usine — Salaire minimum», conférence prononcée à l'Association professionnelle des employées de manufactures, c. 1932, archives de la Fédération nationale Saint-Jean-Baptiste (FNSJB).

12. *Ibid.*

13. Rapporté dans Évelyn Dumas, *Dans le sommeil de nos os, quelques grèves au Québec de 1934 à 1944*, Leméac, Montréal, 1971, p. 47.

14. *La Gazette du Travail*, 1904-1905: p. 506.

15. D'après le rapport soumis par W.L. Mackenzie King (futur premier ministre du Canada) au gouvernement fédéral en 1898, *La Gazette du Travail*, 1900: p. 8.

16. *Report of the Royal Commission on Price Spreads*, Wm. W. Kennedy, chairman, King's Printer, Ottawa, 1935: p. 112.

17. *Rapport de la Commission royale d'enquête sur l'industrie textile*, W.F.A. Turgeon, président, Imprimeur du Roi, Ottawa, 1938, p. 156.

18. «Plaintes formulées par les ouvrières travaillant à la filature Dominion Textile d'Hochelaga», enquête menée par l'Association professionnelle des employées de manufactures, c. 1915, archives FNSJB.

19. Lettre d'une ouvrière, *La Presse*, 15 novembre 1910.

20. Les données concernant la syndicalisation des femmes sont très partielles car la plupart des organisations syndicales ne tiennent pas d'états distincts des membres selon le sexe. Ainsi à partir des données disponibles, les femmes ne formeraient que 2,6% des syndiqués canadiens en 1923 et 5,6% en 1937, ce qui est sûrement inférieur, de l'avis même du ministère du Travail, à la proportion réelle des femmes syndiquées. Calculé d'après le *Rapport annuel sur l'organisation ouvrière au Canada*, ministère du Travail, Imprimeur du Roi, Ottawa, 1924: p. 252 et *Annuaire du mouvement syndical ouvrier au Canada*, Ministère du travail, Imprimeur du Roi, Ottawa, 1938: p. 187.

21. *Report on Strikes and Lockouts in Canada, 1901-1916*, King's Printer, Ottawa, 1918, rapporté dans J. rouillard, *Les travailleurs du coton au Québec, 1900-1915*, PUQ. Montréal, 1974: p. 107.

22. Calculé d'après *Recensement du Canada*, 1911, vol. 6, t. 6.

23. *La Presse*, 3, 4, 5 mars 1908.

24. J. Rouillard, *op. cit.*, p. 93.

25. Pour un récit de ces grèves, voir E. Dumas, *op. cit.*

26. Les conventions collectives sanctionnaient l'inégalité salariale même dans les secteurs majoritairement féminins; mentionnons à titre d'exemple cette convention de l'Union internationale des ouvriers du vêtement pour dames signée en 1940 qui prévoyait aux presseurs 0,54$^{1/2}$ $ l'heure et aux presseuses 0,36$^{1/4}$ $. *La Gazette du Travail*, 1940: p. 1020.

27. *Labour Gazette*, 1911: p. 608 et 1907-1908: p. 462, ainsi que «Plaintes formulées par les ouvrières de la Dominion Textile d'Hochelaga», *op. cit.*

28. Par travailleuses des «services personnels», les catégories de recensement entendent les domestiques, «femmes de peine», cuisinières, matrones, gouvernantes, manucures, filles de table et coiffeuses. Les domestiques forment la majeure partie de ce groupe de travailleuses, soit 63% en 1921, 68% en 1931 et 58% en 1941. *Recensement du Canada*, 1931, vol. 5, t. 8, et 1941, vol. 6, t. 7.

29. *Procès-verbal*, Congrès de la CTCC, 1937: p. 106, archives de la CSN.

30. Marie Gérin-Lajoie, *op. cit.*, p. 4.

31. Voir l'étude sur les domestiques de V. Strong-Boag et J. Stoddart, «... And Things Were Going Wrong at Home», *Atlantis, A Women's Studies Journal*, automne 1975, 1, 1: p. 38-44.

32. D'après la féministe Carrie Derrick, les vendeuses considéraient que leur travail était socialement «supérieur» à celui de la domestique. Concrètement, cela se vérifiait par le fait que la domestique se fait interpeller par son prénom alors que la vendeuse est appelée «Madame» ou «Mademoiselle». Carrie Derrick, «General Report on Women's work», *Royal Commission on Industrial Training and Technical Education,* King's Printer, Ottawa, 1913: p. 1976.

33. «Résolutions sur l'entraînement et l'orientation de la jeunesse féminine actuellement au travail en prévision du chômage d'après-guerre», m.s., archives FNSJB.

34. Il est effectivement possible qu'un certain nombre de travailleuses soient retournées au travail ménager non-salarié en période de chômage. Cependant, il ne nous semble pas que le phénomène puisse expliquer à lui seul le taux moins élevé de chômage féminin. Car si tel était le cas, nous pourrions nous attendre à ce que les travailleuses adoptent systématiquement ce comportement, ce qui ne se vérifie pas à la décennie suivante où l'écart chômeurs/chômeuses est beaucoup moins élevé: il y a en 1941, 7,3% de chômeuses à Montréal et 10% de chômeurs. Pourcentages tirés du *Recensement du Canada,* 1931, vol. 7, appendice, t. 2 et 1941, vol. 6, t. 15.

35. *Le Journal de Françoise,* 21 février 1903: p. 270.

36. D'après une lettre de Thérèse Casgrain mentionnée dans Bureau de direction de la FNSJB, 12 janvier 1934, archives FNSJB.

37. Notons cependant que c'est dans ce secteur que l'écart salarial est le moins prononcé; en 1931, les travailleuses de bureau touchent 73% des salaires masculins. Calculé d'après *Recensement du Canada,* vol. 15, t. 17.

38. Mme A. Gibeault, «Les employées de magasin», *La Bonne Parole,* mai 1927: p. 13-14.

39. *Report of the Royal Commission on Price Spreads:* p. 122.

40. Lettre d'un «membre de la Fédération» à Marie Gérin-Lajoie, c. 1932, Archives des sœurs Notre-Dame du Bon Conseil. (SNDBC).

41. Conférence de Henri Joly citée dans «Le coin du travail», *La Bonne Parole,* avril 1919: p. 8-9.

42. M. Dumont-Johnson, «Histoire de la condition de la femme dans la province de Québec», *Tradition culturelle et histoire politique de la femme au Canada,* études préparées pour la Commission royale d'enquête sur la situation de la femme au Canada, no 8, Information Canada, Ottawa, 1971: p. 27-31.

43. *Rapport du surintendant de l'Instruction publique de la province de Québec pour l'année 1905-1906,* Québec, 1907: p. 273-301.

44. *Ibid.,* et «Fiches de dénombrement du personnel», archives de la Commission des écoles catholiques de Montréal (CECM).

45. «Échelle des traitements doptée par le bureau central de la commission à sa séance du 13 avril ajournée au 16 avril 1920», archives CECM. À la CECM, nous n'avons pas retracé de règlement empêchant les femmes mariées d'enseigner comme il en existait en Colombie-Britannique. Mais il semble bien que seules des célibataires enseignaient d'après les fiches de dénombrement de personnel à cette période. Il n'y a qu'en 1929 qu'on relève du personnel féminin marié (des veuves?) qui constituent 1,4% du personnel féminin.

46. Il est symptomatique que ces journalistes aient à travailler sous un nom de plume, prénom par surcroît. Il s'agit respectivement d'Henriette Dessaules (*Le Devoir*), Édouardina Huguenin, (*La Patrie,* qui fondatrice de *La Revue Moderne*).

47. Voir entre autres les documents des syndicats, les comptes rendus des *Semaines sociales du Canada,* les articles de *l'École sociale populaire* et les archives d'associations, telles le National Council of Women of Canada et la Fédération nationale Saint-Jean-Baptiste.

48. *Le Journal de Françoise,* 21 février 1903: p. 269.

49. Lettre de Marie Gérin-Lajoie à Léonie Morel, brouillon, juillet 1903, archives SNDBC.

50. Voir dans ce recueil l'article «La Fédération nationale Saint-Jean-Baptiste et les

revendications féministes au début du XXe siècle».

51. Voir dans ce recueil l'article «Henri Bourassa et la question des femmes», ainsi que les articles des *Semaines sociales du Canada*, 1920-1940, et de *l'École sociale populaire*, 1911-1940.

52. Les relieurs de Montréal entrent en grève en 1904 parce que des femmes sont engagées pour effectuer un travail précédemment réservé aux hommes. *La Gazette du Travail*, 1904-1905, p. 190. Madeleine Guilbert a analysé pour la France ce phénomène qui fut fréquent dans les débuts de l'industrialisation dans son ouvrage *Les femmes et l'organisation syndicale avant 1914*, CNRS, Paris, 1966, p. 555.

53. D'après les résolutions des congrès annuels des diverses centrales syndicales canadiennes telles que rapportées dans *La Gazette du Travail* de 1921 à 1930.

54. *Procès-verbal*, congrès de la CTCC, résolution 34, 1921, archives de la CSN.

55. *Ibid.*, résolution 15, 1935.

56. *La Presse*, 23 janvier 1935.

57. *Ibid.*

58. *Mlle A. Bibaud, présidente de l'Association des industrices de Montréal aux commissaires de la CECM*, 16 avril 1920, archives CECM. Dans cette lettre, l'association proteste contre une nouvelle échelle de traitements qui accroît l'écart salarial hommes /femmes, tout en se défendant de réclamer un salaire égal pour un travail égal.

59. *Le Devoir* et *La Pressse* ont commenté la présence des femmes à ces manifestations. Voir C. Larivière, *Le premier mai, fête internationale des travailleurs*, éd. Albert St-Martin, Montréal, 1975, 45 p.

5. L'éveil syndical des «religieuses laïques»: l'émergence et l'évolution de l'Alliance des infirmières de Montréal, 1946-1966

1. Nous reprenons le titre d'un colloque organisé par le département des Sciences infirmières de l'Université de Sherbrooke, dans le cadre de l'ACFAS, tenu au mois de mai 1981. La conférence d'ouverture, présentée par Micheline Dumont, a été reproduite sous un nouveau titre: «Les infirmières: cols roses?», *Nursing-Québec*, 1,6 (septembre-octobre 1981): 10-16.

2. Florence Nightingale est considérée comme la pionnière du nursing professionnel. Née en Angleterre en 1820 et issue d'une famille bourgeoise aisée, elle a entrepris de réformer l'organisation des soins dans les hôpitaux anglais. En 1860, elle a ouvert la première école d'infirmières.

3. La seule synthèse présentement disponible sur la profession d'infirmière au Québec est l'ouvrage réalisé par Édouard Desjardins, Suzanne Giroux et Eileen C. Flanagan, *Histoire de la profession d'infirmière au Québec* (Montréal, Association des infirmières et infirmiers de la province de Québec, 1970), 270 p. Bien qu'elle soit d'une uti-

lité certaine, cette étude effectuée pour commémorer le cinquantième anniversaire de l'AIIPQ reste essentiellement descriptive et s'attache à retracer les faits saillants de l'association. Concernant le syndicalisme des infirmières, on peut mentionner l'enquête plus récente réalisée par Ronald Sirard, *Les infirmiers et infirmières de la Fédération des SPIIQ. Leurs caractéristiques — leurs insatisfactions — leurs revendications* (Rapport de recherche pour la Fédération des SPIIQ, 1977), 92 p.

4. Ce texte résume quelques-uns des aspects traités dans le cadre de la préparation d'un mémoire de maîtrise à l'Université du Québecc à Montréal sous la direction de Robert Comeau et de Nadia Fahmy-Eid.

5. Voir à ce sujet l'article de Mona-Josée Gagnon, «Les femmes dans le mouvement syndical québécois», reproduit dans ce recueil.

6. On assiste présentement à une redéfinition du syndicalisme au sein des professions organisées dont l'issue n'est pas encore tra-

cée. Qu'on pense aux vagues de désaffiliation des travailleuses et travailleurs professionnels de la C.S.N. entre 1972 et 1976, ou à l'épineuse question du droit de grève dans les services publics; ces problèmes n'ont pas encore reçu de réponse syndicale adéquate et définitive.

7. Constitution, article 2, citée par Claude-Armand Sheppard, «Syndicats professionnels», *L'organisation et la réglementation des professions de la santé et du bien-être social,* (Commission d'enquête sur la santé et le bien-être social (Commission Castonguay-Nepveu), annexe 12, 1970, 947.

8. Mgr Louis Hudon, «Les infirmières et le syndicalisme dans la province de Québec», *Bulletin des Infirmières Catholiques du Canada* (janvier-février 1956): 1.

9. Donna Jean MacLeod, *A Study of Nursing from a Feminist Perspective* (University of Chicago Press, Education Department, 1976).

10. Pour plus d'informations, on peut consulter le texte de Katherine R. Nelson, «Changing Patterns of Practice Nursing and Medical», *Proceedings of The First Conference for Professional Nurses and Physicians* (Chicago, American Medical Association, 1964).

11. Extrait du serment professionnel que les infirmières diplômées devaient prononcer. On peut consulter la reproduction intégrale de ce texte dans *Si Florence revenait au Québec* (Alliance des infirmières de Montréal, 1971), 11.

12. Entrevue de l'auteure avec Jacques Cousineau, s.j. (Montréal, presbytère St-Nicolas d'Ahuntsic, 9 mars 1981).

13. À l'article 3.5 du Code d'éthique de la Corporation des ingénieurs (édition de 1959), on retrouve la prescription suivante: «L'ingénieur n'acceptera pas de devenir membre d'une union ouvrière et ne participera pas comme tel à aucune forme d'activité syndicale. Il reconnaît que s'il en était autrement, il soutiendrait alors une philosophie et l'usage de méthodes de négociation incompatibles avec le vrai professionnalisme, telle que la grève, etc.» Cité par Marie-Josée Rousseau-Dupuis, *Corporation et syndicat chez les professionnels: une*

analyse politique du cas des ingénieurs québécois (Université de Montréal, thèse de maîtrise en sciences politiques, 1975), 54.

14. Hélène Savoie, g.m.l. (service privé), «La profession d'infirmière et ses besoins économiques», *L'Éveil Social,* 1,1 (août 1947), n.p.

15. Marie Lavigne et Jennifer Stoddart, *Analyse du marché du travail féminin à Montréal entre les deux guerres* (Université du Québec à Montréal, thèse de maîtrise en histoire, 1973), 164.

16. Micheline Dumont, *op. cit.,* 14.

17. Rodrigue Johnson, «L'origine des changements: la société, la population, la technologie» dans *Rapport du comité d'étude de la main-d'oeuvre hospitalière* de Thomas J. Boudreau (Québec, Éditeur officiel, 1973), 54.

18. Pour plus d'informations on aura intérêt à consulter le texte de Yves Lessard (conseiller syndical de la Fédération des affaires sociales), *Petite histoire de la profession infirmière vue sous l'angle du corporatisme (sic) et de l'exploitation du dévouement par l'invocation de certains préceptes religieux* (Archives de la Fédération des affaires sociales, 1978), 11 p.

19. J.-M. Rodrigue, cardinal Villeneuve, o.m.i., archevêque de Québec, «Association professionnelle des gardes-malades» (Déclaration de l'épiscopat de la province de Québec) dans *Mandements des évêques du Québec,* 12 mai 1936, tome XV, 140.

20. Judi Coburn, «I see and I Am Silent: A Short History of Nursing in Ontario», dans *Women at Work. Ontario 1850-1930,* édité par Janice Acton *et al.* (The Canadian Women's Educational Press, 1974), 158.

21. La proposition de changement de nom du Syndicat des gardes-malades de Montréal en celui de l'Alliance des infirmières de Montréal a été adoptée sur division, quelques infirmières désirant voir paraître le mot «professionnel» dans le titre du syndicat. Voir à ce sujet le *Procès-verbal de l'assemblée générale* (AIM, 25 juin 1947).

22. L'ouvrage de Geneviève Auger et Raymonde Lamothe, *De la poêle à frire à la ligne de feu* (Montréal, éditions du Boréal

Express, 1981), 232 p., en fournit une excellente illustration.

23. Pour plus d'informations, on peut consulter les textes suivants: Glenna Rowsell, «Relations de travail», dans *Le nursing et la loi canadienne,* édité par Shirley Good *et al,* (Montréal/Toronto, éditions H.R.W., 1973), 155-171; Helen K. Mussallem, «Nurses and Political Action», dans *Issues in Canadian Nursing,* édité par Betsy Lasor et M. Ruth Elliot (Ontario, 1977), 155-181.

24. Jacques Cousineau précise: «Rocque, lui, faisait les contacts personnels (...) individuels. Et quand arrivait une assemblée, alors ben là, il m'invitait. Et c'est moi qui faisais l'espèce de petit laïus pour essayer de les convaincre». Extrait d'une entrevue de l'auteure avec Jacques Cousineau.

25. Ernest-Armand Lacaire, «Mort de Alice Bérubé», *La Vie Syndicale* (décembre 1941), 4.

26. «Les débuts — Historique de l'Alliance des infirmières de Montréal,» *L'Éveil social,* 1,1 (août 1947), n.p.

27. *Ibid.*

28. *Lettre au Comité d'organisation de la C.T.C.C.,* a/s M. Gérard Picard, président (Montréal, 21 février 1947). Cette lettre est signée: «Vos tous dévoués AF/HL pour le comité d'organisation». (Cette lettre nous a été présentée par Jacques Cousineau).

29. Cette question est développée dans l'article de Mona-Josée Gagnon reproduit dans ce recueil.

30. «Statuts — Syndicat des gardes-malades de Montréal», *La Gazette officielle de Québec,* 79, 28 (12 juillet 1947).

31. «Les débuts — Historique de l'Alliance des infirmières de Montréal (suite)», *L'Éveil Social,* 1,2 (septembre 1947), n.p.

32. *Décision rendue par la Commission des relations ouvrières de la province de Québec dans l'affaire de l'Association des infirmières de la province de Québec, requérante, le Syndicat des gardes-malades de Montréal, intervenant, et l'hôpital Sacré-Coeur de Cartierville, mis en cause* (Québec, 28 mars 1947).

33. Extrait d'une entrevue de l'auteure avec Jacques Cousineau.

34. Ces chiffres ont été calculés à partir des données contenues dans l'étude de Géral-

dine Dumas, *Le syndicalisme chez les infirmières de la province de Québec* (CSN, Service d'organisation, mars 1965), 2.

35. Lucette Paquin (présidente de l'AIM), Norbert Rodrigue (président de la FNS) et Marcel Pépin (président de la CSN), *Le temps de la soumission — le temps de la libération — le temps de la responsabilité* (Communiqué, 13 mai 1971). (Archives de la CSN).

36. Joseph Pelchat, «Idéalisme en face des réalités», *L'Éveil Social,* 1, 1 (août 1947), n.p.

37. «Rapport de l'arbitrage», *L'Éveil Social,* 1, 1 (août 1947); 1, 2 (septembre 1947); 1, 3 (octobre 1947), n.p.

38. Allocution de René Rocque, *Procès-verbal de l'assemblée générale* (AIM, 25 juin 1959).

39. Pour un portrait sommaire de l'industrie hospitalière, on peut se référer aux textes suivants: Jean-Yves Rivard *et al., L'évolution des modes de distribution de soins au Québec, étude rétrospective et prospective* (commission Castonguay-Nepveu, 1967), 196 p; Gilles Beausoleil, Francine Beaudoin et Richard Béland, *Analyse du marché du travail des infirmières au Québec* (Montréal, Les Presses sociales, 1964), 120 p.

40. *Mémoire sur les relations entre les syndicats affiliés à la Fédération nationale catholique des services (CTCC) et les institutions dirigées par les communautés religieuses,* dans une lettre de André Roy (secrétaire général adjoint) à Mgr Charles-Omer Garant (Auxiliaire de Québec) (26 septembre 1955), 9.

41. Ces chiffres ont été calculés par Gilles Beausoleil *et al, op. cit.,* 40-54.

42. *Lettre de Régina Boisvert, i.h.l., secrétaire de l'A.I.M. à M. Jean Marchand, secrétaire de la CTCC* (Montréal, 2 janvier 1960), (Archives de la C.S.N.).

43. Voir à ce sujet le *Procès-verbal de l'assemblée générale* (AIM, 24 octobre 1951); *Requête de l'Alliance des infirmières de Montréal «pour changer de nom et modifier les règlements à l'Honorable secrétaire de la province», Pierre Vadeboncoeur, procureur de la requérante* (Montréal, 1er mars 1956). Archives de l'AIM.

44. *Procès-verbal de l'assemblée générale* (AIM, 21 novembre 1951).

45. Une *Lettre de Régina Boisvert, i.h.l., à M. Jean Marchand, secrétaire général de la CTCC* (Montréal, 12 juin 1959), 4, souligne la participation de l'Alliance à la grève de Dupuis Frères en ces termes: «Je puis affirmer que vous étiez heureux de nous confier des missions (...) J'étais là au moment voulu et pour la tâche voulue et à ce moment, nous avions 5 arbitrages en cours. La préparation se faisait la nuit afin d'être libre dans la journée pour le magasin de la grande famille syndicale». Archives de la CSN.

46. Pierre Vadeboncoeur, «Explication générale de l'action de l'Alliance depuis huit mois», *L'Éveil Social,* 5, 11 (novembre 1954), 3-4.

47. *Lettre de Régina Boisvert à M. Jean Marchand, secrétaire général de la CTCC* (Montréal, 12 juin 1959). Archives de la CSN.

48. Ces chiffres ont été calculés d'après les données compilées par Maurice Dussault pour le congrès au bureau du secrétaire général. «Syndicats affiliés directement à la CTCC» (1946, 1947, 1948, 1949); «Syndicats affiliés à la Fédération des services» (1950 à 1960), *CTCC — Statistiques* (Archives de la CSN).

49. «Montréal — Infirmières», *Le Travail,* XXVIII, 5 (1er février 1952), 2.

50. Voir à ce sujet l'article de Pierre Vadeboncoeur, «On aimerait des explications sur le travail de l'Alliance? En voici!», *L'Éveil Social,* 6, 1 (janvier-février 1955), 1.

51. Le message exprimé par l'Alliance à l'assemblée du 21 novembre 1947 vise à mettre à contribution toutes les infirmière membres du syndicat et devient un leitmotiv tout au long des années 1950: «Il est du devoir de chaque infirmière membre de l'Alliance de s'intéresser à toutes les activités du mouvement et de défendre les intérêts de chacune, de défendre aussi l'organisation syndicale au sein d'une profession organisée», *Procès-verbal de l'assemblée générale* (AIM, 21 novembre 1947).

52. C'est le cas notamment lors des négociations visant à renouveler les conventions collectives des infirmières des hôpitaux Saint-Luc, Pasteur et Miséricorde en 1956, «Montréal — Augmentation mensuelle de 15$ pour les infirmières», *Le Travail,* 32, 1 (13 janvier 1956).

53. Voir à ce sujet l'article suivant: «Enquête demandée dans les hôpitaux», *Le Travail,* XXXI, 21 (1er juillet 1955), 3.

54. Nous avons étudié les conventions collectives des infirmières de l'Hôpital général de Verdun et de l'hôpital Saint-Luc. Ces deux hôpitaux reflètent les conditions de travail prévalant dans les autres hôpitaux où l'Alliance regroupe ses effectifs.

55. Ces calculs ont été effectués en compilant les données regroupées par Marîse Thivierge, *Les institutrices laïques à l'école primaire catholique, au Québec, de 1900 à 1964* (Université Laval, thèse de doctorat, 1981), 326.

56. «Statistique Canada, Emplois et gages par ville» (Bureau fédéral de la statistique), cité dans *Les salaires des employés de l'hôpital Notre-Dame de Montréal* (Mémoire syndical soumis au tribunal d'arbitrage par le Syndicat des employés d'hôpitaux de Montréal Inc., préparé par Jacques Archambault (conseiller à la CTCC), Montréal, 28 novembre 1958).

57. Ces données sont regroupées dans *Si Florence revenait au Québec* (AIM, Les Presses sociales, 1971), 18-19.

58. Voir à ce sujet les textes suivants: *Lettre de Régina Boisvert à Jean Marchand, secrétaire général de la CTCC* (Montréal, 12 juin 1959); *Procès-verbal de l'assemblée générale* (AIM, 15 juin 1959); *Lettre de Pierre Vadeboncoeur à M. Jean Marchand, secrétaire général de la CTCC* (Montréal, 15 décembre 1959). Archives de l'A.I.M.

59. Pour plus d'informations sur la croissance du syndicalisme pendant cette période, on peut consulter les ouvrages suivants: CSN-CEQ, *Histoire du mouvement ouvrier au Québec (1825-1976)* (Montréal, 1979), 235 p.; Michel Pelletier et Yves Vaillancourt, *Les politiques sociales et les travailleurs,* cahier IV, *Les années 1960* (Montréal, Presses de l'Université du Québec, 1974), 305 p.; Jean Hamelin et Jean-Paul Montminy, «La mutation de la société québécoise, 1939-1976. Temps, ruptures, conti-

nuités», *Idéologies au Canada français 1940-1976* (Québec, Presses de l'Université Laval, 1981, vol. 1), 33-72. Concernant la place des femmes dans le syndicalisme, on aura intérêt à lire le texte de Mona-Josée Gagnon, reproduit dans ce recueil, et l'ouvrage de Julie White, *Les femmes et le syndicalisme* (Ottawa, Conseil consultatif canadien de la situation de la femme, 1980), 147 p.

60. Pour plus d'informations, on peut consulter les textes suivants: Jean-Yves Rivard *et al., op. cit.,* p. 114; Thomas Boudreau *et al., La prévision de main-d'oeuvre dans le secteur hospitalier* (commission Castonguay-Nepveu, annexe 8, Québec, Éditeur officiel, 1970), 154.

61. *Procès-verbal de l'assemblée générale* (AIM, 19 novembre 1962).

62. Entrevue avec Lucie Dagenais, i.l., agente d'affaires de l'AIM, dans Myrto Gauthier, «Une tâche surhumaine?», *Le Travail,* XXXIX, 10 (octobre 1963), 1.

63. En 1961, l'Alliance présente deux mémoires bien documentés aux tribunaux d'arbitrage chargés de fixer les conditions de travail de quelques hôpitaux syndiqués. En 1964, elle exhibe comme plaidoirie devant les membres du tribunal d'arbitrage les résultats d'une recherche effectuée sous la direction de Gilles Beausoleil, *op. cit.*

64. Marie Choquette, journaliste, relève en particulier cette menace de grève lors de l'assemblée des infirmières de l'Alliance en date du 6 février 1962: «Les quelque 200 infirmières ont dit qu'elles étaient à imiter les radiologistes et à avoir recours à l'arrêt de travail pour appuyer leurs revendications, si la décision du tribunal ne leur donne pas un minimum d'améliorations surtout au chapitre des heures de travail et du salaire», dans «Les profits des hôpitaux et de l'intimidation des infirmières», *Nouveau Journal* (7 février 1962).

65. «Pour les infirmières, le syndicalisme est-il compatible avec la profession?», *Le Travail,* XXXIX, 11 (novembre 1963), 3.

66. «Les infirmières s'expliquent» (Communiqué de la CSN, 3 juin 1964 et suiv.) dans *Conflit dans les hôpitaux — 1964* (Archives de la C.S.N.).

67. Voir à ce sujet les articles suivants: Lysiane Gagnon, «Sainte-Justine: la «session d'étude» est terminée... pour ces héritières des mineurs d'Asbestos», *La Presse,* 16 novembre 1963) 8; J.L., «Les hôpitaux refusent une offre de bénévolat des infirmières de Sainte-Justine», *La Presse* (29 octobre 1963).

68. Marîse Thivierge, *op. cit.,* 312-313.

69. Allocution de Angelo Forte (conseiller de la FNCS), *Procès-verbal de l'assemblée générale* (AIM, 22 février 1962).

70. Ces calculs ont été effectués à partir des données regroupées dans Géraldine Dumas, *op. cit.*

6. Les femmes dans le mouvement syndical québécois

1. Il nous est difficile de faire, en si peu de pages, les distinctions qui s'imposent entre «mouvement syndical officiel» et attitudes individuelles des leaders et militants syndicaux. Les deux niveaux d'analyse se recoupent souvent, en raison du caractère très «impliquant» d'un sujet comme la condition féminine, et de l'hégémonie masculine sur le mouvement syndical. Sauf indications contraires, nous nous en tenons ici aux positions officielles véhiculées par le mouvement syndical.

2. Cette section s'inspire d'un travail de l'auteur: *La Femme dans l'idéologie québécoise et dans la CSN: étude idéologique et monographie syndicale,* Thèse de maîtrise, Relations industrielles, Université de Montréal, 1973, 280 p.

3. Voir le *Rapport de la Commission royale d'enquête sur la situation de la femme au Canada,* Ottawa, Information Canada, 1970, 540 p.

4. Nous ne parlerons pas ici de la Centrale des syndicats démocratiques (CSD), dont la

présence est intéressante d'un point de vue politique, mais qui, aux fins d'une étude sur le mouvement syndical et les femmes, ne saurait mériter une attention particulière. Elle se rattache au rameau du syndicalisme catholique et à la CTCC-CSN sur cette question.

5. Louis-Marie Tremblay, *Le syndicalisme québécois,* Montréal, Les Presses de l'Université de Montréal, 1972, 88-100.

6. Lucie Dagenais, «Participation des femmes aux mouvements syndicaux», *XXIIe Congrès des relations industrielles de l'Université Laval sur le travail féminin,* Québec, Les Presses de l'Université Laval, 1967, 146-157.

7. Discours sur le travail féminin de M. Alfred Charpentier, président de la CTCC, prononcé à l'occasion du congrès de la CTCC en 1942; procès-verbal, 134.

8. *Procès-verbal du congrès CTCC, 1942,* 132-135.

9. CTCC, *tract no 8,* non daté (après-guerre), 10.

10. *Procès-verbal du congrès 1964, Rapport du président,* 8.

11. Pendant plusieurs années, les rédactrices des pages féminines étaient effectivement des «épouses» de militants et écrivaient à ce titre.

12. La CFDT (Confédération française des syndicats démocratiques) française, anciennement catholique, connut une évolution analogue au niveau de son comité féminin.

13. Mémoires présentés par la CSN et la FTQ à la Commission royale d'enquête sur la situation de la femme au Canada, juin 1968.

14. Bureau international du travail.

15. Mémoire présenté par la CSN à la Commission royale d'enquête sur la situation de la femme au Canada, juin 1968, 18.

16. S'il est un poste traditionnellement attribué aux femmes, dans les instances intermédiaires ou à la base, c'est bien celui de secrétaire.

17. Ces sigles désignent respectivement la Corporation des instituteurs catholiques, la Corporation des enseignants du Québec, puis la Centrale de l'enseignement du Québec.

18. Cette commission siégeait concurremment à d'autres commissions. Si bien que les participants à ces commissions furent majoritairement des femmes, et que tous les délégués n'eurent pas l'occasion de se sensibiliser à ces problèmes.

19. Cette question doit être étudiée par un comité d'étude de la CEQ.

20. *Travailleuses et syndiquées,* FTQ, congrès 1973, rapport du comité FTQ sur la situation de la femme, Montréal, 87 p.

21. Le syndicat où les femmes sont les plus nombreuses dans la FTQ est le SCFP: 30 000 membres dont 13 000 femmes (43%); 20% de femmes comme officiers locaux; 2 membres sur 10 à l'exécutif de la direction provinciale; permanents du syndicat exclusivement masculins. Un autre syndicat, l'Union des employés de service, constitue un exemple un peu plus encourageant. Membership féminin à 80% — Conseil général: 15 femmes sur 20 membres — 4 permanents féminins sur 20.

22. Au dernier congrès, une femme (la première candidate féminine) a été battue à la vice-présidence. Certains de ses partisans ont joué la carte «il faut une femme à la FTQ», tactique dénoncée par des membres du comité d'étude féminin.

23. À partir de données émanant des statistiques québécoises et des approximations des centrales elles-mêmes, on peut dresser le tableau suivant:

Total des salariés féminins: 35% de 2 100 000: 735 000

Syndiqués féminins

CSN-CSD	33% de 230 000
FTQ	20% de 275 000
CEQ	66% de 70 000
CTC	25% de 125 000
Indépendants	25% de 100 000

Total: 230 000, soit 30% de syndicalisation pour les femmes et 45% pour les hommes.

24. Patricia Marchak, «Women Workers ans White-Collar Unions», *la Revue canadienne de sociologie et d'anthropologie,* 10, 2 (mai 1973). Dans cet article, l'auteure avance que les employés féminins de bureau qui ne sont pas syndiqués sont plus intéressés à le devenir que les employés masculins. Par contre, parmi les employés de bureau syndi-

qués, les hommes sont plus satisfaits de l'être que les femmes. Ce qui peut s'expliquer par les deux éléments suivants. D'une part, les différences de revenu entre sexes sont plus grandes que les différences de revenu entre syndiqués et non syndiqués. D'autre part, la syndicalisation semble avoir pour effet d'institutionnaliser les inégalités entre hommes et femmes plutôt que d'y mettre un terme.

25. Ces relations n'ont pas été confirmées statistiquement.

26. Les chiffres que nous avons utilisés couvrent la période allant de 1964 à 1970.

27. Il s'agit de syndiqués qui ne sont pas délégués officiels de leurs syndicats.

28. Les données relatives aux syndicats de la FTQ corroborent cette tendance à une sous-représentation féminine plus accentuée parmi les permanents.

29. Sans vouloir la poser en hypothèse, une constatation semble s'imposer touchant le militantisme féminin. Parmi les ouvrières, ce sont les «ouvrières de carrière», celles qui ont 35, 40 ans ou plus, qui militent davantage; les plus jeunes ont soit charge de jeunes enfants et sont peu disponibles, soit considèrent leur travail comme essentiellement transitoire et peu gratifiant, et ne sont donc pas intéressées au syndicat. Par contre, parmi les cols blancs (bureaux, hôpitaux), les jeunes femmes de moins de 30 ans sont autant, sinon davantage, militantes que leurs aînées.

30. Voir Renée Geoffroy et Paule Sainte-Marie, *Le travailleur syndiqué face au tra-*

vail rémunéré de la femme, étude n° 9 préparée pour la Commission royale d'enquête sur la situation de la femme au Canada, Ottawa, Information Canada, 1971, 145 p.

31. L'utilisation de main-d'oeuvre féminine dans le cadre d'emplois à «temps partiel» (commerce, secrétariat, etc.) est un phénomène qui regarde celui de la «sexualisation des métiers».

32. Si l'on trouve des femmes aujourd'hui parmi les typographes (FTQ), ce n'est pas à cause du syndicat, mais bien à cause des employeurs qui, dans des ateliers non syndiqués, ont embauché des femmes, à des salaires inférieurs. La syndicalisation de ces ateliers a intégré ces femmes au syndicat. L'embauche de femmes est survenue à la suite de changements technologiques importants et à l'arrivée de nouvelles machines dont le fonctionnement ressemblait à celui d'une machine à écrire. Ceci n'empêche pas les préposés au fonctionnement de ces machines d'être dans la juridiction du syndicat des typographes.

33. Mémoire présenté par la CSN à la Commission royale d'enquête sur la situation de la femme au Canada (Bird).

34. Mémoire présenté par la FTQ à la Commission royale d'enquête sur la situation de la femme au Canada (Bird).

35. Notamment contre l'association d'horaires de travail allégés avec la présence de femmes sur le marché du travail.

7. Les comités syndicaux de condition féminine

1. Voir tout particulièrement Violette Brodeur, Suzanne G. Chartrand, Louise Corriveau et Béatrice Valay, *Le mouvement des femmes au Québec. Étude des groupes montréalais et nationaux,* Centre de formation populaire, Montréal, 1982, 77 p. On peut aussi consulter Julie White, *Les femmes et le syndicalisme,* Conseil consultatif sur la situation de la femme, Ottawa, 1980. Cette étude contient cependant plusieurs inexacti-

tudes de faits et d'interprétations en ce qui a trait aux syndicats québécois.

2. Conseil du statut de la femme, *Syndicalisation: droit à acquérir, outil à conquérir. Étude sur les travailleuses non syndiquées au Québec.* Gouvernement du Québec, Conseil du statut de la femme, Québec, 1981, p. 175.

3. Les données sur la syndicalisation varient selon les méthodes de calcul; ainsi les études du ministère du Travail du Québec

offrent-elles des données calculées sur trois bases différentes: en % de la population active, (incluant les chômeurs et non syndicables), en % de la main-d'oeuvre potentielle (incluant les non syndicables mais excluant les chômeurs), en % des travailleurs rémunérés (excluant non syndicables et chômeurs). Quel que soit l'indice, le taux de syndicalisation général est à la baisse.

4. Pour les années 1963, 1966, 1971 et 1976, l'écart homme/femme dans le taux de syndicalisation est respectivement de 7,9; 11,0; 3,2; 5,3. Ces données ont été calculées à partir du tableau 2 présenté dans *Syndicalisation: droit à acquérir, outil à conquérir. Étude sur les travailleuses non syndiquées au Québec*, p. 62.

5. Gouvernement du Québec, ministère du Travail et de la Main-d'oeuvre, F. Delorme, «Quelques données sur les effectifs syndicaux au Québec», *Le marché du travail,* mai 1980, p. 34-38.

6. Cet article ne traite pas de la Centrale des syndicats démocratiques (CSD) et des syndicats indépendants (les infirmiers/ères...). Dans le cas de la CSD, c'est une lacune qu'il ne faut pas mettre au compte d'un ostracisme conditionné, mais d'un manque de renseignements et de temps. Les travailleuses de la CSD, minoritaires elles aussi, concentrées dans des secteurs où la discrimination est forte et les salaires faibles, partagent un sort commun à l'ensemble des travailleuses syndiquées, mais ne disposent pas, semble-t-il, d'autant de ressources pour se faire entendre.

7. Le vocabulaire s'est modifié. On parle maintenant de sexisation/désexisation plutôt que de sexualisation/désexualisation; il s'agit du même phénomène de ségrégation sexuelle dans les emplois.

8. On ne dispose pas de données récentes sur la participation syndicale des femmes, mais les impressions cumulatives des responsables dans chacune des centrales amènent à penser que cette participation augmente, en respectant bien sûr le modèle «pyramidal» de la participation.

8. Les débuts du mouvement des femmes à Montréal, 1893-1902

1. Trois études existent sur le NCWC: Rosa L. Shaw, *Proud Heritage: A History of the National Council of Women of Canada,* Ryerson Press, Toronto, 1957, 205 p.; W.L. Thorpe, *Lady Aberdeen and the National Council of Women of Canada: A Study of a Social Reformer in Canada. 1893-1898,* thèse de M.A., Queens University, 1973; la recherche la plus récente à ce sujet offre une problématique très intéressante et il s'agit de celle de Véronica J. Strong-Boag, *The Parliament of Women: The National Council of Women of Canada 1893-1929,* «National Museum of Man Mercury Series», History Division paper no 18, 1976, 492 p. À l'avenir: V. Strong-Boag, *The Parliament of Women.* Encore du même auteur, «The Roots of Modern Canadian Feminism: The National Council of Women, 1893-1929», *Canada: An Historical Magazine,* 3, 2, décembre 1975; p. 23-33. On peut aussi consulter Carol Lee Bacchi-Ferraro, *The*

Ideas of the Canadian Suffragists 1890-1920, thèse de M.A., Université McGill, 1970, 168 p.; Lady Aberdeen, *The Canadian Journal of Lady Aberdeen 1893-1898,* the Champlain Society, Toronto, 1960, 517 p. Voir aussi Ramsay Cook et Wendy Mitchinson, eds., *The Proper Sphere. Woman's Place in Canadian Society,* Oxford University Press, Toronto, 1976, 334 p.

2. Voir V. Strong-Boag, *The Parliament of Women,* chapitres 1 et 2.

3. Mentionnons, entre autres, l'apparition au cours de cette période de la *Women's Christian Temperance Union* (WCTU), de la *Young Women's Christian Association* (YWCA), de la *Girls' Friendly Society* (GFS), du *Dominion Order of King's Daughters* (DOKD). Quelques sociétés culturelles non confessionnelles comme la *Aberdeen Association* (AA) et la *Women's Art Association of Canada* (WAAC) naissent dans les années 1890 avec le projet de

relever le niveau culturel du pays. Dans le domaine des droits des femmes, notons la fondation dans la dernière décennie du siècle de la *Dominion Women's Enfranchisement Association* (DWEA), association suffragiste qui s'affilie au NCWC dès 1893 et qui deviendra par la suite la *Canadian Suffrage Association. Ibid.,* chap. 2.

4. Après 1893, des associations patriotiques, des groupes professionnels, des associations rurales, des organisations politiques, des sociétés religieuses et autres élargissent les bases du mouvement des femmes au Canada. Les femmes réorientent davantage leur action vers des buts laïcs. À partir de 1920 surtout, on remarque l'émergence d'associations politiques partisanes et un retour à l'orientation religieuse qui dominait le mouvement des femmes avant 1893, et c'est ce qui expliquera en partie le déclin progressif du NCWC après 1918. *Ibid.,* chap. 3.

5. Pour une étude sur les mouvements réformistes à cette époque, on peut consulter Paul Rutherford, *Tomorrow's Metropolis: The Urban Reform in Canada, 1880-1920,* Canadian Historical Association/Société Historique du Canada, Historical Papers 1971/Communications historiques 1971, p. 203-224; Robert Craig et Ramsay Cook, *Canada 1896-1921. A Nation Transformed,* «The Centenary Series», McClelland and Stewart Ltd., Toronto, 1974, 416 p.; Terry Copp, *Classe ouvrière et pauvreté. Les conditions de vie des travailleurs montréalais 1897-1929,* Boréal Express, 1978, 213 p.

6. D. Suzanne Cross, «The Neglected Majority: The Changing Role of Women in 19th Century Montreal», *Histoire Sociale-/Social History,* VI, 12 novembre-november 1973: p. 215-216. (Reproduit dans ce cahier).

7. Micheline Dumont-Johnson, «Histoire de la condition de la femme dans la province de Québec» dans *Tradition culturelle et histoire politique de la femme au Canada,* étude no 8 préparée pour la Commission royale d'enquête sur la situation de la femme au Canada. Information Canada, Ottawa, 1972.

8. Madame Raoul Dandurand, *Journal-Mémoires de Madame Raoul Dandurand 1879-1900,* 15 novembre 1897, p. 76. (APC MG31 Al vol. 9). À l'avenir: Mme R. Dandurand, *Journal-Mémoires.*

9. Voir, Paul Rutherford, «An Introduction» dans *The City Below the Hill* de Herbert Brown Ames, University of Toronto Press, Toronto, (1897), 1972, p. VII-XVIII, Terry Copp. *op. cit.,* chap. 1; Daniel Russell, *H.B. Ames and Municipal Reform,* thèse de M.A., Montréal, Université McGill, 1971.

10. Dans la réalité, l'orientation non partisane du NCWC ou du MLCW s'est traduite par la nomination d'éléments libéraux ou conservateurs de la bourgeoisie canadienne à des postes prestigieux. Par exemple, le NCWC désigne en 1893 Lady Laurier, épouse du chef de l'opposition, à la vice-présidence tout comme Lady Thompson, épouse du premier ministre. Ces nominations, cependant, sont d'abord honoraires. Voir, V. Strong-Boag, *The Parliament of Women,* p. 76. Le MLCW élit des «patrons» parmi lesquels on retrouve les épouses de grands capitalistes montréalais comme Mme Thibaudeau, Mme R.B. Angus, Mme W.W. Ogilvie, etc.

11. Ainsi, Mme Rosaire Thibaudeau est vice-présidente du MLCW (1893 et 1896, 1900-1901, 1906-1907), membre du bureau présidentiel du MLCW (1901-1907), vice-présidente honoraire du MLCW (1915-1921), vice-présidente provinciale du NCWC pour le Québec, (1900); Joséphine Marchand-Dandurand est vice-présidente du MLCW (1895-1896, 1900-1901, 1906-1907), membre du bureau présidentiel du MLCW (1903-1907), vice-présidente honoraire du MLCW (1918-1921), vice-présidente provinciale du NCWC (1912-1913, 1917-1918, 1918-1919); Marie Lacoste-Gérin-Lajoie devient membre du bureau présidentiel du MLCW en 1900 et ce, jusqu'en 1906, présidente du comité législatif du MLCW, (1902-1903), vice-présidente honoraire du MLCW (1906-1907), «patron» du MLCW, (1906-1907, 1907-1908), membre du comité permanent du NCWC sur la protection des femmes et des enfants (1903, 1906-1907, 1911); Caroline Dessaules-Béique est membre du bureau présidentiel

du MLCW en 1906-1907 et 1907-1908 et est encore à l'exécutif en 1909 et en 1910, etc.

12. Correspondance échangée entre Lady Aberdeen et Mgr Fabre, 1893-1896. Archives de la Chancellerie. Archidiocèse de Montréal.

13. Lady Aberdeen, *op. cit.*, p. XXI-XXX.

14. Voir Lady Lacoste, *Journal intime,* ms. Archives des sœurs de Notre-Dame-du-Bon-Conseil (SNDBC).

15. «Les femmes savantes», *Le Coin du Feu,* IV, janvier 1896: p. 2.

16. Au tournant du 20e siècle, le journalisme féminin s'affirme dans la province. À Montréal, des femmes, issues pour la plupart de la bourgeoisie ou de la petite bourgeoisie, s'essayent au métier de «chroniqueuse» et la «page littéraire féminine» devient ainsi de plus en plus à la mode. Outre ce rare débouché, celles qui sont intéressées à faire carrière en ce domaine n'ont guère d'autre choix que de fonder leur revue. Sous le pseudonyme de Aimée Patrie, Marie-Georgina Bélanger écrit dans *Le Monde Illustré* de 1895 à 1899. Puis, dans *La Presse,* elle signe du nom de Gaëtane de Montreuil. Elle crée finalement une revue en 1913, *Pour Vous Mesdames,* dont la publication est interrompue en 1915. Voir Réginald Hamel, *Gaëtane de Montreuil, journaliste québécoise (1867-1951)*, coll. «Connaissance des pays québécois», L'Aurore, Montréal, 1976, 205 p. Mentionnons également que de 1832 à 1834, il y avait dans la métropole une revue mensuelle dont la rédactrice était une femme, Mme Gosselin. Il s'agit de *The Montreal Museum of Journal of Literature and Arts*, désigné plus communément sous le nom de *Ladies Museum* puisque cette revue s'assure la collaboration de quelques autres femmes. Voir André Beaulieu et Jean Hamelin, *La presse québécoise des origines à nos jours,* Presses de l'Université Laval, Québec, 1973, p. 75.

17. Mme Dandurand, «Le dernier mot du Coin du Feu», *Le Coin du Feu,* IV, décembre 1896: p. 342.

18. Renée des Ormes, *Robertine Barry en littérature: Françoise. Pionnière du journa-*lisme féminin au Canada. 1863-1910, L'Action sociale Ltée, Québec, 1949, p. 74.

19. MLCW, *Second Annual Report,* 1896, p. 17-18. Archives MLCW. (APC MG 28 1 164).

20. Lady Drummond, «Practical Idealism» dans *Fortieth Anniversary Report* du MLCW, p. 16.

21. *Ibid.*, p. 15.

22. Mme Dandurand, «Chronique», *Le Coin du Feu,* 11 août 1894: p. 225-228.

23. «Le concours littéraire», *Le Coin du Feu,* IV, mai 1896: p. 141-149. Aussi, MLCW, *Second Annual Report,* 1896, p. 1.

24. «Les femmes savantes», *Le Coin du Feu,* IV, janvier 1896: p. 2-4; «La convention annuelle», *Le Coin du Feu,* IV, février 1896: p. 33-34: «Le Conseil national des femmes», *Le Coin du Feu,* Ill, juin 1895: p. 197; «Un appel aux femmes canadiennes-françaises», *Le Coin du Feu.* 11, avril 1894: p. 97-98. (Invitation lancée aux Canadiennes françaises d'assister au congrès annuel du NCWC qui se tient ce mois-là dans la capitale fédérale), Mme Dandurand, «Chronique», *Le Coin du Feu*, 11, mai 1894, p. 129-132. Bilan du congrès.

25. «Le congrès féminin», *Le Coin du Feu,* IV, mai 1896: p. 131.

26. Mme R. Dandurand, *Journal-Mémoires,* 15, 16, 18 et 19 novembre 1897, 16 décembre 1897, 10 janvier 1898, 21 octobre et 10 avril 1899.

27. *Ibid.,* 18 novembre 1897.

28. Jean Banherman, *Leading Ladies: Canada, 1639-1967,* Carrswood, Ontario, 1967, p. 89.

29. Mme R. Dandurand, *Journal-Mémoires,* 18 novembre 1897.

30. Marie Gérin-Lajoie, «Le mouvement féministe», *Le Coin du Feu,* IV, juin 1896: p. 164-165. Il s'agit de la reproduction intégrale du discours. Le manuscrit de ce texte se trouve aux archives SNDBC.

31. Marie Gérin-Lajoie, *Une pensée par jour (pages du journal de maman, 1892 à 1898),* 4 juillet 1896, Vaudreuil, ms. Archives SNDBC.

32. *Ibid.*

33. Conseil national des femmes, *Les femmes du Canada, leur vie et leurs œuvres*, ministère de l'Agriculture, Ottawa, 1900.

34. Marie Gérin-Lajoie, *Une pensée par jour (pages du journal de maman, 1892-1898)*, 1er avril 1896, ms. Archives SNDBC.

35. *Ibid.*

36. Carrie M. Derick, «An Historical Sketch» dans *Twenty-First Anniversary, 1893-1915* du MLCW, p. 9-10.

37. Voir le rapport du Sub-Committee on Charity Organization, *Montreal Council of Women Projects, 1893-1958*, 3 p. Archives MLCW. Aussi, Carrie Derick, *op. cit.*

38. Lady Drummond, *op. cit.*, p. 17.

39. MLCW, *Seventh Annual Report*, mai 1901, p. 10.

40. Mme R. Dandurand, *Journal-Mémoires*, 15 novembre 1897, p. 78-81.

41. Sur le recrutement des domestiques féminins au Canada, voir Geneviève Leslie, «Domestic Service in Canada» dans *Women at Work. Ontario 1850-1930* édité par Janice Acton, Penny Goldsmith et Bonnie Shepard, Canadian Women's Educational Press, Toronto, 1974, p. 95-109; Jennifer Stoddart et V. Strong-Boag, «... And Things Were Going Wrong at Home», *Atlantis. A Women's Studies Journal*, 1, 1, automne 1975: p. 38-44. Voir aussi S. Cross, *op. cit.*

42. V. Strong-Boag, *The Parliament of Women*, p. 196-201. En 1895, le Conseil local de Kingston réclame d'urgence une législation protectionniste établissant une journée de travail de neuf heures pour les femmes. Le MLCW s'y oppose car il perçoit une telle législation comme une source de discrimination dans l'emploi pour les femmes. Comme alternative aux demandes répétées du conseil de Kingston au sein du NCWC à cet effet, le MLCW recommande la journée de huit heures pour tous, hommes et femmes, sur un pied d'égalité.

43. Il s'agit de Louisa King et Louise Provencher. Voir les rapports qu'elles ont produit par la suite.

44. «Le suffrage féminin», *Le Coin du Feu*, 1, décembre 1893: p. 359-362.

45. Marie Maugeret, sec. gén., «Notre programme», *Le Féminisme Chrétien*, 1, 25 février 1896: p. 5-6.

46. Yvonne, «Le féminisme chrétien», article écrit pour les nouvelles, ms. Archives SNDBC.

47. Marie Maugeret à Marie Gérin-Lajoie, 1896, dans *Correspondance-Lettres d'écrivains surtout: 1896 jusqu'en 1918*, ms. Archives SNDBC.

48. Marie Maugeret, «Le féminisme chrétien», *Le Coin du Feu*, IV, juillet 1896: p. 211-213. Il s'agit en fait de la reproduction de l'article de Maugeret sur le Congrès féministe international qui s'est réuni à Paris au mois d'avril 1896. Aussi, un article de la revue de Maugeret écrit par Marie Duclos, «Congrès féministe de 1896 à Paris», *Le Coin du Feu*, IV, août 1896: p. 227-228. Enfin, Marie Maugeret, «Le féminisme canadien à Paris», *Le Coin du Feu*, IV, novembre 1896: p. 327-328. La fondatrice du mouvement dissocie fermement féminisme et socialisme.

49. Marie Gérin-Lajoie, *Une pensée par jour (pages du journal de maman, 1892-1898)*, 29 mars 1898, ms. Archives SNDBC.

50. Mme J.M. Dandurand, «Le féminisme» dans *Nos Travers*, éd. Beauchemin et Fils, Montréal, 1901, 223-224.

51. Marie Gérin-Lajoie, «De l'organisation sociale des énergies féminines», *La Bonne Parole*, X, 4, avril 1922, p. 4-5.

52. V. Strong-Boag, *The Parliament of Women*, chap. 5.

9. La Fédération nationale Saint-Jean-Baptiste et les revendications féministes au début du 20e siècle

1. Caroline Dessaules-Béique en est la première présidente. Marie Lacoste-Gérin-Lajoie lui succède en 1913. Cette dernière est issue de la petite bourgeoisie montréalaise. Son père, Sir Alexandre Lacoste, deviendra juge en chef de la Cour supérieure du Qué-

bec. Sa mère, Marie-Louise Globensky (lady Lacoste), mère de 13 enfants, est une femme du monde qui a fréquenté les salons très renommés de l'époque. À l'âge de 20 ans, Marie Lacoste épouse Henri Gérin-Lajoie, avocat, petit-fils d'Étienne Parent, fils d'Antoine Gérin-Lajoie et frère de celui qu'on a désigné comme étant le premier sociologue canadien-français, Léon Gérin.

2. En ce qui concerne les activités du MLCW et le rôle spécifique que Marie Gérin-Lajoie y a joué, nous avons dépouillé les archives du MLCW, APC MG 28 1 164.

3. Justine Lacoste-Beaubien, sœur de Marie Gérin-Lajoie, a dû affronter cette situation. Fondatrice de l'hôpital Sainte-Justine, en 1907, elle dut persuader le gouvernement requérir de procéder à l'amendement du Code civil de la province pour permettre à une femme mariée (donc juridiquement incapable) de réaliser des transactions financières dans le cadre de son travail au comité directeur d'un hôpital sans devoir quérir l'autorisation de son conjoint. Elle aura gain de cause le 3 avril 1908.

4. Marie Gérin-Lajoie, copie manuscrite d'un article sur lequel elle a écrit: «paru sous l'anonymat décembre 1902 dans plusieurs journaux anglais et français». Ms., archives SNDBC.

5. La seule différence est la présence à la FNSJB d'un aumônier. Le premier aumônier de la FNSJB est l'abbé Georges Gauthier, futur archevêque de Montréal.

6. Ces cercles se constituent aussi dans les écoles. Le plus sélect est le cercle Notre-Dame qui recrute essentiellement les bachelières de Marguerite-Bourgeoys. Son programme est presque l'équivalent d'un programme universitaire en sciences sociales. Les cours préparent les bachelières à devenir des travailleuses sociales. Ce cours sera intégré presque entièrement au programme universitaire lorsque l'Université de Montréal ouvrira son école de service social. Le cercle d'études représente un complément de formation pour les bachelières.

7. Voir les articles d'un anti-féminisme virulent, ceux de Henri Bourassa, qui, dans *Le Devoir,* ne se lassera jamais de dénoncer toute forme de féminisme, radical autant

que modéré. Probablement à cause du caractère chrétien de son féminisme, la FNSJB obtient une colonne dans ce journal pour la diffusion des activités de ses associations.

8. William O'Neill, *The Woman Movement: Feminism in the United States and England,* Allens & Unwin, Londres, 1969, chapitres 2 et 3. Également du même auteur, on peut consulter *Everyone was Brave; The Rise and Fall of Feminism in America,* Quadrangle, Chicago, 1969. — Voir aussi E. Flexner, *Century of Struggle. The Woman's Rights Movement in the United States,* Atheneum, New York, 1974, chapitre 15. Enfin, terminons par le livre de William Chafe, *The American Woman. Her Changing Economic, Political and Social Roles, 1920-1970,* Oxford University Press, New York, 1972, chap. 15-18.

9. Pour une énumération des organisations féminines charitables existant au Québec au début du siècle, on peut consulter le livre publié par le Conseil national des femmes du Canada, intitulé *Femmes du Canada, leur vie, leurs œuvres,* ministère de l'Agriculture, Ottawa, 1900.

10. Terry Copp, *Classe ouvrière et pauvreté — Les conditions de vie des travailleurs montréalais, 1897-1929,* Boréal Express, Montréal, 1978, chap. 6.

11. Madeleine Huguenin, «L'Assistance maternelle», *Deuxième congrès de la Fédération nationale Saint-Jean-Baptiste,* Paradis, Vincent et Cie, Montréal, 1909, p. 16.

12. Texte de la déclaration de Marie Gérin-Lajoie, reproduit dans *Le Devoir* du 27 janvier 1931.

13. Voir, par exemple, l'article de l'abbé Philippe Perrier, «Contre le cinéma, tous», *L'Action Française,* février 1927.

14. Pour obtenir plus de détails, on peut consulter les deux ouvrages suivants: C.L. Cleverdon, *The Woman Suffrage Movement in Canada,* University of Toronto Press, Toronto, 1950, 1974, 324 p. et Micheline Dumont-Johnson, «Histoire de la condition de la femme dans la province de Québec», *Tradition culturelle et histoire politique de la femme au Canada.* Études préparées pour la Commission royale d'enquête

sur la situation de la femme au Canada, no 8, Information Canada, Ottawa, 1975.

15. *Minutes de l'assemblée des déléguées,* 6 novembre 1915, archives FNSJB.

16. Marie Gérin-Lajoie, «La femme peut devenir une aide précieuse dans l'orientaton de la politique nationale, *La Bonne Parole,* décembre 1917: p. 1.

17. Le mouvement antisuffragiste s'est manifesté sous de multiples formes: les éditoriaux enflammés de Henri Bourassa, l'opposition des Jésuites et des Oblats, copie d'une lettre de M. Gérin-Lajoie à la vicomtesse de Vélard, 24 août 1922, archives SNDBC, celle de l'Action catholique, «Leur Ambition», *L'Action Catholique,* 26 avril 1922, celle de groupes de femmes mis sur pied pour lutter contre le suffrage, *La Presse,* 3 février 1921 et enfin, celle de la majeure partie des évêques québécois.

18. Voir les lettres des évêques de Québec, Chicoutimi, Trois-Rivières et Rimouski à Marie Gérin-Lajoie, février-mars 1922, archives SNDBC.

19. Françoise à Marie Gérin-Lajoie, 23 juillet 1909, dans dossier *Congrès 1907-1909.* Aussi Mgr Bruchési à Marie Gérin-Lajoie, 9 juillet et 5 août 1909, dans dossier *Mgr Bruchési, Deschamps et autres,* archives FNSJB. Une décennie plus tard, Marie Gérin-Lajoie a signé une pétition en faveur de l'instruction obligatoire.

20. Elle est la seule école ménagère catholique dirigée par des laïques, du moins jusqu'en 1919. Abbé O. Martin, «Les écoles ménagères. Quelques statistiques», *Almanach de l'Action sociale catholique 1917-1922,* Ateliers typographiques de l'Action sociale Ltée, Québec, p. 118-120. Pour l'historique des écoles ménagères, on peut aussi consulter l'article de Lucien Lemieux, intitulé «Fondation de l'école ménagère de Saint-Pascal 1905-1909», *RHAF,* XXIV, no 4: p. 552-557.

21. Mme F.-L. Béique, *Quatre-vingts ans de souvenirs. Histoire d'une famille,* Valiquette, Montréal, 1939, p. 246.

22. Notons que la FNSJB, de concert avec d'autres organisations féminines, participe à de grandes batailles juridiques: en 1908, elle lutte contre un projet visant l'abolition de la loi du Homestead de 1897 (cette loi protège les femmes de colons en empêchant le mari d'aliéner sans leur consentement le patrimoine familial); en 1915, elle appuie la loi Pérodeau (qui inclut la femme à titre d'héritier au troisième degré, en cas de décès de l'époux sans testament); et enfin, lutte pour obtenir une modification de la loi des banques concernant les dépôts des femmes mariées (cette modification vise à faire passer le montant de dépôt autorisé aux femmes mariées en communauté de biens de 500 $ à 2 000 $ et permet à la femme seule de retirer cet argent), entreprise couronnée de succès en 1923. Ce dernier amendement apparaît comme une revendication très spécifique d'un groupe restreint de femmes assez fortunées pour être en mesure de déposer plus de 500 $ en banque alors que le salaire moyen d'une Montréalaise, selon le recensement du Canada, est de 587 $ en 1921.

23. Évangile Zappa, «Les associations professionnelles féminines», *La Bonne Parole,* août 1915, p. 4-6.

24. Marie-Claire Daveluy, «Caractère des associations professionnelles», *La Bonne Parole,* avril 1917, p. 23.

25. *Ibid.,* p. 23.

26. Marie Gérin-Lajoie (fille), «Le syndicalisme féminin», extrait d'un cours donné à la Semaine sociale de 1921 et reproduit dans le livre de Michèle Jean intitulé *Québécoises du 20e siècle,* Éditions du Jour, Montréal, 1974, p. 103-116.

27. *Premier livre des minutes de l'Association professionnelle des employées de manufactures: 17 février 1907 — 13 septembre 1907,* 21 novembre 1907, archives FNSJB.

28. *Deuxième livre des minutes de l'Association professionnelle des employées de manufactures, 20 septembre 1908-7 mars 1912,* 20 février 1910, archives FNSJB.

29. *Ibid.,* 4 septembre 1910. La foule a été évaluée entre 12 000 et 20 000 ouvrières. Voir *Le Devoir* et *La Patrie* du 6 septembre 1910. Cette fête est supprimée après 1913.

30. *La Gazette du Travail,* octobre 1913: p. 465.

31. Joséphine Marchand-Dandurant, Robertine Barry et surtout, lady Lacoste, ont été des bourgeoises très préoccupées par

la crise domestique. À cet effet, la lecture du *Journal-Mémoires de Madame Raoul Dandurand 1879-1900,* d'un article de Françoise, «Le congrès féminin», *Le journal de Françoise* en date du 15 juin 1907 et du *Journal intime* de lady Lacoste nous permet de mesurer, entre autres, l'intensité de l'intervention respective de ces femmes dans ce domaine.

10. Les Cercles de fermières et l'action féminine en milieu rural, 1915-1944

1. En 1982, les Cercles de fermières regroupaient plus de 76 000 membres.
2. Cet article se situe dans le cadre de la préparation d'une thèse de maîtrise en histoire, à l'U.Q.A.M.
3. L'Union catholique des fermières (UCF) deviendra l'Union catholique des femmes rurales (UCFR) en 1957. Le 22 septembre 1966, l'UCFR se fusionnera avec les Cercles d'économie domestique (CED) pour devenir l'Association féminine d'éducation et d'action sociale (AFEAS).
4. Pour plus d'informations, on peut consulter les textes suivants: Yvonne Rialland-Morissette, *Le passé conjugué au présent,* éditions Pénélope, Montréal, 1980, p. 139-145; Micheline Dumont-Johnson, «La parole des femmes. Les revues féminines, 1938-1968» dans *Idéologies au Canada français, 1940-1976* de Fernand Dumont, Jean Hamelin et Jean-Paul Montminy, dir., tome 2, Les Presses de l'Université Laval, 1981, p. 5-46; Léon Lebel, s.j., *Pourquoi l'Union catholique des fermières?,* Montréal, Service de librairie de l'UCC, 1946, 32 p.
5. Bernard Bernier, «La pénétration du capitalisme dans l'agriculture» dans *Agriculture et colonisation au Québec* de Normand Séguin, dir., éditions du Boréal Express, Montréal, 1980, 73-91.
6. Paul-André Linteau, René Durocher et Jean-Claude Robert, *Histoire du Québec contemporain. De la Confédération à la crise (1867-1929),* éditions du Boréal Express, Montréal, 1979, 485-486.
7. Le Parti fermier-progressiste du Québec est né de la fusion des Fermiers unis (association originaire de l'Ouest canadien qui s'implante dans l'ouest du Québec à partir de la fin de la guerre) et de l'Union des cultivateurs. Il présente des candidats dans 21 circonscriptions aux élections fédérales de 1921 et recueille 11% des voix.
8. Robert-Maurice Migner, *Le monde agricole québécois et les premières années de l'Union catholique des cultivateurs (1918-1930),* thèse de doctorat (histoire), Université de Montréal, 1975, 424 p.
9. En 1929, l'UCC a définitivement écarté toutes les autres associations et devient le porte-parole officiel des agriculteurs.
10. Gérald Fortin, *La fin d'un règne,* éditions Hurtubise HMH, Montréal, 1971, 397 p.
11. Le nom d'Adelaide Hunter Hoodless est pratiquement inconnu au Canada. Pourtant, dans plusieurs pays occidentaux, les femmes rurales la citent en exemple en tant qu'instigatrice du premier mouvement organisé regroupant des femmes de la campagne à la fin du siècle dernier.
12. Yvonne Rialland-Morissette, *op.cit.,* p. 24-25.
13. Il nous faut souligner ici que l'Ontario a toujours regroupé plus de la moitié des Women's Institutes du Canada.
14. Ruth Howes, *Adelaide Hoodless, Woman with a Vision,* Millet, The Runge Press Limited, 1965, 24 p.; Id., «Adelaide Hunter Hoodless, 1857-1910» dans *The Clear Spirit. Twenty Canadian Women and Their Time* de Mary Quayle Innis, éd., University of Toronto Press, Toronto, 1973, p. 103-119.
15. Adelaide Hoodless a travaillé au sein de plusieurs organismes sociaux tels la Young Women's Christian Association (YWCA), le National Council of Women of Canada (NCWC) et le Victorian Order of Nurses. Elle est morte en 1910 alors qu'elle prononçait un discours pour la Federation of Women's Club de Toronto.

16. Il est intéressant de souligner ici qu'A-delaide Hoodless et EmilyMurphy ont toutes deux été reconnues par le gouvernement canadien comme des personnages historiques ayant contribué au bien-être du pays. Hoodless est d'ailleurs la seule femme qui a vu son portrait affiché aux Archives nationales du Canada. En 1959, un timbre a été émis à son effigie.

17. Simon Goodenough, *Jam and Jerusalem, a Pictorial History of the Women's Institutes*, éditions Collins, 1976, Glasgow et Londres, 124 p.

18. D'origine canadienne, madame Alfred Watt a participé à la fondation des Women's Institutes en Colombie-Britannique. Elle a de plus créé le premier Women's Institutes de la Grande-Bretagne en 1915 et a également digiré l'ACWW pendant 14 ans.

19. Elles utilisèrent ce nom jusqu'à la convention annuelle de 1920 où, à la suite de l'adoption d'une résolution, on leur préféra le nom de «Women's Institutes» comme, en général, dans les autres provinces canadiennes.

20. Le MacDonald College, fondé en 1905, est depuis ses débuts affilié à l'Université McGill.

21. Alphonse Désilets était un agronome qui travaillait pour le ministère québécois de l'Agriculture.

22. Alphonse Désilets a digiré les Cercles de Fermières de 1915 à 1929. Anne-Marie Vaillancourt l'a remplacé en 1929. Elle en fut la directrice jusqu'à sa mort en 1953.

23. Dès le début, le clergé a accordé son appui et a collaboré avec les Cercles de fermières. L'influence de l'Église y est donc très importante, même si dans les statuts généraux de l'organisation, il n'est pas mentionné que les membres doivent adhérer à la doctrine sociale catholique. En 1937, le cardinal Villeneuve publie une lettre pastorale concernant le problème rural et demande aux gens de la campagne de s'impliquer activement dans les associations professionnelles telles l'UCC, la Jeunesse agricole catholique et les Cercles de fermières. Toutefois, en 1944, l'Église reproche aux cercles leur constitution à caractère neutre, leur retire officiellement son appui et décide de créer une

association rivale, l'Union catholique des fermières (UCF). Voir à ce sujet Léon Lebel, *op. cit.*, 5-12.

24. Au début, le mouvement exige que 75% des membres soient des fermières. Peu à peu, il laissera tomber cette exigence; en 1935, elles représentent 59,9% des effectifs. Ces chiffres ont été calculés à partir des données contenues dans le *Rapport du ministre de l'Agriculture de la province de Québec, exercices 1915-1945*, ministère de l'Agriculture de la province de Québec.

25. Ministère fédéral de l'Agriculture, Office du ravitaillement en produits agricoles, «Et nous, sur la ferme, nous combattons aussi», *La Revue des Fermières*, 2, 5, mai-juin 1942: p. 27.

26. L'expression «front domestique» est de Raymonde Lamothe et Geneviève Auger, auteurs de l'ouvrage *De la poêle à frire à la ligne de feu. La vie quotidienne des Québécoises pendant la guerre '39-'45*, Boréal Express, Montréal, 1981, 232 p. Notons que cette expression recouvre non seulement la participation des femmes rurales à l'effort de guerre, mais également celle des femmes du milieu urbain.

27. «Statuts généraux», *La Bonne fermière*, 3, 4, octobre 1922: p. 116.

28. Ministère de l'Agriculture de la province de Québec, Service de l'économie domestique, *Manuel-guide des Cercles de fermières*, ministère de l'Agriculture, Québec, 1944, p. 3.

29. Martine Segalen, *Femme et pouvoir en milieu rural*, communication présentée à Aix-en-Provence dans le cadre d'un colloque intitulé «Familles et Pouvoirs» organisé par le Centre de la pensée politique contemporaine, 5 et 6 juin 1979, 20 p. Voir aussi de la même auteure, *Mari et femme dans la société paysanne*, éditions Flammarion, Paris, 1980, 211 p.

30. Yvonne Rialland-Morissette, *op. cit.*, p. 36.

31. Anne Legaré et Gilles Bourque, *Le Québec, la question nationale*, Maspero, Paris, 1979, 127 p.

32. Pour effectuer cette analyse, nous avons laissé tomber les pages publicitaires, celles livrant des conseils pratiques (jardi-

nage, recettes, etc.) ainsi que des poèmes et romans.

33. Pour ne pas changer le prix de l'abonnement aux fermières, la revue conserve une édition trimestrielle au prix de 50 cents. Cependant, la nouvelle revue est un mensuel et l'abonnement pour les 12 mois de l'année est de une «piastre».

34. La Petite Épargne Nationale Limitée est une caisse d'économie populaire qui a été fondée à Québec le 8 juin 1928 par un groupe de citoyens. Édouard Marcotte qui devient administrateur de la nouvelle revue est également l'administrateur de La Petite Épargne Nationale.

35. En 1931, les Cercles de fermières comptaient 7272 membres. Il faut ajouter au nombre des lectrices de la revue les étudiantes des écoles ménagères, leurs institutrices et les abonnées des villes.

36. Adélard Godbout, premier ministre du Québec, *La Revue des Fermières*, I, 1, septembre 1941: p. 2.

37. «Ce que femme veut... Dieu le veut», *La Revue des Fermières*, 1, 1, septembre 1941: p. 5.

38. Semaines sociales du Canada, *La famille. Compte rendu de cours et conférences, IVe session,* École sociale populaire, Montréal, 1923, 360 p.

39. Jacques Henripin et Évelyne Lapierre-Adamcyk, *La fin de la revanche des berceaux: qu'en pensent les Québécoises?,* Les Presses de l'Université de Montréal, Montréal, 1974, p. 18. Le thème de la revanche des berceaux a été introduit par Louis Lalande, ptre, c.s.c.

40. Alphonse Désilets, «Notre gloire et notre salut», *La Bonne Fermière*, 5, 1, janvier 1924: p. 3.

41. Alphonse Désilets, «*Proposé et résolu*», *La Bonne Fermière*, 6, 1, janvier 1925: p. 3.

42. Madame A.M. Ouellet, «Le patriotisme et l'éducation», *La Bonne Fermière*, 1, 4, octobre 1920: p. 102.

43. Madame Rosette Bailly, «Les Cercles de fermières en Belgique», *La Bonne Fermière,* 2, 1, janvier 1921: p. 4.

44. «Que toutes les bonnes volontés soient à l'œuvre», *La Revue des Fermières*, 2, 3, mars 1942: p. 13 et 25.

45. Éveline Leblanc, «La femme du cultivateur», *La Bonne Fermière*, 1, 4, octobre 1920: p. 100.

46. Madame A.V. Ouellet, «Bon sang ne ment», *La Bonne Fermière,* 2, 1, janvier 1921: p. 6-7.

47. «Épargne et économie», *La Bonne Fermière,* 11, 4, octobre 1930: p. 77.

48. Marie-Anne Lemieux, «L'économie», *La Bonne Fermière*, 4, 3, juillet 1923: p. 84.

49. Marthe Lemaire-Duguay, «La voix des Bois-Francs, *La Bonne Fermière*, 11, 1, janvier 1930: 5.

50. Yvonne Rialland-Morissette, *op. cit.,* p. 79.

51. *Ibid.,* p. 91.

52. James G. Gardiner, ministre de l'Agriculture, Office agricole du ravitaillement, ministère fédéral de l'Agriculture, Ottawa, «Produire à outrance. Voilà mon cri de guerre!», *La Revue des Fermières,* 4, 1, janvier 1943: p. 11.

53. Geneviève Auger et Raymonde Lamothe, *op. cit.,* p. 156.

54. Madame Ludger Baril, *La Revue des Fermières,* 4, 8, octobre 1943: p. 25.

55. Yvonne Rialland-Morissette, *op. cit.,* p. 151.

56. Madame E.S. Provost, «Le suffrage féminin», *La Bonne Fermière et la Bonne Ménagère,* 1-2, janvier/février 1932: p. 10.

57. Rolande S. Désilets est l'épouse d'Alphonse Désilets et la présidente honoraire du Conseil provincial des Cercles de fermières. Sur la commission Dorion, voir dans le présent recueil l'article de Jennifer Stoddart.

58. Rolande S. Désilets, «Nos droits et nos devoirs», *La Bonne Fermière*, 11, 1, janvier 1930: p. 3.

59. *Ibid.*

60. Jeanne Chaput, «L'économie domestique», *La Bonne Fermière*, 6, 3, juillet 1925: p. 80.

61. Cécile L'Abbé, «L'âme de la maison», *La Bonne Fermière*, 2, 2, avril 1921: p. 38.

62. Thérèse Gasgrain, *Une femme chez les hommes,* Éditions du Jour, Montréal, 1971, 296 p.

11. Une nouvelle complicité: féministes et religieuses à Montréal, 1890-1925

1. Michèle Jean, «Les Québécoises ont-elles une histoire?» dans *Québécoises du 20e siècle*, Éditions du Jour, Montréal, 1974: p. 13-36; Yolande Pinard, «Les débuts du mouvement des femmes à Montréal, 1893-1902» publié dans ce recueil; Yolande Pinard, «Le féminisme à Montréal au commencement du 20e siècle, 1893-1920», (thèse de maîtrise, Université du Québec à Montréal, 1976); Marie Lavigne, Yolande Pinard et Jennifer Stoddart, «La Fédération nationale Saint-Jean-Baptiste et les revendications féministes au début du 20e siècle», publié dans ce recueil.

2. Micheline Dumont, «Vocation religieuse et condition féminine», reproduit dans ce recueil; Marta Danylewycz, «Taking the Veil in Montreal, 1850-1920; An Alternative to Migration, Motherhood and Spinsterhood» (communication présentée à la Société historique du Canada, juin 1978, London, Ontario); Danielle Juteau-Lee, «Les religieuses du Québec; leur influence sur la vie professionnelle des femmes, 1908-1954», *Atlantis: A Women's Studies Journal, 5* (printemps 1980): p. 29-33.

3. Bernard Denault, «Sociographie générale des communautés religieuses au Québec (1837-1970)» dans *Éléments pour une sociologie des communautés religieuses au Québec* de Bernard Denault et Benoit Lévesque (Les Presses de l'Université de Montréal et Les Presses de l'Université de Sherbrooke, Montréal et Sherbrooke, 1975): p. 15-117.

4. Pour une vue d'ensemble de l'œuvre des communautés religieuses féminines, voir *Le Diocèse de Montréal à la fin du 19e siècle*, Eusèbe Sénécal, (Montréal, 1900).

5. Élie J. Auclair, *Histoire des Sœurs de la Miséricorde de Montréal*, Imprimerie des Sourds-Muets, (Montréal, 1928), Léon Pouliot, *Monseigneur Bourget et son temps*, tome 3, Évêque de Montréal, Éditions Bellarmin, (Montréal, 1972): p. 63-73, et Tome 2, *Évêque de Montréal*, première partie, Éditions Bellarmin, (Montréal, 1979): p. 86-109. Pour des nuances à l'interprétation que donne Pouliot du rôle qu'a joué Mgr bourget dans la création des communautés religieuses féminines, voir Marguerite Jean,

s.c.m., *Évolution des communautés religieuses de femmes au Canada de 1639 à nos jours*, (Fides, Montréal, 1977): p. 79-92. On connaît encore peu l'influence qu'a eu la politique de Mgr bourget d'encourager le développement des communautés religieuses sur le militantisme laïc. On ne sait s'il a encouragé tous les genres d'activités charitables catholiques ou s'il a délibérément tenté de contrarier les initiatives des laïques dans le domaine du service social en développant une main-d'œuvre cléricale.

6. Frédéric Langevin, s.j., *Mère Marie Anne, Fondatrice de l'Institut de Sœurs de Sainte-Anne, 1809-1890; esquisse biographique* (Montréal, n.p., 1935); Albert Tessier, *Les Sœurs des Petites Écoles* (Rimouski, Maison mère des sœurs de Notre-Dame-du-Rosaire, 1962).

7. Marie-Claire Daveluy, *L'Orphelinat catholique de Montréal*, (Éd. Albert Lévesque, Montréal, 1933): p. 17-28.

8. Thérèse Casgrain, *Une femme chez les hommes* (Montréal, 1971): p. 17; pour un aperçu de la vie d'une femme mariée, voir Mme F.-L. Béique, *Quatre-vingts ans de souvenir: histoire d'une famille*, (Éd. Bernard Valiquette, Montréal, 1939): p. 40-57.

9. «Ce que nous ne serons pas», *Le Coin du Feu*, 1, 1, (janvier 1893), p. 2.

10. Voir les discours de Joséphine Dandurand aux religieuses et aux laïques: Joséphine Dandurand, «Le féminisme» dans *Nos Travers* (Éd. Beauchemin, Montréal, 1901): p. 218-229; «Chroniques», *Le Coin du Feu*, 2, 5 (mai 1893): p. 130.

11. Archives de l'Institut de Notre-Dame-du-Bon-Conseil (ci-après AINDBC), Brouillon de lettres, Marie Gérin-Lajoie à Léonie Morel, juillet 1903.

12. AINDBC, Marie Gérin-Lajoie, *Une pensée par jour (pages du journal de maman, 1892-1898*, cahier manuscrit, 29 mars 1898.

13. Françoise, «Vieilles Filles», *Le Journal de Françoise*, 4, 13, 7 octobre 1905: p. 198-199; Robertine Barry, *Chroniques du lundi* (Montréal, n.p.n.d.): p. 318-322; pour une ébauche de biographie de Robertine Barry, voir Renée des Ormes, *Robertine*

Barry en littérature: Françoise, pionnière du journalisme féminin au Canada, 1863-1910, Québec, l'Action sociale, 1949.

14.   Dans l'une de ses premières déclarations publiques, Marie Lacoste-Gérin-Lajoie a établi un lien entre le féminisme et les conditions matérielles nouvelles. Mme Gérin-Lajoie, «Le mouvement féministe» dans *The Annual report of the National Council of Women of Canada,* Ottawa, 1896: p. 287. Des études récentes sur le mouvement féministe se sont arrêtées sur le cas des féministes du 10e siècle et ont montré comment le mouvement féministe s'est intensifié lorsqu'on réalisa que la volonté de s'attaquer aux maux du capitalisme et de participer à la réforme sociale nécessitait une révision des rôles. Y. Pinard, «Les débuts du mouvement de femmes à Montréal, 1893-1902» et M. Lavigne, Y. Pinard et J. Stoddart, *op. cit.*

15.   Marie Gérin-Lajoie, «Entre Nous», *La Bonne Parole,* 3, 12 février 1916: p. 2.

16.   Marie Gérin-Lajoie, «Fin d'année», *Le Journal de Françoise*, 2, 18-19 (19 décembre 1903): p. 234-235; Françoise, «La charité canadienne», *Le Journal de Françoise,* 5, 1, 7 avril 1906: p. 2-4.

17.   Marie Gérin-Lajoie, «Fin d'année»: p. 233; elle a repris cette question de façon encore plus piquante dans AINDBC, Marie Gérin-Lajoie à Léonie Morel, janvier 1903.

18.   Robertine Barry, «*Chroniques du lundi*»: p. 308; «Entre Nous: Le suffrage des femmes», *La Bonne Parole,* 11, 11, novembre 1921; Yvonne, «La condition privée de la femme», *Le Coin du Feu,* 11, 12, décembre 1894: p. 359.

19.   «Notre Courrier», *La Bonne Parole,* 4, 3, mai 1918: p. 14.

20.   Robertine Barry, *Chroniques du lundi:* p. 308.

21.   M. Lavigne, Y. Pinard, J. Stoddart, *op. cit.*,

22.   Les événements qui ont conduit à la création de l'école ménagère de Montréal ont été rapportés par Marie de Beaujeu dans *Le Journal de Françoise:* «Les écoles ménagères», 5, 9, 9 août 1906: p. 131-133; «La popularité des écoles ménagères», 10, 11, 1er septembre 1906: p. 166-168; pour une histoire générale de l'école ménagère de Montréal, voir Mme F.-L. Béique, *Quatre-vingts ans...,* p. 244-257.

23.   *The Annual Report of the National Council of Women of Canada,* Ottawa, 1896, p. 80.

24.   AINDBC, Marie Gérin-Lajoie à Mlle Morel, 22 décembre 1905.

25.   M. Lavigne, Y. Pinard et J. Stoddart, *op. cit.,* p. 73-78. Voir le programme du premier congrès et les discussions qui y ont conduit: Archives nationale du Québec à Montréal, «Extrait du livre de minutes de l'exécutif de la Fédération nationale Saint-Jean-Baptiste», cahier no 1, 19 octobre 1906 — 20 mai 1907.

26.   Pour la composition précise des organisations qui se sont fédérées en 1907, voir Micheline Dumont-Johnson, «Histoire de la condition de la femme dans la province de Québec» dans *Tradition culturelle et histoire politique de la femme au Canada,* étude no 8, préparée pour la Commission royale d'enquête sur la situation de la femme au Canada, Ottawa, Information Canada, 1972. *La Bonne Parole* qui a commencé à paraître en 1912 indiquait en première page de chacun de ses numéros la liste des organisations membres. Voir aussi les opinions émises par Marie Lacoste-Gérin-Lajoie sur les objectifs et la structure de la fédération: *La Fédération nationale Saint-Jean-Baptiste,* L'École sociale populaire, Montréal, 5, 1911.

27.   «Chroniques des œuvres», *La Bonne Parole,* 5, 2-3, avril 1917: p. 2.

28.   Mme F.-L. Béique, *Quatre-vingts ans.,* p. 257.

29.   Archives nationales du Québec à Montréal, «Extrait du livre des minutes de l'exécutif de la Fédération nationale Saint-Jean-Baptiste», cahier no 1, 1er mai 1909, et cahier no 2, 2 mars 1912.

30.   Pour des exemles de collaboration entre religieuses et laïques, voir *ibid.,* cahier no 1, 11 avril 1907, cahier no 2, 26 juin 1909, 2 mars 1912, cahier no 3, 28 septembre 1912, 19 avril 1913, 13 décembre 1913. À propos de cette collaboration, la Congrégation de Notre-Dame fit la remarque suivante: «Nous avons senti ensemble l'obligation de

marcher la main dans la main avec toutes les œuvres catholiques et militantes», archives des sœurs de la Congrégation de Notre-Dame (et après ACND), *Annales de la maison mère,* 24, 5 mai 1918: p. 615-616.

31. Pour une histoire du mouvement des écoles ménagères, voir Mme F.-L. Béique, *Quatre-vingt ans..,* p. 244-264; Albert Tessier, *Souvenirs en vrac,* Boréal Express, Montréal, 1975; Albert Tessier, «Les écoles ménagères au service du foyer» dans Michèle Jean, *op. cit.,* p. 160-166.

32. Robertine Barry, *Chroniques du lundi:* p. 307-308; Joséphine Dandurand, «Les professions féminines», *Le Coin du feu,* 4, 8, août 1896: p. 224-225.

33. Joséphine Dandurand, «Les femmes savantes», *Le coin du Feu,* 4, 1, janvier 1896, p. 4.

34. Marie Gérin-Lajoie, «De l'enseignement supérieur pour les femmes», *Le Journal de Françoise,* 4, 16, 18 novembre 1905: p. 246: Joséphine Dandurand a utilisé le même argument dans «Culture intellectuelle» dans *Nos Travers,* p. 18.

35. Il fut fait mention des activités de Joséphine Dandurand dans «Le concours littéraire», *Le Coin du Feu,* 4, 5, mai 1896, p. 141; Joséphine Dandurand, «Chronique — Un projet», *Le coin du Feu,* 4, 1, janvier 1896: p. 404-405; J. Dandurand, «La Bibliothèque publique», *Le journal de Françoise,* 1, 9 (26 juillet 1902): p. 98-99. Parfois, il était simplement souligné que «le prix que Mme Dandurand donne chaque année au couvent de la Congrégation de Notre-Dame de cette ville pour la correction du langage a été gagné cette année par Mlle Jeannette d'Orsonnens», *Le Coin du Feu,* 4, 7 juillet 1896: p. 209.

36. Françoise, «Les jeunes filles dans les bureaux», *Le Journal de Françoise,* 2, 23, 21 février 1903: p. 269-270; Françoise, «Cours d'enseignement supérieur pour les jeunes filles», *Le Journal de Françoise,* 7, 14, 17 octobre 1908: p. 218.

37. Marie Globensky-Prévost, «Une contemporaine d'élite», *Le Journal de Françoise,* 2, 17, 5 décembre 1903: p. 218-219.

38. Marie Gérin-Lajoie, «De l'enseignement supérieur pour les femmes», *Le Jour-*

nal de Françoise, 4, 15, 4 novembre 1905: 227-230, et 4, 16, 18 novembre 1905: p. 244-246.

39. ACND, *Journal de Mère Saint-Anaclet, 1894-1912,* 5 cahiers manuscrits, cahier no 2, 22 et 23 mai 1897.

40. *Ibid.,* cahier no 2, 22 et 23 mai 1902.

41. *Ibid.,* cahier no 4, 22 mars, 3 juin 1905, 17 avril 1906.

42. *Ibid.,* cahier no 4, 14 janvier 1907 et cahier no 1, 8 mars 1896.

43. *À la mémoire de Mère Sainte-Anne-Marie, maîtresse générale des études de la Congrégation de Notre-Dame,* Montréal, Arbour et Dupont, 1938: p. 1-30.

44. *Ibid.,* p. 30-36; Sœur Lucienne Plante, c.n.d., *La fondation de l'enseignement classique féminin au Québec,* thèse de maîtrise, Université Laval, 1978, p. 29-35.

45. Sœur Sainte-Anne-Marie reçut des félicitations dans l'organe officiel de la communauté, *Annales de la maison mère,* 19 juin 1913: p. 120-121. Au même moment, il y avait des sœurs qui désapprouvaient les changements qu'elle avait implantés. Sœur Lucienne plante, *op. cit.,* p. 50-52.

46. AINDBC, Marie Gérin-Lajoie à Léonie Morel, 25 avril 1904; Mme F.-L. Béique, *op. cit.,* p. 228-229.

47. Sœur Lucienne Plante, *op. cit.,* p. 57-60; Françoise, «Un lycée de jeunes filles», *Le journal de Françoise,* 7, 6, 20 juin 1908: p. 92.

48. Sœur Saint-Stanislas-de-Jésus, c.n.d., «L'enseignement classique féminin en notre province», dans *Québécoises du 20e siècle,* de Michèle Jean, p. 169-170.

49. ACND, *L'annuaire de l'École d'enseignement pour les filles,* Imprimerie Congrégation de Notre-Dame, Montréal, 1910, p. 95-96.

50. Sœur Lucienne Plante, *op. cit.,* p. 50-53; interview de l'auteure avec Florence Fernet-Martel, deuxième bachelière de l'École d'enseignement supérieur et amie intime de plusieurs sœurs de la Congrégation de Notre-Dame, 4 mars 1980.

51. ACND, «Annales de l'École d'enseignement supérieur pour les filles», 1, 1908; Sœur Stanislas-de-Jésus, «L'enseignement classique»: p. 173. D'anciennes étudiantes

de l'École d'enseignement supérieur firent la promotion de l'enseignement supérieur en menant des enquêtes et en écrivant des articles en sa faveur; Georgette Lemoyne, «Entre-nous», *La Bonne Parole*, 7, 1, mars 1919: p. 1-2; Marie J. Gérin-Lajoie, «Entre nous — La femme et l'université», *La Bonne Parole*, 8, 3, mars 1920: p. 1-2; Mme A. Lesage-Derome, «Rapport du congrès d'avril 1921: L'enseignement secondaire et la formation des classes dirigeantes», *La Bonne Parole*, 10, 9, septembre 1922: p. 11-12.

52. Sœur Sainte-Madeleine-des-Anges, c.n.d., *Soeur Sainte-Théophanie c.n.d., 1875-1948*, Imprimerie CND, Montréal, 1949, p. 41; Sœur Lucienne Plante, *op. cit.*, p. 106. *Id., L'enseignement classique chez les Sœurs de la Congrégation de Notre-Dame, 1908-1971*, thèse de doctorat, Université Laval, 1971, p. 285-286.

53. Des coupures d'articles de journaux peuvent être trouvées dans «Annales de l'École d'enseignement supérieur», 5, 1912-1913. Voir les articles de Henri Bourassa dans *Le Devoir*, 22, 28 janvier, 7 avril, 7 mai 1913, 11 septembre 1917, 28 mars 1918.

54. Interview de l'auteure avec Florence Fernet-Martel, 4 mars 1980.

55. ACND, «Annales de l'Ecole d'enseignement supérieur», 16, 1923-1924.

56. Les féministes croyaient que la peur de la compétition amenait les hommes à nier aux femmes des droits égaux, AINDBC, Marie Gérin-Lajoie à Léonie Morel, 2 mai 1902. Robertine Barry fit une remarque similaire dans *Chroniques du lundi*, p. 307.

57. Marie Gérin-Lajoie, «Le travail chez la femme», *Le Coin du feu*, 1, 3, mars 1893: p. 67-68. Henri Bourassa utilisa cette même expression «des fonctions lucratives jusqu'ici dévolues aux hommes» dans l'une de ses attaques vitrioliques contre le féminisme: cité dans Marie Lavigne et Jennifer Stoddart, «Women's Work in Montreal at the Beginning of the Century», dans *Women in Canada* de Marylee Stephenson ed., General Publishing, Toronto, 1977, p. 142.

58. Cité dans Sœur Lucienne Plante, *La fondation...*, p. 53.

59. ACND, Correspondance, no 19, A.P. Pelletier a sœur Sainte-Henriette, 18 novembre 1903.

60. Sœur Lucienne Plante, *La fondation...* p. 89. On y établit que seulement 50% des diplômées du collège entre 1912 et 1926 se marièrent. Cette étude fournit aussi des informations sur les choix de carrière des diplômées du collège. Sœur Saint-Stanislas-de-Jésus, «L'enseignement classique», p. 171; on y souligne qu'en février 1954 on dénombrait seulement 676 des 1494 femmes diplômées du collège entre 1912 et 1953 qui s'étaient mariées.

61. Le programme du premier congrès de la fédération portait sur les sujets suivants: la responsabilité des mères à l'égard de l'éducation, l'enseignement de l'économie domestique, la condition des ouvrières, la protection de la moralité des ouvrières, la préparation des jeunes filles au travail. Archives nationales du Québec à Montréal, «Extrait du livre de minutes de l'exécutif de la Fédération nationale Saint-Jean-Baptiste», cahier no 1, 26-30, mai 1907; voir aussi Mme F.-L. Béique, *op. cit.*, p. 232-235; Françoise, «Le congrès féminin», *Le Journal de Françoise*, 6, 6, 15 juin 1907: p. 89-90.

62. Pour plus d'informations sur les activités du cercle, voir «Annales de l'École d'enseignement supérieur», p. 1-16, 1909-1925.

63. Marie J. Gérin-Lajoie, «Rapports de la journée d'études», *La Bonne Parole*, 10, 6, juin 1922: p. 11.

64. Georgette Le Moyne, «Journée d'études», *La Bonne Parole*, 3, 2, juin 1920: p. 3-5; Georges Le Moyne, «Les cercles d'études», *La Bonne parole*, 8, 6, juin 1920: p. 13-15; «Annales de l'École d'enseignement supérieur», 8, 1915-1916.

65. Marie J. Gérin-Lajoie, «Nos raisons d'agir», *La Bonne parole*, 10, 10, octobre 1922: p. 13; «Rapport du comité central», *La Bonne Parole*, 10, 6, juin 1922: p. 12-13; «Pour les cercles d'études», *La Bonne Parole*, 11, 4, avril 1923: p. 12-13; pour une explication des objectifs des cercles d'études et un examen de leurs activités, voir Marie J. Gérin-Lajoie, *Les cercles d'études féminins*,

l'École sociale populaire, Montréal, 52, 1916.

66. Sœur Lucienne Plante, *La fondation...,* p. 136-137; elle a établi l'origine sociale de 77 des 125 femmes qui sortirent de l'École d'enseignement supérieur entre 1911 et 1926. L'occupation de leur père était: comptable (3), homme d'affaires (25), fonctionnaire (7), médecin (7), ingénieur (1), agriculteur (2), industriel (4), vendeur d'assurances (2), journaliste (1), agent de voyage (1).

67. Parmi les collaborateurs réguliers à *La Bonne Parole,* on comptait M. J. Gérin-Lajoie, Yvonne Charette, Georgette Le Moyne, Irène Lesage, Évaline Zappa, toutes des diplômées de l'École d'enseignement supérieur. Georgette Le Moyne, Jeanne Baril, Aline Sénécal et M.J. Gérin-Lajoie furent membres du comité central de la fédération; Florence Fernet milita pour la reconnaissance du droit de vote des femmes au Québec; Georgette Le Moyne fut membre de la Ligue des droits de la femme et accompagna Marie Lacoste-Gérin-Lajoie lors de sa mission à Rome en faveur du droit de vote.

68. Marie-J. Gérin-Lajoie l'avait fait remarquer dans *La Bonne Parole,* «Les femmes à la Semaine sociale», 8, 9, septembre 1920: p. 3; «Nos raisons d'agir», 10, 10, octobre 1922: p. 3; «Comment une œuvre de charité devient sociale», 10, 12, décembre: p. 3.

69. Marcienne Proulx, *L'Action sociale de Marie Gérin-Lajoie, 1910-1925,* thèse de maîtrise en théologie, Université de Sherbrooke, 1975, p. 25-100.

70. AINDBC, Marie J. Gérin-Lajoie, *Premières gerbes,* manuscrit, p. 3.

71. AINDBC, Lettres adressées à une religieuse auxiliatrice, mai, septembre 1920, AINDBC, Marie J. Gérin-Lajoie, *Mon itinéraire,* manuscrit, 1915-1916.

72. *Ibid.,* p. 1-8.

73. Cité dans *La glace est rompue. État de recherche sur la vie de Marie Lacoste-Gérin-Lajoie* de Jennifer Stoddart *et al.,* p. 103.

74. Sœur Marie Gérin-Lajoie, «Notre rôle d'auxiliaire d'action catholique», *La Bonne Parole,* 20, 10, novembre 1932: p. 1-2; Albertine Ferland-Anger, «L'Institut de Notre-Dame-du-bon-Conseil», *La Bonne Parole,* 11, 5, mai 1923: p. 3.

75. Marie J. Gérin-Lajoie, *Premières gerbes,* p. 11-29.

76. Joséhine Dandurand, «Chronique», *Le Coin du Feu,* 11, 5, mai 1894: p. 130; *La première étape d'une fondation canadienne,* Messager, Montréal, 1929, p. 9-11 et 14.

77. AINDBC, Marie Gérin-Lajoie à Mlle Morel, janvier 1903.

12. Vocation religieuse et condition féminine

1. Georges Goyau, *Les origines religieuses du Canada, une époque mystique,* Paris, Spes, 1939. Voir notamment, p. 256-263.

2. Laure Conan, citée sans référence par Lionel Groulx dans: «Les femmes dans notre histoire», *Notre maître le passé, première série,* 4ᵉ éd., 1937, p. 269.

3. Voir «Piety and Commerce in the New England Commonwealth», dans L.B. Wright, *The Atlantic Frontier, Colonial American Civilisation, 1607-1763,* New York, Cornell University Press, 1966, p. 98-160.

4. Voir «The Holy Experiment in Pennsylvania», *Ibid.,* p. 212-257.

5. L.B. Wright, *The cultural Life of the American Colonies,* New York, Harper and Row, 1966, p.73. («The New American Nation Series»)

6. *Id.,* p. 72. (Notre traduction.)

7. James Douglas, «The Status of Women in New England and New France», *Queen's Quarterly,* 1912, p. 359-374. (Notre traduction)

8. Marcel Trudel, *Initiation à la Nouvelle-France,* Montréal et Toronto, Holt, Rinehart et Winston, 1968, p. 243.

9. *Dictionary of American History, III.* Voir l'entrée «Hospitals». On retrouve les

mêmes renseignements dans *Encyclopædia Americana.* (Notre traduction.)

10. Asunción Lavrin, «Women in Convents: Their Economic and Social Role in Colonial Mexico», dans Berenice A. Carroll, *Liberating Women's History. Theoretical and Critical Essays,* Chicago, University of Illinois Press, 1976, p. 250-277.

11. Hélène Bernier, *Marguerite Bourgeoys,* Montréal, Fides, 1958. Voir également son article dans le *Dictionnaire biographique du Canada,* tome I. Québec, P.U.L., 1966.

12. Marie-Emmanuel Chabot, «Marie de l'Incarnation, chef d'entreprise», *Les Cahiers de la Nouvelle-France,* 20, 1962. Voir également son article dans le *Dictionnaire biographique du Canada,* tome I, Québec, P.U.L., 1966.

13. Micheline D'Allaire, «Jeanne Mance», *Forces,* 1974, p. 39-46.

14. Albertine Ferland-Angers, *Mère d'Youville,* Montréal, Beauchemin, 1945, 385 p.

15. Voir la thèse de maîtrise de Jacques Grimard, *La faillite financière des frères Charron,* Université de Sherbrooke, 1971.

16. Marie Morin, *Histoire simple et véritable... Annales de l'Hôtel-Dieu de Montréal 1659-1725,* édition critique par Ghyslaine Legendre, Montréal, Presses de l'Université de Montréal, 1979.

17. Jeanne-Françoise Juchereau de la Ferté, *Les Annales de l'Hôtel-Dieu de Québec, 1636-1716,* Québec, 1939.

18. *Manuel d'histoire de la littérature canadienne de langue française,* de Mgr Camille Roy.

19. Jacques Ducharme, «Les revenus des Hospitalières de Montréal au XVIIIᵉ siècle», dans *L'Hôtel-Dieu de Montréal, 1642-1973,* Montréal, HMH, 1973, p. 209-244. Cet article corrige en partie les affirmations de Guy Frégault dans «Les finances de l'Église sous le régime français», *Le XVIIIᵉ siècle canadien,* Montréal, HMH, 1968, p. 134-149.

20. Marcel Trudel, *L'Église canadienne sous le régime militaire,* 2 vol., Québec, P.U.L., 1957.

21. Gérald M. Kelley, «Esther Wheelwright», *Dictionnaire biographique du Canada,* tome IV, 830-831. Esther Wheelwright était une captive anglaise enlevée par les Abénakis en 1703 et ramenée à Québec en 1708.

22. Micheline D'Allaire, «Conditions matérielles requises pour devenir religieuse au XVIIIᵉ siècle» dans *L'Hôtel-Dieu de Montréal, 1642-1973, op. cit.,* p. 183-208.

23. Micheline D'Allaire, *L'Hôpital Général de Québec, 1692-1764,* Montréal, Fides, 1971.

24. Peter Kalm, *Travels in North America. The English Version of 1770, Revised from the Original Swedish by A.B. Benson,* New York, Dover, 1966, Tome II, p. 445 et suiv.

25. Louise Dechêne, *Habitants et marchands de Montréal au XVIIᵉ siècle,* Collection «Civilisations et mentalités», Paris, Plon, 1974, p. 479.

26. Voir Micheline D'Allaire, «Conditions matérielles...», *op. cit., passim.*

27. Sœurs Marie-Henriette, c.n.d., et Thérèse Lambert, c.n.d., *Histoire de la Congrégation Notre-Dame,* Montréal, maison mère de la congrégation 1910-1970, 10 vol., *passim.*

28. Micheline D'Allaire, *L'Hôpital Général de Québec, op. cit., passim.*

29. Marcel Trudel, *L'Église canadienne sous le régime militaire. op. cit.*

30. Cette proportion est calculée d'après le chiffre fourni par Trudel *(L'Église canadienne, op. cit.)* en le comparant au nombre estimé de la population féminine totale à la même époque, soit 50% de 70 000. *Ibid.* pour la proportion du nombre de religieux.

31. Voir Micheline D'Allaire, «Conditions matérielles...», *op. cit.*

32. Voir Micheline D'Allaire, *L'Hôpital Général de Québec, op. cit., passim.*

33. L.B. Wright, *The Cultural Life..., op. cit.,* p. 103.

34. *Mandements, Lettres pastorales et Circulaires des Évêques de Québec,* II, p. 390. De nombreux autres témoignages sont cités dans R.-L. Séguin, «La canadienne au XVIIᵉ et au XVIIIᵉ siècles», *Revue d'histoire de l'Amérique française,* XIII, 4, mars 1960, p. 492-508.

35. Marguerite Jean, dans *Évolution des communautés religieuses de femmes au*

Canada de 1639 à nos jours, Montréal, Fides, 1977, deuxième partie, ch. XII et XIII, p. 185-208, confirme cette affirmation.

36. Micheline D'Allaire, «Conditions matérielles...», *op. cit.*, p. 183-208. Voir également *L'Hôpital Général de Québec,* du même auteur.

37. Peter Kalm, *op. cit.,* II, p. 443-446, 454-455, 470-471, 538.

38. Voir notamment les témoignages de Lady Aylmer et de Lady Simcœ, cités dans Bernard Dufebvre, *Cinq femmes et nous,* Québec, Belisle, 1950.

39. Sœurs Marie-Henriette, c.n.d., et Thérèse Lambert, c.n.d., *op. cit.*

40. Voir Marguerite Jean, *op. cit.,* ch. XIV, p. 211-220. La question des relations entre les institutions parlementaires primitives (1791-1837) et les communautés de femmes, notamment en ce qui concerne l'éducation et l'assistance sociale, n'a été qu'effleurée. Cette question mériterait une étude approfondie car elle a conditionné plus d'un siècle de législation sociale au Québec. Le seul ouvrage sur la question, *Évolution de l'assistance au Québec,* par Serge Mongeau, Montréal, Jour, 1967, est très superficiel.

41. Voir, entre autres, Kathleen E. McCrone, «Feminism and Philanthropy in Victorian England: The Case of Louisa Twining», communication au congrès annuel de la Société historique du Canada, Edmonton, 1976.

42. Voir l'article de Yolande Pinard sur «Les débuts du mouvement des femmes à Montréal, 1893-1902» reproduit dans ce recueil.

43. À titre d'exemples: Droits civils de l'épouse, Canada 1872, Québec 1964; droit de vote, Canada 1918, Québec 1940; accès aux études supérieures, Canada 1850, Québec 1908; premiers mouvements féministes, Canada 1880, Québec 1907.

44. D'ailleurs, de nombreuses religieuses font partie de la première association féministe canadienne-française. Voir Marta Danylewycz, «Nuns and Feminists», dans ce recueil.

45. Bernard Denault, «Sociographie générale des communautés religieuses au Québec

(1837-1970)», dans *Éléments pour une sociologie des communautés religieuses au Québec,* Montréal, PUM, 1975, p. 15-117.

46. Il est difficile de s'entendre sur un nombre précis de fondations, distinctes ou non. Marguerite Jean mentionne trente-trois fondations et cinq sécessions au Québec.

47. Voir D. Suzanne Cross, «La majorité oubliée: le rôle des femmes à Montréal au 19ᵉ siècle», reproduit dans ce recueil.

48. Andrée Désilets, «Albine Gadbois», dans *Dictionnaire biographique du Canada,* tome X, 1972.

49. Voir *La signification et les besoins de l'enseignement classique pour jeunes filles,* Montréal, Fides, 1954, p. 9-15.

50. *Ibid.,* p. 89-93.

51. J.C. Paquet, «La charité, une mystification capitaliste», *Cité libre,* XV, 65, mars 1964.

52. Marguerite Jean, *op. cit.,* p. 104 et suiv., 124-129, 156-160, 177-181.

53. *Ibid.,* p. 135.

54. M. Lavigne, Y. Pinard, J. Stoddart, «La fédération nationale Saint-Jean-Baptiste et les revendications féministes au début du 20ᵉ siècle», reproduit dans ce recueil.

55. Luigi Trifiro, *La crise de 1922 dans la lutte pour le suffrage féminin au Québec,* thèse de maîtrise, Université de Sherbrooke, 1976.

56. Lettre du père Stanislas Loiseau à Marie Gérin-Lajoie (mère), 27 août 1914, citée dans Marcienne Proulx, *L'Action sociale de Marie Gérin-Lajoie, 1910-1925,* Mémoire de maîtrise en théologie, Université de Sherbrooke, 1975, p. 105.

57. Textes variés de Marie Gérin-Lajoie cités par Marcienne Proulx, *op. cit.,* p. 105, 107, 113, 114.

58. B. Denault, *op. cit.,* p. 50.

59. Albert Tessier, «Onze enfants, mais c'est immoral!», *Relations,* 35, novembre 1943.

60. Cette question n'a pas encore été étudiée à fond. Voir Susan Cross, *op. cit.,* p. 40-42. Voir également: J. Stoddart et V. Strong-Boag, «... And Things Were Going

Wrong at Home», *Atlantis, A Women's Studies Journal,* I, 1, 1975, p. 38-44.

61. Il est intéressant de noter ici la fondation à Worcester (Mass.) de la communauté des Petites Franciscaines de Marie en 1889, par onze Canadiennes françaises. Dès 1891, la communauté était revenue au Québec, à Baie-Saint-Paul. Doit-on y voir un moyen d'échapper à l'exil?

62. Une recherche récente soutient cette hypothèse. Marta Danylewycz, «Taking the Veil in Montreal, 1850-1920: an Alternative to Migration, Motherhood and Spinstethood», communication présentée à la réunion annuelle de la Société historique du Canada, London, juin 1978, 22 p.

63. Marc-André Lessard et Jean-Paul Montminy, «Les religieuses du Canada: âge, recrutement et persévérance», dans *Recherches sociographiques,* vol. 8, no 1, 1967, p. 15-48.

64. Benoît Lacroix, «Les ambiguïtés de la vocation religieuse féminine», *Communauté chrétienne,* IV, 22 août 1965, p. 309-316.

65. Andrée Désilets, «Un élan missionnaire à Gaspé: Les sœurs missionnaires du Christ-Roi (1928-1972)», dans *La société canadienne d'histoire de l'église catholique,* 1979, p. 84-85.

66. P.M. Lemaire, «En feuilletant la publicité des sœurs», *ibid.,* p. 376-380.

67. Fernand Dumont, «Quelques réflexions d'ensemble», *Recherches sociographiques,* X, 2-3 mai-décembre 1969, p. 145-156. Voir également, du même auteur, l'introduction à *Idéologies au Canada français, 1850-1900,* Québec, PUL, 1971.

68. B. Denault, *op. cit.,* p. 102-108.

69. Colette Moreux, *Fin d'une religion?,* Montréal, PUM, 1969, 485 p.

70. Colette Moreux, «Le Dieu de la Québécoise», *Maintenant,* 62, 1967, p. 66-68.

71. Il n'y a évidemment pas d'études sur la perception de la maternité physique (grossesse, accouchement, etc.) qu'avaient les jeunes Québécoises d'avant 1950. Le folklore, lui, est éloquent: les «sauvages», les cris, etc.

72. Ghislaine Roquet, «La promotion des valeurs féminines et la religieuse», *Vie des communautés religieuses,* XXVII, 6 juin 1967, p. 165. Cette ambiguïté a été relevée également par Raymond Hostie, s.j.: «En effet, tout ce qui touchait au domaine affectif, et plus encore, au domaine sexuel, était fortement déconsidéré. On pouvait donc s'en donner à cœur joie dans les exhortations et les heures de piété: la maternité spirituelle n'ayant rien de naturel, rien de charnel, rien de sexuel, était donc surnaturelle, pure et angélique». *(L'épanouissement affectif de la femme,* Paris, Desclée de Brouwer, 1968, p. 203 et suiv.)

73. Pauline Prévost, *Psychologie féminine et vie religieuse,* Sherbrooke, Éditions Paulines, 1964.

74. S. Bertrand et J. Cloutier, *Statistiques 1971 des congrégations religieuses du Canada,* Ottawa, Conférence religieuse canadienne, 1975, p. 29. (Désormais, *Statistiques 1979...).*

75. *Ibid.,* p. 27.

76. Jacques Légaré, «Les religieuses du Canada: leur évolution numérique entre 1965 et 1980», *Recherches sociographiques,* X, 1, janvier-avril 1969, p. 7-21.

77. S. Bertrand et J. cloutier, *Statistiques... op. cit.,* p. 36.

78. M.-A. Lessard et Jean-Paul Montminy, «Les religieuses du Canada: âge, recrutement en persévérance», *Recherches sociographiques,* VIII, 1, janvier-avril 1967, p. 15-47.

79. Voir *Maintenant,* 40, avril 1965, p. 128-135.

80. *Les religieuses dans la cité,* congrès des religieuses de Montréal, Montréal, Fides, 1968, 320 p.

81. On trouvera dans la revue *Vie des communautés religieuses* de nombreux articles sur cette question, lesquels examinent le problème surtout dans une perspective spirituelle et religieuse.

82. Jacqueline Bouchard, *Facteurs de sortie des communautés religieuses du Québec,* thèse de doctorat, Institut de psychologie, Université de Montréal, 1970.

83. H. Pelletier-Baillargeon, «Les Carmélites», *Châtelaine,* décembre 1975, p. 33 et suiv.

84. Une recherche de Paul Reny et Jean-Paul Rouleau, *Le frère et la religieuse vus par des étudiants de niveau collégial,* Québec, Centre de recherches en sociologie religieuse, Université Laval, 1975 (enquête faite en 1969), n'a malheureusement pas retenu la variable «sexe»; ses conclusions ne peuvent être utilisées.

85. Lucien Febvre, «Aspects méconnus d'un renouveau religieux», *Annales,* vol. 13, no 4, 28, octobre-décembre 1958, p. 639-650. En particulier, p. 643-644.

86. Robert Mandrou, *Introduction à la France moderne, Essai de psychologie historique 1500-1640,* Paris, Albin Michel, 1961, p. 318-320.

87. Claude Langlois, «Je suis Jeanne Jugan». Dépendance sociale, condition fémine et fondation religieuse dans *Archives de sciences sociales des religions,* vol. 52, no 1, 1981, p. 21-35.

88. Ce concept est utilisé systématiquement en théologie pour définir la personnalité des fondateurs(trices) de communautés. Voir Ghyslain Lafont, «L'Esprit Saint et le droit dans l'institution religieuse», *Supplément de la vie spirituelle,* XX, 1967, p. 473-502, 594-639. Rappelons que Max Weber lui-même l'a emprunté dans *Économie et société.*

89. Voir les hypothèses de Bernard Denault, «Sociographie générale des communautés religieuses au Québec (1837-1970)», dans *Éléments pour une sociologie des communautés religieuses au Québec,* Montréal, PUM, 1975, p. 102-108.

90. *Statistiques des congrégations religieuses du Canada,* 1979. Dans ce nombre, on ne compte que 163 anglophones.

91. Voir notamment Monique Dumais, o.s.v., «Vie religieuse et féminisme», dans *Vie des communautés religieuses,* vol. 38, n° 2, fév. 80, p. 53-80, p. 53-60; Dorothy Pertuiset, «Avancement de la femme et valeurs chrétiennes», *ibid.,* vol. 38, n°6, juin 1980, p. 193-199;, Pierrette Chassé, o.s.v., «Un témoignage», dans *ibid.,* vol. 38, n° 6, juin 80, p. 187-192.

92. Voir notamment Fernande Richard, c.n.d., «Les femmes en transition», dans *ibid.,* vol. 40, n° 5, mai 1982, p. 145-154;

Dorothy Pertuiset, «Les religieuses et la condition féminine: des femmes pour accompagner les femmes», dans *ibid.,* vol. 40, n° 4, avril 1982, p. 125-128.

93. Voir notamment Monique Dumais, «La théologie peut-elle être du genre féminin au Québec?» dans *La femme et la religion au Canada français, un fait socio-culturel,* Montréal, Bellarmin, 1979, p. 111-126; Élisabeth J. Lacelle, «Pour un ordre humain d'alliance évangélique: devenir une femme», dans *Vie des communautés religieuses,* vol. 38, n° 6, juin 1980, p. 162-186; Élisabeth J. Lacelle, «L'engagement des femmes pour une humanité nouvelle selon l'Évangile», dans *ibid.,* vol. 40, n° 3, mars 1982, p. 66-82.

94. Voir notamment Monique Dumais, «La femme dans l'Église au Québec», *Relations,* sept. 1977, p. 244-250; Monique Dumais et Marie-Odile Métral, «Le statut des femmes dans l'Église», *Pouvoirs. Revue française d'études constitutionnelles et politiques,* vol. 17, 1981, p. 143-152.

95. *L'Autre Parole* publie une revue qui porte le même nom depuis 1976.

96. Ce groupe de travail a publié en 1981 un *Répertoire des contributions à la promotion de la femme de la part des communautés religieuses francophones du Canada,* Ottawa, 254 pages, où on apprend que les religieuses animent entre autres 8 refuges pour femmes en difficultés, 3 maisons de transition pour adolescentes, 6 centres du jour, 7 centres de dépannage pour les femmes au foyer, 2 services d'aide à domicile, 8 maisons d'hébergement-santé, 1 centre pour les victimes d'agressions sexuelles, 2 garderies, 1 service de gardienne, 1 centre pour religieuses en difficultés, 5 maisons pour mères célibataires, etc.

97. Voir notamment Monique Dumais, «Les religieuses, des femmes spéciales», *Communauté chrétienne,* no 95, sept. 1977, p. 485-490 et «Les défis d'être une femme religieuse», *Possibles,* vol. 4, no 1, automne 1979, p. 147-154.

98. Jean-Paul Montminy et J. Zylberberg, «L'esprit, le pouvoir et les femmes. Polygraphie d'un mouvement culturel québécois»,

Recherches sociographiques, vol. XXII, n° 1, janv.-avril 1981, p. 49-102.

99. Dans leur toute récente synthèse, *Situation et avenir du catholicisme québécois*, Montréal, Leméac, 1982, 2 vol., les grands théoriciens du religieux, Fernand Dumont et Jacques Racine, n'ont qu'un petit paragraphe d'excuse (vol. I, p. 11) pour dire qu'ils n'ont pas de chapitre sur la condition féminine. Par ailleurs, on ne trouve pas dans ce bilan une seule ligne sur les religieuses qui constituent pourtant un fort contingent des «agents pastoraux», et qui assurent si souvent la «suppléance dans l'Église».

13. Henri Bourassa et la question des femmes

1. *La Gazette* couvrit de façon exhaustive les activités des suffragettes londoniennes en publiant presque quotidiennement des articles à la une au cours des mois de mars et avril 1913. Les rares commentaires éditoriaux condamnaient le militantisme des femmes. Voir aussi *Le Devoir*, 22 janvier, 28 janvier, 7 avril et 7 mai 1913.

2. Mme Philip Snowden prit la parole à Montréal en déc. 1909, Mme Emmeline Pankhurst en déc. 1911, Mme Barbara Wylie en nov. 1912, Mme Forbes-Robertson Hale en déc. 1912. C. Cleverdon, *The Woman Suffrage Movement in Canada*, 2ᵉ édition, Toronto, U.T.P., 1974, 221-222.

3. Citée dans *ibid.*, 113 et aussi dans *Canadian Annual Review*, 1912, 305.

4. Titre d'un éditorial, 5 avril 1913.

5. CAR, 1913, 736.

6. Cleverdon, 221-222. Ironie du sort, cette association fut fondée le jour de la parution du dernier article de Bourassa dans la série «suffrage féminin», *Le Devoir*, 24 avril 1913.

7. CAR, 1913, 471, 734.

8. Mme Minden Cole avait dit, au cours d'un débat au Club des femmes de Montréal, que les femmes du Québec n'avaient pas suffisamment d'instruction pour faire bon usage du droit de vote. Malgré ses protestations (*Le Devoir*, 5 avril 1913) à l'effet que ses propos étaient cités hors contexte, Bourassa en fit le tremplin de deux articles sur la question du suffrage: «Déplorable ignorance des Canadiennes françaises», *Le Devoir*, 31 mars 1913; «Éducation et instruction», *ibid*, 5 avril 1913, «Rôle social de la femme — conception française et traditionnelle anglaise», *ibid.*, 23 avril 1913; «Le suffragisme féminin — son efficacité, sa légitimité», *ibid.*, 24 avril 1913.

9. L'euphémisme de l'époque, semble-t-il, pour désigner les avorteuses.

10. J'ai l'impression que ceci découle du fait qu'à l'époque on appelait les femmes «les personnes du sexe». L'épithète implique que les femmes représentaient le côté sexuel de la vie, et comme cet aspect des choses était tout à fait refoulé, il aurait été révoltant de le rendre public.

11. La lecture de ces pages est assez déprimante; l'image de la femme qui ne s'intéresse qu'à la couture, la la cuisine, travaux d'aiguille, à la mode, à la décoration intérieure et à la lecture légère est encore véhiculée par les pages féminines de nos journaux. La notion du genre de créature que sont les femmes a peut-être changé, mais en degré seulement: elles étaient alors fragiles, sujettes aux troubles nerveux et avaient besoin d'être remontées par le composé végétal de Lydia E. Pinkham; aujourd'hui elles sont laides, malodorantes et requièrent tous les parfums et potions que peut réussir à fabriquer l'industrie des cosmétiques.

12. «Lettre de Fadette», *Le Devoir*, 2 janv. 1913.

13. *La Presse*, 8 mars 1913.

14. Lettre de Joseph Moffatt, de Verdun, à *The Gazette*, «Woman and the vote», 22 avril 1913.

15. L.-A. Paquet, «Le féminisme», *Canada français*, I, 4 déc. 1918, 235.

16. *Canadian Woman's Annual and Social Service Directory*, Toronto, 1915, IX.

17. Bourassa se disait parfois que cette loi, au lieu de s'appeler «War-time Elections Act», aurait dû porter le nom de «Mad-time Elections Act», en ce qu'elle introduisait une double erreur dans la société canadienne: le principe du suffrage féminin et celui d'une caste militaire. «Le dernier accès», *Le Devoir,* 11 sept. 1917.

18. Ernest Bilodeau, «Une délégation féminine», *Le Devoir,* 22 fév. 1918.

19. «A week in Parliament», *The Gazette,* 25 mars 1918.

20. Le projet de loi fédéral sur le suffrage était passé en seconde lecture (22 mars) mais n'en était pas encore à l'étape de la discussion article par article, en comité où eut lieu le débat principal (11 avril). Les articles de Bourassa étaient les suivants: «Désarroi des cerveaux — Triomphe de la démocratie», *Le Devoir,* 28 mars 1918; «Le «droit» de voter — La lutte des sexes — Laisserons-nous avilir nos femmes?», *ibid.,* 30 mars 1918; «L'influence politique des femmes — pays «avancés» — femmes enculottées», *ibid.,* 1er avril 1918.

21. Nellie McClung répondit délicieusement à ce genre d'argument dans un texte qui débutait par: «Il semble que le vote ait suscité un grand nombre de malentendus» et se terminait par: «Vous serez surprises de constater combien peu de temps vous aurez été absentes de la maison. Vous aviez mis les pommes de terre au feu avant de partir et vous revenez à temps pour les égoutter», dans *Times Like These,* 2e éd., Toronto, U.T.P., 1972, 50-51.

22. C.-A. Fournier prenant la parole le 11 avril 1918. *Débats de la Chambre des communes,* 1918, t. 1, 672-73. Parmi ceux qui répétaient le même genre d'arguments, citons H.-A. Fortier, 669-670; J.-J. Denis, 677-678; L.-T. Pacaud, 680; A. Trahan, 683-684; R. Lemieux, 688-689; J.-E. D'Anjou, 696; J.-E. Lesage, 708.

23. C.-A. Fournier, *ibid.,* 673.

24. J.-J. Denis, *ibid.,* 678.

25. *The Gazette,* 12 avril 1918, 10. *The Gazette* releva aussi la remarque du *Toronto Daily News* au sujet du «bon vieux tempérament conservateur qui règne dans la province de Québec», *ibid.,* 19 avril 1918, 8.

26. Voir J.-A. Albert Foisy, série d'articles sur «Le suffrage féminin», l'*Action Catholique,* 7-15 fév. 1922; il y a mention des vues d'Arthur Sauvé sur la question dans deux lettres d'Abel Vineberg, député conservateur, à Arthur Meighen et de Meighen à Vineberg, 3 mars 1925, APC, Fonds Meighen; Mgr Bégin (archevêque de Québec) à Mgr Roy (coadjuteur de Québec), 19 mars 1922, *Semaine religieuse du Québec,* 20 avril 1922, 536. Au cours des années 1920, tous les adversaires évitèrent soigneusement de relever le fait que le 9e congrès de l'Alliance internationale pour le suffrage féminin s'était tenu à Rome, que le Pape avait adressé ses salutations et qu'il avait accordé des audiences à plusieurs déléguées. Compte rendu publié par le *Franchise Committee* du Club des Femmes de Montréal dans APC, Fonds Meighen, s.d.

27. A.R. Me Master semble avoir eu vaguement conscience de ce qui se passait lorsqu'il opposa à l'image de la «reine du foyer» véhiculée par les députés, celle, plus souvent vraie, de «reine du baquet et des casseroles». *Débats de la Chambre des communes,* Canada, t. I, avril 1918, 699.

28. Les journaux étaient remplis d'articles sur le séisme. *La Presse* reproduisit même des photos du séisme beaucoup plus grave qui avait dévasté la ville de Tokyo en 1923. *La Presse,* 2 mars 1925, 1.

29. Les femmes de l'Ouest pouvaient toujours présenter leur cause devant le Parlement fédéral pour être traitées «également». Mais le coût d'une telle démarche était prohibitif.

30. Le 6 mars 1925, le jour même où Bourassa défendait la nécessaire inégalité des hommes et des femmes devant le divorce, le Conseil canadien de l'agriculture, représentant les agriculteurs unis du Québec, de l'Ontario, du Manitoba, de la Saskatchewan et de l'Alberta, adressa une série de résolutions au gouvernement du Dominion dont l'une exigeait que soient apportés des amendements à la loi de façon à ce que les motifs justifiant le divorce soient les mêmes pour les hommes et les femmes. APC., Fonds Meighen, CCA to Dominion government, 6 mars 1925.

31. «Divorce in Canada», *The Gazette,* 2 mars 1925, 12.
32. *Le Devoir,* 17-18 fév. 1921; 5-11 fév. 1925. La *Canadian Annual Review* des années en question contient les détails de ces deux causes.
33. Ou, comme l'avait écrit Mgr P.-E. Roy dans une lettre pastorale en 1920: «Tout acte législatif instituant ou facilitant le divorce est une oeuvre de perversion morale et de décadence sociale». *Semaine religieuse du Québec,* 22 juillet 1920, 741.
34. Le projet de loi passa en seconde lecture par un vote de 109 contre 68. Les articles de Bourassa furent les suivants: «Divorce et mariage — Quelques réflexions en marge d'un débat», *Le Devoir,* 5 mars 1925; «Imbroglio constitutionnel — où nous mène-t-on?», *ibid.,* 6 mars 1925; «Préservatifs et remèdes — la plaie du mariage civil — poutre et paille», *ibid.,* 7 mars 1925.
35. Ce que Bourassa tentera d'obtenir en 1930, lorsqu'il sera député, par un projet de loi destiné à faire révoquer toutes les lois sur le divorce. Le projet sera rejeté et Bourassa tentera autre chose: une résolution demandant au Parlement de ne plus entendre les causes de divorce. La résolution ne sera même pas discutée. CAR, 1929-1930, 58.
36. *Le Devoir,* 9 et 17 mars 1925.
37. *Débats de la Chambre des communes,* vol. I, 26 fév. 1925, 553.
38. En 1925, il y eut 13 divorces au Québec! CAR, 1926-27, 109.
39. Les sénateurs T. Chapais, L. Béique et N.-A. Belcourt. Voir *Débats du Sénat,* 10 juin 1925, 433-437; 11 juin 1925, 458-462. Bourassa rendit la pareille en publiant la totalité du discours du sénateur Belcourt dans *Le Devoir,* et en le qualifiant de thèse la plus forte jamais présentée contre le divorce du double point de vue du droit naturel et de la constitution canadienne. *Le Devoir,* 11 juillet 1925, 1.
40. «Colette» dans *La Presse,* 1925; «La vie au foyer» dans *La Presse,* 1925,

«Fadette» dans *Le Devoir,* 1925; la revue du samedi de *La Presse revue illustrée* publiait toujours quelques photos de familles nombreuses (12 enfants ou plus) avec la légende «Une belle famille canadienne-française».
41. Coubé prit la parole à Montréal les 17 et 18 mars 1925. *La Presse* fit un reportage complet des deux discours, 18 mars 1925, 23; 20 mars 1925, 26 et les commenta favorablement en éditorial, 20 mars 1925, 6.
42. La ténacité de ce «deux poids, deux mesures» revient beaucoup plus tard dans les études sociologiques, où les femmes elles-mêmes acceptent le principe que leurs fautes soient plus sérieuses que celles des hommes. Voir Colette Moreux, «The French Canadian Family», dans K. Ishwaran, *The Canadian Family,* Toronto, 1971, surtout 137-40. Bourassa appartenait, bien sûr, à une longue et respectable tradition d'écrivains qui, en parlant des femmes, mettaient l'accent sur «les deux sphères» séparées, distinctes mais équivalentes. Bourassa et Ashley Montagu se seraient probablement plu dans la compagnie l'un de l'autre, mais Bourassa n'aurait probablement pas prisé le titre du livre de Montagu: *The Natural Superiority of Women,* New York, 1952.
43. Quarante-deux articles présentent les antécédents constitutionnels, religieux et juridiques de son opposition. *Le Devoir,* 3 mars 1929, de façon intermittente jusqu'au 18 juillet 1929.
44. «Le divorce», *Le Devoir,* 11 juillet 1925, 1.
45. À ajouter dans les catégories masculin-/féminin: les hommes en tant qu'agents de changement, les femmes en tant qu'agents de conservation! Certaines études sur la femme laissent entendre qu'il s'agit peut-être là du rôle de la femme dans la civilisation. Voir Jessie Bernard, *Women and the Public Interest,* Chicago, 1971.

14. Quand les gens de robe se penchent sur les droits des femmes: le cas de la commission Dorion, 1929-1931

1. M. Gérin-Lajoie, «Entre nous, la femme et le Code civil. Les yeux qui s'ouvrent», *La Bonne Parole,* février-mars 1930: 3.

2. J-C. Robert, *Du Canada français au Québec libre: Histoire d'un mouvement indépendantiste,* Montréal, 1975, p. 157-209.

3. M. Caron, «De la physionomie, de l'évolution et de l'avenir du Code civil» dans J. Boucher et A. Morel, *Le droit dans la vie familiale,* Montréal, 1970, p. 302. Entre 1866 et 1964, il y eut en plus des changements résultant de la commission Dorion quelques modifications au régime légal ayant trait aux femmes mariées, notamment la loi Pérodeau, 5 Geo. V (1915) ch. 74, qui donna aux femmes mariées, dont le mari était décédé intestat, le droit d'hériter conjointement avec les parents, les enfants issus du même lit, les neveux et nièces ou seules en l'absence de ces derniers. Antérieurement, elles pouvaient bénéficier de la succession après que les parents jusqu'au 12e degré successoral eurent été satisfaits. L'élimination des conjoints des successions réciproques rappelle la Coutume de Paris dont la préoccupation était de garder les biens au sein d'une même lignée. On doit remarquer, cependant, que les veuves mariées en communauté de biens recevaient la moitié des biens communs aux deux époux. D'autres changements importants eurent lieu: les modifications de 1928 permettant aux femmes mariées de devenir tutrices légales de mineurs, celles de 1923 dans la loi sur les banques donnant le droit aux femmes de déposer jusqu'à 2000$ en leur propre nom (juridiction fédérale) et l'amendement à l'article 188 du Code civil en 1954, lequel faisait désormais de l'adultère un motif de séparation valable pour les deux sexes.

4. M. Lavigne, Y. Pinard et J. Stoddart, *«La Fédération nationale Saint-Jean-Baptiste et les revendications féministes au début du XXe siècle»* (reproduit dans ce recueil).

5. M. Gérin-Lajoie, «Legal Status of Women in the Province of Quebec», dans *Women of Canada: Their Life and Work,* recueil publié par le National Council of Women of Canada, Ottawa, 1901, p. 99-107.

6. *Minutes du Bureau de direction,* 1906-1939, 25 avril 1914, 21 février 1929, Archives de la Fédération nationale Saint-Jean-Baptiste, (Ci-après FNSJB).

7. L. Loranger, *De l'incapacité légale de la femme mariée,* Montréal, 1899, 273 et J. Boucher, «L'histoire de la condition juridique et sociale de la femme au Canada français», dans *Le droit dans la vie familiale* de J. Boucher et A. Morel, p. 155-168.

8. J.E.C. Brierly, «Husband and Wife in the Law of Quebec: A 1970 Conspectus dans *Studies in Canadian Family Law* de D. Mendes de Casia, vol. II, Toronto, 1972, p. 795-844; R. Caparros, *Les lignes de forces de l'évolution des régimes matrimoniaux en droits comparés et québécois,* Montréal, 1975, et M. Beard, *Woman as Force in History,* New York, 1946.

9. Pour une vue complète de la question de la signification de l'obtention des droits légaux pour le mouvement féministe, voir C. Bacchi, «Liberation Defferred. The Ideas of the English-Canadian Suffragists, 1877-1919», *Social History/Histoire sociale,* 1977: 433-435; W. Chafe, *The American Woman: Her Changing Economic, Political and Social Roles, 1920-1970,* New York, 1972; E. Flexner, *Century of Struggle: The Woman's Rights Movement in the United States and England,* Londres, 1969 et W.O'Neill, *Everyone Was Brave: The Rise and Fall of Feminism in America,* Chicago, 1969. Pour le Québec, voir W. Riddell, «Woman Franchise in Quebec, a Century Ago» dans *Proceedings of the Royal Society of Canada,* 3e série, 1928, section 2, p. 85-89, et F. Fournier, «Les femmes et la vie politique au Québec», publié dans ce recueil.

10. M. Lavigne, Y. Pinard et J. Stoddart, «La Fédération nationale Saint-Jean-Baptiste et les revendications féministes au début du XXe siècle», publié dans ce recueil.

11. H. Bourassa, *Hommes-femmes ou femmes-hommes. Études à bâtons rompus*

sur le féminisme, Montréal, 1925; Mgr L.A.
Paquet, «Le féminisme» dans *Québécoises
du 20ᵉ siècle de* M. Jean, Montréal, 1974, p.
47-73; L. Trifiro, «Une intervention à Rome
dans la lutte pour le suffrage féminin au
Québec», *RHAF,* XXXII: p. 3-18; S. M.
Trofimenkoff, «Henri Bourassa et la question des femmes», publié dans le présent
recueil.
12. J. Stoddart, «The Woman Suffrage
Bill in Quebec», dans *Women in Canada* de
M. Stephenson, éd. Toronto, 1973, p.
90-107. Les femmes ne furent admises au
Barreau de la province de Québec qu'à partir
de 1941 et ce, à cause d'une loi coercitive du
premier ministre Godbout. Entrevue avec
Me E. Monk, le 2 mars 1979. La tâche de
juré ne devint obligatoire pour les deux sexes
qu'en 1971.
13. *Recensement du Canada,* 1931, vol.
III, p. 458. En 1927, la Commission du
salaire minimum pour les femmes a établi à
634$ le salaire annuel d'une travailleuse sans
personnes à charge, vivant à Montréal ou à
proximité. Le revenu annuel moyen des travailleuses montréalaises en 1931 était de
567$. Voir M. Lavigne et J. Stoddart,
*Analyse du travail féminin à Montréal entre
les deux guerres,* Thèse de maîtrise, Histoire,
UQAM, 1974, p. 110-115.
14. Toutefois, le Code faisait une exception pour les mères et grands-mères désireuses d'être tutrices de leurs descendants, de
même qu'une femme pouvait agir comme
curatrice de son mari interdit. Sont interdits
ceux que la cour prive de leurs pouvoirs juridiques.
15. Une exception importante: selon l'article controversé du Code civil (1301), elle ne
pouvait s'obliger elle-même par contrat ou
avec ou pour son mari. Ceci protégeait, sup-
posément, l'actif de l'épouse d'un mari trop
opportuniste. Par exemple, voir M. Gérin-
Lajoie, «De l'obligation de la femme avec
ou pour son mari: Art. 1301 C.C.», *La
Revue du Droit,* déc. 1930: p. 199-227;
«Encore l'article 1301 C.C.», *La Revue du
Droit,* avril 1931, p. 455-459.
16. M. Gérin-Lajoie, «Legal Status of
Women in the Province of Quebec» dans
Women of Canada: Their life and Work,
Ottawa, 1901, p. 99-107.

17. Un régime matrimonial est un système
de lois régissant l'administration, l'acquisition et la disposition de l'actif des conjoints
durant le mariage. Dans les juridictions de
droit civil, les époux pouvaient choisir entre
plusieurs régimes. À cette époque, une fois
choisi, le régime de mariage ne pouvait être
modifié.
18. R. Comtois, *Traité théorique et politique de la communauté de biens,* Montréal,
1964. Les calculs de Comtois sont basés sur
les données provenant de moins de 20% des
notaires pratiquant en 1932. Il estime que
son échantillonnage est représentatif du
reste de la province et ne pondère aucunement ses données.
19. La séparation de corps est une séparation légalement prononcée. On ne doit donc
pas confondre celle-ci avec le régime de séparation de biens.
20. M. Gérin-Lajoie, «Legal Status of
Women in the province of Quebec».
21. M. Mc Clelland, «History of Women's
Rights in Canada» dans *Cultural Tradition
and Political History of Women in Canada,
Studies for the Royal Commission on the
Status of Women,* no 8, Ottawa, 1971; L.S.
Dranoff, *Women in Canadian Law,*
Toronto, 1977.
22. *Edwards, V, A.G. Can.,* 1929, Appel
124.
23. A. Morel, «La libération de la femme
au Canada: Deux itinéraires», *Revue juridique Thémis,* V, 1970: p. 399-440.
24. J.S. Mills, «The Subjection of
Women» dans J.S. Mills et H.T. Mill,
Essays on Sex Equality, A. Rossi, ed., Chicago, 1970: p. 151-180; et A.V. Dicey, *Law
and Public Opinion in England,* 2ᵉ éd., Londres, 1962, p. 390-393.
25. Avec le recul du temps, le régime de
séparation de biens révèle, lorsque analysé
selon les standards sociaux actuels, un grand
nombre d'injustices envers les deux conjoints. Voir la cause Murdoch vs Murdoch
(1975), *Rapports de la Cour supérieure,*
p. 423.
26. M. Lavigne, Y. Pinard et J. Stoddart,
«La Fédération nationale Saint-Jean-
Baptiste»; L. Trifiro, «Une intervention à
Rome...»; A. Dupont, «Louis-Alexandre

Taschereau et la législation sociale au Québec, 1920-1936», *RHAF*, déc. 1972, p. 397.

27. J.-C. Robert, *Du Canada français au Québec libre*, p. 171.

28. G. McInnis, *J.S. Woodsworth,* Toronto, 1953, 194-198; K. McNaught, *A Prophet in Politics: A Biography of J.S. Woodsworth,* Toronto, 1959, p. 236-241.

29. «Le divorce: lettre pastorale de S.E. le cardinal Raymond-Marie Rouleau et des archevêques — Évêques des provinces ecclésiastiques de Québec, de Montréal et d'Ottawa», le 2 février 1930 dans *La Revue du Droit*, fév. 1930: p. 321.

30. Y. Pinard, «Les débuts du mouvement des femmes à Montréal (1893-1902)», publié dans ce recueil.

31. Pour une histoire complète du mouvement pour le suffrage des femmes au Québec, voir C.L. Cleverdon, *The Woman Suffrage Movement in Canada,* Toronto, 1974, chap. 7.

32. M. Gérin-Lajoie, *La communauté légale,* Montréal, 1927, p. 2. L'auteur y décrit comment fut piquée au vif la fierté nationale par les critiques anglophones qui qualifièrent d'arriérées les lois françaises.

33. Voir T. Casgrain, *Une femme chez les hommes*, Montréal, 1971.

34. Les archives du Barreau de la province de Québec ne mentionnent aucunement qu'on ait considéré cette question. Quant à la Chambre des notaires, elle n'admit les femmes qu'en 1954.

35. On peut conclure à partir d'articles parus dans plusieurs journaux et périodiques du Québec qu'il y avait, entre les deux guerres, autant de femmes mobilisées contre le vote et les réformes légales qu'il n'y en avait en faveur de ces deux questions. Par exemple, voir R. Brossard, «La femme devant la loi», *La Revue moderne*, fév. 1930: p. 7.

36. *Minutes du Bureau de direction 1906-1939*, Archives, 21 fév. 1929, FNSJB.

37. M. Gérin-Lajoie, *La femme et le Code civil,* plaidoirie de Marie Gérin-Lajoie devant le Comité des bills publics, Montréal, 1929, p. 5. Le conseil de famille est un groupe formé d'au moins sept parents qui ont le pouvoir de choisir un tuteur (gardien légal) pour un mineur: p. 251-254 C.C.

38. Taschereau à Dorion, le 22 avril 1929, *Archives de la commission Dorion*, 1929, no 735-29, *Archives nationales du Québec,* Québec, (ci-après ACD).

39. Entrevue de l'auteure avec la sénatrice Thérèse Casgrain, le 27 février 1979.

40. P.G. Roy, *Les juges de la province de Québec,* Québec, 1937, p. 177. La question de l'opposition des valeurs religieuses et laïques était devenue particulièrement controversée après la décision du Conseil privé à l'effet qu'un mariage religieux valide n'était pas nécessairement un mariage légal valide, dans Berthiaume vs Dastour, 1929, p. 47, Banc du Roi 533 (ci-après B.R.).

41. P.G. Roy, *Les avocats de la région de Québec,* Lévis, 1937.

42. R. Morin, *Victor Morin, bourgeois d'une époque révolue, 1865-1960,* Montréal, 1967. Madame Renée Morin affirme que son père était en faveur du suffrage féminin et d'une plus grande autonomie légale pour les épouses. Entrevue de l'auteure avec Renée Morin, le 27 février 1979.

43. Joseph Sirois était probablement l'auteur, selon Antonin Dupont, d'une contre-proposition cléricale à la nouvelle loi d'assistance publique présentée par Taschereau en 1921. A. Dupont, «Louis-Alexandre Taschereau et la législation sociale au Québec, 1920-1936», p. 426.

44. R. Rumilly, *Histoire de la province de Québec,* XXXI, Montréal, 1959, p. 161.

45. Taschereau à Dorion, 22 avril 1929, ACD.

46. Dorion à Taschereau, le 6 août 1931, ACD. Dorion mentionne aussi une «correspondance volumineuse» entre les commissaires, qui ne semble pas avoir été conservée. M. Gérin-Lajoie, «Entre nous — La femme et le code civil» dans *La Bonne Parole,* fév.-mars 1930: p. 3; aussi *Le Devoir,* le 22 nov. 1929, *La Presse,* le 22 nov. 1929.

47. M. Lavigne et J. Stoddart, «Les travailleuses montréalaises entre les deux guerres» dans *Labour/Le Travailleur,* 1977: p. 176.

48. La jurisprudence au Québec avait récemment confirmé le pouvoir absolu de l'époux sur les revenus de son épouse, même s'ils étaient déposés dans le compte bancaire de celle-ci. *Bonin vs Banque d'Épargne,*

dame Rondeau mise en cause, 1923, p. 34, B.R. 322.

49. «Plaidoyer de Me Eugène Lafleur, C.R.,» dans *La Bonne parole*, février-mars 1930: p. 11.

50. «Plaidoyer de Madame Henri Gérin-Lajoie», *ibid.*, p. 9.

51. Les mémoires sont reproduits dans *La Bonne Parole*, février-mars 1939, p. 9-22.

52. M. Gérin-Lajoie, «La réforme du Code civil», *ibid.*, déc. 1930, p. 4.

53. Statuts du Québec (ci-après SQ), 1925, c. 224, art. 18, «Plaidoyer de Mademoiselle Idola Saint-Jean», dans *La Bonne Parole*, février-mars 1930; p. 21.

54. D'autres mémoires furent sans aucun doute envoyés par la poste, et même si le juge Dorion fait état de nombreuses représentations faites à la commission, aucun de ces mémoires n'a été conservé. Le contenu de toute autre proposition d'amendement, ou toute défense du statu quo, doit être déduit du texte des rapports des commissaires.

55. *La Presse*, le 23 nov. 1929.

56. L. Pelland, «Causerie du Directeur», *La Revue du Droit*, février 1930; p. 330. (ci-après, *R. du D.*)

57. Rolande-S. Désilets, «Nos droits et nos devoirs», *La Bonne Fermière*, janvier 1930, p. 3.

58. Dorion à Taschereau, le 26 août 1929: p. 2, A.C.D.

59. «Premier rapport de la Commission des droits civils de la femme», reproduit dans *La Revue du Notariat*, XXXII, 1929: p. 229-276, (ci-après *R. du N.*)

60. *Ibid.*, p. 231.

61. *Ibid.*

62. *Ibid.*, p. 232.

63. *Ibid.*

64. *Ibid.*, p. 223.

65. *Ibid.*, p. 234.

66. *Ibid.*

67. *Ibid.*, p. 235.

68. *Ibid.*, p. 237.

69. *Ibid.*, p. 238.

70. *Recensement du Canada*, 1931, III, 458. En Ontario, 63% des femmes rurales et 55% des femmes urbaines étaient mariées.

71. *Premier rapport de la Commission des droits civils de la femme*, p. 243. Les auteurs du rapport avaient évalué et classé les diverses propositions de réformes et avaient clairement perçu l'absence d'unanimité dans les rangs féministes. Marie Gérin-Lajoie, par exemple, n'avait pu se rallier aux suggestions pour l'élimination de l'autorisation obligatoire du mari ou pour le partage de l'autorité parentale entre le père et mère. Ces idées venaient de celles que la commission qualifiait de «bas-bleus bourgeois», dont le point de vue n'était manifestement pas partagé par la majorité des femmes de la province.

72. Les commissaires ne purent résister à l'idée de discréditer les critiques féministes en proclamant que certaines de ces femmes étaient tout simplement des androgynes indignées dont les tactiques étaient à l'image de celles des mouvements féministes les plus radicaux de l'Europe et de la Grande-Bretagne. En outre, à une époque où les femmes ne pouvaient pratiquer le droit, ni voter, ni siéger à la Législature, les commissaires n'en ont pas moins écarté les insinuations reprochant le caractère exclusivement masculin des lois.

73. *Ibid.*, p. 274.

74. *Ibid.*

75. *Ibid.*, p. 275.

76. *Commission des droits civils de la femme, deuxième rapport des commissaires*, reproduit in extenso dans *R. du N.*, XXXII, 1930: p. 300-310, p. 321-376; XXXIII: p. 48-61.

77. *Ibid.*, p. 365.

78. Pour une liste complète des amendements suggérés, voir le troisième rapport reproduit *in extenso* dans *La Revue du Droit*, février 1931, p. 337-359.

79. Pour un résumé des amendements, voir M. Gérin-Lajoie, «La réforme du Code civil» dans *La Bonne Parole*, mars 1931: p. 3; avril 1931: p. 6; 1930-31, *R. du N.*, 1931-32, p. 9-10; *R. du D.*, mai 1931, p. 548-550. Le nouvel esprit de libéralisme n'alla pas jusqu'au suffrage. Neuf mois plus tard, la législature rejetait encore une fois un autre bill sur le suffrage. Thaïs Lacoste-Frémont, qui avait assisté au débat, écrivait pour faire partager son désarroi à sa soeur Marie Gérin-Lajoie: «Jamais tu ne peux t'imaginer

à quel degré la séance au sujet du suffrage féminin a été basse, triviale et indigne. À un tel point que je suis convaincue qu'une pièce de théâtre qui eût dit des choses aussi crues et vulgaires n'aurait pas passé la censure». (Frémont à Gérin-Lajoie, 25 janvier 1932, dossier Thaïs Frémont, archives FNSJB).
80. 21 Geo. v, c, 101.
81. 1425a C.C. et suiv. Le libellé exact des articles du code alors amendé offre peu d'intérêt aujourd'hui, car ces articles ont été profondément modifiés ou complètement abrogés au cours des années 1960.
82. 1292 C.C.
83. 210 C.C., maintenant abrogé.
84. 1090 Procédure du Code civil, 1311 C.C. (tous deux abrogés).
85. 1389a et b.C.C.
86. 844 C.C. Un testament authentique est celui rédigé par un notaire.
87. 180 C.C. (maintenant modifié).
88. 242-245j C.C.
89. SQ 2964, c. 66; SQ 1969-70, c. 77. On désigne par le terme acquêts les biens accumulés par les deux époux durant le mariage, lesquels sauf de rares exceptions, sont divisés entre eux à la dissolution du mariage.
90. *The Montreal Gazette,* 13 mars 1931, p. 14.
91. M. Gérin-Lajoie «La réforme du Code civil» dans *La Bonne Parole,* avril 1931, p. 7.

92. T. Casgrain, *op. cit.,* p. 94.
93. «Gazette de Thémis», *R. du D.,* avril 1931; p. 503.
94. V. Morin, «Le rapport du Président», *R. du N.,* XXXIV, 1931-32: p. 9.
95. Voir par exemple la chronique «Jurisprudence», *R. du N.,* XXXV, 1932-33, p. 244-246.
96. *Le Devoir,* 13 mars 1931, 24 mars 1931.
97. *The Montreal Gazette,* 13 mars 1931, p. 14.
98. *Labour World,* 11 avril 1931.
99. E.P. Thompson, *Whigs ans Hunters: The Origin of the Black Act,* Londres, 1975, p. 260 et suivantes.
100. M. Miaille, *Une introduction critique au droit,* Paris, 1976, p. 53.
101. T.W. Arnold, «Law as Symbolism» dans V. Aubert éd., *Sociology of Law: Selected Readings,* London, 1969, p. 47.
102. Pour l'historien, de telles prophéties deviennent plutôt une farce tragique quand une recherche attentive révèle que ces redoutables féministes n'étaient en fait pas plus qu'une demi-douzaine de dames éminemment respectables, parmi lesquelles les deux plus dangereuses avaient l'étrange désavantage, face à l'opinion publique, de ne pas être mariées.

15. Les femmes et la vie politique au Québec

1. Shulamith Firestone, «The Women's Rights Movement in the U.S.: A New View», dans *Voices from Women's Liberation,* édité par Leslie B. Tanner, New American Library, New York, 1970, p. 435.
2. Ce thème a été développé par l'auteur dans une présentation faite au colloque annuel du Conseil canadien de sciences sociales de 1975, «Les sciences sociales et les femmes; atelier statut de la femme», 30 p.
3. Kate Millet, *La politique du mâle,* traduit de l'américain par Élisabeth Gilles, Éditions Stock, Paris, 1971, 478 p.
4. C.D., «Pour un féminisme matérialiste», *L'Arc,* 61, 1975, p. 62.

5. Catherine L. Cleverdon, *The Woman Suffrage Movement in Canada,* University of Toronto Press, Toronto, 1974, p. 214-264.
6. Caroline Pestieau, «Women in Quebec» dans *Women in the Canadian Mosaic* édité par Gwen Matheson, Peter Martin Ass. Ltd., Toronto, 1976, p. 58.
7. *Jugements et délibérations du Conseil souverain de la Nouvelle-France* (1663-1716), Québec, vol. 6, p. 1885-1891.
8. Jacques Boucher, «L'histoire de la condition juridique et sociale de la femme au Canada français», dans *Le droit dans la vie familiale,* textes présentés par Jacques Bou-

cher et André Morel, Les Presses de l'Université de Montréal, Montréal, 1970, p. 166. À l'avenir, *Le droit...*
9. Sénateur L.O. David, *Les Deux Papineau,* (Montréal, 1896), p. 27-28, cité par William Renwick Riddel, «Woman Franchise in Quebec, a Century Ago» dans *Mémoires de la Société royale du Canada,* 3ième série, 1928, section 2, p. 85-99.
10. W.R. Riddell, *op. cit.,* p. 86.
11. Archives canadiennes, Collection Neilson, vol. 3, p. 412, cité par W.R. Riddell, *ibid.,* p. 88.
12. *Ibid.,* p. 91.
13. *Ibid.,* p. 89.
14. *Ibid.,* 96.
15. Voir à ce sujet et pour l'ensemble de cette période: Marie Lavigne, Yolande Pinard et Jennifer Stoddart, «La Fédération nationale Saint-Jean-Baptiste et les revendications féministes au début du XXe siècle», reproduit dans cet ouvrage; C. Cleverdon, *op. cit.;* et Micheline Dumont-Johnson, «Histoire de la condition de la femme dans la province de Québec» dans *Tradition culturelle et histoire politique de la femme au Canada,* étude no 8 préparée pour la Commission Royale d'enquête sur la situation de la femme au Canada, Information Canada, Ottawa, 1975, p. 1-57.
16. Pierre Blache, «Les droits politiques de la femme au Québec» dans *Le droit...* p. 240.
17. En fait, il n'y avait pas une interdiction absolue pour les femmes à recevoir un héritage: elles étaient treizième sur la liste des héritiers possibles! Voir à ce sujet le tableau présenté par Micheline D. Johnson, *op. cit.,* p. 47.
18. Paul-A. Crépeau, «La renaissance du droit civil canadien» dans *Le droit...* XVI.
19. Maximilien Caron, «De la physionomie de l'évolution et de l'avenir du Code civil», dans *Le droit...*p. 12.
20. Jennifer Stoddart, «The Women Suffrage Bill», dans *Women in Canada,* édité par M. Stephenson, New Press, Toronto, p. 103.
21. Albert Memmi, *Portrait du colonisé,* coll. «Liberté», no 37, Jean-Jacques Pauvert éditeur, Hollande, 1966, 185 p.
22. P.-A. Crépeau, *op. cit.,* p. XVI.
23. Guy Frégault, «Les mères de la Nouvelle-France», *La mère canadienne,* brochure publiée à l'occasion de la Saint-Jean-Baptiste par la S.S.J.B. de Montréal, 1934: p. 24, cité par Mona-Josée Gagnon

dans *Les femmes vues par le Québec des hommes,* Éditions du Jour, Montréal, 1974, p. 13.
24. Marie Lavigne, *op. cit.,* p. 357 (reproduit dans cet ouvrage).
25. Marie Gérin-Lajoie, «L'électorat féminin», *Le Canada,* 12 janvier 1906.
26. Marie Lavigne, *op. cit.,* p. 358; Shulamith Firestone, *op. cit.;* William O'Neil, *The Woman Movement Feminism in the United States and England,* Allan & Urwin, Londres, 1969.
27. Thérèse Casgrain, *Une femme chez les hommes,* Éditions du Jour, Montréal, 1971, 296 p.
28. *Loi ayant pour objet de conférer le droit de suffrage aux femmes,* p. 8-9, Geo V. ch. 20.
29. *Loi des élections en temps de guerre,* 7-8 Geo. V. ch. 39, art. 1.
30. Cité par C. Cleverdon, *op. cit.,* p. 232.
31. *Quebec Journals, 1931-32;* p. 151-3, cité par C. Cleverdon, *op. cit.,* p. 240.
32. Henri Bourassa, *Le Devoir,* 28 et 30 mars, 1er avril 1918, cité par Michèle Jean dans *Québécoises du 20e siècle,* Éditions du Jour, Montréal, 1974, p. 195.
33. *Le Devoir,* 2 mars 1940, p. 1., cité par J. Boucher, *op. cit.,* p. 162.
34. *L'Illustration Nouvelle,* 19 avril 1940, 2, cité par J. Stoddart, *op. cit.,* p. 95.
35. *Le Soleil,* 12 avril 1940, p. 3, A. Godbout, *op. cit.,* p. 94.
36. *L'Illustration Nouvelle,* 19 avril 1940, p. 2, A. Godbout, *Ibid.,* p. 95.
37. *Loi modifiant la Loi des cités et villes,* p. 5, Geo VI, ch. 41. 6.
38. *Loi modifiant la Loi de l'instruction publique,* p. 6, Geo, VI, ch. 20, art. 5.
39. *Loi des paroisses et des fabriques,* p. 13-14, Eliz. II ch. 76.
40. Maximilien Caron, *op. cit.,* p. 16.
41. Friedrich Engels, *L'origine de la famille, de la propriété privée et de l'État,* Éditions Sociales, Paris, 1971, 364 p. Voir le développement de ce concept dans Nicole Laurin-Frenette, «La libération des femmes», reproduit dans cet ouvrage.
42. Voir à ce sujet Mona-Josée Gagnon, «Les femmes dans le mouvement syndical québécois» dans *Sociologie et sociétés,* 6, 1, mai 1974: p. 17-36 (reproduit dans cet ouvrage).
43. «La grève de la robe» dans la série *Ce n'était qu'un début,* émission de radio 1974, Radio-Canada.

44. Voir Évelyn Dumas, *Dans le sommeil de nos os,* Leméac, Montréal, 1971, ch. 3.
45. *Ibid.,* p. 48.
46. *La Presse,* 23 janvier 1935, cité par Marie Lavigne et J. Stoddart. *Analyse du travail féminin à Montréal entre les deux guerres,* thèse de M.A., histoire, UQAM, 1973, p. 65.
47. *Ibid.,* p. 65.
48. Louise Toupin, «Petite histoire des militantes québécoises» racontée par Simonne Chartrand dans *Ligne directe,* CEQ, septembre 1974: p. 37.
49. *Ibid.,* p. 39.
50. Charles Lipton, *The Trade Union Movement of Canada 1827-1959,* Canadian Social Publication Ltd, Montréal, 1968, 272-274.
51. Louise Toupin, «Aux origines de la CEQ: une lutte menée par des femmes» dans *Ligne directe,* mars-avril 1944: p. 5.
52. Mona-Josée Gagnon, *Les femmes vues par le Québec des hommes,* p. 127-130.
53. Ces événements sont décrits par Claude Larivière dans *Le 1er mai, fête internationale des travailleurs,* éditions Albert Saint-martin, Montréal, avril 1975, 45.
54. *Le Devoir,* 2 mai 1915, cité par Claude Larivière, *ibid.,* p. 38.
55. Les luttes et les gains obtenus au sujet des droits civils des femmes mériteraient en eux-mêmes une analyse approfondie.
56. Marcel Guy, «De l'accession de la femme au gouvernement de la famille» dans *Le droit...,* p. 209.
57. Lise Payette, *Le pouvoir? Connais pas!* (Québec/Amérique, Montréal, 1982), p. 108.
58. Loi du Conseil du statut de la femme, Lois du Québec, 1973, c. 7.
59. Voir Conseil du statut de la femme, *Pour les Québécoises: égalité et indépendance,* Éditeur officiel du Québec, Québec, 1978.
60. Pour une description très complète des structures gouvernementales concernant la condition féminine au Québec, voir Pauline Marois, «Intervention de la ministre d'État à la condition féminine à la Conférence fédérale-provinciale des ministres responsables de la condition féminine, les 9, 10 et 11 mai 1982».
61. Lois refondues du Québec, c. C-12.
62. Voir à ce sujet Francine Fournier, «Les femmes et le travail au Québec» dans *Devenirs de femmes. Cahiers de recherche éthique,* 8, 1980: p. 111-121, et Louise Varin *et al., À travail équivalent, salaire égal sans discrimination,* sous la direction de Francine Fournier, Commission des droits de la personne du Québec, Montréal, cahier no 3, 1980, 162 p.
63. Ordonnance no 17, 1978 (congé maternité).
64. Voir à ce sujet Francine Depatie (Francine Fournier), «La femme dans la vie économique et sociale du Québec», *Forces,* 27, 2e trimestre 1974: p. 15-23.
65. Jacinthe Bhérer, «Les femmes dans la fonction publique du Québec», communication présentée devant l'Association de science politique du Canada au Congrès des sociétés savantes, mai 1976, 65 pages; Lysiane Gagnon, *Les femmes c'est pas pareil...* La Presse, Montréal, 1976, 36 p.
66. À titre indicatif, pour le milieu des affaires: aucune femme ne siège au conseil d'administration du Conseil du patronat et une femme est membre de son comité exécutif. Pour les syndicats: F.T.Q. 33% de femmes, 9% à l'exécutif; C.S.N. 44% — 0%; C.S.D. 30% — 17%; C.E.Q. 65% — 42%, octobre 1982.
67. Les écarts de salaires entre les hommes et les femmes étaient de 54% pour les années 1961-1979, et depuis 1979, ils sont de 51%. Source: ministère du Travail et de la Main-d'œuvre du Québec, bureau de la Condition féminine, octobre 1982. La concentration de la main-d'œuvre féminine dans certains emplois, tels emplois de bureau, demeure. À titre d'indication, 99,7% des employés de secrétariat et 99,2% des agents de bureau à la fonction publique sont des femmes. Source: ministère de la Fonction publique, bureau de la Condition féminine, octobre 1982. Pour une analyse en profondeur de cette question, voir: Francine Descarries-Bélanger, *L'école rose... et les cols roses,* éditions coopératives Albert Saint-martin et Centrale de l'enseignement du Québec, Québec, 1980, 128 p.
68. Près de 11 groupes de femmes se sont présentés, et plusieurs autres groupes ont traité spécifiquement du dossier égalité femme/homme. Sur la question spécifique des programmes d'accès à l'égalité, soulignons la contribution de Action travail des femmes. Sur la question des amendements proposés à la charte, voir Commission des droits de la personne du Québec, *Mémoire de la Commission des droits de la personne du Québec. Commission permanente de la*

justice sur la charte des droits et libertés de la personne (document public, 1981).

69. Pour une analyse de la participation des femmes à la vie politique au Québec vue sous l'angle des attitudes et comportements, voir Francine Depatie (Francine Fournier), *La participation politique des femmes du Québec,* étude no 10, préparée pour la Commission royale d'enquête sur la situation de la femme au Canada, Information Canada, Ottawa, 1971, 163 p. Il serait intéressant de confronter les résultats de cette étude avec des données plus récentes.

70. Voir à ce sujet le texte de Marie (Beaulne), fille de Suzanne, «Où en est le mouvement des femmes à Montréal?», *Chroniques,* 26, février 1977: p. 12-26. À titre d'exemple, voir aussi le *Manifeste des femmes québécoises,* L'étincelle, Montréal, 1971, 54 p. L'oppression des femmes y est

vue comme un corollaire du capitalisme via la famille patriarcale, et la libération des femmes y est reliée à la libération du Québec: «Pas de Québec libre sans libération des femmes! Pas de femmes libres sans libération du Québec!» Voir aussi Violette Brodeur, Suzanne G. Chartrand, Louise Corriveau et Béatrice Valay, *Le mouvement des femmes au Québec. Étude des groupes montréalais et nationaux,* Centre de formation populaire, Montréal, 1982, 77 p.

71. *Les Têtes de Pioche,* 7 novembre 1976: p. 6, cité par Marie (Beaulne), fille de Suzanne, *ibid.,* p. 18. Voir aussi Collectif, *Les Têtes de Pioche. Journal des femmes. Collection complète,* éditions du Remue-Ménage, Montréal, 1980, 207 p. Collection complète de ce journal publié entre 1976 et 1979 par un collectif de féministes radicales québécoises.

Table des matières

Achevé d'imprimer le 26 mai 1983
par les travailleurs des
ateliers Marquis Ltée, de Montmagny,
pour le compte des
Éditions du Boréal Express